</>

Tello Edu·TT DRONE CODING

3rd Edition

텔로 에듀·TT 드론 코딩 A to Z

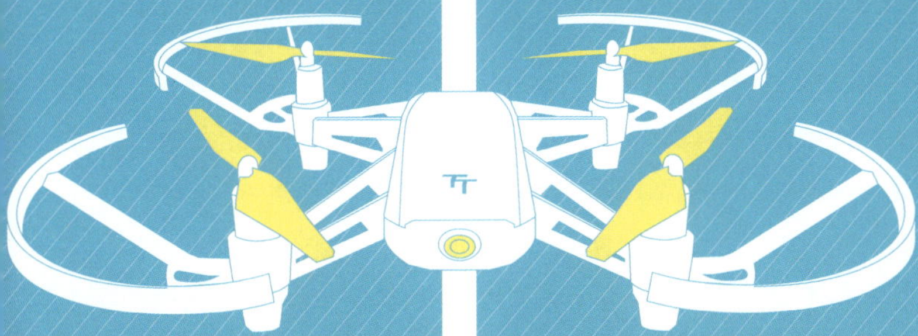

김형준
김태훈
우현호
부유덕
서일수
공 저

도서출판 구미서관

드론은 단순히 하늘을 나는 무인기에서 벗어나 지금은 4차 산업혁명의 핵심요소로, 사용이 쉽고 간편하면서도 타 기술의 발전과 함께 이용범위가 갈수록 확장되는 추세입니다. 인공지능, 자동화, 클라우드 기술의 발전, IoT, 센서의 소형화 등은 디지털 혁명을 부추기고 있으며, 이들 기술과의 결합을 통한 드론의 발전은 그 한계가 어디까지인지 가늠이 어려울 정도입니다. 우리는 지금 드론이라는 혁명적인 융합형 기기에 매료되고 있습니다.

그러나, 한편으로는 드론의 동작과 이착륙, 또는 군집 비행과 같은 다양한 액션들에 대한 소프트웨어적 부분에 대해서는 잘 모르거나 관심 밖에 있는 것이 사실입니다. 드론 사용자가 더 관심을 갖고 볼만한 부분은 하드웨어적인 부분 보다, 드론의 움직임을 제어하는 등의 프로그래밍 차원의 접근이 더 매력적일 것이라는 생각을 할 무렵, 텔로 드론을 접하게 되었습니다.

텔로 드론은 사용자가 비행을 즐기는 동안 프로그래밍의 기초를 쉽게 배울 수 있도록 Scratch, 앱인벤터, Swift, Python 등의 프로그래밍 언어를 통하여 코딩을 할 수 있게끔 만들어졌습니다. 텔로 드론은 또한 간단한 블록기반 비주얼 프로그래밍도 가능합니다.

최근의 선진국들에서는 프로그래밍을 정규과목으로 학교에서 가르치고 있습니다. 우리나라에서도 2015년 개정 교육과정에 따라 초중고 과정에 소프트웨어 교육이 의무화되었으며, 이는 2018년부터 실제로 다양한 기관에서 코딩교육을 실시하게 된 배경이 되었습니다. 하지만 프로그래밍만을 맹목적으로 교육하다 보니 피교육자들에게 흥미를 유발하지 못하는 상황에 놓여 있기도 합니다. 우리가 하는 모든 일들에는 동기부여가 중요하고, 특히 "재미"라는 측면이 가미된다면 그 발전 속도는 가히 폭발적인 효과를 낼 수 있게 될 것입니다. 이 책은 성인만을 위한 책도 아이들만을 위한 책도 아닙니다. 다양한 취미와 동기를 가지고 살아가는 현대인들에게 또 하나의 함께 할 수 있는 취미와 배움의 즐거움을 선사할 수도 있다는 생각을 바탕으로 책을 집필하게 되었습니다.

PREFACE

이 책은 앞으로 우리가 관심 가져야 할 AI(인공지능) 기반 사물인식 등 머신비전 활용법과 기체 모니터링, 컨트롤 및 군집비행 구현 등의 드론 프로그래밍 기술에 대한 매우 구체적인 내용들을 기술하고 있습니다.

미국 투자회사인 골드만삭스에 따르면 2016년부터 2020년까지 드론 산업에서 발생할 누적 시장 규모는 약 1000억 달러(120조원)로 예상되는데, 이중 30%는 민간용 산업이 차지한다고 보고 있습니다. 가격이 상대적으로 저렴하지만 재주가 많은 텔로 드론이 코딩 프로그래밍 교육에 이용될 가능성이 많아, 텔로에듀의 중요성은 나날이 높아지게 될 것입니다.

아무쪼록 미래를 준비하는 다짐으로 드론의 장점을 강화하고, 함께 할 수 있는 다양한 체험과 놀이 문화를 모색하는 한편, 연구개발과 프로그래밍 교육에서도 유익한 방향으로 이끌어 가는데 도움이 되시길 바랍니다. 그리고 책을 낼 수 있도록 애써주신 출판사 관계자분들, 사랑하는 가족 여러분, 격려를 아끼지 않으신 동료 분들, 리뷰와 교정 그림준비 등 여러모로 수고해주신 한국영상대 김연주님, 개정판 작업에 수고해주신 드론디비젼 김미르 팀장님, 신성대 드론산업안전과 이명호님과 3판 작업에 있어 물심양면으로 도와주신 아쎄따 신성배 기술이사님, 이준영 드론팀장님, 강승묵, 김문기 연구원과 경북드론고 권혁진님 및 그 외 도움주신 많은 분들께 이 자리를 빌어 감사의 마음을 전하는 바입니다.

저자 일동

CONTENTS

텔로 에듀란?

텔로 에듀는 DJI 사에서 출시된 약 80g의 프로그래밍이 가능한 코딩용 드론 텔로의 후속 제품으로 Scratch, Python, Swift와 업그레이드된 SDK 2.0을 통해 코딩 프로그램 언어를 쉽게 학습할 수 있어 교육용으로 사용하기 안성맞춤이다. 또한 720p HD 영상전송, 정밀한 호버링, 약 13분의 긴 비행시간, EIS(전자식 손떨림 방지), 다용도 미션패드 등의 성능을 보유하며 여러 대의 텔로 에듀가 편대를 이루어 비행하는 군집비행을 구현할 수 있고 머신비전(Computer Vision)과 AI(인공지능) 기반의 다양한 기능 등을 체험하고 학습할 수 있다.

※ 이 책에서 사용된 코딩자료는 편의상 네이버 카페 드론 조종자 모임 (https://cafe.naver.com/droned2) 텔로 에듀 게시판에 업로드 되어있오니 참고하시기 바랍니다.

STEP 1 텔로 에듀 기본조작 및 안정화 방법

01 텔로 앱 설치: 텔로 에듀를 조작하는 가장 기본적인 방법은 공식앱인 Tello 앱을 이용하는 것으로 안드로이드 스마트폰의 경우 Google Play 또는 Play Store에서 'Tello'로 검색하여 다운받아 설치할 수 있다. 다른 앱을 통해서도 조종은 가능하지만 펌웨어 업데이트나 캘리브레이션 등은 기본 앱을 통해서만 가능하다.

https://play.google.com/store/apps/details?id=com.ryzerobotics.tello

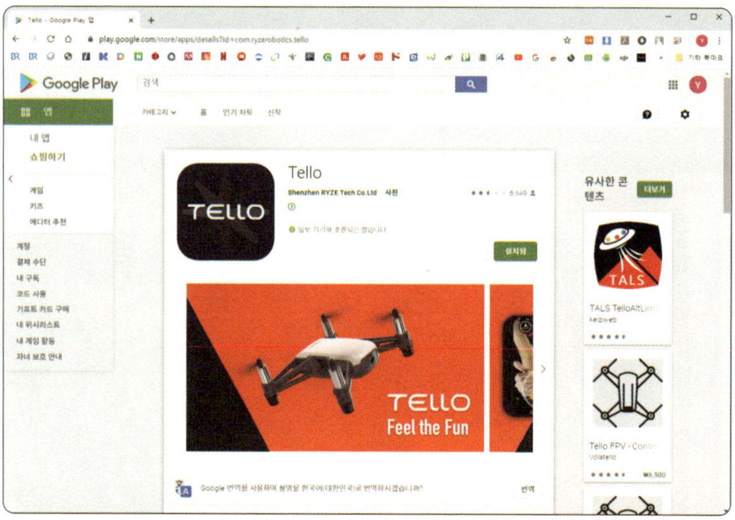

02 **텔로 앱과 텔로 에듀 연결:** 앱을 설치하였으면 텔로 에듀 우측의 전원버튼을 켜고 스마트폰의 텔로 앱을 실행시킨 다음 다음 그림과 같이 텔로연결 → 텔로 Wifi → 연결하여 텔로 에듀의 Wifi에 접속하여 연결시킨다. 텔로 에듀 Wifi에 접속이 성공하면 스마트폰에 따라서 Wifi 접속창 하단에 '연결됨' 이라는 메시지가 나타난다(핸드폰 기종에 따라 미표시 되기도 함).

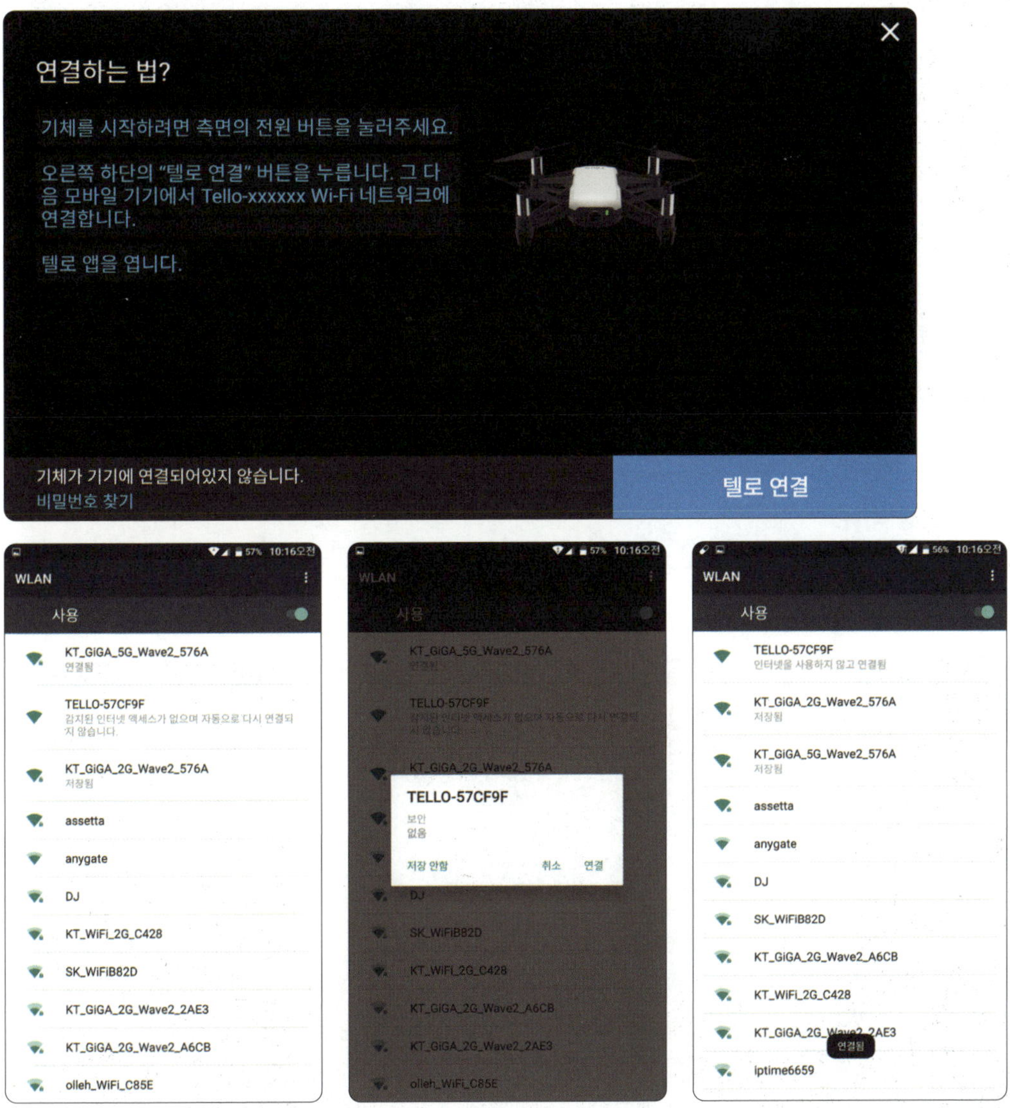

03 **화면 메뉴 배치:** 텔로 에듀 Wifi에 접속 후 이전화면으로 되돌아가서 다음과 같이 카메라 화면이 나타나면 기체를 작동시킬 준비가 된 것이다. 화면 상단의 메뉴에 대해 설명하자면 왼쪽부터 이/착륙버튼, 비행모드버튼, 설정버튼 그리고 우측의 갤러리 버튼, 사진/비디오 전환버튼, 촬영버튼이 배치되어 있다.

04 **설정 메뉴:** 여기서 톱니모양의 설정 버튼을 터치하면 그림과 같이 더보기 메뉴가 나타나고 비행속도, VR 글래스용 화면전환, 블루투스 조이스틱 설정, Wifi 이름변경, 더보기 메뉴가 배치된 것을 볼 수 있다.

05 **Wi-Fi 메뉴:** Wi-Fi 메뉴에 들어가면 텔로 에듀의 Wifi 이름과 비밀번호를 설정할 수 있다. Wi-Fi 이름을 설정한 후 비밀번호를 터치하면 키보드 우측 하단에 완료 버튼이 나타난다. 비밀번호를 공란으로 두고 완료하면 기존과 같이 비밀번호 없이 텔로 에듀에 접속할 수 있다.

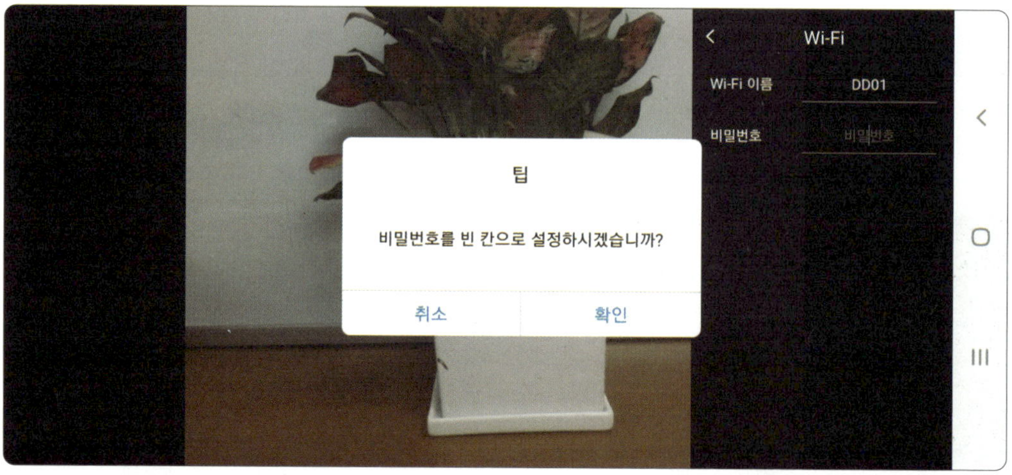
Wi-Fi
Wi-Fi 이름
DD01
비밀번호
팁
비밀번호를 빈 칸으로 설정하시겠습니까?
취소
확인

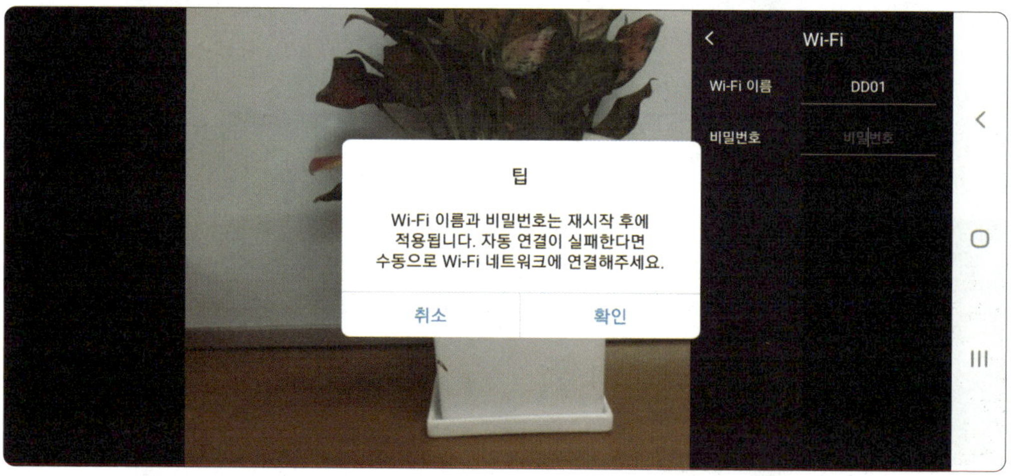
Wi-Fi
Wi-Fi 이름
DD01
비밀번호
팁
Wi-Fi 이름과 비밀번호는 재시작 후에
적용됩니다. 자동 연결이 실패한다면
수동으로 Wi-Fi 네트워크에 연결해주세요.
취소
확인

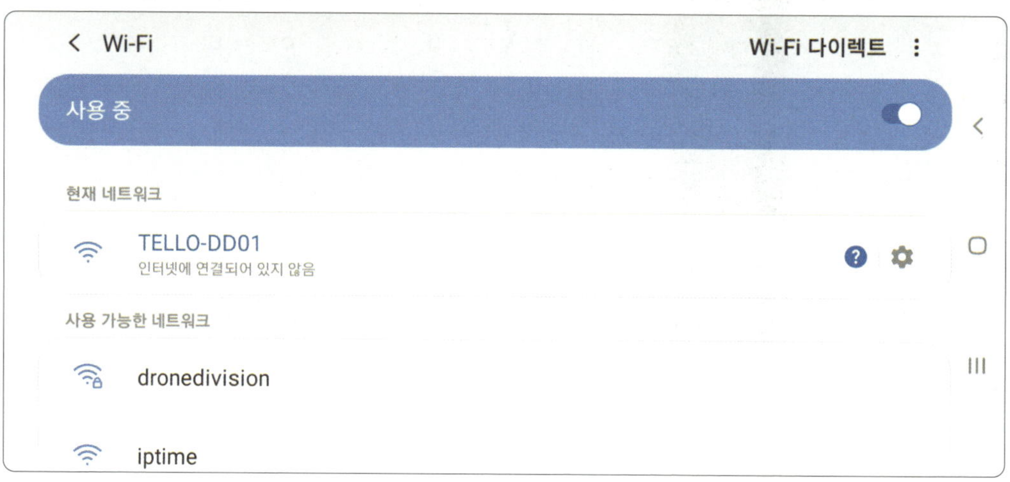
Wi-Fi
Wi-Fi 다이렉트
사용 중
현재 네트워크
TELLO-DD01
인터넷에 연결되어 있지 않음
사용 가능한 네트워크
dronedivision
iptime

06 **기체 설정 메뉴:** 더보기 메뉴에서 다시 하단의 '더보기' 메뉴로 들어가게 되면 다음과 같이 기체 설정 메뉴가 나타나고 메뉴 내용은 사용안내, 측정단위, 배터리 부족 경고, 조이스틱 모드변경, EV(밝기) 조절, 최고 고도, 비디오 비트레이트(전송 속도) 등의 설정이 가능하다.

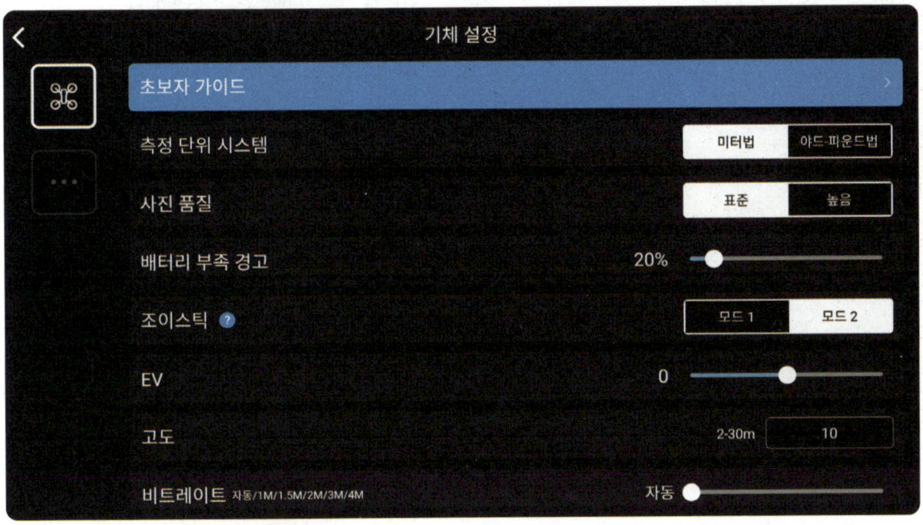

07 **기체 센서 설정 메뉴:** 기체 설정 메뉴에서 ··· 버튼을 터치하게 되면 기체 센서 설정 메뉴에 진입하게 되는데 메뉴 내용으로는 IMU[1] 캘리브레이션, 무게중심 캘리브레이션, 펌웨어 업데이트와 버전 정보 등의 메뉴를 볼 수 있다.

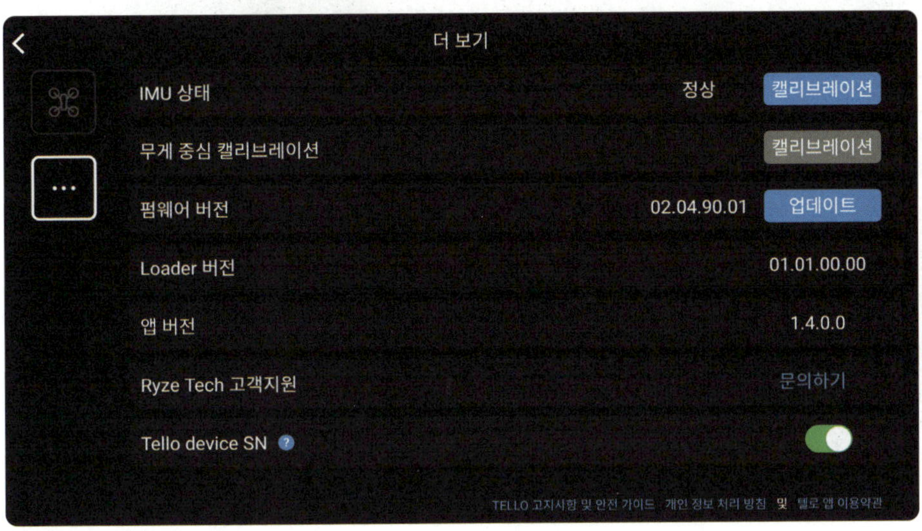

08 **펌웨어 업데이트:** 기체를 처음 작동시킨 경우라면 버그수정이나 성능향상 등 안정화를 위하여 최신 펌웨어로 업데이트 해주는 것이 좋다. 펌웨어 업데이트는 '업데이트' 버튼을 터치하여 펌웨어 정보와 안내에 따라 진행한다.

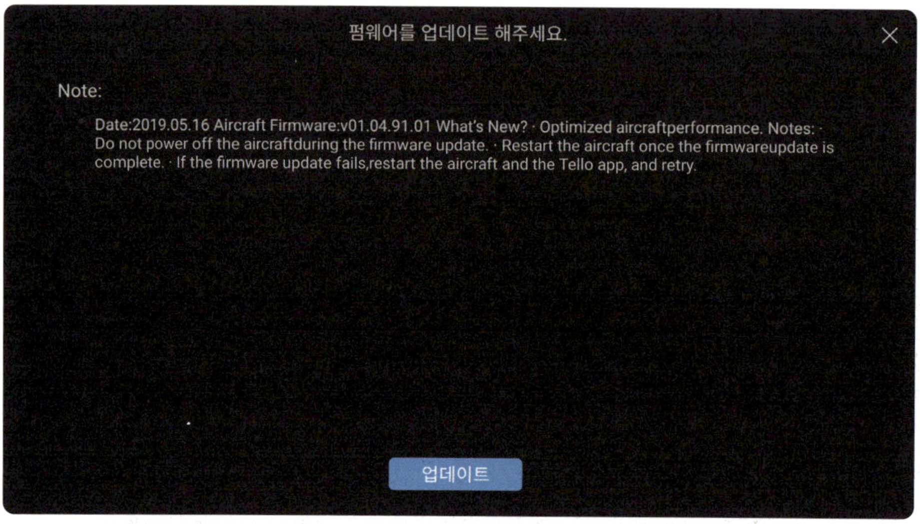

기체에 최신 펌웨어가 적용되어 있을 때는 다음과 같이 '최신 펌웨어' 메시지가 나타나 업데이트 할 필요가 없으며 펌웨어 업데이트가 필요한 경우에는 안내에 따라 진행해주면 되는데 대략 5~10분 정도 소요되며 기체가 재부팅된다. 펌웨어 업데이트는 배터리가 충분한 상태에서 실시해야 한다.

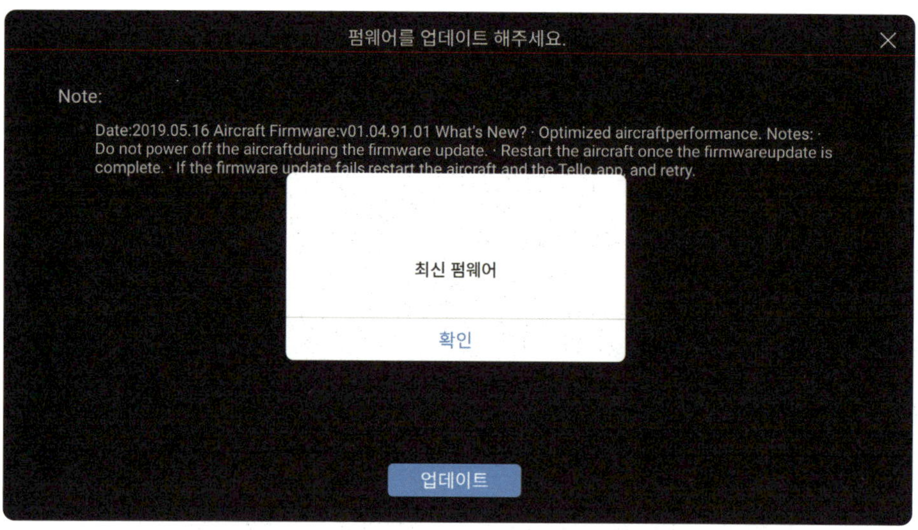

1) IMU(Inertial Measurement Unit) : 관성 측정장치

09 **기체 이륙 방법:** 텔로 에듀를 이륙시키려면 초기화면에서 왼쪽 상단의 위쪽 화살표 버튼을 터치한다. 다음과 같이 '밀어서 이륙' 메뉴가 나타나고 흰 원을 오른쪽으로 밀면 기체가 이륙하게 된다.

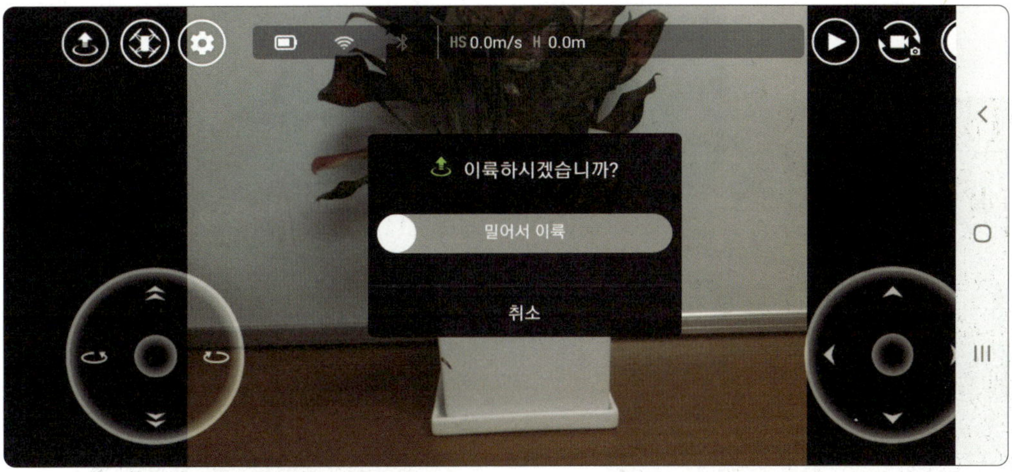

10 **기체 조종 방법:** 기체가 이륙한 상태에서 기체를 조종하려면 왼쪽 하단과 오른쪽 하단의 조이스틱을 조작하면 된다. 왼쪽 하단의 조이스틱은 위아래 방향으로 조작하여(스로틀 조작) 기체의 상승/하강, 좌우 방향으로(러더 조작) 좌회전/우회전 비행이 가능하며 우측 하단의 조이스틱은 위아래 방향으로(엘리베이터 조작) 전진/후진, 좌우 방향으로(에일러론 조작) 좌이동/우이동 비행이 가능하다.

11 **기체 착륙 방법:** 기체를 착륙시키려면 이륙 버튼과 마찬가지로 왼쪽 상단의 아래쪽 화살표 버튼을 터치하여 다음과 같은 메뉴가 나타날 때 '터치하여 착륙' 또는 '손바닥 착륙'을 터치하여 착륙시킬 수 있는데 기체 조작에 익숙지 않은 경우라면 부상 우려가 있으므로 '터치하여 착륙' 버튼을 터치하여 착륙시키기를 권장한다. 또한 왼쪽 조이스틱을 아래쪽으로(스로틀 하향) 계속 조작하면 착륙 가능하다.

12 **촬영모드 변경:** 다음은 촬영모드 변경에 대해 설명하기로 한다. 촬영모드는 사진촬영/비디오촬영을 선택할 수 있으며 우측 상단의 카메라 모양을 터치하여 모드를 변경할 수 있다. 다음은 비디오촬영 모드로 변경된 모습이고 빨간색 원을 터치하면 비디오 촬영이 시작되고 다시 터치하면 촬영을 종료시킬 수 있다. 사진 촬영도 마찬가지로 같은 위치의 흰색 원을 터치하면 사진 촬영이 이루어진다.

13 **비행 모드:** 왼쪽 상단 중앙의 드론모양을 터치하면 다음과 같이 여러 가지 비행모드를 선택할 수 있는 메뉴가 배치되어 있는데 메뉴 내용으로는 Throw & Go, 8D 플립, Up & Away, 360도 선회, 써클 비행, 바운스 모드 등의 모드로 구성되어있다.

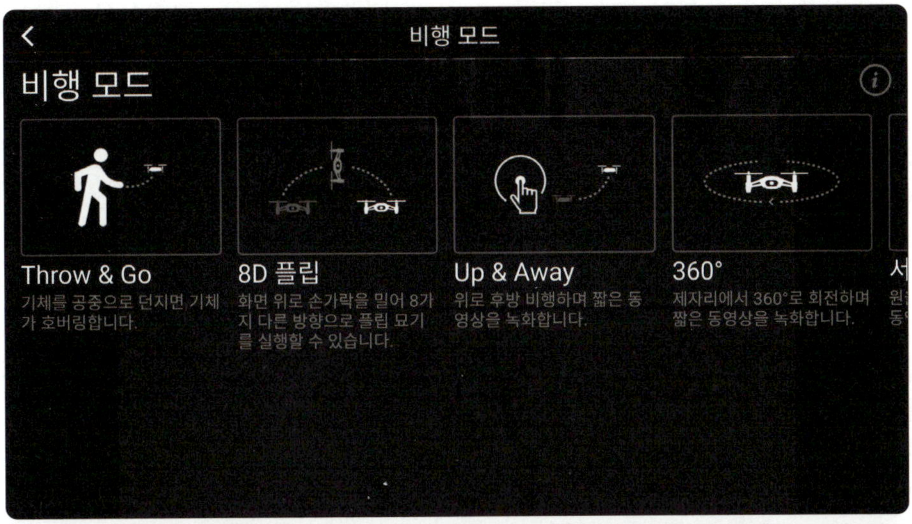

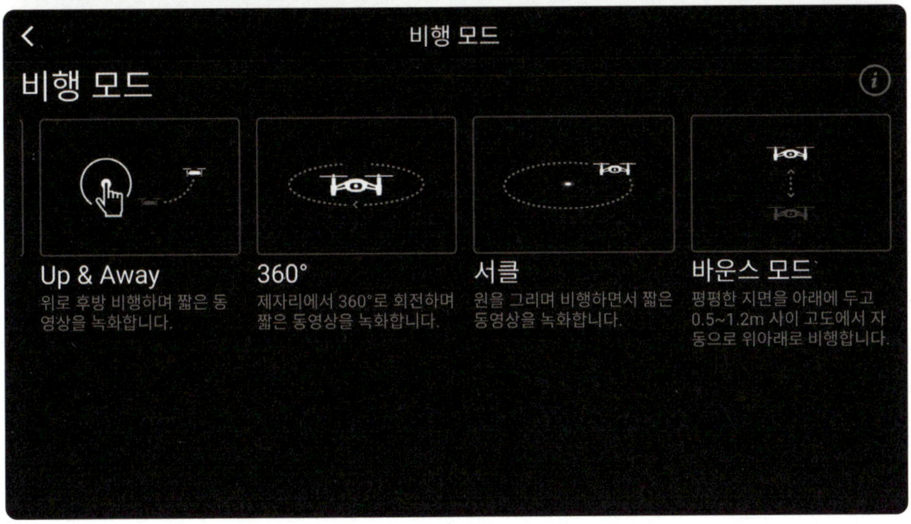

14 **기체 안정화 방법:** 텔로 에듀는 하방 비전센서와 기압 고도계, 적외선 고도센서를 탑재해 제자리 비행에 탁월하나 기체 자체가 안정화 되어야지만 제자리 호버링과 군집비행 시 위치제어 등 자체 성능을 발휘할 수 있으므로, 조종법과는 별도로 기체를 안정화시키는 방법에 대하여 알아보기로 한다. 조종앱을 이용하여 기체를 이륙시켰을 때 기체가 미세하게 또는 눈에 띄게 흐르는 경우가 발생할 수 있는데 이를 안정화 시키는 방법으로는 다음과 같은 방법 들을 들 수 있다.

① 최신 펌웨어 업데이트

② IMU 캘리브레이션 (센서보정)

③ 무게중심 캘리브레이션 (balancing)

④ 새 프로펠러로 교체 (손상시 또는 IMU 캘리브레이션/balancing 에도 기체가 흐를 때)

15 **최신 펌웨어 업데이트:** 펌웨어 업데이트는 확인하여 업데이트가 있으면 적용하고 방법은 08 항목에 설명한 대로 수행하면 된다.

16 **IMU 캘리브레이션:** 다음으로 IMU 캘리브레이션(센서보정)에 대하여 설명하기로 한다. IMU는 텔로 내부에 탑재된 자이로와 가속도 센서, 기압 고도계 등의 센서모듈을 의미한다. 외부 충격 등으로 기체가 불안정한 모습을 보일 때는 IMU 캘리브레이션을 수행하여 상태를 호전시킬 수 있다.

우선 기체의 프로펠러 가드를 제거한 뒤 기체 전원을 켜고 텔로 앱을 실행하여 텔로 에듀의 Wifi에 접속한다. 캘리브레이션 방법은 화면 우측 상단의 설정(톱니) 버튼 → 더보기 → 더보기 → 기체설정의 ··· 버튼을 터치하여 다음의 기체 센서 설정 메뉴에서 IMU 상태 '캘리브레이션' 버튼을 터치하고 캘리브레이션 화면에서 '캘리브레이션' 버튼을 터치하여 아래와 같이 6-단계의 안내에 따라 기체의 자세를 바꿔주면 된다. x, y, z 3축의 각 자세마다 처음에는 노란색 LED가 깜빡이고 각 단계별 보정을 마치면 초록색으로 바뀌게 된다. 캘리브레이션을 마치면 재부팅하여 설정을 적용한다. 제대로 보정이 이루어지지 않은 경우에는 이전화면으로 돌아가 캘리브레이션을 다시 실행해주도록 한다.

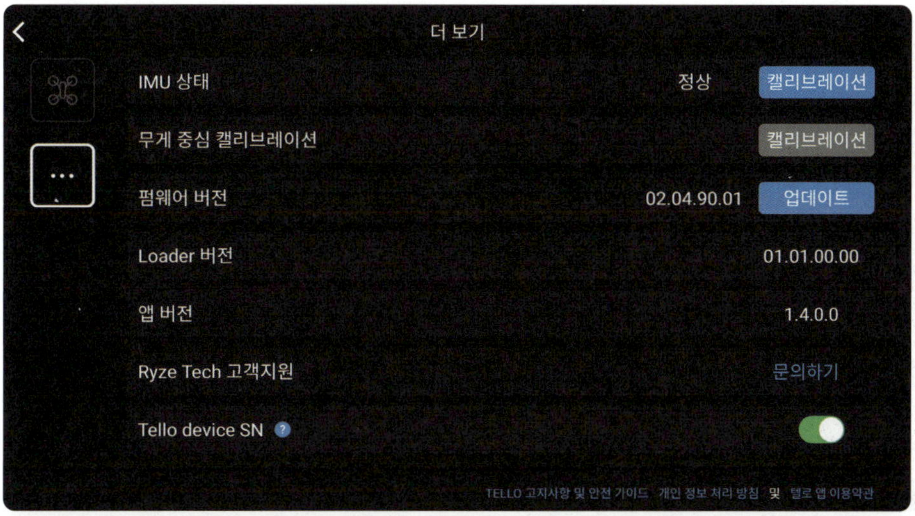
더 보기
IMU 상태
정상
캘리브레이션
무게 중심 캘리브레이션
캘리브레이션
펌웨어 버전
02.04.90.01
업데이트
Loader 버전
01.01.00.00
앱 버전
1.4.0.0
Ryze Tech 고객지원
문의하기
Tello device SN
TELLO 고지사항 및 안전 가이드 개인 정보 처리 방침 및 텔로 앱 이용약관

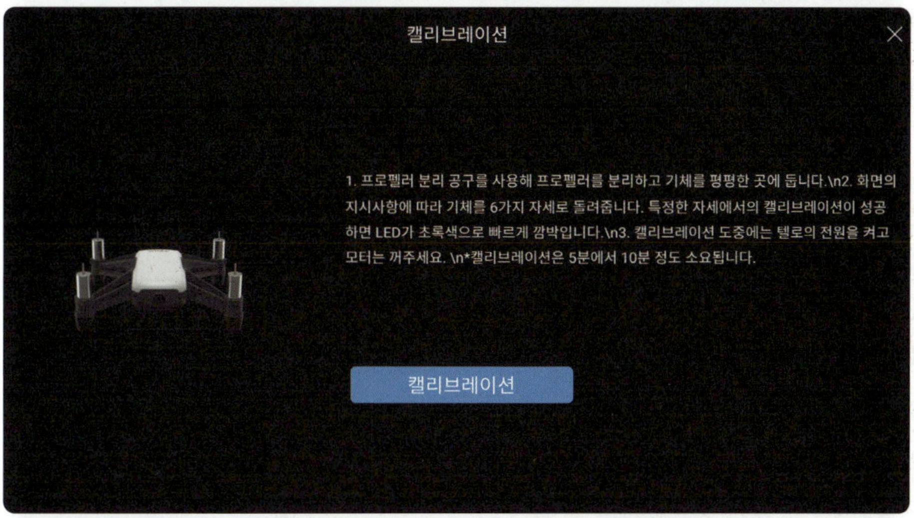
캘리브레이션
1. 프로펠러 분리 공구를 사용해 프로펠러를 분리하고 기체를 평평한 곳에 둡니다.\n2. 화면의 지시사항에 따라 기체를 6가지 자세로 돌려줍니다. 특정한 자세에서의 캘리브레이션이 성공하면 LED가 초록색으로 빠르게 깜박입니다.\n3. 캘리브레이션 도중에는 텔로의 전원을 켜고 모터는 꺼주세요. \n*캘리브레이션은 5분에서 10분 정도 소요됩니다.
캘리브레이션

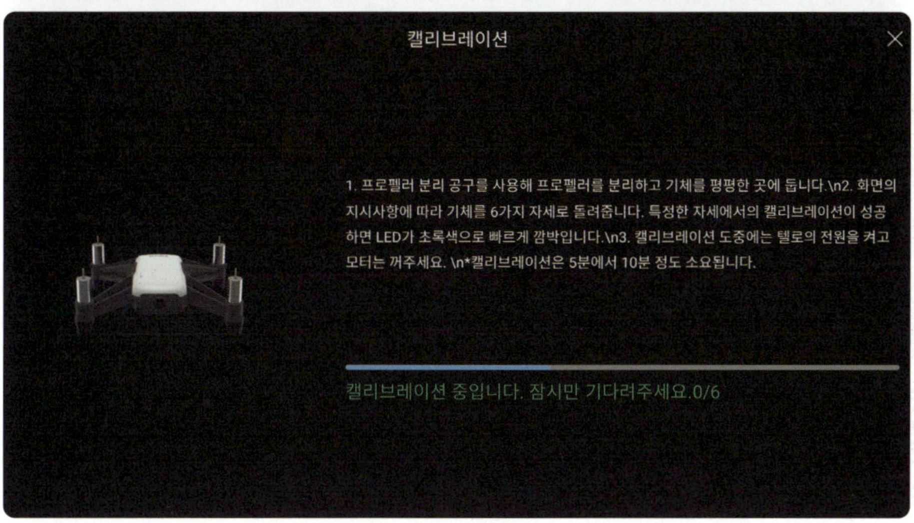
캘리브레이션
1. 프로펠러 분리 공구를 사용해 프로펠러를 분리하고 기체를 평평한 곳에 둡니다.\n2. 화면의 지시사항에 따라 기체를 6가지 자세로 돌려줍니다. 특정한 자세에서의 캘리브레이션이 성공하면 LED가 초록색으로 빠르게 깜박입니다.\n3. 캘리브레이션 도중에는 텔로의 전원을 켜고 모터는 꺼주세요. \n*캘리브레이션은 5분에서 10분 정도 소요됩니다.
캘리브레이션 중입니다. 잠시만 기다려주세요.0/6

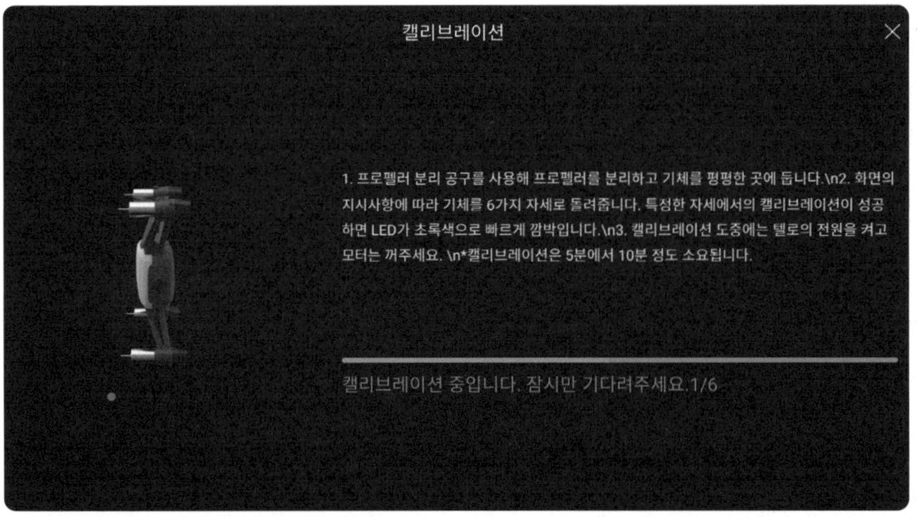
캘리브레이션
1. 프로펠러 분리 공구를 사용해 프로펠러를 분리하고 기체를 평평한 곳에 둡니다.\n2. 화면의 지시사항에 따라 기체를 6가지 자세로 돌려줍니다. 특정한 자세에서의 캘리브레이션이 성공하면 LED가 초록색으로 빠르게 깜박입니다.\n3. 캘리브레이션 도중에는 텔로의 전원을 켜고 모터는 꺼주세요. \n*캘리브레이션은 5분에서 10분 정도 소요됩니다.
캘리브레이션 중입니다. 잠시만 기다려주세요.1/6

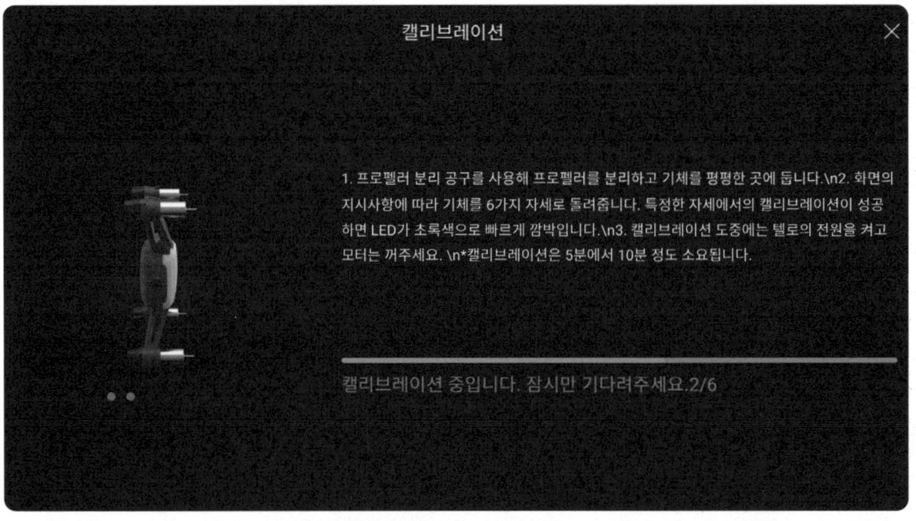
캘리브레이션
1. 프로펠러 분리 공구를 사용해 프로펠러를 분리하고 기체를 평평한 곳에 둡니다.\n2. 화면의 지시사항에 따라 기체를 6가지 자세로 돌려줍니다. 특정한 자세에서의 캘리브레이션이 성공하면 LED가 초록색으로 빠르게 깜박입니다.\n3. 캘리브레이션 도중에는 텔로의 전원을 켜고 모터는 꺼주세요. \n*캘리브레이션은 5분에서 10분 정도 소요됩니다.
캘리브레이션 중입니다. 잠시만 기다려주세요.2/6

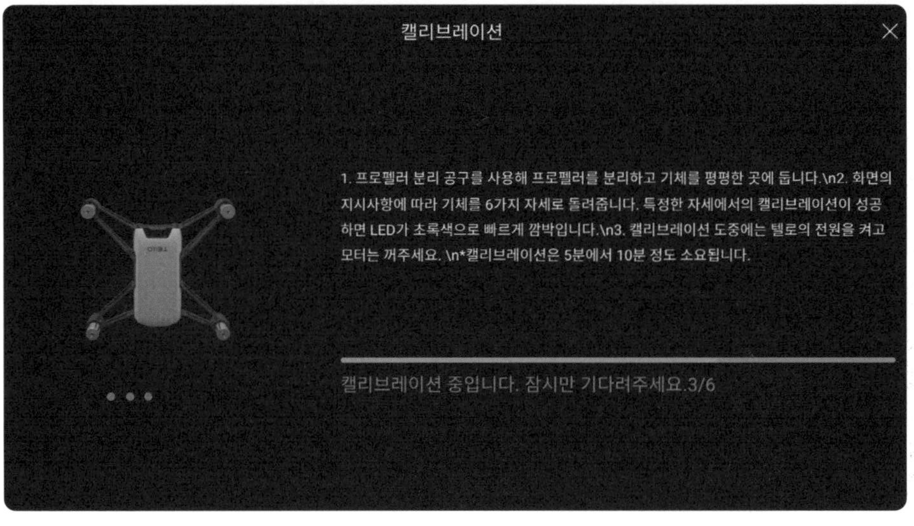
캘리브레이션
1. 프로펠러 분리 공구를 사용해 프로펠러를 분리하고 기체를 평평한 곳에 둡니다.\n2. 화면의 지시사항에 따라 기체를 6가지 자세로 돌려줍니다. 특정한 자세에서의 캘리브레이션이 성공하면 LED가 초록색으로 빠르게 깜박입니다.\n3. 캘리브레이션 도중에는 텔로의 전원을 켜고 모터는 꺼주세요. \n*캘리브레이션은 5분에서 10분 정도 소요됩니다.
캘리브레이션 중입니다. 잠시만 기다려주세요.3/6

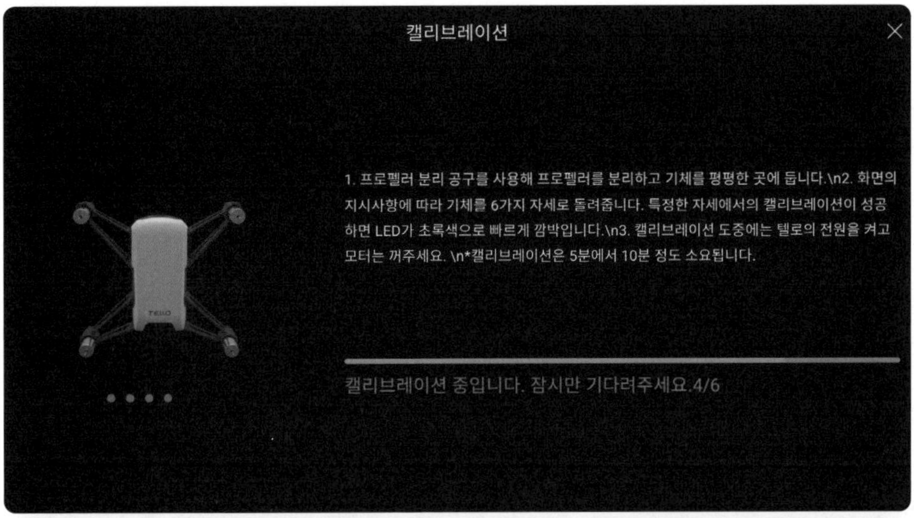
캘리브레이션
1. 프로펠러 분리 공구를 사용해 프로펠러를 분리하고 기체를 평평한 곳에 둡니다.\n2. 화면의 지시사항에 따라 기체를 6가지 자세로 돌려줍니다. 특정한 자세에서의 캘리브레이션이 성공하면 LED가 초록색으로 빠르게 깜박입니다.\n3. 캘리브레이션 도중에는 텔로의 전원을 켜고 모터는 꺼주세요. \n*캘리브레이션은 5분에서 10분 정도 소요됩니다.
캘리브레이션 중입니다. 잠시만 기다려주세요.4/6

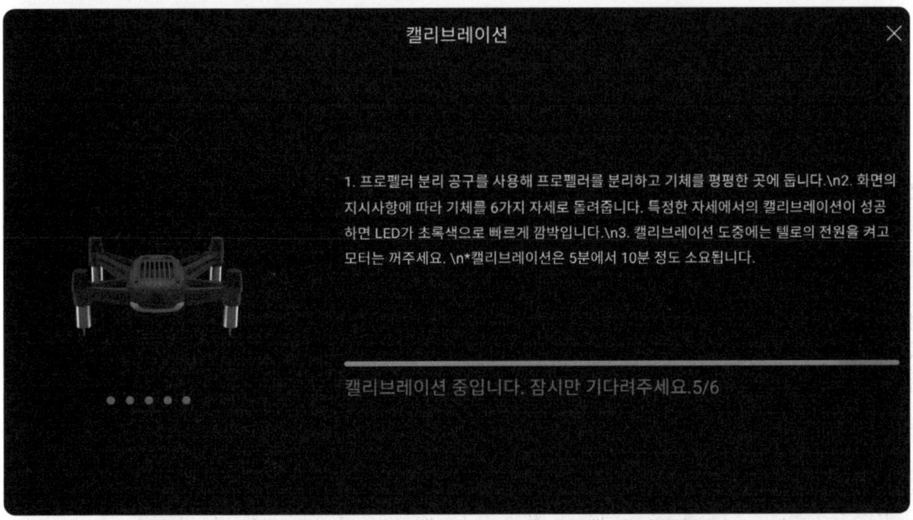
캘리브레이션
1. 프로펠러 분리 공구를 사용해 프로펠러를 분리하고 기체를 평평한 곳에 둡니다.\n2. 화면의 지시사항에 따라 기체를 6가지 자세로 돌려줍니다. 특정한 자세에서의 캘리브레이션이 성공하면 LED가 초록색으로 빠르게 깜박입니다.\n3. 캘리브레이션 도중에는 텔로의 전원을 켜고 모터는 꺼주세요. \n*캘리브레이션은 5분에서 10분 정도 소요됩니다.
캘리브레이션 중입니다. 잠시만 기다려주세요.5/6

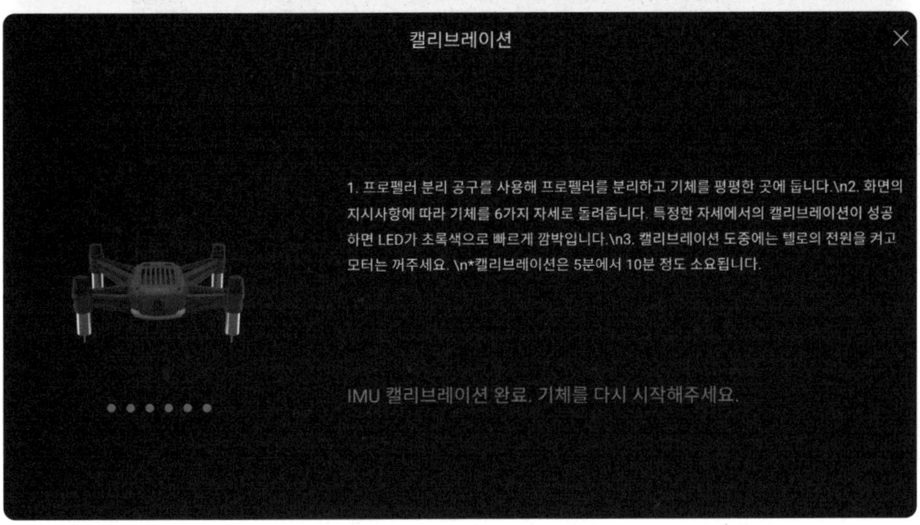
캘리브레이션
1. 프로펠러 분리 공구를 사용해 프로펠러를 분리하고 기체를 평평한 곳에 둡니다.\n2. 화면의 지시사항에 따라 기체를 6가지 자세로 돌려줍니다. 특정한 자세에서의 캘리브레이션이 성공하면 LED가 초록색으로 빠르게 깜박입니다.\n3. 캘리브레이션 도중에는 텔로의 전원을 켜고 모터는 꺼주세요. \n*캘리브레이션은 5분에서 10분 정도 소요됩니다.
IMU 캘리브레이션 완료. 기체를 다시 시작해주세요.

17 **무게중심 캘리브레이션:** 다음은 무게중심 캘리브레이션(balancing)에 대해 알아보기로 한다. 기체마다 자체의 무게중심의 위치가 다르고 배터리를 다른 것으로 교체하기도 하므로 무게중심의 위치가 약간씩 변화하게 된다. 텔로 에듀는 기체의 비행제어기 FC(Flight Controler)와 하방 비전센서를 통해 자세 및 위치를 제어하여 안정화를 시도하나 무게중심이 쏠리게 되는 경우 기체가 눈에 띄게 흐르기도 한다. 이런 경우 무게중심 캘리브레이션을 통해 상태가 호전되는 경우가 있다.

무게중심 캘리브레이션은 기체가 호버링하는 상태에서 실시하므로 이륙 전에는 버튼이 비활성화 상태로 있다가 이륙을 시키고 기체 센서 설정 메뉴를 보면 무게중심 캘리브레이션 버튼이 활성화된 것을 알 수 있다. 무게중심 캘리브레이션 버튼을 터치하면 아래와 같이 메뉴가 나타나고 터치하여 캘리브레이션을 수행한다. 캘리브레이션은 약 15초 정도 소요되며 기체의 앞면의 LED가 처음의 녹색에서 보라색으로 바뀌고 캘리브레이션이 종료되면 다시 녹색으로 돌아온다. 보정을 마쳤으면 기체를 착륙시킨다. 착륙시 흐르지 않고 수직으로 똑바로 착륙하면 무게중심 보정이 제대로 이루어진 것이다. 기체 흐름이나 착륙시 흐름 등이 호전되지 않으면 몇 번 다시 보정을 실시한다.

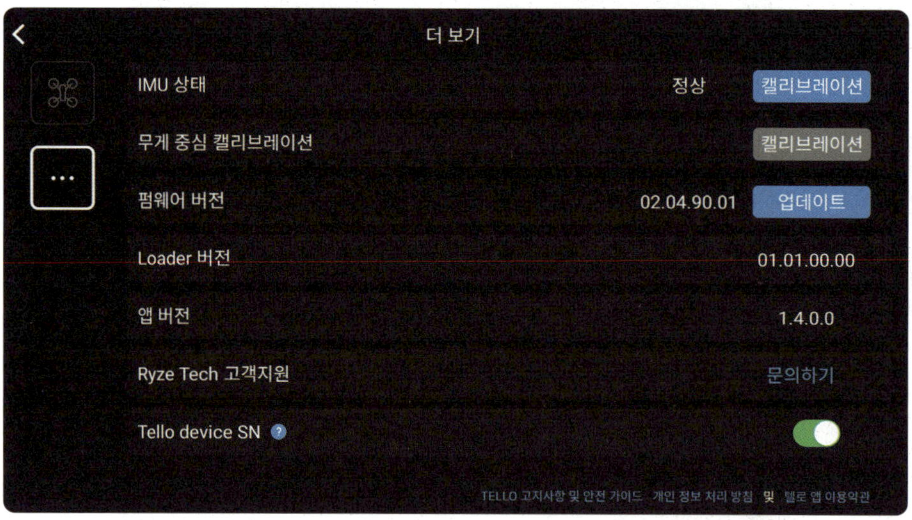

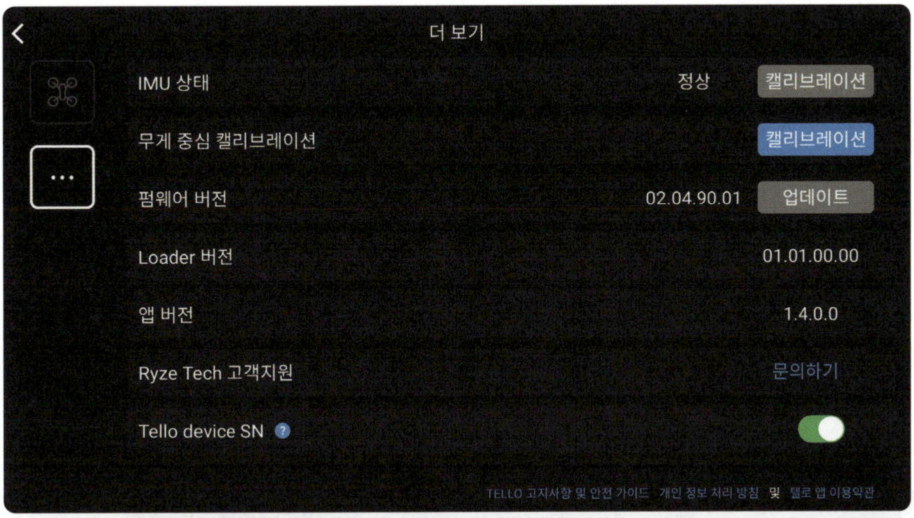
더 보기
IMU 상태
정상
캘리브레이션
무게 중심 캘리브레이션
캘리브레이션
펌웨어 버전
02.04.90.01
업데이트
Loader 버전
01.01.00.00
앱 버전
1.4.0.0
Ryze Tech 고객지원
문의하기
Tello device SN
TELLO 고지사항 및 안전 가이드 개인 정보 처리 방침 및 텔로 앱 이용약관

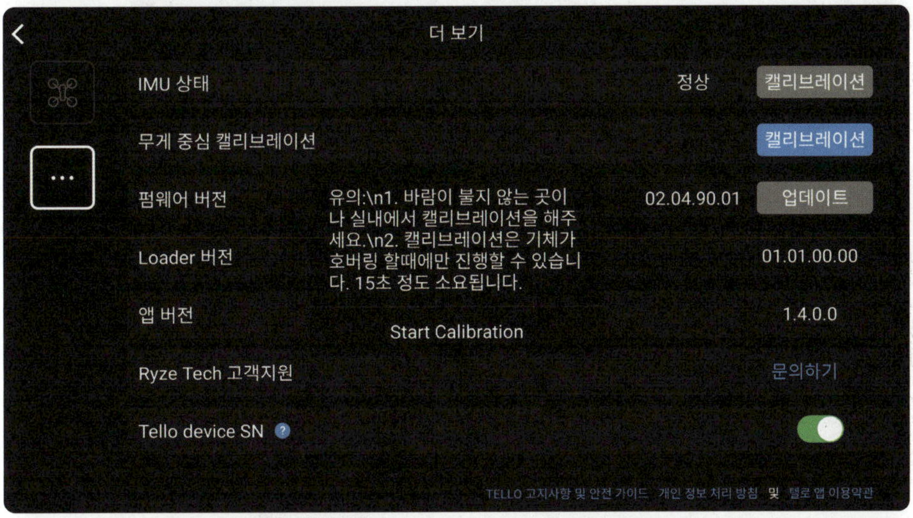
더 보기
IMU 상태
정상
캘리브레이션
무게 중심 캘리브레이션
캘리브레이션
펌웨어 버전
02.04.90.01
업데이트
Loader 버전
01.01.00.00
앱 버전
1.4.0.0
유의:\n1. 바람이 불지 않는 곳이 나 실내에서 캘리브레이션을 해주 세요.\n2. 캘리브레이션은 기체가 호버링 할때에만 진행할 수 있습니 다. 15초 정도 소요됩니다.
Start Calibration
Ryze Tech 고객지원
문의하기
Tello device SN
TELLO 고지사항 및 안전 가이드 개인 정보 처리 방침 및 텔로 앱 이용약관

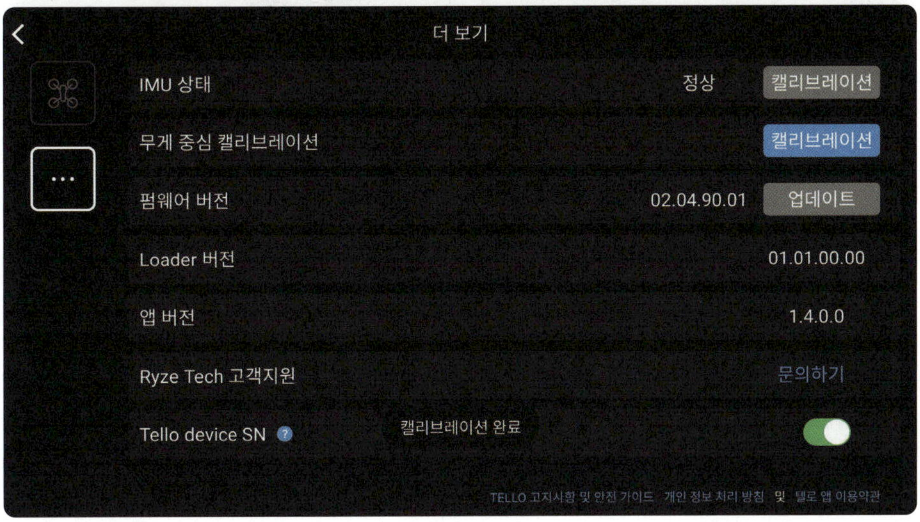
더 보기
IMU 상태
정상
캘리브레이션
무게 중심 캘리브레이션
캘리브레이션
펌웨어 버전
02.04.90.01
업데이트
Loader 버전
01.01.00.00
앱 버전
1.4.0.0
Ryze Tech 고객지원
문의하기
Tello device SN
캘리브레이션 완료
TELLO 고지사항 및 안전 가이드 개인 정보 처리 방침 및 텔로 앱 이용약관

18 **프로펠러 교체 방법:** 기체의 IMU 캘리브레이션과 무게중심 캘리브레이션을 수행하여도 기체 흐름이 호전되지 않을 때는 프로펠러의 손상 또는 왜곡을 의심해 보아야 한다. 드론은 4개의 프로펠러 양력 발생에 의해 자세를 제어하므로 눌림이나 비틀림 등으로 프로펠러가 왜곡되어있을 경우 자세 제어가 제대로 이루어지지 않아 기체 흐름 현상이 발생할 수 있다. 또 프로펠러가 손상되어있을 경우에는 프로펠러가 제대로 돌지 않거나 이륙이 안되는 등 이상현상을 보인다.

이런 경우 새 프로펠러로 교체해줌으로써 상태가 호전되는 경우가 있다. 그리고 드론은 프로펠러에 의해 모든 동작이 이루어지므로 평상시 프로펠러의 관리에 각별한 주의를 기울여야 한다. 텔로 에듀 포장 박스에는 다음과 같이 여분의 프로펠러 4개와 교체용 공구가 포함되어 있다.

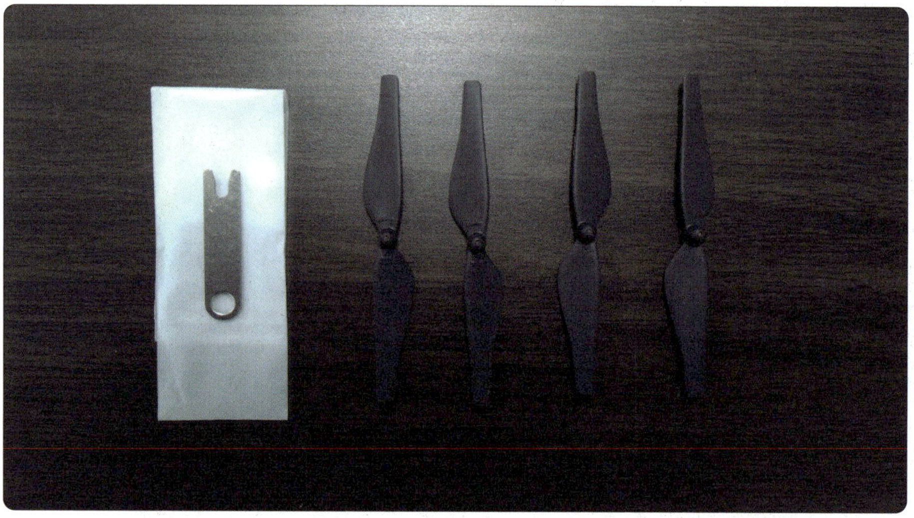

아래와 같이 프로펠러 가드를 제거한 뒤 교체용 공구를 지렛대처럼 사용하여 위로 들어 올리듯이 하여 손상된 프로펠러를 제거해준다.

프로펠러를 제거한 뒤에는 교체할 새 프로펠러를 꾹 눌러 딸깍 소리가 날 때까지 눌러서 장착하고 프로펠러 가드를 다시 장착하도록 한다. 이 때 새 프로펠러는 반드시 기존 프로펠러의 회전방향과 일치하는 것으로 선택해야 하며 회전방향이 상이한 프로펠러로 교체 시에는 이륙이 되지 않거나 이상작동을 할 수 있으므로 주의해야 한다(1시 방향 프로펠러가 반시계 방향 회전).

프로펠러를 새로 교체하였으면 16 항목의 IMU 캘리브레이션과 17 항목의 무게중심 캘리브레이션을 다시 수행하여 기체를 최대한 안정화한다.

STEP 2 Drone Blocks 앱을 이용한 텔로 에듀 블록코딩 입문

01 **Drone Blocks 앱 설치:** 스마트폰에서 텔로 에듀를 조작가능한 앱으로는 기본 앱 외에도 여러 가지가 있으며 이 중에서 블록형식의 코딩으로 텔로 에듀 자동비행을 구현하는 앱 중 가장 단순하며 이해하기 쉬운 Drone Blocks 앱에 대해서 알아보기로 한다. 앱의 설치는 Play Store에서 'Drone Blocks'를 검색하여 다운받아 설치한다.

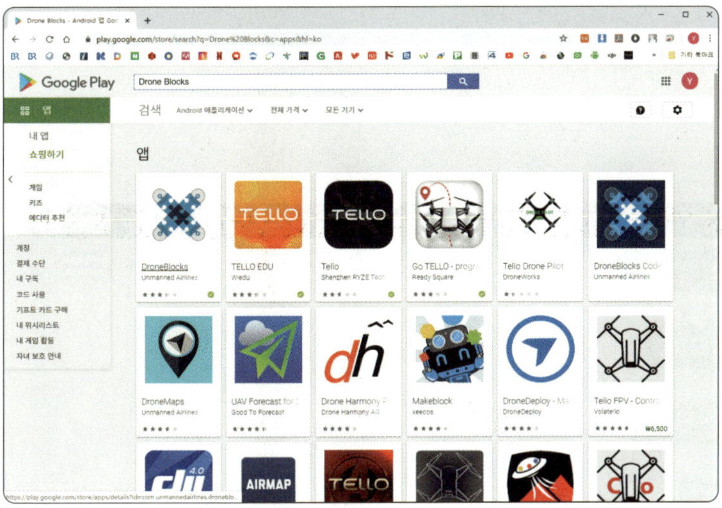

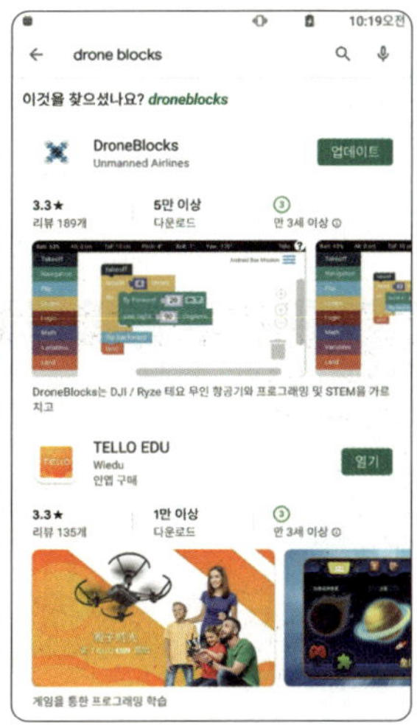

02 Drone Blocks 앱을 실행시키면 다음과 같이 왼쪽에 블록그룹과 오른쪽 흰 바탕의 블록코딩 화면을 볼 수 있다. 여기서 왼쪽의 블록그룹을 터치하면 다음 그림과 같이 하부 메뉴에 다양한 명령을 수행할 수 있는 세부 블록이 구성되어있다.

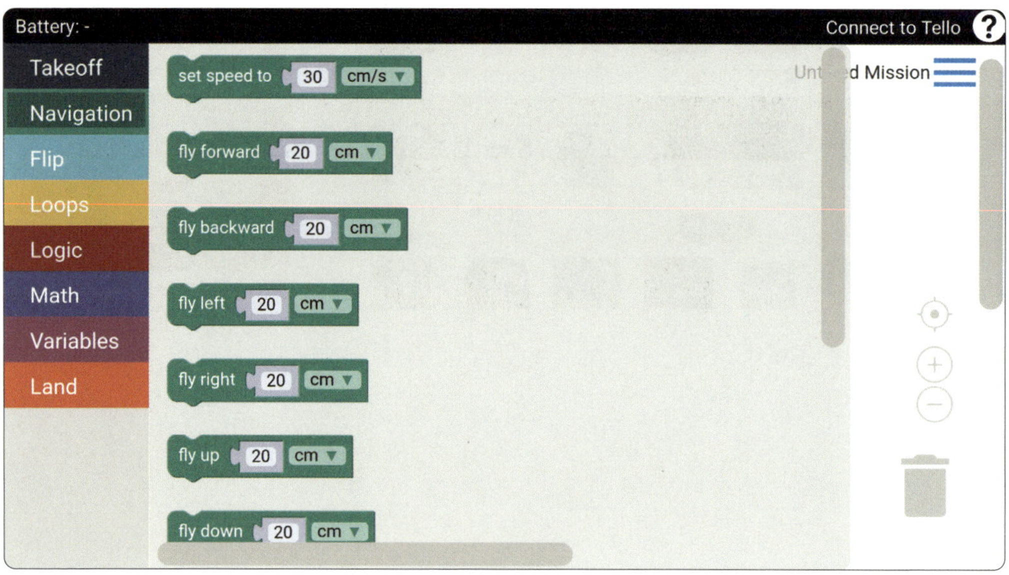

03 Drone Blocks 앱을 이용한 블록코딩 방법을 간단한 예제를 통해 살펴보기로 한다. Drone Blocks 앱을 실행시키고 다음과 같은 순서대로 블록을 구성해본다. 먼저 Takeoff 블록그룹을 터치하여 세부 메뉴에서 'takeoff' 블록을 선택하고 드래그하여 블록코딩창으로 이동시킨다. 블록을 삭제하고 다시 작업하고자 할 경우에는 삭제할 블록을 휴지통으로 드래그하면 된다.

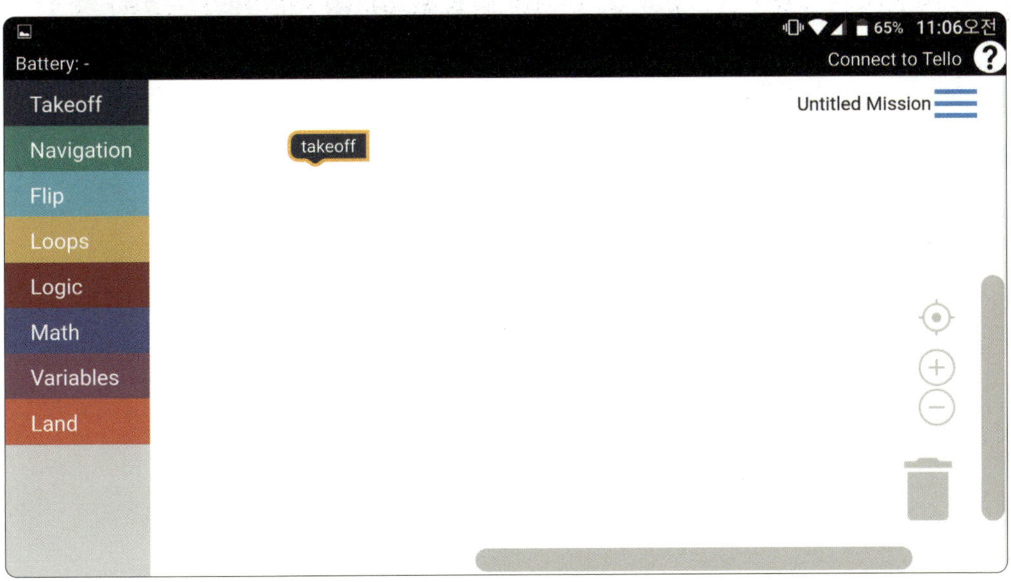

04 이륙 후 대기시간을 주기 위해 Navigation 블록그룹을 터치하여 세부 메뉴에서 'hover 5 seconds' 블록을 선택하고 드래그하여 블록코딩창으로 이동시켜 'takeoff' 블록 밑에 결합한다. 여기서 숫자는 사용자가 입력 가능하고 변수나 연산결과 등의 블록 조합으로 대체 가능하다.

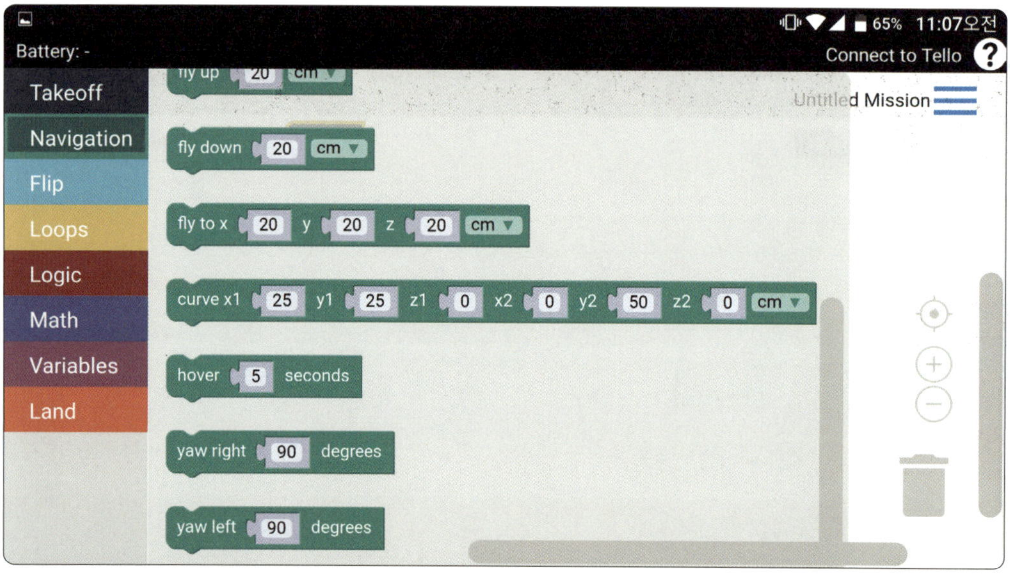

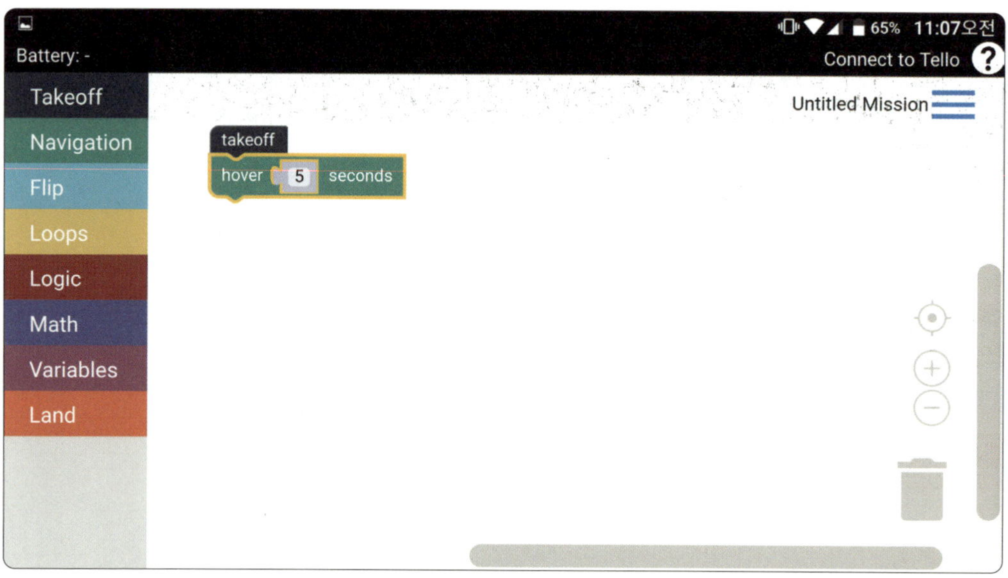

05 다시 Navigation 블록그룹을 터치하여 세부 메뉴에서 'yaw right 90 degrees' 블록을 선택하고 드래그하여 블록코딩창으로 이동시켜 'hover 5 seconds' 블록 밑에 결합한다. 여기서 'yaw right 90 degrees' 블록의 의미는 오른쪽으로 90도, 즉 시계방향으로 90도 회전을 의미하며 사용자의 입력, 연산 및 블록조합으로 대체할 수 있다.

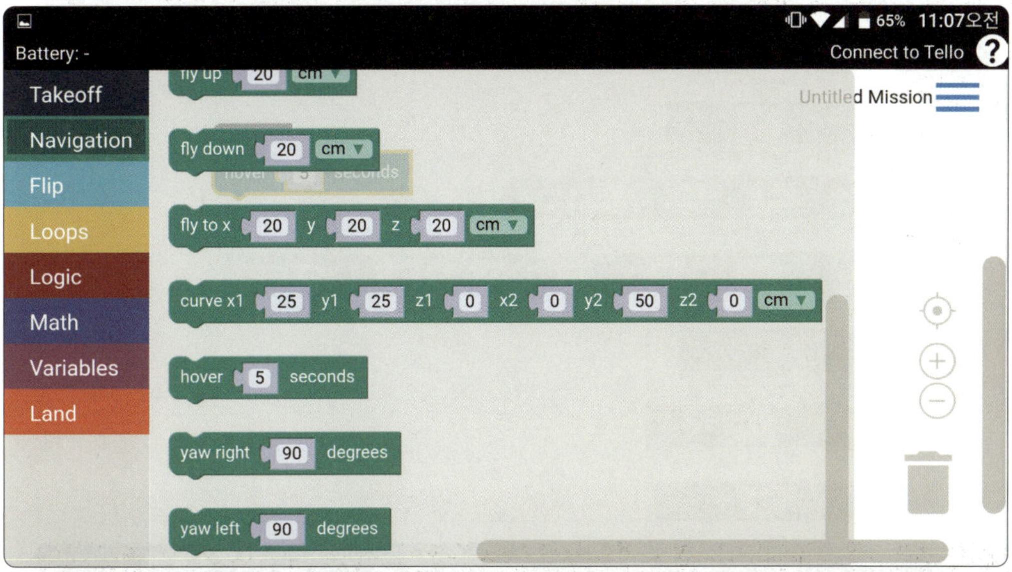

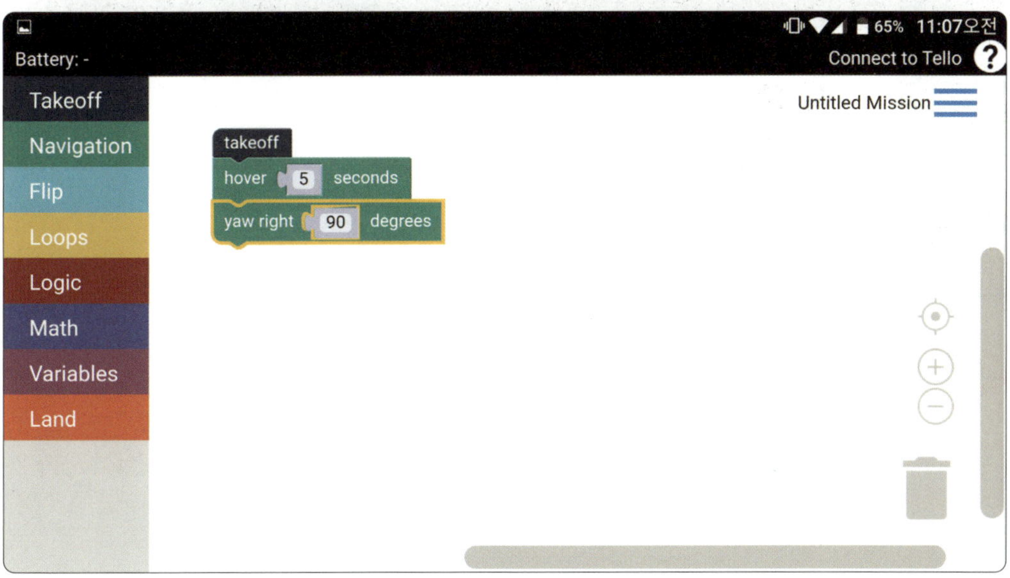

06 회전 후 대기시간을 주기 위해 Navigation 블록그룹을 터치하여 세부 메뉴에서 'hover 5 seconds' 블록을 선택하고 드래그하여 블록코딩창으로 이동시켜 'yaw right 90 degrees' 블록 밑에 결합한다.

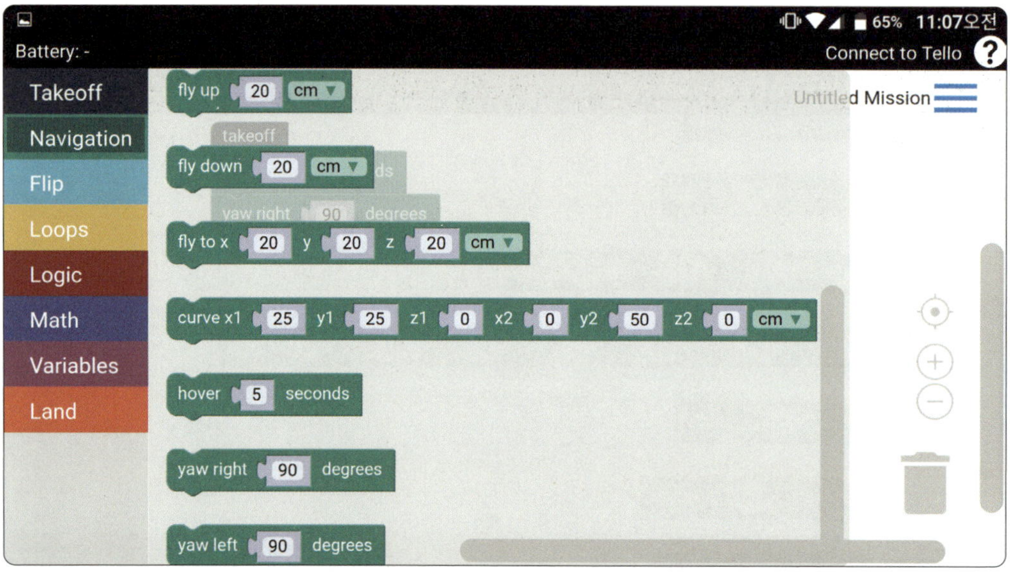

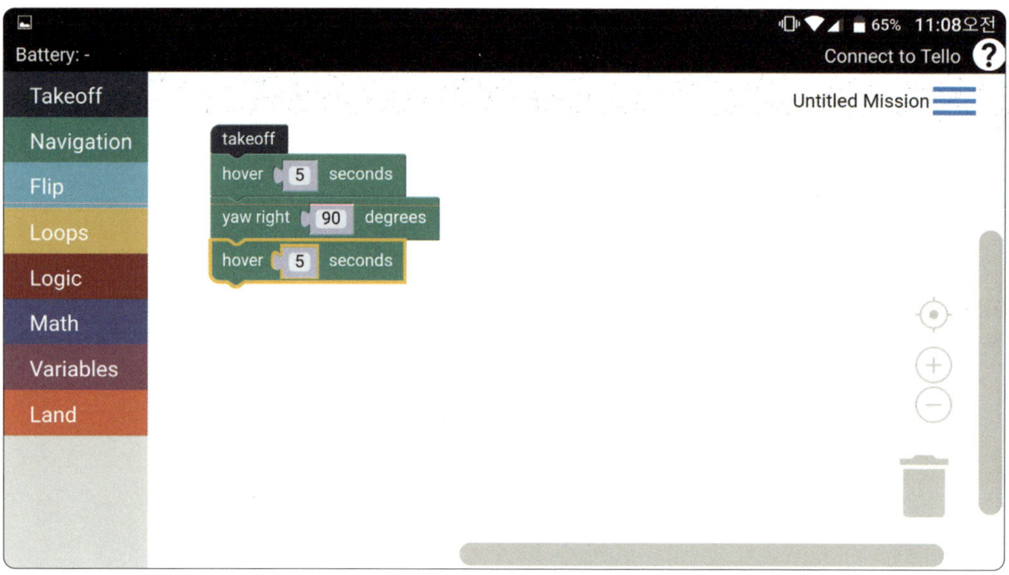

07 이번에는 Land 블록그룹을 터치하여 세부 메뉴에서 'land' 블록을 선택하고 드래그하여 블록코딩창으로 이동시켜 'hover 5 seconds' 블록 밑에 결합한다.

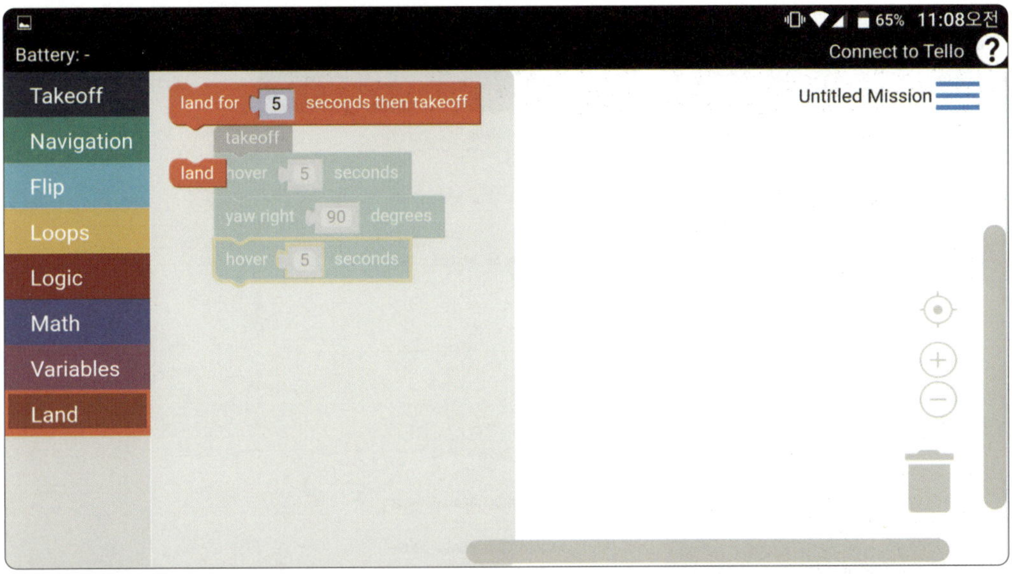

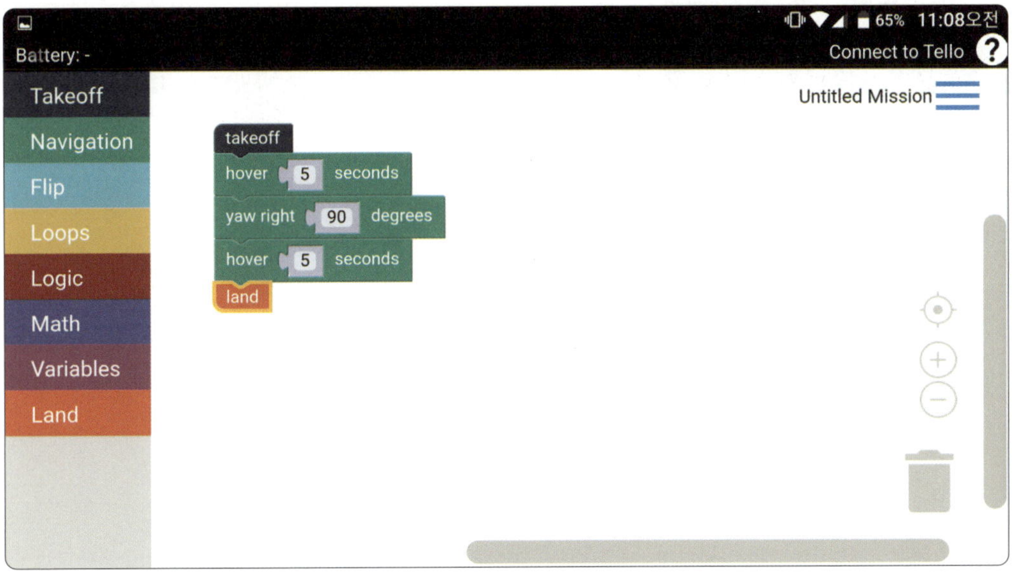

08 입력된 블록 명령을 수행하기 전 Drone Block 앱과 텔로 에듀를 연결시키기 위해 다음과 같이 Wifi 접속창에서 텔로 에듀의 SSID[2)]에 접속한다.

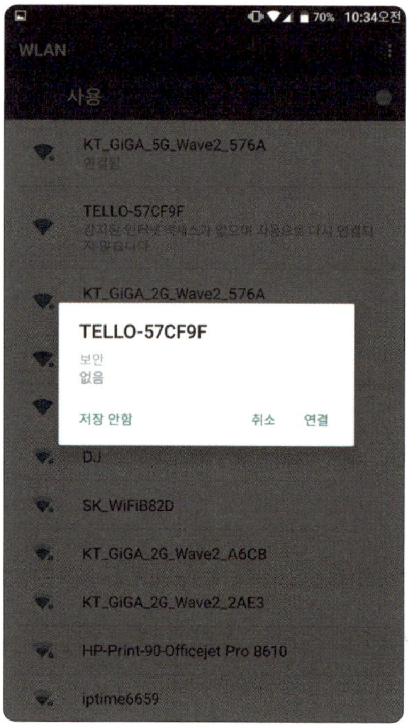

2) SSID(Subsystem Identification) : 서브시스템 식별명

09 텔로 에듀 Wifi에 접속한 후 Drone Blokcs 앱 우측 상단의 'Connect to Tello' 메뉴를 터치하여 다음 그림과 같은 연결 메시지 상자가 나타나면 'CONNECT TO TELLO' 메뉴를 터치하여 명령모드로 진입한다. 메뉴 터치후 우측 상단의 'Connect to Tello' 메뉴가 'Tello' 로 바뀌며 좌측 상단의 'Battery -' 메시지가 'Battery 100%' 와 같이 현재 배터리 잔량 표시로 바뀐 것을 볼 수 있다.

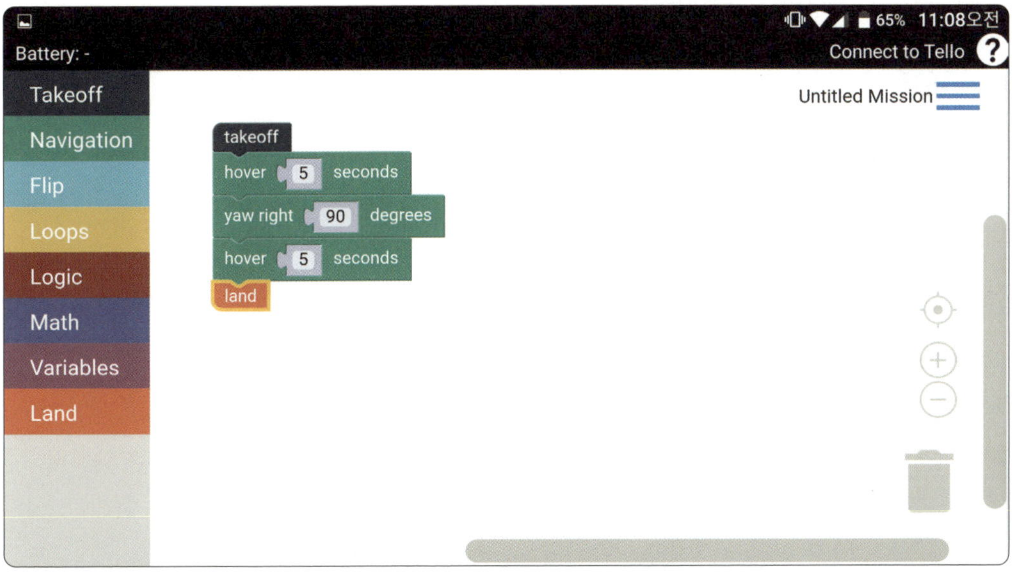

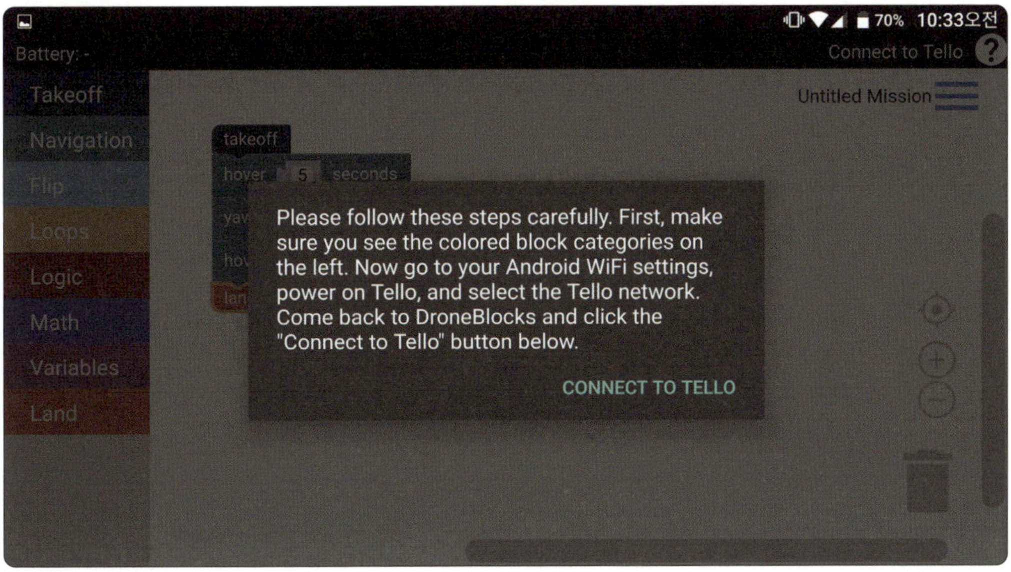

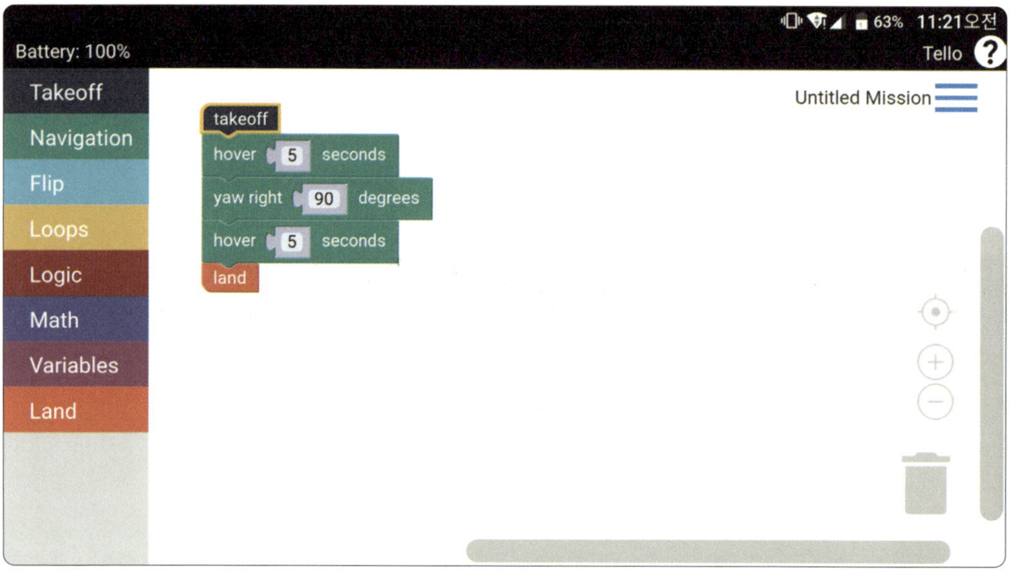

10 명령 대기 상태에서 코딩한 블록 명령을 수행시키려면 우측 상단의 ☰ 버튼을 터치하여 세부메뉴창을 열어 'Launch Mission' 메뉴를 터치하여 미션을 수행시킨다. 빨간색으로 'Abort Mission' 버튼이 나타나면서 기체가 입력된 블록명령 미션을 수행하는 것을 볼 수 있다. 미션이 종료되면 'Abort Mission' 메시지가 사라지게 된다.

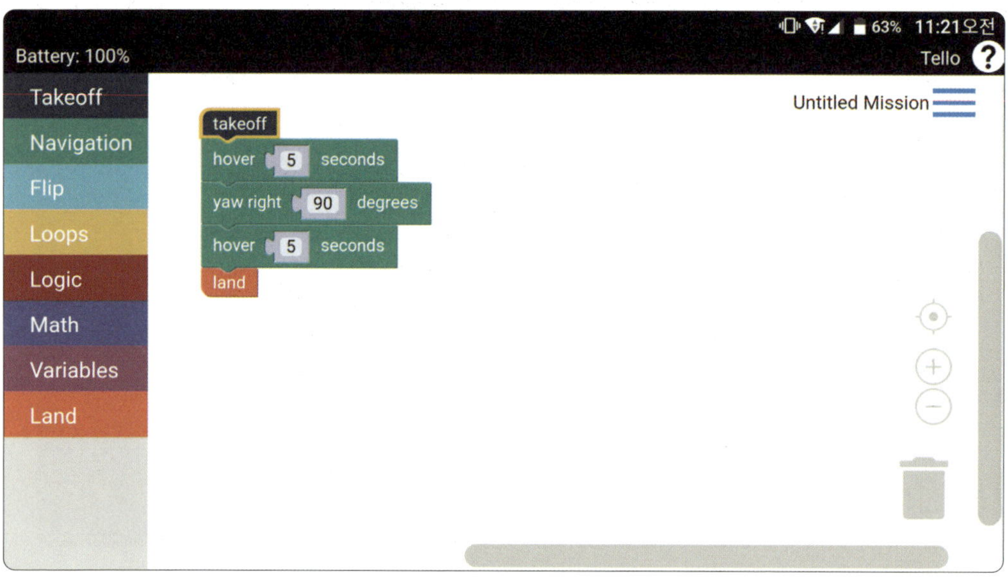

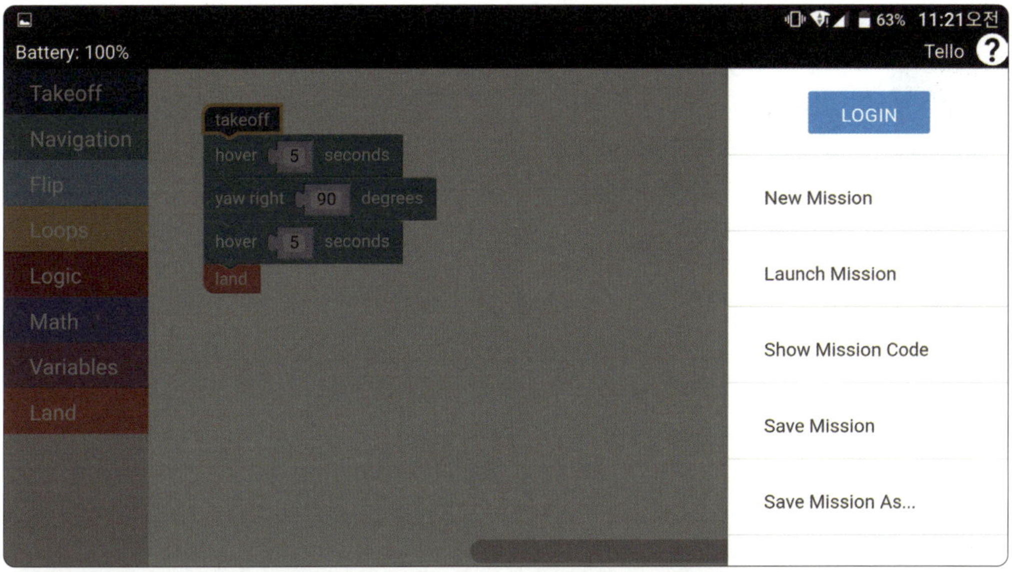
63% 11:21오전
Battery: 100%
Tello
Takeoff
Navigation
Flip
Loops
Logic
Math
Variables
Land
takeoff
hover 5 seconds
yaw right 90 degrees
hover 5 seconds
land
LOGIN
New Mission
Launch Mission
Show Mission Code
Save Mission
Save Mission As...

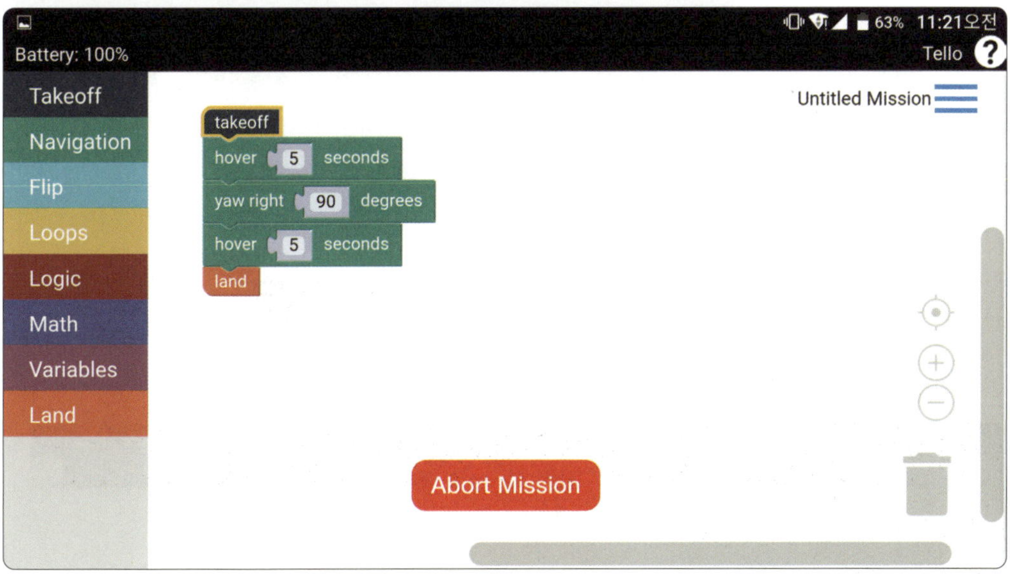
63% 11:21오전
Battery: 100%
Tello
Takeoff
Navigation
Flip
Loops
Logic
Math
Variables
Land
Untitled Mission
takeoff
hover 5 seconds
yaw right 90 degrees
hover 5 seconds
land
Abort Mission

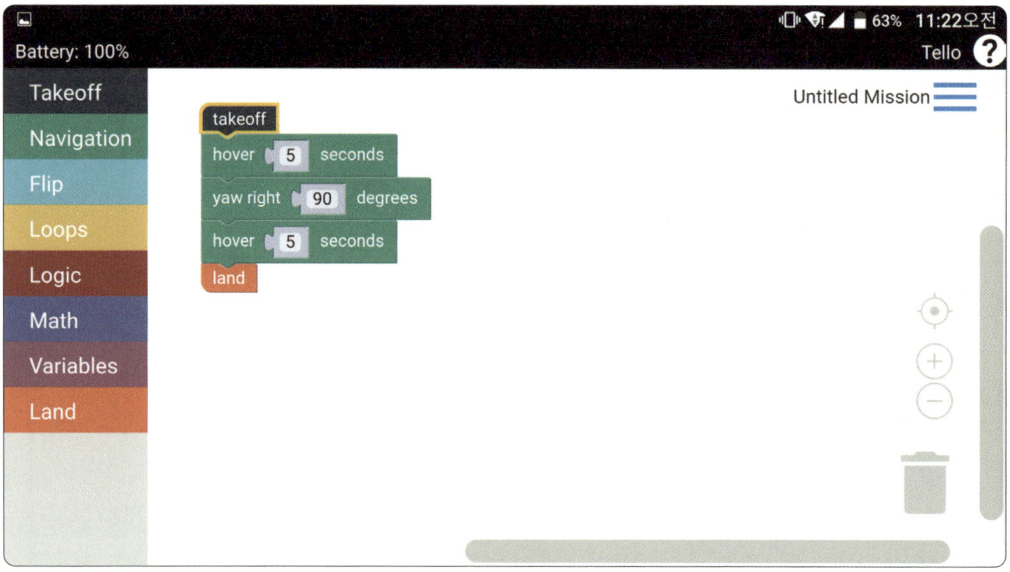

11 입력한 블록은 Drone Blocks 앱 종료후 다시 실행하여도 계속 보존이 되나 새로운 미션을 생성하면 삭제되므로 입력한 블록을 저장하거나 여러개의 블록명령을 저장하고자 할 경우에는 다음과 같이 Drone Blocks 앱 우측 상단의 ☰ 버튼을 터치하여 세부메뉴로 진입한다. 다음으로 'LOGIN' 버튼을 터치하여 계정을 생성 또는 로그인하고 'Save Mission'으로 미션을 저장하면 추후 'My Mission' 메뉴에서 불러오기가 가능하다. 단 미션의 저장 및 불러오기는 서버에 접속하여야 하므로 텔로 에듀 Wifi 가 아닌 인터넷에 접속된 상태에서 가능하다.

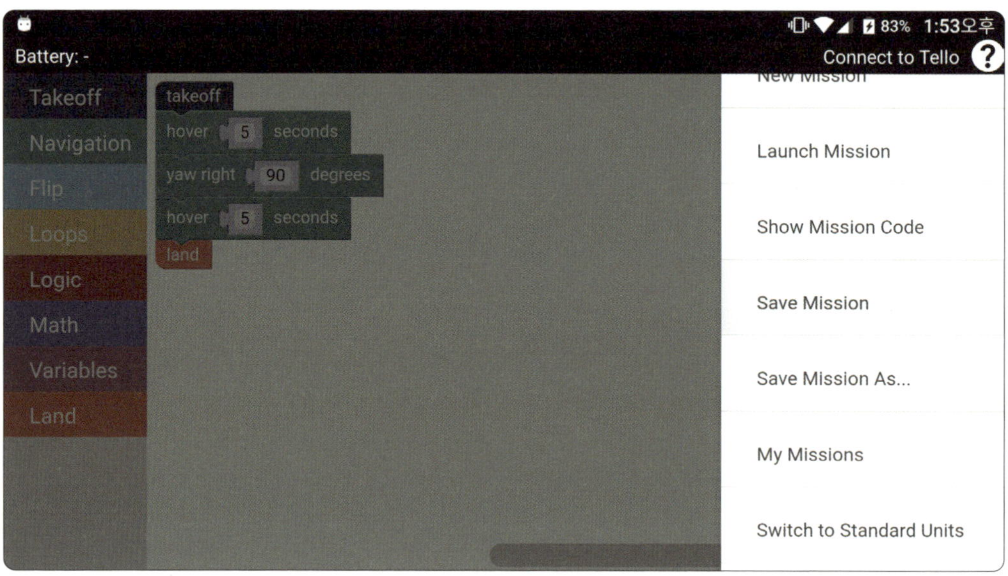

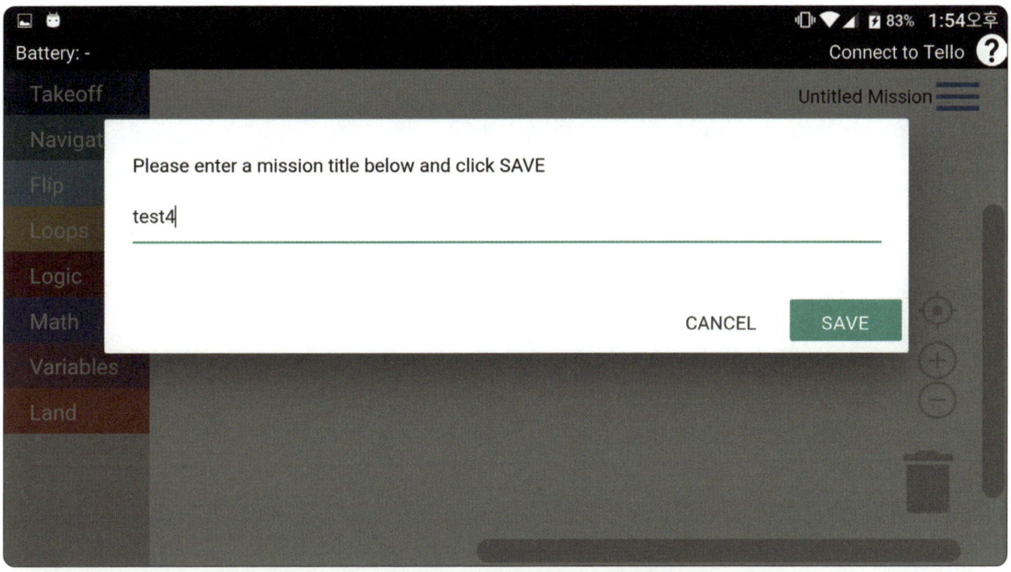
83% 1:54오후
Battery: -
Connect to Tello
Takeoff
Navigat
Flip
Loops
Logic
Math
Variables
Land
Untitled Mission
Please enter a mission title below and click SAVE
test4
CANCEL
SAVE

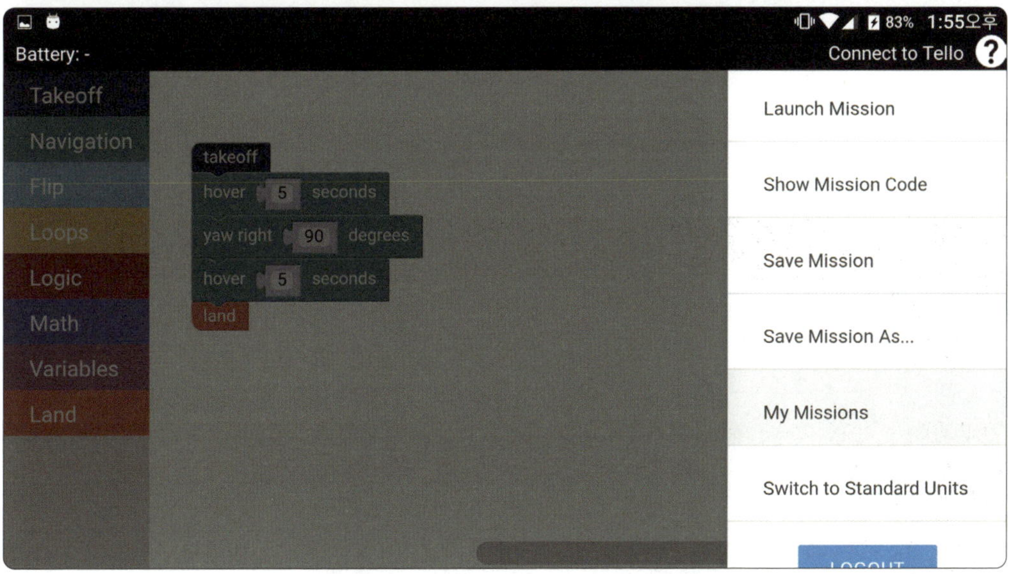
83% 1:55오후
Battery: -
Connect to Tello
Takeoff
Navigation
Flip
Loops
Logic
Math
Variables
Land
takeoff
hover 5 seconds
yaw right 90 degrees
hover 5 seconds
land
Launch Mission
Show Mission Code
Save Mission
Save Mission As...
My Missions
Switch to Standard Units

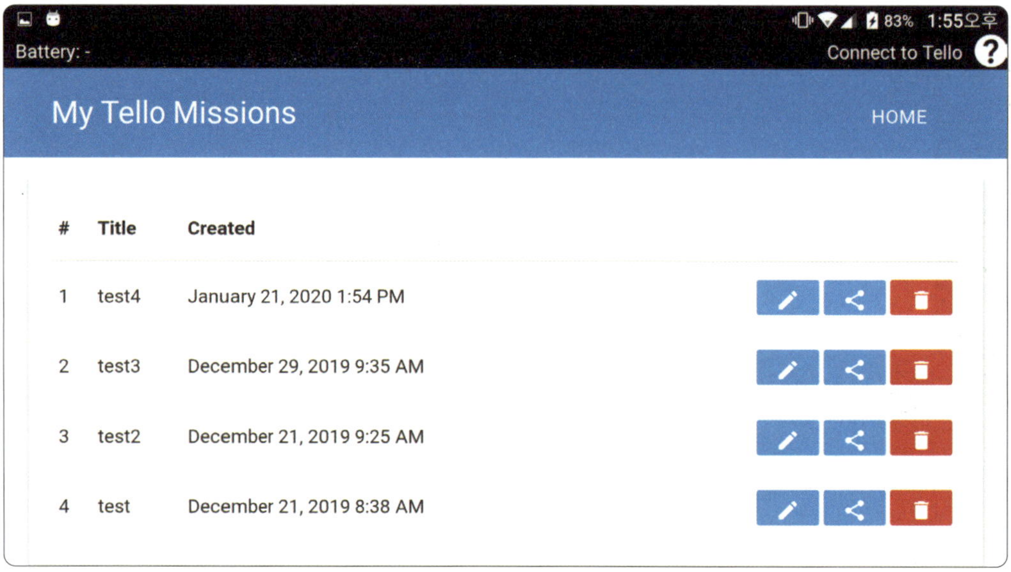

12 새로운 미션 블록명령을 입력하려면 다음과 같이 'New Mission' 메뉴를 터치하면 된다. 기존의 블록이 모두 지워지고 빈 블록코딩창이 나타나 새 블록명령을 입력할 수 있다.

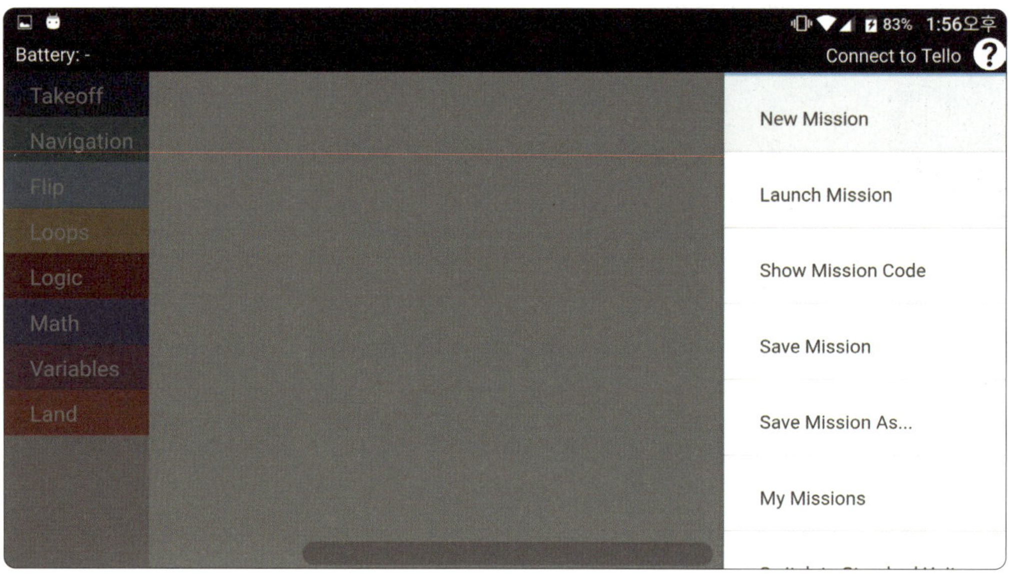

13 명령 블록의 수치 단위를 변환하려면 다음과 같이 'Switch to Standard Units' 또는 'Switch to Metric Units' 메뉴를 터치하여 상호 단위 변환을 수행한다. 여기서 Standard Units는 미국식 단위계(in 단위)를 의미하며 Metric Units는 미터법(cm 단위)에 의한 단위를 나타낸다.

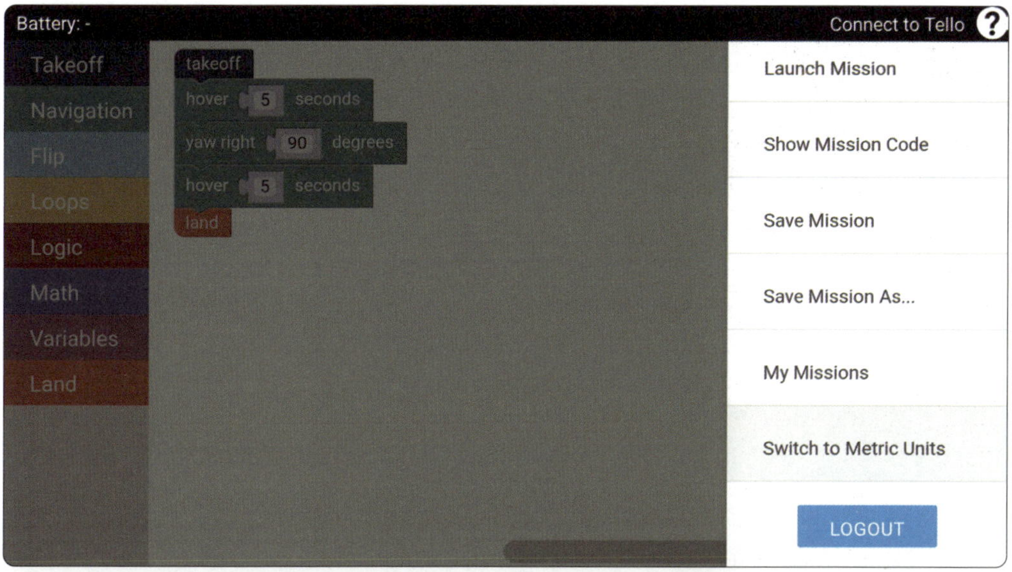

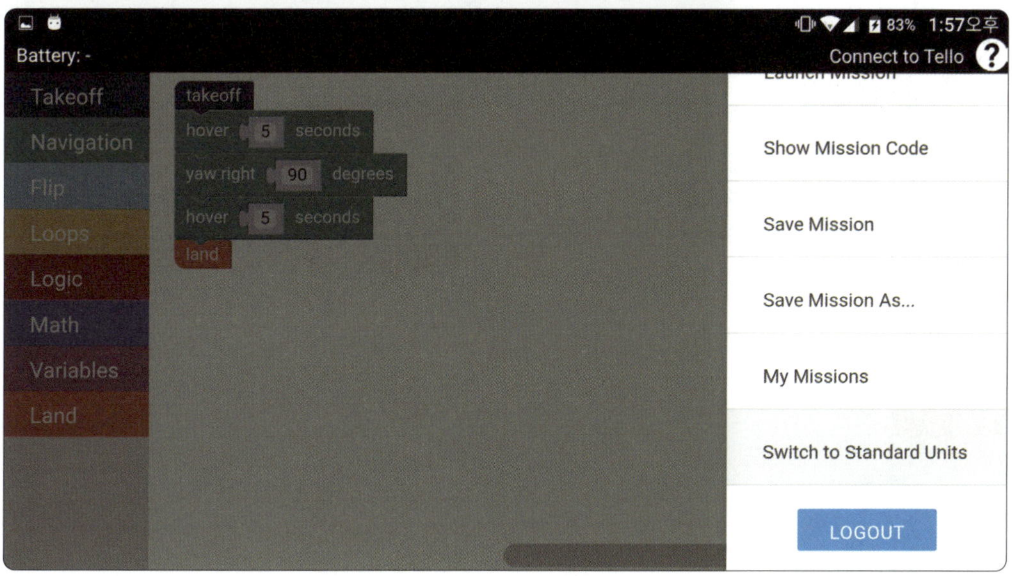

14 블록코딩에 해당하는 텍스트 기반의 코드를 살펴보고자 할 경우에는 다음과 같이 'Show Mission Code' 메뉴를 터치함으로써 블록 오른쪽에 코드창이 나타나게 된다. 텍스트 기반 코드창을 닫고자 할 경우에는 'Hide Mission Code' 메뉴를 터치하여 코드창을 닫는다.

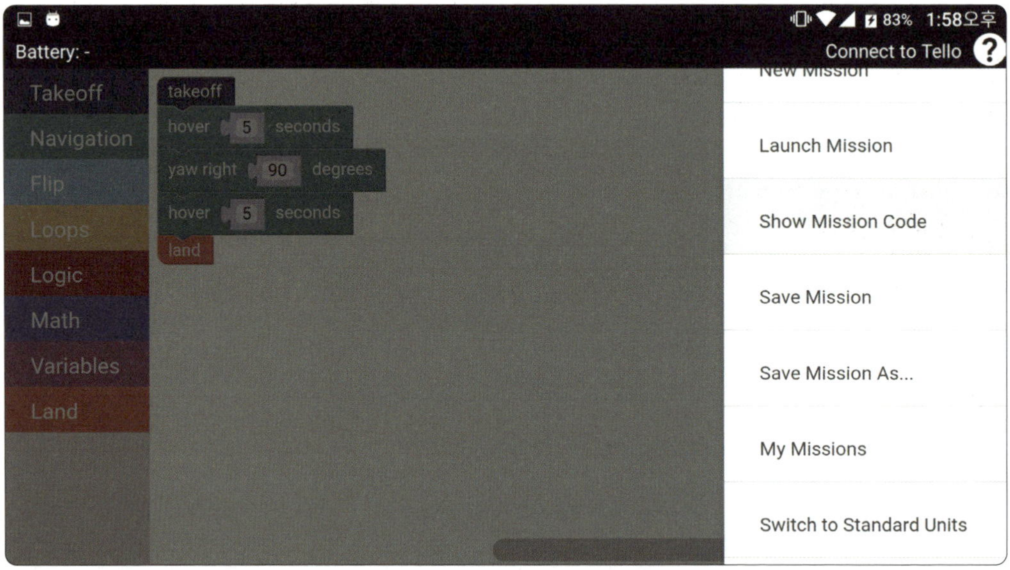

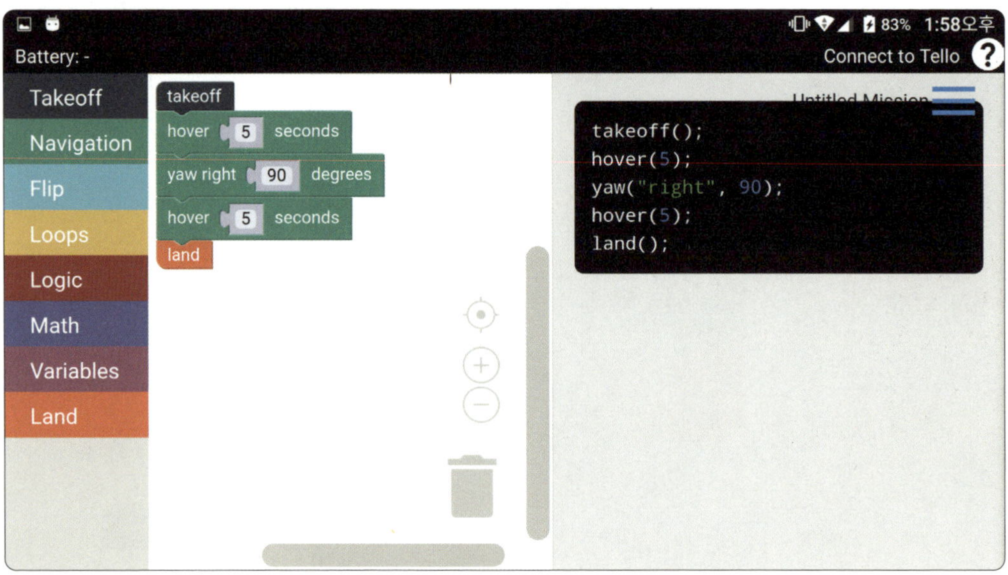

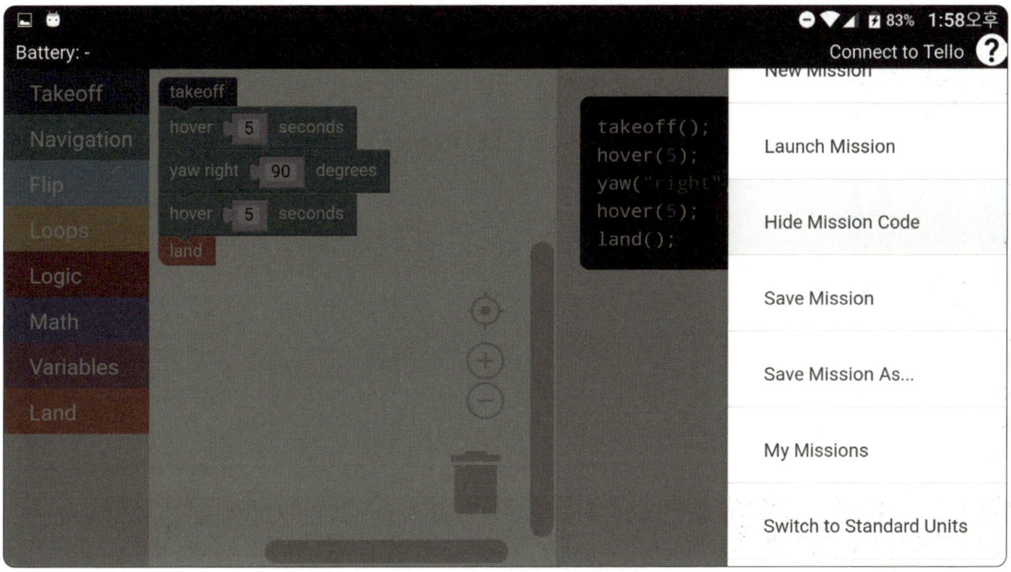

15 다음은 Drone blocks를 이용한 예제이다. 각 예제는 초경량비행장치 무인멀티콥터 조종자자격증 실기시험을 모사한 것이다. 예제를 수행하기 전에 블록명령을 숙지하여 비행경로를 파악하고 안전에 유의하여 적합한 장소에서 수행할 수 있도록 한다.

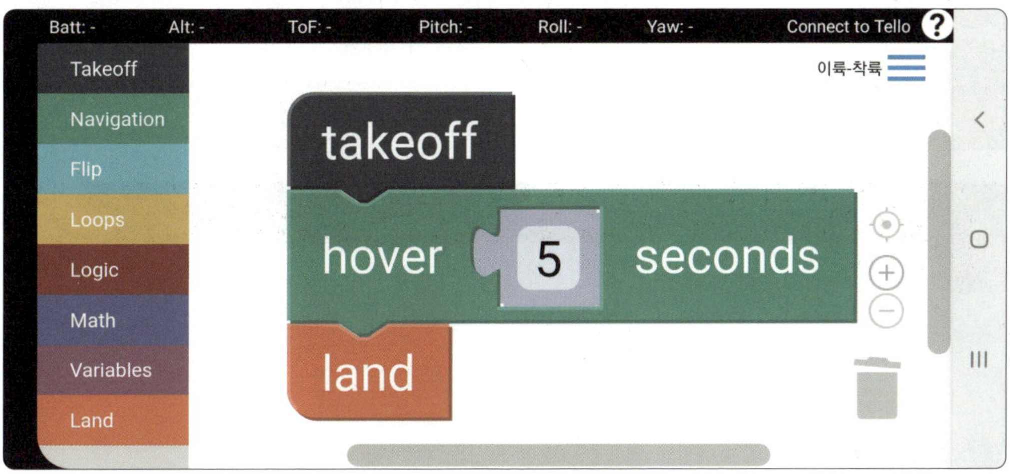

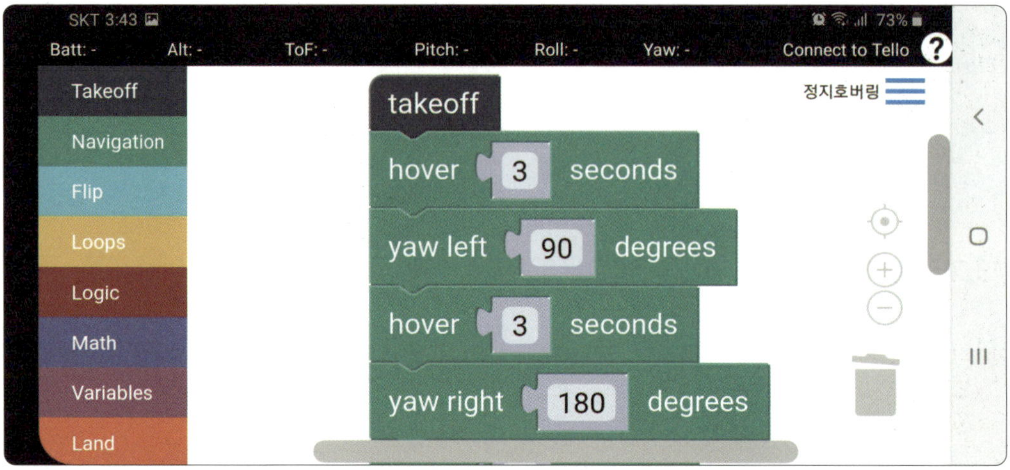
SKT 3:43
73%
Batt: -
Alt: -
ToF: -
Pitch: -
Roll: -
Yaw: -
Connect to Tello
Takeoff
Navigation
Flip
Loops
Logic
Math
Variables
Land
정지호버링
takeoff
hover 3 seconds
yaw left 90 degrees
hover 3 seconds
yaw right 180 degrees

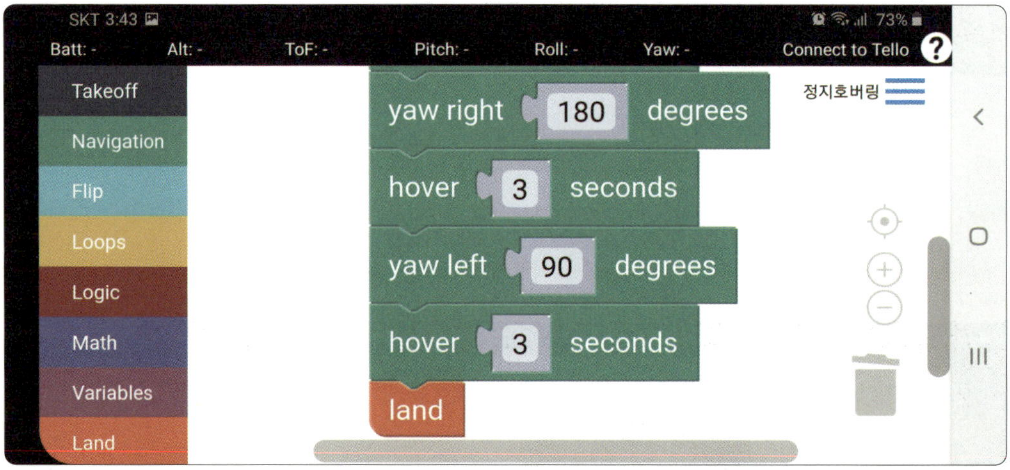
SKT 3:43
73%
Batt: -
Alt: -
ToF: -
Pitch: -
Roll: -
Yaw: -
Connect to Tello
Takeoff
Navigation
Flip
Loops
Logic
Math
Variables
Land
정지호버링
yaw right 180 degrees
hover 3 seconds
yaw left 90 degrees
hover 3 seconds
land

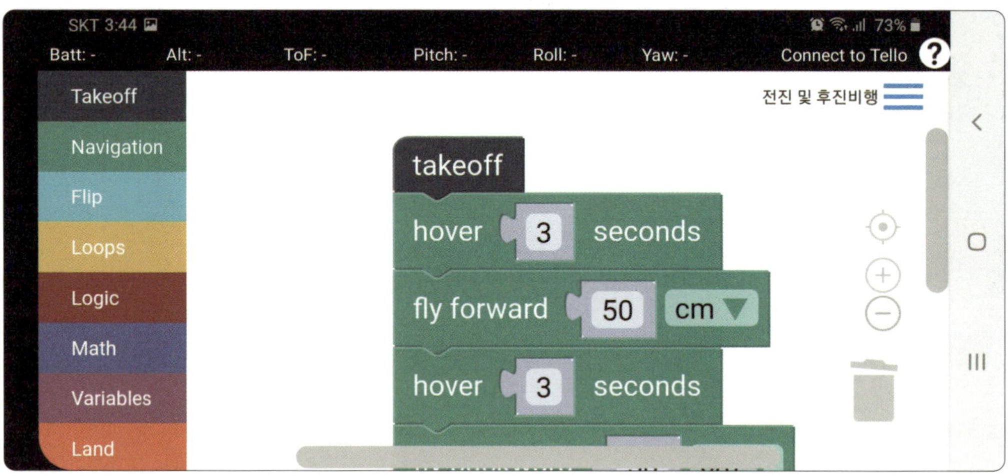
SKT 3:44
73%
Batt: -
Alt: -
ToF: -
Pitch: -
Roll: -
Yaw: -
Connect to Tello
Takeoff
Navigation
Flip
Loops
Logic
Math
Variables
Land
전진 및 후진비행
takeoff
hover 3 seconds
fly forward 50 cm
hover 3 seconds

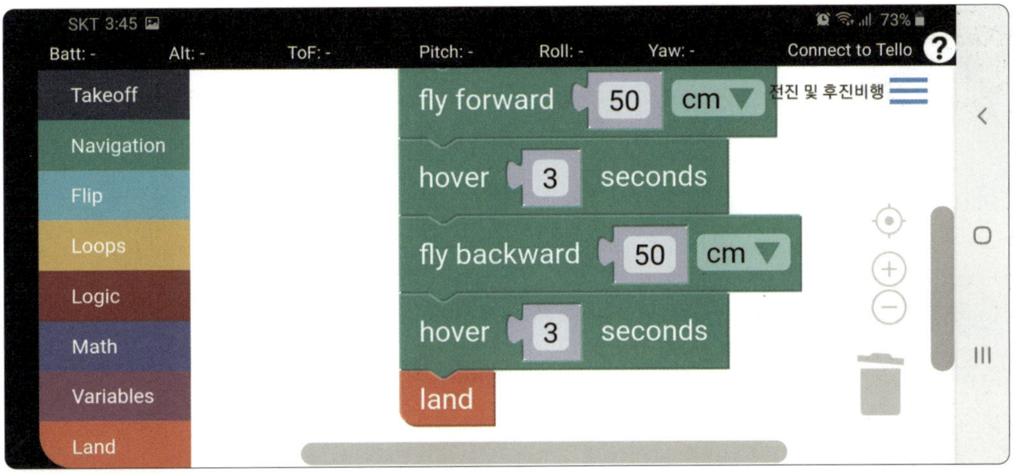
SKT 3:45
73%
Batt: -
Alt: -
ToF: -
Pitch: -
Roll: -
Yaw: -
Connect to Tello
Takeoff
Navigation
Flip
Loops
Logic
Math
Variables
Land
fly forward 50 cm
hover 3 seconds
fly backward 50 cm
hover 3 seconds
land
전진 및 후진비행

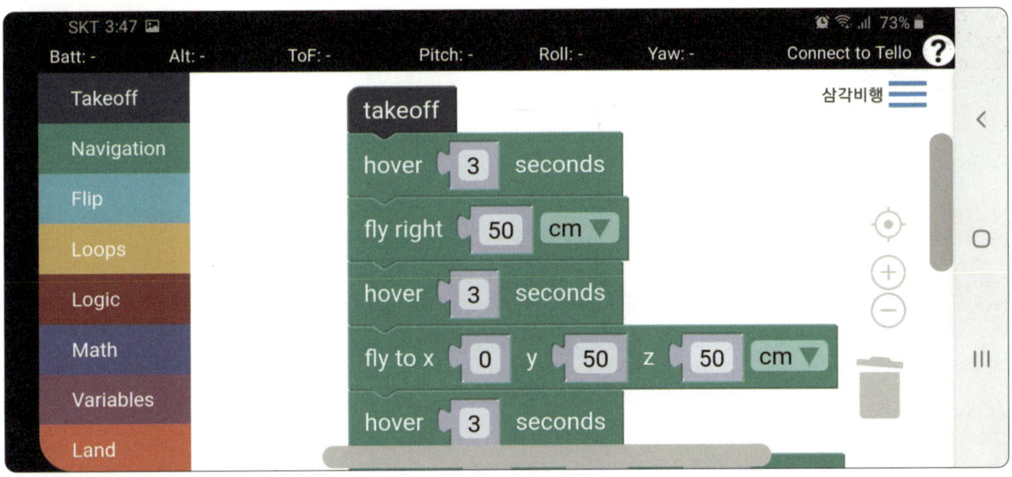
SKT 3:47
73%
Batt: -
Alt: -
ToF: -
Pitch: -
Roll: -
Yaw: -
Connect to Tello
Takeoff
Navigation
Flip
Loops
Logic
Math
Variables
Land
takeoff
hover 3 seconds
fly right 50 cm
hover 3 seconds
fly to x 0 y 50 z 50 cm
hover 3 seconds
삼각비행

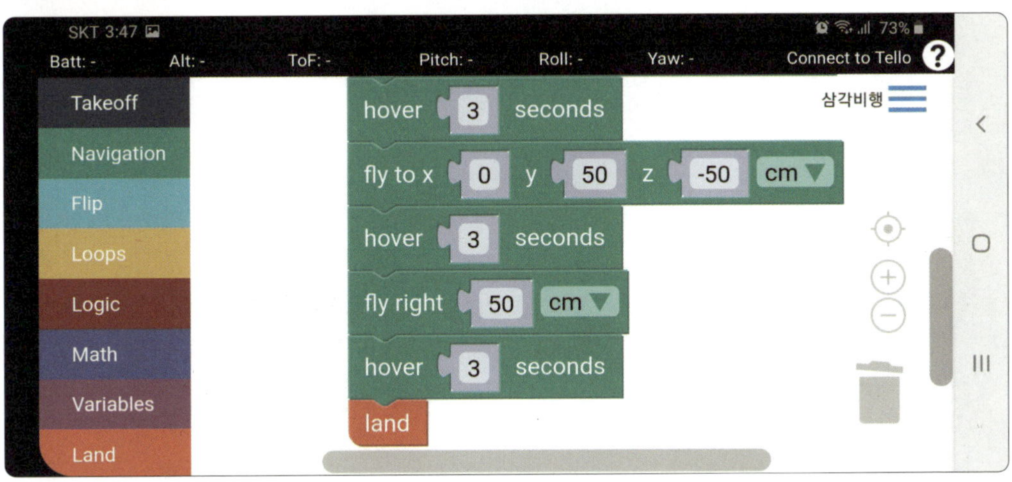
SKT 3:47
73%
Batt: -
Alt: -
ToF: -
Pitch: -
Roll: -
Yaw: -
Connect to Tello
Takeoff
Navigation
Flip
Loops
Logic
Math
Variables
Land
hover 3 seconds
fly to x 0 y 50 z -50 cm
hover 3 seconds
fly right 50 cm
hover 3 seconds
land
삼각비행

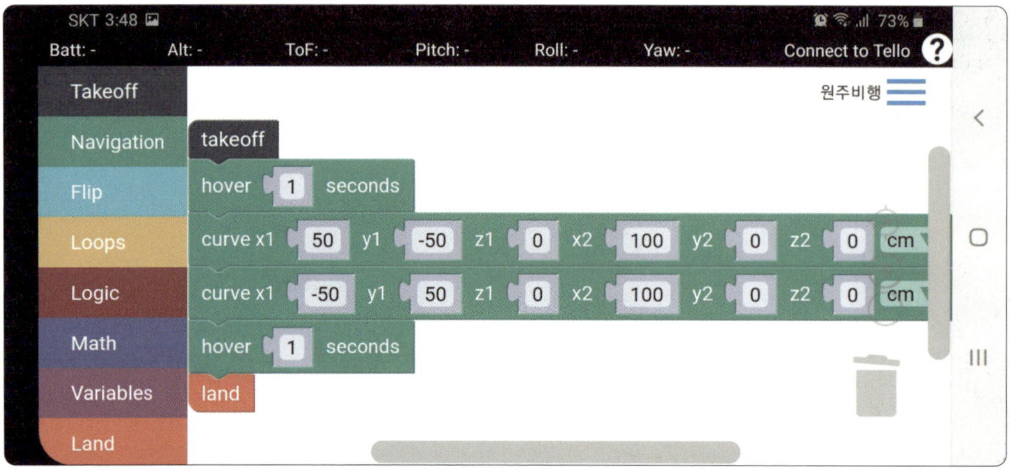
SKT 3:48
73%
Batt: - Alt: - ToF: - Pitch: - Roll: - Yaw: -
Connect to Tello
원주비행
Takeoff
Navigation
Flip
Loops
Logic
Math
Variables
Land
takeoff
hover 1 seconds
curve x1 50 y1 -50 z1 0 x2 100 y2 0 z2 0 cm
curve x1 -50 y1 50 z1 0 x2 100 y2 0 z2 0 cm
hover 1 seconds
land

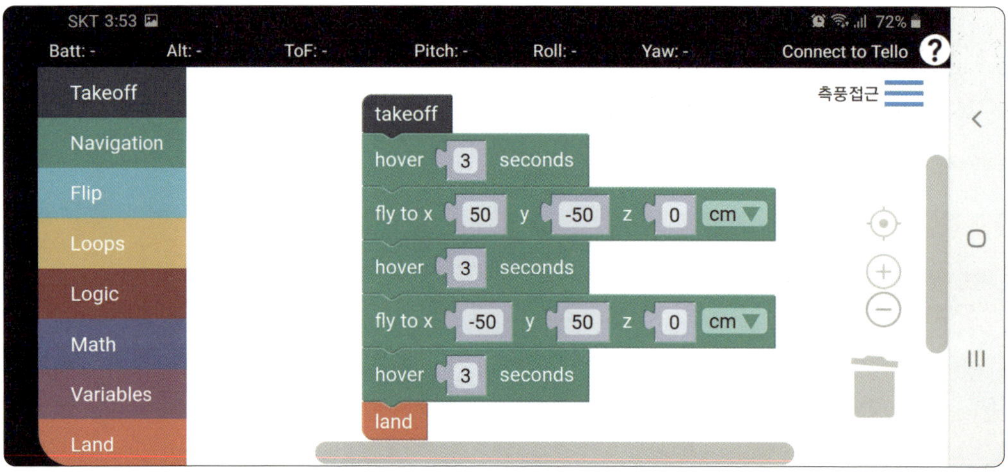
SKT 3:53
72%
Batt: - Alt: - ToF: - Pitch: - Roll: - Yaw: -
Connect to Tello
측풍접근
Takeoff
Navigation
Flip
Loops
Logic
Math
Variables
Land
takeoff
hover 3 seconds
fly to x 50 y -50 z 0 cm
hover 3 seconds
fly to x -50 y 50 z 0 cm
hover 3 seconds
land

STEP
3

Tello Edu 앱을 이용한 텔로 에듀 미션수행

01 텔로 에듀를 조작하는 앱 중에서 게임 미션수행 방식으로 블록코딩 연습단계를 제공하고 또 휴대폰 화면의 조이스틱으로 실제 텔로 에듀를 조종 가능하며 작성한 블록코딩을 통해 자동비행 미션을 수행할 수 있는 Tello Edu 앱에 대해서 알아보기로 한다. 앱의 설치는 Play Store에서 'Tello Edu' 를 검색하여 다운 받아 설치한다.

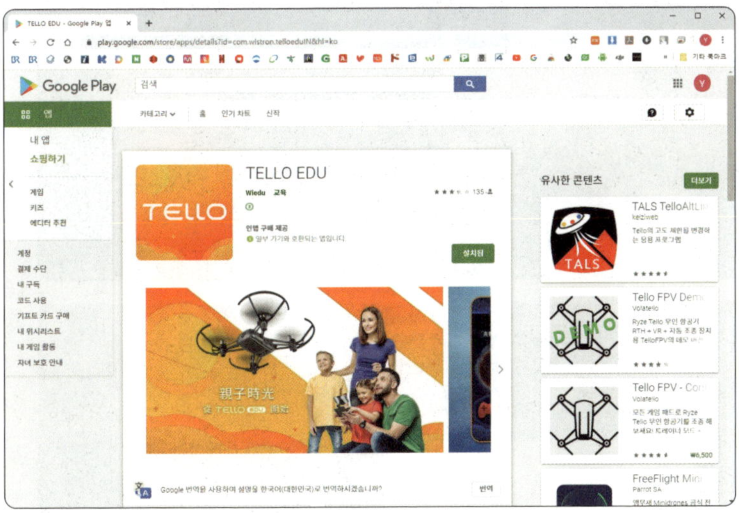

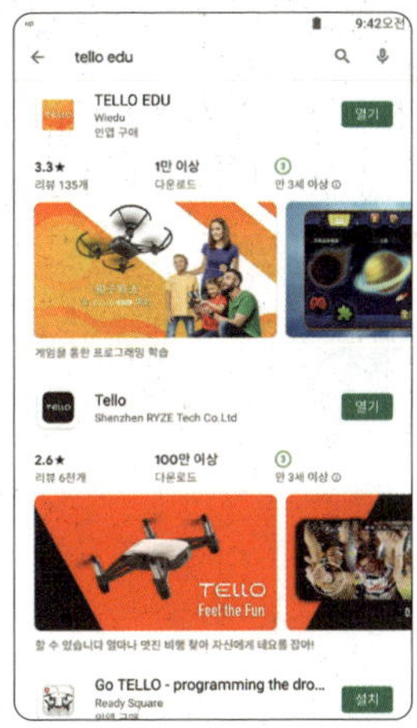

02 Tello Edu 앱을 실행시키면 다음과 같은 기본화면이 나타나게 된다. 왼쪽 하단의 게임기 버튼 모양의 메뉴에서는 텔로 에듀의 Wifi에 접속하여 실제로 기체를 조종할 수 있고 퍼즐 모양의 메뉴에서는 블록코딩에 의한 자동비행 미션수립이 가능하며 드론이 3대 표시된 보라색 메뉴에서는 텔로 에듀 다음 버전이 출시 되었을 때 군집비행이 가능할 것으로 예상한다. 집 모양의 메뉴에는 스토어가 배치되어 있다. 중앙의 로켓 발사대 모양의 메뉴에서 블록코딩을 미션수행 형태로 연습해보는 스테이지가 구성되어있고 그 외에 로그인을 통해서 개인별 레코드를 제공해주는 메뉴가 배치되어 있다.

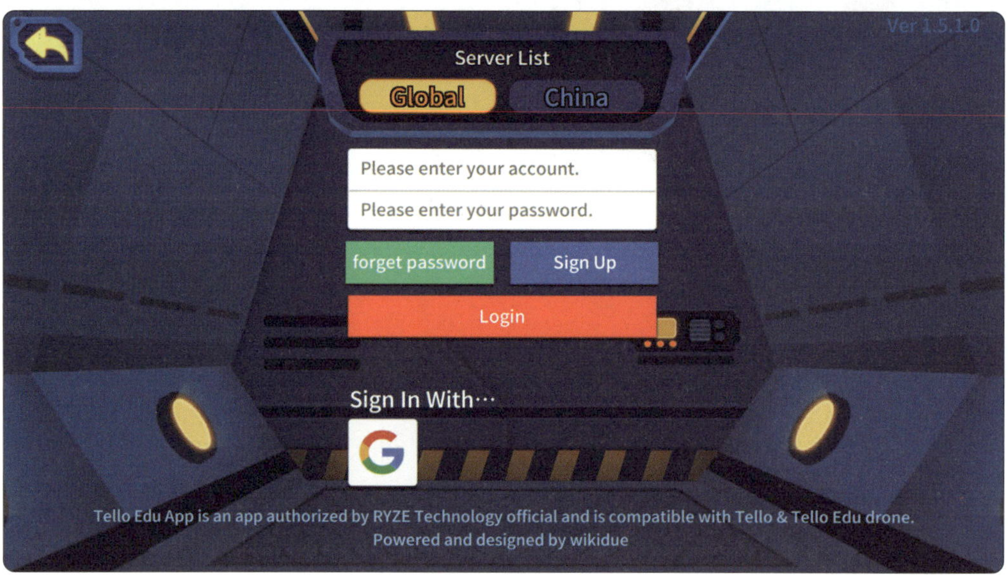

03 먼저 게임기 모양의 텔로 조종 메뉴에 대해 살펴보기로 한다. 초기화면 왼쪽하단의 게임기 모양 메뉴를 터치하면 다음과 같은 조종 화면이 나타나게 된다. 실제로 기체를 조종하기 위해서는 먼저 좌측 상단의 원 모양의 메뉴를 터치하여 Wifi 접속창에서 텔로 에듀의 Wifi에 접속하여야 한다. 접속 후에는 이전화면으로 돌아가기 한다. 접속이 성공하면 아래 그림과 같이 좌측 상단의 메뉴가 초록색 원 모양으로 바뀌고 접속된 IP 정보가 표시되면서 중앙의 배터리 모양의 메뉴도 현재의 배터리 잔량을 나타내게 된다.

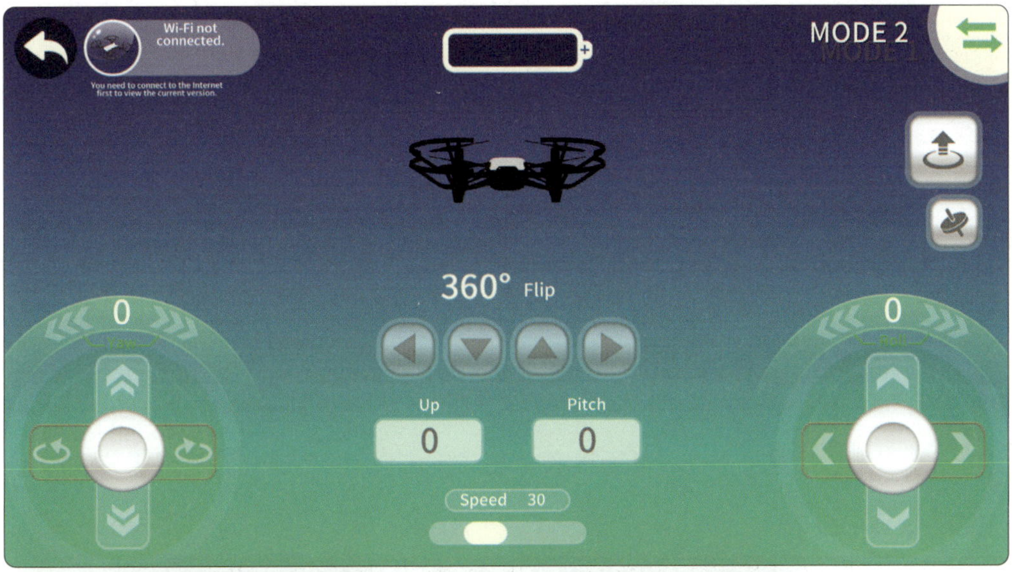

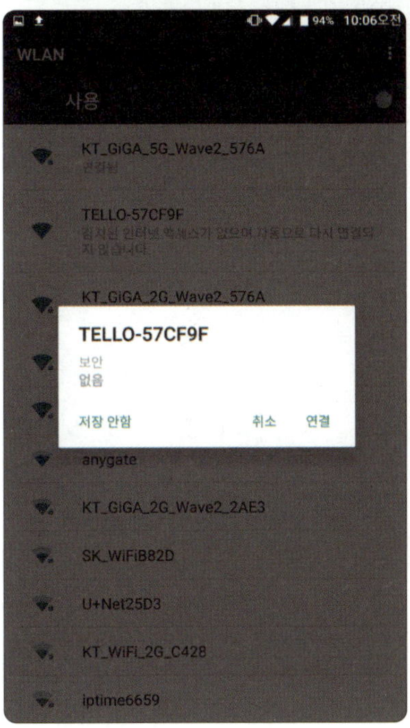

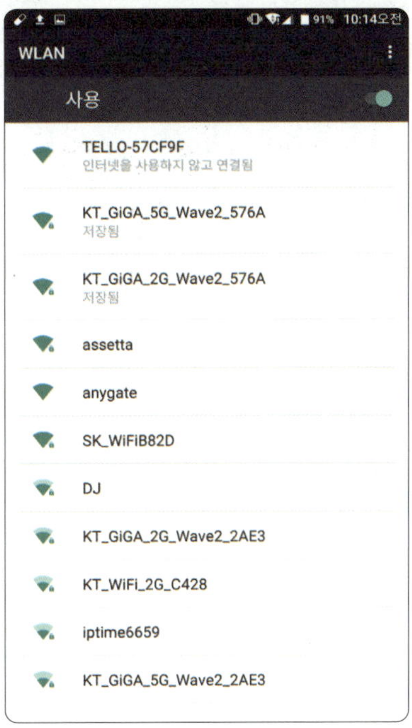

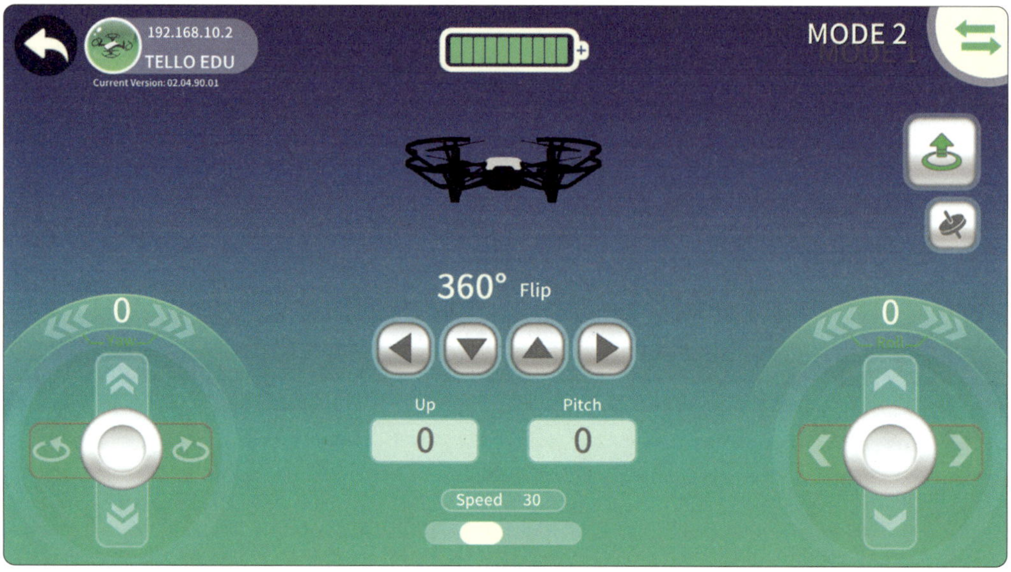

04 기체의 이륙은 우측의 상단부에 배치된 초록색의 위쪽 화살표 메뉴를 터치하면 된다. 메뉴를 터치하면 기체가 이륙하고 드론의 프로펠러가 회전하는 애니매이션이 보여지며 화살표 방향이 아래쪽으로 바뀌게 된다. 착륙하려면 빨간색의 아래쪽 화살표를 터치하면 된다.

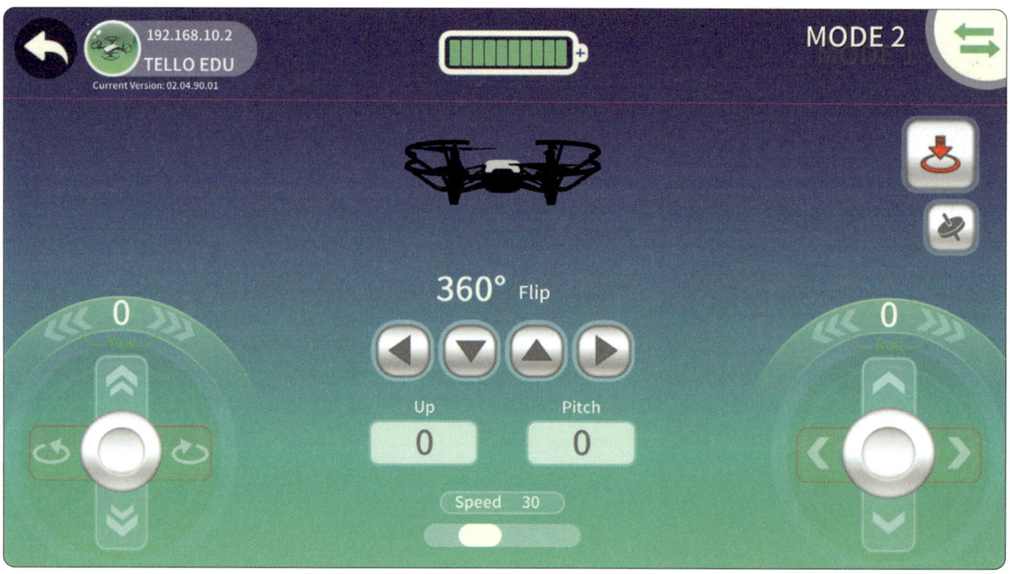

05 먼저 우측 상단에 배치된 스틱모드 변경메뉴에 대하여 알아보기로 한다. 우측 상단의 좌우 화살표 메뉴를 터치하면 MODE 2 → MODE 1 또는 MODE 1 → MODE 2 로 변경이 가능함을 알 수 있는데 이 메뉴는 하단에 배치된 조이스틱의 채널할당을 변경하는 것으로 MODE 2 에서는 좌측 조이스틱이 상하방향으로 상승/하강, 좌우방향으로 좌회전/우회전이며 우측 조이스틱은 상하방향으로 전진/후진, 좌우방향으로 좌이동/우이동을 조작할 수 있다.

MODE 1에서는 다음과 같이 좌측 조이스틱에서 상하방향으로 전진/후진, 좌우방향으로 좌회전/우회전이고 우측 조이스틱에서 상하방향으로 상승/하강, 좌우방향으로 좌이동/우이동을 조작할 수 있다. 조이스틱 윗부분에 Yaw(방위각) 또는 Roll(좌우 기울임)과 같은 안내가 표시되니 참고하기 바란다. 조종모드는 사용자에게 익숙한 모드를 선택하면 된다. 처음 드론에 입문한 경우라면 기본 MODE 2를 사용하는 것이 조작방법을 이해하기 쉽다.

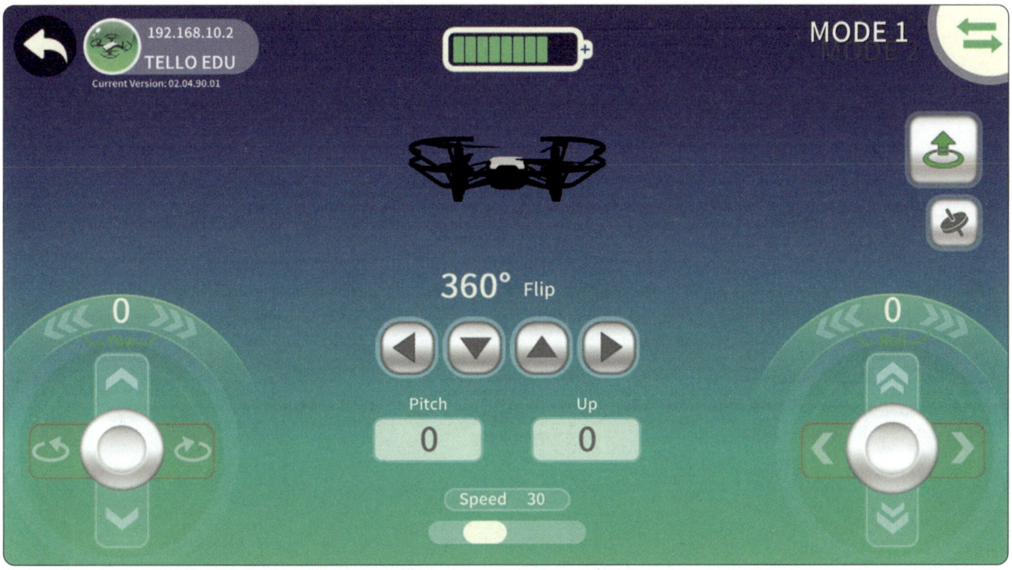

06 중앙부분의 좌-하-상-우 방향의 화살표는 360도 플립(뒤집기) 비행 조작 메뉴이다. 각 방향의 화살표를 터치하면 기체가 그 방향으로 360도 플립비행(뒤집기)를 하게 된다. 플립 비행은 시행전 고도와 전후좌우 공간을 충분히 확보한 후 실시하여야 한다.

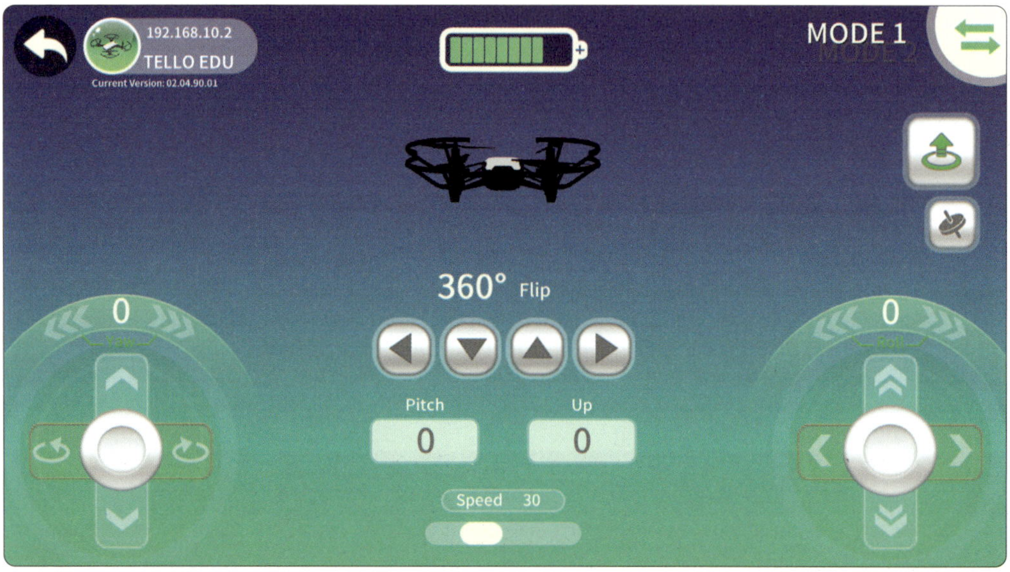

07 우측 상단 화살표 아래쪽에 있는 팽이모양 메뉴는 다음 그림과 같이 조이스틱 모드와 자이로스코프 모드를 변환하는 메뉴로 전진/후진/좌이동/우이동 조작을 조이스틱 또는 자이로 센서를 이용한 휴대폰의 기울임으로 조작 가능한 메뉴이다. 자이로스코프 모드로 기체를 조작하려면 전진시 휴대폰을 전방으로 기울이고 후진시 반대로 그리고 휴대폰을 좌측으로 기울이면 좌이동 우측으로 기울이면 우이동을 조작 가능하다.

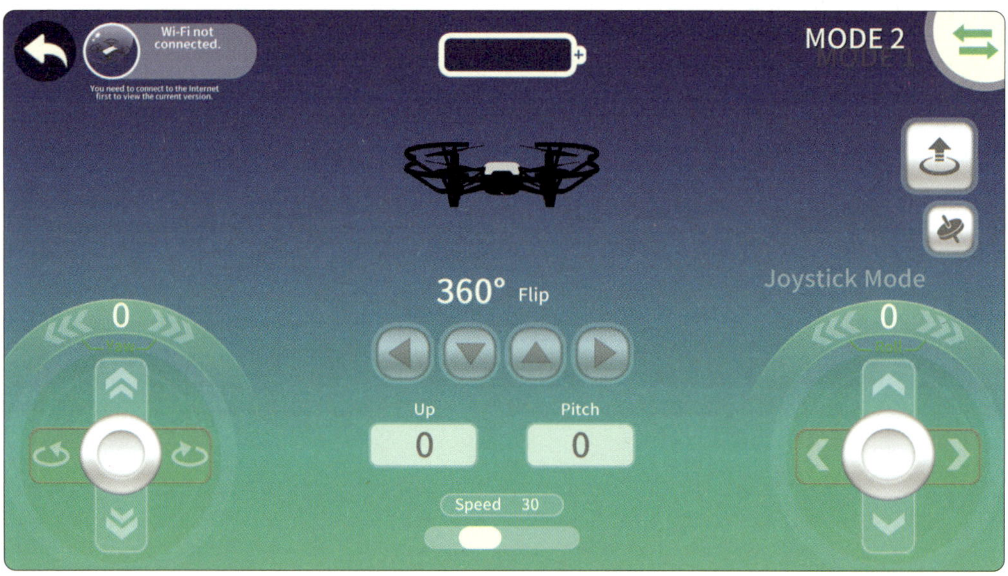

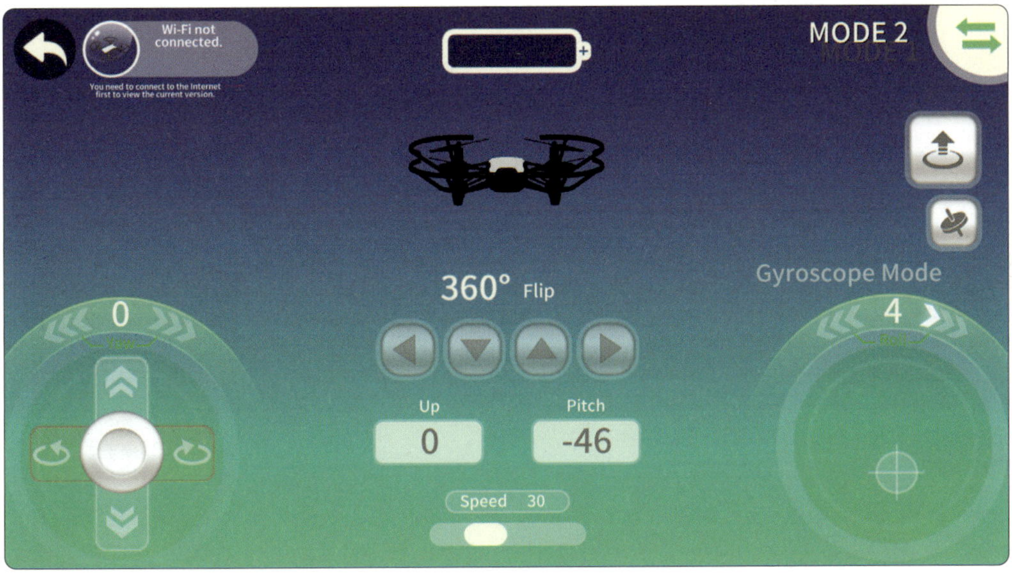

08 다음은 초기 화면의 블록모양 메뉴 즉 블록코딩 메뉴에 대하여 알아보기로 한다. 조종 화면에서 좌측 최상단의 돌아가기 화살표를 터치하여 return 메뉴를 터치하면 초기 화면으로 돌아가게 되고 화면 좌측 하단 쪽 블록모양의 메뉴를 터치하면 다음과 같은 블록코딩창이 나타나게 된다.

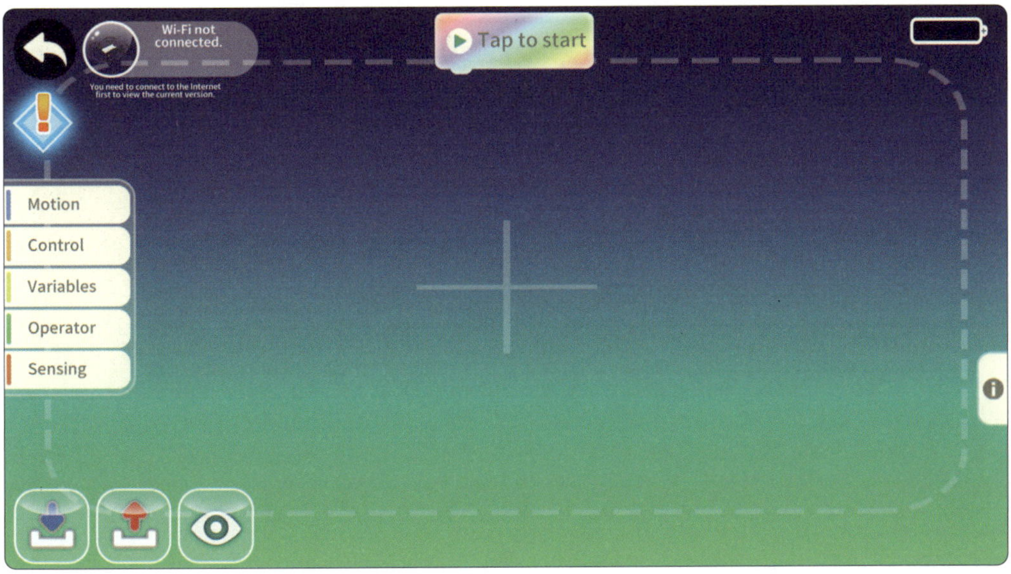

09 다음은 간단한 예제를 통하여 블록코딩 방법에 대하여 알아보기로 한다. 먼저 화면 좌측의 Motion 메뉴를 터치하여 세부 블록모음에서 'Take Off' 블록을 드래그하여 화면 중앙상단의 'Tap to start' 메뉴에 결합한다. 그리고 다시 Motion 메뉴에서 'Left 100 cm' 블록을 터치하고 드래그하여 'Take Off' 블록 밑에 결합한다. 마찬가지 방법으로 아래와 같이 'Right Flip' 블록, 'Left Yaw 90 Angle' 블록, 'Land' 블록을 결합한다.

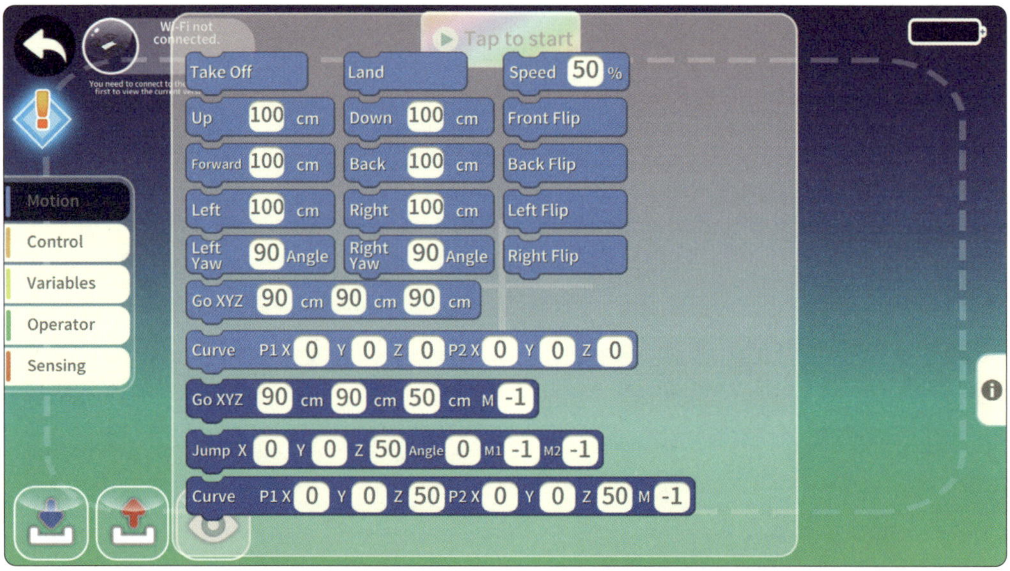

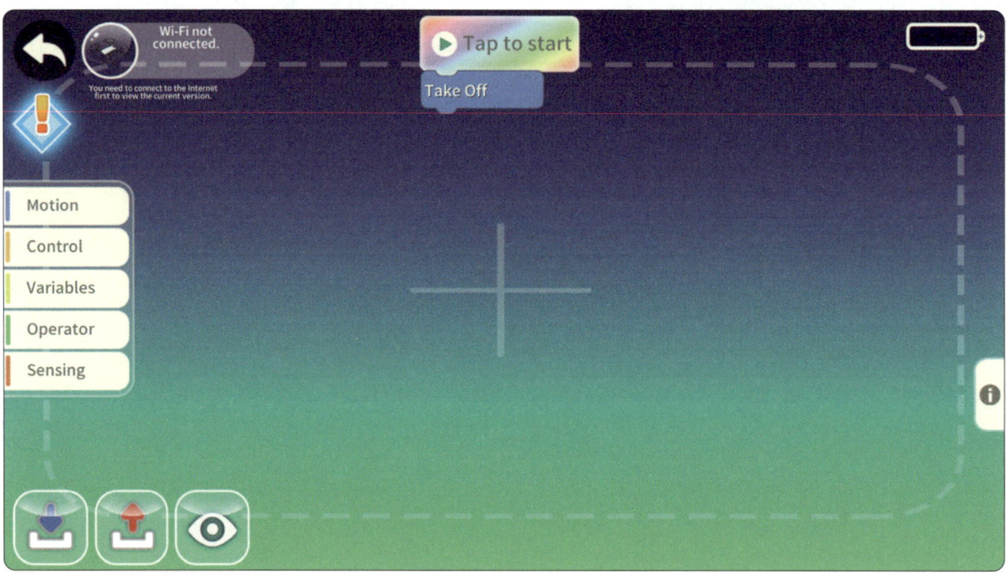

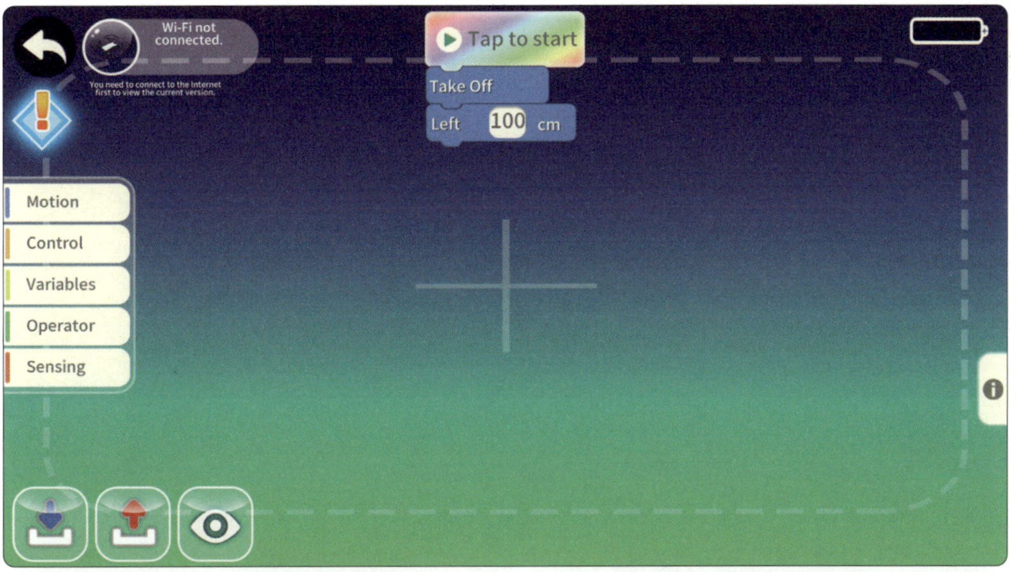
Wi-Fi not connected.
You need to connect to the Internet first to view the current version.
Tap to start
Take Off
Left 100 cm
Motion
Control
Variables
Operator
Sensing

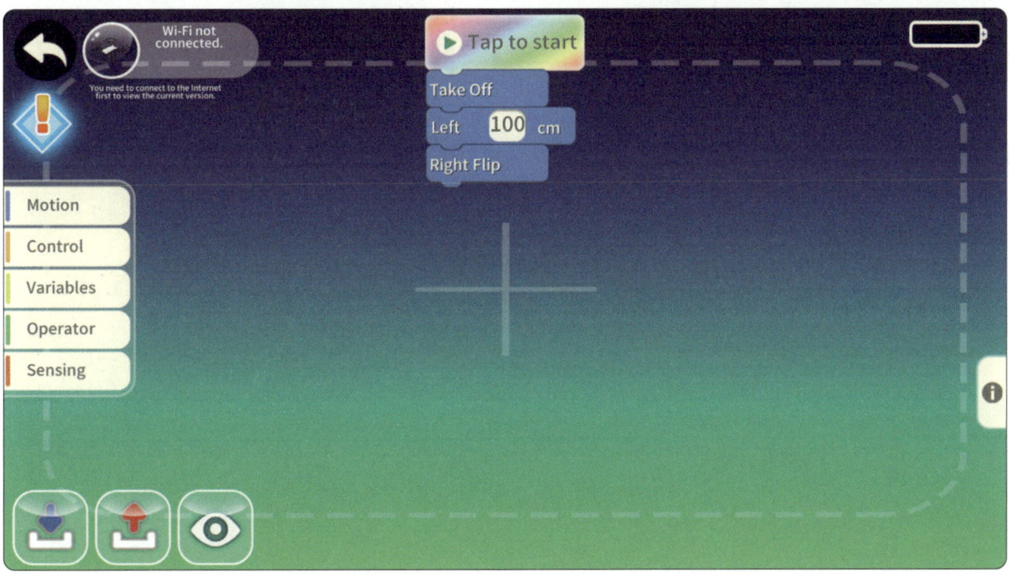
Wi-Fi not connected.
You need to connect to the Internet first to view the current version.
Tap to start
Take Off
Left 100 cm
Right Flip
Motion
Control
Variables
Operator
Sensing

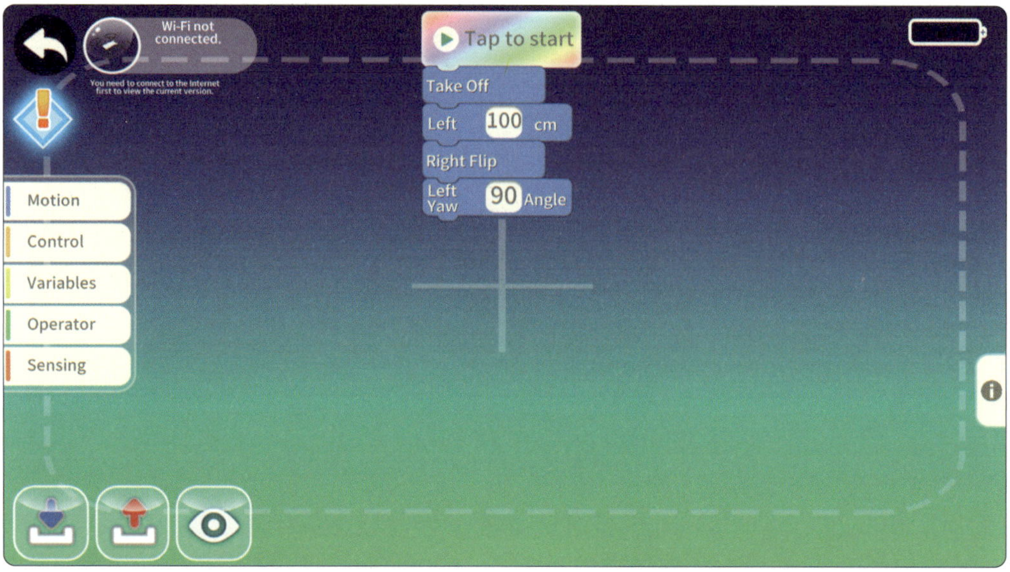
Wi-Fi not connected.
You need to connect to the Internet first to view the current version.
Tap to start
Take Off
Left 100 cm
Right Flip
Left Yaw 90 Angle
Motion
Control
Variables
Operator
Sensing

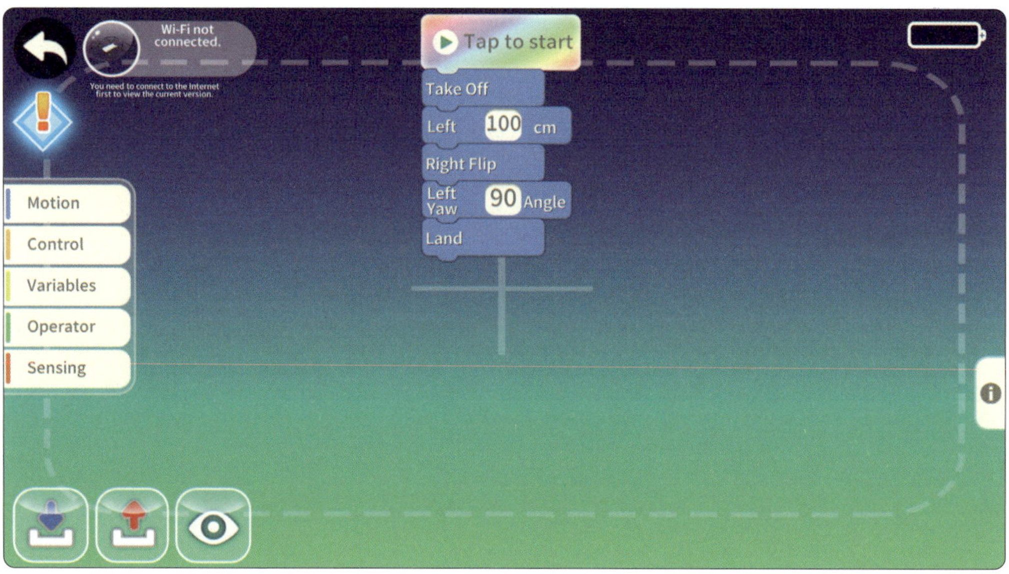
Wi-Fi not connected.
You need to connect to the Internet first to view the current version.
Tap to start
Take Off
Left 100 cm
Right Flip
Left Yaw 90 Angle
Land
Motion
Control
Variables
Operator
Sensing

10 블록을 모두 결합하였으면 화면 우측 상단 원형의 Wifi 접속 메뉴를 선택하여 아래와 같이 텔로의 Wifi에 접속하고 접속이 성공하면 뒤로가기하여 블록코딩창으로 돌아온다. 텔로 에듀 Wifi에 접속된 상태에서는 우측상단의 원형 Wifi 접속메뉴가 초록색으로 바뀌고 배터리 잔량이 표시됨을 알 수 있다.

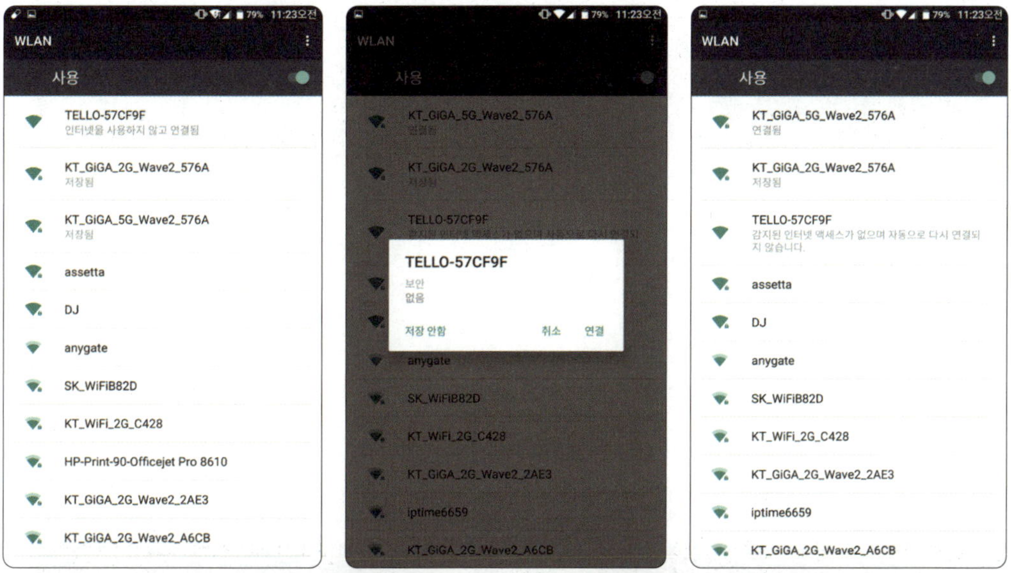

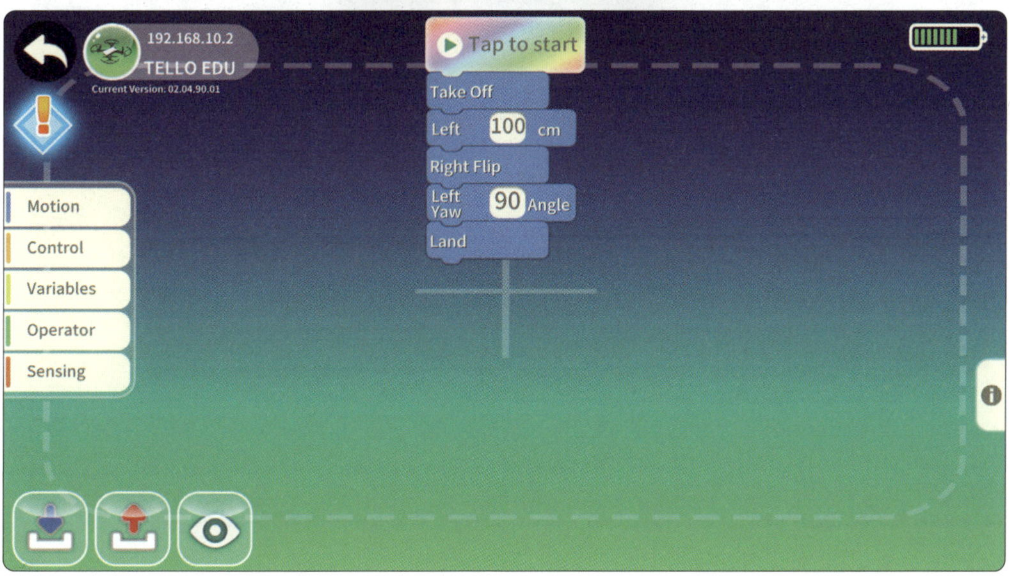

11 텔로를 코딩한 블록명령대로 동작시키려면 중앙 상단의 'Tap to start' 메뉴를 터치하면 된다. 다음과 같이 진행상태와 우측 하단에 Stop 메뉴가 나타나고 기체가 코딩한 블록명령대로 동작함을 볼 수 있고 미션이 종료되면 다시 블록코딩창으로 돌아온다.

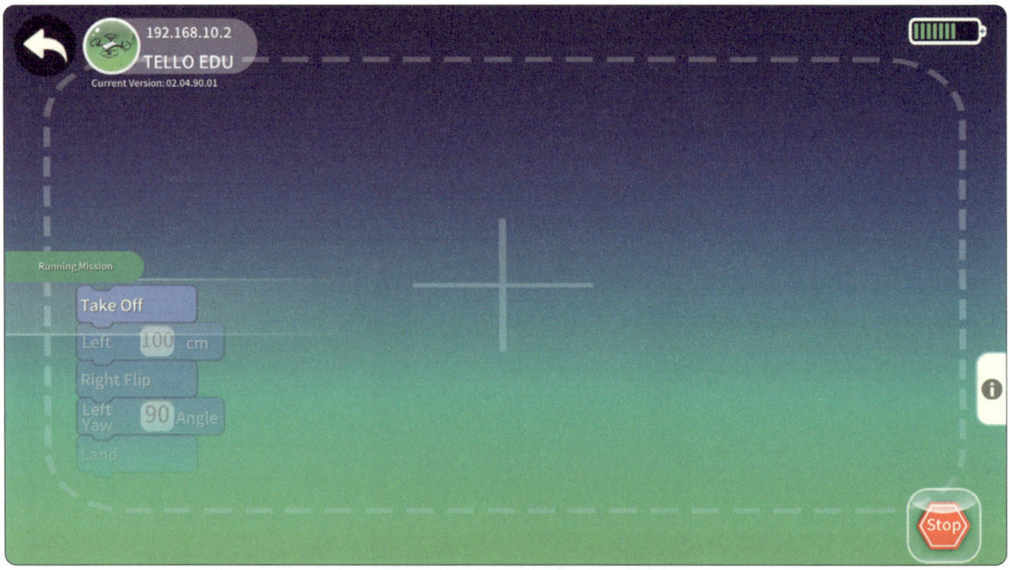

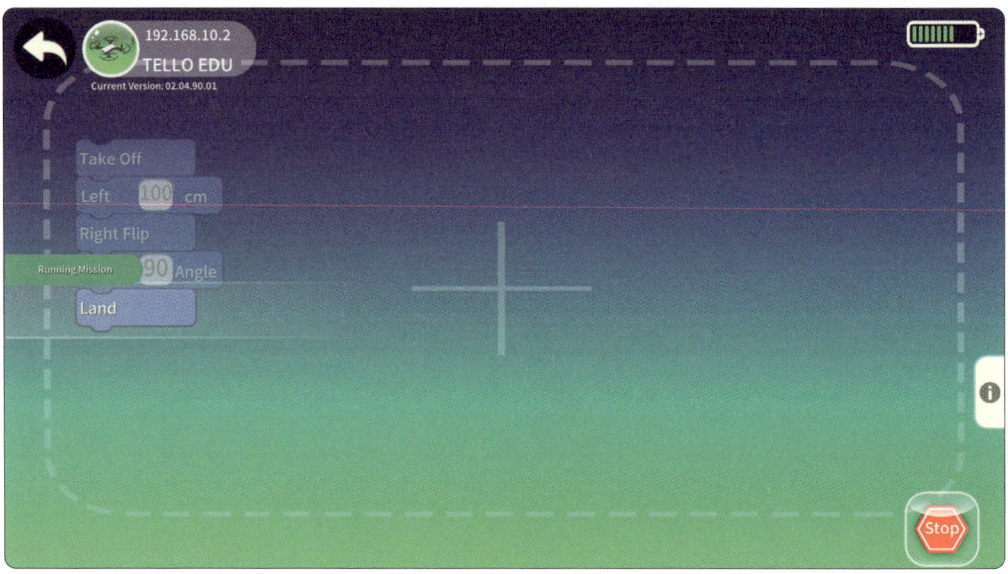

12 코딩한 블록명령을 저장하려면 아래 블록코딩창 좌측 하단의 보내기 가져오기 화살표 메뉴를 사용하면 되나 먼저 계정에 로그인하여야 한다.

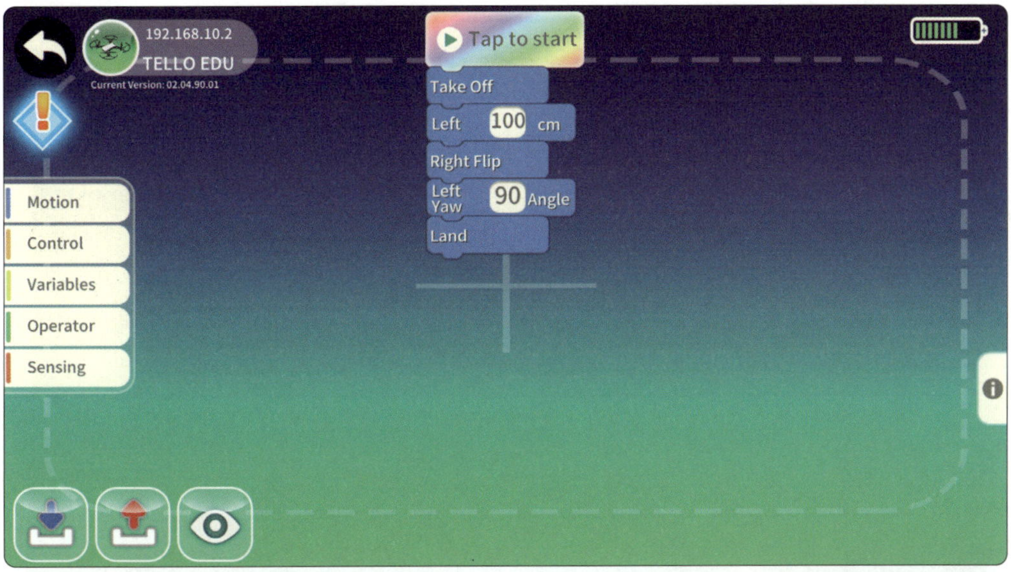

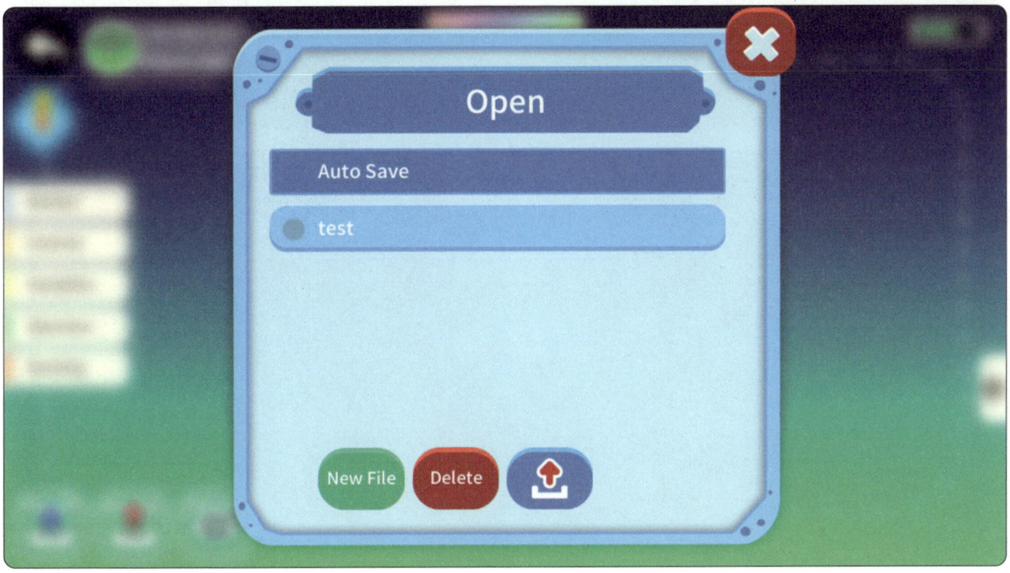

13 화면 우측의 'i' (information) 메뉴는 텔로 에듀의 현재 상태 정보를 표시해주는 메뉴이며 터치하여 보이기 감추기가 가능하다. 보이는 데이터로는 피치(Pitch = 전후 기울임), 롤(Roll = 좌우 기울임), 요(Yaw = 방위각), 가속도값, 텔로 에듀의 온도, 이동거리, 고도 등이 보인다. 입력한 블록코딩에서 처음 Yaw(방위각) 값이 0에서 'Yaw Left 90 Angle' 블록명령 수행 후 Yaw 값이 -88도로 바뀐 것을 볼 수 있다.

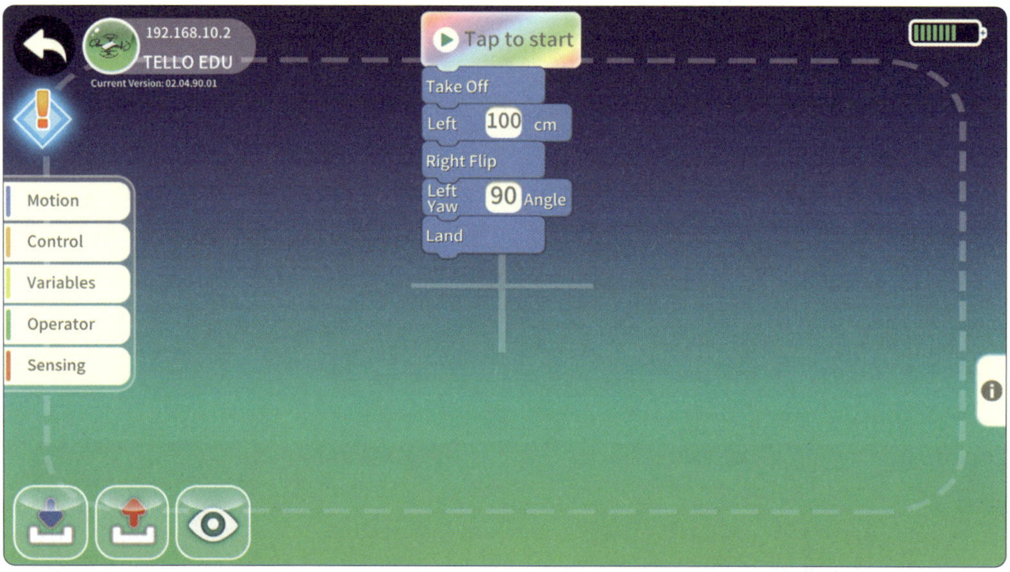

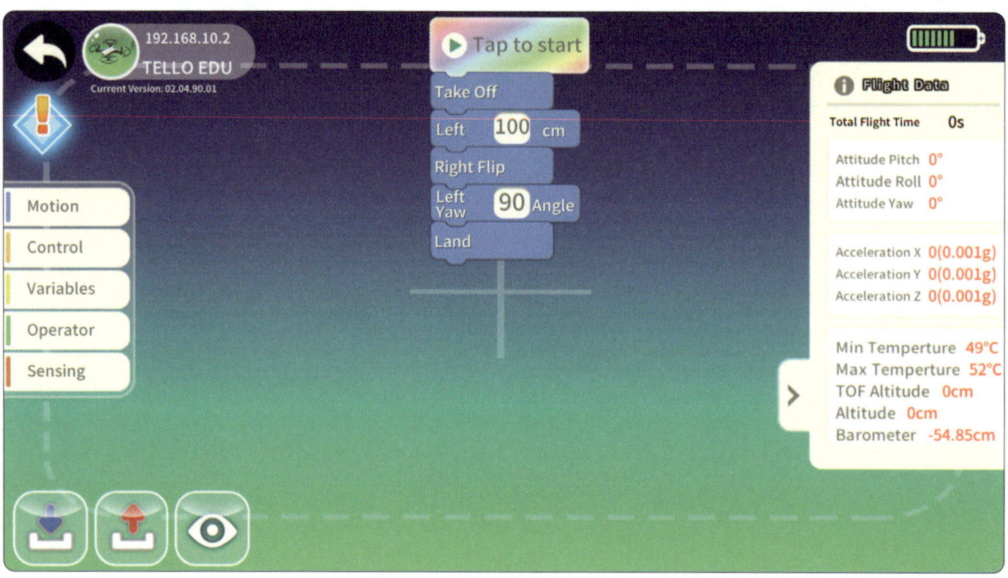

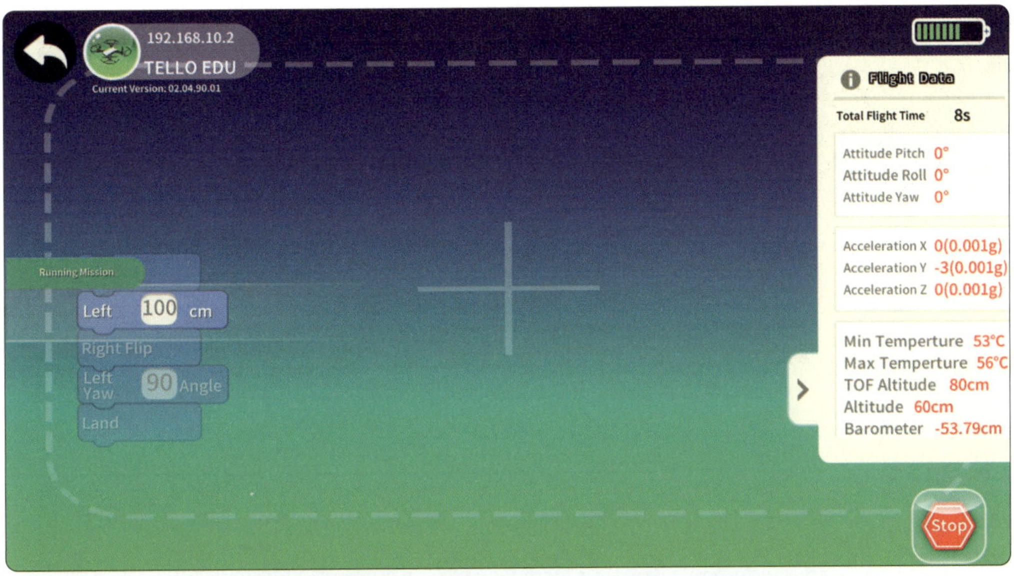
192.168.10.2
TELLO EDU
Current Version: 02.04.90.01
Running Mission
Left 100 cm
Right Flip
Left Yaw 90 Angle
Land
Flight Data
Total Flight Time 8s
Attitude Pitch 0°
Attitude Roll 0°
Attitude Yaw 0°
Acceleration X 0(0.001g)
Acceleration Y -3(0.001g)
Acceleration Z 0(0.001g)
Min Temperture 53°C
Max Temperture 56°C
TOF Altitude 80cm
Altitude 60cm
Barometer -53.79cm
Stop

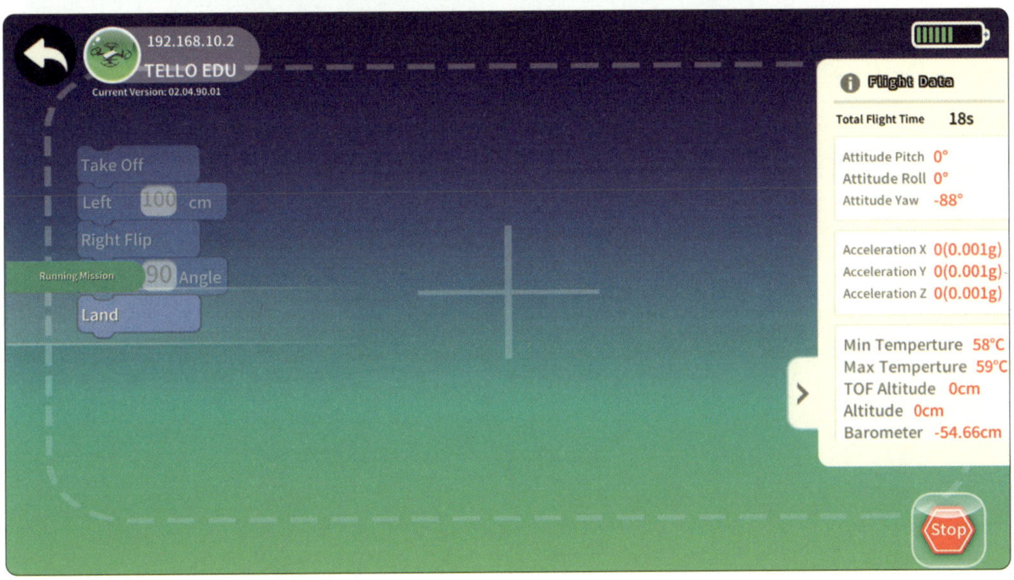
192.168.10.2
TELLO EDU
Current Version: 02.04.90.01
Take Off
Left 100 cm
Right Flip
Running Mission
90 Angle
Land
Flight Data
Total Flight Time 18s
Attitude Pitch 0°
Attitude Roll 0°
Attitude Yaw -88°
Acceleration X 0(0.001g)
Acceleration Y 0(0.001g)
Acceleration Z 0(0.001g)
Min Temperture 58°C
Max Temperture 59°C
TOF Altitude 0cm
Altitude 0cm
Barometer -54.66cm
Stop

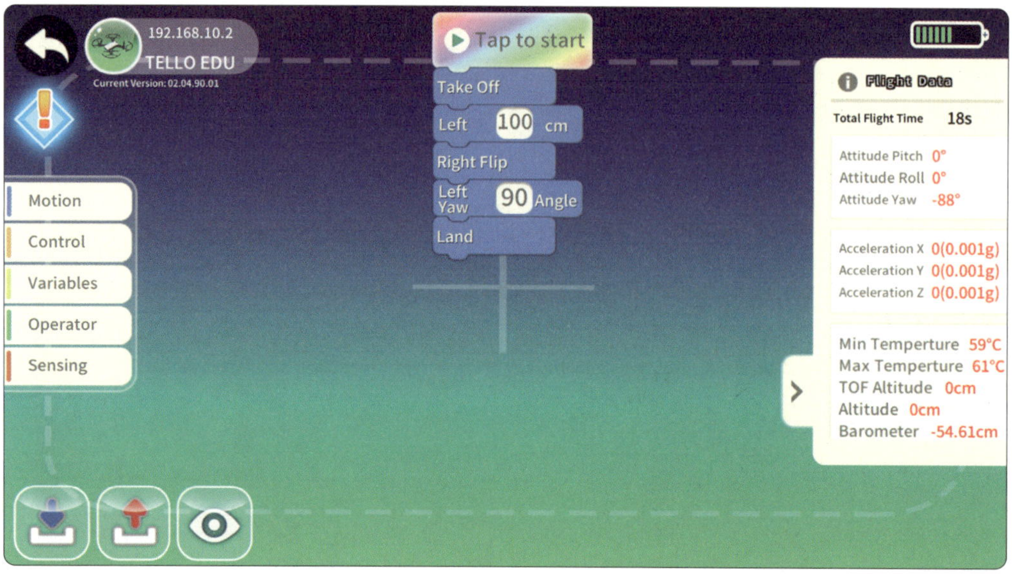

14 블록명령을 저장하는 메뉴 옆에 눈모양의 메뉴가 있는데 이는 시뮬레이션 메뉴이다. 작성한 블록명령을 실제 비행 전에 시뮬레이션하여 블록명령이 의도한 바와 같이 정확히 작성 되었는지 확인해 볼 수 있다.

15 다음은 블록코딩을 게임 미션 수행처럼 연습해 볼 수 있는 연습 스테이지 메뉴에 대해 알아보도록 한다. 초기화면 중앙의 우주선 발사대 모양의 메뉴를 터치하면 아래와 같이 'Training Station' 메뉴로 진입하고 총 9단계의 Training 단계를 연습해 볼 수 있다.

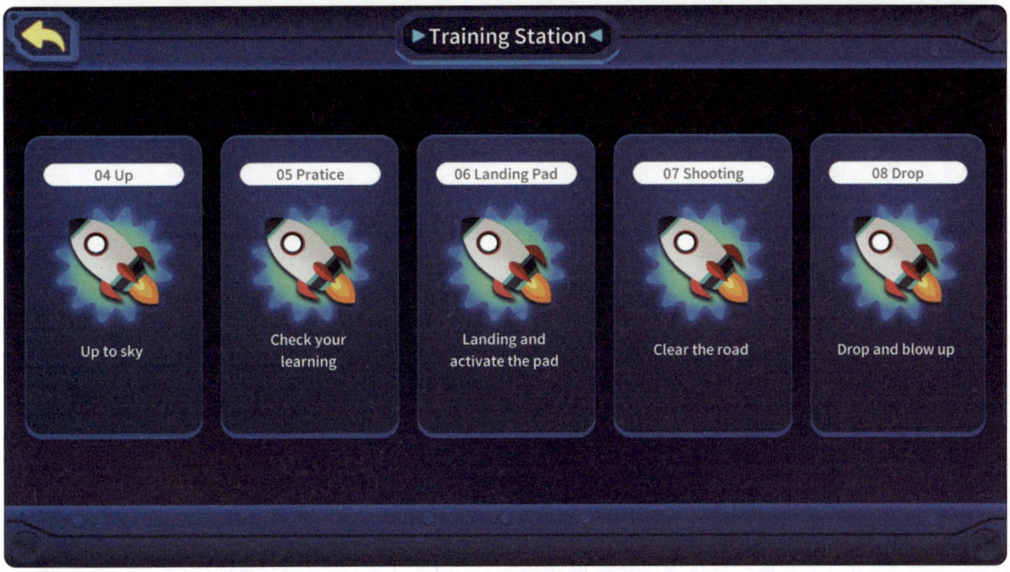

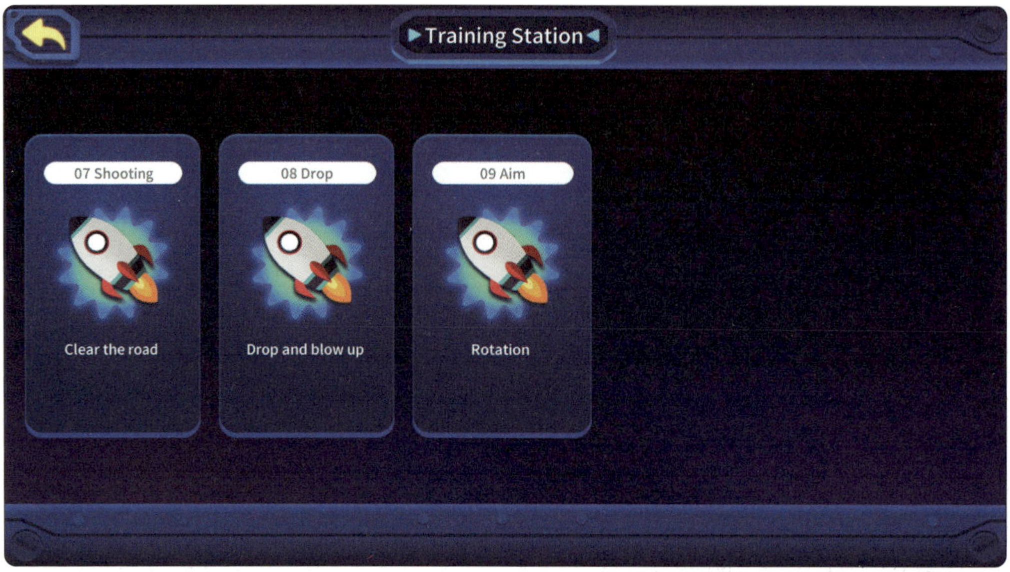

16 연습을 위해 1-단계인 '01 Warp: The beginning' 스테이지를 연습해 보기로 한다. 연습은 다음 그림과 같은 순서에 의해서 진행하면 된다. 메시지가 나타나면 확인하고 터치하여 다음 단계로 넘어간다. 안내에 따라 블록을 결합하고 코딩을 완료한 뒤 'Tap to start' 메뉴를 터치하면 드론 스프라이트가 코딩한 블록명령대로 이동하여 미션을 완료하는 것을 볼 수 있다. 다른 연습 단계도 마찬가지로 안내에 따라 블록을 결합하고 'Tap to start' 메뉴를 터치하여 드론을 작동시키면 된다. 이는 실제 텔로 에듀의 블록코딩 조작에 있어서도 Wifi에 접속하는 것만 다를 뿐 똑같이 적용된다.

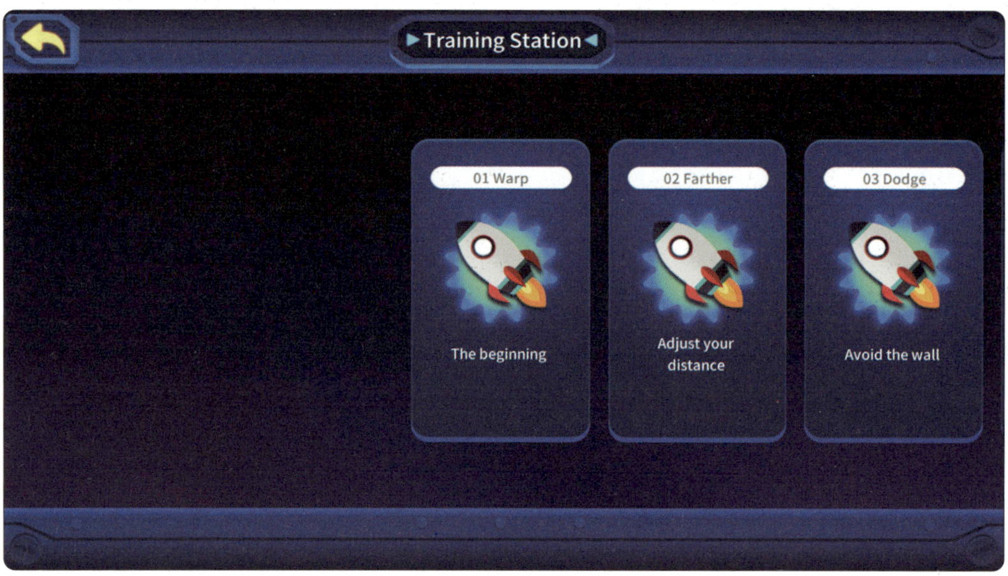

Dandan Fang
Today, let's learn how to pull program blocks!
First we call out the flying building blocks
window!

Tap to start
Motion

Take Off
Tap to start
Motion

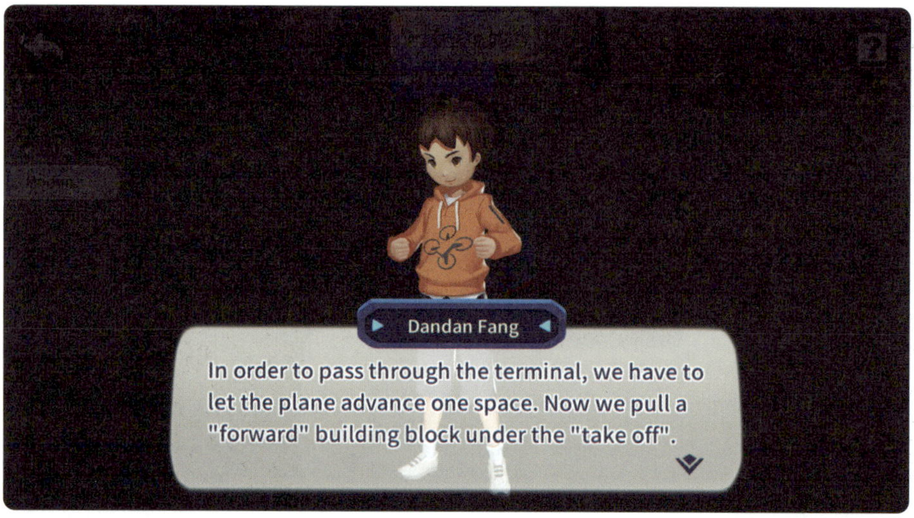
Dandan Fang
In order to pass through the terminal, we have to let the plane advance one space. Now we pull a "forward" building block under the "take off".

Tap to start
Take Off
Motion

Take Off
Forward 1
Tap to start
Motion

Dandan Fang
You're done! Click "Click to start" to let the aircraft fly!

Tap to start
Take Off
Forward 1

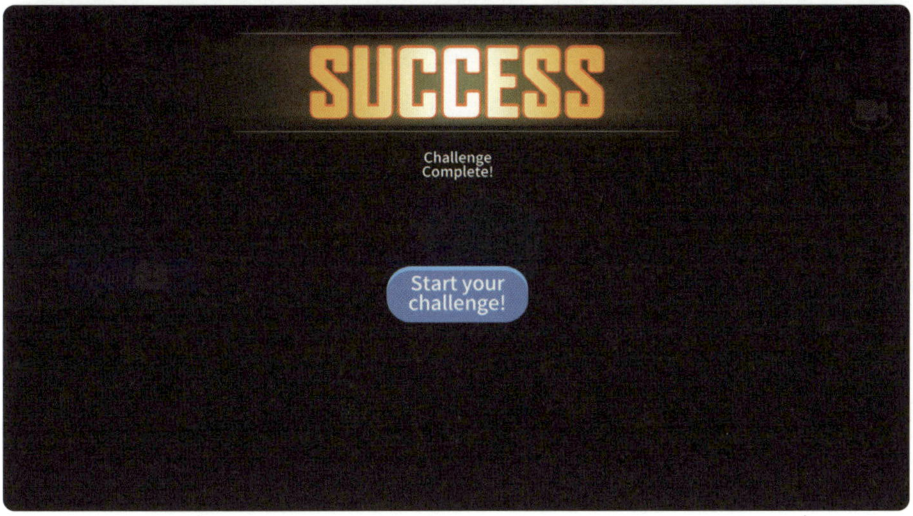
SUCCESS
Challenge Complete!
Start your challenge!

17 다음은 Tello Edu 앱을 이용한 예제이다. 각 예제는 초경량비행장치 무인멀티콥터 조종자자격증 실기시험을 모사한 것이다. 예제를 수행하기 전에 블록명령을 숙지하여 비행경로를 파악하고 안전에 유의하여 적합한 장소에서 수행할 수 있도록 한다.

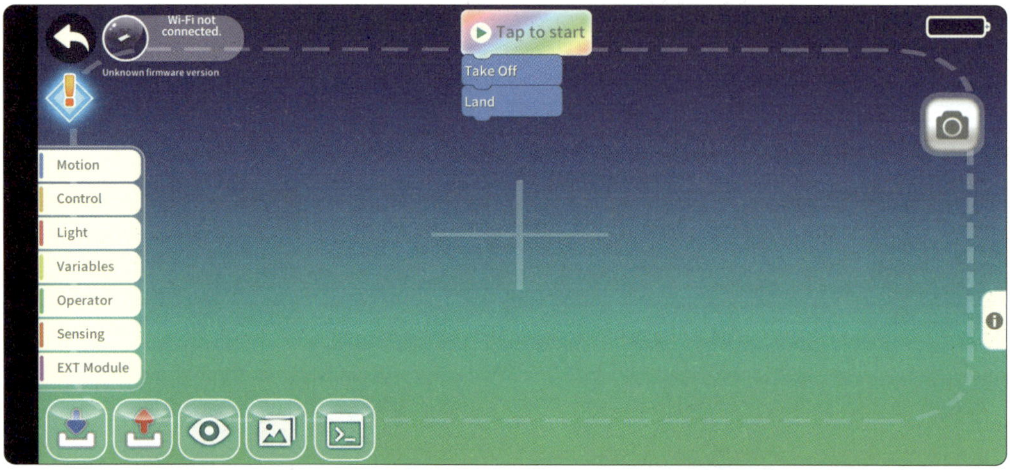

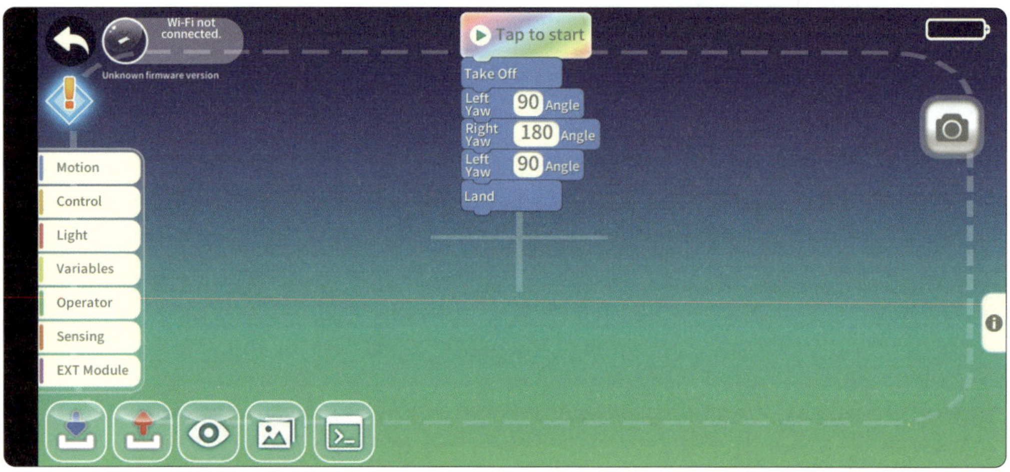

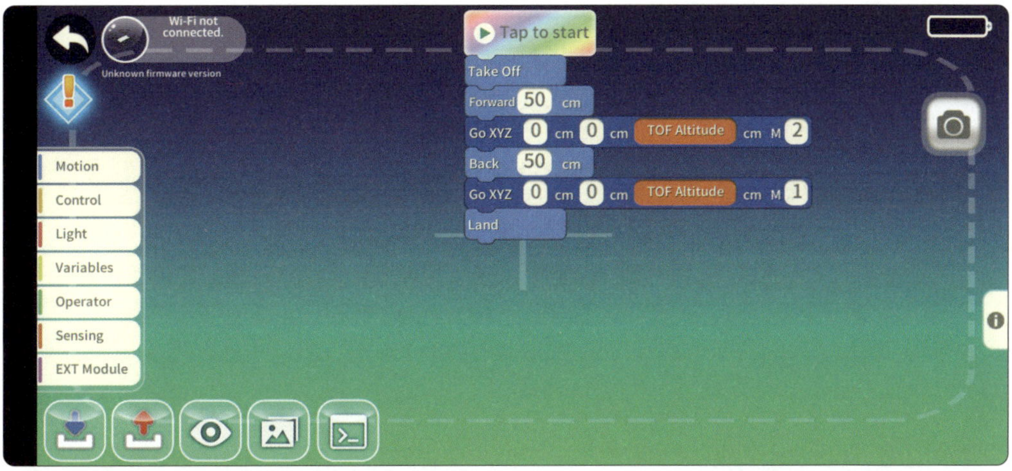
Wi-Fi not connected.
Unknown firmware version
Tap to start
Take Off
Forward 50 cm
Go XYZ 0 cm 0 cm TOF Altitude cm M 2
Back 50 cm
Go XYZ 0 cm 0 cm TOF Altitude cm M 1
Land
Motion
Control
Light
Variables
Operator
Sensing
EXT Module

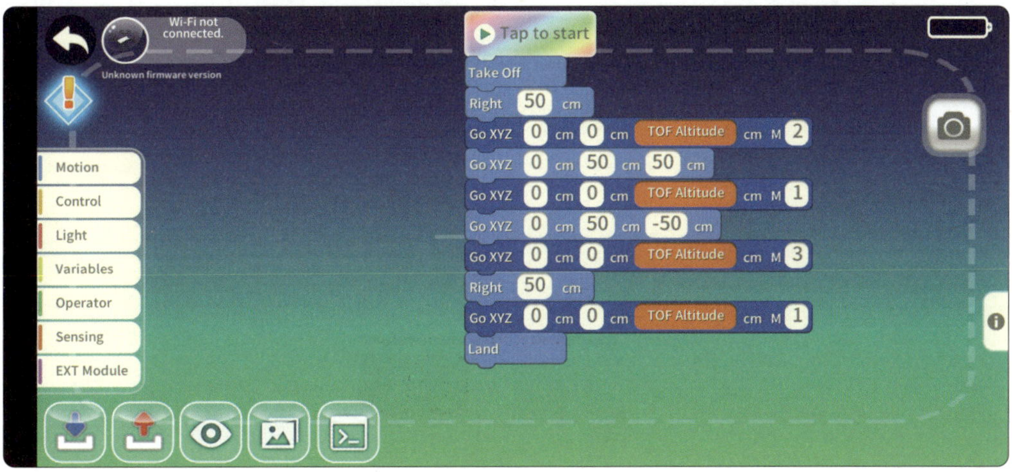
Wi-Fi not connected.
Unknown firmware version
Tap to start
Take Off
Right 50 cm
Go XYZ 0 cm 0 cm TOF Altitude cm M 2
Go XYZ 0 cm 50 cm 50 cm
Go XYZ 0 cm 0 cm TOF Altitude cm M 1
Go XYZ 0 cm 50 cm -50 cm
Go XYZ 0 cm 0 cm TOF Altitude cm M 3
Right 50 cm
Go XYZ 0 cm 0 cm TOF Altitude cm M 1
Land
Motion
Control
Light
Variables
Operator
Sensing
EXT Module

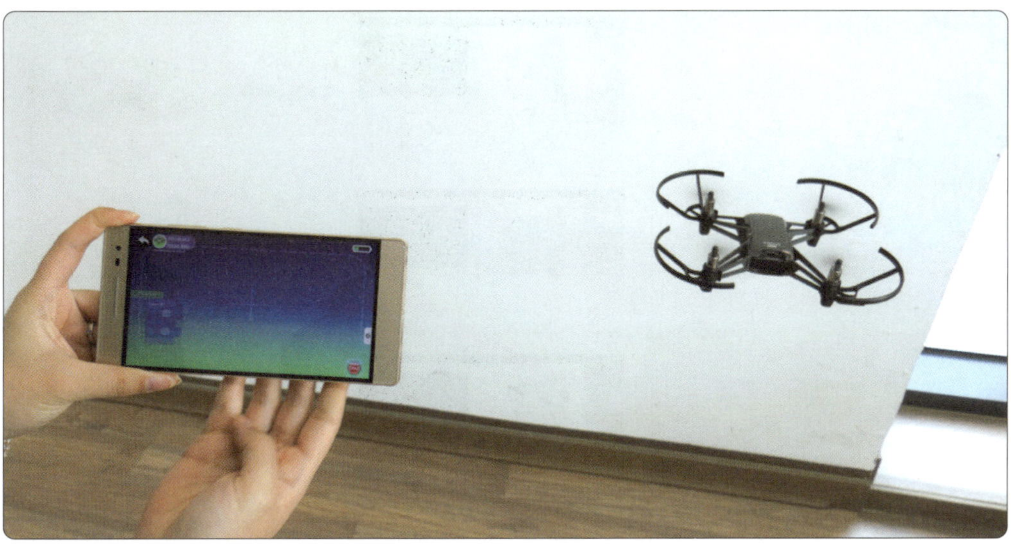

STEP **4**

Drone Blocks 및 Tello Edu 앱을 이용한 합동비행

01 텔로 에듀와 전 모델인 텔로와의 가장 큰 차이점은 Swift, Python 등의 프로그래밍에 의한 군집비행 구현이 가능한 점을 들 수 있는데 스위프트 또는 파이썬을 이용한 군집비행은 차후 Step에서 다루기로 하고 앞에서 살펴본 블록 코딩 앱인 Drone Blocks 앱과 Tello Edu 앱을 활용하여 군집비행을 모사해보기로 하자. 먼저 2~4인의 조를 짜고 개인별 블록 코딩을 작성한 뒤 동시에 텔로 에듀에 각각 접속하여 합동으로 블록 코딩 자동비행 또는 수동비행 조작을 실시함으로써 군집비행과 유사한 효과를 달성하고 합동비행 시 구성원 간 협력하여 체험과 즐거움을 공유하는 기회를 가져보기로 한다.

02 먼저 Drone Blocks 앱을 활용하여 합동비행하는 단계를 진행해보기로 한다. 2~4인 1조로 조를 편성한 뒤 2 Step을 참고하여 Drone Blocks 앱을 이용하여 조원 모두 동일한 예제를 선택하고 블록 코딩을 진행한다. 단계 진행 개념은 다음 그림과 같다.

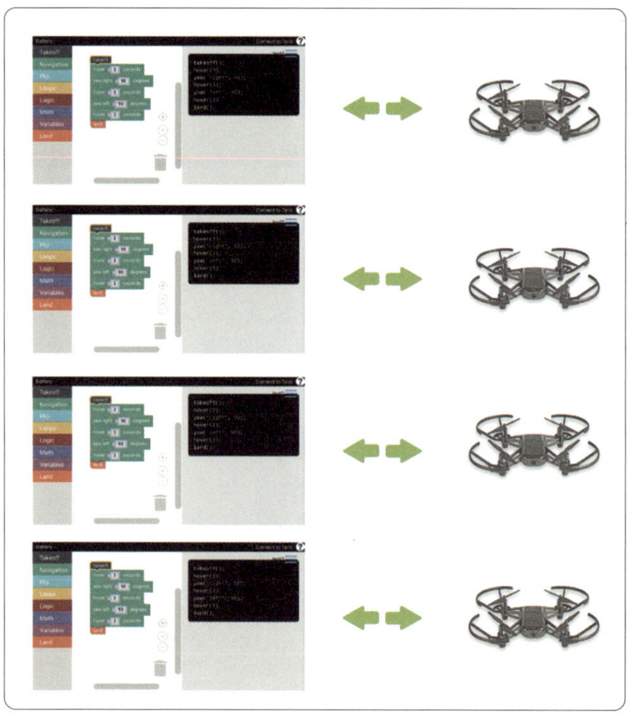

03 개인별로 작성해야 할 블록 코딩은 **2 Step**에서 작성한 예제를 참조하여 아래와 같이 작성해주도록 한다.

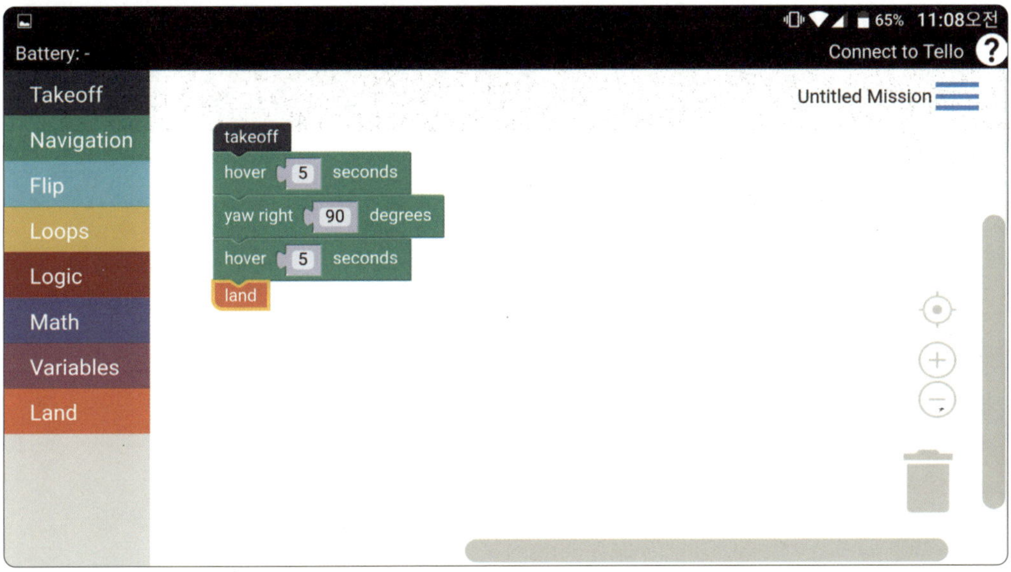

04 개인별 블록 코딩이 완료되고 작성된 블록 미션을 수행하기 위해서는 Drone Blocks 앱과 텔로 에듀를 Wifi로 접속하여 연결시켜줘야 한다. 먼저 혼선을 막기 위해 한 사람씩 텔로 에듀의 전원을 켜고 기체의 Wifi에 접속하는 절차를 진행하고 접속한 기체의 Wifi SSID(네트워크 이름)를 확인한 다음 바로 기체의 전원을 끈다. 다음 사람도 같은 절차를 진행하여 개인별 기체의 Wifi SSID를 확인해두도록 한다. 이후에는 항상 본인의 텔로 에듀 Wifi SSID에 접속하도록 주의한다.

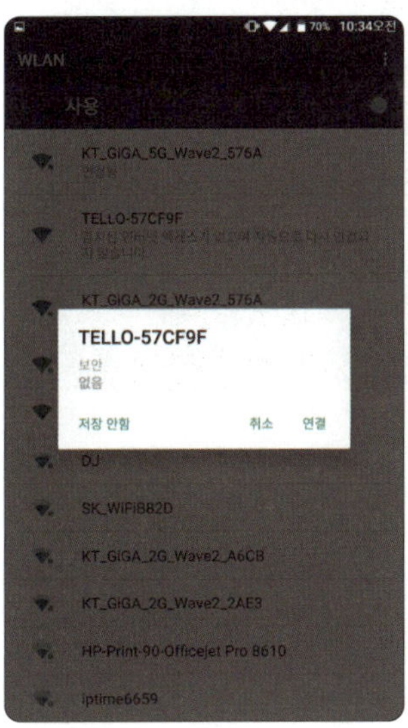

05 개인별 텔로 에듀 SSID(네트워크 이름)을 확인하였으면 각자 기체의 전원을 켜고 개인별 텔로 에듀의 SSID에 접속하도록 하고 2 Step 09 항목과 같은 방법으로 상단의 'CONNECT TO TELLO' 메뉴를 터치하여 명령 모드로 진입한다.

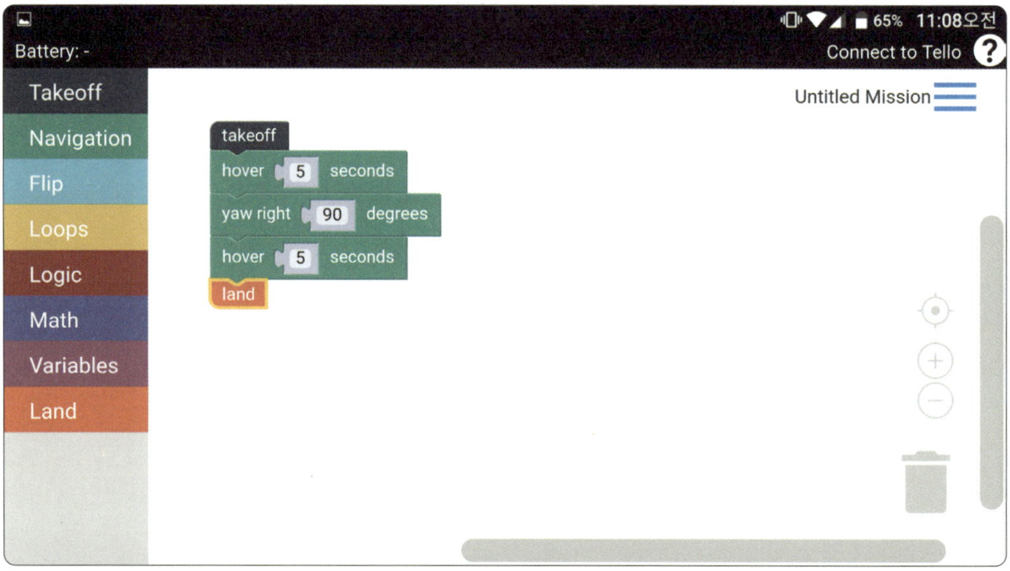

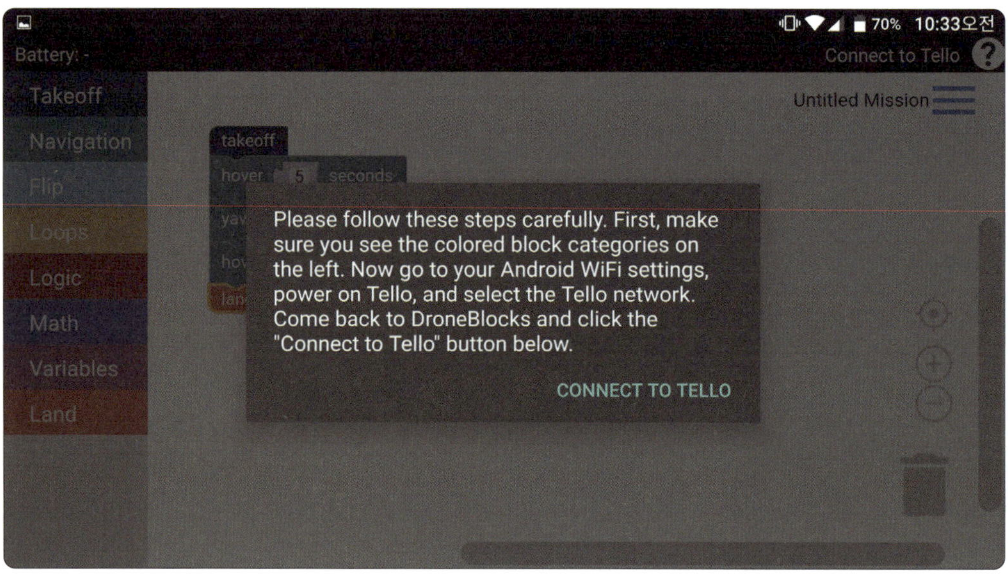

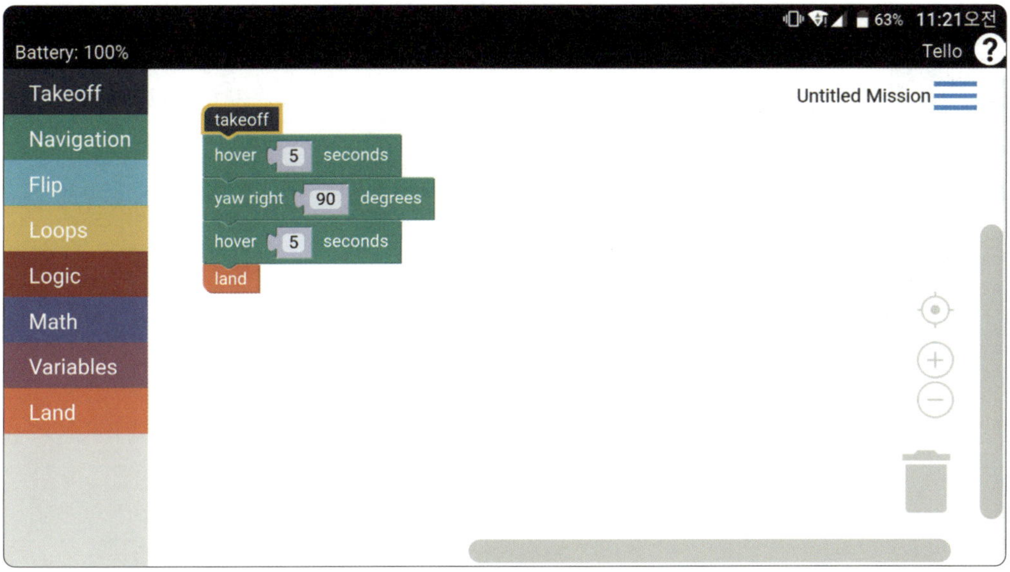

06 기체는 약 1m 간격으로 배치하고 조장 또는 지도자의 신호에 따라 모든 구성원이 동시에 미션을 시작하도록 한다. 미션 수행은 아래와 같이 ☰ 메뉴를 터치하여 하부 메뉴에서 'Launch Mission' 을 터치하면 된다. 미션이 시작되면 빨간색으로 'Abort Mission' 버튼이 나타나고 여러 대의 드론이 동시에 개별적으로 입력한 블록 미션을 수행하여 합동비행을 수행할 수 있다. 미션이 종료되면 'Abort Mission' 메시지는 사라진다.

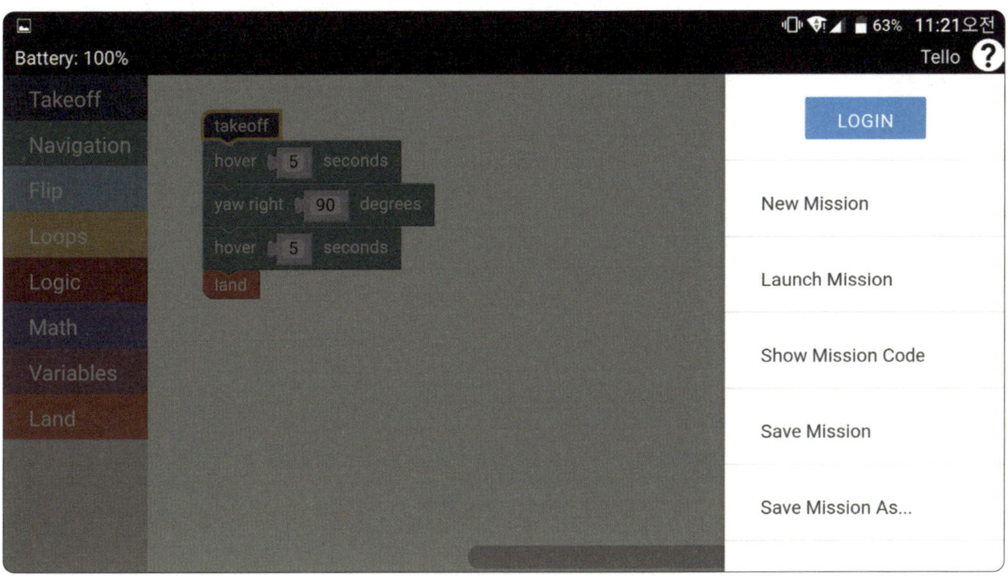

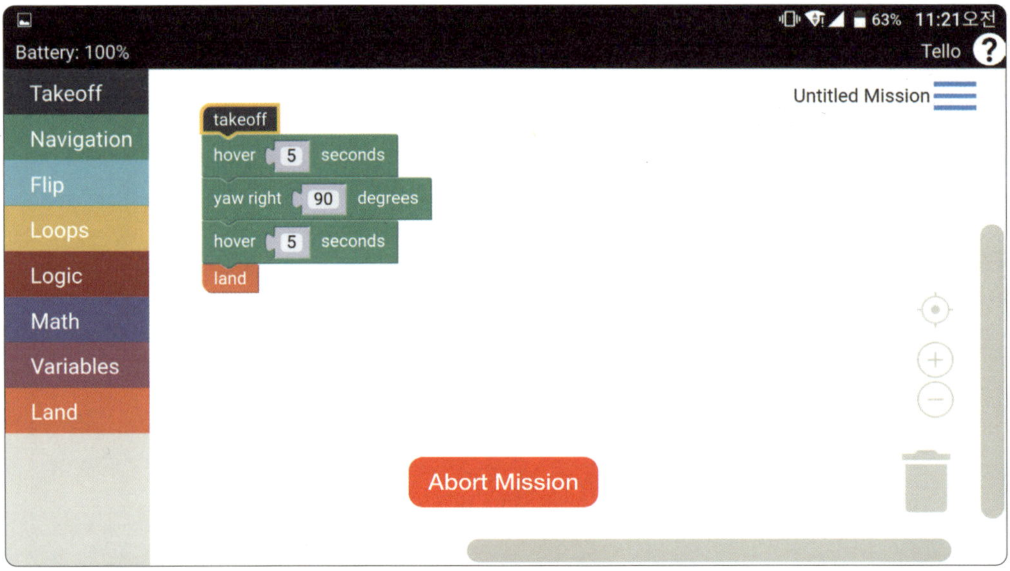
63% 11:21오전
Battery: 100%
Tello
Takeoff
Navigation
Flip
Loops
Logic
Math
Variables
Land
Untitled Mission
takeoff
hover 5 seconds
yaw right 90 degrees
hover 5 seconds
land
Abort Mission

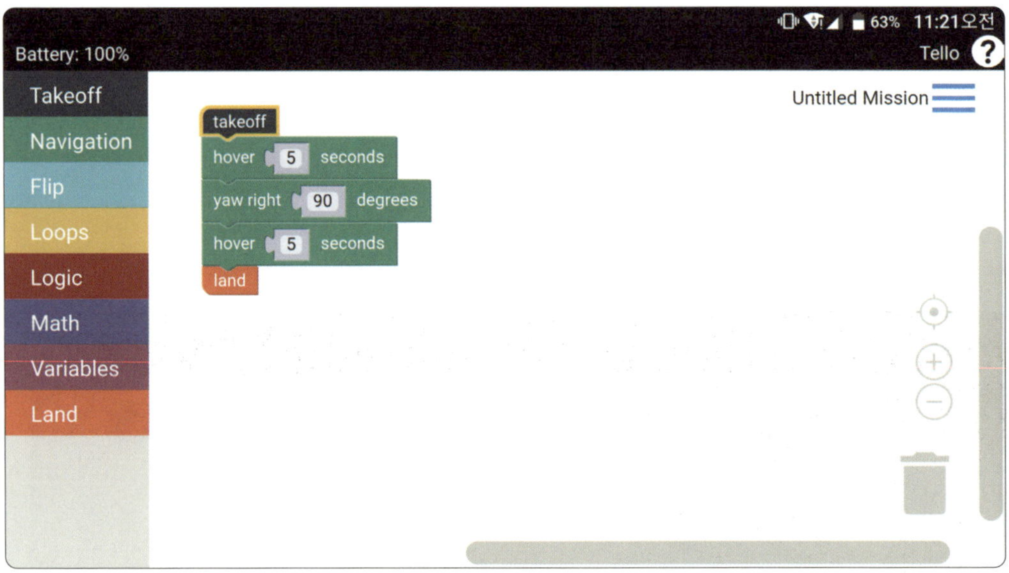
63% 11:21오전
Battery: 100%
Tello
Takeoff
Navigation
Flip
Loops
Logic
Math
Variables
Land
Untitled Mission
takeoff
hover 5 seconds
yaw right 90 degrees
hover 5 seconds
land

07 다음은 Tello Edu 앱을 활용한 블록 코딩 합동비행 단계를 진행해보기로 한다. 마찬가지로 2~4인 1조로 조를 편성한 뒤 3 Step을 참고하여 Tello Edu 앱을 이용하여 조원 모두 동일한 예제를 선택하여 블록 코딩을 진행한다. 단계 진행 개념은 다음 그림과 같다.

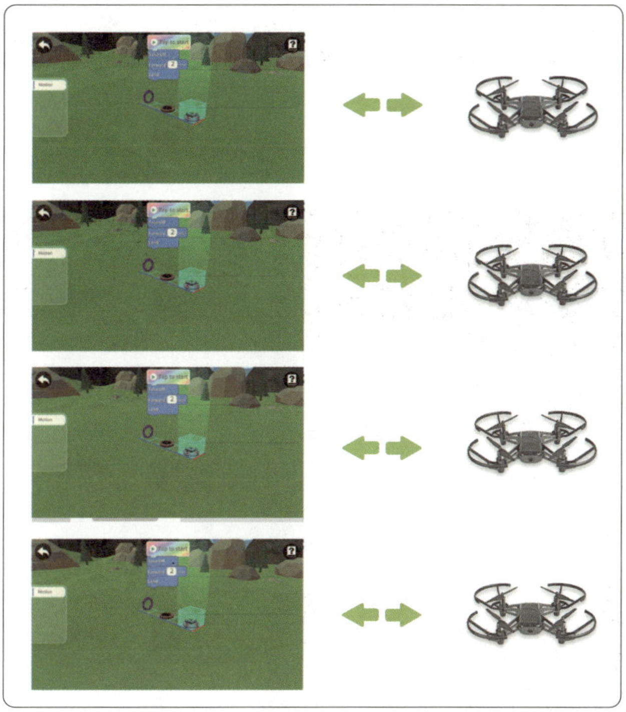

08 개인별로 작성해야 할 블록 코딩은 3 Step에서 작성한 예제를 참조하여 다음과 같이 작성해주도록 한다.

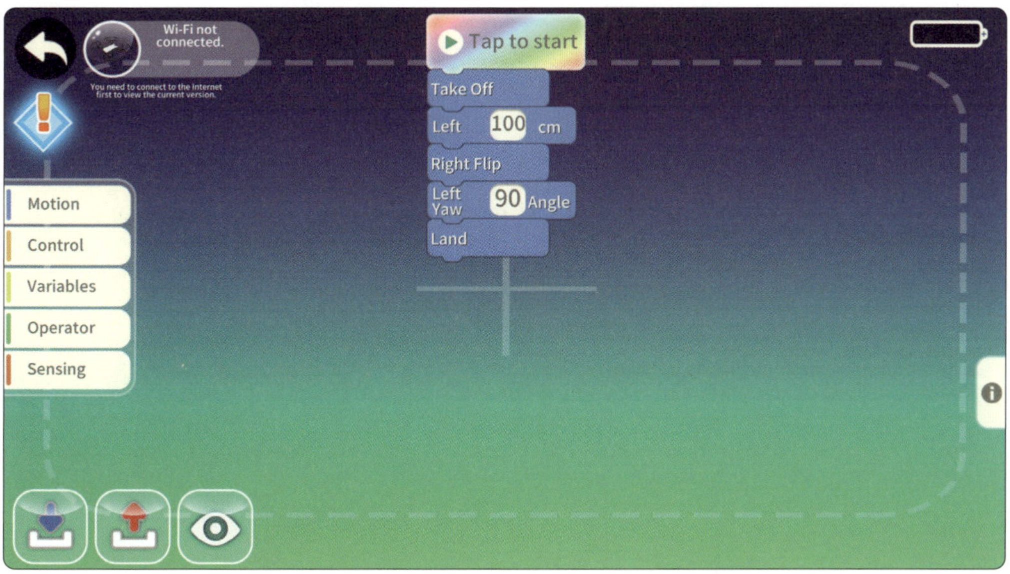

09 개인별 블록 코딩이 완료되고 작성된 블록 미션을 수행하기 위해서는 Tello Edu 앱과 텔로 에듀를 Wifi로 접속하여 연결시켜줘야 한다. Drone Blocks 앱을 활용한 합동비행과 마찬가지로 확인된 개인별 텔로 에듀의 SSID에 접속하도록 한다. 착오로 다른 사람의 기체의 SSID에 접속하는 일이 없도록 주의하여야 한다.

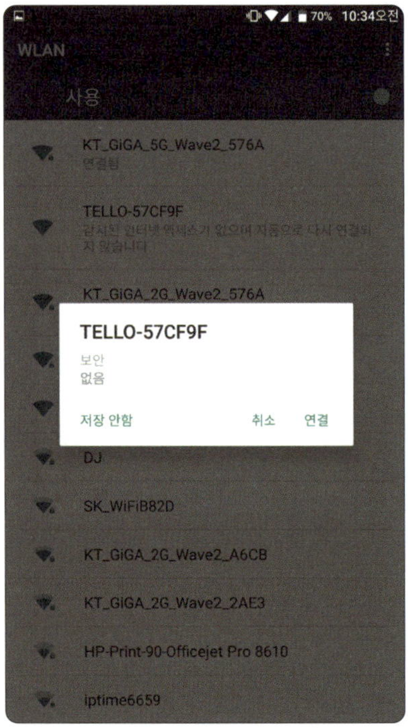

10 개인별 텔로 에듀 SSID를 확인하였으면 각자 텔로 에듀의 전원을 켜고 개인별로 기체의 SSID에 접속하도록 한다. Tello Edu 앱 3 Step **10** 과 같은 방법으로 화면 우측 상단 원형의 Wifi 접속 메뉴를 선택하여 아래와 같이 기체의 Wifi에 접속하고 접속이 성공하면 뒤로가기 하여 블록코딩창으로 돌아온다. 텔로 에듀 Wifi에 접속된 상태에서는 우측 상단의 원형 Wifi 접속메뉴가 초록색으로 바뀌고 배터리 잔량이 표시됨을 알 수 있다.

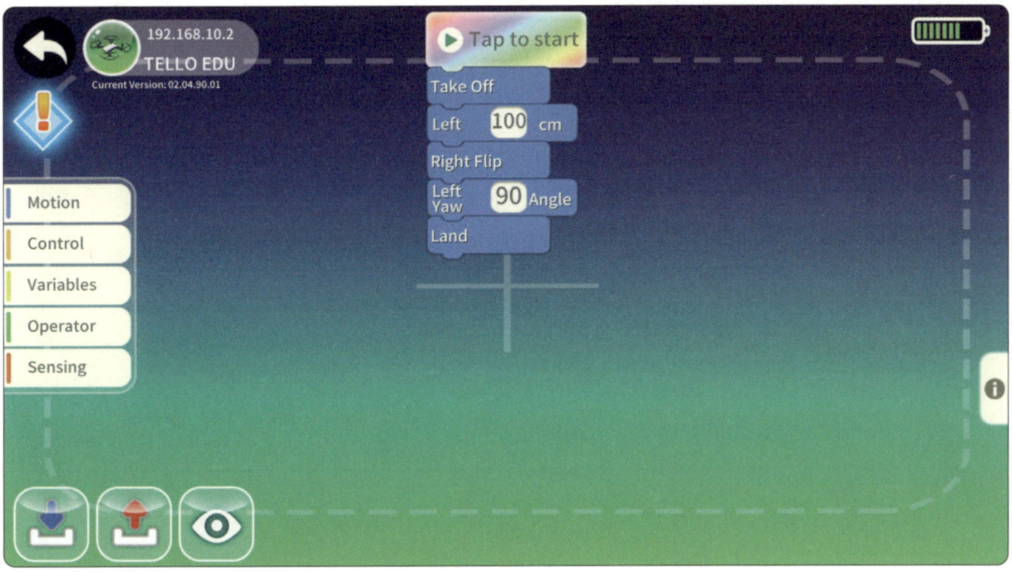

11 합동비행을 수행하기 위해 기체를 약 1m 간격으로 배치하고 조장 또는 지도자의 신호에 따라 모든 구성원이 동시에 미션을 시작하도록 한다. 미션 수행은 아래와 같이 중앙 상단의 'Tap to start' 메뉴를 터치하면 된다. 다음과 같이 진행 상태와 우측 하단에 Stop 메뉴가 나타나고 기체가 코딩한 블록명령대로 동작하여 합동비행을 수행함을 볼 수 있고 미션이 종료되면 다시 블록코딩창으로 돌아온다.

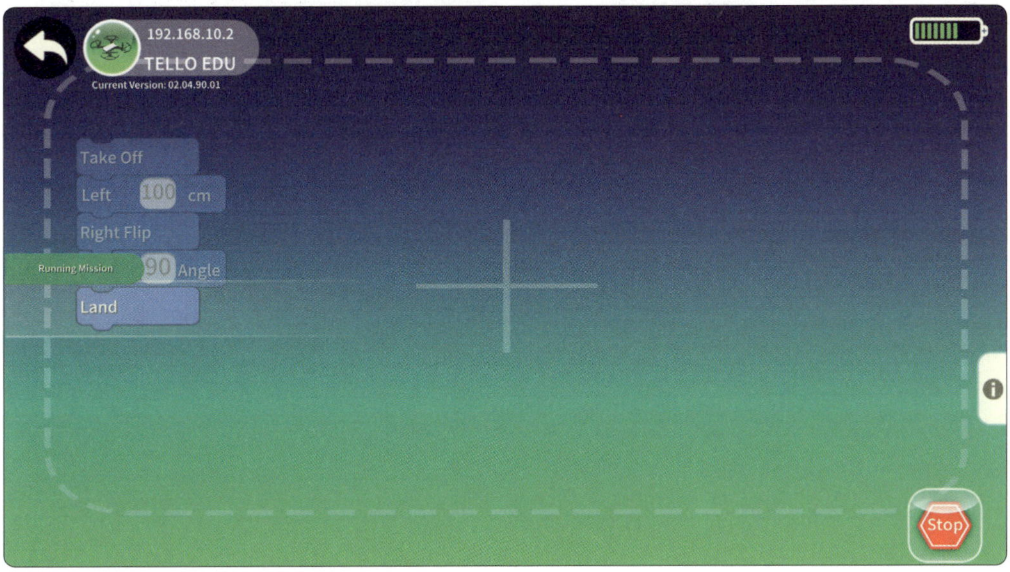

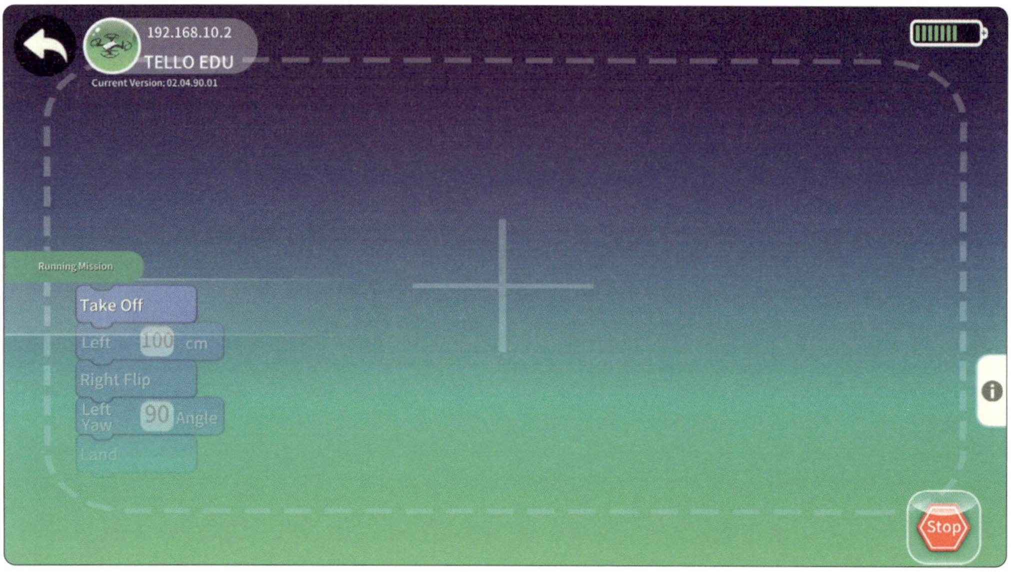

12 우측의 'i'(information) 메뉴를 터치하여 텔로 에듀의 현재 상태 정보를 표시하여 실시간 피치(Pitch = 전후 기울임), 롤(Roll = 좌우 기울임), 요(Yaw = 방위각) 값과 가속도 값, 기체의 온도, 이동거리, 고도 등의 데이터를 보면서 실제 작동상태를 확인하는 것도 기체의 비행을 이해하는데 효과적일 것이다.

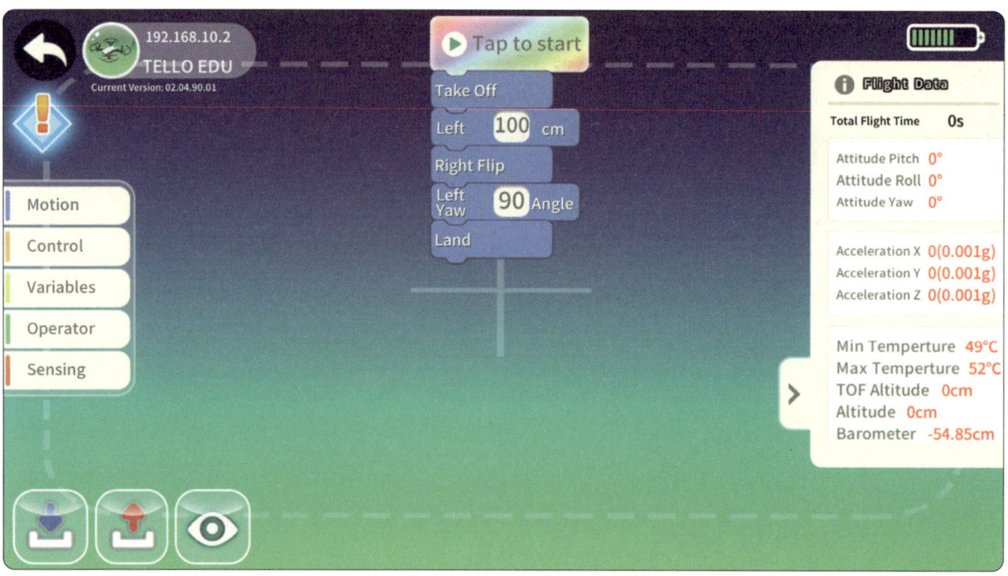

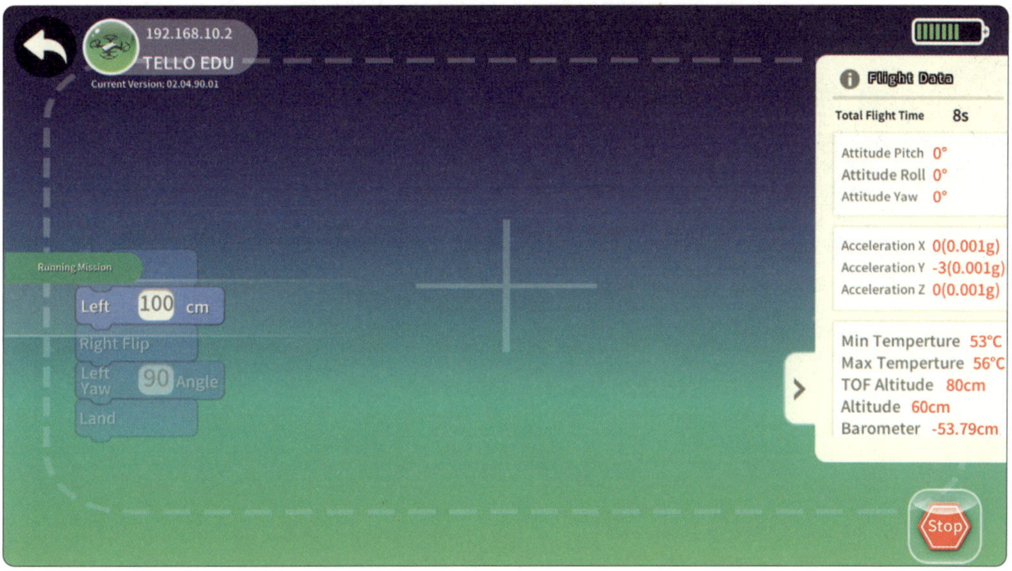

13 다음으로는 Tello Edu 앱을 이용하여 수동조작으로 합동비행을 수행해 보도록 하자. 블록 코딩을 이용한 합동비행과는 달리 텔로 에듀를 수동조작으로 합동비행하는 것은 협동심과 집중력을 요하는 작업이므로 교육적으로 의미있는 단계라고 생각된다. Tello Edu 앱을 통한 수동조작 방법은 아래와 같이 3 Step의 03 ~ 04를 참조하면 된다.

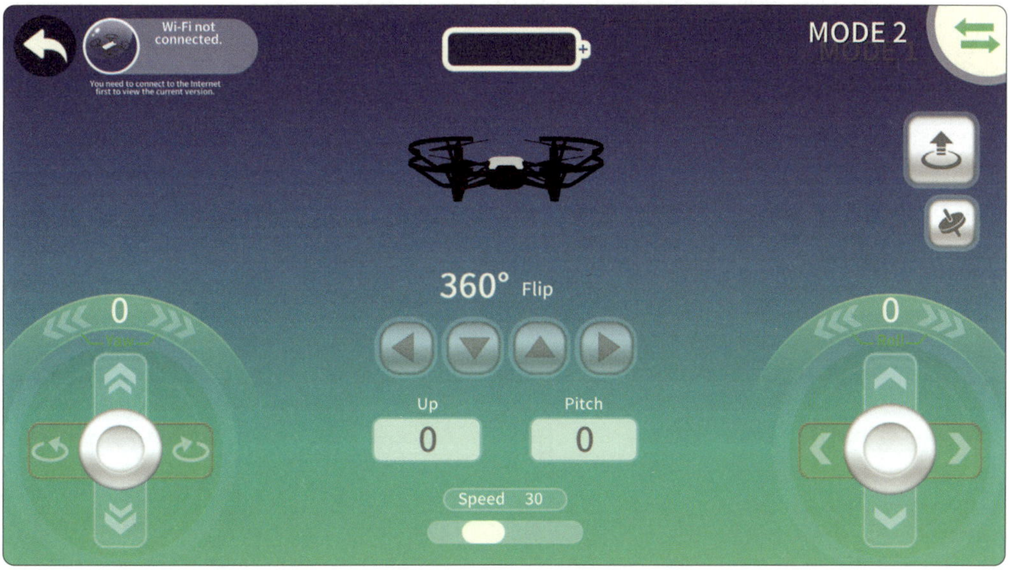

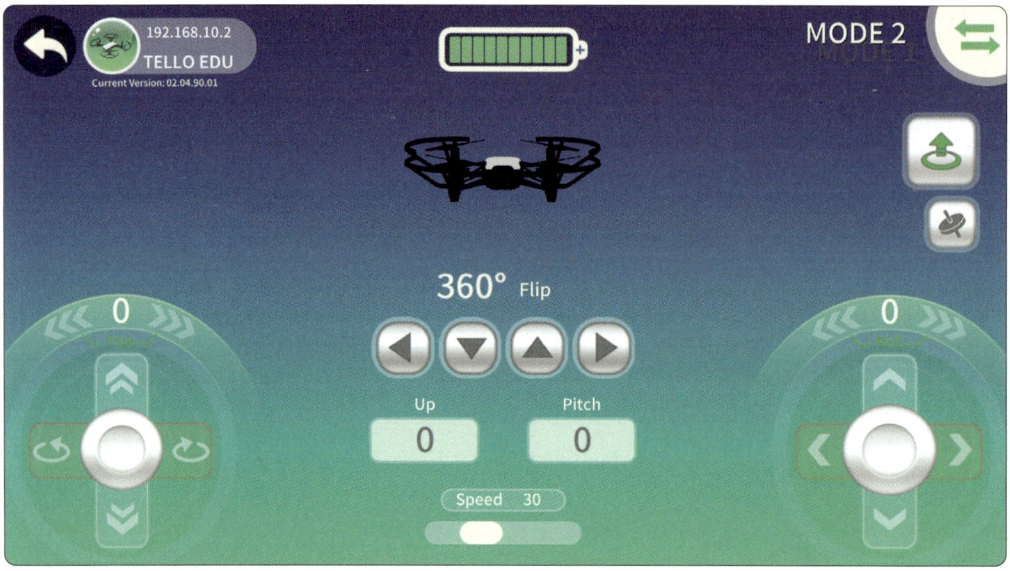

14 먼저 합동비행을 수행하기 위해 기체를 약 1m 간격으로 배치하고 미리 약속한 수신호, 깃발 또는 모니터 화면의 비행 지시에 따라 집중하여 동시에 또는 개별적으로 비행을 수행하도록 한다. 마치 오케스트라의 지휘자의 지휘에 따라 단원들이 개별적으로 악기를 연주하여 전체 하모니를 만들어내는 것과 유사하다고 생각하면 된다. 다음은 모니터 화면을 통한 개별 비행 지시 안내의 예이다.

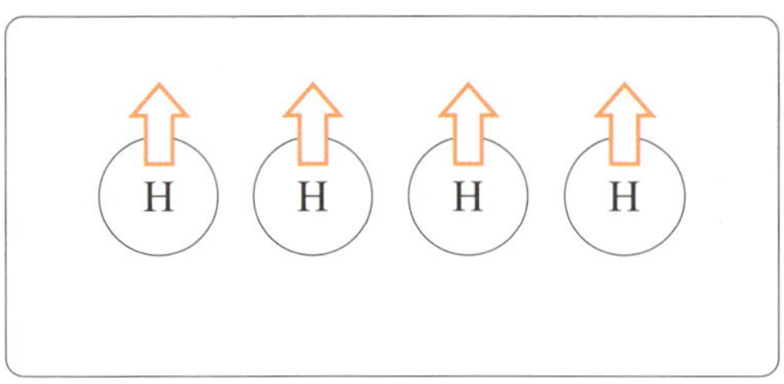

▲ 전 기체 동시에 Take Off

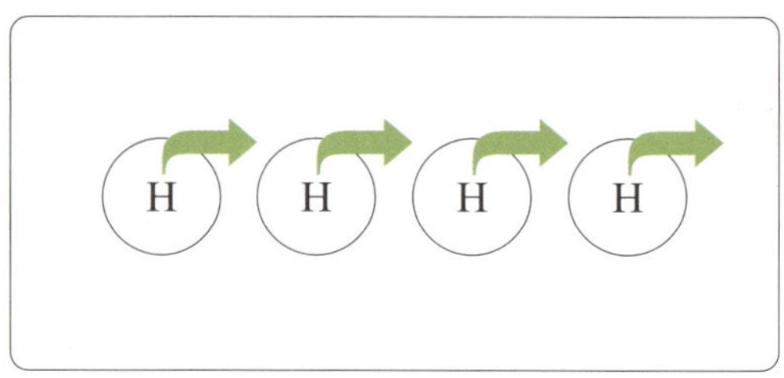

▲ 전 기체 동시에 90도 우회전

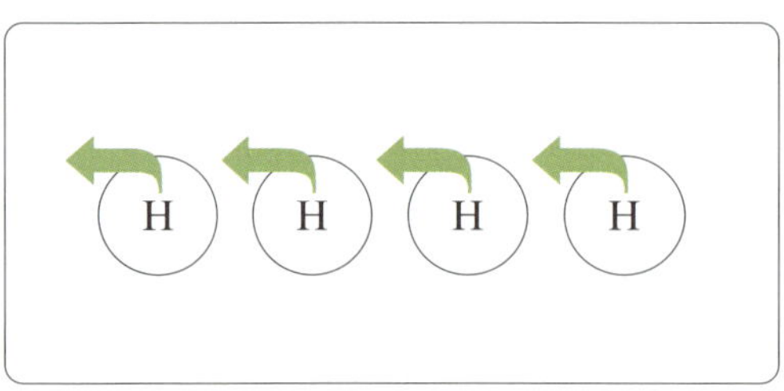

▲ 전 기체 동시에 90도 좌회전

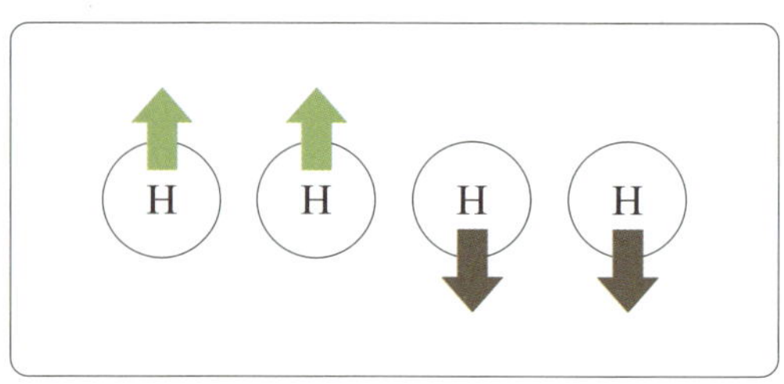

▲ 좌측 2기 50cm 전진, 우측 2기 50cm 후진

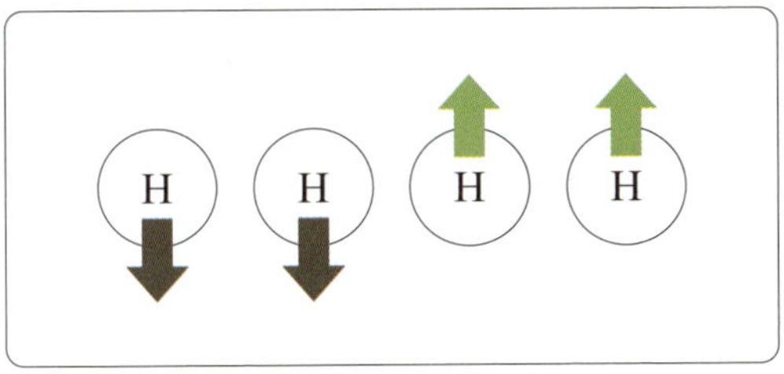

▲ 좌측 2기 100cm 후진, 우측 2기 100cm 전진

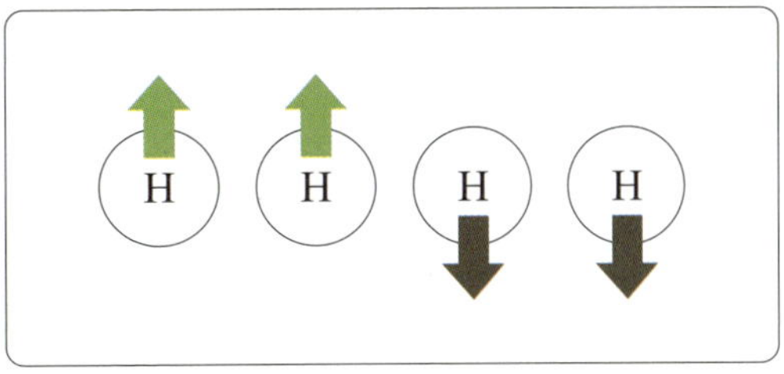

▲ 좌측 2기 50cm 전진, 우측 2기 50cm 후진

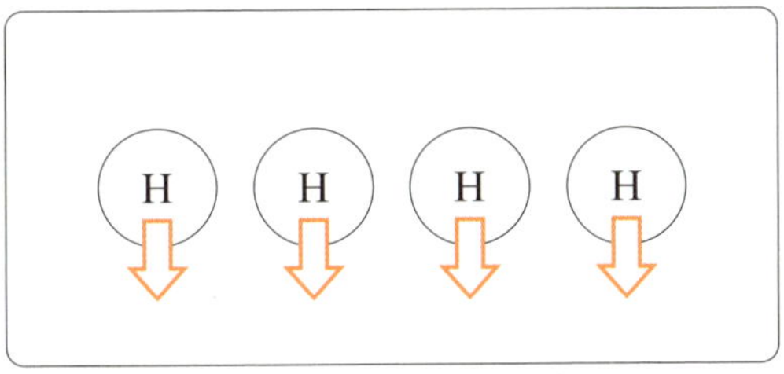

▲ 전 기체 동시에 Land

15 위와 같은 방법 등을 통하여 편대비행(군집비행)을 모사하는 것이 가능할 것이다. 하지만 경우에 따라서는 동시에 미션을 시작하여도 기체별로 약간의 시차가 발생하여 동작이 완전히 일치하지 않는 현상이 발생할 수도 있다. 이는 텔로 에듀 각 기체의 비행 동작 완료에 소요되는 시간이 다르기 때문에 나타나는 현상이다. 이에 대한 해결책은 각 기체의 동작이 완료될 때까지 기다렸다가 다음 동작을 동시에 시작하도록 동기화(sync) 시켜주는 것이 필요한데 이는 차후에 **15 Step**과 **EX Step**에서 다루기로 한다.

STEP 5 Packet Sender를 이용한 텔로 에듀 UDP 통신/컨트롤

01 텔로 에듀는 클라이언트와 Wifi UDP[3] 통신으로 SDK[4] 명령어 및 상태를 주고받는다. 기본세팅은 AP 접속모드(직접 접속모드)이며 접속창에서 1:1로 클라이언트(PC/스마트기기)와 접속하게 된다. AP 접속모드(직접 접속모드) 시 기체 IP는 192.168.10.1로 나타나게 된다. 참고로 텔로 에듀 SDK 안내서는 아래 공식 홈페이지에서 다운받을 수 있다.

https://www.ryzerobotics.com/cn/tello-edu/downloads → SDK 2.0 User Guide

192.168.10.1:8889 포트 → SDK command 전송

192.168.10.1:8890 포트 → Tello State 전송

192.168.10.1:11111 포트 → 비디오 스트림 전송

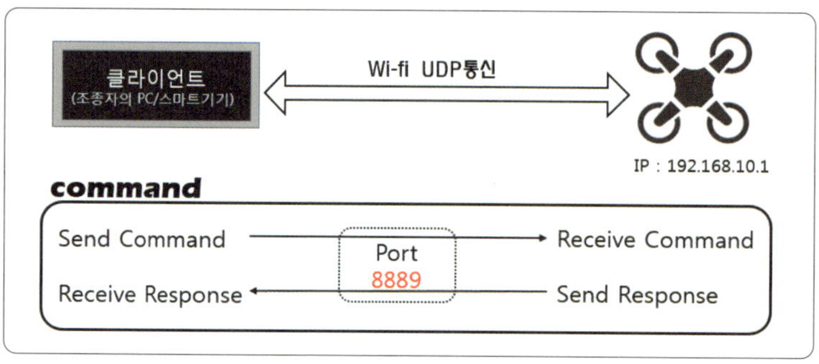

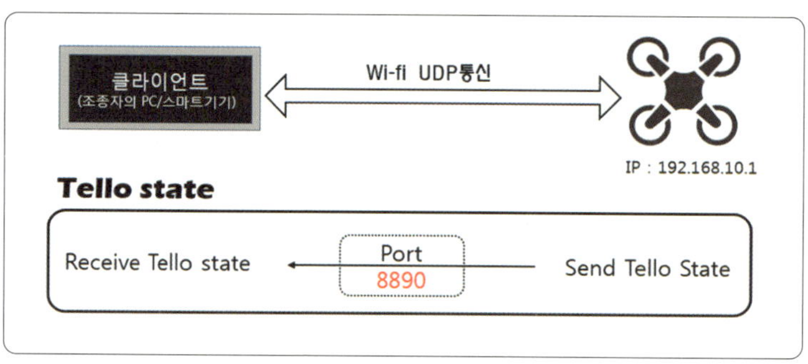

3) UDP(User Datagram Protocol) : 사용자 데이터그램 프로토콜

4) SDK(Software Development Kit) : 소프트웨어 개발 키트

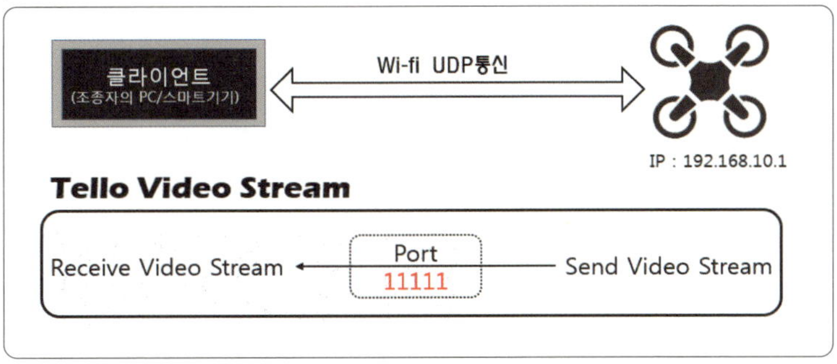

02 텔로 에듀와 클라이언트 간 Wifi UDP 통신의 개념 이해 및 체험을 위해 UDP 패킷통신용 무료 SW인 패킷센더를 다음의 사이트에서 다운받아 설치한다. 모든 프로그램 설치시에 Access 허용여부 창이 나타나는 경우 허용하기를 선택하여야 한다.

https://packetsender.com → Free Download 클릭
→ No thanks, just let me download. 클릭 → installer for Windows 다운로드

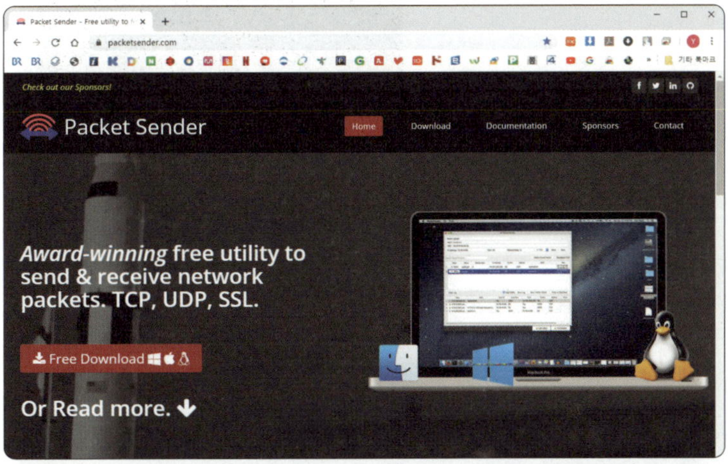

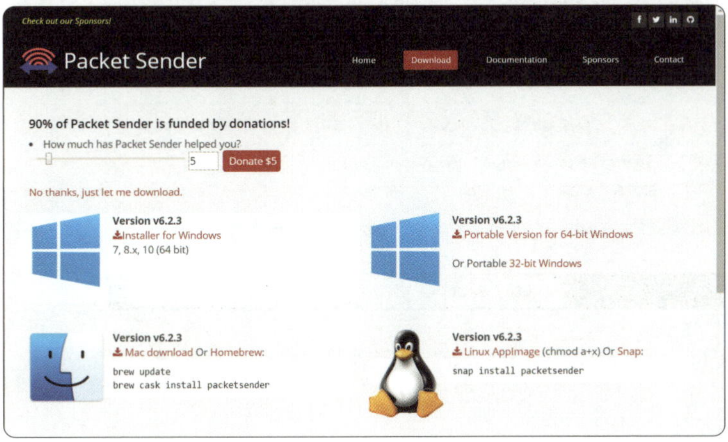

03 패킷센더 소프트웨어 설치를 완료하였으면 우선 텔로 에듀의 전원을 켜고 Wifi 접속창에서 텔로 에듀의 Wifi에 접속한다. 이후 아래와 같이 패킷센더의 입력창의 Name란에 명령어 이름 command, ASCII[5] 항목란에 SDK 명령어 command 를 입력하며 Address 란에 192.168.10.1과 포트 항목란에 8889를 입력하고 통신방식을 TCP[6] → UDP 로 변경하여 Save 버튼을 눌러 저장한다. 이후 Send 버튼을 눌러 command 명령어 패킷을 전송하여 SDK 모드로 진입한다. 전송이 성공하면 텔로에서 Ok 라는 회신을 보내오고 초록색 혹은 보라색 LED가 깜빡이게 된다. 점멸하는 LED의 색상은 텔로 에듀 펌웨어 버전에 따라 다르다.

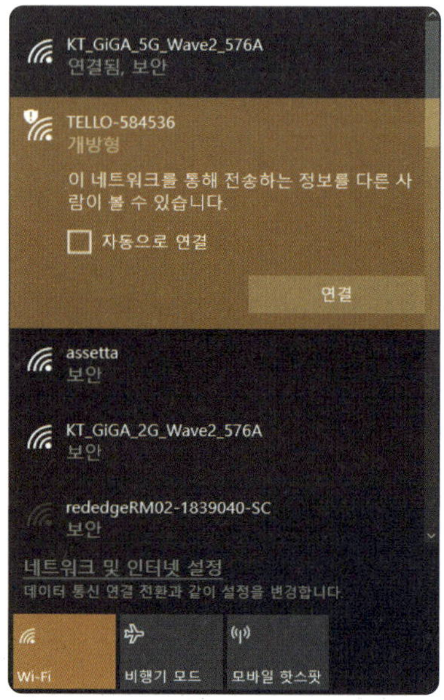

Name → command

ASCII → command

Address → 192.168.10.1

Port → 8889

TCp → UDP

Save 버튼

Send 버튼

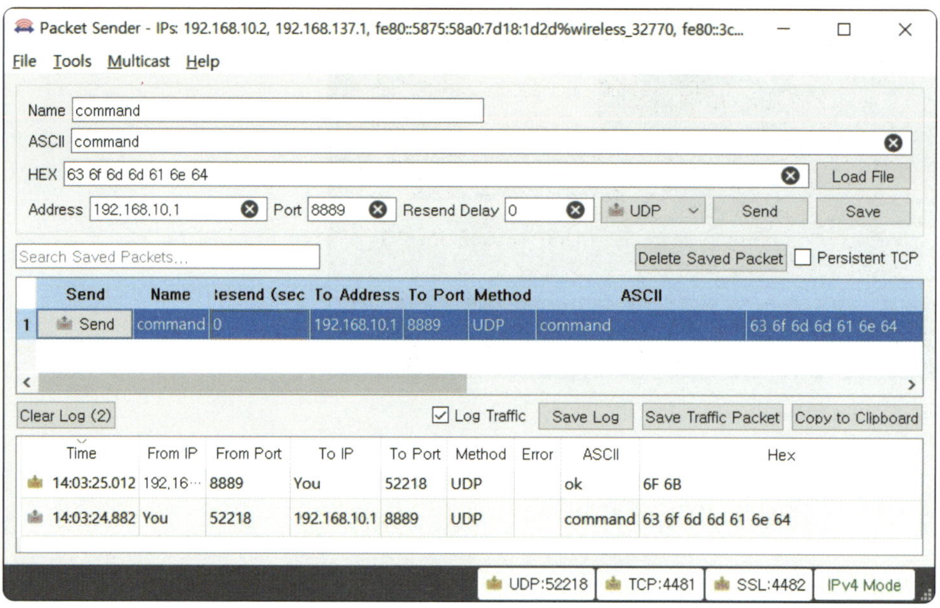

5) ASCII(American Standard Code for Information Interchange) : 미국에서 표준화가 추진된 정보교환용 7비트 부호

6) TCP(Transmission Control Protocol) : 전송 제어 규약

04 프로그램이 정상적으로 설치되고 위의 설정을 제대로 하였는데도 전송이 오류 나는 경우는 패킷센더 우측하단의 IPv4 Mode 를 두 번 클릭하여 IPv4 → IPv6 → IPv4 모드로 설정해 보거나, 다음과 같이 방화벽 설정을 변경하여 패킷센더의 외부통신을 허용해주도록 한다.

Windows 설정 → 네트워크 및 인터넷 → Windows 방화벽 → 방화벽에서 앱 허용
→ Network Utility to Send/Receive Packets 선택 → 설정 변경 → 개인, 공용 모두 체크

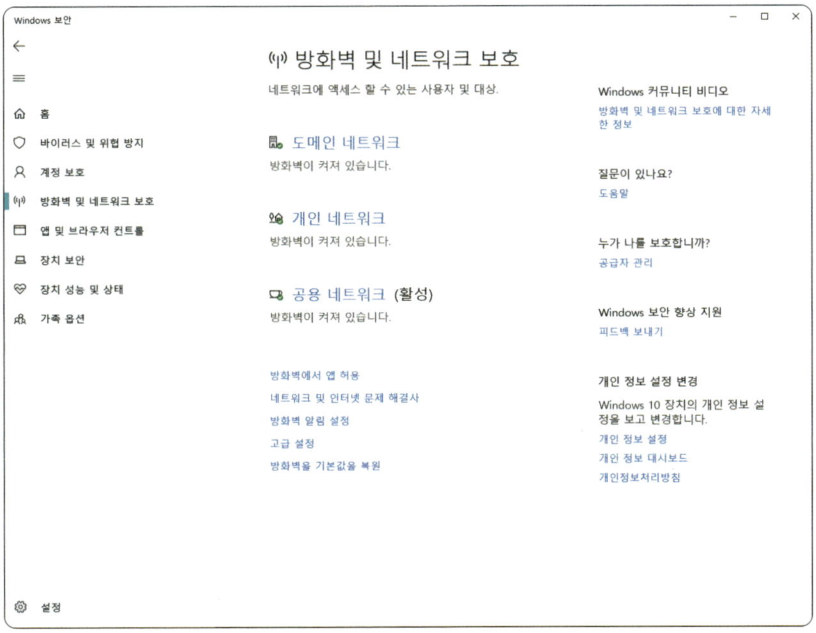

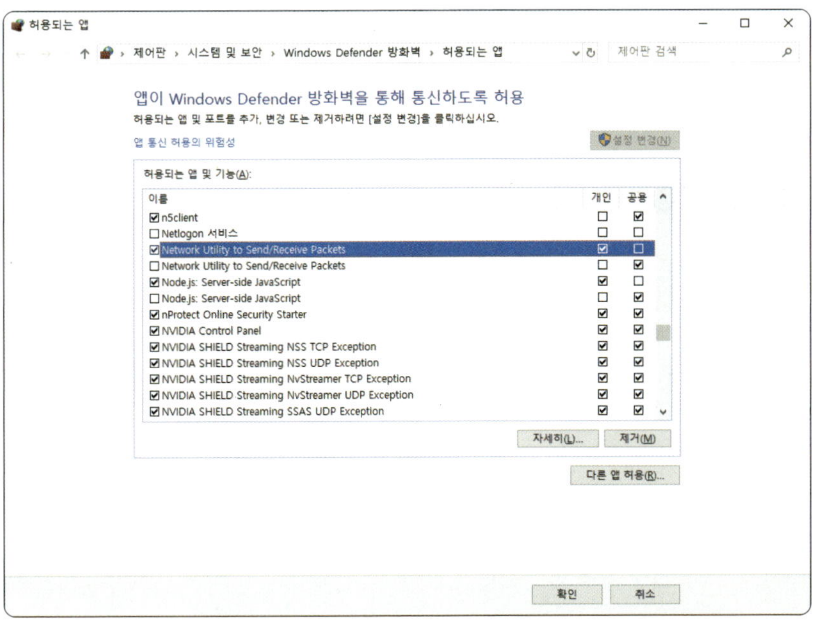

05 배터리 잔량을 확인하려면 패킷센더 입력창에 다음과 같이 입력 후 Save 버튼으로 저장하고 command → battery 순으로 Send 버튼을 눌러 패킷을 전송한다.

Name → battery

ASCII → battery?

Address → 192.168.10.1

Port → 8889

TCP → UDP

Save 버튼

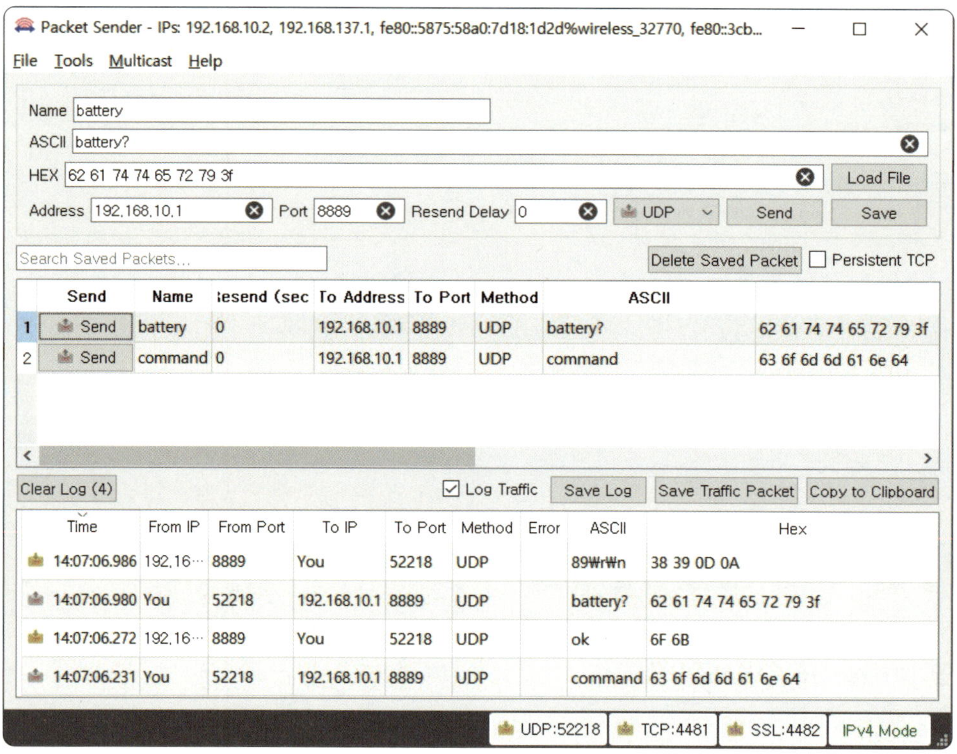

06 기체의 테스트를 위해 command 명령으로 SDK 모드에 진입하여 기체의 초록색 혹은 보라색 LED 가 깜박이며 준비된 상태임을 나타내며 기체에 비행명령을 전송하여 작동 테스트를 해보기로 한다. 텔로 에듀의 SDK 이륙명령은 takeoff 이며 패킷센더 입력창에 다음과 같이 입력 후 Save 버튼으로 저장하고 착륙과 비행 시 테스트할 명령들을 마찬가지로 미리 입력해 놓는다.

이륙 명령: 기체 이륙

Name → takeoff

ASCII → takeoff

Address → 192.168.10.1

Port → 8889

TCP → UDP

Save 버튼

상승 비행: 30cm 상승 (20~500 입력)

Name → up

ASCII → up 30

Address → 192.168.10.1

Port → 8889

TCP → UDP

Save 버튼

전진 비행: 30cm 전진 (20~500 입력)

Name → forward

ASCII → forward 30

Address → 192.168.10.1

Port → 8889

TCP → UDP

Save 버튼

후진 비행: 30cm 후진 (20~500 입력)

Name → back

ASCII → back 30

Address → 192.168.10.1

Port → 8889

TCP → UDP

Save 버튼

좌이동 비행: 30cm 좌이동 (20~500 입력)

Name → left

ASCII → left 30

Address → 192.168.10.1

Port → 8889

TCP → UDP

Save 버튼

우이동 비행: 30cm 우이동 (20~500 입력)

Name → right

ASCII → right 30

Address → 192.168.10.1

Port → 8889

TCP → UDP

Save 버튼

플립 비행: flip b는 뒷방향 뒤집기를 의미하며 앞방향은 flip f 오른쪽은 flip r 와 같이 기입

Name → flip

ASCII → flip b

Address → 192.168.10.1

Port → 8889

TCP → UDP

Save 버튼

시계방향 회전: cw 90 은 시계방향 90도 회전을 의미 (1~360 입력)

Name → cw

ASCII → cw 90

Address → 192.168.10.1

Port → 8889

TCP → UDP

Save 버튼

반시계방향 회전: ccw 90 은 반시계방향 90도 회전을 의미 (1~360 입력)

Name → ccw

ASCII → ccw 90

Address → 192.168.10.1

Port → 8889

TCP → UDP

Save 버튼

하강 비행: 30cm 하강 (20~500 입력)

Name → down

ASCII → down 30

Address → 192.168.10.1

Port → 8889

TCP → UDP

Save 버튼

착륙 명령: 기체 착륙

Name → land

ASCII → land

Address → 192.168.10.1

Port → 8889

TCP → UDP

Save 버튼

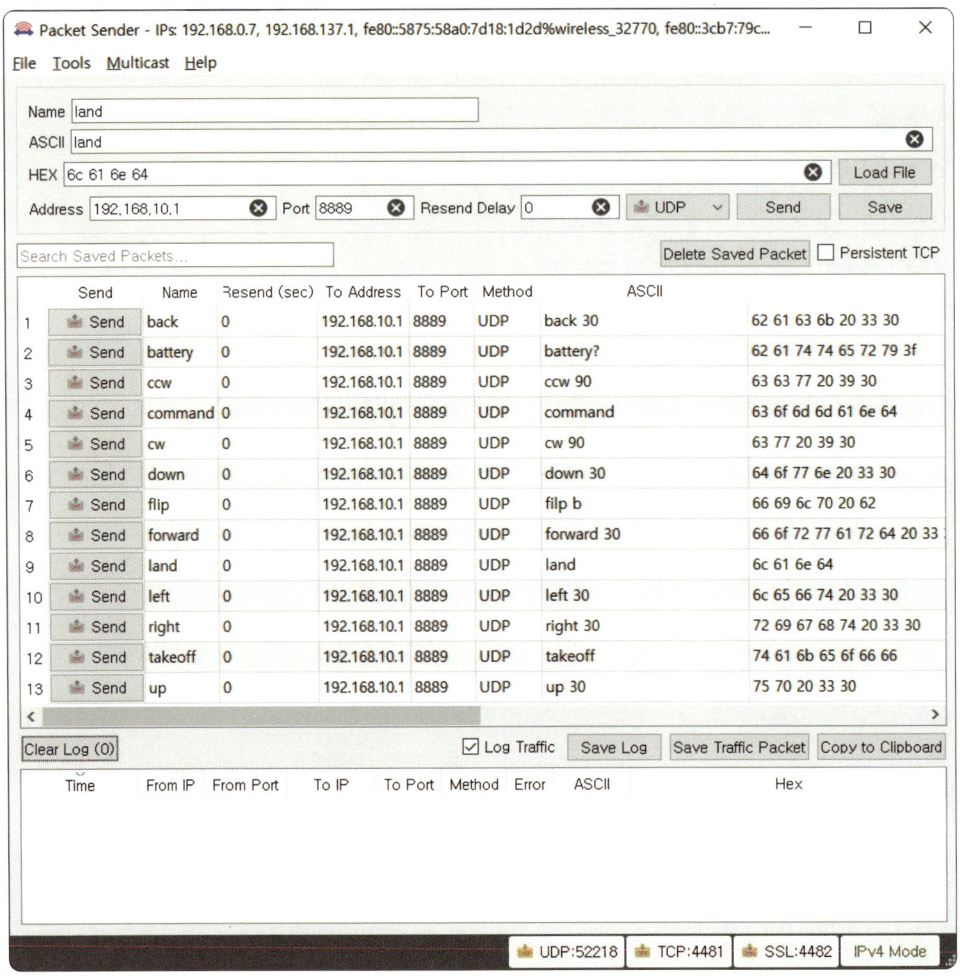
Packet Sender - IPs: 192.168.0.7, 192.168.137.1, fe80::5875:58a0:7d18:1d2d%wireless_32770, fe80::3cb7:79c...
File Tools Multicast Help
Name land
ASCII land
HEX 6c 61 6e 64
Load File
Address 192.168.10.1 Port 8889 Resend Delay 0 UDP Send Save
Search Saved Packets...
Delete Saved Packet
Persistent TCP
Send Name Resend (sec) To Address To Port Method ASCII
1 Send back 0 192.168.10.1 8889 UDP back 30 62 61 63 6b 20 33 30
2 Send battery 0 192.168.10.1 8889 UDP battery? 62 61 74 74 65 72 79 3f
3 Send ccw 0 192.168.10.1 8889 UDP ccw 90 63 63 77 20 39 30
4 Send command 0 192.168.10.1 8889 UDP command 63 6f 6d 6d 61 6e 64
5 Send cw 0 192.168.10.1 8889 UDP cw 90 63 77 20 39 30
6 Send down 0 192.168.10.1 8889 UDP down 30 64 6f 77 6e 20 33 30
7 Send flip 0 192.168.10.1 8889 UDP filp b 66 69 6c 70 20 62
8 Send forward 0 192.168.10.1 8889 UDP forward 30 66 6f 72 77 61 72 64 20 33
9 Send land 0 192.168.10.1 8889 UDP land 6c 61 6e 64
10 Send left 0 192.168.10.1 8889 UDP left 30 6c 65 66 74 20 33 30
11 Send right 0 192.168.10.1 8889 UDP right 30 72 69 67 68 74 20 33 30
12 Send takeoff 0 192.168.10.1 8889 UDP takeoff 74 61 6b 65 6f 66 66
13 Send up 0 192.168.10.1 8889 UDP up 30 75 70 20 33 30
Clear Log (0)
Log Traffic Save Log Save Traffic Packet Copy to Clipboard
Time From IP From Port To IP To Port Method Error ASCII Hex
UDP:52218 TCP:4481 SSL:4482 IPv4 Mode

07 패킷센더에 저장된 패킷 명령어 들은 다음과 같이 내보내기(export)와 가져오기(import)가 가능하므로 저장하여 따로 보관해두도록 한다. import 시에는 기존내용에 추가로 등록되므로 중복을 피하기 위해 기입된 내용은 모두 삭제하고 import 하도록 한다. 중복되는 내용이 없으면 편의에 따라 기존 내용을 삭제하지 않고 import 하여도 상관없다.

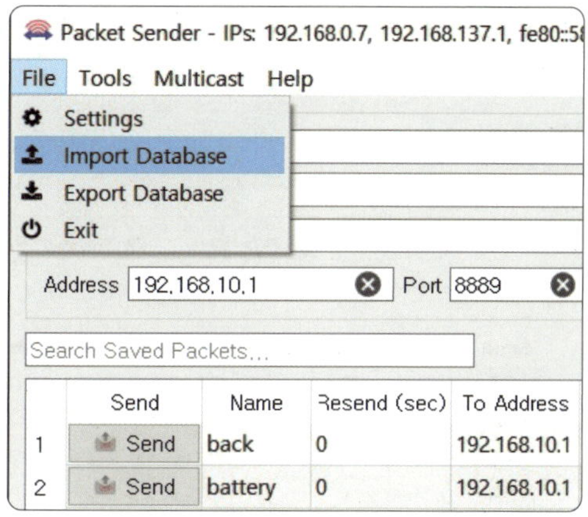

08 기체가 Wifi에 연결된 상태에서 command → takeoff 순으로 Send 버튼을 눌러 텔로 에듀를 이륙시킨 다음 **06** 에서 저장한 명령들을 보내어 개별 비행 테스트를 수행해본다. 마지막으로 land Send 버튼을 눌러 기체를 착륙시킨다. 참고로 텔로 에듀는 SDK 모드에서 15초간 어떠한 명령도 입력되지 않으면 안전상의 이유로 자동 착륙하게 된다.

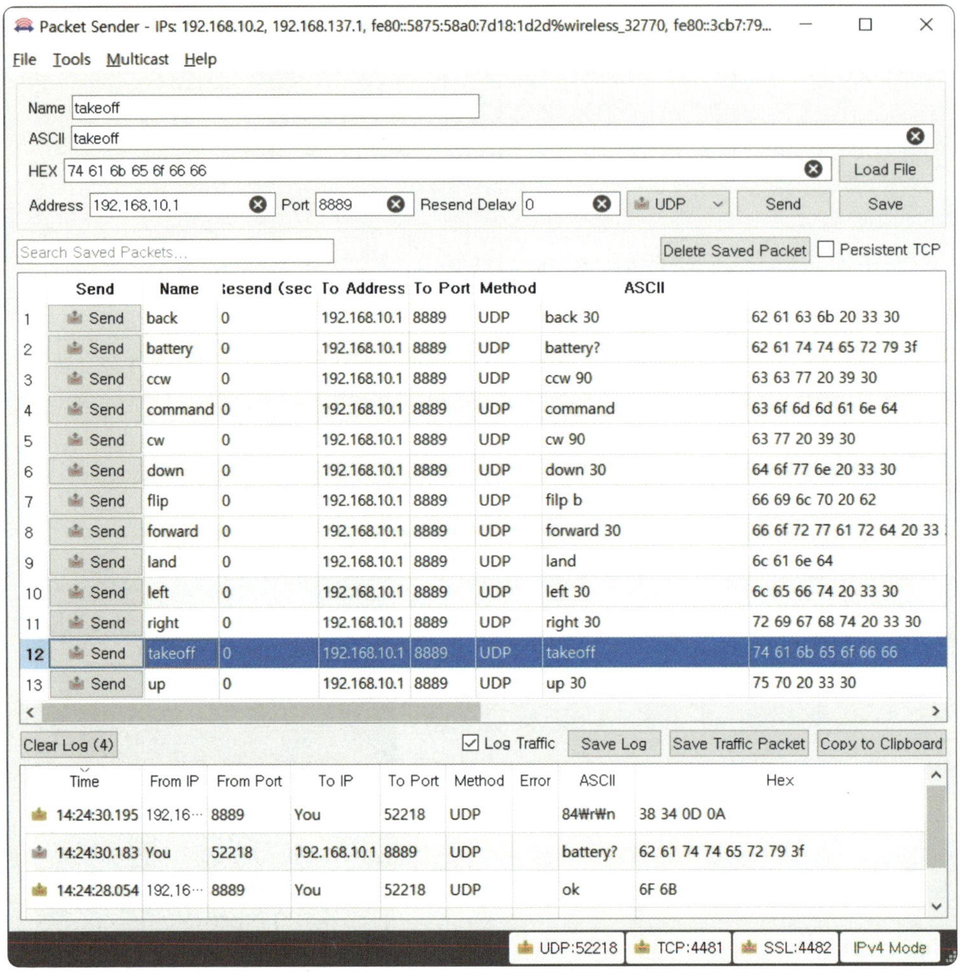
Packet Sender - IPs: 192.168.10.2, 192.168.137.1, fe80::5875:58a0:7d18:1d2d%wireless_32770, fe80::3cb7:79...
File Tools Multicast Help
Name takeoff
ASCII takeoff
HEX 74 61 6b 65 6f 66 66
Load File
Address 192.168.10.1
Port 8889
Resend Delay 0
UDP
Send
Save
Search Saved Packets...
Delete Saved Packet
Persistent TCP
Send Name ɩesend (sec To Address To Port Method ASCII
1 Send back 0 192.168.10.1 8889 UDP back 30 62 61 63 6b 20 33 30
2 Send battery 0 192.168.10.1 8889 UDP battery? 62 61 74 74 65 72 79 3f
3 Send ccw 0 192.168.10.1 8889 UDP ccw 90 63 63 77 20 39 30
4 Send command 0 192.168.10.1 8889 UDP command 63 6f 6d 6d 61 6e 64
5 Send cw 0 192.168.10.1 8889 UDP cw 90 63 77 20 39 30
6 Send down 0 192.168.10.1 8889 UDP down 30 64 6f 77 6e 20 33 30
7 Send flip 0 192.168.10.1 8889 UDP filp b 66 69 6c 70 20 62
8 Send forward 0 192.168.10.1 8889 UDP forward 30 66 6f 72 77 61 72 64 20 33
9 Send land 0 192.168.10.1 8889 UDP land 6c 61 6e 64
10 Send left 0 192.168.10.1 8889 UDP left 30 6c 65 66 74 20 33 30
11 Send right 0 192.168.10.1 8889 UDP right 30 72 69 67 68 74 20 33 30
12 Send takeoff 0 192.168.10.1 8889 UDP takeoff 74 61 6b 65 6f 66 66
13 Send up 0 192.168.10.1 8889 UDP up 30 75 70 20 33 30
Clear Log (4)
Log Traffic
Save Log
Save Traffic Packet
Copy to Clipboard
Time From IP From Port To IP To Port Method Error ASCII Hex
14:24:30.195 192.16··· 8889 You 52218 UDP 84₩r₩n 38 34 0D 0A
14:24:30.183 You 52218 192.168.10.1 8889 UDP battery? 62 61 74 74 65 72 79 3f
14:24:28.054 192.16··· 8889 You 52218 UDP ok 6F 6B
UDP:52218
TCP:4481
SSL:4482
IPv4 Mode

STEP **6**

Scratch/Node.js 연동 PC 블록코딩에 의한 텔로 에듀 컨트롤

01 PC에서 블록코딩을 통해 텔로 에듀를 컨트롤하기 위한 절차를 텔로 에듀 공식 홈페이지 설명에 기준하여 진행해보기로 한다. 다음의 텔로 에듀 공식 홈페이지에 접속하면 Scratch 이용법 파일을 열어볼 수 있다. 텔로와 텔로 에듀용 다운로드가 다르고 SDK도 일부만 호환되므로 주의해야 한다.

https://www.ryzerobotics.com/kr/tello/downloads → Scratch README (텔로용)

https://www.ryzerobotics.com/kr/tello-edu/downloads → Scratch README (텔로 에듀용)

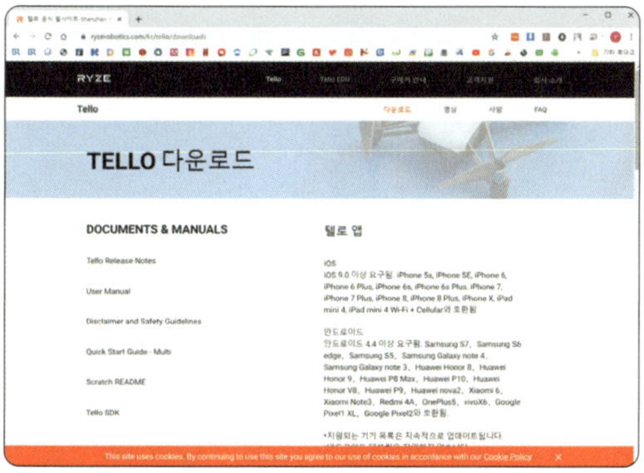

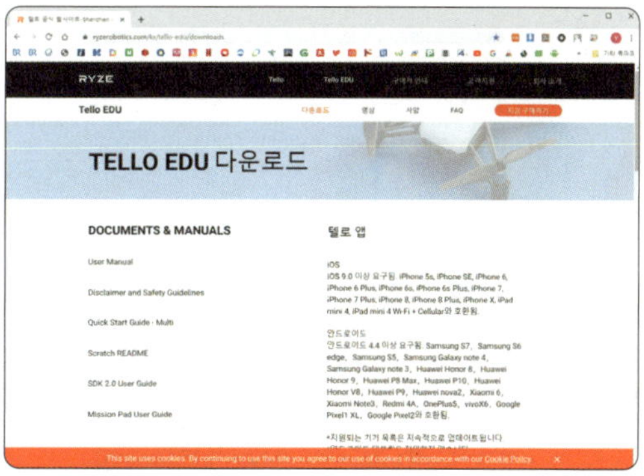

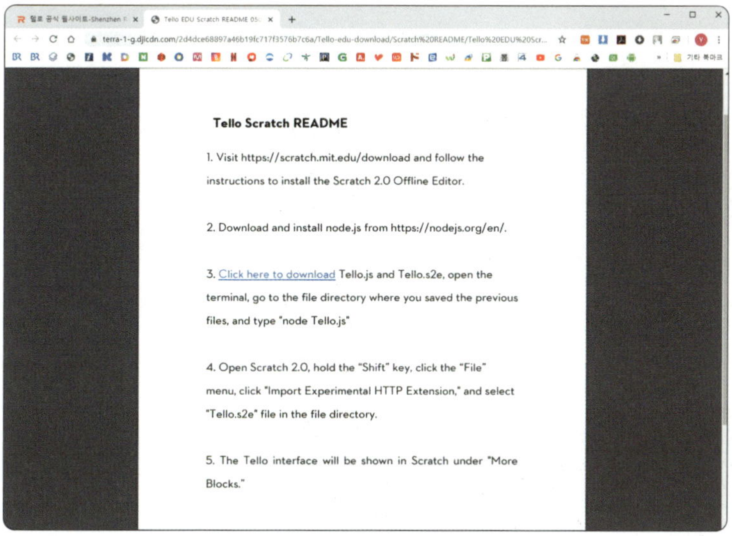

02 다음의 Scratch 홈페이지에 접속하여 설치안내에 따라 Scratch 2.0 Offline Editor 를 설치한다.

https://scratch.mit.edu/download → 스크래치 2.0 오프라인 에디터 → Windows - 다운로드에서 Scratch 2.0 Offline Editor 윈도우 버전의 설치파일을 다운로드하고 설치한다.

홈페이지 하단 → 이전 버전 → 스크래치 2.0 오프라인 에디터 클릭

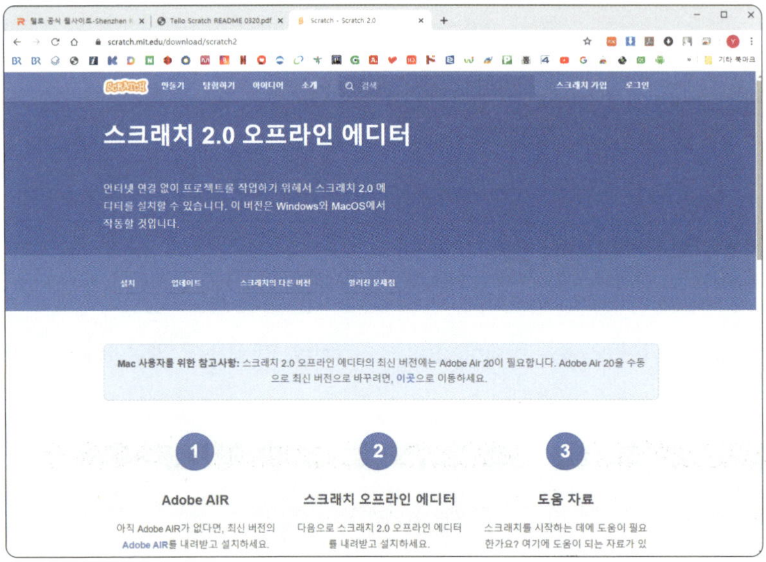

03 Scratch 2.0 Offline Editor 설치시 Adobe AIR가 자동설치 되지만 혹시 설치되지 않은 경우에는 다음의 사이트에서 수동으로 파일을 다운로드하여 설치를 진행해준다.

https://get.adobe.com/kr/air/ → Adobe AIR Windows – 다운로드

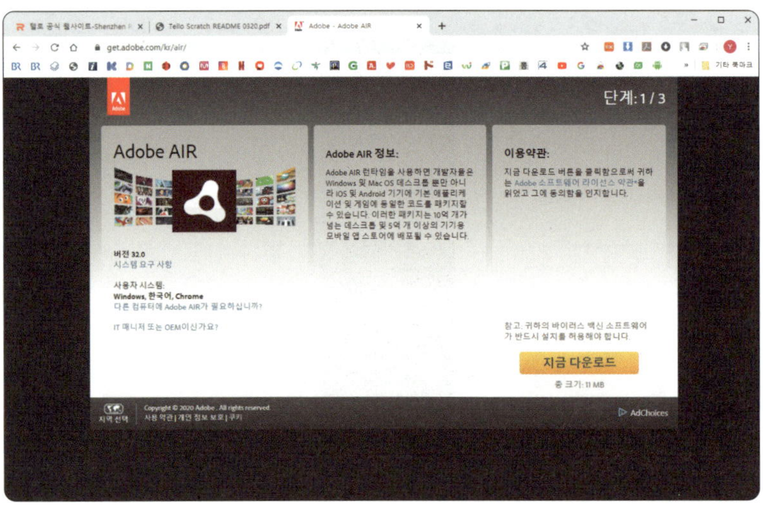

04 다음으로 Scratch 와 텔로를 연결시켜주는 역할을 하는 Node.js 플랫폼을 다음의 사이트에서 다운받고 설치한다. 다운로드시 보다 안정적인 LTS (Long Term Support) 버전을 선택한다. 스크래치와 연결시에 에러가 발생하는 경우는 안정적인 구 버전을 찾아서 설치하도록 한다.

https://nodejs.org/en/ → 12.14.0 LTS 다운로드 (버전은 다를 수 있음)

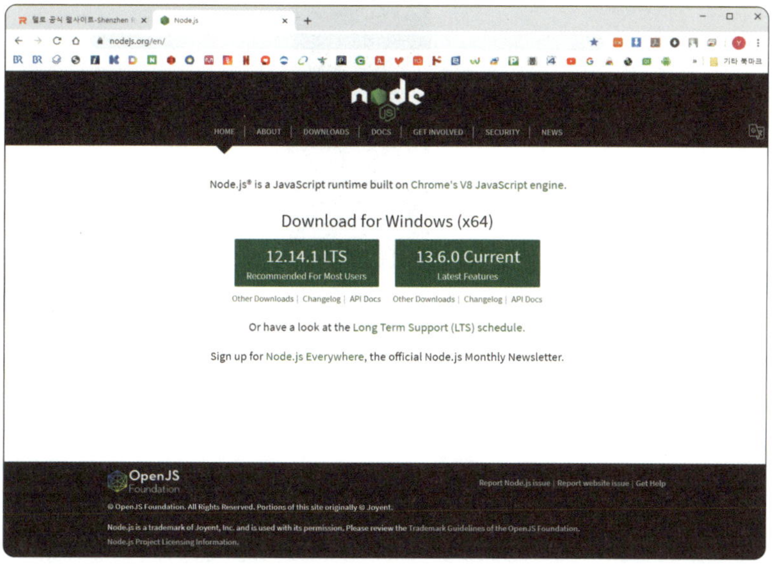

05 텔로 에듀용 연결파일과 스크래치용 확장블록(extension)을 다운받기 위해 **01** 에서 접속한 공식 홈페이지의 Scratch 이용법 Scratch README 를 열어 Tello Scratch README 3.번 항목의 Click here to download 링크를 클릭하여 압축파일 scratch2.0_Tello_EDU.7z 를 다운 받은 후, C:\> 폴더 하부에 C:\telloedu> 폴더를 생성하여 복사한 다음 여기에 압축풀기로 압축을 해제하면 C:\telloedu\scratch2.0_Tello_EDU> 폴더에 Tello.js, Tello.s2e 등의 파일이 해제된 것을 볼 수 있다. 여기서 혼동하여 텔로용 파일을 다운로드 받을 수도 있는데 텔로 에듀용과는 호환이 안되므로 주의해야 한다(파일의 확장자가 보이지 않을 때는 탐색기 보기 → 옵션 → 폴더 및 검색 옵션 변경 → 보기 → 고급 설정 → 알려진 파일 형식의 파일 확장명 숨기기 해제 → 적용 → 확인으로 보기 설정을 바꿔주면 된다).

https://www.ryzerobotics.com/kr/tello-edu/downloads → Scratch README (텔로 에듀용) 열기 → 3. Click here to download 클릭 → scratch2.0_Tello_EDU.7z 압축파일 다운로드 → C:\telloedu> 폴더 생성 & 복사 → 여기에 압축풀기 해제 → C:\telloedu\scratch2.0_Tello_EDU> 폴더에 Tello.js & Tello.s2e 생성

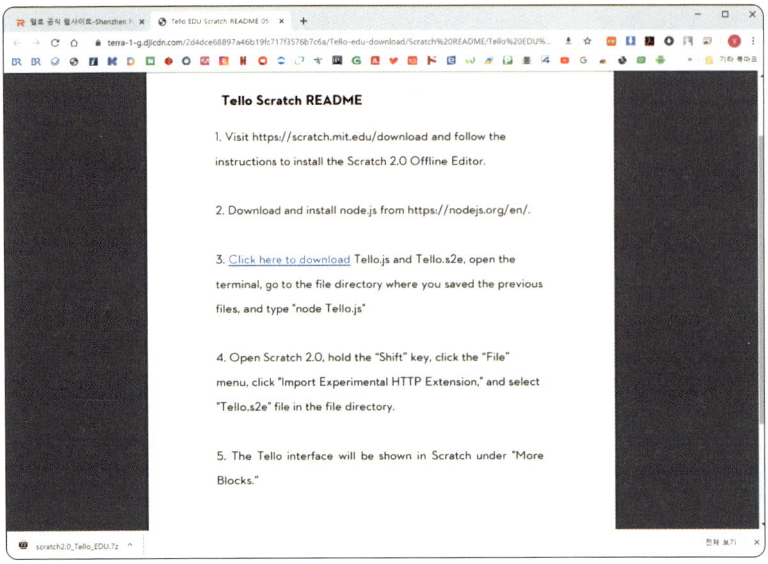

06 Scratch 2.0 Offline Editor를 열어 우측 상단의 지구모양을 클릭하여 아래와 같이 언어를 한국어로 변경한다.

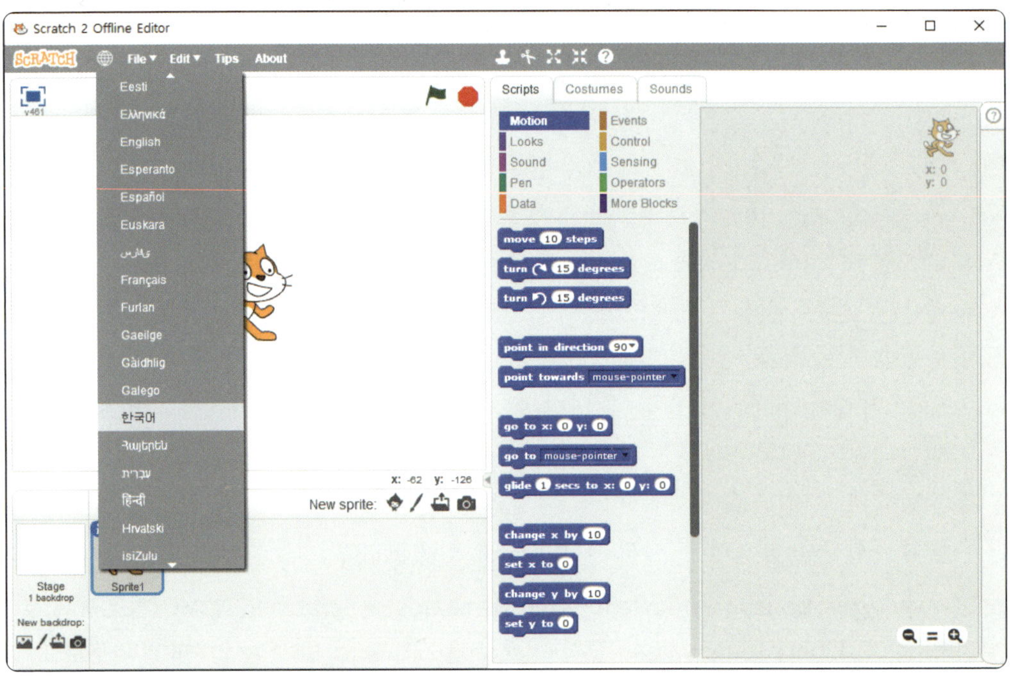

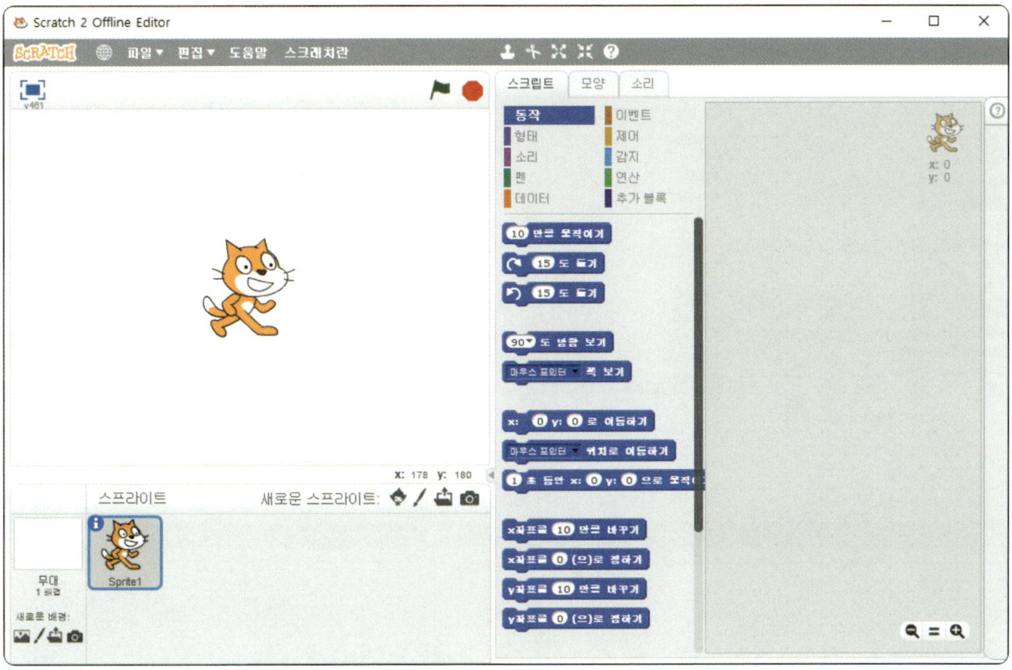

07 스크래치 2.0 오프라인 에디터를 열고 Shift 키를 누른 상태에서 File 메뉴를 클릭하여 HTTP 확장기능 불러오기(Import Experimental HTTP Extension)를 열어 다운받은 Tello.s2e 파일를 찾아서 아래와 같이 선택하면 추가블록에 텔로 에듀용 블록들이 추가된 것을 볼 수 있다.

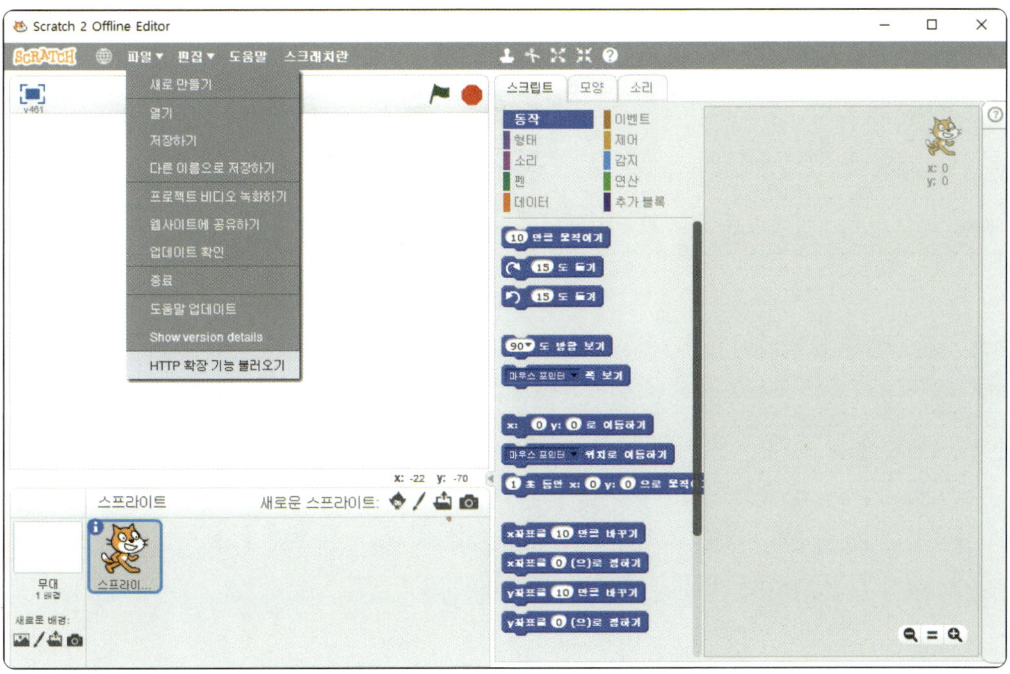

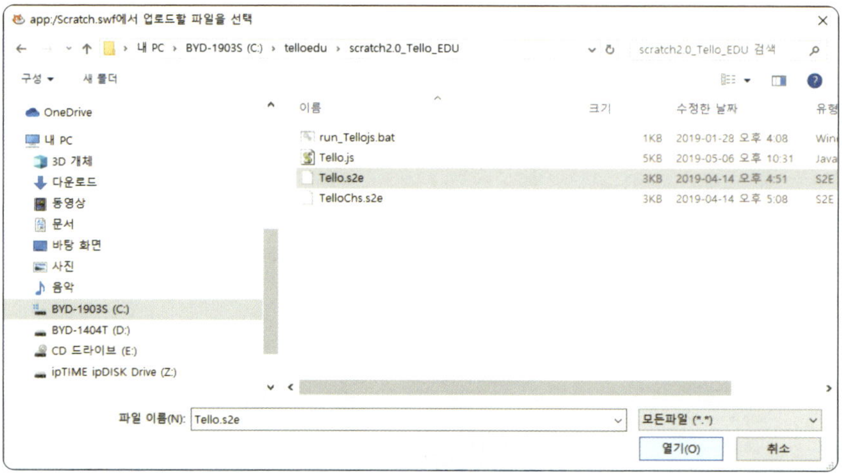

08 텔로 에듀용 추가블록을 이용한 기체 컨트롤을 테스트하기 위하여 추가블록을 이용한 간단한 예제를 아래와 같이 만들어 본다. 아래블록의 내용은 이벤트 블록에서 [OOO키를 눌렀을 때] 블록을 가져와 스페이스키를 누르면 기체가 동작하도록 구성하고 추가블록의 [takeoff] 블록으로 기체를 이륙시킨 다음 제어 블록에서 [O초 기다리기] 블록을 사용하여 10초간 대기하고 추가블록의 [rotate 00 degree clockwise] 블록으로 90도 시계방향으로 회전 시킨 뒤 10초간 대기하고 추가블록의 [land] 블록으로 착륙시키는 구성이다.

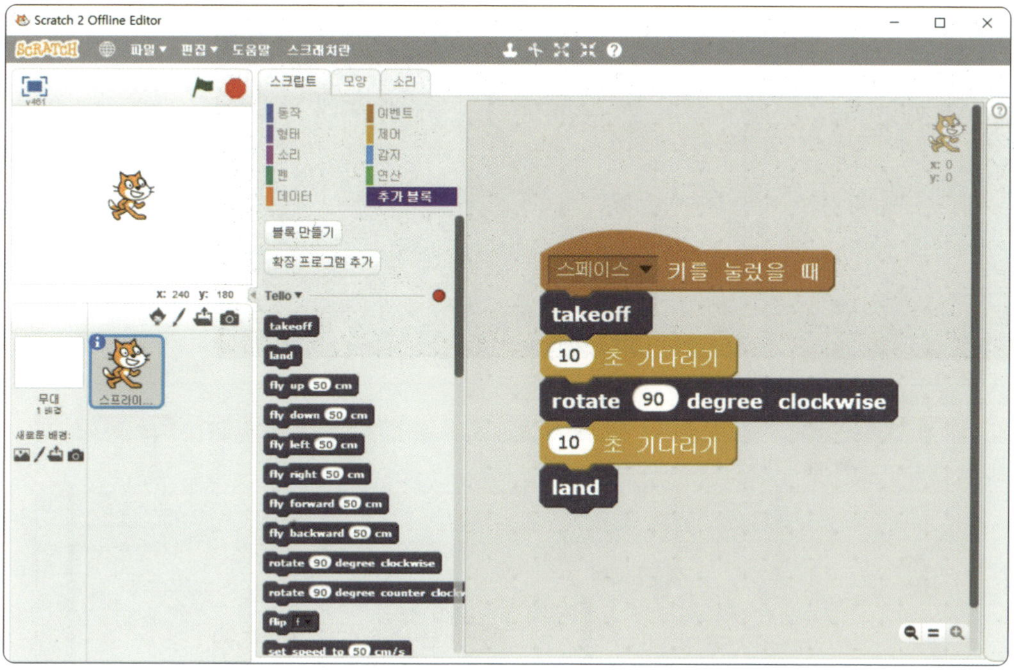

09 텔로 에듀 전원을 켜고 Wifi에 접속한 다음 C:\telloedu\scratch2.0_Tello_EDU> 폴더로 이동하여 탐색기 주소창에서 cmd. 입력하여 커맨드창을 열고 아래의 명령을 실행 또는 다운받은 폴더의 run_Tellojs.bat 파일을 더블클릭하여 스크래치와 텔로 에듀를 연결시키고 스크래치를 종료할 때까지 유지한다. 화면이 복잡하면 커맨드창을 최소화하여 아래로 내려놓아도 상관없다. 참고로 실행시킨 배치파일을 종료하려면 Ctrl+C → y (yes) 를 입력하면된다. 다음과 같이 'Received from 192.168.10.1' 메시지가 나타나면 스크래치와 텔로 에듀가 연결된 상태이다. node.js 가 실행되어 스크래치의 텔로 에듀용 확장블록의 상태가 빨간색에서 초록색으로 바뀌게 된다.

커맨드창에서 C:\telloedu\scratch2.0_Tello_EDU>node Tello.js 실행

또는 탐색기 C:\telloedu\scratch2.0_Tello_EDU>run_Tellojs.bat 배치파일 더블 클릭

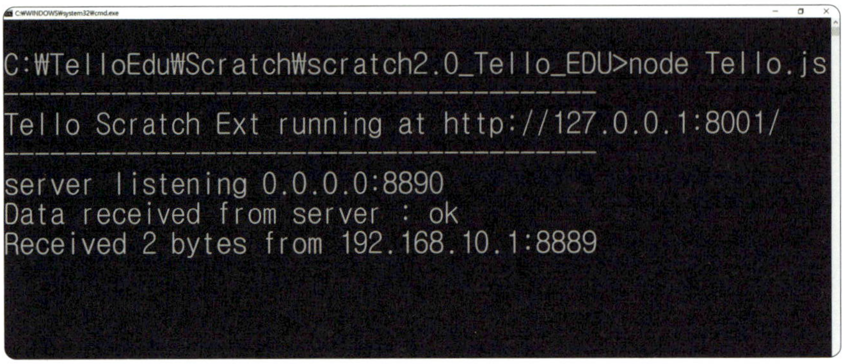

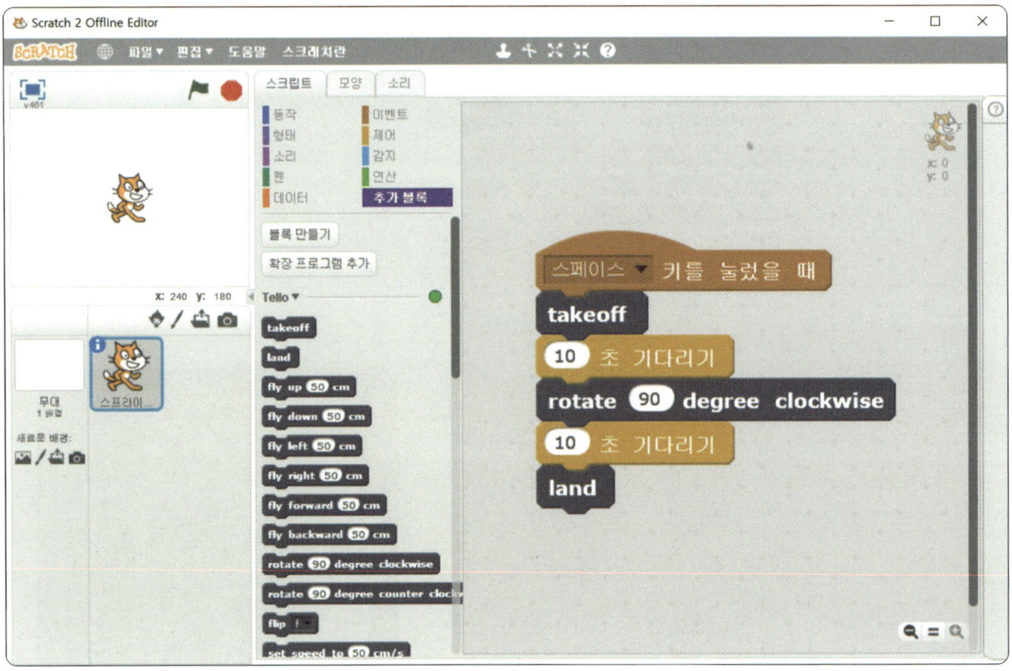

10 커맨드창에서 'Received from 192.168.10.1' 메시지를 확인하고 스크래치에서 텔로 에듀를 동작시키기 위해 스페이스키를 입력 또는 스프라이트창 위의 깃발을 클릭한다(참고로 작동을 중지시키려면 깃발 옆의 빨간색 원을 클릭한다). 다음과 같이 기체가 이륙하고 작동하는 것을 알 수 있고 커맨드창에서 블록의 명령이 전송되고 반응함을 확인할 수 있다. 테스트가 끝났으면 커맨드창에서 Ctrl+C 를 입력하고 exit 명령으로 커맨드창을 닫아 텔로 에듀와 스크래치간의 연결을 종료하고 스크래치 프로젝트를 저장한 뒤 창을 닫는다.

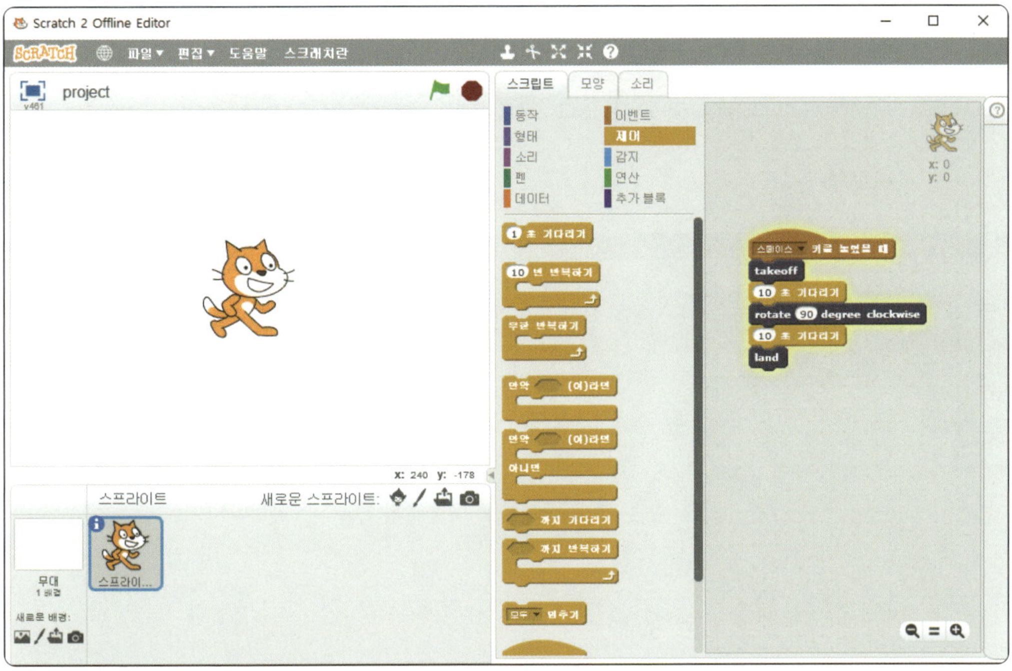
Scratch 2 Offline Editor
project
스크립트
모양
소리
takeoff
rotate 90 degree clockwise
land
스프라이트
새로운 스프라이트:

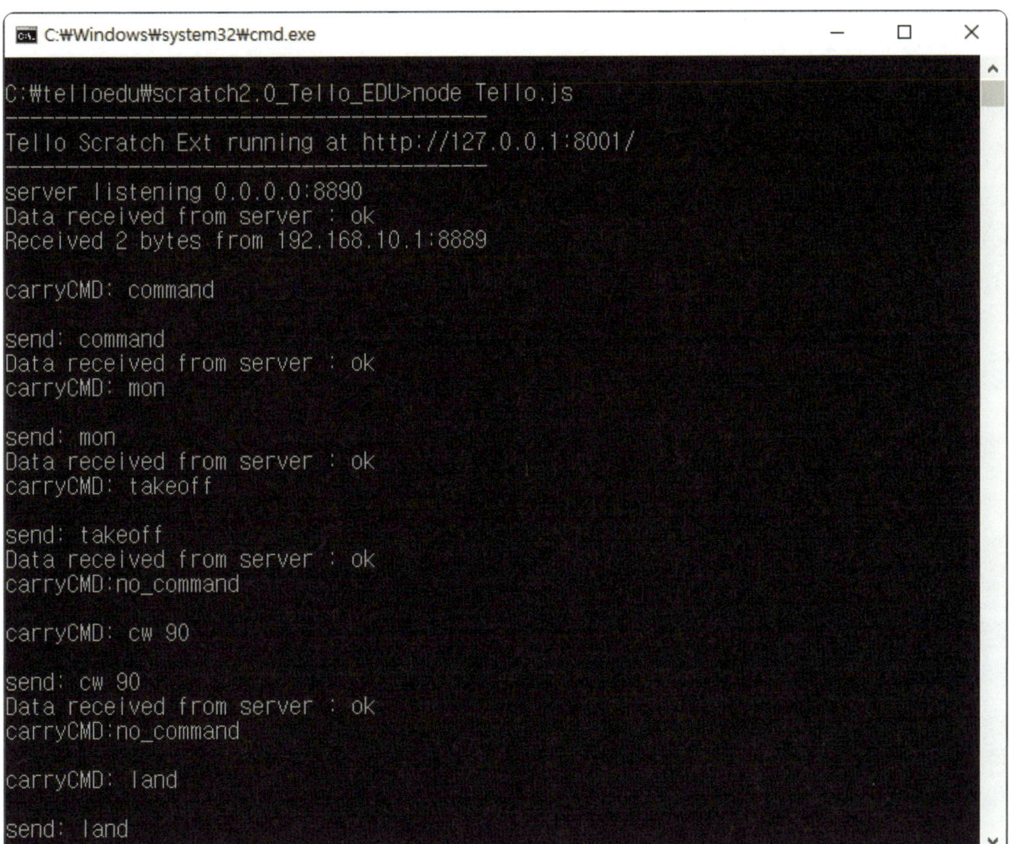
C:₩Windows₩system32₩cmd.exe
C:₩telloedu₩scratch2.0_Tello_EDU>node Tello.js
Tello Scratch Ext running at http://127.0.0.1:8001/
server listening 0.0.0.0:8890
Data received from server : ok
Received 2 bytes from 192.168.10.1:8889
carryCMD: command
send: command
Data received from server : ok
carryCMD: mon
send: mon
Data received from server : ok
carryCMD: takeoff
send: takeoff
Data received from server : ok
carryCMD:no_command
carryCMD: cw 90
send: cw 90
Data received from server : ok
carryCMD:no_command
carryCMD: land
send: land

11 다음은 Scratch/Node.js를 이용한 예제이다. 각 예제는 초경량비행장치 무인멀티콥터 조종자자격증 실기시험을 모사한 것이다. 예제를 수행하기 전에 블록명령을 숙지하여 비행경로를 파악하고 안전에 유의하여 적합한 장소에서 수행할 수 있도록 한다.

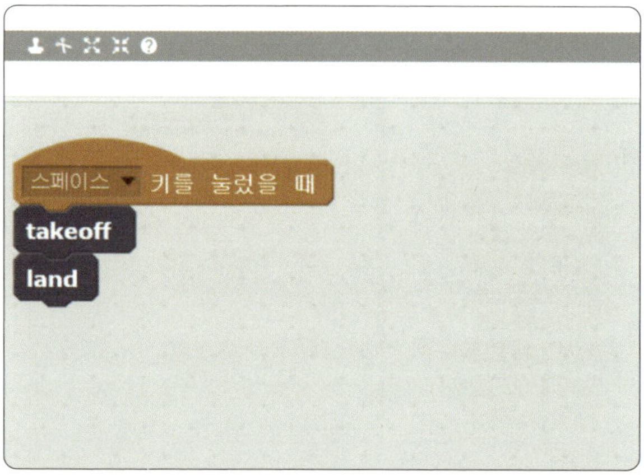

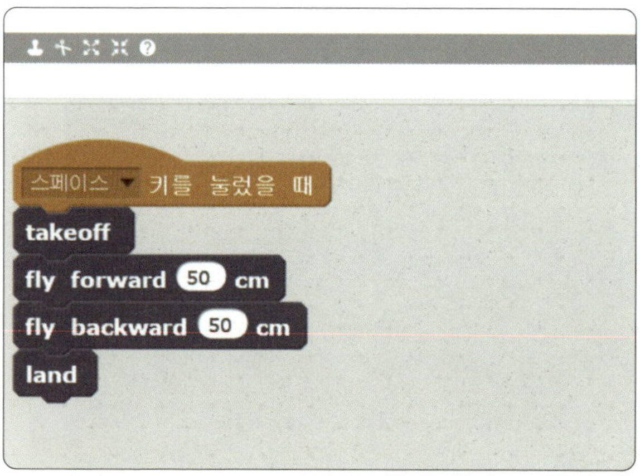

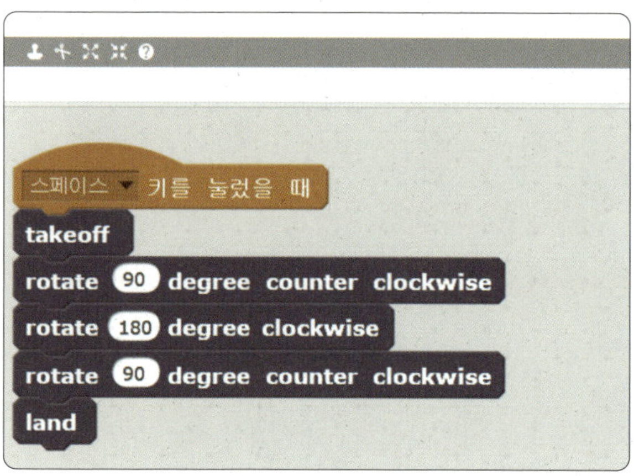

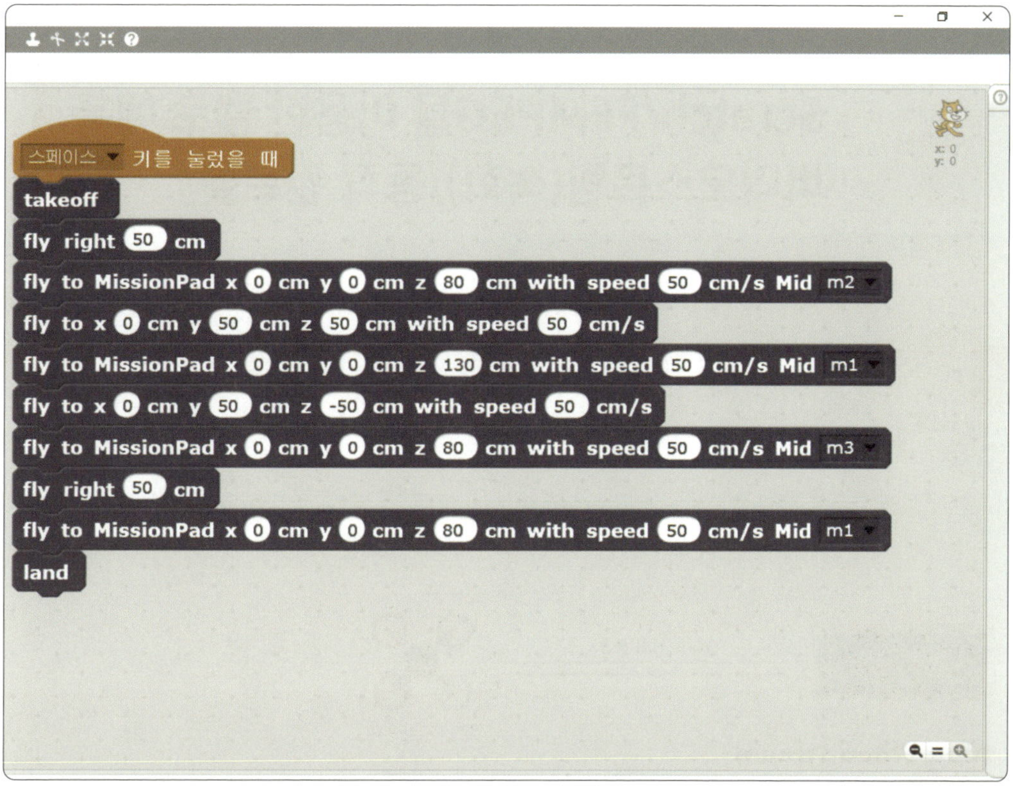
스페이스 키를 눌렀을 때
takeoff
fly right 50 cm
fly to MissionPad x 0 cm y 0 cm z 80 cm with speed 50 cm/s Mid m2
fly to x 0 cm y 50 cm z 50 cm with speed 50 cm/s
fly to MissionPad x 0 cm y 0 cm z 130 cm with speed 50 cm/s Mid m1
fly to x 0 cm y 50 cm z -50 cm with speed 50 cm/s
fly to MissionPad x 0 cm y 0 cm z 80 cm with speed 50 cm/s Mid m3
fly right 50 cm
fly to MissionPad x 0 cm y 0 cm z 80 cm with speed 50 cm/s Mid m1
land

STEP 7 Scratch/FFMPEG을 이용한 텔로 에듀 비디오스트림(녹화)/동작 컨트롤

01 스크래치와 텔로 에듀를 Node.js로 연동한 환경에서 텔로 에듀의 비디오 스트림을 스크래치 블록을 통해 제어하고 비행을 컨트롤하는 예제를 구현하여 텔로 에듀가 어떤 비디오 영상을 보내오고 비행 시에 어떤 모습을 담아내는지 알아보기로 한다. SDK 안내서에 따르면 텔로 에듀는 streamon / streamoff 명령에 따라 Wifi UDP 통신을 통해 클라이언트의 11111 포트로 비디오 스트림을 보내기도 하고 전송을 중지하기도 한다.

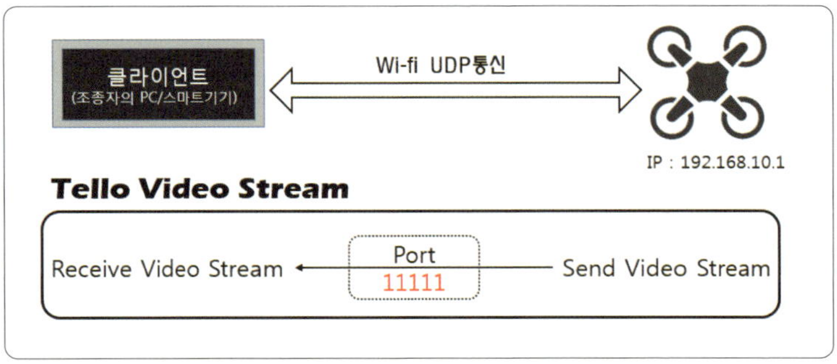

02 먼저 텔로의 h264 코덱의 비디오 스트림을 받아볼 수 있는 오픈소스 비디오 유틸리티 FFMPEG 을 다운받기 위해 다음의 사이트에 방문하여 자신의 윈도우 버전에 맞는 Shared 빌드를 선택하여 다운로드하고 C:\telloedu> 폴더에 복사한 다음 여기에 압축풀기로 해제한다.

https://ffmpeg.zeranoe.com/builds/ → Version: 4.2.x - Architecture: Windows 64bit/32bit – Linking: Shared 선택 → ffmpeg-4.2.2-win64-shared.zip 파일 다운로드 (Windows 64bit 경우) → C:\telloedu> 폴더에 복사 → 여기에 풀기로 압축해제

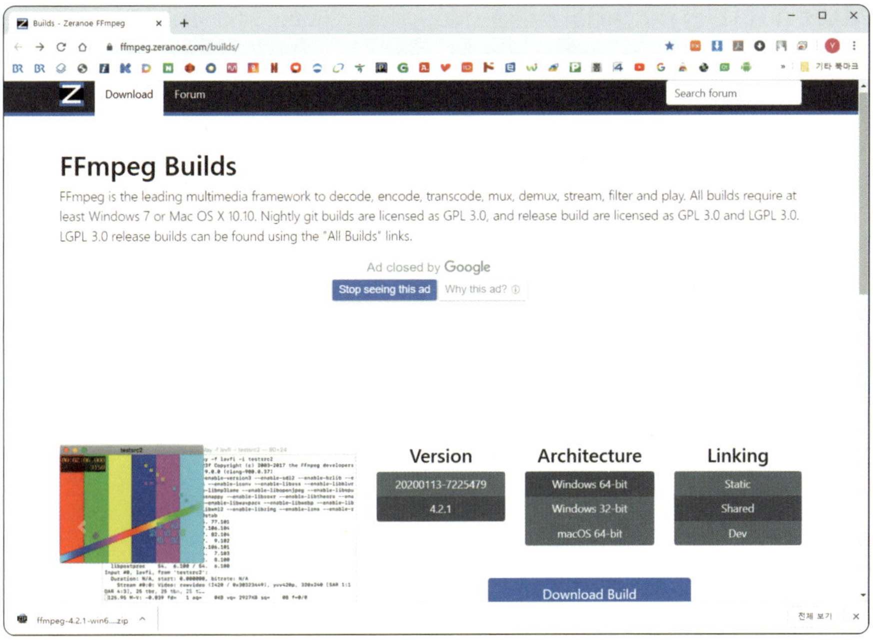

03 압축을 해제하면 C:\telloedu\ffmpeg-4.2.1-win64-shared> 폴더가 생성되고 이 폴더 밑에 bin, doc, preset 등의 폴더가 생성된다. 여기서 C:\telloedu\ffmpeg-4.2.1-win64-shared\bin> 폴더로 이동하여 메모장을 열어 배치파일을 작성하고 run_ffmpeg.bat 라는 이름으로 저장한다. 다음과 같이 비디오스트림 화면만 볼 수도 있고 비디오 화면을 Tello.mp4 처럼 파일로 저장(녹화)하거나 Tello-20210105-155810.04.mp4 와 같이 파일이름에 날짜와 시간을 추가하여 저장할 수 있다. 비디오 실행은 **08** 을 참고하고 종료는 Esc로 한다.

ffmpeg –i udp://0.0.0.0:11111 –f sdl "Tello" (비디오스트림 화면만 보는 경우)

ffmpeg -i udp://0.0.0.0:11111 -f sdl "Tello" -vcodec copy Tello.mp4 (화면보기와 파일로 녹화)

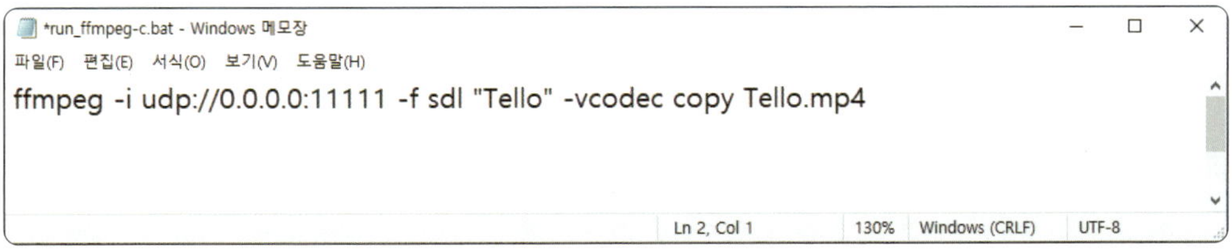

ffmpeg -i udp://0.0.0.0:11111 -f sdl "Tello" -vcodec copy Tello-%date:-=%-%time::=%.mp4
(화면보기와 파일이름-날짜-시간 붙여서 저장)

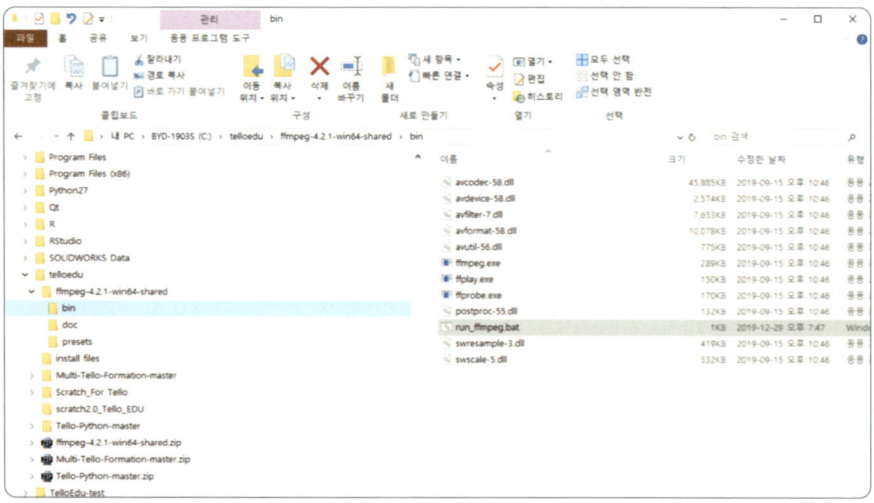

04 스크래치 연결파일과 확장파일이 있는 C:\telloedu\scratch2.0_Tello_EDU> 폴더로 이동하여 텔로 에듀용 스크래치 확장파일 Tello.s2e 파일을 복사하여 Tello-V.s2e 이름으로 저장한 후 메모장으로 열어서 다음과 같이 스크립트를 추가하여 비디오스트림 관련 블록을 생성한다.

[" ", "emergency stop", "emergency"], 위쪽에

→

[" ", "Stream ON", "streamon"], ← 추가
[" ", "Stream OFF", "streamoff"], ← 추가
[" ", "emergency stop", "emergency"],

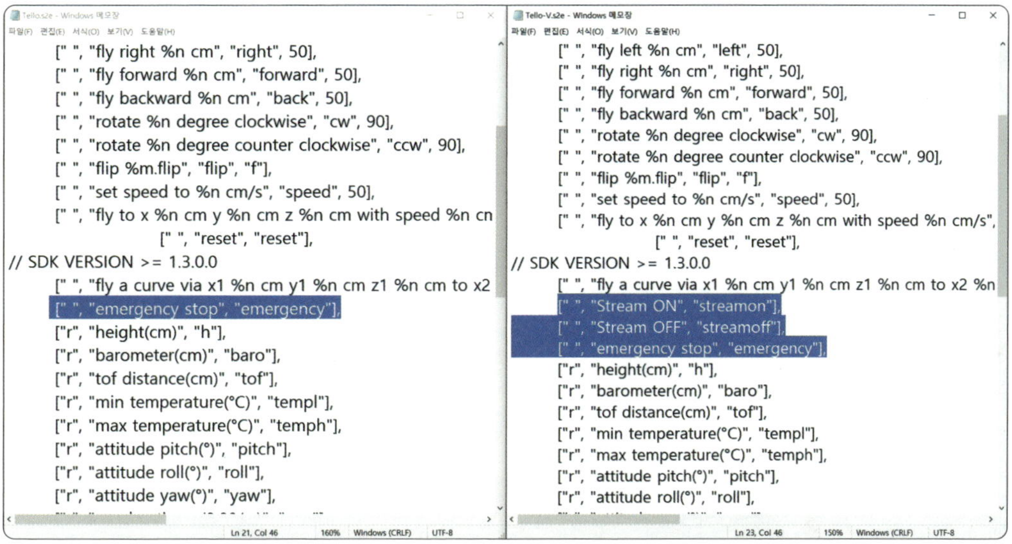

```
Tello.s2e - Windows 메모장
[" ", "fly right %n cm", "right", 50],
[" ", "fly forward %n cm", "forward", 50],
[" ", "fly backward %n cm", "back", 50],
[" ", "rotate %n degree clockwise", "cw", 90],
[" ", "rotate %n degree counter clockwise", "ccw", 90],
[" ", "flip %m.flip", "flip", "f"],
[" ", "set speed to %n cm/s", "speed", 50],
[" ", "fly to x %n cm y %n cm z %n cm with speed %n cn
        [" ", "reset", "reset"],
// SDK VERSION >= 1.3.0.0
[" ", "fly a curve via x1 %n cm y1 %n cm z1 %n cm to x2
[" ", "emergency stop", "emergency"],
["r", "height(cm)", "h"],
["r", "barometer(cm)", "baro"],
["r", "tof distance(cm)", "tof"],
["r", "min temperature(°C)", "templ"],
["r", "max temperature(°C)", "temph"],
["r", "attitude pitch(°)", "pitch"],
["r", "attitude roll(°)", "roll"],
["r", "attitude yaw(°)", "yaw"],
```

```
Tello-V.s2e - Windows 메모장
[" ", "fly left %n cm", "left", 50],
[" ", "fly right %n cm", "right", 50],
[" ", "fly forward %n cm", "forward", 50],
[" ", "fly backward %n cm", "back", 50],
[" ", "rotate %n degree clockwise", "cw", 90],
[" ", "rotate %n degree counter clockwise", "ccw", 90],
[" ", "flip %m.flip", "flip", "f"],
[" ", "set speed to %n cm/s", "speed", 50],
[" ", "fly to x %n cm y %n cm z %n cm with speed %n cm/s",
        [" ", "reset", "reset"],
// SDK VERSION >= 1.3.0.0
[" ", "fly a curve via x1 %n cm y1 %n cm z1 %n cm to x2 %n
[" ", "Stream ON", "streamon"],
[" ", "Stream OFF", "streamoff"],
[" ", "emergency stop", "emergency"],
["r", "height(cm)", "h"],
["r", "barometer(cm)", "baro"],
["r", "tof distance(cm)", "tof"],
["r", "min temperature(°C)", "templ"],
["r", "max temperature(°C)", "temph"],
["r", "attitude pitch(°)", "pitch"],
["r", "attitude roll(°)", "roll"],
```

05 스크래치 2.0 오프라인 에디터를 열고 Shift 키를 누른 상태에서 File 메뉴를 클릭하여 HTTP 확장기능 불러오기(Import Experimental HTTP Extension)를 열어 수정한 Tello-V.s2e 파일를 찾아서 열어주면 다음과 같이 추가블록의 텔로 에듀용 블록 중에서 비디오 스트림 관련 블록이 추가로 생성된 것을 볼 수 있다.

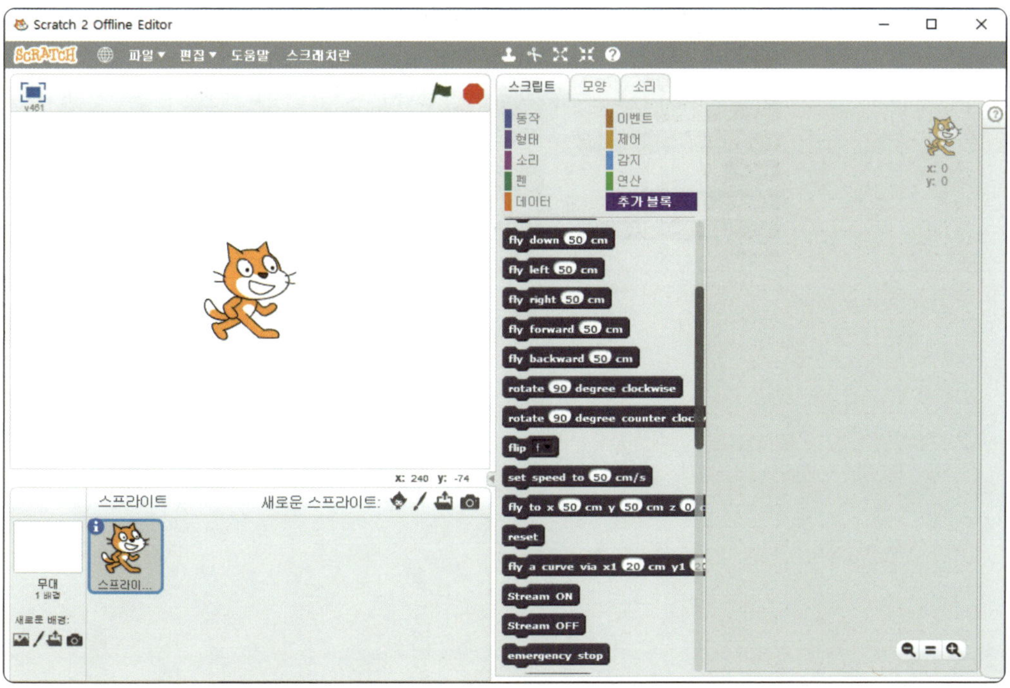

06 비디오 스트림 제어용 추가블록을 이용하여 기체를 테스트해보기 위해 비디오 블록을 이용한 간단한 예제를 다음과 같이 만들어 본다. 다음 블록의 내용은 이벤트 블록에서 [클릭했을 때] 블록을 가져와 깃발을 클릭하면 기체가 동작하도록 구성하고 추가블록의 [takeoff] 블록으로 기체를 이륙시킨 후 제어블록에서 [O초 기다리기] 블록을 사용하여 10초간 대기하고 추가블록의 [rotate 00 degreee clockwise] 블록으로 90도 시계방향 회전을 시킨 뒤 10초씩 대기하며 시계방향으로 90도 → 90도 → 90도 회전한 후 추가블록의 [land] 블록으로 착륙시키는 구성이다 또 [OOO키를 눌렀을 때] 블록을 이용해 v 키 또는 x 키를 클릭하여 추가블록의 [streamon]/[strreamoff] 명령으로 텔로의 비디오 스트림 전송을 On/Off 컨트롤하는 구성이다.

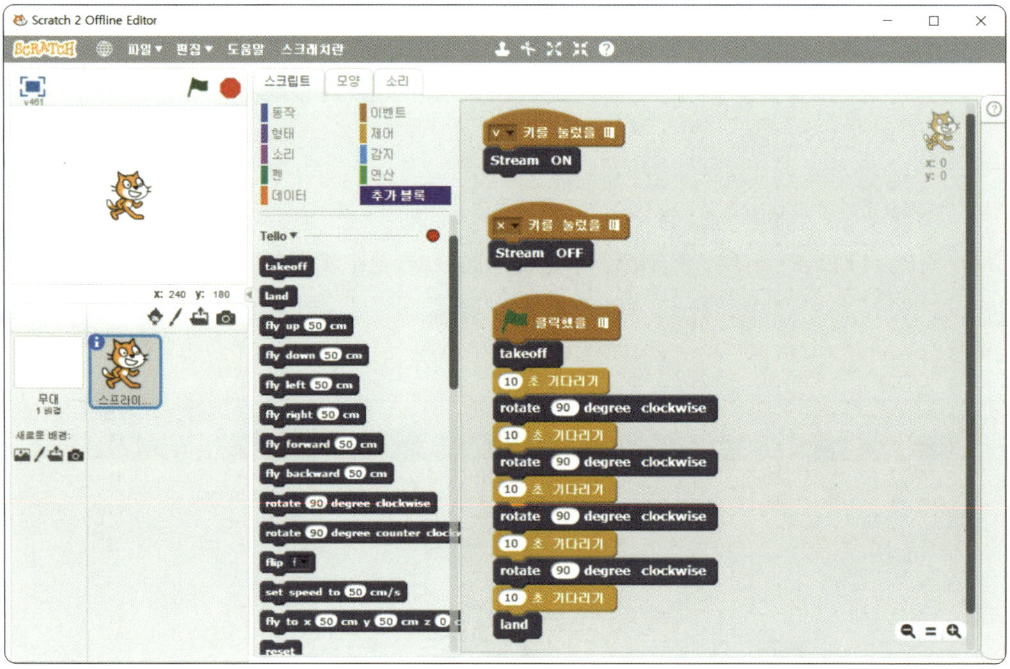

07 텔로 에듀 전원을 켜고 Wifi에 접속한 다음 C:\telloedu\scratch2.0_Tello_EDU> 폴더로 이동하여 탐색기 주소창에서 cmd. 입력하여 커맨드창을 열고 아래와 같이 명령을 실행 또는 해당 폴더의 run_Tellojs.bat 파일을 더블클릭하여 스크래치와 텔로 에듀를 연결시키고 스크래치를 종료할 때까지 유지한다. 다음과 같이 'Received from 192.168.10.1' 메시지가 나타나면 스크래치와 텔로 에듀가 연결된 상태에 놓이게 된다.

C:\telloedu\scratch2.0_Tello_EDU>run_Tellojs.bat

탐색기의 C:\telloedu\scratch2.0_Tello_EDU> 폴더에서 run_Tellojs.bat 더블클릭

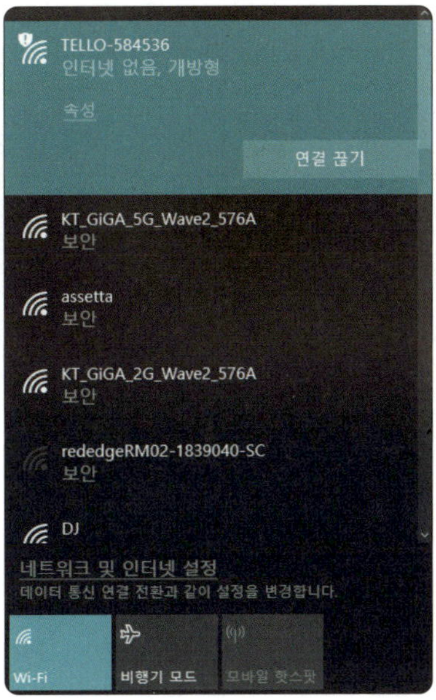

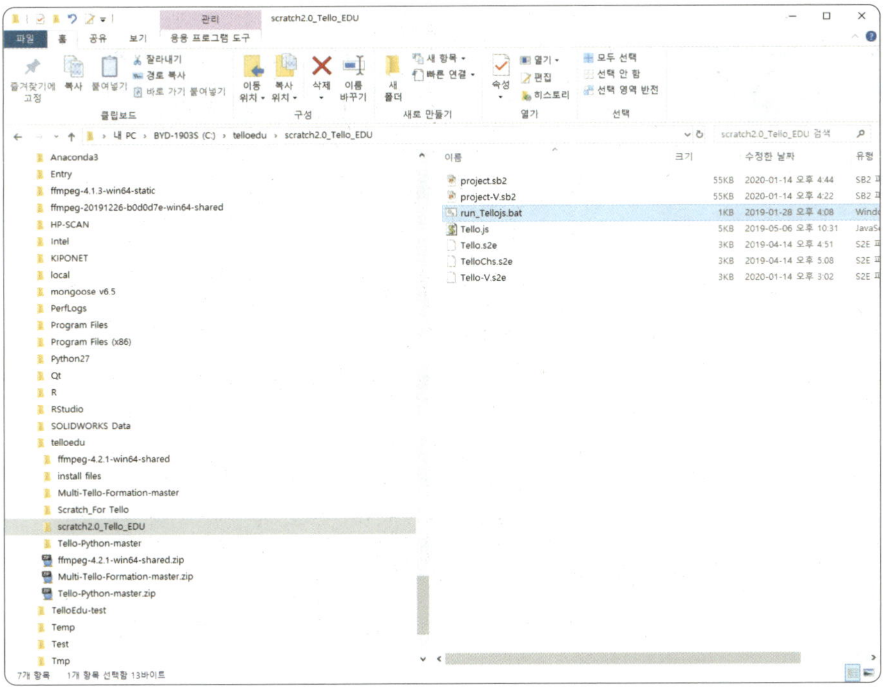

```
C:\TelloEdu\Scratch\scratch2.0_Tello_EDU>node Tello.js
---------------------------------------
Tello Scratch Ext running at http://127.0.0.1:8001/
---------------------------------------
server listening 0.0.0.0:8890
Data received from server : ok
Received 2 bytes from 192.168.10.1:8889
```

08 다음으로는 C:\telloedu\ffmpeg-4.2.x-win64-shared\bin> 폴더로 이동하여 **03** 항목에서 작성해둔 run_ffmpeg.bat 배치파일을 더블클릭하여 다음과 같이 FFMPEG 비디오 유틸리티를 실행시킨다.

탐색기 C:\telloedu\scratch2.0_Tello_EDU> 폴더에서 run_ffmpeg.bat 더블클릭

```
C:\Windows\system32\cmd.exe

C:\telloedu\ffmpeg-4.2.1-win64-shared\bin>ffmpeg -i udp://0.0.0.0:11111 -f sdl "Tello"
ffmpeg version 4.2.1 Copyright (c) 2000-2019 the FFmpeg developers
  built with gcc 9.1.1 (GCC) 20190807
  configuration: --disable-static --enable-shared --enable-gpl --enable-version3 --enable-sdl2
 --enable-fontconfig --enable-gnutls --enable-iconv --enable-libass --enable-libdav1d --enable
-libbluray --enable-libfreetype --enable-libmp3lame --enable-libopencore-amrnb --enable-libope
ncore-amrwb --enable-libopenjpeg --enable-libopus --enable-libshine --enable-libsnappy --enabl
e-libsoxr --enable-libtheora --enable-libtwolame --enable-libvpx --enable-libwavpack --enable-
libwebp --enable-libx264 --enable-libx265 --enable-libxml2 --enable-libzimg --enable-lzma --en
able-zlib --enable-gmp --enable-libvidstab --enable-libvorbis --enable-libvo-amrwbenc --enable
-libmysofa --enable-libspeex --enable-libxvid --enable-libaom --enable-libmfx --enable-amf --e
nable-ffnvcodec --enable-cuvid --enable-d3d11va --enable-nvenc --enable-nvdec --enable-dxva2 -
-enable-avisynth --enable-libopenmpt
  libavutil      56. 31.100 / 56. 31.100
  libavcodec     58. 54.100 / 58. 54.100
  libavformat    58. 29.100 / 58. 29.100
  libavdevice    58.  8.100 / 58.  8.100
  libavfilter     7. 57.100 /  7. 57.100
  libswscale      5.  5.100 /  5.  5.100
  libswresample   3.  5.100 /  3.  5.100
  libpostproc    55.  5.100 / 55.  5.100
```

09 텔로 에듀와 스크래치가 연결되고 비디오 유틸리티가 준비된 상태에서 스크래치 화면의 v 키를 입력하면 다음과 같은 비디오 스트림에 관련된 상태 메시지가 표시되면서 "Tello" 란 이름의 비디오 창이 생성되어 비디오 스트림이 출력되고 x 키를 입력하면 출력이 중지된다.

C:\Windows\system32\cmd.exe

```
[h264 @ 0000025246031dc0] decode_slice_header error
[h264 @ 0000025246031dc0] no frame!
Input #0, h264, from 'udp://0.0.0.0:11111':
  Duration: N/A, bitrate: N/A
    Stream #0:0: Video: h264 (Main), yuv420p(progressive), 960x720, 25 fps, 25 tbr, 1200k tbn,
 50 tbc
Stream mapping:
  Stream #0:0 -> #0:0 (h264 (native) -> rawvideo (native))
Press [q] to stop, [?] for help
Output #0, sdl,sdl2, to 'Tello':
  Metadata:
    encoder         : Lavf58.29.100
    Stream #0:0: Video: rawvideo (I420 / 0x30323449), yuv420p, 960x720, q=2-31, 207360 kb/s, 2
5 fps, 25 tbn, 25 tbc
    Metadata:
      encoder         : Lavc58.54.100 rawvideo
[h264 @ 0000025245aef600] error while decoding MB 32 22, bytestream -5
[h264 @ 0000025245aef600] concealing 1397 DC, 1397 AC, 1397 MV errors in P frame
[h264 @ 0000025246169f00] concealing 1306 DC, 1306 AC, 1306 MV errors in P frame
udp://0.0.0.0:11111: corrupt decoded frame in stream 0
[h264 @ 0000025246530880] error while decoding MB 51 43, bytestream -6
[h264 @ 0000025246530880] concealing 118 DC, 118 AC, 118 MV errors in P frame
udp://0.0.0.0:11111: corrupt decoded frame in stream 0
    Last message repeated 1 times
[h264 @ 00000252465dc040] concealing 2093 DC, 2093 AC, 2093 MV errors in P frame
[h264 @ 0000025246530880] error while decoding MB 2 20, bytestream -6
[h264 @ 0000025246530880] concealing 1547 DC, 1547 AC, 1547 MV errors in P frame
udp://0.0.0.0:11111: corrupt decoded frame in stream 0
udp://0.0.0.0:11111: corrupt decoded frame in stream 0itrate=N/A speed=9.49x
frame=  364 fps= 41 q=-0.0 size=N/A time=00:00:15.00 bitrate=N/A speed=1.69x
```

10 스크래치에서 텔로 에듀를 이륙시키기 위해 스프라이트창 위의 깃발을 클릭한다(참고로 작동을 중지시키려면 깃발 옆의 빨간색 원을 클릭한다). 다음과 같이 기체가 이륙하고 작동하며 그에 따라 기체가 비추는 화면이 변화하는 것을 볼 수 있고 커맨드창에서 블록의 명령이 전송되고 반응함을 확인할 수 있다. 텔로 에듀가 착륙하여 테스트가 끝났으면 커맨드창에서 Ctrl+C를 입력하고 exit 명령으로 커맨드창을 닫아 텔로 에듀와 스크래치간의 연결을 종료하고 비디오 스트림 창을 닫는다. 마지막으로 스크래치 프로젝트를 저장한 뒤 스크래치 창을 닫는다.

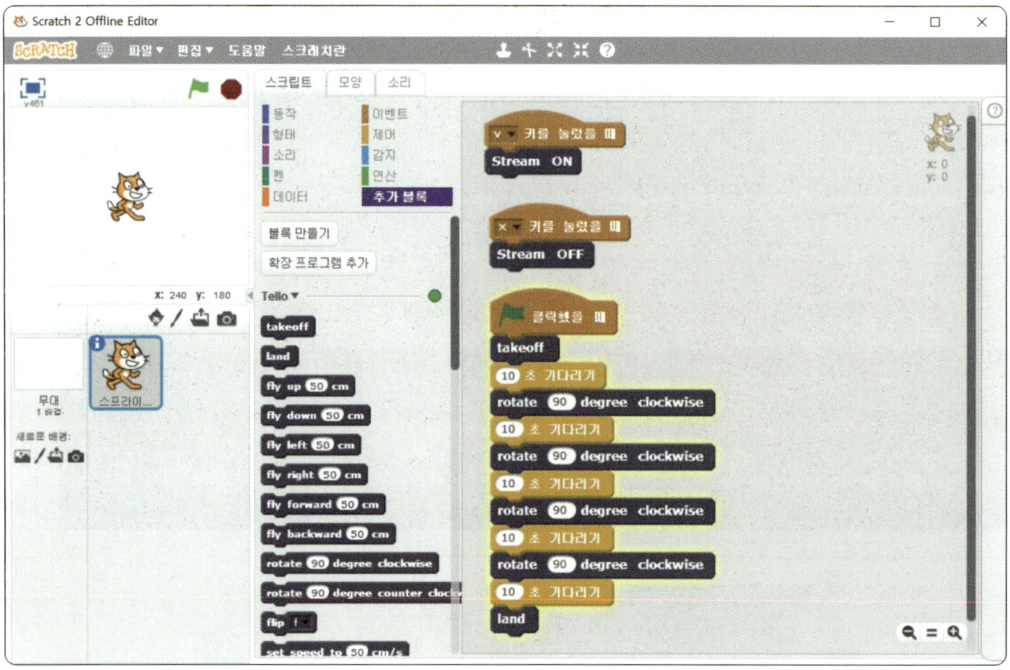

```
C:\Windows\system32\cmd.exe

C:\telloedu\scratch2.0_Tello_EDU>node Tello.js
---------------------------------------
Tello Scratch Ext running at http://127.0.0.1:8001/
---------------------------------------
server listening 0.0.0.0:8890
Data received from server : ok
Received 2 bytes from 192.168.10.1:8889

carryCMD: streamon

send: streamon
Data received from server : ok
carryCMD:no_command

carryCMD: command

send: command
Data received from server : ok
carryCMD: mon

send: mon
Data received from server : ok
carryCMD: takeoff

send: takeoff
Data received from server : ok
carryCMD: cw 90
```

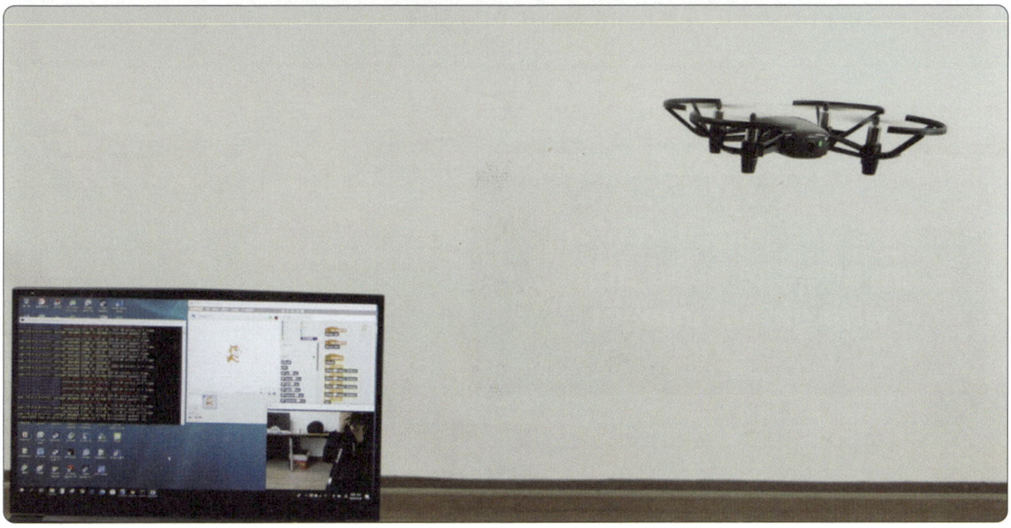

STEP 8 App Inventer 2 블록코딩을 통한 텔로 에듀 Speech Control

01 텔로 에듀에 대한 블록코딩 중 또 다른 한 가지 방법은 앱인벤터2 를 이용하는 것으로 PC에서 온라인 블록 코딩을 통해 스마트폰용 어플을 제작하는 것이 가능하다. 이번에는 텔로 에듀를 음성으로 컨트롤하는 스마트폰용 앱을 제작해보기로 한다.

02 먼저 다음과 같이 앱인벤터2 홈페이지에 방문하여 'Create Apps!' 버튼을 클릭하여 앱인벤터2 개발환경을 준비한다. 안내에 따라 구글 계정으로 로그인하고 시작화면이 나오면 계속을 눌러 앱인벤터2 개발환경으로 진입한다. 환경에 따라 처음 방문 시 다음 그림처럼 휴대폰에 고양이 그림이 나오기도 한다.

http://appinventor.mit.edu/ → 'Create Apps!' 버튼 클릭

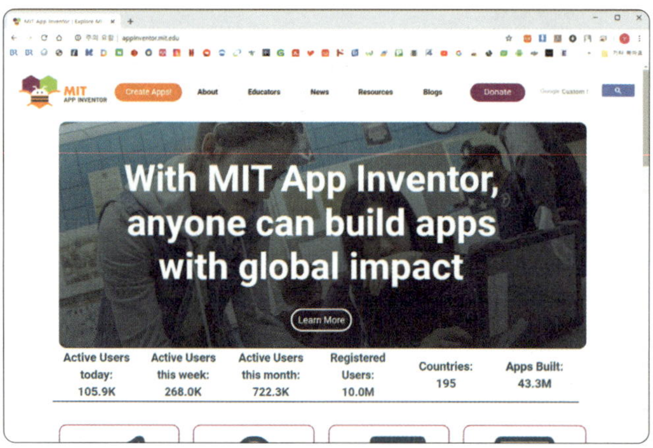

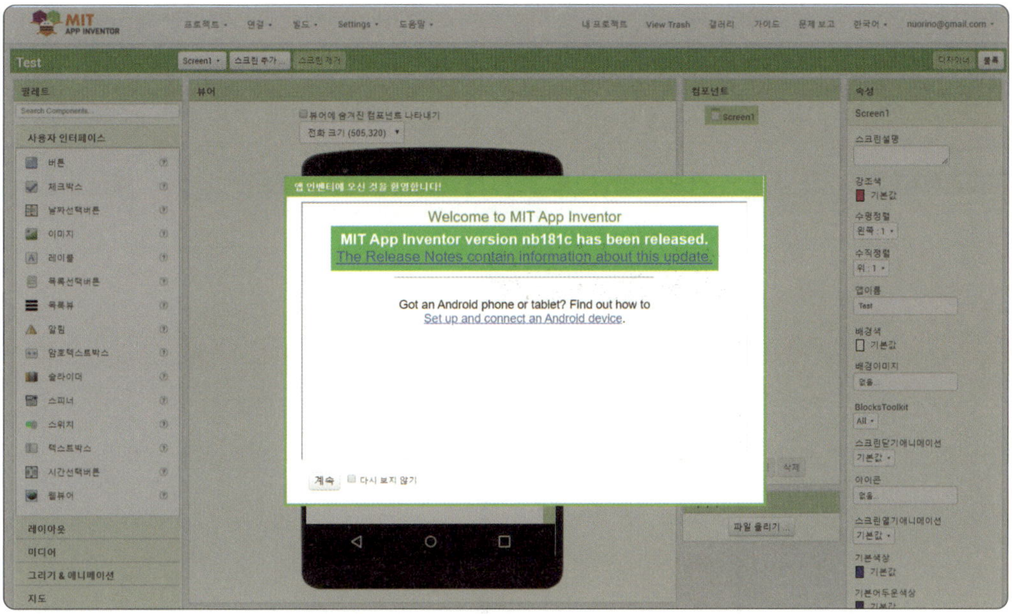
Test
앱 인벤터에 오신 것을 환영합니다!
Welcome to MIT App Inventor
MIT App Inventor version nb181c has been released.
The Release Notes contain information about this update.
Got an Android phone or tablet? Find out how to
Set up and connect an Android device.
계속
다시 보지 않기

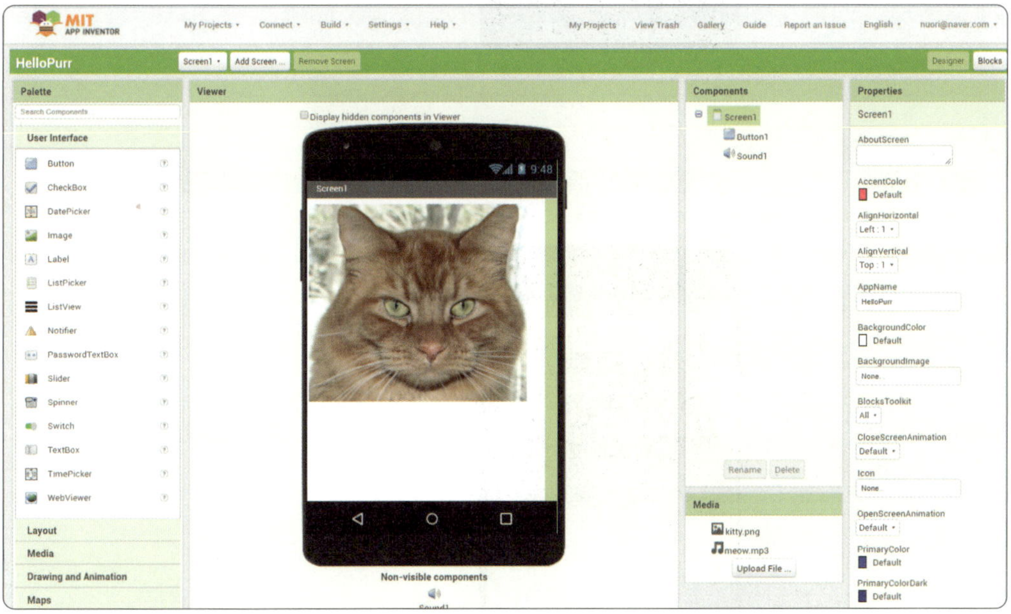
My Projects
Connect
Build
Settings
Help
View Trash
Gallery
Guide
Report an Issue
English
HelloPurr
Screen1
Add Screen
Remove Screen
Designer
Blocks
Palette
User Interface
Button
CheckBox
DatePicker
Image
Label
ListPicker
ListView
Notifier
PasswordTextBox
Slider
Spinner
Switch
TextBox
TimePicker
WebViewer
Layout
Media
Drawing and Animation
Maps
Viewer
Display hidden components in Viewer
Non-visible components
Components
Button1
Sound1
Rename
Delete
kitty.png
meow.mp3
Upload File ...
Properties
AboutScreen
AccentColor
AlignHorizontal
AlignVertical
AppName
BackgroundColor
BackgroundImage
BlocksToolkit
CloseScreenAnimation
Icon
OpenScreenAnimation
PrimaryColor
PrimaryColorDark

03 초기화면은 영어로 나오므로 편의상 다음 그림과 같이 오른쪽 윗부분의 언어 메뉴를 클릭하여 사용언어를 한국어로 변경한다.

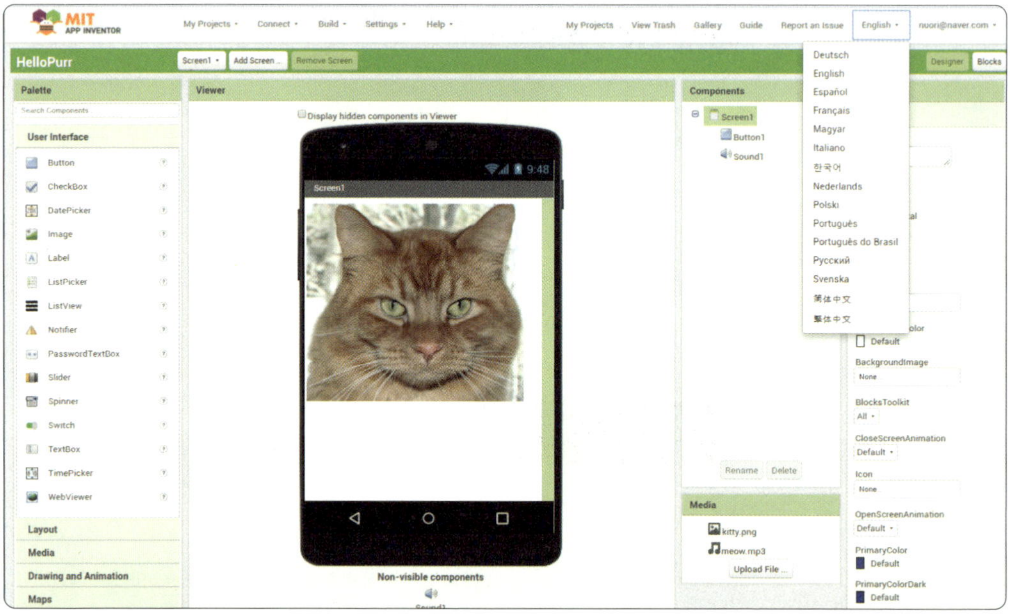

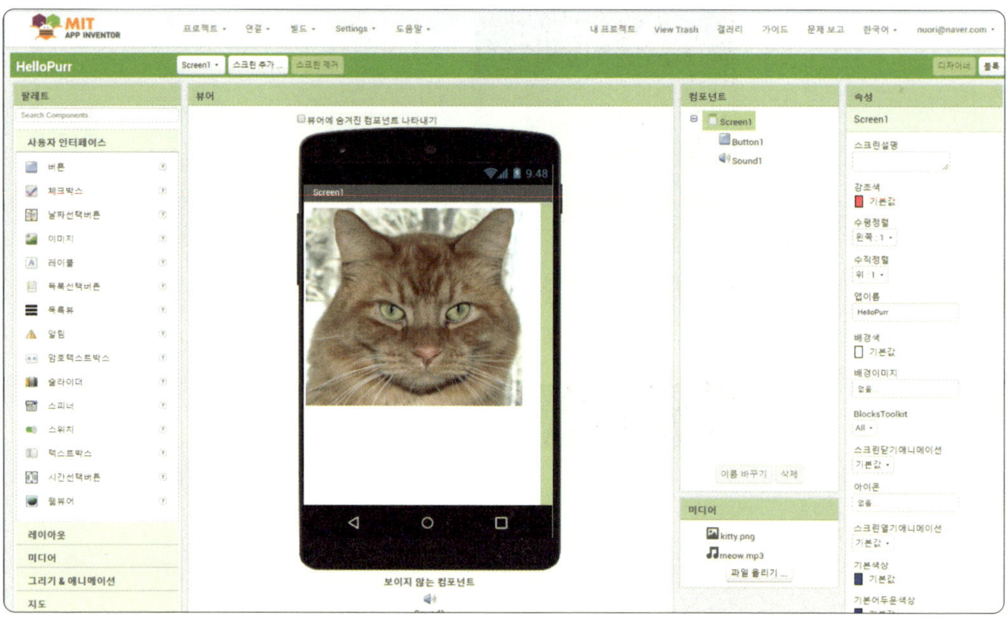

04 화면 상단의 프로젝트 메뉴를 클릭하여 '새프로젝트 시작하기' 메뉴를 선택하여 프로젝트 이름을 다음과 같이 'TelloControl'로 입력한다. 쉼표는 기입하지 않고 띄어쓰기도 하지 않는다. 다음 그림처럼 빈 휴대폰 모양과 우측 상단에 TelloControl 이라는 프로젝트 이름이 보이면 새 프로젝트가 생성된 것이다.

프로젝트 이름 : TelloControl

05 먼저 오른쪽 스크롤바를 내려 화면 오른쪽 하단에서 아래와 같이 제목란에 'Tello Control' 이라고 입력하여 'screen1' 으로 되어있는 제목을 'Tello Control' 로 바꿔 준다.

06

다음 왼쪽 사용자 인터페이스 버튼과 텍스트박스 등을 아래와 같이 순서대로 휴대폰 화면으로 드래그한다.

07 컴포넌트창에서 각각의 컴포넌트를 클릭한 다음 아래와 같이 각각의 컴포넌트 이름을 변경해준다. 이름 변경은 컴포넌트창 아래쪽의 이름바꾸기 버튼을 클릭하여 바꿔준다. 버튼의 이름은 command button을 줄여서 cmd로 하여 'CmdSend'처럼 그리고 텍스트박스는 text box를 줄여서 tb를 붙여 'tbData' 같이 앞쪽에 컴포넌트의 종류 약자를 붙여주면 편리하다.

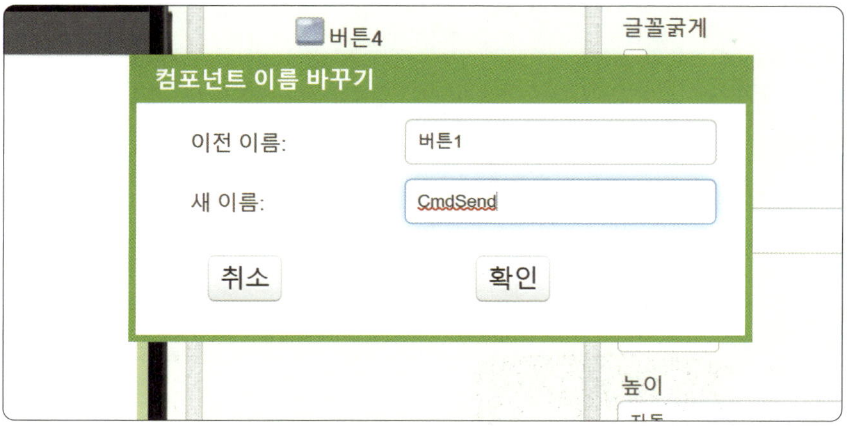
버튼4
글꼴굵게
컴포넌트 이름 바꾸기
이전 이름:
버튼1
새 이름:
CmdSend
취소
확인
높이

MIT APP INVENTOR
TelloControl
Screen1
CmdSend
tbSend
CmdTakeoff
CmdLand
CmdCCW
CmdCW
CmdStart
tbData
Tello Control

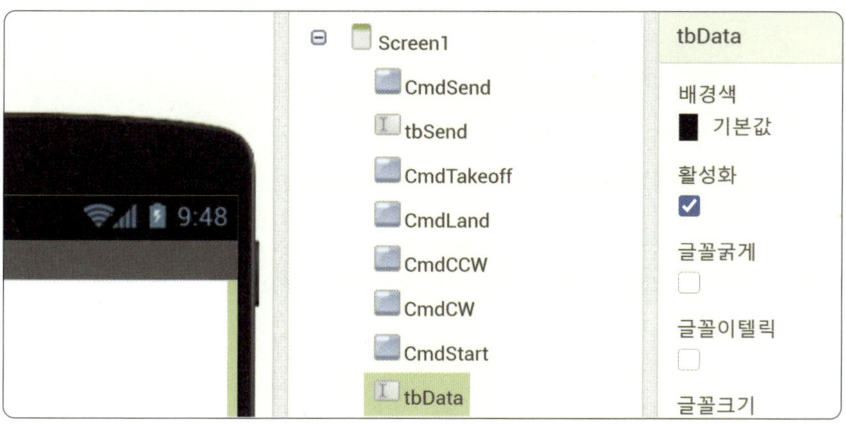
9:48
Screen1
CmdSend
tbSend
CmdTakeoff
CmdLand
CmdCCW
CmdCW
CmdStart
tbData
tbData
배경색
기본값
활성화
글꼴굵게
글꼴이텔릭
글꼴크기

08 이번에는 컴포넌트창에서 각각의 컴포넌트를 클릭한 후 다음과 같이 각각의 컴포넌트 텍스트를 변경해준다. 텍스트 변경은 속성창 하단의 텍스트란에 입력해주면 된다. tbSend 텍스트박스에는 'command' 를 입력하고 마지막 tbData의 텍스트는 기입하지 않는다.

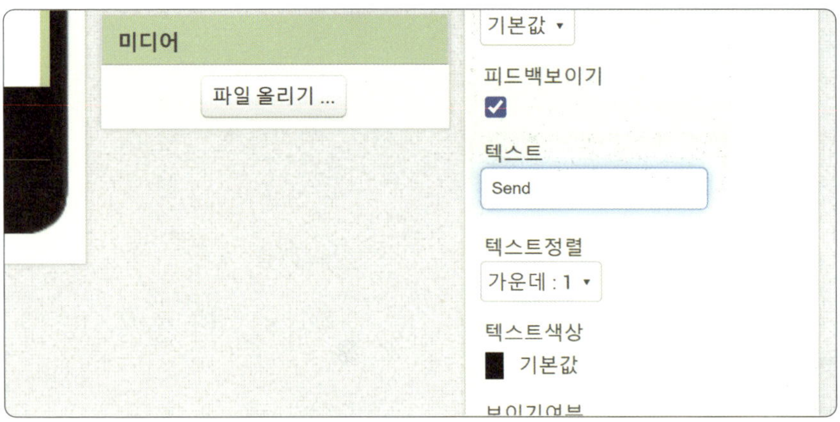

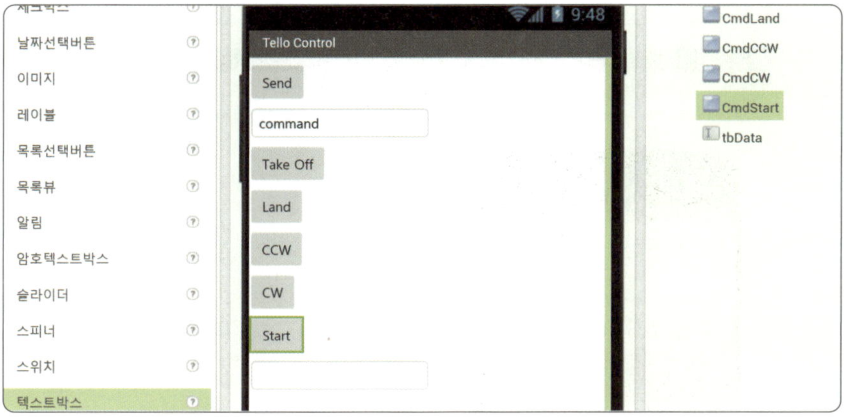

09 컴포넌트 배치와 이름 변경이 되었으면 화면을 대강 정렬해보기로 한다. 먼저 CmdSend 버튼을 아래와 같이 속성의 높이는 8 퍼센트, 너비는 '부모 요소에 맞추기'로 지정해준다. 마찬가지로 다른 컴포넌트들도 속성을 변경하여 화면을 정리한다. 단 텍스트박스 컴포넌트의 높이 속성은 자동으로 설정하고 맨 밑의 tbData의 속성 중 '여러 줄' 에 체크한다.

10 다음으로 UDP 통신용 Extension을 로드하기 위해 다음의 사이트에서 AI2 (앱인벤터2) UDP Extension 파일을 다운받고 압축을 해제한 뒤 확장자 .aix 파일을 아래와 같이 로드한다. 로드된 Extension을 드래그하여 뷰어의 휴대폰 속으로 가져다 놓으면 밑의 그림처럼 Extension이 휴대폰 아래쪽에 배치된다.

http://bienonline.magix.net/public/android-AI2-UDP/UrsAI2UDP.zip 다운로드 및 압축해제

앱인벤터 팔레트 → 확장기능 → 확장기능 추가하기 → 파일선택 → 다운받은 .aix 파일 → import → Extension 을 드래그하여 휴대폰에 가져다놓기 → Extension 이 휴대폰 그림 아래쪽에 배치됨

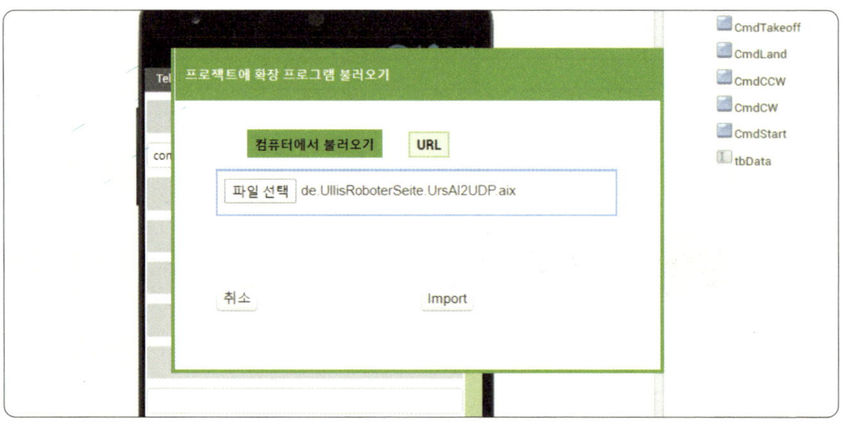

11 컴포넌트 배치와 화면 정리 및 Extension 설치가 마무리 되었으면 다음으로는 블록으로 프로그래밍하는 단계를 진행해보기로 한다. 블록 코딩을 위해서는 먼저 우측 상단의 '디자이너'와 '블록' 메뉴 중에서 '블록' 메뉴을 클릭하여 아래 그림처럼 블록 코딩 화면으로 전환한다. 다시 '디자이너' 메뉴를 클릭하면 디자인 화면으로 전환할 수 있다.

12 먼저 CmdSend 버튼에 대한 프로그래밍을 진행해보기로 한다. 다음과 같이 블록 메뉴 아래 screen1 항목의 CmdSend를 클릭하면 코딩 가능한 블록이 보여지며 이 중 '언제 CmdSend 클릭했을 때' 블록을 드래그하여 뷰어창으로 갖다놓는다.

13 다음 블록 메뉴 아래 screen1 항목에서 로드한 UDP Extension을 클릭하여 코딩 가능한 블록 중에서 '호출 UrsAI2UDP1 Xmit' 블록을 드래그하여 다음과 같이 '언제 CmdSend 클릭했을 때' 블록에 결합한다.

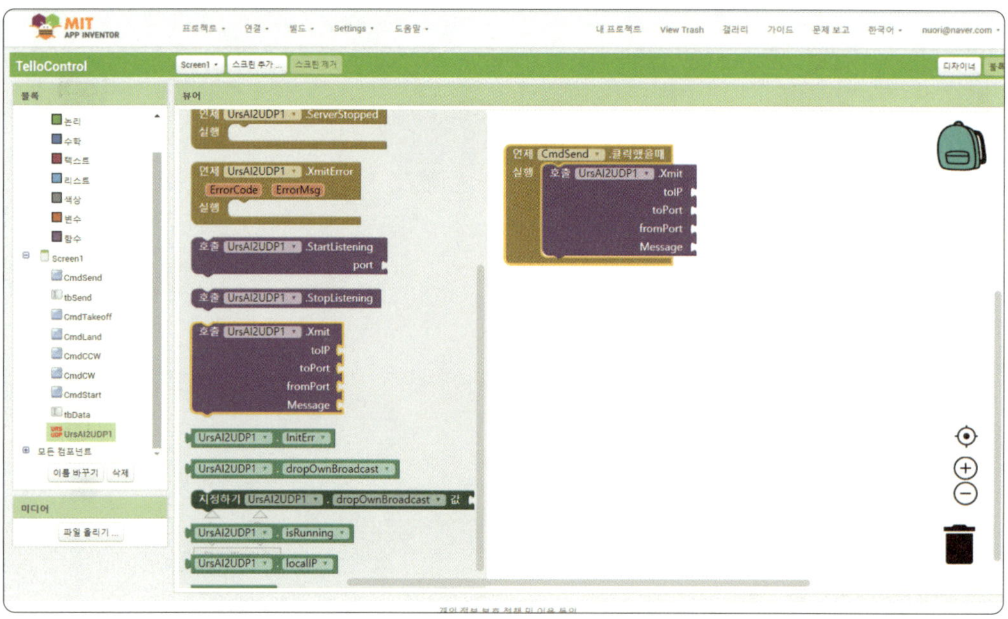

14 다음은 블록 메뉴 공통블록 항목의 '텍스트' 블록을 '호출 UrsAI2UDP1 Xmit' 블록에 결합하고 다음과 같이 toIP 항목에 '192.168.10.1' 을 입력한다. 마찬가지 방법으로 toPort 항목에 '8889', fromPort 항목에 '0'을 기입해준다. 텍스트 결합이 안되는 경우는 먼저 입력하고 결합하면 된다. 맨 밑의 Message 항목에는 tbSend 블록 중에서 'tbSend 텍스트' 블록을 드래그하여 결합한다.

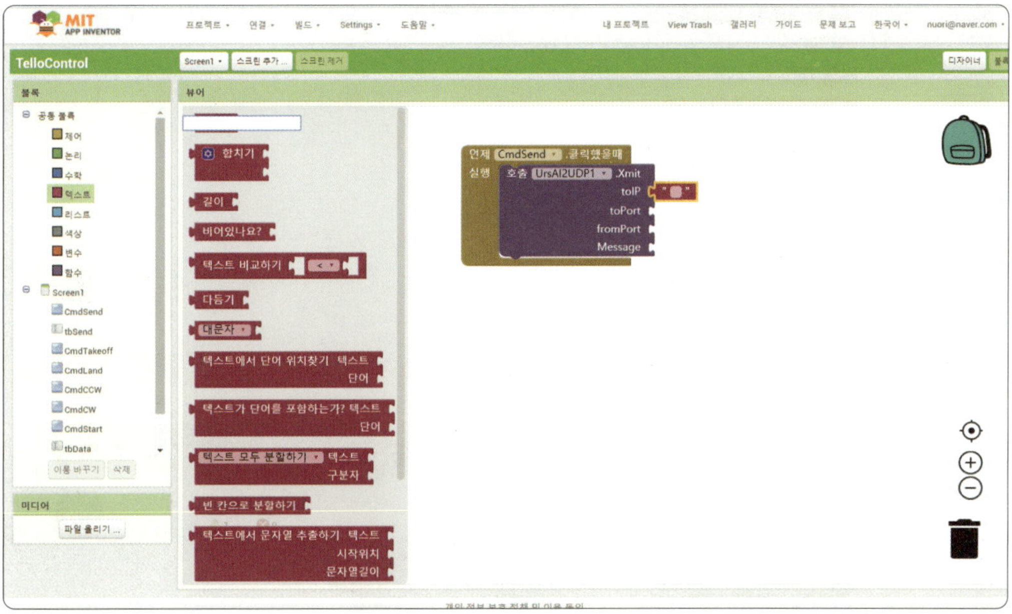

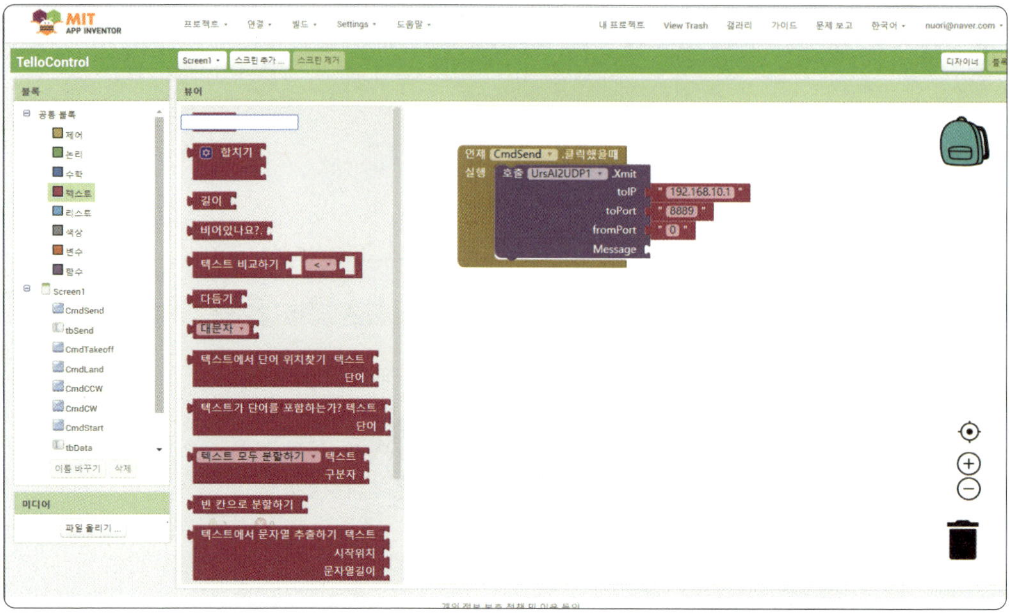
TelloControl
언제 CmdSend .클릭했을때
실행 호출 UrsAI2UDP1 .Xmit
toIP "192.168.10.1"
toPort "8889"
fromPort "0"
Message
합치기
길이
비어있나요?
텍스트 비교하기
다듬기
대문자
텍스트에서 단어 위치찾기 텍스트 단어
텍스트가 단어를 포함하는가? 텍스트 단어
텍스트 모두 분할하기 텍스트 구분자
빈 칸으로 분할하기
텍스트에서 문자열 추출하기 텍스트 시작위치 문자열길이

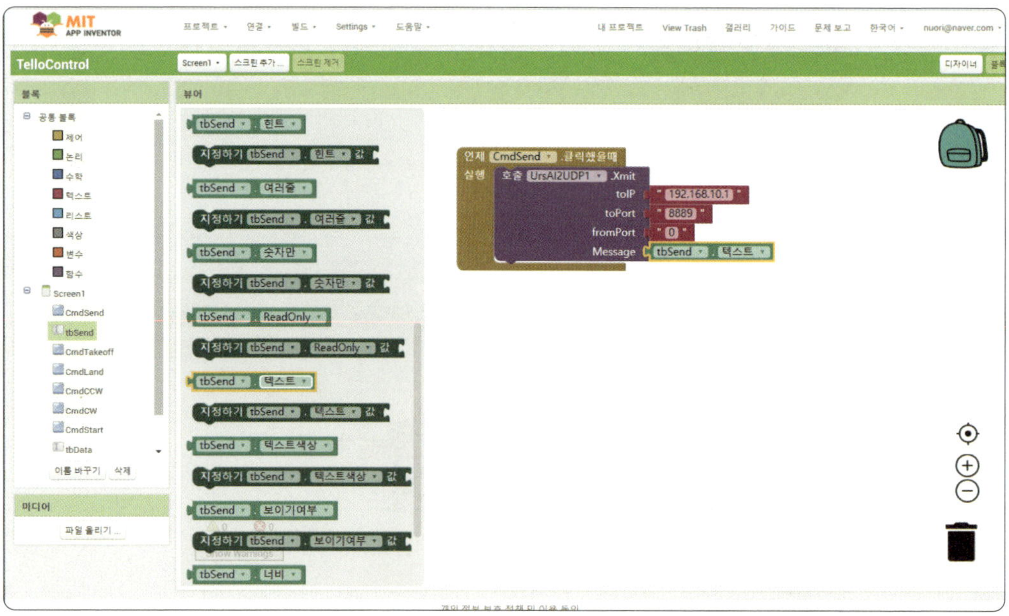
TelloControl
언제 CmdSend .클릭했을때
실행 호출 UrsAI2UDP1 .Xmit
toIP "192.168.10.1"
toPort "8889"
fromPort "0"
Message tbSend . 텍스트
tbSend . 힌트
지정하기 tbSend . 힌트 값
tbSend . 여러줄
지정하기 tbSend . 여러줄 값
tbSend . 숫자만
지정하기 tbSend . 숫자만 값
tbSend . ReadOnly
지정하기 tbSend . ReadOnly 값
tbSend . 텍스트
지정하기 tbSend . 텍스트 값
tbSend . 텍스트색상
지정하기 tbSend . 텍스트색상 값
tbSend . 보이기여부
지정하기 tbSend . 보이기여부 값
tbSend . 너비

15 다음은 블록 메뉴 screen1 항목의 CmdTakeoff 블록 중에서 '언제 CmdTakeoff 클릭했을 때' 블록을 드래그하여 뷰어창에 갖다놓고 '호출 UrsAI2UDP1 Xmit' 블록을 결합한 뒤 **14** 와 같은 방법으로 텍스트 블록을 결합하여 항목을 입력해준다. 마지막 Message 항목은 텍스트 블록을 결합하여 'takeoff' 로 입력한다.

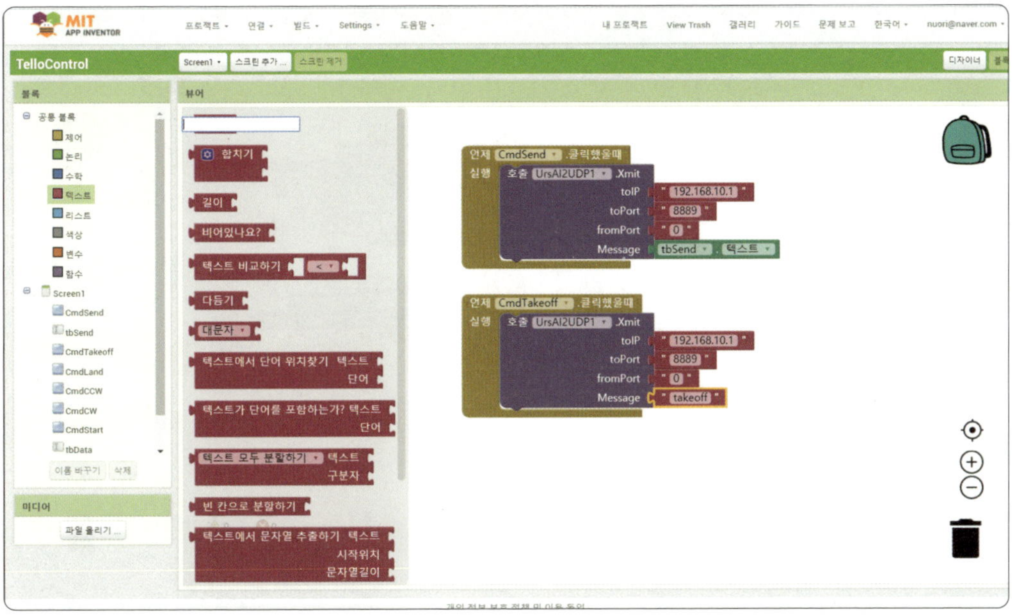

16 마찬가지 방법으로 아래와 같이 CmdLand, CmdCCW, CmdCW 버튼에 대한 블록을 결합하고 각각 Message 항목만 'land', 'ccw 90', 'cw 90'으로 입력한다.

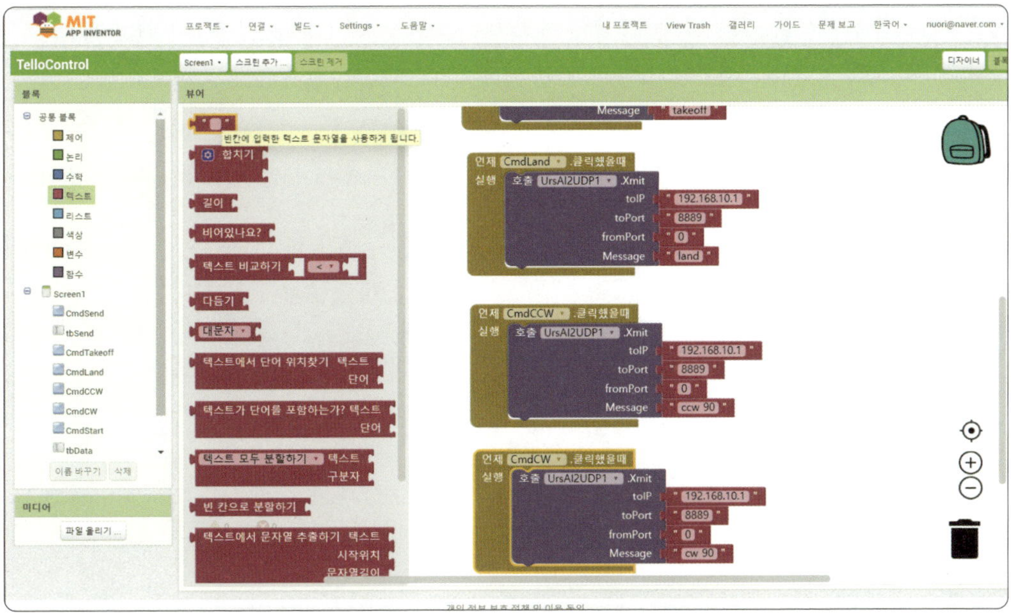

17 맨 아래의 CmdStart 버튼은 텔로 에듀의 상태 정보를 받아보는 기능을 하게되는데 먼저 '언제 CmdStart 클릭했을때' 블록을 드래그하여 갖다 놓고 다음과 같이 블록 메뉴의 screen1 항목의 UrsAI2UDP1 블록 중에서 '호출 UrsAI2UDP1 StartListening' 블록을 결합한 뒤 port 항목에 텍스트 블록 결합과 수신전용 포트 '8890' 을 입력한다.

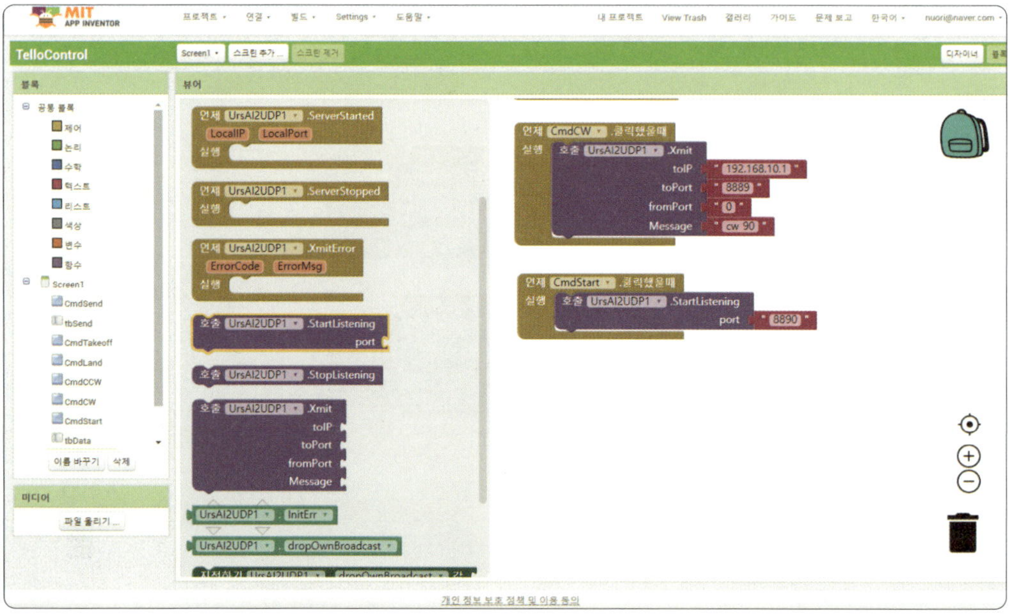

18 마지막으로 텔로 에듀의 상태정보를 받아서 보여주기 위해서 다음과 같이 블록 메뉴 screen1 항목의 UrsAI2UDP1 블록 중에서 '언제 UrsAI2UDP1 DataReceived' 블록을 드래그하여 CmdStart 블록 아래에 배치한다. 블록 메뉴 screen1 항목의 tbData 블록 중에서 '지정하기 tbData 텍스트값' 블록을 드래그한 다음 마우스를 '언제 UrsAI2UDP1 DataReceived' 블록의 Data를 클릭하여 '가져오기 Data' 블록을 드래그하여 '지정하기 tbData 텍스트값' 블록에 결합한다. 결합한 블록은 '언제 UrsAI2UDP1 DataReceived' 블록에 결합하여 마무리한다.

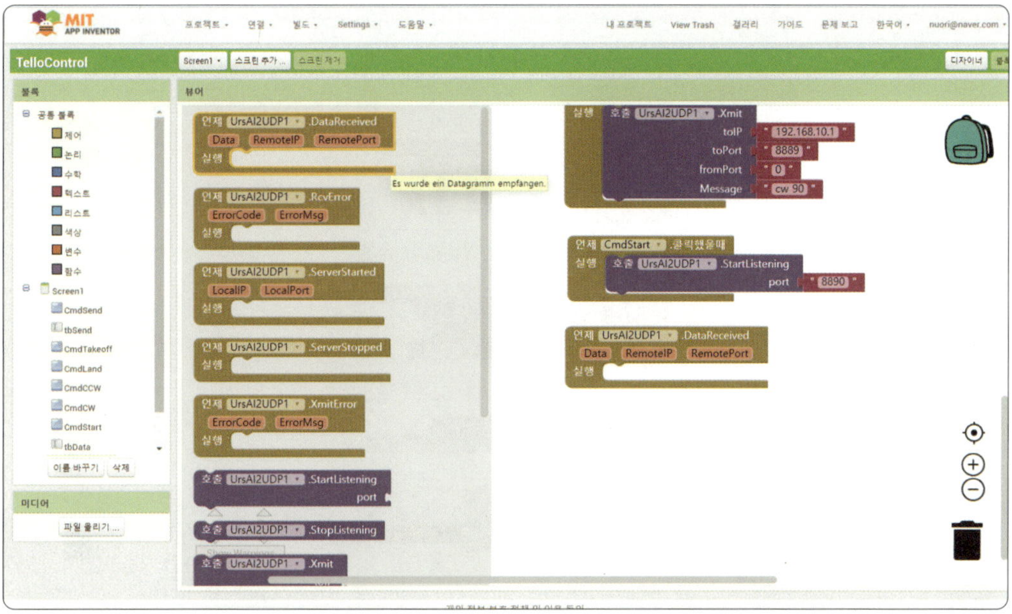

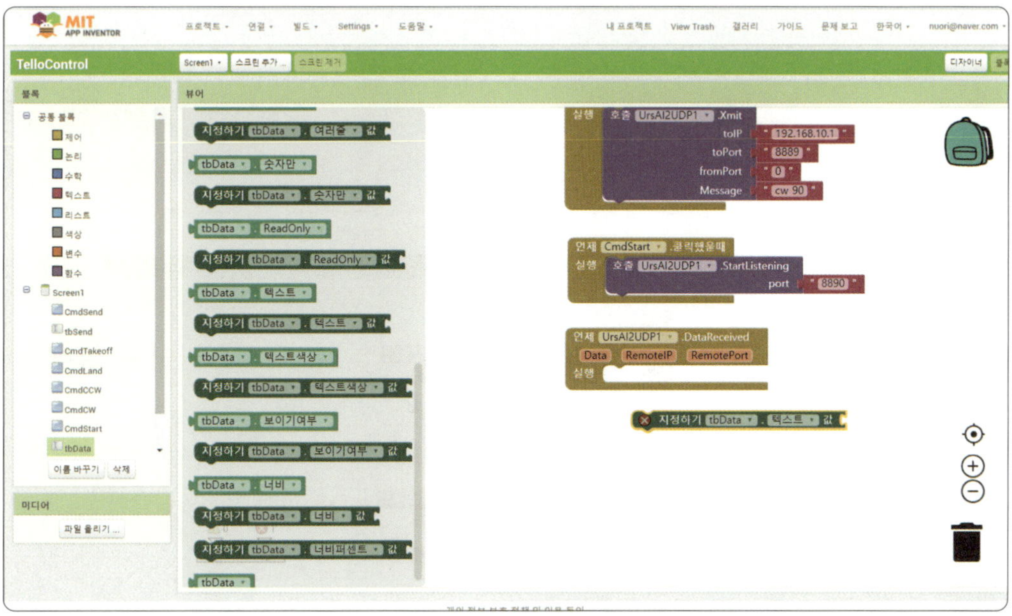

19 디자인 및 블록코딩이 마무리 되었으면 상단의 빌드 메뉴에서 '앱 (APK 용 QR 코드 제공)' 메뉴를 선택하면 컴파일 작업이 시작된다. 빌드가 완료되면 아래와 같은 APK 다운로드 링크 QR 코드가 나타나게 된다.

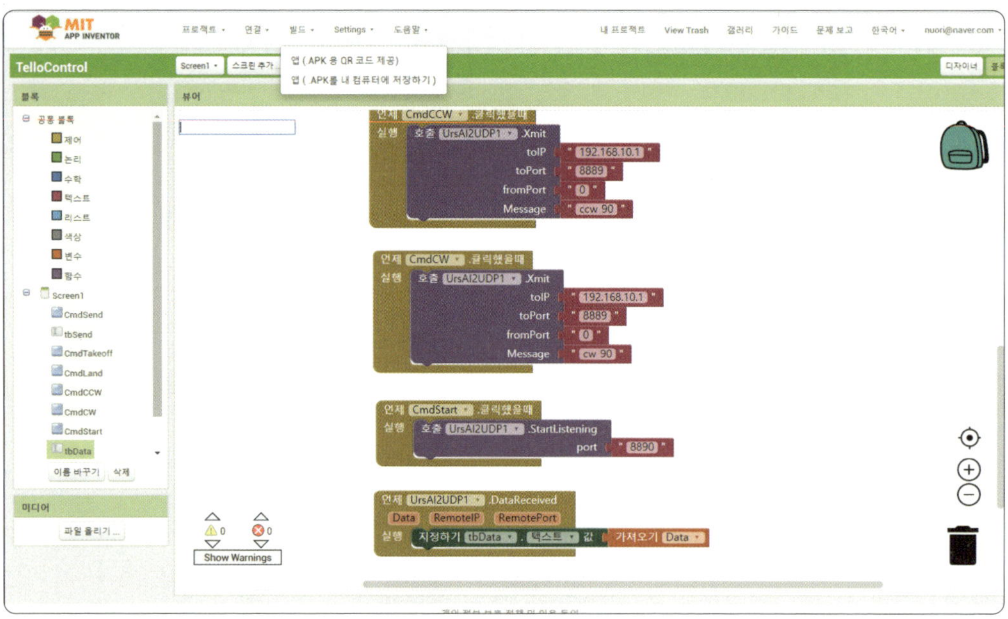

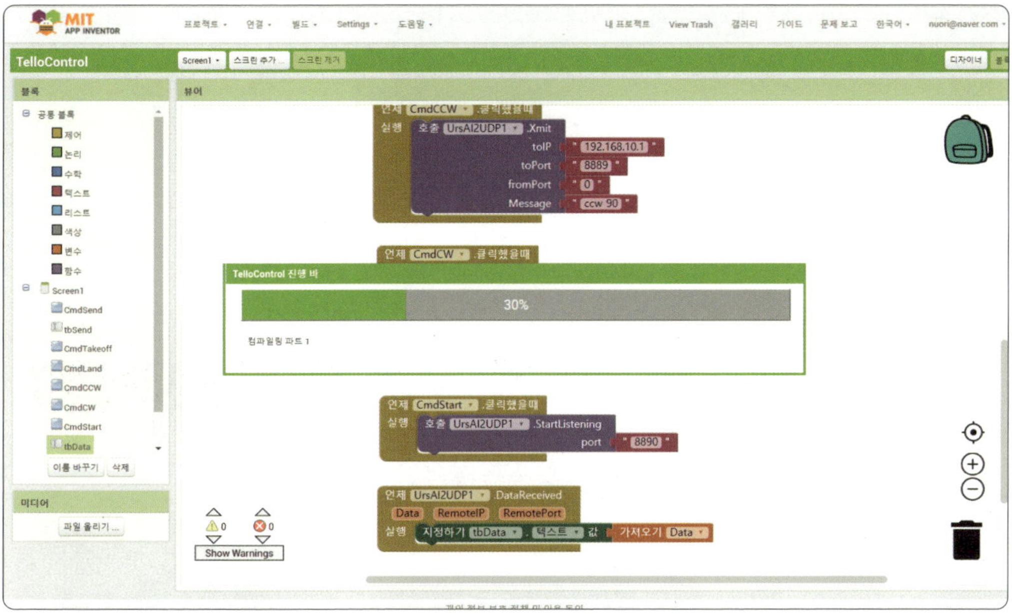
TelloControl
TelloControl 진행 바
30%
컴파일링 파트 1
Show Warnings

TelloControl
바코드 링크 for TelloControl
http://ai2.appinventor.mit.edu/b/fvur
확인
Show Warnings

20 빌드된 APK 앱파일을 휴대폰에 설치하려면 휴대폰 Play Store에서 MIT AI2 Companion 앱을 다운받고 설치해야 한다. 설치 후 앱을 실행시키면 다음과 같이 'scan QR code' 메뉴가 나타나고 메뉴를 클릭하면 앱인벤터에서 빌드 후 표시되는 QR 코드를 읽어 휴대폰에 설치되는 절차가 진행되어 휴대폰에 TelloControl 앱이 설치된다. 진행 순서는 다음과 같다. 설치 시 차단이나 전송 메뉴가 나타나더라도 무시하고 설치를 진행하면 된다.

MIT AI2 Companion 설치 → AI2 Compainon 실행 → scan QR code → 다운로드 → 열기(설치)

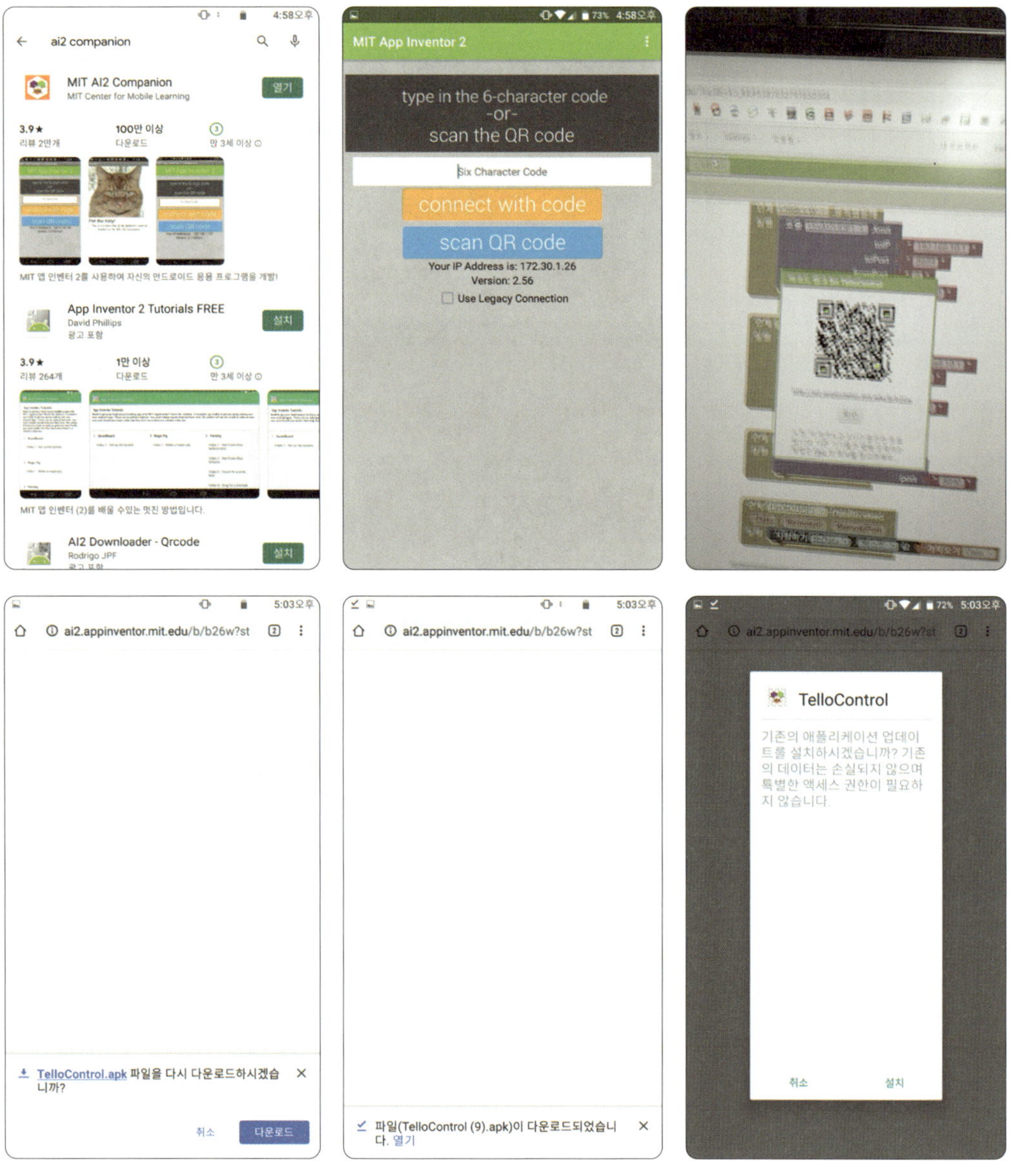

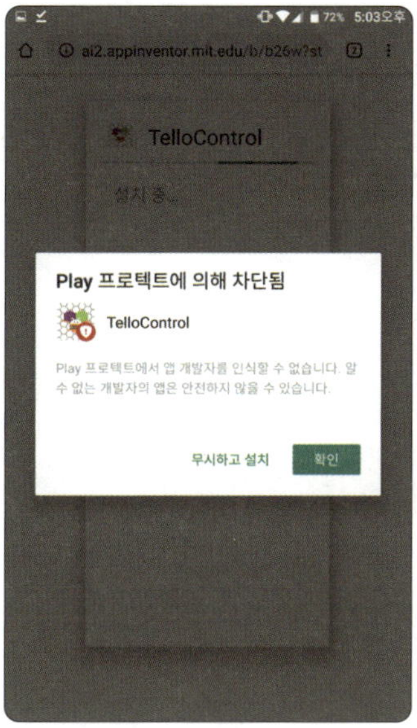

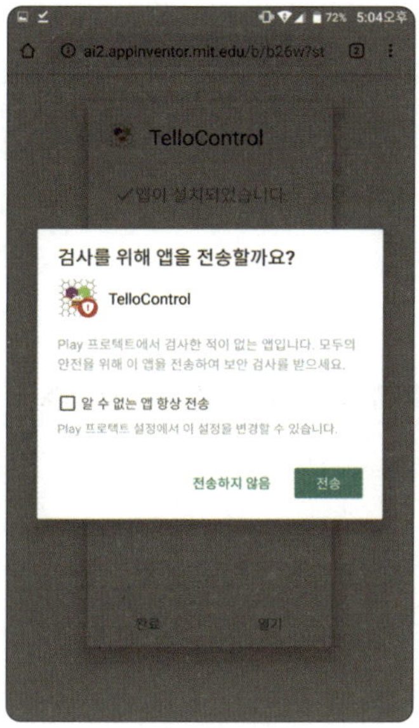

21 설치된 TelloControl 앱을 실행하기 전에 먼저 텔로 에듀의 전원을 켜고 휴대폰의 Wifi 접속창에서 텔로 에듀의 SSID(네트워크 이름)에 접속하여 휴대폰과 기체를 연결시켜야 한다(AP 접속모드).

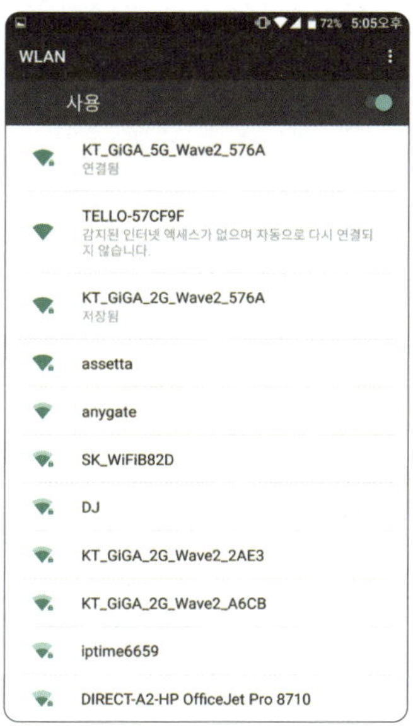

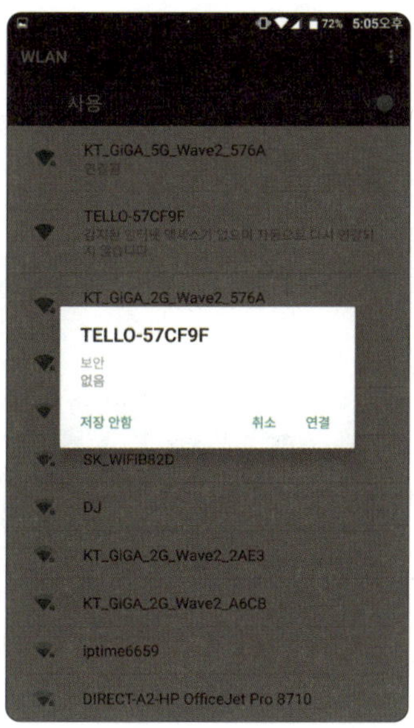

22 설치된 TelloControl앱을 실행시키면 다음과 같은 화면이 표시되는 것을 볼 수 있고 먼저 'Send' 버튼을 눌러 기체에 SDK command 명령을 전송한다. 노란색으로 점멸하던 LED가 초록색 혹은 보라색으로 바뀐 것을 볼 수 있다. 기체가 SDK 명령모드에 진입하면 'Take Off' 버튼을 눌러 기체를 이륙시켜 본다. 다음 'CCW', 'CW' 명령으로 반시계방향/시계방향으로 회전시켜보고 'Land' 버튼으로 착륙시킨다. 하단의 'Start' 버튼을 클릭하면 텔로 에듀의 자세각, 고도, 배터리 잔량 등 상태정보가 표시됨을 볼 수 있다.

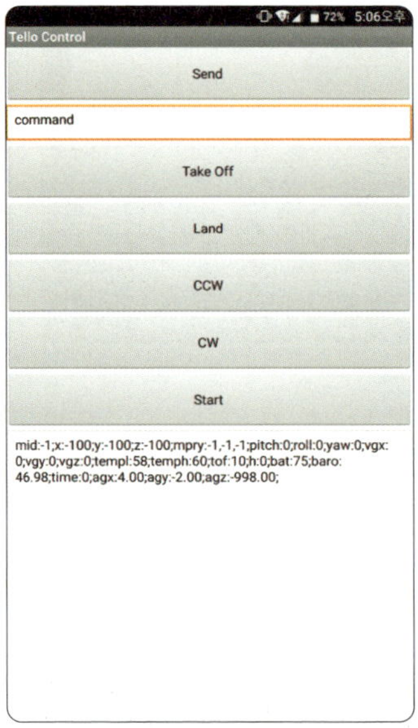

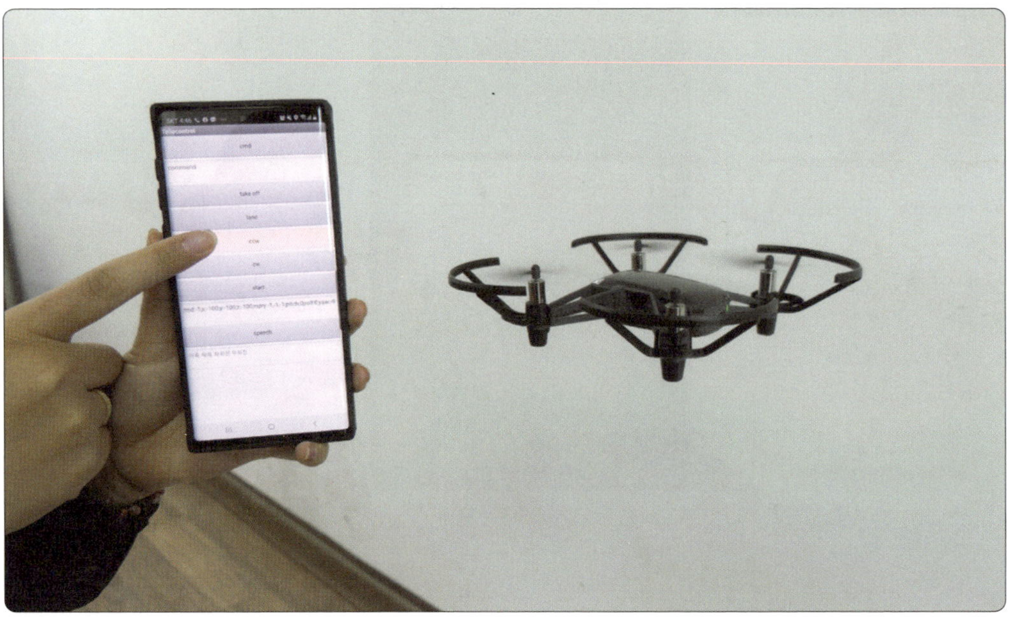

23 이제 휴대폰용으로 제작한 TelloControl 앱에 음성으로 텔로 에듀를 컨트롤하는 기능을 추가해 보기로 한다. 먼저 프로젝트 메뉴에서 '프로젝트를 다른이름으로 저장' 하기하여 새 이름을 TelloContolSpeech 로 입력한다.

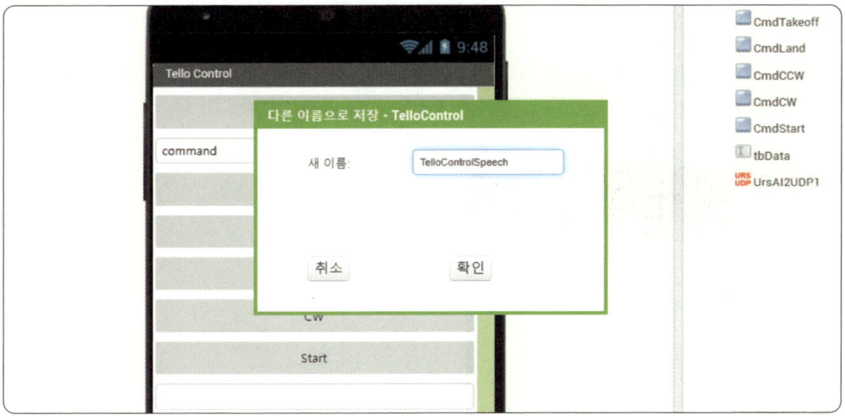

24 구글의 음성인식 컴포넌트를 사용하기 위하여 다음과 같이 앱인벤터 팔레트 하단의 미디어 메뉴 중 음성인식 컴포넌트를 선택하고 드래그하여 뷰어창의 휴대폰 안에다 갖다 놓는다.

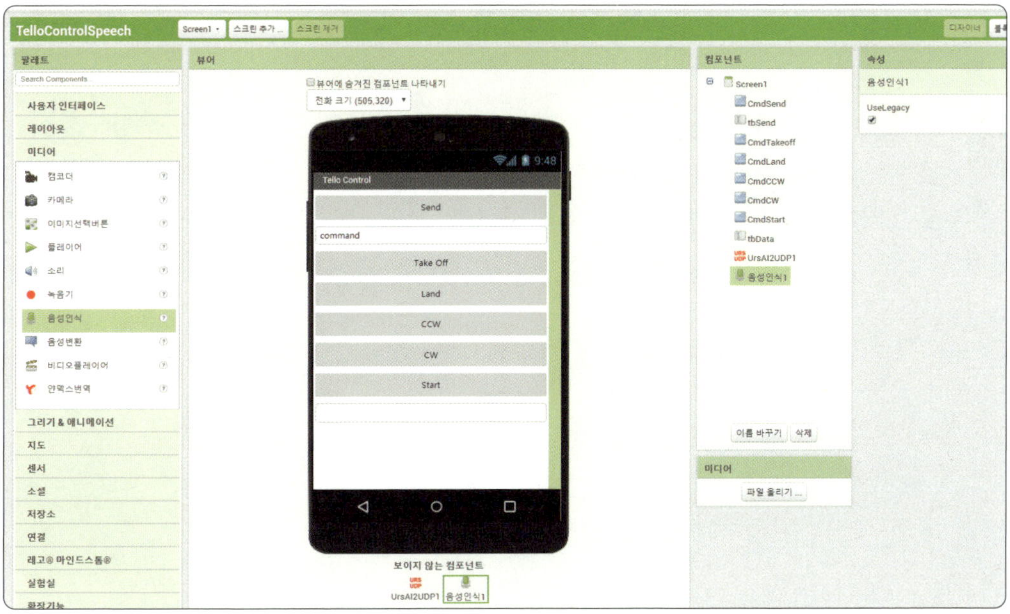

25 그리고 버튼 하나와 텍스트박스 컴포넌트를 아래쪽에 배치하고 다음과 같이 속성을 변경해준다. 버튼 이름은 CmdSpeech, 텍스트는 Speech로 변경하고 텍스트박스 이름은 tbSpeech, 텍스트는 비워두고 텍스트박스 힌트를 '이륙 착륙 좌회전 우회전'으로 입력하고 높이 속성은 모두 8 퍼센트, 너비는 '부모 요소에 맞추기' 로 변경해준다.

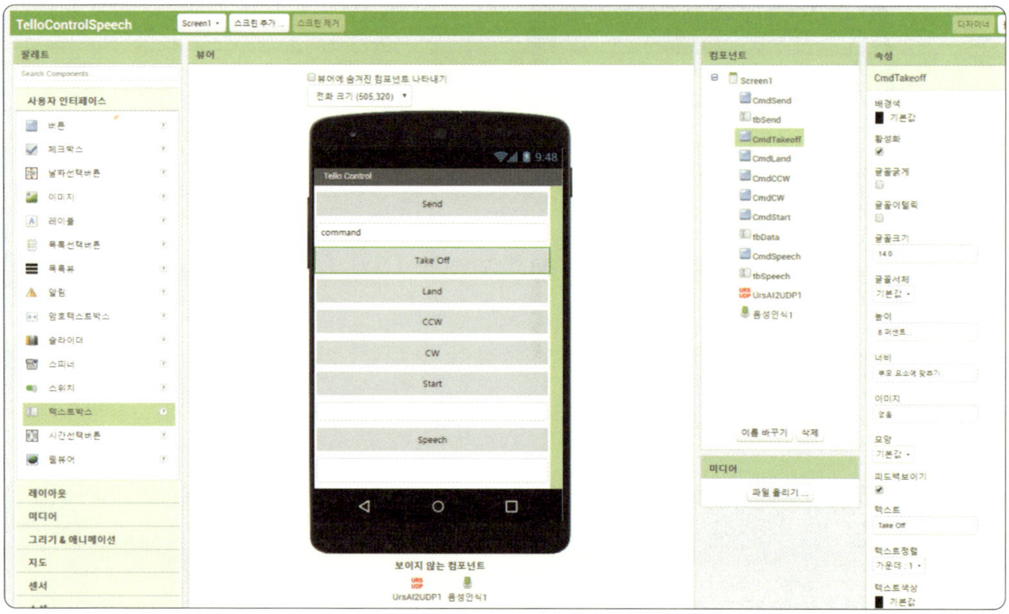

26 배치가 완료되면 다음으로 우측 상단의 블록 메뉴를 클릭하여 블록 코딩창으로 변경하고 다음과 같이 CmdSpeech 버튼 블록 중에서 '언제 CmdSpeech 클릭했을 때' 블록을 드래그하여 하단에 배치하고 음성인식 컴포넌트 블록 중에서 '호출 음성인식1 텍스트가져오기' 블록을 결합한다.

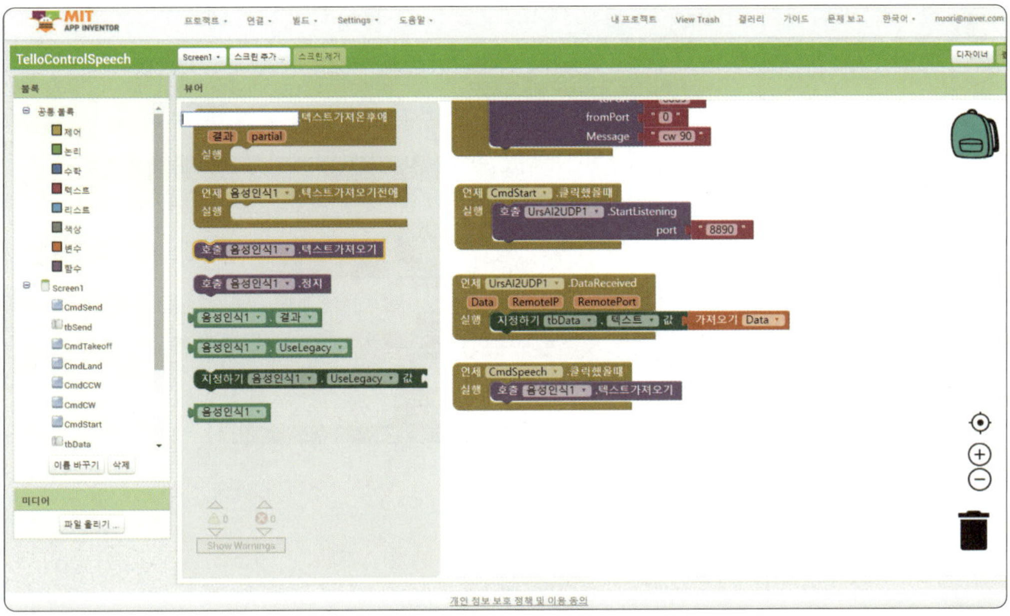

27 다음으로 아래와 같이 음성인식 컴포넌트의 블록 중에서 '언제 음성인식1 텍스트 가져온후에' 블록을 배치하고 CmdSpeech 블록 중에서 '지정하기 tbSpeech 텍스트값' 블록에 음성인식 블록 중에서 ' 음성인식 결과' 블록을 결합한다.

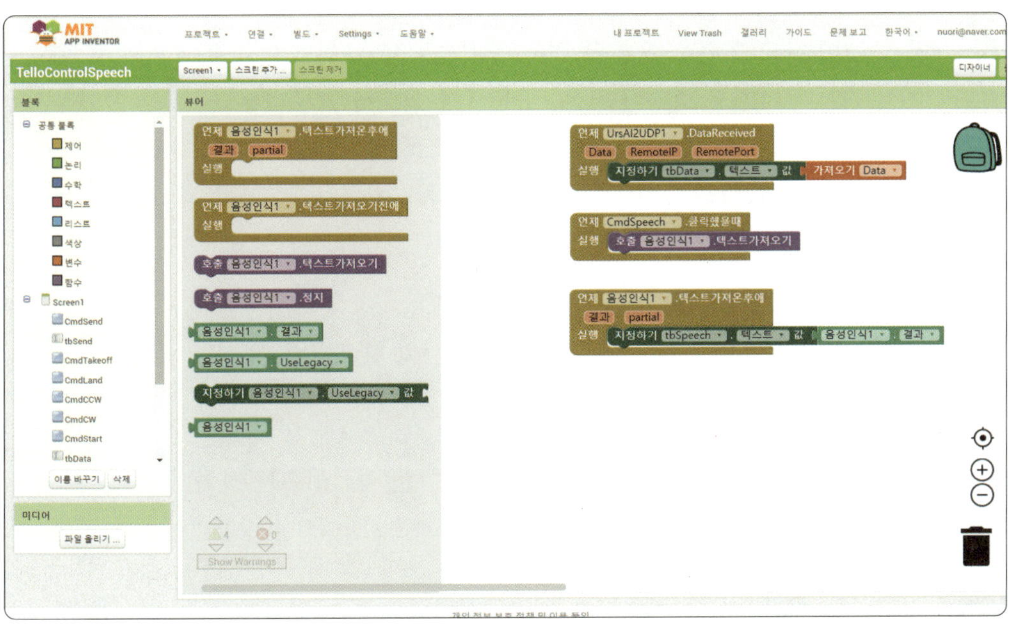

28 계속해서 아래와 같이 공통 블록 메뉴 제어 블록 중에서 '만약 이라면 실행' 블록을 4개 배치한다.

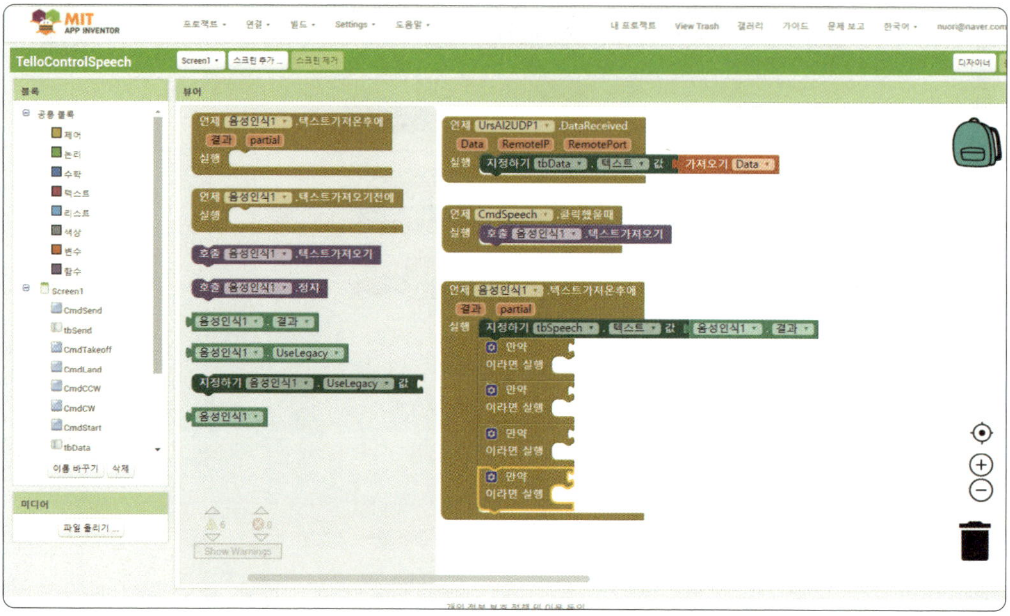

29 배치한 제어 블록에 아래와 같이 공통 블록 메뉴 논리 블록 중에서 'OO 또는 OO' 블록을 결합하고 마우스 오른쪽 버튼 클릭으로 '외부입력값'을 체크하여 블록을 좌우 나열에서 위아래 나열로 변경한 다음 UDP 블록 중에서 '호출 UrsAI2UDP1 Xmit' 블록을 결합한 뒤 toIP 항목에 텍스트 블록 '192.168.10.1', toPort 항목에 '8889', fromPort 항목에 '0', Message 항목에 'takeoff' 텍스트 블록을 결합한다.

30 논리 블록에는 또는 블록 위아래에 'OO = OO' 논리 블록 2개를 배치하고 위쪽 파트에 '음성인식1 결과' 블록 = 텍스트 블록 '이륙' 과 같이 결합하고 아래쪽 파트에는 '음성인식1 결과' 블록 = 텍스트 블록 '2 6' 을 결합한다. 이것은 인터넷 비접속 오프라인 시 명령어 인식율을 높이기 위해 '이륙' 과 유사한 단어를 제공해주는 것이다. '호출' 블록 아래에는 '지정하기 tbSpeech 텍스트값' 블록과 텍스트 블록 '이륙' 을 결합하여 배치한다.

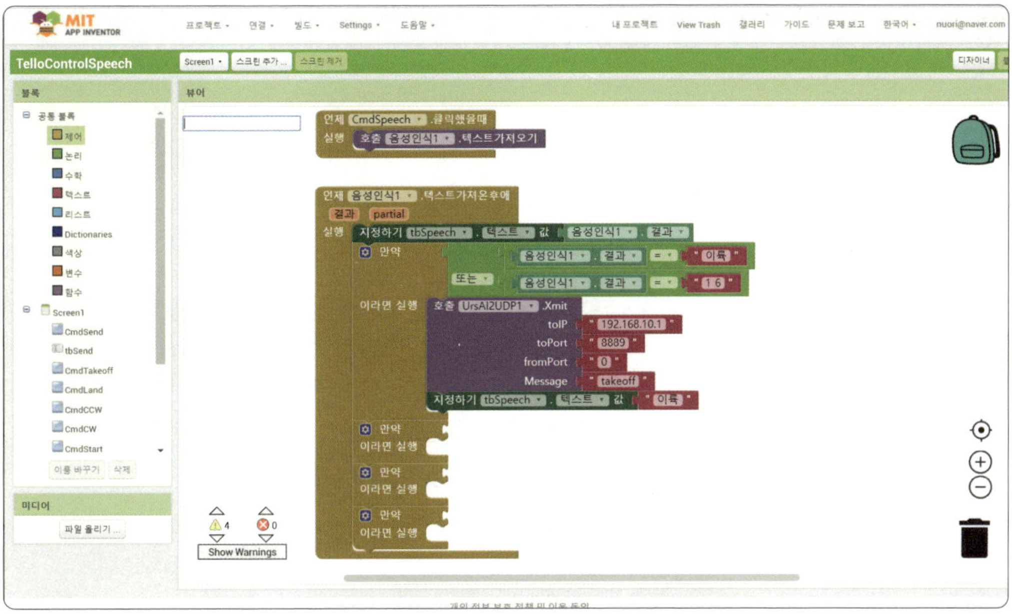

31 착륙 명령어에 대해서도 29, 30 단계와 유사하게 블록을 배치해주면 된다. 단 '이륙' 을 '착륙' 으로 바꿔주고 음성인식 단어도 '착륙'과 유사단어 '장혁' 등을 기입해준다.

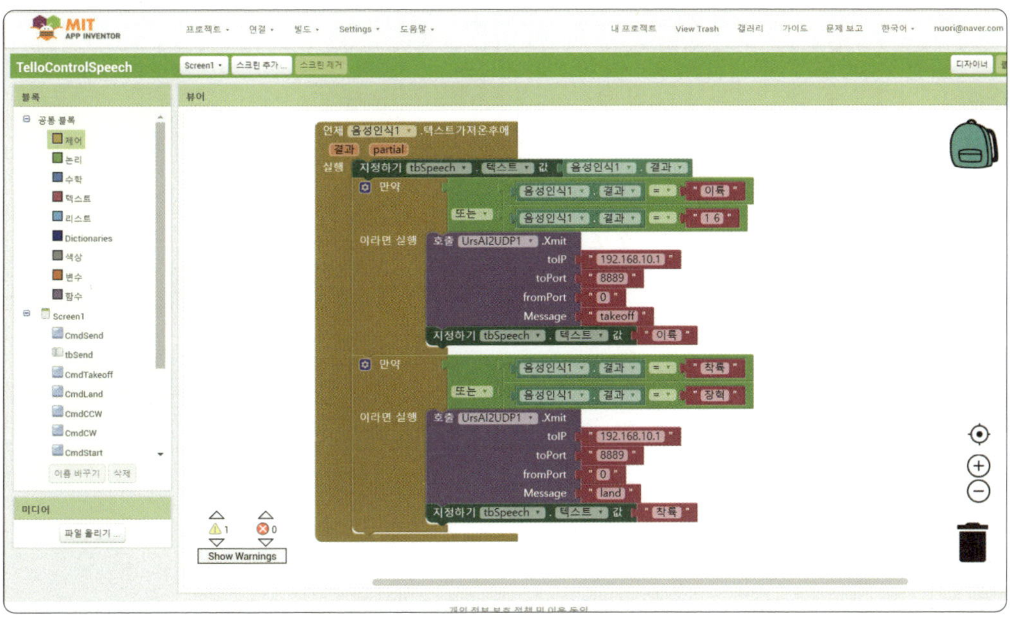

32 나머지 제어 블록에도 마찬가지 방법으로 다음과 같이 논리 블록 쪽에 '착륙' 과 호출 블록 쪽에 'land' 를 입력하고 아래 제어 블록에 '좌회전' 과 'ccw 90', 다음 제어 블록에 '우회전' 과 'cw 90'을 입력하고 각각 유사단어를 추가한다. 만약 유사단어를 더 추가하고자 하면 '만약 이라면 실행' 논리 블록을 복제하여 현 비행명령 블록 밑부분에 결합하고 유사단어를 더 입력해주면 될 것이다.

33 마지막으로 음성인식에 소요되는 비행시간을 확보하기 위해서 SDK 모드 시 명령 미입력시 15초 착륙을 회피하기 위한 조치를 추가해 주기로 한다. 다음과 같이 좌측 팔레트의 센서 블록에서 시계 블록을 선택하여 휴대폰 안으로 갖다 넣고 우측의 속성에서 타이머 간격을 1000 → 5000 으로 수정한다. 이것은 5000 ms(밀리세컨드) 즉 5초마다 이벤트를 발생시키도록 타이머를 작동시키는 것이다.

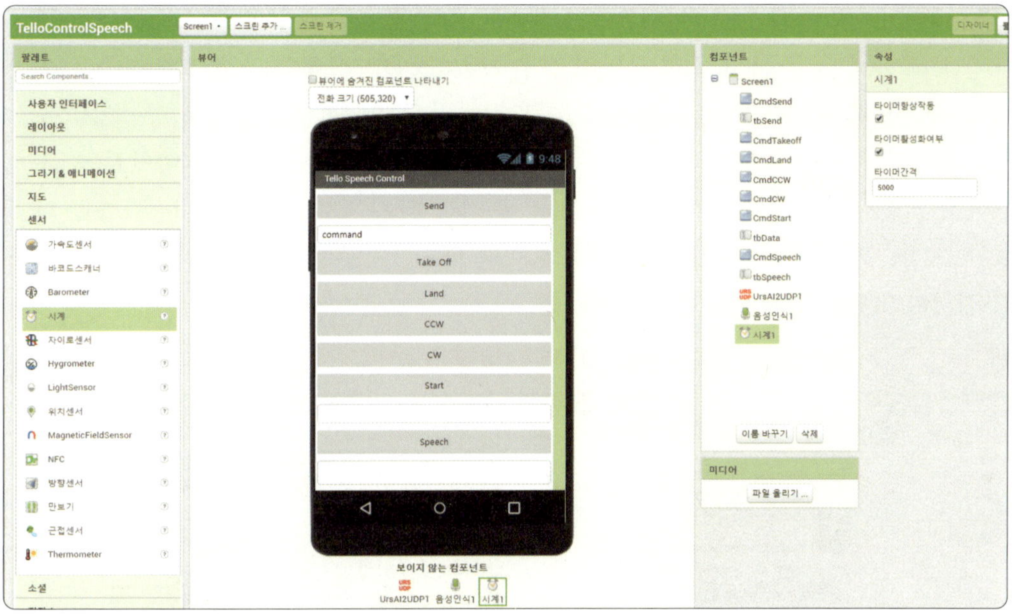

34 다음으로 화면 우측의 블록 버튼을 클릭하여 블록코딩 모드로 변경한 뒤 블록 항목의 screen1 하부의 시간 블록을 선택하고 세부 메뉴 중 '언제 시계1 타이머가작동할 때' 블록을 드래그하여 하단에 배치한다.

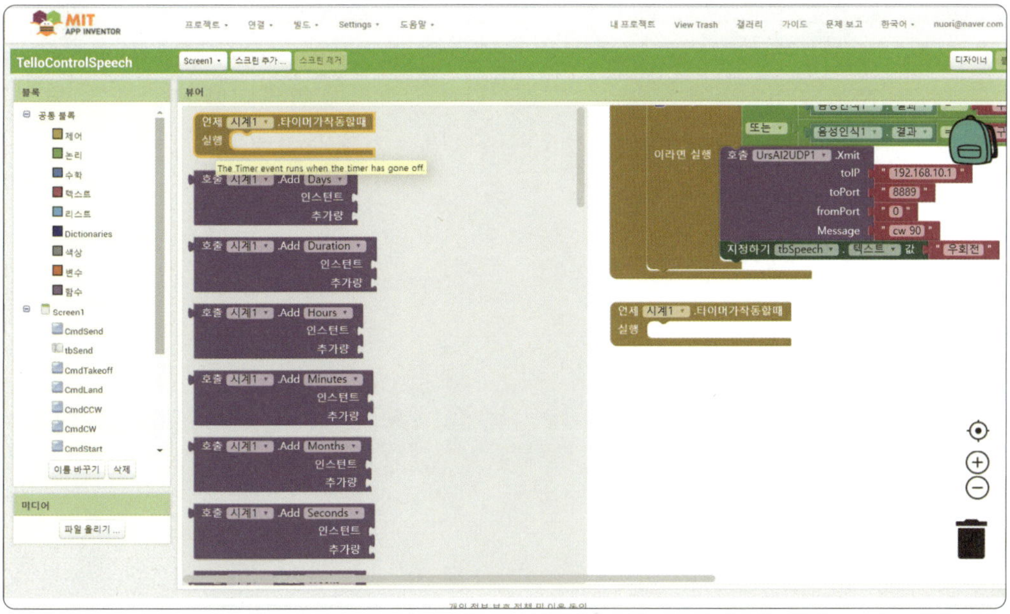

35 배치한 '언제 시계1 타이머가 작동할 때' 블록에는 블록 항목의 screen1 하부의 UDP 통신용 UrsAI2UDP1 블록의 '호출 UrsAI2UDP1 Xmit' 블록을 결합하고 아래와 같이 toIP 항목에 '192.168.10.1' 을 입력하고 toPort 항목에 '8889', fromPort 항목에 '0'을 기입해준다. 텍스트 결합이 안되는 경우는 먼저 입력하고 결합하면 된다. 맨 밑의 Message 항목에는 텍스트 블록을 결합한 뒤 'command' 를 입력한다. 이것은 타이머 이벤트를 통해 5초마다 SDK 명령어 'command' 를 전송하여 SDK 모드 시 15초 내 명령어 미입력 자동착륙을 회피하기 위함이다.

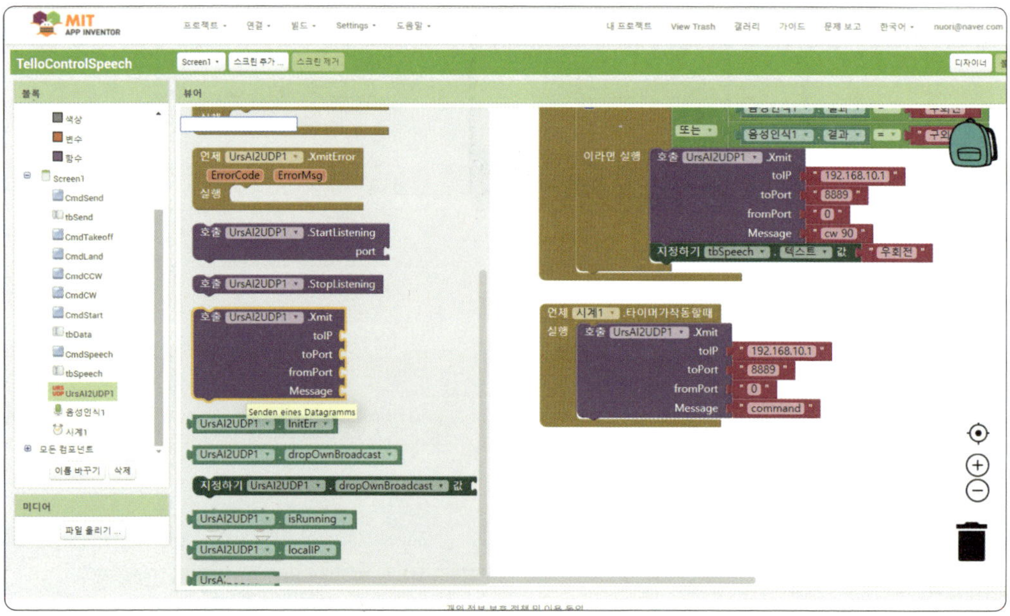

36 블록코딩이 완료되었으면 **17** ~ **19** 와 같은 방법으로 빌드와 설치 및 접속을 진행한다.

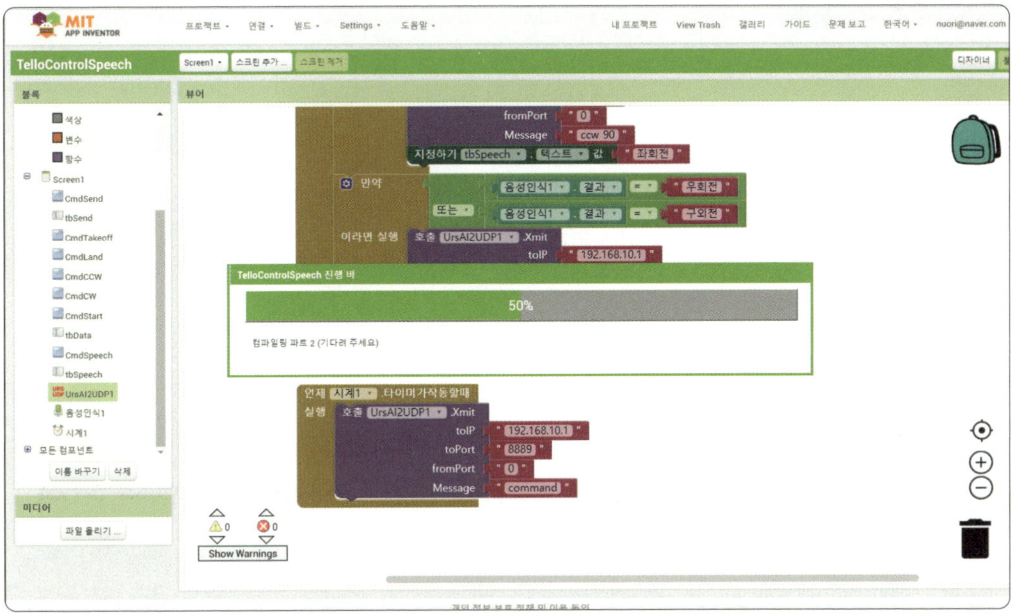

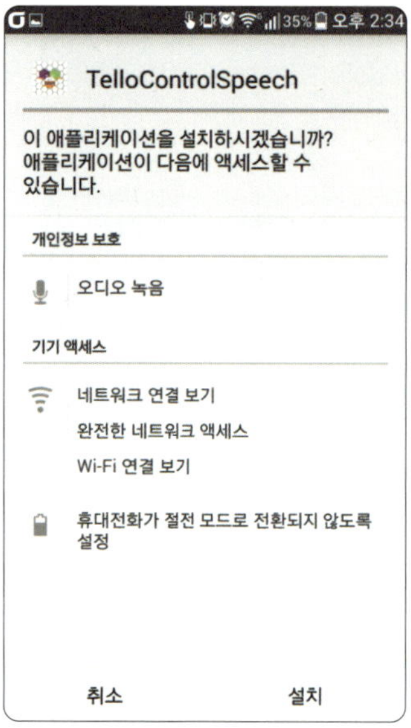

35% 오후 2:34
TelloControlSpeech
이 애플리케이션을 설치하시겠습니까? 애플리케이션이 다음에 액세스할 수 있습니다.
개인정보 보호
오디오 녹음
기기 액세스
네트워크 연결 보기
완전한 네트워크 액세스
Wi-Fi 연결 보기
휴대전화가 절전 모드로 전환되지 않도록 설정
취소
설치

37% 오후 2:29
ai2.appinventor.mit.edu
이러한 형식의 파일은 기기를 손상시킬 수 있습니다. TelloControlSpeech.apk을(를) 다운로드하시겠습니까?
취소
확인

37% 오후 2:29
ai2.appinventor.mit.edu
파일(TelloControlSpeech.apk)이 다운로드되었습니다. 열기

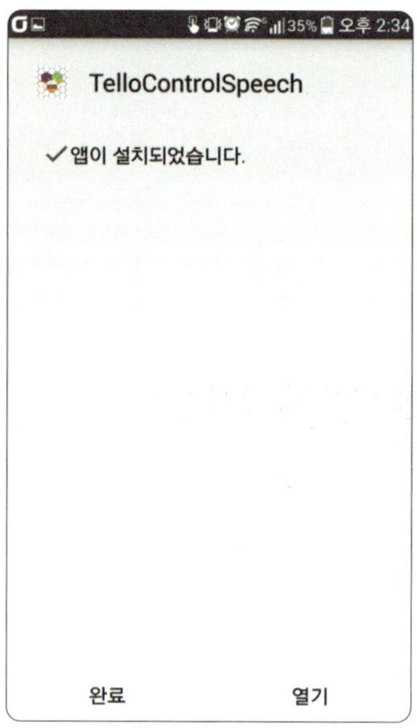

35% 오후 2:34
TelloControlSpeech
✓앱이 설치되었습니다.
완료
열기

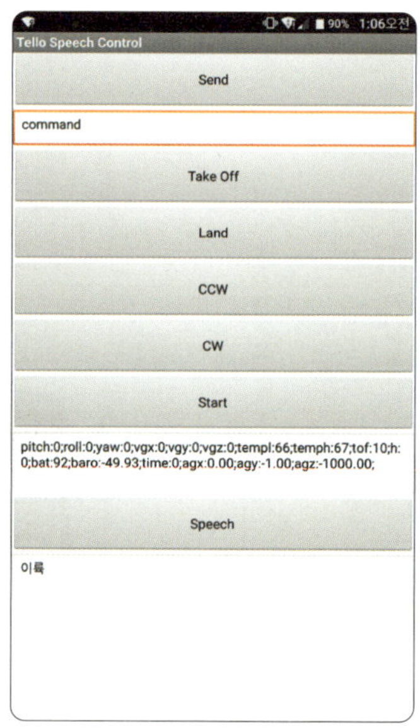

90% 1:06오전
Tello Speech Control
Send
command
Take Off
Land
CCW
CW
Start
pitch:0;roll:0;yaw:0;vgx:0;vgy:0;vgz:0;templ:66;temph:67;tof:10;h:0;bat:92;baro:-49.93;time:0;agx:0.00;agy:-1.00;agz:-1000.00;
Speech
이륙

37 설치된 TelloControlSpeech 앱을 실행시키면 다음과 같은 화면이 표시되는 것을 볼 수 있고 자동으로 5초마다 'command' 명령이 전송되어 잠시 후 노란색으로 점멸하던 LED가 초록색 혹은 보라색으로 바뀐 것을 볼 수 있다. 기체가 SDK 명령모드에 진입하면 'Speech' 버튼을 눌러 음성인식 기능을 활성화시켜 '이륙'을 마이크에 입력하여 음성인식 결과가 제대로 텍스트창에 나타나는지 보고 인식이 잘되지 않으면 다시 시도해 본다. 음성인식으로 '이륙' 단어를 인식하게 되면 기체가 이륙하여 호버링하게 된다. 마찬가지로 '좌회전', '우회전' 단어를 마이크에 입력해보고 착륙시키려면 '착륙' 단어로 명령을 입력하면 된다.

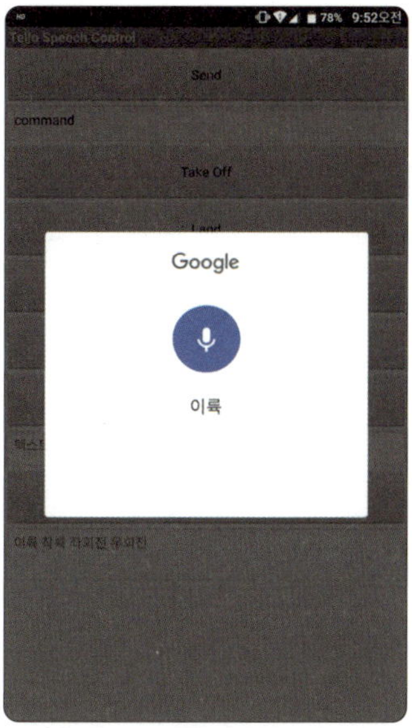

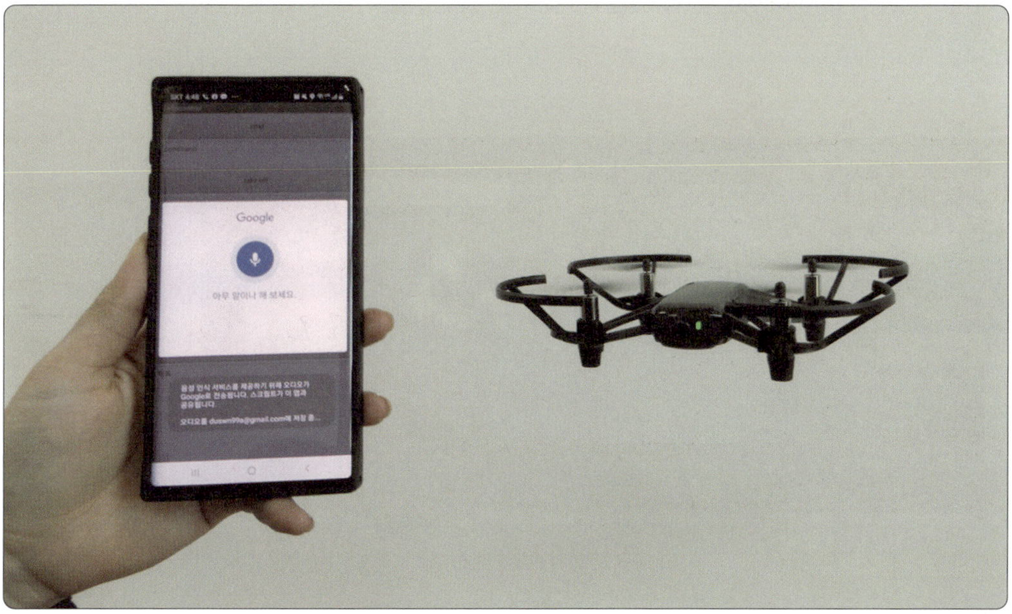

STEP 9

파이썬/모듈설치 및 윈도우 환경설정

01 텔로 에듀 공식 예제로 제공되는 파이썬 파일들은 대부분 파이썬 2.7.15 버전 기준으로 작성되어 있으므로 가급적 파이썬 2.7.15 버전을 설치하도록 한다. 다음의 파이썬 홈페이지에 접속하여 'Looking for a specific release?' 항목을 스크롤 다운하여 Python 2.7.15 버전을 검색한 다음 자신의 윈도우 버전에 맞는 설치파일을 다운로드하도록 한다.

https://www.python.org/downloads/ → Looking for a specific release? 스크롤
→ Python 2.7.15 버전 다운로드 (Windows x86-64 MSI installer or Windows x86 MSI installer)

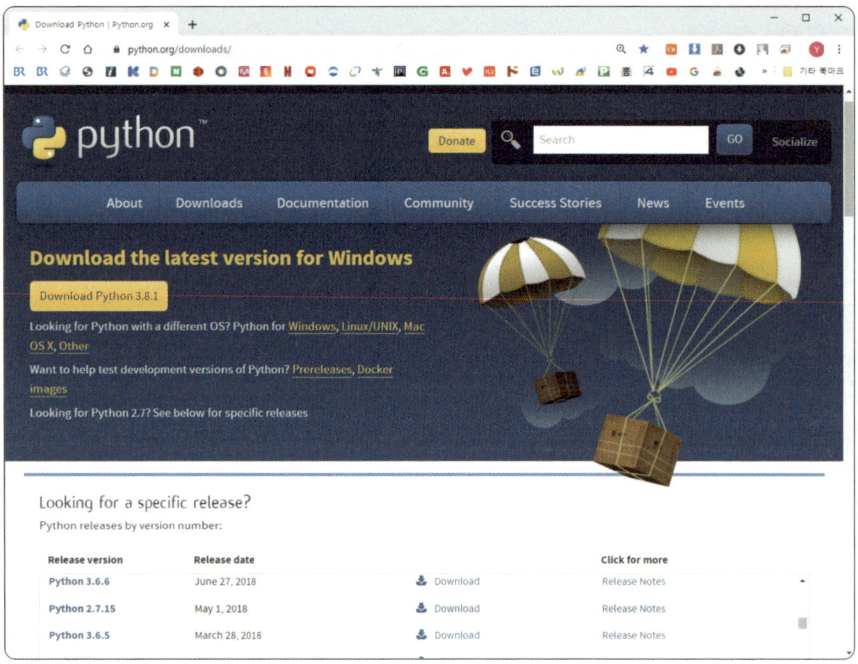

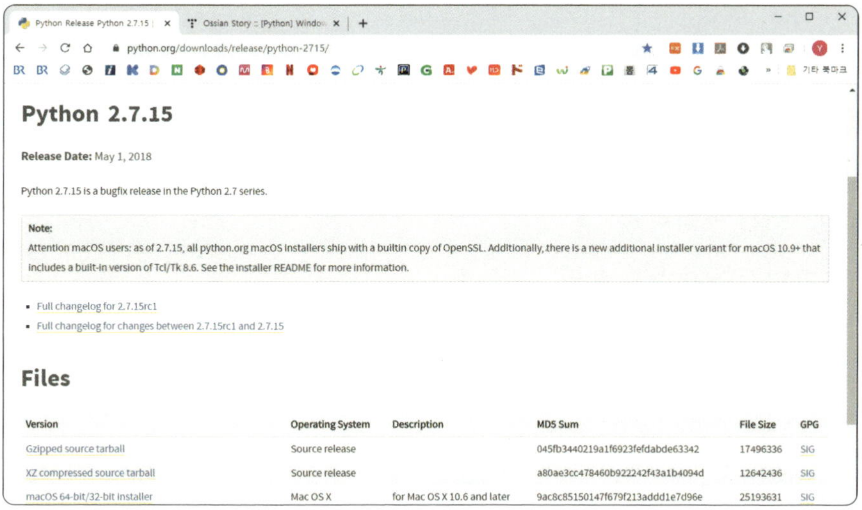

02 다운받은 Python 2.7.15 설치파일을 실행하고 다음과 같은 그림이 나타나면 'Add python.exe to Path' 설치경로 옵션에서 두 번째 메뉴(Entire feature will be installed on local hard drive)를 선택하여 환경변수를 등록한다.

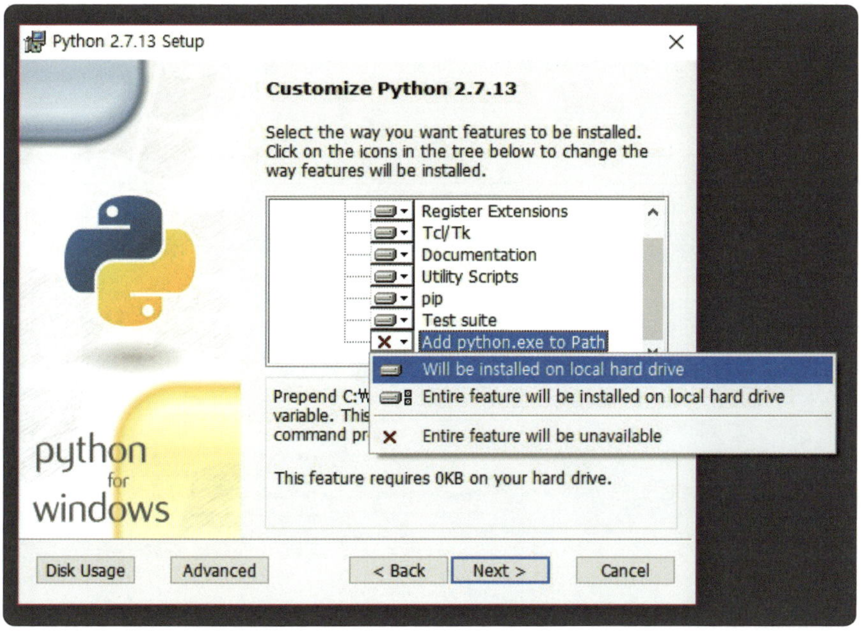

03 혹시 환경변수가 제대로 설정되지 않은 경우에는 다음과 같이 윈도우 설정에서 파이썬 환경변수를 등록해준다.

내PC 우클릭 → 속성 → 고급 시스템 설정 → 고급 → 환경 변수 → 시스템 변수 → path 항목을 스크롤로 검색하여 클릭 → 편집 → 새로 만들기 (아래 2항목) → 2항목 위로이동 (최상단으로)

새로만들기 → C:\Python27 → 등록

새로만들기 → C:\Python27\Scripts → 등록

04 임의의 폴더에서 명령 프롬프트 커맨드창을 열려면 다음과 같이 탐색기 주소창에서 cmd. 를 입력후 엔터키를 입력한다.

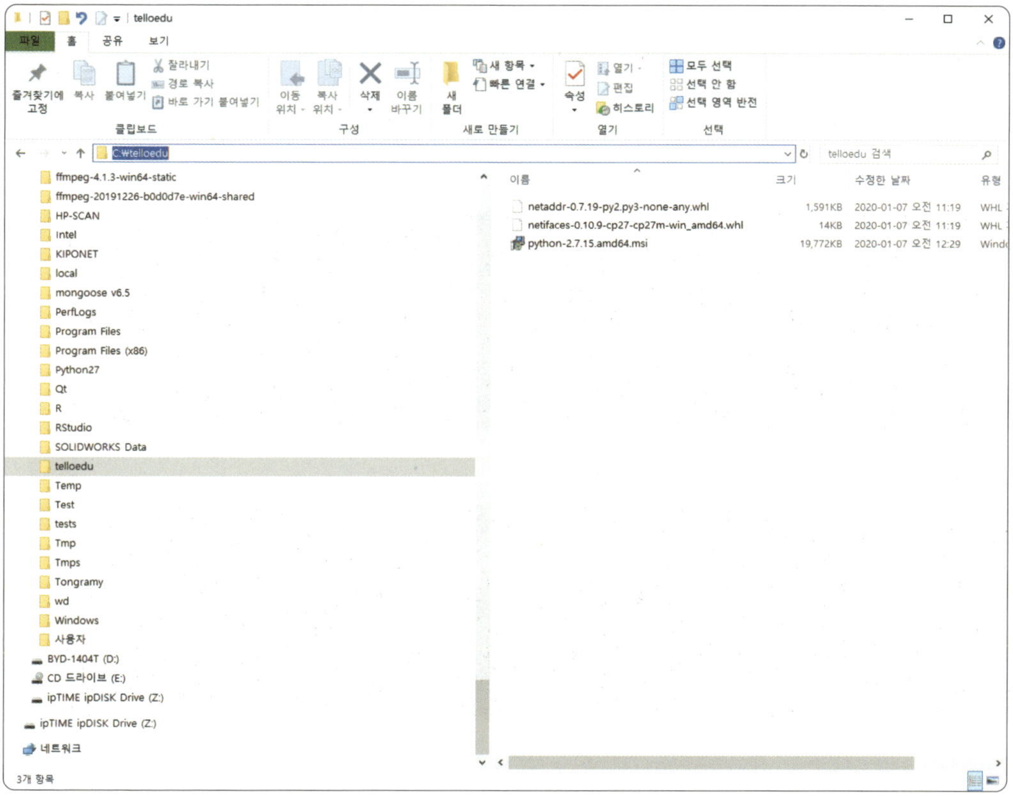

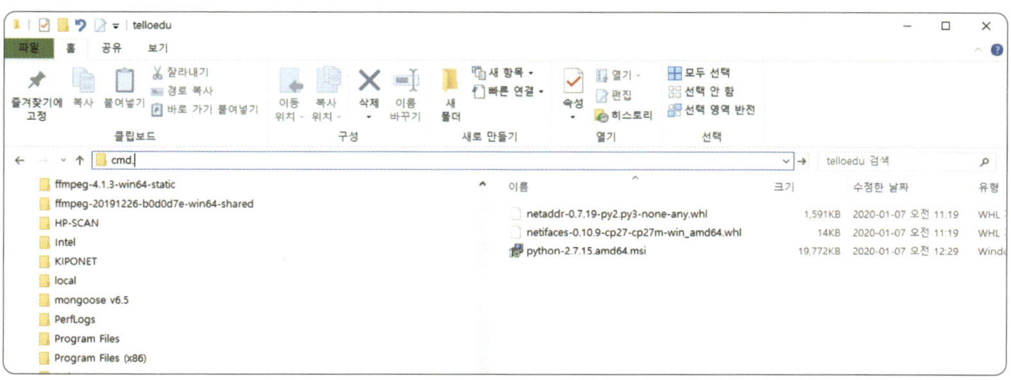

05 Python 설치가 되었으면 다음과 같이 임의의 폴더에서 커맨드창을 열어 Python을 실행하여 파이썬 쉘(shell 환경)이 작동되는지 확인하고 >>>exit() 함수를 실행하여 파이썬 쉘에서 빠져나온다.

C:\>python

>>>exit()

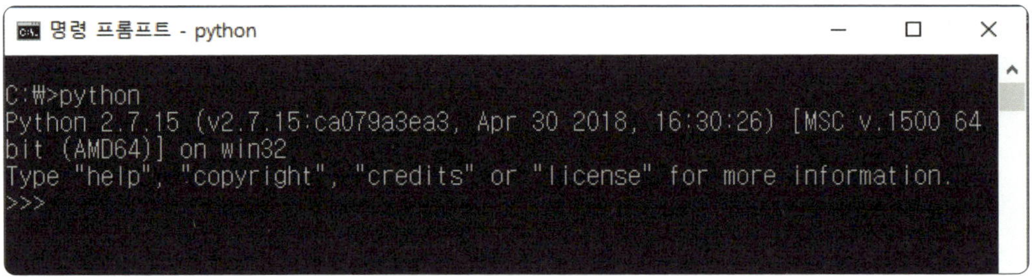

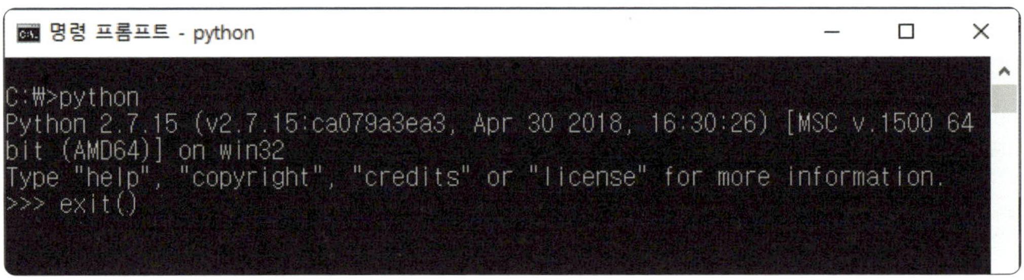

06 커맨드창을 열어 아래와 같이 네트워크 인터페이스와 어드레스를 찾아내는 netifaces와 netaddr 파이썬 라이브러리 모듈을 다음의 명령문을 이용해 설치한다. 제대로 설치가 되면 Sucessfully installed 메시지가 나타난다. 위의 두 모듈은 여러 대의 텔로 에듀 군집비행 구현 등 텔로 에듀를 공유기를 통하여 컨트롤하고자 할 때 필수요소이므로 반드시 설치해야 한다. 설치가 원활하지 않을 때에는 먼저 패키지설치 프로그램 pip를 업그레이드하고(--upgrade) 다시 시도해보도록 한다.

C:\>python –m pip install netifaces

C:\>python –m pip install netaddr

C:\>python -m pip install --upgrade pip

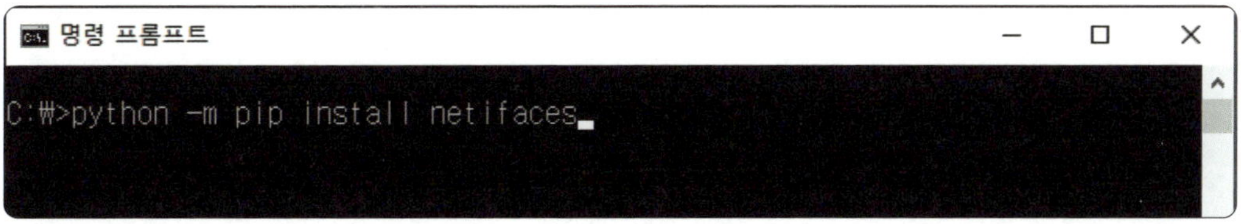

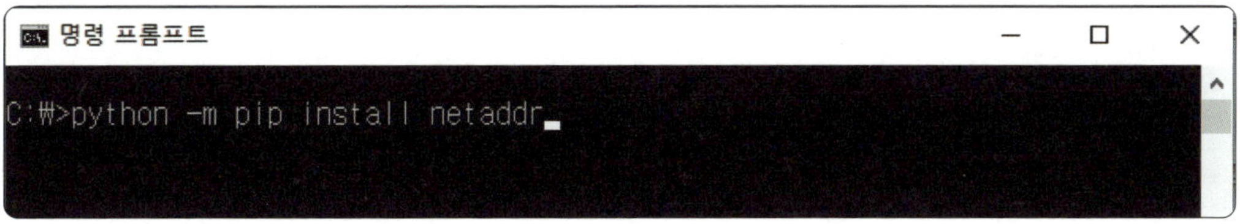

07 'Sucessfull installed' 메시지가 나오지 않으며 파이썬 라이브러리가 제대로 설치되지 않은 경우 라이브러리 모듈을 수동으로 설치해줘야 한다. 다음의 파이썬 라이브러리 제공 사이트에 접속하여 netifaces와 netaddr 모듈을 검색하여 파이썬 2.7 용 라이브러리중 자신의 윈도우 버전에 맞는 파일을 선택하여 다운로드한다.

https://www.lfd.uci.edu/~gohlke/pythonlibs/

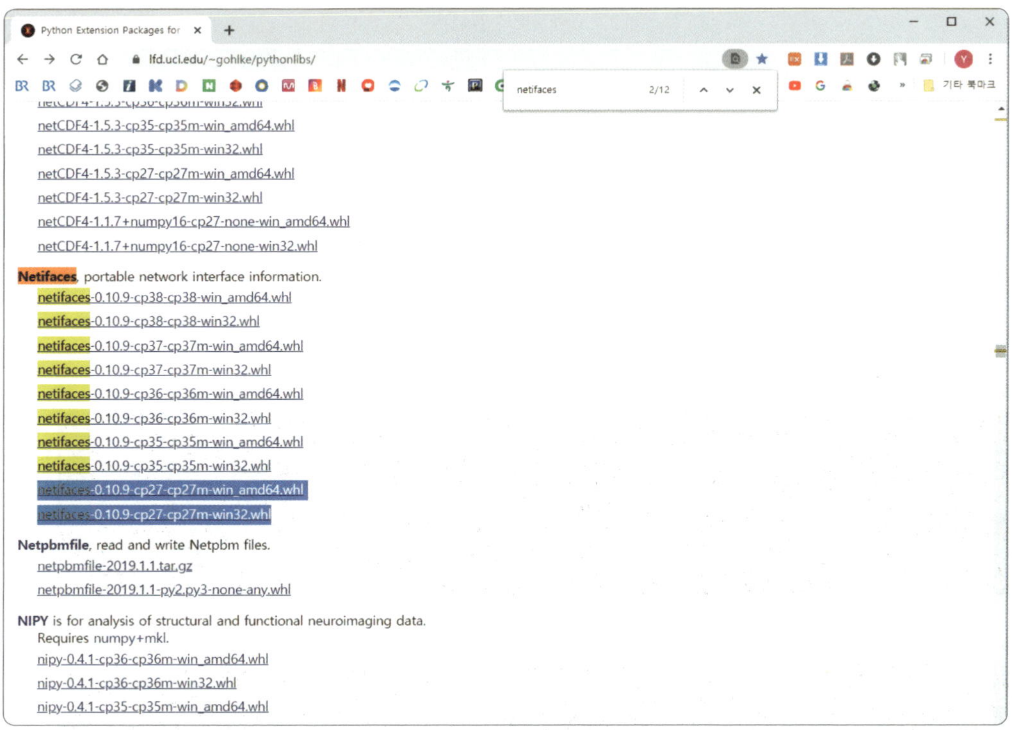

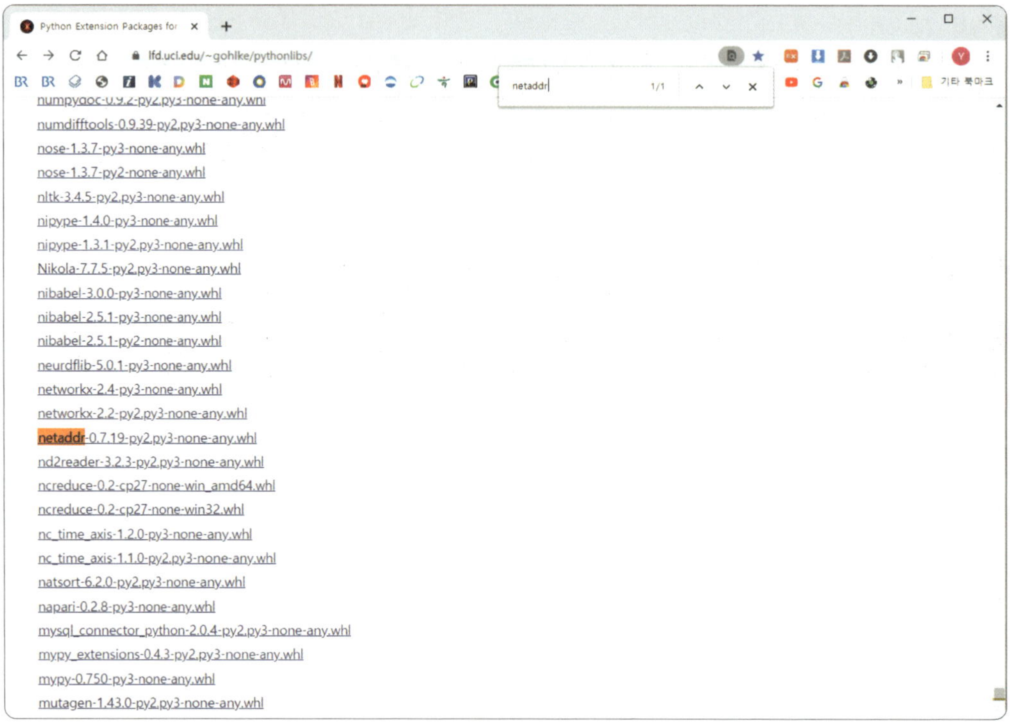

08 C:\telloedu> 폴더를 생성하여 다운받은 모듈을 복사한 뒤 커맨드창을 열어 다음의 명령문을 이용하여 각각의 모듈을 설치한다. 임의의 폴더에서 설치하여도 파이썬 환경설정이 제대로 된 경우에는 자동으로 파이썬 라이브러리 폴더에 설치되므로 폴더 위치에 신경쓰지 않아도 된다.

C:\telloedu>python –m pip install netifaces-0.10.9-cp27-cp27m-win_amd64.whl

C:\telloedu>python –m pip install netaddr-0,7.19-py2.py3-none-any.whl

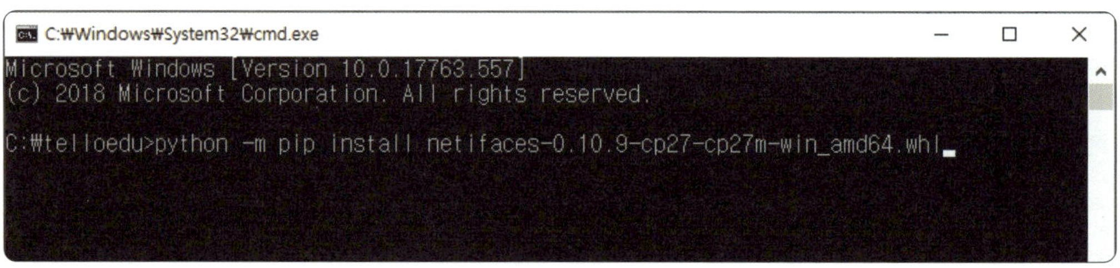

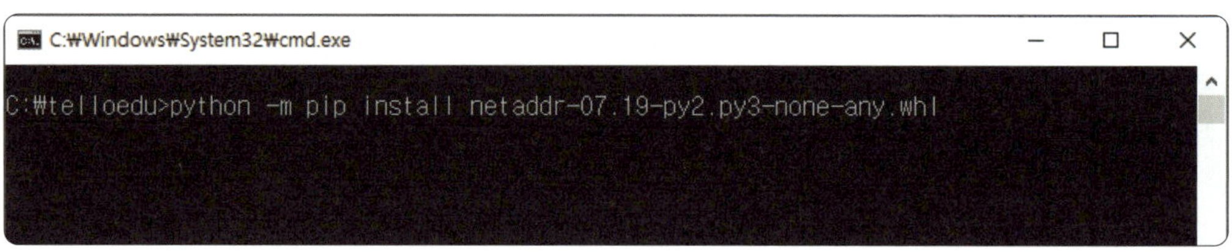

09 커맨드창에서 파이썬을 실행하여 다음과 같이 import 명령으로 라이브러리 모듈을 로드하여도 에러가 발생하지 않고 실행이 되는지 확인한다. 에러가 발생하지 않으면 모듈이 제대로 설치된 상태이고 파이썬 컨트롤 프로그램을 실행할 준비가 된 것이다.

C:\telloedu>python

>>>import netifaces

>>>import netaddr

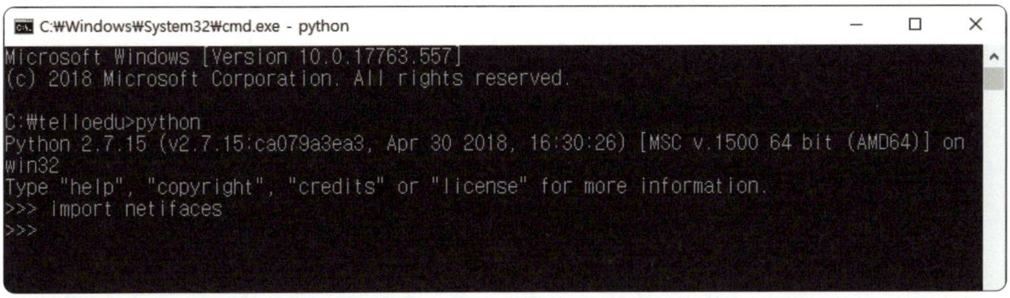

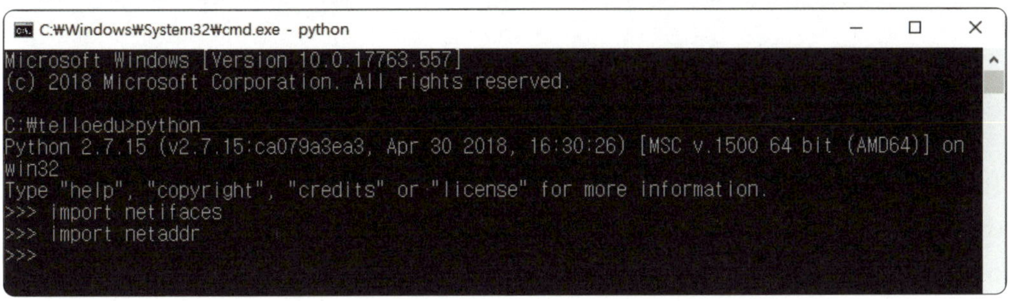

STEP 10

파이썬/패킷센더를 이용한 텔로 에듀 접속모드 변경

01 다수의 텔로 에듀를 컨트롤하기 위해서는 모든 기체와 클라이언트가 공통된 Wifi 라우터(공유기)에 접속해야 하는데 이때 텔로 에듀의 접속모드를 AP 접속모드에서 Station 모드로 변경해줘야 한다. 접속모드 변경은 파이썬 또는 패킷센더를 이용하여 수행할 수 있다.

02 파이썬을 이용한 방법은 아래와 같이 TelloSDK github 페이지에 접속하여 Clone or download 버튼을 클릭하여 Multi-Tello-Formation-master 압축파일을 다운로드 ZIP 형태로 다운받고 ZIP 파일을 C:\telloedu> 폴더에 복사 후 여기에 풀기로 압축을 해제한다.

https://github.com/TelloSDK/Multi-Tello-Formation → clone or download 클릭 → Download Zip → Multi-Tello-Formation-master.zip 다운로드 → C:\telloedu> 폴더에 복사 → 여기에 풀기로 압축해제

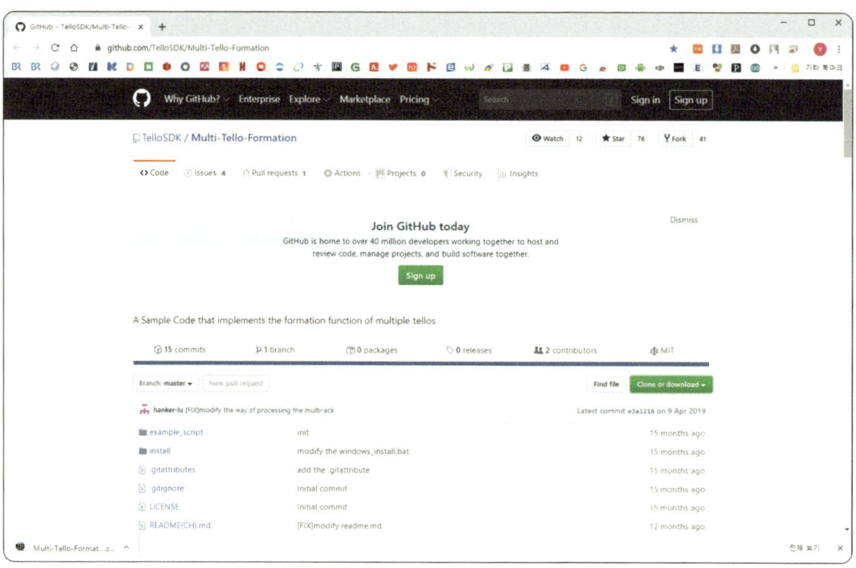

03 해제한 Multi-Tello-Formation-master 폴더의 formation_setup.py 파일을 아래와 같이 메모장으로 열어 맨 밑줄의 set_ap 항목을 텔로 에듀용으로 사용할 공유기 SSID(네트워크 이름)와 PW(암호)로 수정하고 저장한다.

set_ap('Tello_Nest', 'tellotello')

→

set_ap('0000', '0000')

formation_setup.py - 메모장

파일(F) 편집(E) 서식(O) 보기(V) 도움말

```
import socket

def set_ap(ssid, password):
    '''
    A Function to set tello in AP mode
    :param ssid: the ssid of the network (e.g. name of the Wi-Fi)
    :param password: the password of the network
    :return:
    '''
    my_socket = socket.socket(socket.AF_INET, socket.SOCK_DGRAM)  # socket for sending cmd
    my_socket.bind(('', 8889))
    cmd_str = 'command'
    print ('sending command %s' % cmd_str)
    my_socket.sendto(cmd_str.encode('utf-8'), ('192.168.10.1', 8889))
    response, ip = my_socket.recvfrom(100)
    print('from %s: %s' % (ip, response))

    cmd_str = 'ap %s %s' % (ssid, password)
    print ('sending command %s' % cmd_str)
    my_socket.sendto(cmd_str.encode('utf-8'), ('192.168.10.1', 8889))
    response, ip = my_socket.recvfrom(100)
    print('from %s: %s' % (ip, response))

# example of setting Tello into command mode
# only works if server is connected to Tello Wi-Fi
set_ap('assetta', 'dronedivision')
```

Unix (LF) Ln 26, Col 35 100%

04 탐색기 주소창에서 cmd. 을 입력하여 커맨드창을 열고 다음과 같이 formation_setup.py 파이썬 파일을 실행 또는 탐색기에서 formation_setup.py을 더블 클릭하여 실행한다. 이때 PC는 텔로 에듀의 Wifi에 직접 접속된 상태라야 한다(AP 접속모드).

C:\telloedu\Multi-Tello-Formation-master>python formation_setup.py

또는

탐색기 C:\telloedu\Multi-Tello-Formation-master> 에서 formation_setup.py 더블클릭

```
C:₩Windows₩System32₩cmd.exe
Microsoft Windows [Version 10.0.17763.557]
(c) 2018 Microsoft Corporation. All rights reserved.

C:₩telloedu₩Multi-Tello-Formation-master>python formation_setup.py
```

05 formation_setup.py 파이썬 파일을 실행시키면 아래와 같은 메시지가 나타나며 텔로 에듀가 재부팅되며 접속모드가 AP 접속모드(직접 접속모드)에서 Station 모드(공유기 연결모드)로 바뀌어 공유기에 우선 접속하게 된다.

'Ok drone will reboot in 3s' 메시지 표시 후 → 재부팅 → Station 모드로 변경

```
C:₩Windows₩System32₩cmd.exe
Microsoft Windows [Version 10.0.17763.557]
(c) 2018 Microsoft Corporation. All rights reserved.

C:₩telloedu₩Multi-Tello-Formation-master>python formation_setup.py
sending command command
from ('192.168.10.1', 8889): ok
sending command ap 0000 0000
from ('192.168.10.1', 8889): OK,drone will reboot in 3s

C:₩telloedu₩Multi-Tello-Formation-master>
```

06 텔로 에듀의 접속모드를 변경하는 또 따른 방법은 패킷센더를 활용하는 방법으로 5 Step에서 살펴본 UDP 통신용 패킷센더를 이용해 보기로 한다. 참고로 패킷센더는 다음의 홈페이지에서 무료로 다운받을 수 있다.

https://packetsender.com
Free Download 클릭 → No thanks, just let me download. 클릭 → installer for Windows 다운로드

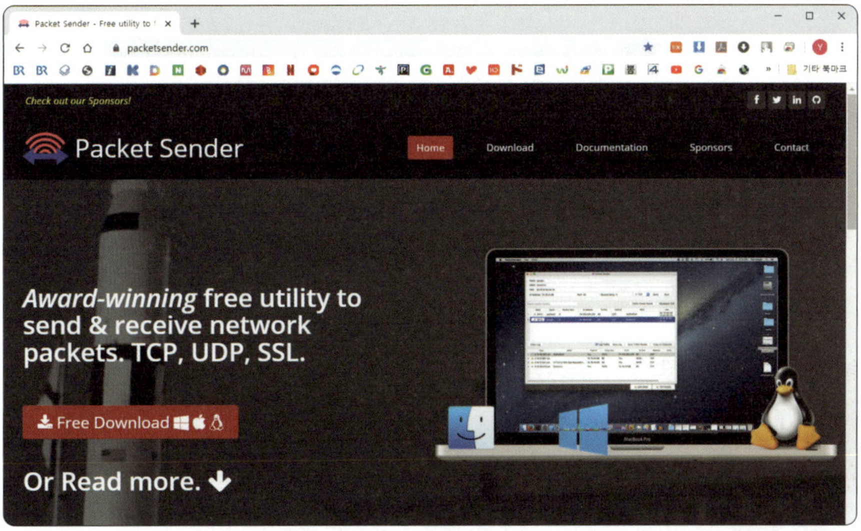

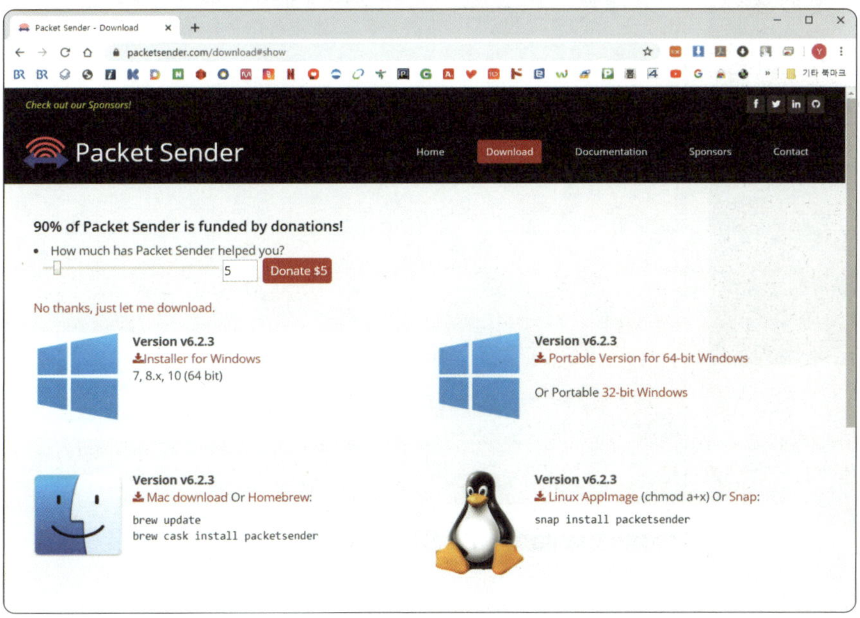

07 먼저 텔로 에듀의 Wifi에 접속하여 통신을 연결시킨다. 이후 다음과 같이 패킷센더의 Name 항목란에 명령어 이름 command, ASCII 항목에 SDK 명령어 command를 입력하고 Address 란에 192.168.10.1 및 포트항목에 8889를 입력하고 통신방법을 TCP에서 UDP로 변경 후 Save 버튼을 눌러 저장한다. Send 버튼을 눌러 command 명령어 패킷을 전송하여 SDK 모드로 진입한다. 전송이 성공하면 텔로 에듀에서 Ok 라고 회신을 보내오고 초록색 혹은 보라색 LED가 깜빡이게 된다.

Name → command

ASCII → command

Address → 192.168.10.1

Port → 8889

TCP → UDP

Save 버튼

Send 버튼

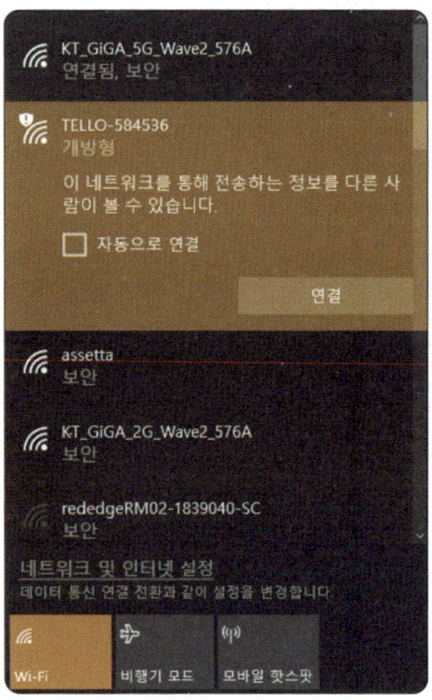

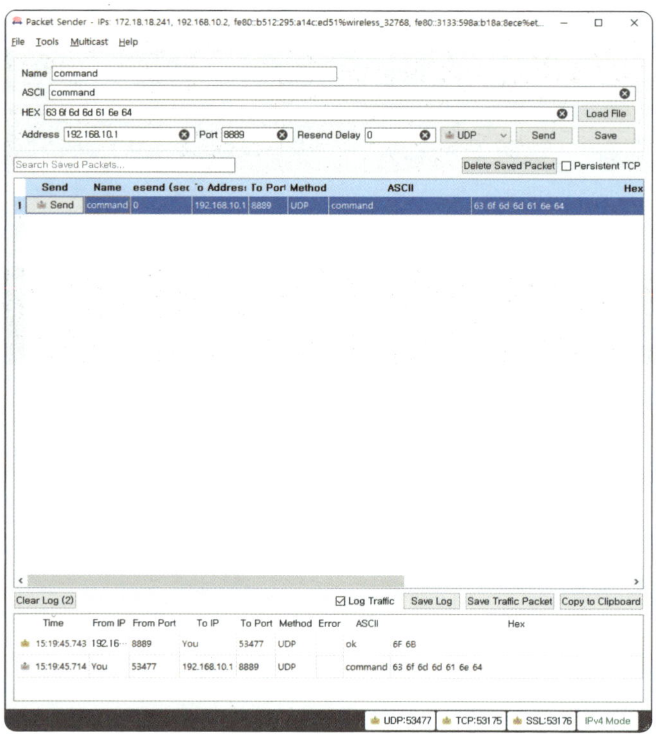

08 Station 모드로 전환하려면 패킷센더 입력창에 다음과 같이 입력 후 Save 버튼으로 저장한 다음 command → AP 순으로 Send 버튼을 눌러 접속모드 변경명령을 전송한다. 여기서 SSID PW는 텔로 에듀가 접속하는 공유기의 Wifi 네트워크 ID와 PW를 의미한다. 참고로 SDK의 wifi SSID PW 명령은 텔로 에듀의 AP 접속모드시 Wifi 접속창에 나타나는 텔로 에듀의 SSID와 PW를 변경하기 위한 명령으로 접속모드 변경과는 관계가 없다.

Name → AP

ASCII → ap SSID PW

Address → 192.168.10.1

Port → 8889

TCP → UDP

Save 버튼

Send 버튼

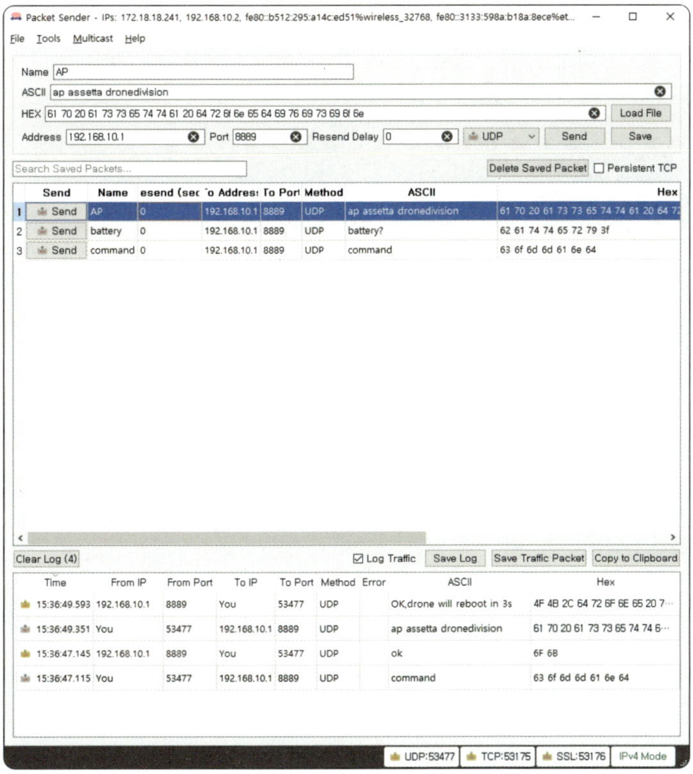

AP Send 버튼으로 패킷을 기체에 전송하게 되면 'OK drone will reboot in 3s' 메시지가 회신되며 텔로 에듀가 재부팅되어 접속모드가 Station 모드로 변경되어 공유기에 우선 접속된다.

09 모드가 변경되었으면 공유기에 접속하여 Station 모드로 텔로 에듀가 접속했는지 확인한다. 다음은 ipTime 공유기 기준의 확인 방법이다. PC에서 공유기 관리 홈페이지에 접속하여 로그인 한다. 이때 PC는 텔로 에듀가 접속한 공유기와 같은 네트워크(SSID)에 접속해야 한다.

PC에서 공유기 접속 → 브라우저 주소창에 192.168.0.1 입력 (공유기 주소) → 공유기 로그인

10 관리도구 → 고급설정 → DHCP 서버설정으로 이동하여 텔로 에듀 접속여부를 확인한다. 예를 들어 다음과 같이 IP 192.168.0.14에 MAC 어드레스 60-60-1F-58-45-36의 텔로 에듀가 무선접속한 것을 확인할 수 있다. 접속 환경에 따라 접속 IP는 달라질 수 있다.

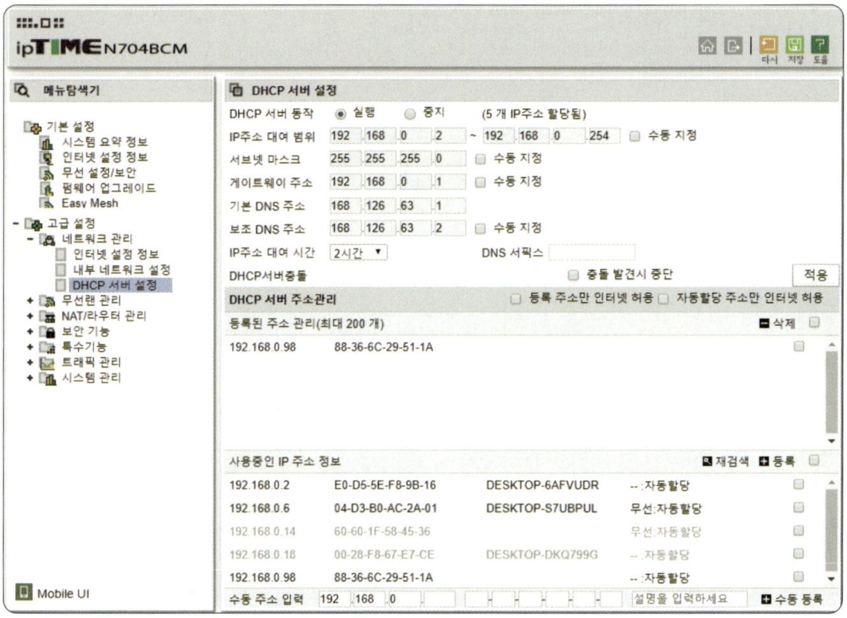

11 공유기의 DHCP 설정에서 텔로 에듀의 접속 IP가 나타나지 않는 경우에는 다음과 같이 공유기의 무선랜 설정항목에서 채널을 11 로 변경 및 2.4GHz 무선 네트워크 고급설정 탭을 클릭하여 상세메뉴로 진입한 뒤 모드/채널크기 B-G-N 20MHz 로 설정되어 있는지 확인하고 적용버튼을 눌러 무선채널을 변경시켜준다. 이후 **10** 항목과 같이 텔로 에듀의 접속여부를 확인한다. 텔로 에듀는 Wifi 2.4GHz 주파수를 사용하므로 공유기도 2.4GHz 용을 사용해야 한다. 2.4GHz 가 5.8GHz에 비해 전송 속도는 느리지만 파장이 길어 도달거리가 상대적으로 길고 안정적이라는 장점이 있다.

관리도구 → 기본설정 → 무선설정/보안 → 2.4GHz 기본 무선네트워크 → 채널 → 11 로 변경

관리도구 → 기본설정 → 무선설정/보안 → 2.4GHz 무선네트워크 고급설정탭 → 모드채널크기 → BGN 20MHz

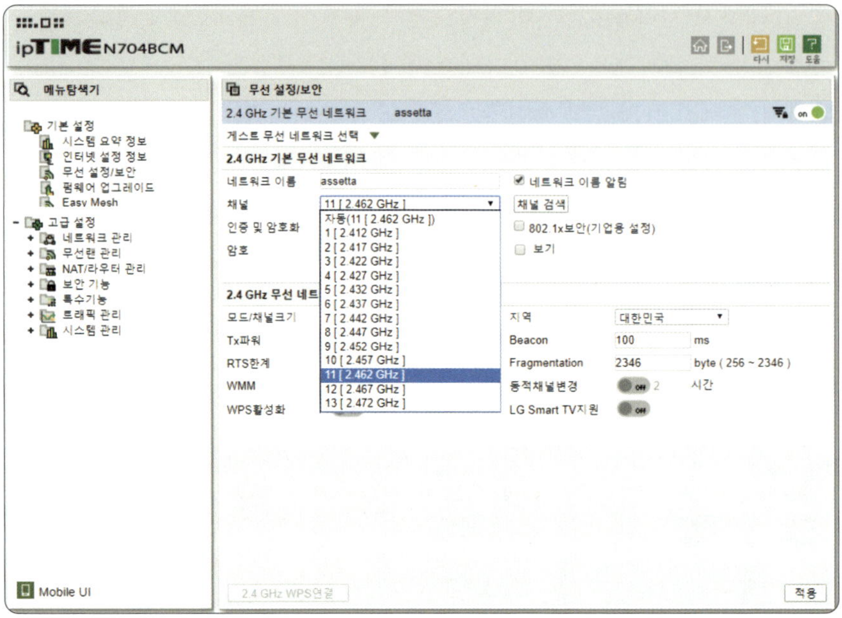

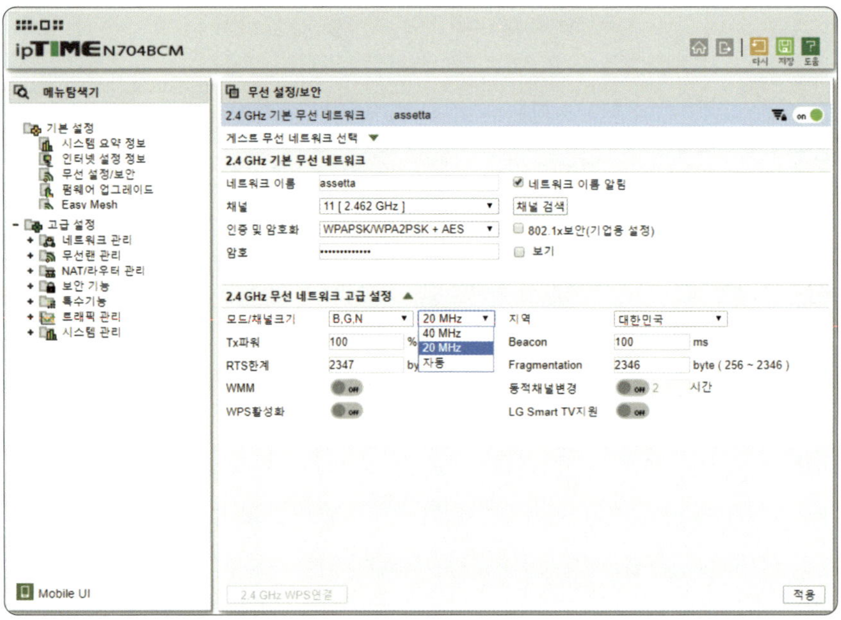

12 필요한 경우 접속모드를 초기화하는 방법은 다음과 같다. 텔로 에듀의 노란색 LED가 점멸하는 상태에서 기체 오른쪽의 전원버튼을 10초간 길게 눌러 텔로 에듀가 자동으로 꺼지면 전원버튼을 놓는다. 재부팅 되면서 기체의 접속모드가 Station 모드에서 AP 접속모드로 변경되어 Wifi 접속창에서 텔로 에듀의 SSID가 나타나게 된다.

STEP 11 파이썬을 이용한 텔로 에듀 컨트롤(PC/휴대폰)/상태표시//자동비행 (AP 접속모드)

01 파이썬을 이용한 텔로 에듀 컨트롤 예제를 다운받기 위해 다음의 사이트에 접속하여 Tello3.py 파이썬 파일을 다운로드하고 파일을 C:\telloedu> 폴더에 복사한다. 다운받은 Tello3.py 파일을 윈도우 텍스트 편집기 메모장(Notepad)을 이용해 열고 다음과 같이 파이썬 2.x 버전으로 소스 코드를 수정한 뒤 다음 이름으로 저장하기에서 Tello32.py로 저장한다. 코드 수정시 파이썬은 코드 시작 행의 위치를 식별해 블록 단위로 인식하므로 파이썬의 들여쓰기(indent) 문법에 위배되지 않도록 코드 시작 행의 위치에 주의해야 한다. 코드 내용중 #은 주석을 의미하며 설명이나 이전의 코드를 참조하기 위해 사용한다.

https://dl-cdn.ryzerobotics.com/downloads/tello/20180222/Tello3.py

다운로드 및 코드 수정

```
msg = input("");
→
#msg = input("");
msg = raw_input("");
```

Tello3.py - 메모장

```
#recvThread create
recvThread = threading.Thread(target=recv)
recvThread.start()

while True:

  try:
    msg = input("");

    if not msg:
      break

    if 'end' in msg:
      print ('...')
      sock.close()
      break

    # Send data
    msg = msg.encode(encoding="utf-8")
    sent = sock.sendto(msg, tello_address)
  except KeyboardInterrupt:
    print ('₩n . . .₩n')
    sock.close()
    break
```

Tello32.py - 메모장

```
#recvThread create
recvThread = threading.Thread(target=recv)
recvThread.start()

while True:

  try:
    #msg = input("");
    msg = raw_input("");

    if not msg:
      break

    if 'end' in msg:
      print ('...')
      sock.close()
      break

    # Send data
    msg = msg.encode(encoding="utf-8")
    sent = sock.sendto(msg, tello_address)
  except KeyboardInterrupt:
    print ('₩n . . .₩n')
    sock.close()
    break
```

02 텔로 에듀 오른쪽의 전원 버튼을 눌러 전원을 켜고 Wifi 접속창에서 텔로 에듀의 SSID에 접속한 다음 수정한 파이썬 컨트롤 예제 Tello32.py를 다음과 같이 커맨드창을 열어 파이썬으로 실행 또는 탐색기에서 파일을 직접 더블클릭하여 실행시킨다. Tello32.py 파이썬 파일은 커맨드창에서 SDK 명령어를 키보드로 입력받아 UDP 통신을 통해 신호를 전송하여 기체를 컨트롤하는 예제이다.

커맨드창에서 C:\telloedu>python Tello32.py

또는

탐색기 C:\telloedu> 폴더에서 Tello32.py 더블클릭

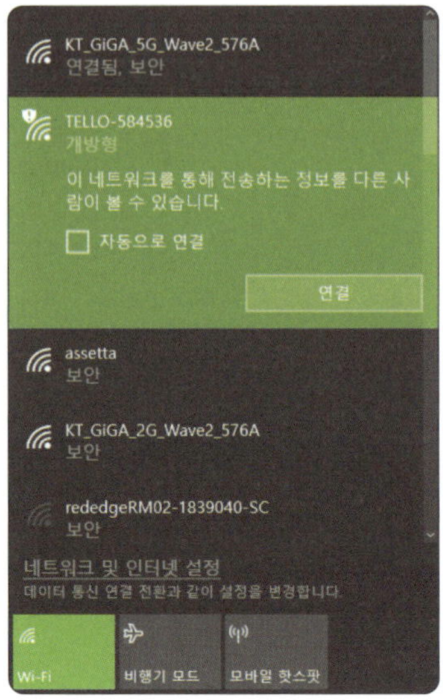

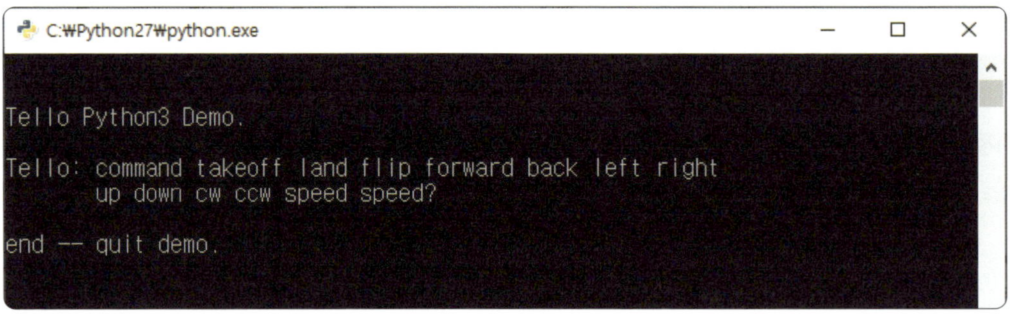

03 파이썬 파일을 커맨드창을 열고 실행하는 것과 탐색기에서 더블클릭하는 것의 차이는 커맨드창에서 파이썬으로 실행시키면 에러가 발생시 오류 메시지를 확인할 수 있다는 점과 달리 탐색기에서 더블클릭하여 실행할 경우 오류시 창이 바로 닫혀버리므로 오류 내용을 확인할 수 없다는 점이다. 따라서 처음 실행 시는 커맨드창을 이용하고 에러가 없는 경우 다음부터는 더블클릭으로 실행해도 좋을 것이다.

04 다음으로 커맨드창에서 command를 입력하여 SDK 명령모드로 진입하면 노란색으로 점멸하던 LED가 초록색 혹은 보라색으로 바뀐다. 또한 정상적으로 텔로 에듀 Wifi에 접속된 상태라면 텔로 에듀에서 Ok 라는 회신 메시지를 보내온다. 이후 여러 가지 SDK 명령을 입력하여 텔로 에듀를 조작해본다. 개별 명령에 대하여 Ok 또는 상태 회신을 받은 후 다음 명령으로 진행하도록 한다.

command → SDK 모드진입, Ok 회신

battery? → 배터리 잔량 회신

sn? → 시리얼넘버 회신

sdk? → sdk 버전 회신

wifi? → wifi 강도 회신

takeoff → 이륙, Ok 회신

cw 90 → 90도 우회전 (시계방향), Ok 회신

ccw 90 → 90도 좌회전 (반시계방향), Ok 회신

up 50 → 50cm 상승, Ok 회신

flip f → 전진 플립, Ok 회신

back 50 → 50cm 후진, Ok 회신

land → 착륙, Ok 회신

C:₩Python27₩python.exe

```
Tello Python3 Demo.

Tello: command takeoff land flip forward back left right
       up down cw ccw speed speed?

end -- quit demo.

command
ok
battery?
94

sn?
0TQDG7REDBSU92
sdk?
20
wifi?
90

takeoff
```

05 기존에는 휴대폰에서 파이썬 코딩이 어려웠으나 최근 프로그램들이 많이 개발되어 PC 만큼은 아니어도 상당부분 코딩이 가능해져서 이 기회에 간략하게나마 소개드리고자 한다. 휴대폰(안드로이드)에서 파이썬 코딩을 지원하는 앱은 Pydroid3, QPython3 등과 파이썬으로 앱을 만드는 kivy 라는 프레임워크(패키지) 등이 있는데 기회가 되면 다음에 좀더 자세히 다뤄보기로하고 이번에는 QPython3 앱을 이용한 파이썬 휴대폰 텔로 에듀 컨트롤에 대해 알아보도록 하자.

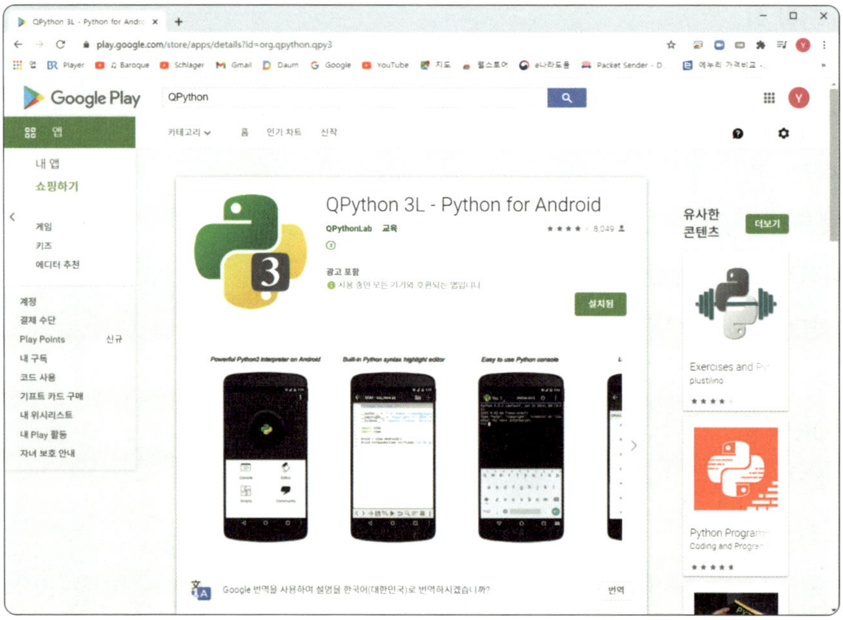

06 그림과 같이 Google Play에서 QPython을 검색하여 휴대폰에 QPython3 앱을 설치하고 **01** 에서 다운받은 Tello3.py 파이썬 3.x 버전 파일을 휴대폰의 다운로드 폴더에 저장하고 파일매니저(탐색기) 등을 이용하여 qpython\scripts3 폴더로 복사한다. 이후 텔로의 전원을 켜고 휴대폰에서 텔로의 Wifi SSID에 접속한 뒤 QPython3 앱을 실행하여 Programs 항목에서 Tello3.py를 선택하고 Run 화살표를 클릭하여 프로그램을 실행한다. 아래와 같이 실행화면이 나타나고 PC에서와 마찬가지로 command (ok) → battery? (00%) → takeoff (ok) → ccw 90 (ok) → land (ok) → end 와 같은 순서로 텔로를 컨트롤해볼 수 있다. 파일 소스 보기는 Editor 항목에서 우측상단 폴더메뉴로 들어가 scripts3 폴더에서 Tello3.py를 클릭하면 되고 하단의 화살표를 클릭하여 프로그램을 실행할 수 있다. 앞으로 프로그램들이 더욱 발전하여 휴대폰에서도 파이썬을 이용한 텔로 에듀 코딩의 다양한 기능들을 구현해 볼 수 있게 되기를 기대해본다.

내장 메모리
내장 메모리/qpython/scripts3
hello_world.py
110 B 2021. 1. 6.
pip_console.py
317 B 2021. 1. 6.
say_chat.py
2.1 KB 2021. 1. 6.
say_time.py
288 B 2021. 1. 6.
speak.py
335 B 2021. 1. 6.
take_picture.py
115 B 2021. 1. 6.
tasker_example.py
1.9 KB 2021. 1. 6.
test.py
5.6 KB 2021. 1. 6.
testcurses.py
292 B 2021. 1. 6.
Tello3.py
1.3 KB 2021. 1. 6.

WLAN
사용
TELLO-DD01
인터넷을 사용하지 않고 연결됨
KT_GiGA_2G_Wave2_576A
저장됨
KT_GiGA_5G_Wave2_576A
저장됨
iptime5G
저장됨
Kurd project
HP-Print-92-Officejet Pro 8660
Kurd project5G
KT_GiGA_2G_Wave2_9508
DIRECT-qWM267x 287x Series
KT_GiGA_5G_Wave2_9508
KT_GiGA_2G_Wave2_25F6

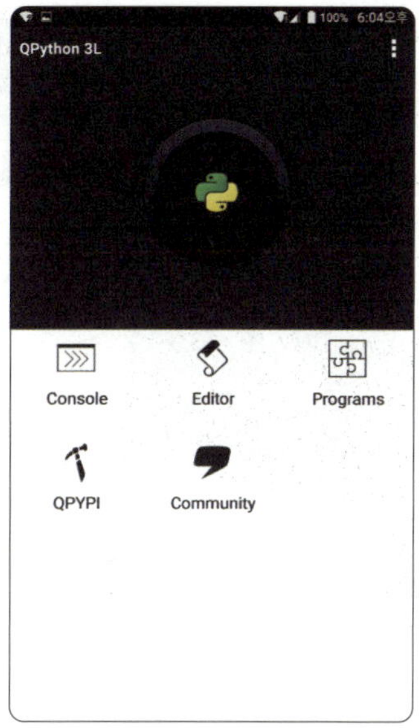
QPython 3L
Console
Editor
Programs
QPYPI
Community

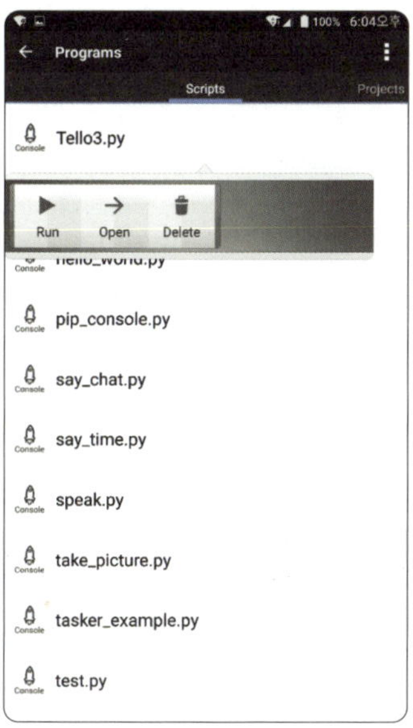
Programs
Scripts
Projects
Tello3.py
Run
Open
Delete
pip_console.py
say_chat.py
say_time.py
speak.py
take_picture.py
tasker_example.py
test.py

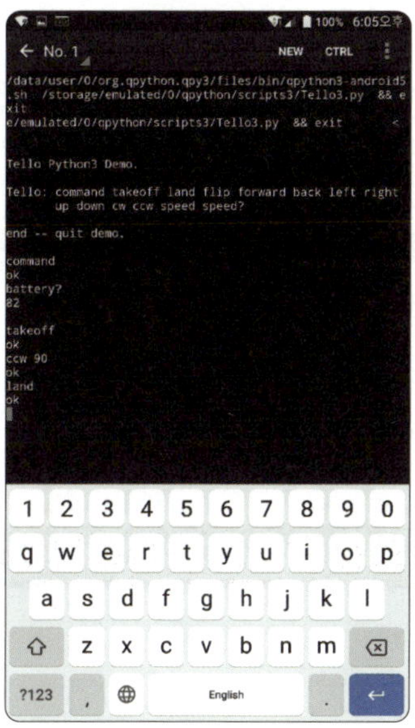
No. 1
NEW
CTRL
Tello Python3 Demo.
Tello: command takeoff land flip forward back left right
up down cw ccw speed speed?
end -- quit demo.
command
ok
battery?
82
takeoff
ok
ccw 90
ok
land
ok

QEdit - Tello3.py
# Tello Python3 Control Demo
# http://www.ryzerobotics.com/
# 1/1/2018
import threading
import socket
import sys
import time
host = ''
port = 9000
locaddr = (host,port)
# Create a UDP socket
tello_address = ('192.168.10.1', 8889)
sock.bind(locaddr)
def recv():
count = 0
while True:
try:
except Exception:
break
print ('\r\n\r\nTello Python3 Demo.\r\n')

07 단일 텔로 자동비행 컨트롤 예제 소스코드를 다운받기위해 아래와 같이 Tello-Python github 홈페이지 접속하여 Clone or download 버튼을 눌러 Download ZIP 파일로 Tello-Python-master.zip 압축파일을 다운받고 C:\telloedu> 폴더에 복사한 뒤 여기에 풀기로 압축해제한다.

https://github.com/dji-sdk/Tello-Python → clone or download 버튼클릭 → Download Zip 클릭 → Tello-Python-master.zip 다운로드 → C:\telloedu> 폴더에 복사 → 여기에 풀기로 압축해제

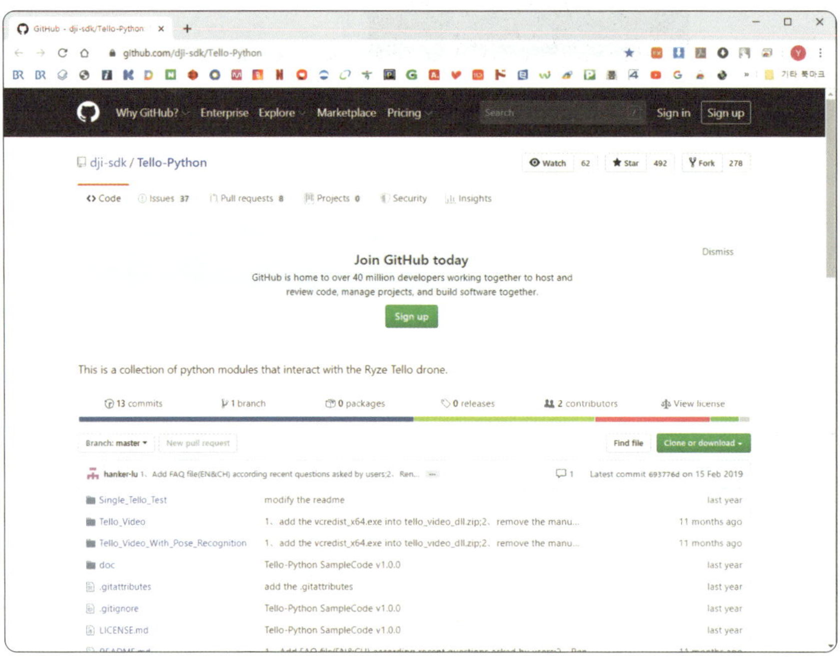

08 텔로 에듀의 자동비행을 테스트해보기 전에 기체의 상태정보 표시방법에 대해 알아보도록 한다. 아래의 파이썬 라이브러리 제공 사이트에 접속하여 curses 모듈을 검색하여 파이썬 2.7 용 라이브러리중 자신의 윈도우 버전에 맞는 파일을 선택하여 다운로드하고 C:\telloedu> 폴더로 복사한 뒤 주소창에 cmd.를 입력하여 커맨드창을 열고 아래의 파이썬 명령어로 모듈을 설치한다. curses 모듈은 텍스트 기반의 터미널을 지원하기 위한 기능들을 제공하는 라이브러리이다.

https://www.lfd.uci.edu/~gohlke/pythonlibs/

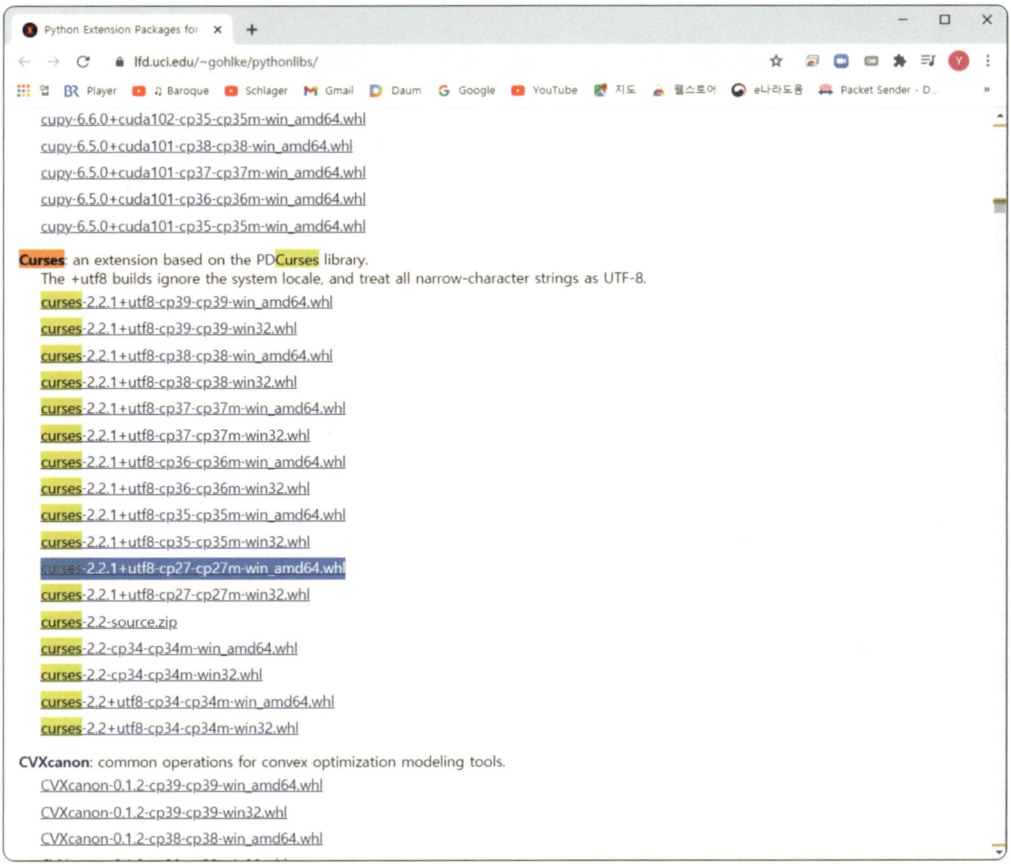

C:\telloedu>python –m pip install curses-2.2.1+utf8-cp27-cp27m-win_amd64.whl

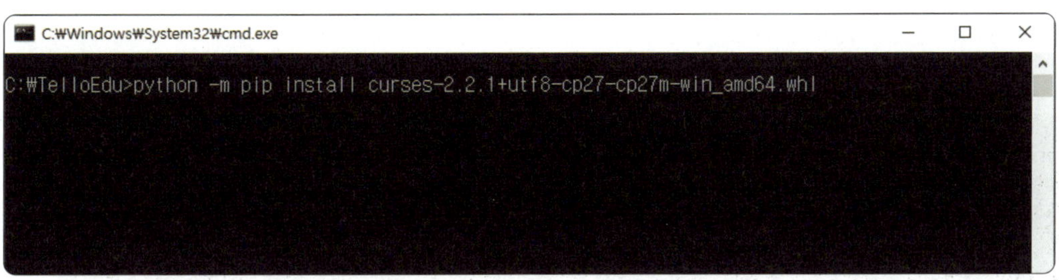

09 **07** 에서 압축해제한 Tello-Python-master 폴더로 이동하여 tello_state.py를 메모장으로 열어 반응 속도 개선을 위해 아래와 같이 수정하고 tello_state-r.py 로 저장한 뒤 텔로의 전원을 켜고 Wifi 접속창에서 텔로 SSID에 접속한다. 주소창에 cmd.를 입력하여 커맨드창을 열고 아래의 명령어를 실행하여 다음과 같이 텔로의 상태정보 표시 프로그램을 실행시키고 기체를 움직여서 피치(pitch), 롤(roll), 요(yaw), 고도(h), 온도(templ..h), 속도(vgx..), 배터리(bat), 가속도(agx..) 등의 기체 상태정보가 제대로 표시되는지 살펴보도록 한다. 상세한 상태정보 사항은 Tello SDK 문서의 Description 항목을 참조하면 된다. 상태표시는 착륙시나 이륙시 동일하게 적용되므로 스크래치/패킷센더/파이썬 등 다양한 방법을 활용하여 비행시 상태정보 표시도 테스트해보기 바란다.

#INTERVAL = 0.2

INTERVAL = 0.05 (상태정보 표시간격 0.05초로 변경)

tello_state-r.py - Windows 메모장

파일(F) 편집(E) 서식(O) 보기(V) 도움말(H)

```
import socket
from time import sleep
import curses

#INTERVAL = 0.2
INTERVAL = 0.05


def report(str):
    stdscr.addstr(0, 0, str)
    stdscr.refresh()

if __name__ == "__main__":
    stdscr = curses.initscr()
    curses.noecho()
    curses.cbreak()

    local_ip = ''
    local_port = 8890
    socket = socket.socket(socket.AF_INET, socket.SOCK_DGRAM)  # socket for sending cmd
    socket.bind((local_ip, local_port))

    tello_ip = '192.168.10.1'
    tello_port = 8889
    tello_adderss = (tello_ip, tello_port)
```

C:\telloedu\Tello-Python-master>python tello_state-r.py

C:\Windows\System32\cmd.exe

```
C:\TelloEdu\Tello-Python-master>python tello_state-r.py
```

10 다음으로 파이썬을 이용한 자동비행에 대해 살펴보기로 하자. 텔로 에듀와 1:1로 Wifi 접속한 뒤 Tello-Python-master 폴더 아래 Single_Tello_Test 폴더로 이동하여 탐색기 주소창에 cmd.를 입력하고 커맨드창을 열어 아래와 같이 자동비행 컨트롤 예제 tello_test.py 파이썬 파일을 실행시킨다. 여기서 command.txt 파일은 미리 입력된 SDK 명령대로 자동비행을 수행하는 스크립트 파일이며 예제는 takeoff → 5초 대기 → land 하는 명령을 수행하는 구성으로 되어있다.

C:\telloedu\Tello-Python-master\Single_Tello_Test>python tello_test.py command.txt

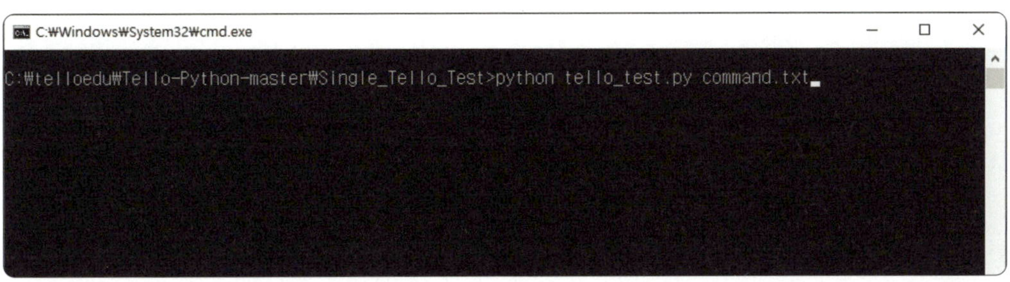

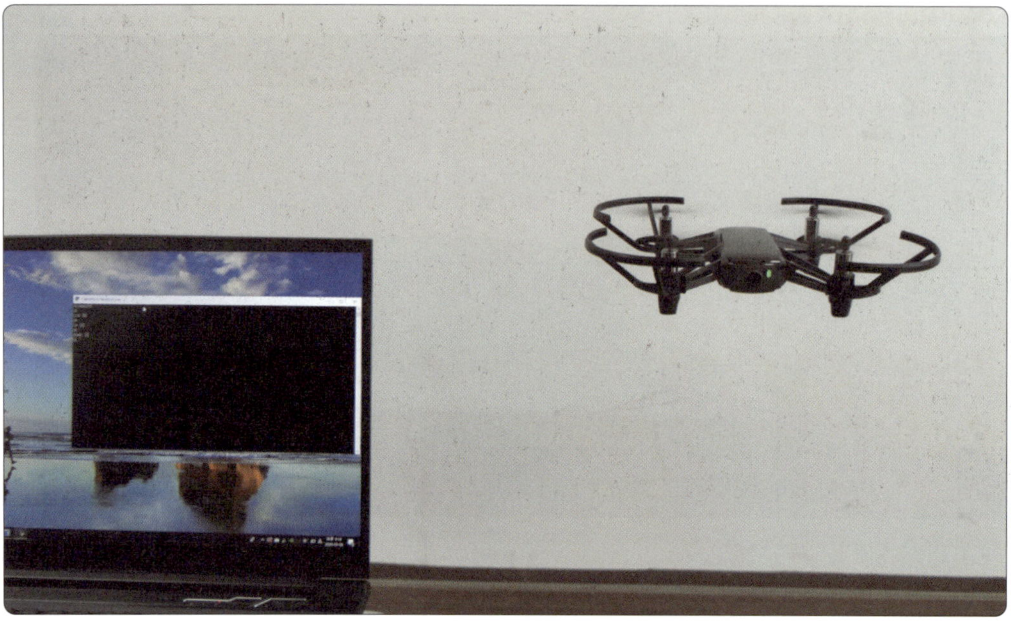

11 비상상황이 발생하는 경우에는 Ctrl+C를 눌러서 프로그램 진행을 종료시킨다. 그렇게 하여도 반응이 없을 때에는 Wifi 접속창에서 텔로 에듀와의 연결을 끊어 최대 15초 경과 후 자동착륙 되도록 한다.

STEP 12 Node-RED를 이용한 텔로 에듀 컨트롤

01 Node-RED 는 Node.js 를 기반으로 워크 플로우 방식으로 IoT 응용 프로그래밍이 가능한 코딩 언어로 UDP 통신을 이용한 텔로 에듀의 컨트롤 경우 표현 방식과 프로그래밍이 직관적이기에 전체 구성을 이해하기 쉽다. 프로그램의 설치는 Node.js 가 설치되어 있는 환경에서 바로 설치가 가능하다. Node.js를 설치하지 않은 경우 6 Step을 참고한다. 먼저 탐색기의 C:\telloedu> 폴더로 이동하여 탐색기 주소창에서 cmd. 을 입력하여 커맨드창을 열고 다음의 명령을 수행하여 설치한다.

C:\telloedu>npm install –g node-red

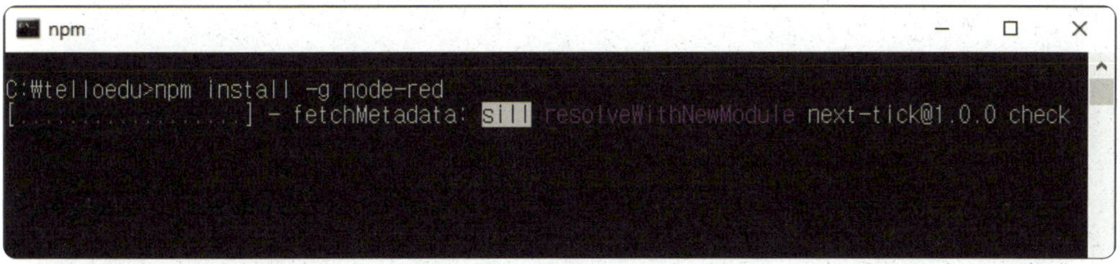

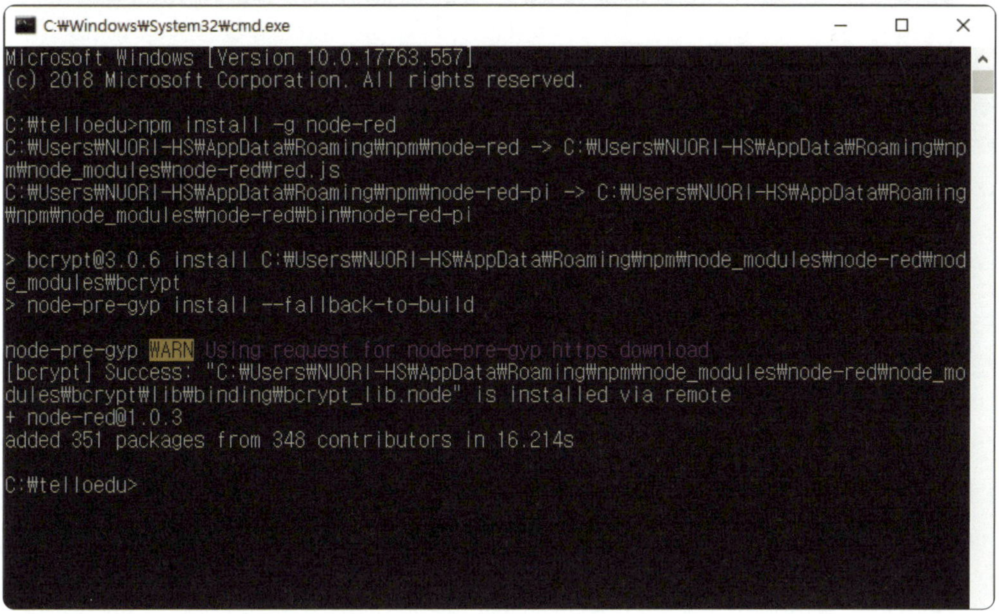

02 프로그램을 설치하고 커맨드창에서 다음과 같이 입력하여 Node-RED를 실행해 보면 아래와 같은 메시지가 출력되는 것을 볼 수 있다.

C:\telloedu>node-red

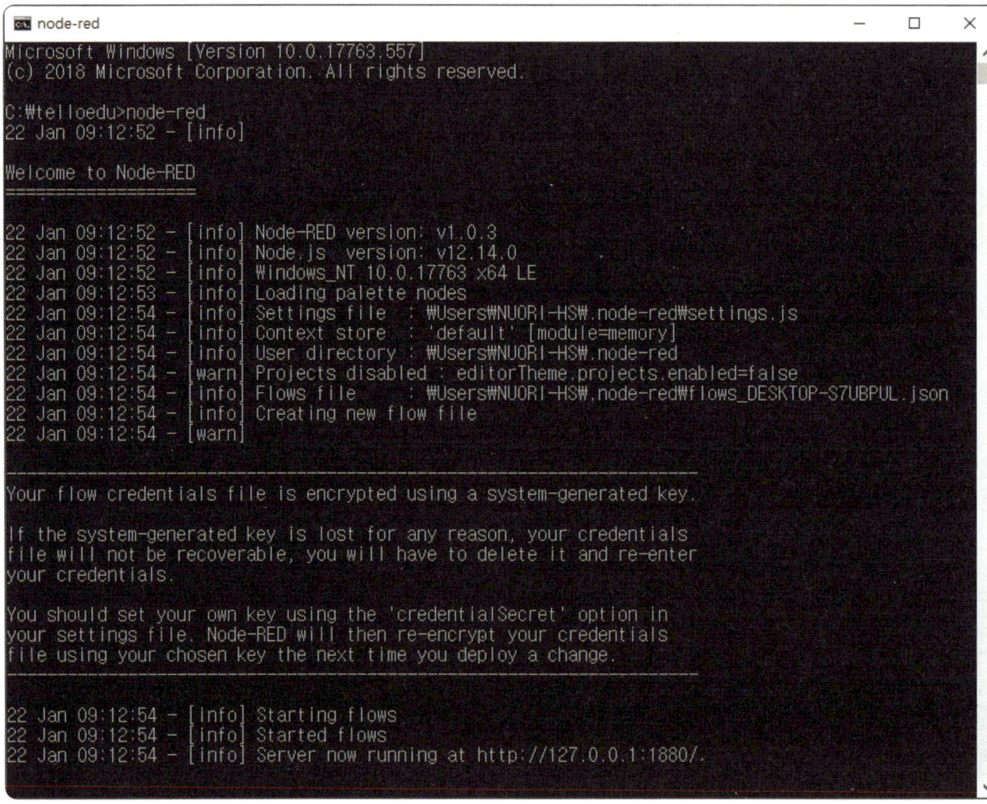

```
Microsoft Windows [Version 10.0.17763.557]
(c) 2018 Microsoft Corporation. All rights reserved.

C:₩telloedu>node-red
22 Jan 09:12:52 - [info]

Welcome to Node-RED
===================

22 Jan 09:12:52 - [info] Node-RED version: v1.0.3
22 Jan 09:12:52 - [info] Node.js  version: v12.14.0
22 Jan 09:12:52 - [info] Windows_NT 10.0.17763 x64 LE
22 Jan 09:12:53 - [info] Loading palette nodes
22 Jan 09:12:54 - [info] Settings file  : ₩Users₩NUORI-HS₩.node-red₩settings.js
22 Jan 09:12:54 - [info] Context store  : 'default' [module=memory]
22 Jan 09:12:54 - [info] User directory : ₩Users₩NUORI-HS₩.node-red
22 Jan 09:12:54 - [warn] Projects disabled : editorTheme.projects.enabled=false
22 Jan 09:12:54 - [info] Flows file     : ₩Users₩NUORI-HS₩.node-red₩flows_DESKTOP-S7UBPUL.json
22 Jan 09:12:54 - [info] Creating new flow file
22 Jan 09:12:54 - [warn]

---------------------------------------------------------------------
Your flow credentials file is encrypted using a system-generated key.

If the system-generated key is lost for any reason, your credentials
file will not be recoverable, you will have to delete it and re-enter
your credentials.

You should set your own key using the 'credentialSecret' option in
your settings file. Node-RED will then re-encrypt your credentials
file using your chosen key the next time you deploy a change.
---------------------------------------------------------------------

22 Jan 09:12:54 - [info] Starting flows
22 Jan 09:12:54 - [info] Started flows
22 Jan 09:12:54 - [info] Server now running at http://127.0.0.1:1880/.
```

03 메시지 하단에 'Server now running at http://127.0.0.1:1880/' 메시지가 나타나면 정상 작동되고 있는 것이다. 인터넷 브라우저 주소창에서 http://localhost:1880 을 입력하면 다음과 같은 작업 화면이 나타나는 것을 볼 수 있다. Node-RED 를 기동시킨 커맨드창을 종료하면 연결이 종료되므로 커맨드창을 유지하거나 최소화한다.

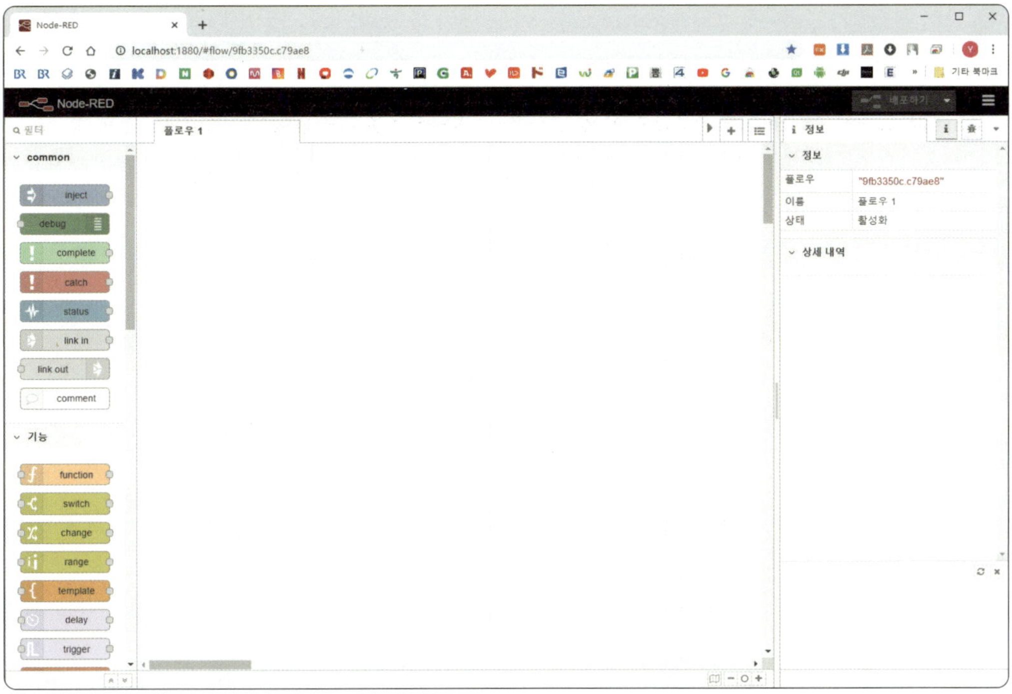

04 다음으로 설치한 Node-RED를 이용하여 텔로 에듀를 작동시키는 간단한 예제를 만들어 보기로 한다. 다음과 같이 Node-RED 좌측 팔레트 메뉴창에서 common 모음에서 inject 항목을 드래그하여 플로우창에 갖다 놓는다.

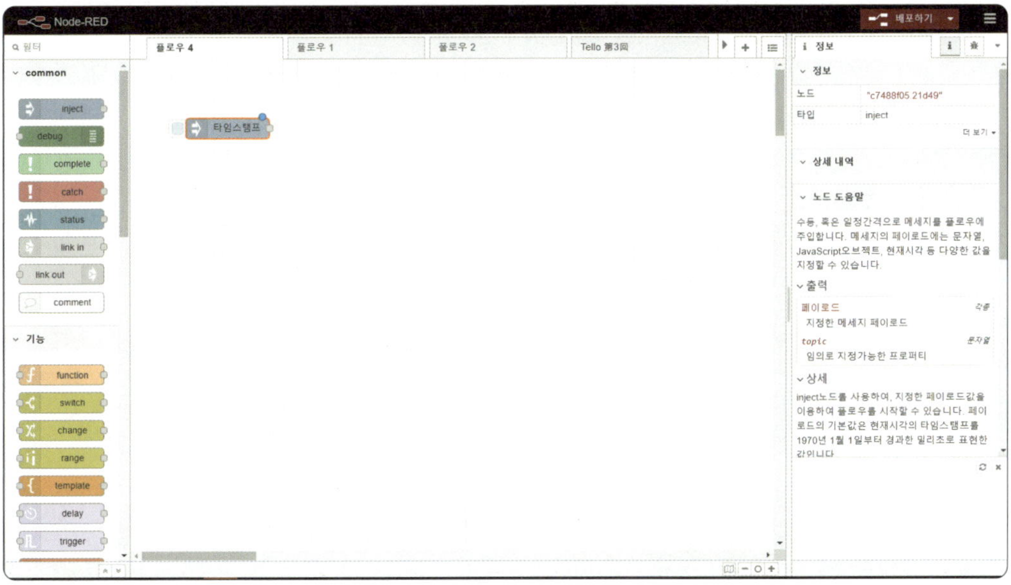

05 '타임스탬프' 로 표시된 inject 노드를 더블클릭하여 속성을 열어 다음과 같이 수정한다. 페이로드 항목 목록 리스트 중에서 'string' 을 선택한다.

06 페이로드 항목에 'command' 텔로 에듀 SDK 명령어를 입력하고 이름 항목에 'command' 를 기입하고 우측 상단의 완료 버튼을 클릭하면 다음과 같이 노드에 'command' 라고 표시된다.

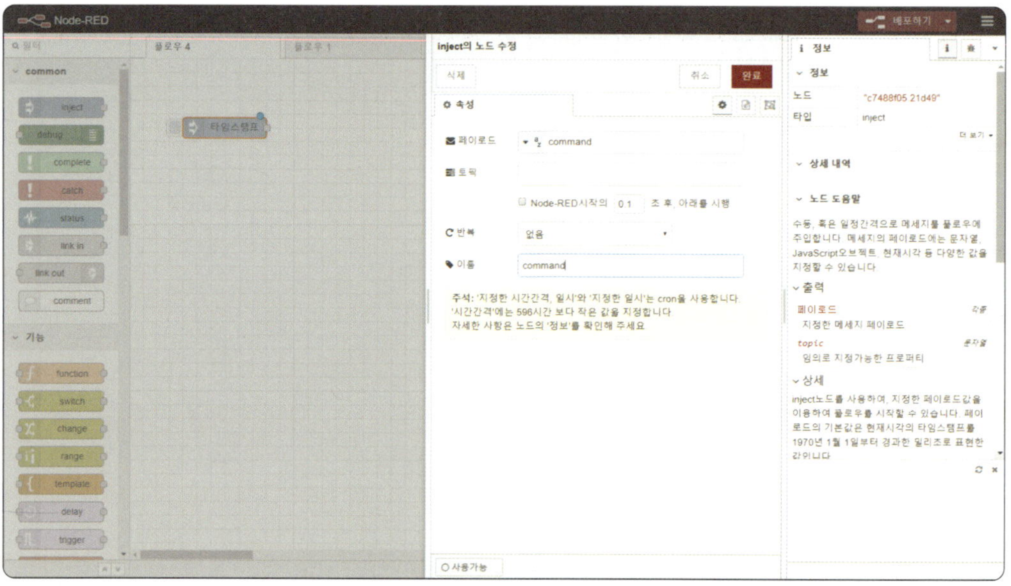

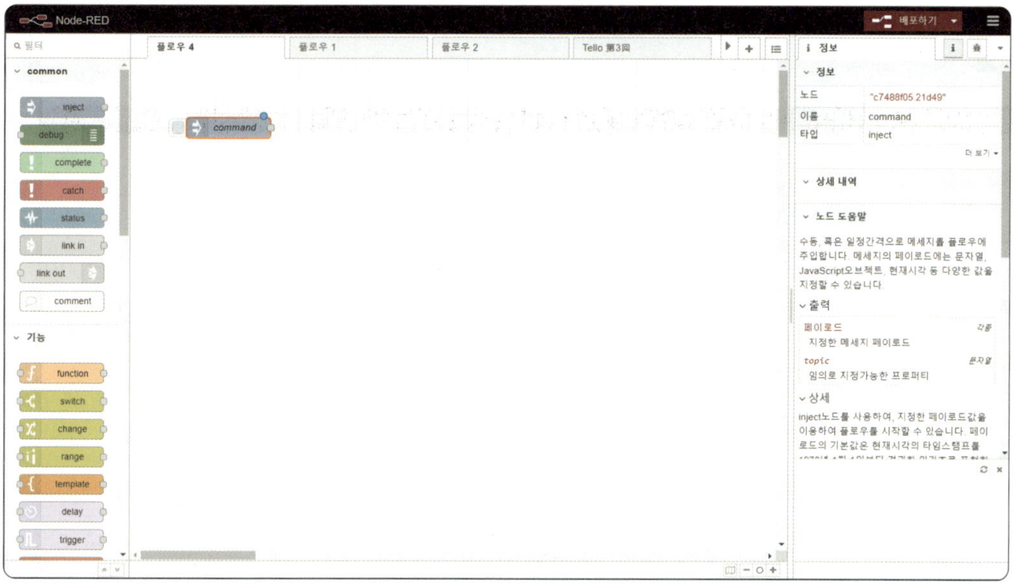

07 마찬가지 방법으로 다음과 같이 'takeoff', 'land', 'ccw 90' 노드를 생성해준다.

08 다음과 같이 팔레트 메뉴창 network 모음에서 udp out 노드를 드래그하여 플로우 창에 배치한다.

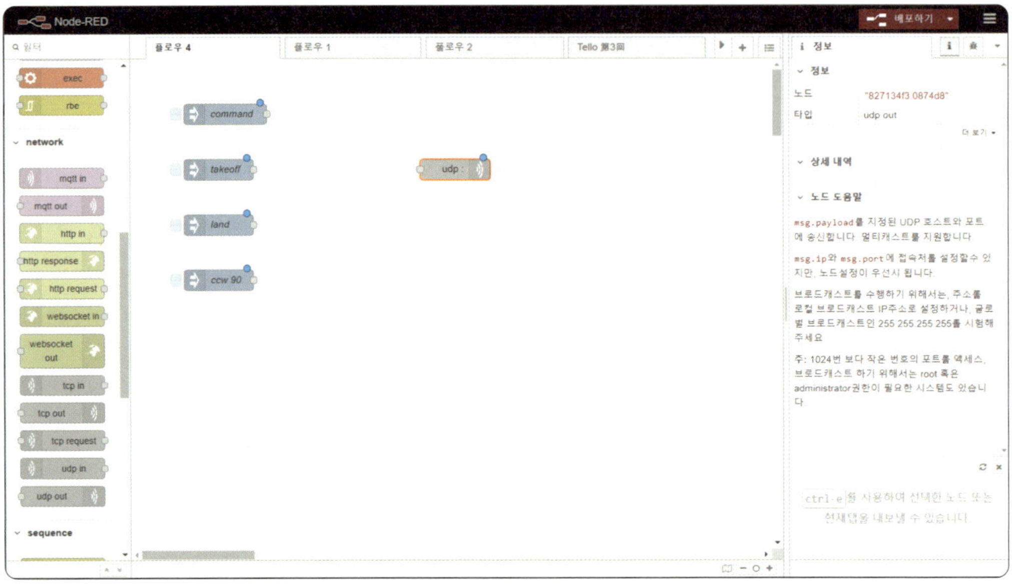

09 배치한 udp out 노드를 더블클릭하여 다음과 같이 속성을 변경해준다.

송신 포트 → 8889

수신 어드레스 → 192.168.10.1

로컬포트를 사용 → 45678

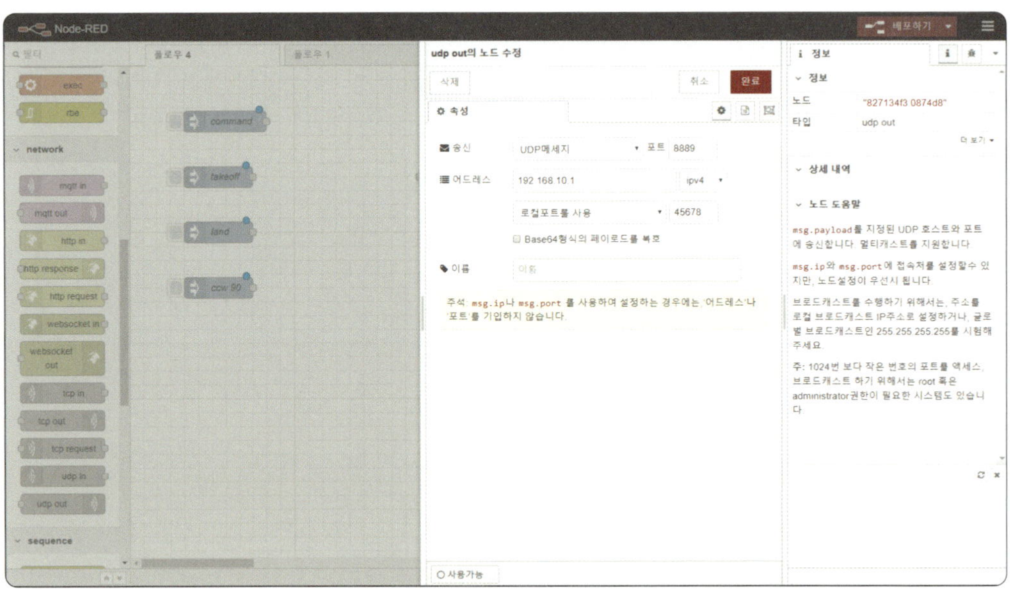

10 다음과 같이 'command' 노드의 출력 단자(오른쪽)를 클릭하여 연결선을 연장하여 'udp out' 노드의 입력 단자(왼쪽)에 연결한다.

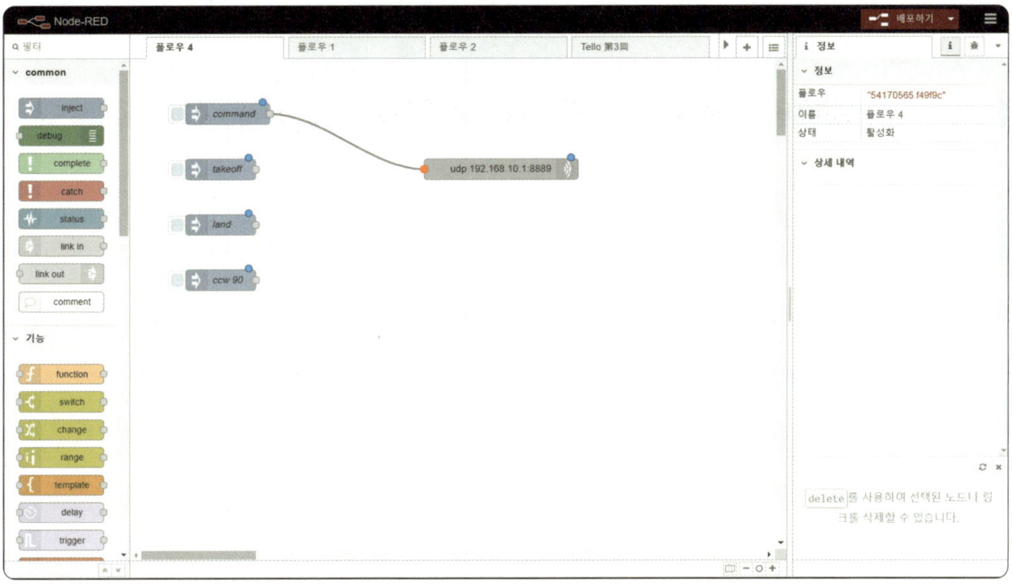

11 마찬가지 방법으로 다음과 같이 'takeoff', 'land', 'ccw 90' 노드의 출력 단자를 'udp out' 노드의 입력 단자에 연결한다.

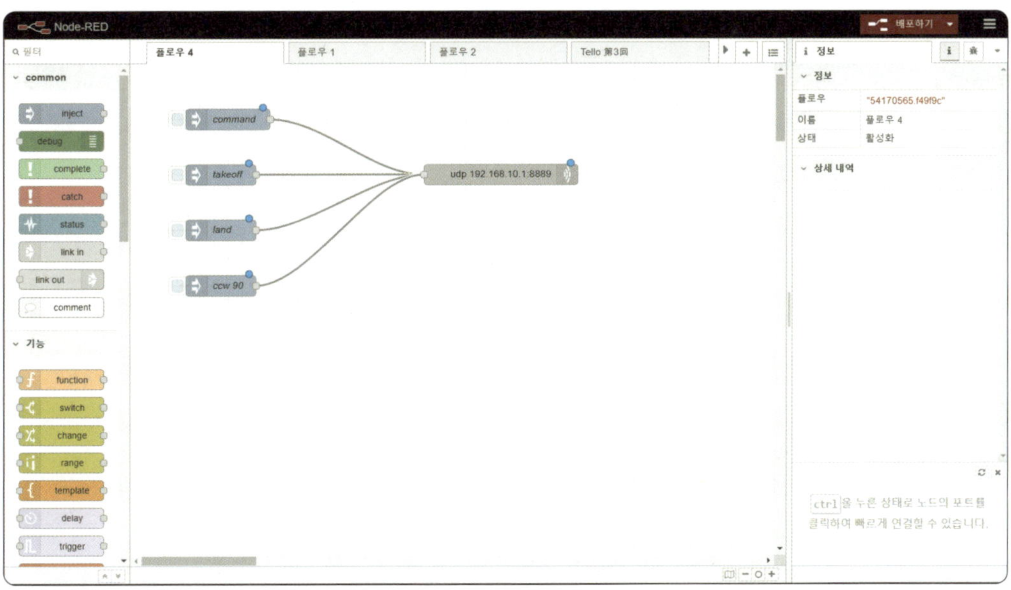

12 4개의 inject 노드와 udp out 노드의 배치 및 속성 변경이 완료되었으면 아래와 같이 배포하기 (deploy)버튼을 클릭하여 플로우 작업을 반영시킨다. '배포가 성공했습니다' 라는 메시지가 나타나는 것을 볼 수 있다. 현재 4개의 좌측 inject 노드에서 우측의 udp out 노드로 데이터를 전달하는 플로우가 작성된 상태이다.

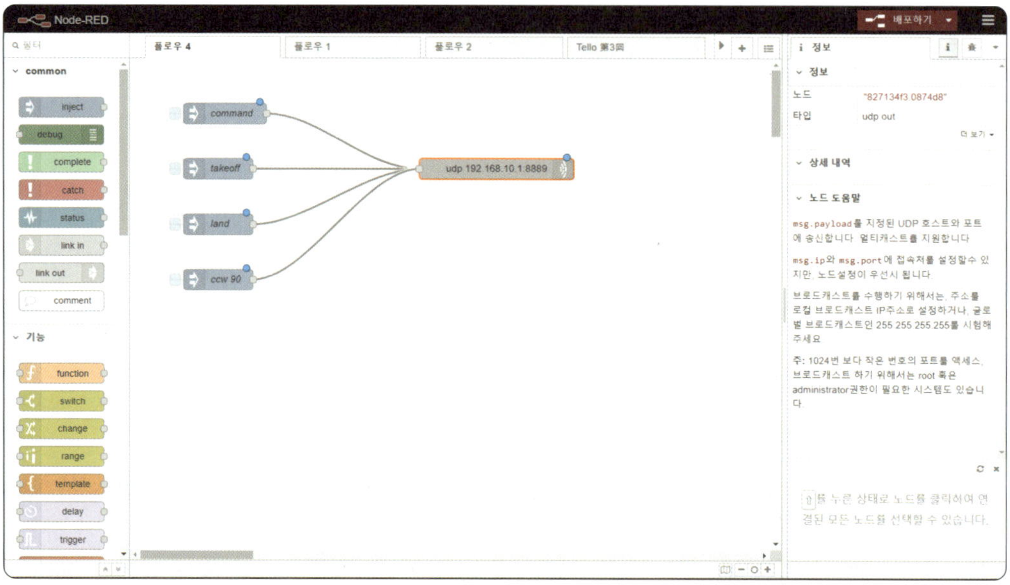

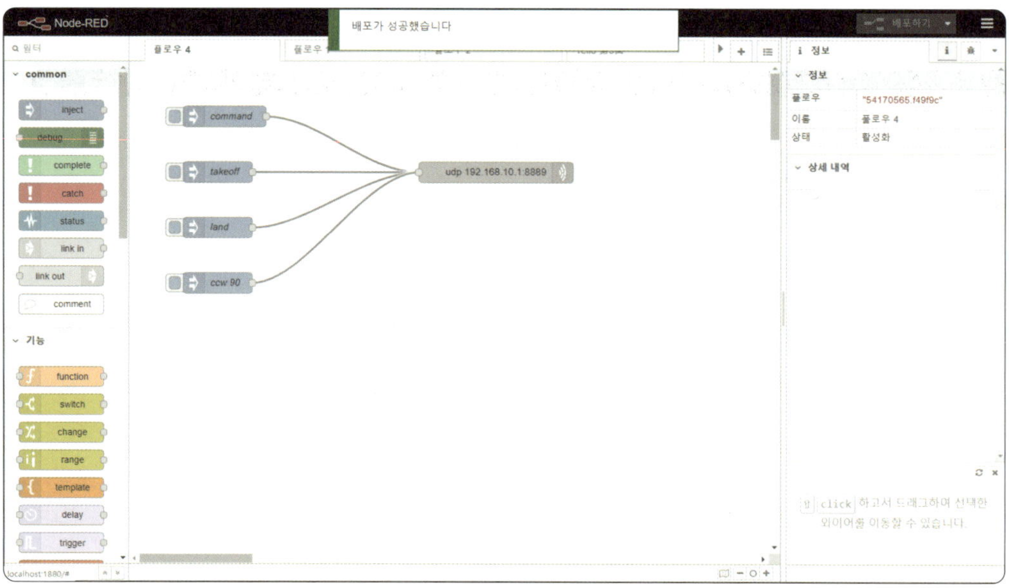

13 작성된 노드를 기동시키기 전에 먼저 텔로 에듀의 전원을 켜고 다음과 같이 Wifi 접속창에서 기체의 Wifi에 접속한다. 접속모드는 AP 접속모드(직접 접속모드)로 진행한다. 접속모드가 Station 모드일 경우에는 Wifi 접속창에 나타나지 않으므로 10 Step의 접속모드 변경 방법에 따라 모드를 변경해주기 바란다.

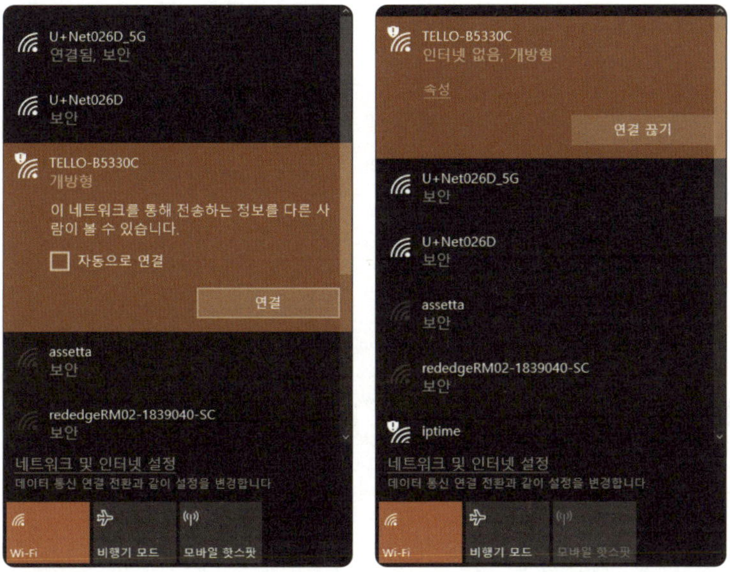

14 텔로 에듀를 작동시키기 위해 아래 그림과 같이 먼저 'command' inject 노드의 좌측 사각형 버튼을 클릭하면 데이터 전송과 함께 'inject 처리를 수행했습니다' 라는 메시지가 나타난다. 마찬가지로 'takeoff' inject 노드의 사각형 버튼을 클릭하여 기체를 이륙시키고 'ccw 90' 노드로 반시계방향으로 90도 회전시키며 마지막으로 'land' 노드의 사각형 버튼을 클릭하여 기체를 착륙시킨다. 테스트를 마쳤으면 커맨드창을 닫아 연결을 종료하고 브라우저를 닫는다.

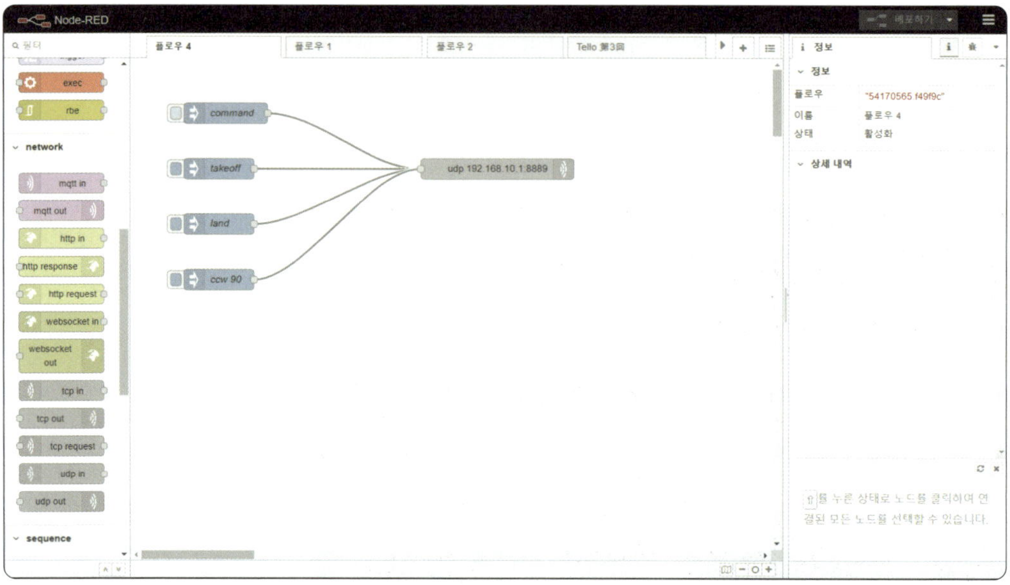
Node-RED
플로우 4
플로우 1
플로우 2
exec
rbe
network
mqtt in
mqtt out
http in
http response
http request
websocket in
websocket out
tcp in
tcp out
tcp request
udp in
udp out
sequence
command
takeoff
land
ccw 90
udp 192.168.10.1:8889
정보
플로우
"54170565.f49f9c"
이름
플로우 4
상태
활성화
상세 내역

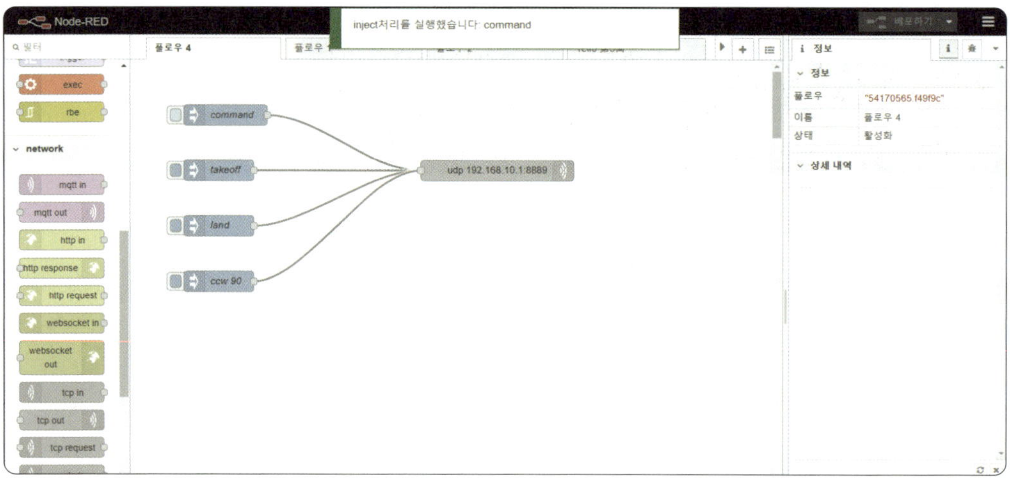
Node-RED
inject처리를 실행했습니다: command
플로우 4
command
takeoff
land
ccw 90
udp 192.168.10.1:8889
정보
플로우
"54170565.f49f9c"
이름
플로우 4
상태
활성화
상세 내역

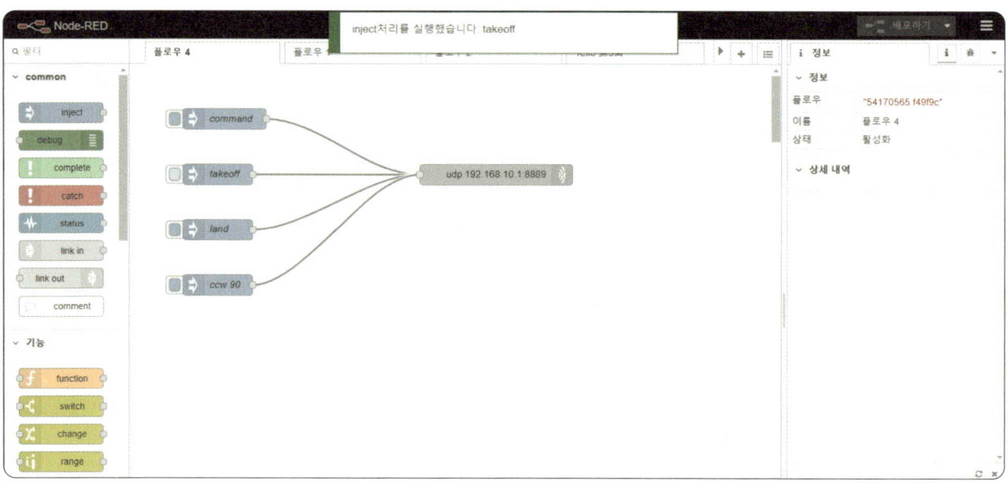
Node-RED
inject처리를 실행했습니다: takeoff
플로우 4
common
inject
debug
complete
catch
status
link in
link out
comment
기능
function
switch
change
range
command
takeoff
land
ccw 90
udp 192.168.10.1:8889
정보
플로우
"54170565.f49f9c"
이름
플로우 4
상태
활성화
상세 내역

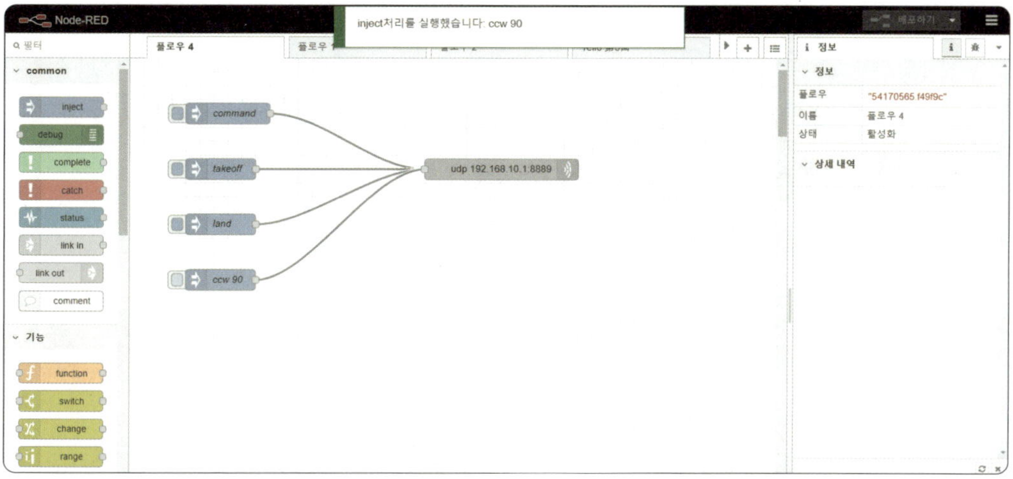
Node-RED
inject처리를 실행했습니다: ccw 90
플로우 4
common
inject
debug
complete
catch
status
link in
link out
comment
기능
function
switch
change
range
command
takeoff
land
ccw 90
udp 192.168.10.1:8889
정보
플로우
"54170565.f49f9c"
이름
플로우 4
상태
활성화
상세 내역

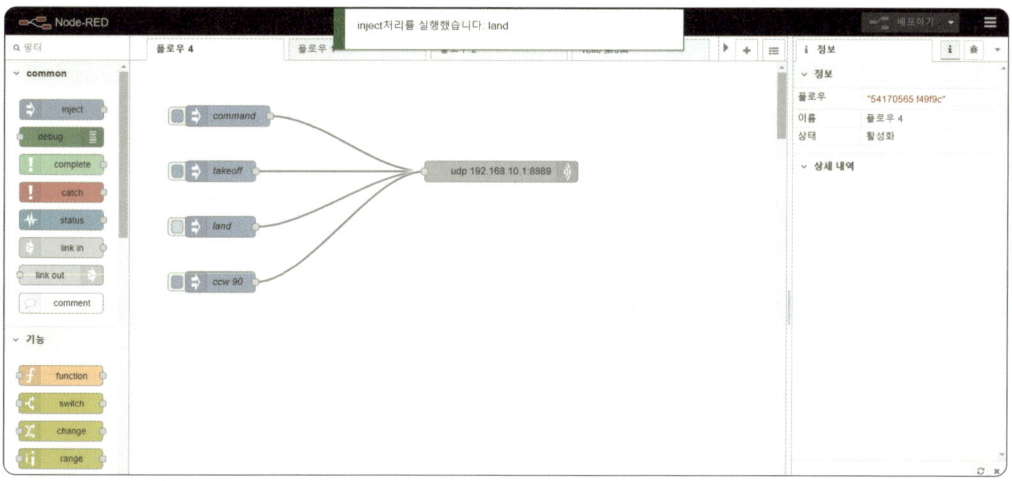
Node-RED
inject처리를 실행했습니다: land
플로우 4
common
inject
debug
complete
catch
status
link in
link out
comment
기능
function
switch
change
range
command
takeoff
land
ccw 90
udp 192.168.10.1:8889
정보
플로우
"54170565.f49f9c"
이름
플로우 4
상태
활성화
상세 내역

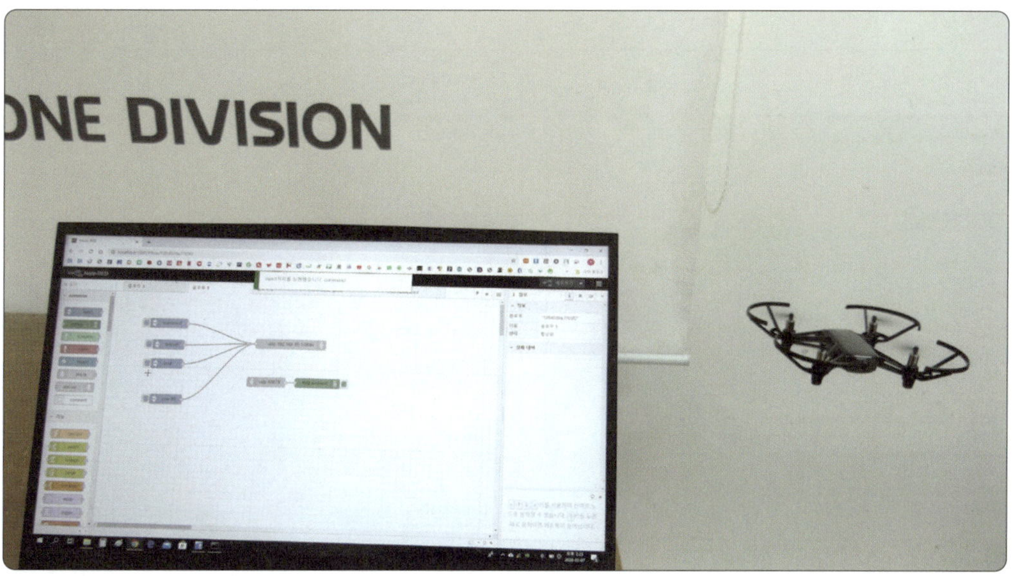
ONE DIVISION

STEP **13**

Python/Wifi Router를 이용한 멀티 Tello Edu 컨트롤 (Station 모드)

01 11 Step에서 파이썬을 이용한 단일 텔로 에듀의 컨트롤에 대해 알아보았는데 이번에는 파이썬과 Wifi Router를 통해 접속한 여러 대의 텔로 에듀를 컨트롤하는 방법에 대하여 알아보기로 한다.

02 텔로 에듀 파이썬 컨트롤 기본 예제를 다운받기 위해 11 Step 01 과 마찬가지로 다음의 사이트에서 파이썬 컨트롤 예제인 Tello3.py를 다운받고 파일을 C:\telledu> 폴더에 복사한다 다운받은 Tello3.py 파일을 윈도우 텍스트 편집기 메모장(Notepad)을 이용해 열고 다음과 같이 파이썬 2.x 버전으로 코드를 수정한 뒤 다음 이름으로 저장하기에서 Tello32-m.py 으로 복사한다.

ttps://dl-cdn.ryzerobotics.com/downloads/tello/20180222/Tello3.py

```
msg = input("");
→
#msg = input("");
msg = raw_input("");
```

Tello3.py - 메모장

파일(F) 편집(E) 서식(O) 보기(V) 도움말

```
#recvThread create
recvThread = threading.Thread(target=recv)
recvThread.start()

while True:

  try:
    msg = input("");

    if not msg:
      break

    if 'end' in msg:
      print ('...')
      sock.close()
      break

    # Send data
    msg = msg.encode(encoding="utf-8")
    sent = sock.sendto(msg, tello_address)
  except KeyboardInterrupt:
    print ('₩n . . .₩n')
    sock.close()
    break
```

Tello32.py - 메모장

파일(F) 편집(E) 서식(O) 보기(V) 도움말

```
#recvThread create
recvThread = threading.Thread(target=recv)
recvThread.start()

while True:

  try:
    #msg = input("");
    msg = raw_input("");

    if not msg:
      break

    if 'end' in msg:
      print ('...')
      sock.close()
      break

    # Send data
    msg = msg.encode(encoding="utf-8")
    sent = sock.sendto(msg, tello_address)
  except KeyboardInterrupt:
    print ('₩n . . .₩n')
    sock.close()
    break
```

03 다음은 접속모드 변경으로 텔로 에듀를 2대 이상 준비한 뒤 각각 10 Step의 **07** ~ **09** 절차에 따라 패킷센더를 이용하여 접속모드를 AP 접속모드에서 Station 모드로 변경해준다. command 명령어를 전송하여 SDK 모드에 진입한 후 AP 명령어를 전송하면 'OK drone will reboot in 3s' 메시지가 회신되며 텔로 에듀가 재부팅되어 접속모드가 Station 모드로 변경되어 공유기에 우선 접속하게 된다.

텔로 에듀 Wifi 접속 → 패킷센더에서 command 입력/전송 → 패킷센더 AP 명령어 입력/전송

Name → command

ASCII → command

Address → 192.168.10.1

Port → 8889

TCP → UDP

Save 버튼

Send 버튼

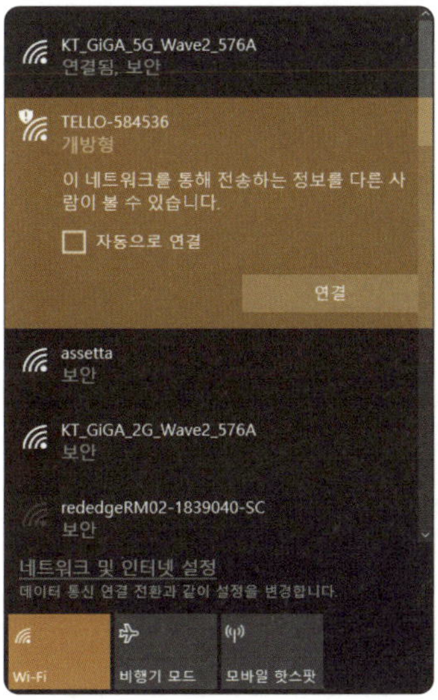

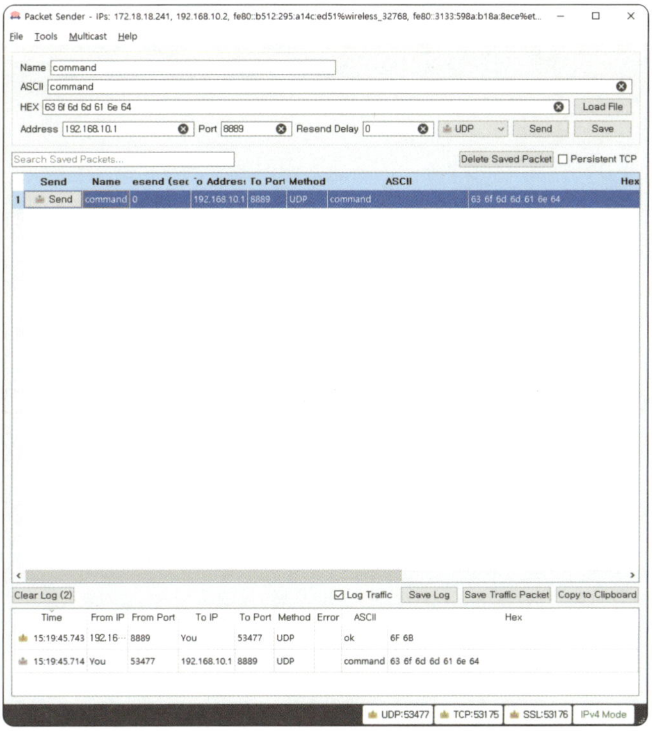

Name → AP

ASCII → ap SSID PW ← 텔로 에듀용 공유기 네트워크 이름, 암호

Address → 192.168.10.1

Port → 8889

TCP → UDP

Save 버튼

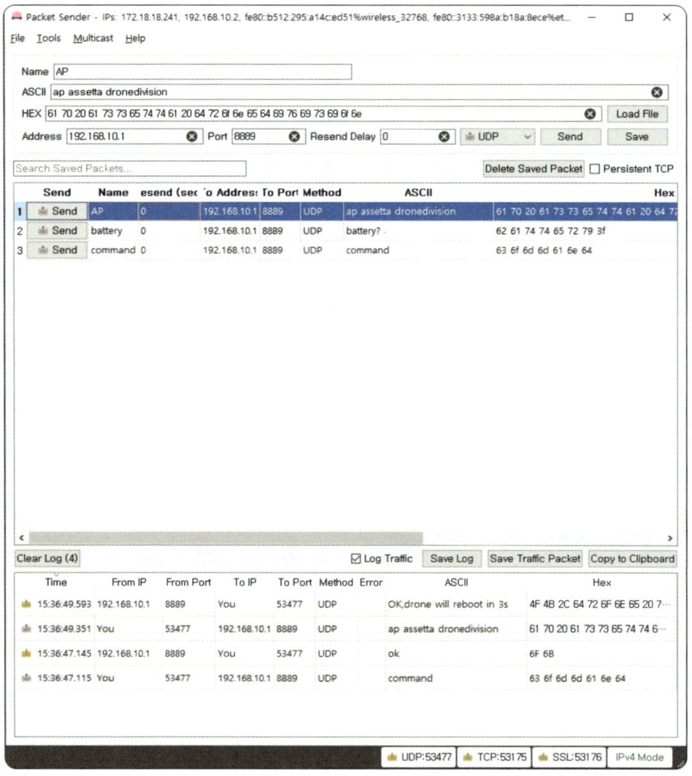

04 접속모드가 변경된 후 공유기에 접속하여 텔로 에듀의 접속 여부를 확인한다. 다음은 ipTime 공유기 기준의 확인 방법이다. 이때 PC는 텔로 에듀가 접속한 공유기와 같은 네트워크(SSID)에 접속해야 한다. 접속모드가 변경되고 접속이 성공적으로 이루어지면 예를 들어 다음과 같이 IP 192.168.0.9와 IP 192.168.0.12 에 MAC 어드레스 60-60-1F-58-44-C6 과 60-60-1F-58-45-39의 텔로 에듀가 무선접속된 것을 확인할 수 있다. (2대 기준)

PC에서 공유기 접속 → 주소창 192.168.0.1 → 로그인 → 관리도구 → 고급설정 → DHCP 서버 설정

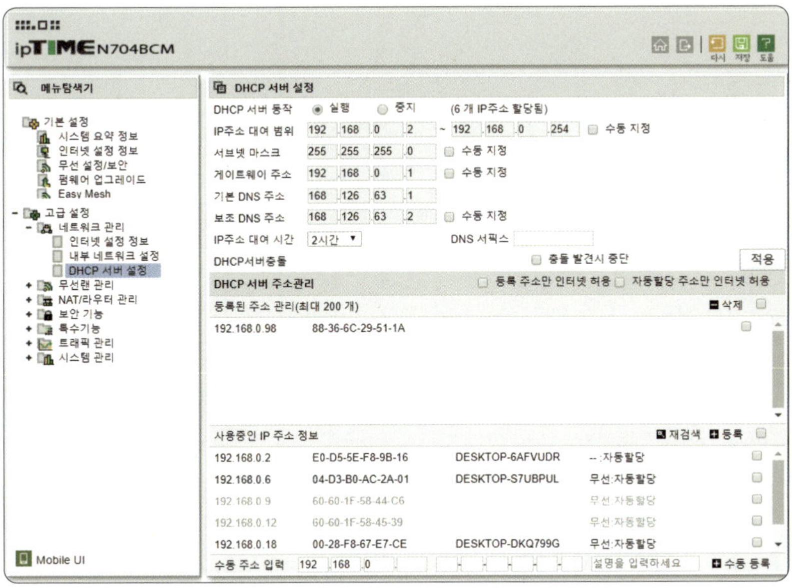

05 공유기의 DHCP 설정에서 텔로 에듀의 접속 IP가 나타나지 않는 경우에는 10 Step **11** 과 같이 공유기의 무선랜 설정항목에서 채널을 11 로 변경하고 2.4GHz 무선네트워크 고급설정 탭을 클릭하여 상세메뉴로 진입한 뒤 모드/채널크기 B-G-N 20MHz 로 설정되어있는지 확인하고 적용버튼을 눌러 무선채널 설정을 변경시켜준다. 이후 **04** 항목과 같이 텔로의 접속 여부를 확인한다.

관리도구 → 기본설정 → 무선설정/보안 → 2.4GHz 기본 무선네트워크 → 채널 → 11 로 변경

관리도구 → 기본설정 → 무선설정/보안 → 2.4GHz 무선네트워크 고급설정탭 → 모드채널크기 → BGN 20MHz

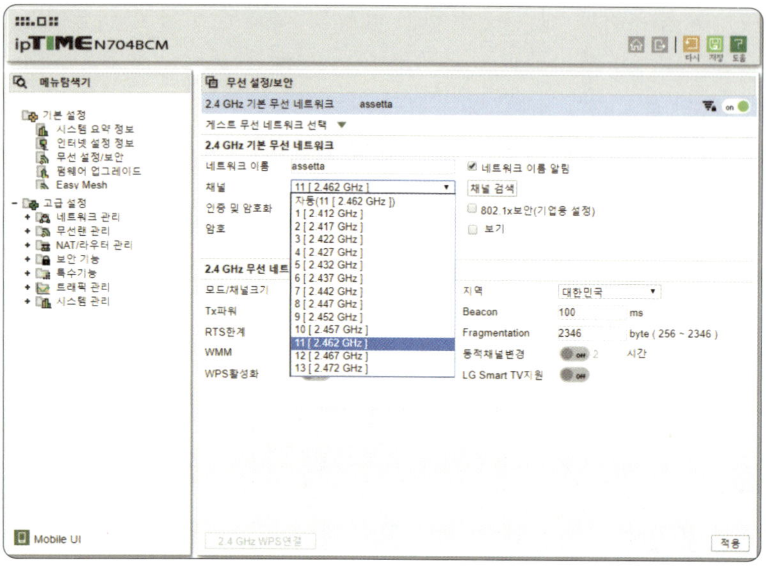

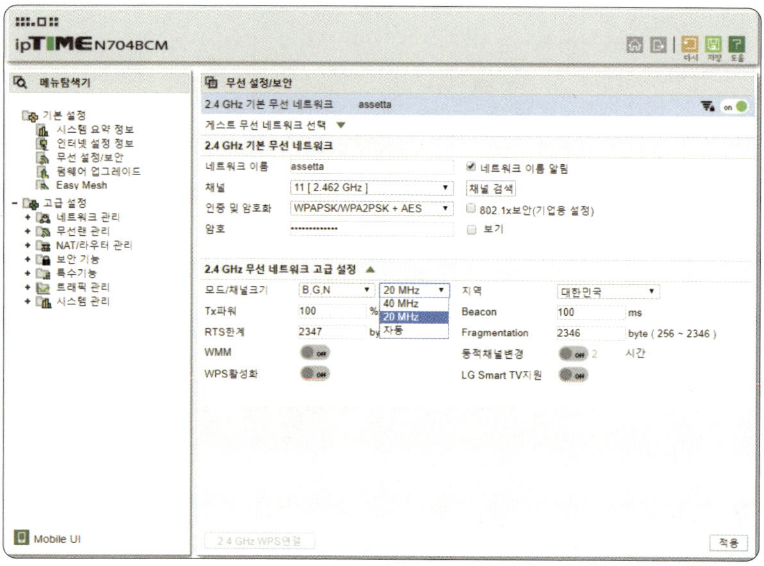

06 공유기의 DHCP 설정에서 텔로 에듀의 접속 여부가 확인되었으면 접속한 IP를 기록해두고 **02** 에서 복사한 Tello32-m.py 파이썬 예제 파일을 다음과 같이 첫 번째 기체의 컨트롤 버전으로 수정하고 Tello32-m1.py 로 복사한다. 여기서 기체의 접속 IP는 환경에 따라 다를 수 있다.

tello_address = ('192.168.10.1', 8889)

→

#tello_address = ('192.168.10.1', 8889) (# 이하는 주석 표시)

tello_address = ('192.168.0.9', 8889) (첫 번째 텔로 에듀의 접속 IP)

Tello32-m.py - 메모장

파일(F) 편집(E) 서식(O) 보기(V) 도움말

```
#
# Tello Python3->2 Control Demo
#
# http://www.ryzerobotics.com/
#
# 1/1/2018

import threading
import socket
import sys
import time


host = ''
port = 9000
locaddr = (host,port)


# Create a UDP socket
sock = socket.socket(socket.AF_INET, socket.SOCK_DGRAM)

tello_address = ('192.168.10.1', 8889)

sock.bind(locaddr)

def recv():
    count = 0
    while True:
        try:
            data, server = sock.recvfrom(1518)
            print(data.decode(encoding="utf-8"))
        except Exception:
            print ('₩nExit . . .₩n')
            break
```

Tello32-m1.py - 메모장

파일(F) 편집(E) 서식(O) 보기(V) 도움말

```
#
# Tello Python3->2 Control Demo
#
# http://www.ryzerobotics.com/
#
# 1/1/2018

import threading
import socket
import sys
import time


host = ''
port = 9000
locaddr = (host,port)


# Create a UDP socket
sock = socket.socket(socket.AF_INET, socket.SOCK_DGRAM)

#tello_address = ('192.168.10.1', 8889)
tello_address = ('192.168.0.9', 8889)

sock.bind(locaddr)

def recv():
    count = 0
    while True:
        try:
            data, server = sock.recvfrom(1518)
            print(data.decode(encoding="utf-8"))
        except Exception:
            print ('₩nExit . . .₩n')
```

07 텔로 에듀의 오른쪽 전원 버튼을 눌러 전원을 켜게 되면 접속 모드를 변경한 기체는 모드 변경시 설정한 공유기의 네트워크(SSID)에 자동 접속하여 대기한다. 공유기를 통해 기체를 컨트롤 하기위해 pc 역시 같은 공유기(SSID)에 접속하여야 한다.

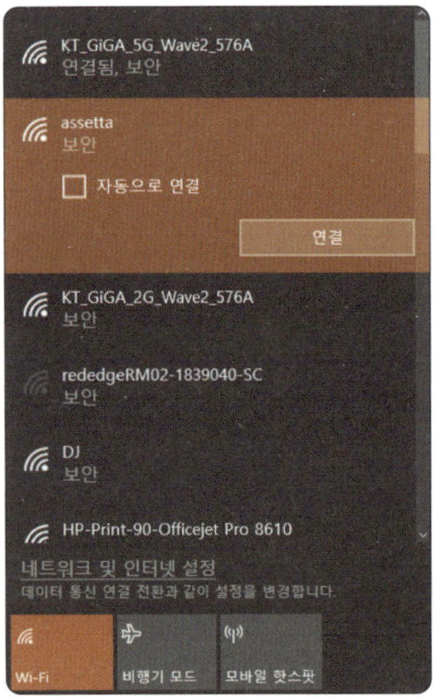

08 탐색기의 주소창에서 cmd. 을 입력하여 커맨드창을 열고 다음과 같이 수정한 파이썬 예제 파일 Tello32-m1.py 를 실행시켜 테스트 해본다. 먼저 command 명령어로 SDK 모드에 진입하고 다음으로 battery? (배터리 잔량체크), takeoff (이륙), cw 90 (시계방향 90도 회전), up 50 (50cm 상승) 및 land (착륙) 등의 명령을 입력해 기체를 컨트롤 해본다. 명령어를 입력하고 해당 비행 명령이 완료되면 ok 라는 회신이 나타나게 된다. 테스트가 끝났으면 end를 입력하고 커맨드창을 닫기 한다.

```
C:\telloedu>python Tello32-m1.py
```

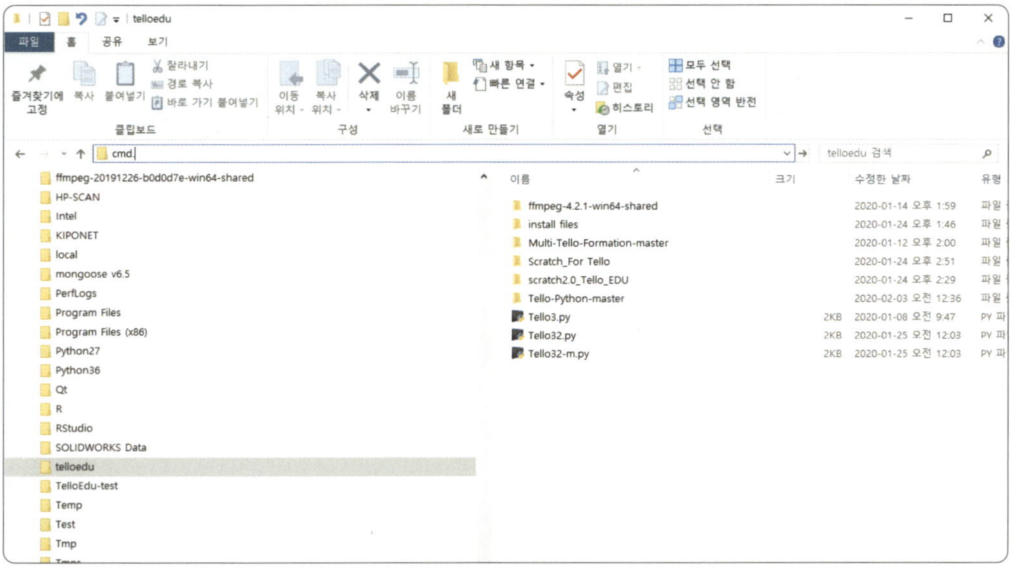
telloedu
파일
홈
공유
보기
즐겨찾기에 고정
복사
붙여넣기
잘라내기
경로 복사
바로 가기 붙여넣기
클립보드
이동 위치
복사 위치
삭제
이름 바꾸기
구성
새 폴더
새 항목
빠른 연결
새로 만들기
속성
열기
편집
히스토리
모두 선택
선택 안 함
선택 영역 반전
선택
cmd
telloedu 검색
ffmpeg-20191226-b0d0d7e-win64-shared
HP-SCAN
Intel
KIPONET
local
mongoose v6.5
PerfLogs
Program Files
Program Files (x86)
Python27
Python36
Qt
R
RStudio
SOLIDWORKS Data
telloedu
TelloEdu-test
Temp
Test
Tmp
이름
크기
수정한 날짜
유형
ffmpeg-4.2.1-win64-shared 2020-01-14 오후 1:59
install files 2020-01-24 오후 1:46
Multi-Tello-Formation-master 2020-01-12 오후 2:00
Scratch_For Tello 2020-01-24 오후 2:51
scratch2.0_Tello_EDU 2020-01-24 오후 2:29
Tello-Python-master 2020-02-03 오전 12:36
Tello3.py 2KB 2020-01-08 오전 9:47
Tello32.py 2KB 2020-01-25 오전 12:03
Tello32-m.py 2KB 2020-01-25 오전 12:03

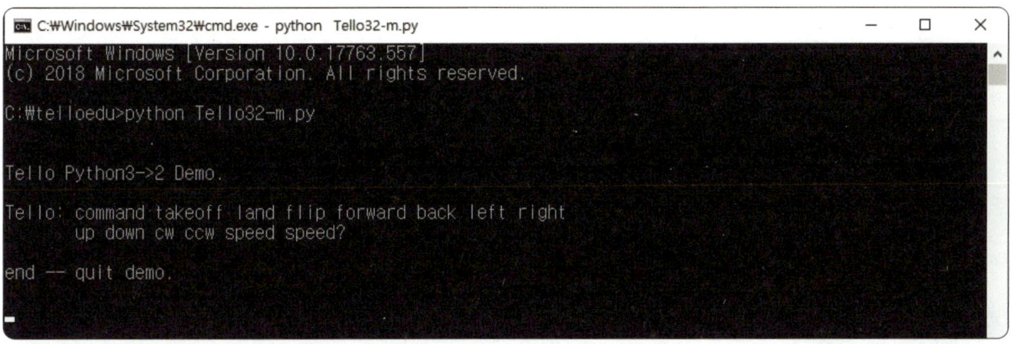
C:₩Windows₩System32₩cmd.exe - python Tello32-m.py
Microsoft Windows [Version 10.0.17763.557]
(c) 2018 Microsoft Corporation. All rights reserved.
C:₩telloedu>python Tello32-m.py
Tello Python3->2 Demo.
Tello: command takeoff land flip forward back left right
up down cw ccw speed speed?
end -- quit demo.

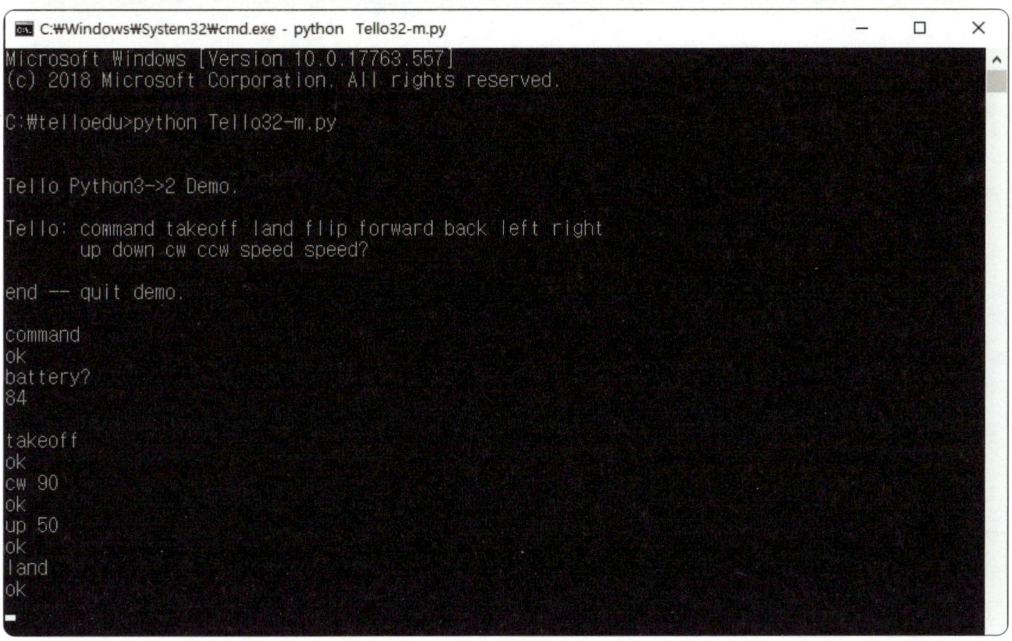
C:₩Windows₩System32₩cmd.exe - python Tello32-m.py
Microsoft Windows [Version 10.0.17763.557]
(c) 2018 Microsoft Corporation. All rights reserved.
C:₩telloedu>python Tello32-m.py
Tello Python3->2 Demo.
Tello: command takeoff land flip forward back left right
up down cw ccw speed speed?
end -- quit demo.
command
ok
battery?
84
takeoff
ok
cw 90
ok
up 50
ok
land
ok

09 나머지 기체에 대해서도 **06** ~ **08**과 마찬가지로 파이썬 예제 파일을 Tello32-m2.py 로 복사하고 아래와 같이 수정한 다음 예제 파일을 실행하여 컨트롤 테스트를 수행해 본다. 이때 기체의 IP는 두 번째 기체가 접속한 IP로 바꿔주어야 한다. 기체가 접속한 IP는 네트워크 환경에 따라 다를 수 있다.

tello_address = ('192.168.10.1', 8889)

→

#tello_address = ('192.168.10.1', 8889) (# 이하는 주석 표시)

tello_address = ('192.168.0.12', 8889) (두 번째 텔로 에듀의 접속 IP)

Tello32-m2.py - 메모장

파일(F) 편집(E) 서식(O) 보기(V) 도움말

```
#
# Tello Python3->2 Control Demo
#
# http://www.ryzerobotics.com/
#
# 1/1/2018

import threading
import socket
import sys
import time


host = ''
port = 9000
locaddr = (host,port)


# Create a UDP socket
sock = socket.socket(socket.AF_INET, socket.SOCK_DGRAM)

#tello_address = ('192.168.10.1', 8889)
tello_address = ('192.168.0.12', 8889)

sock.bind(locaddr)

def recv():
    count = 0
    while True:
        try:
            data, server = sock.recvfrom(1518)
            print(data.decode(encoding="utf-8"))
        except Exception:
            print ('\nExit . . .\n')
```

커맨드창에서 C:\telloedu>python Tello32-m2.py 실행

```
C:₩Windows₩System32₩cmd.exe - python  Tello32-m2.py
Microsoft Windows [Version 10.0.17763.557]
(c) 2018 Microsoft Corporation. All rights reserved.

C:₩telloedu>python Tello32-m2.py


Tello Python3->2 Demo.

Tello: command takeoff land flip forward back left right
       up down cw ccw speed speed?

end -- quit demo.

command
ok
battery?
100

takeoff
ok
up 50
ok
cw 90
ok
land
ok
```

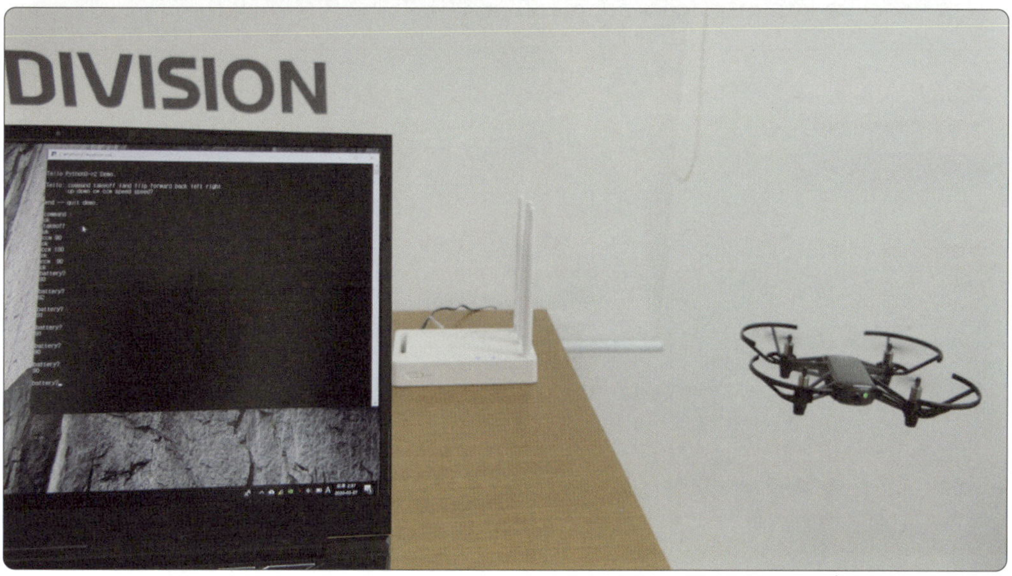

10 두 대의 기체에 대하여 각각 공유기를 통한 컨트롤을 테스트 하였으면 이제는 두 대의 기체를 동시에 컨트롤하는 예제를 테스트 해보기로 한다. Tello32-m.py 파이썬 예제 파일을 **06** ~ **08** 과 같은 방법으로 다음과 같이 수정하고 Tello32-ma.py 로 복사하여 예제를 실행시켜 여러 대의 기체 동시 컨트롤을 테스트 해본다(2대 기준). 기체가 접속한 IP 는 네트워크 환경에 따라 달라질 수 있다.

tello_address = ('192.168.10.1', 8889)

→

#tello_address = ('192.168.10.1', 8889) (# 이하는 주석 표시)

tello_address1 = ('192.168.0.9', 8889) (첫 번째 기체의 접속 IP)

tello_address2 = ('192.168.0.12', 8889) (두 번째 기체의 접속 IP)

sent = sock.sendto(msg, tello_address)

→

#sent = sock.sendto(msg, tello_address)

sent = sock.sendto(msg, tello_address1) (첫 번째 기체로 명령어 전송)

sent = sock.sendto(msg, tello_address2) (두 번째 기체로 명령어 전송)

Tello32-m1.py - 메모장

파일(F) 편집(E) 서식(O) 보기(V) 도움말

```
#
# Tello Python3->2 Control Demo
#
# http://www.ryzerobotics.com/
#
# 1/1/2018

import threading
import socket
import sys
import time


host = ''
port = 9000
locaddr = (host,port)


# Create a UDP socket
sock = socket.socket(socket.AF_INET, socket.SOCK_DGRAM)

#tello_address = ('192.168.10.1', 8889)
tello_address = ('192.168.0.9', 8889)

sock.bind(locaddr)

def recv():
    count = 0
    while True:
        try:
            data, server = sock.recvfrom(1518)
            print(data.decode(encoding="utf-8"))
        except Exception:
            print ('₩nExit . . .₩n')
```

Tello32-ma.py - 메모장

파일(F) 편집(E) 서식(O) 보기(V) 도움말

```
#
# Tello Python3->2 Control Demo
#
# http://www.ryzerobotics.com/
#
# 1/1/2018

import threading
import socket
import sys
import time


host = ''
port = 9000
locaddr = (host,port)


# Create a UDP socket
sock = socket.socket(socket.AF_INET, socket.SOCK_DGRAM)

#tello_address = ('192.168.10.1', 8889)
tello_address1 = ('192.168.0.9', 8889)
tello_address2 = ('192.168.0.12', 8889)

sock.bind(locaddr)

def recv():
    count = 0
    while True:
        try:
            data, server = sock.recvfrom(1518)
            print(data.decode(encoding="utf-8"))
        except Exception:
            print ('₩nExit . . .₩n')
```

Tello32-ma.py - 메모장

파일(F) 편집(E) 서식(O) 보기(V) 도움말

```
print ('end -- quit demo.₩r₩n')


#recvThread create
recvThread = threading.Thread(target=recv)
recvThread.start()

while True:

    try:
        #msg = input("");
        msg = raw_input("");

        if not msg:
            break

        if 'end' in msg:
            print ('...')
            sock.close()
            break

        # Send data
        msg = msg.encode(encoding="utf-8")
        sent = sock.sendto(msg, tello_address)
    except KeyboardInterrupt:
        print ('₩n . . .₩n')
        sock.close()
        break
```

```
Tello32-ma.py - 메모장
파일(F) 편집(E) 서식(O) 보기(V) 도움말

print ('end -- quit demo.₩r₩n')


#recvThread create
recvThread = threading.Thread(target=recv)
recvThread.start()

while True:

    try:
        #msg = input("");
        msg = raw_input("");

        if not msg:
            break

        if 'end' in msg:
            print ('...')
            sock.close()
            break

        # Send data
        msg = msg.encode(encoding="utf-8")

        #sent = sock.sendto(msg, tello_address)
        sent = sock.sendto(msg, tello_address1)
        sent = sock.sendto(msg, tello_address2)

    except KeyboardInterrupt:
        print ('₩n . . .₩n')
        sock.close()
        break
```

커맨드 창에서 C:\telloedu>python Tello32-ma.py

```
C:₩Windows₩System32₩cmd.exe - python  Tello32-ma.py
Microsoft Windows [Version 10.0.17763.557]
(c) 2018 Microsoft Corporation. All rights reserved.

C:₩telloedu>python Tello32-ma.py


Tello Python3->2 Demo.

Tello: command takeoff land flip forward back left right
       up down cw ccw speed speed?

end -- quit demo.

command
ok
ok
battery?
85

54

takeoff
ok
ok
cw 90
ok
ok
up 50
ok
ok
ccw 90
ok
ok
land
ok
ok
```

STEP 14 파이썬을 이용한 Tello Edu 비디오 스트림/동작 컨트롤

01 다음은 파이썬을 이용하여 텔로 에듀의 비디오 스트림을 제어하고 비행을 컨트롤하는 예제를 구현하여 기체의 비행 시 모습을 담아보기로 한다.

02 파이썬 기반의 텔로 에듀 비디오 스트림/동작 컨트롤 예제는 다음의 Tello-Python github 홈페이지에서 다운받을 수 있으며 기존에 **11 Step**의 단일 텔로 컨트롤 단계에서 다운받은 Tello-Python-master.zip 파일과 동일하다.

https://github.com/dji-sdk/Tello-Python → clone or download 버튼클릭 → Download Zip 클릭 → Tello-Python-master.zip 다운로드 → C:\telloedu> 폴더에 복사 → 여기에 풀기로 압축해제

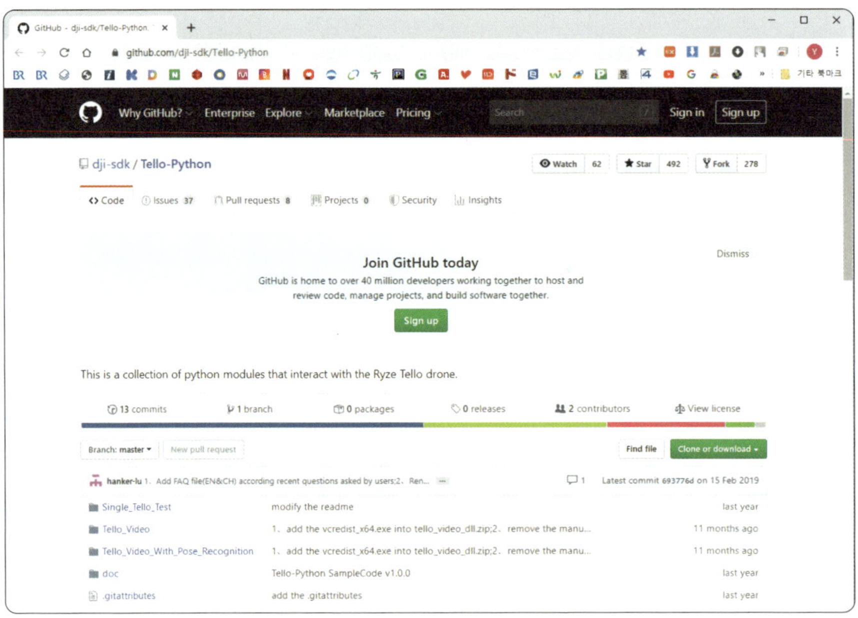

03 파이썬을 이용한 비디오 컨트롤 예제에 대해 살펴보기 위해 11 Step 05 에서 단일 텔로 에듀 자동비행을 위해 다운로드하여 압축을 해제했던 Tello-Python-master 폴더 하부의 C:\telloedu\Tello-Python-master\Tello_Video_With_Pose_Recognition\install\Windows> 폴더로 이동한다. 다음으로 해당 폴더의 install.bat 배치 파일을 더블클릭으로 실행시켜 필요한 프로그램과 라이브러리 패키지를 설치한다. 설치 시에 다음과 같은 화면이 나타나게 된다. 만약 배치 파일의 실행이 제대로 안되는 경우에는 불필요한 백신의 삭제와 실시간 보호를 해제하고 다시 진행해보도록 한다.

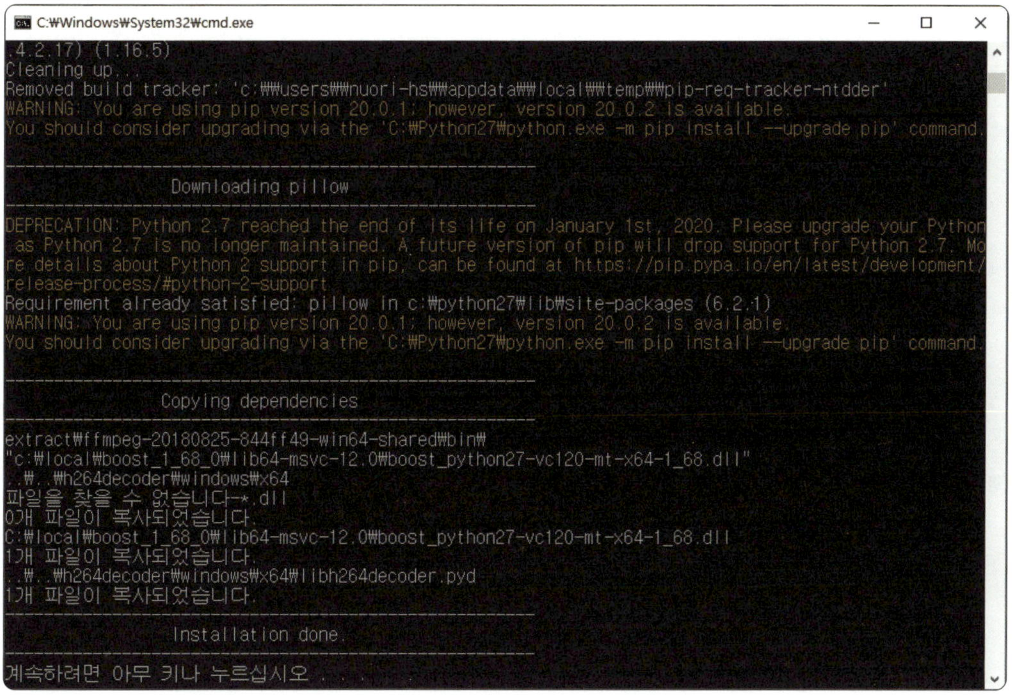

04 프로그램과 라이브러리 패키지 설치 후 Tello-Python-master 폴더에 있는 비디오 관련 라이브러리 압축파일 tello_video_dll(ForWin64).zip 을 여기에 풀기로 해제하고 생성된 tello_video_dll 폴더 하부의 *.dll, *.pyd, *.exe 등 모든 파일을 파이썬 라이브러리 폴더 즉 C:\Python27\Lib\site-packages> 에 복사한다.

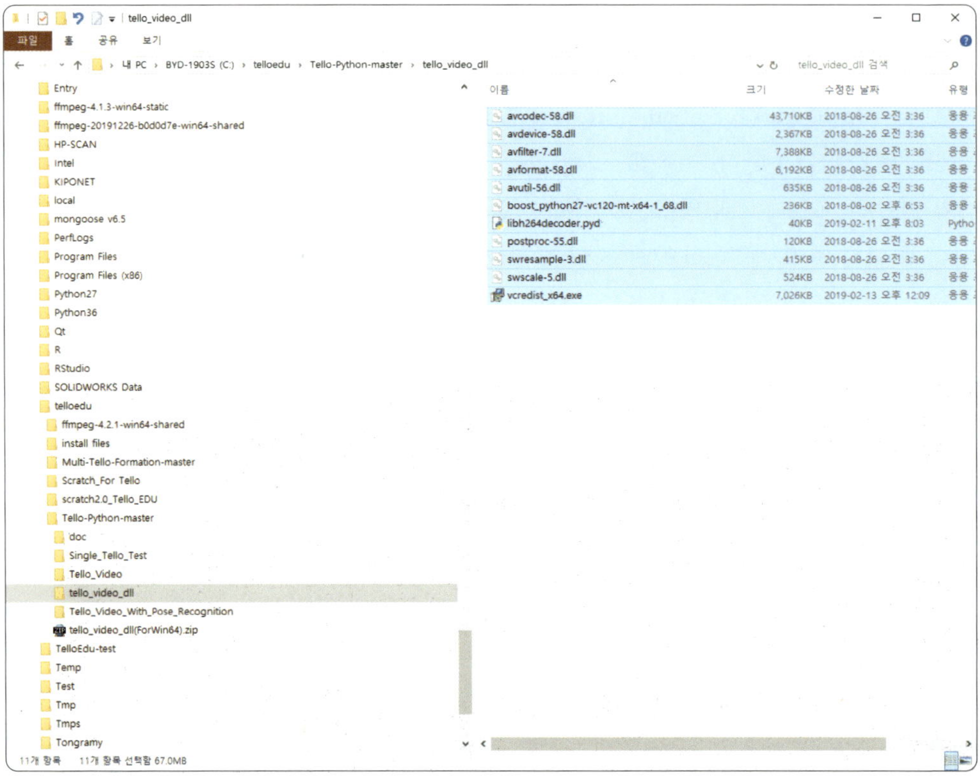
tello_video_dll
파일 홈 공유 보기
내 PC › BYD-1903S (C:) › telloedu › Tello-Python-master › tello_video_dll
이름 크기 수정한 날짜 유형
avcodec-58.dll 43,710KB 2018-08-26 오전 3:36
avdevice-58.dll 2,367KB 2018-08-26 오전 3:36
avfilter-7.dll 7,388KB 2018-08-26 오전 3:36
avformat-58.dll 6,192KB 2018-08-26 오전 3:36
avutil-56.dll 635KB 2018-08-26 오전 3:36
boost_python27-vc120-mt-x64-1_68.dll 236KB 2018-08-02 오후 6:53
libh264decoder.pyd 40KB 2019-02-11 오후 8:03
postproc-55.dll 120KB 2018-08-26 오전 3:36
swresample-3.dll 415KB 2018-08-26 오전 3:36
swscale-5.dll 524KB 2018-08-26 오전 3:36
vcredist_x64.exe 7,026KB 2019-02-13 오후 12:09
11개 항목 11개 항목 선택함 67.0MB

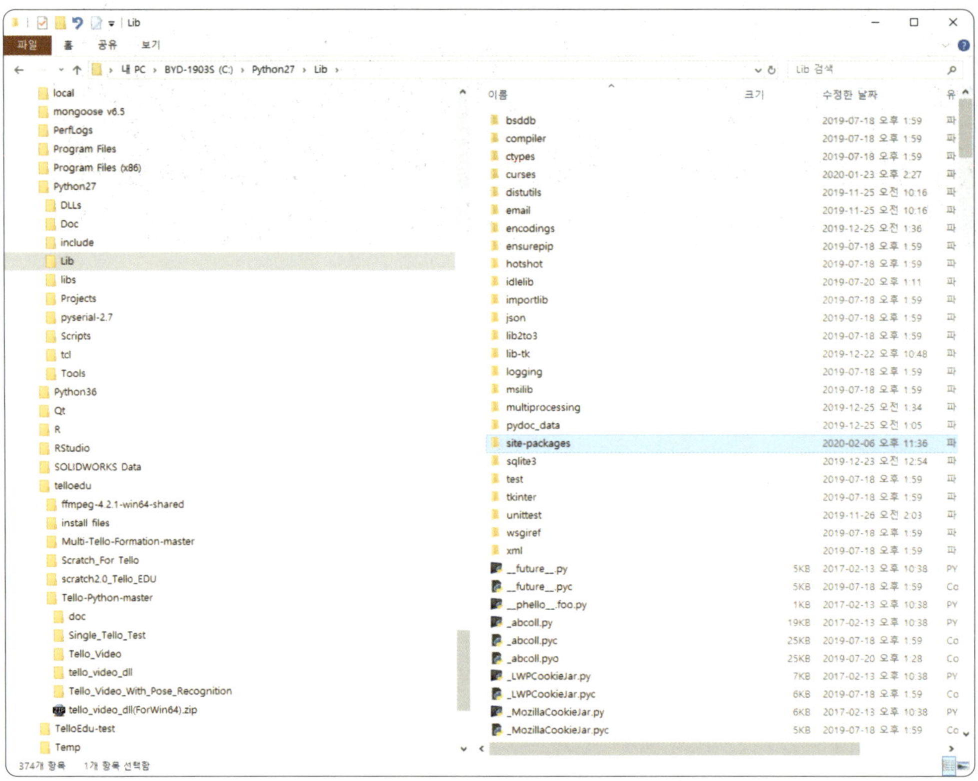
Lib
파일 홈 공유 보기
내 PC › BYD-1903S (C:) › Python27 › Lib ›
이름 크기 수정한 날짜
bsddb
compiler
ctypes
curses
distutils
email
encodings
ensurepip
hotshot
idlelib
importlib
json
lib2to3
lib-tk
logging
msilib
multiprocessing
pydoc_data
site-packages 2020-02-06 오후 11:36
sqlite3
test
tkinter
unittest
wsgiref
xml
__future__.py
__future__.pyc
__phello__.foo.py
_abcoll.py
_abcoll.pyc
_abcoll.pyo
_LWPCookieJar.py
_LWPCookieJar.pyc
_MozillaCookieJar.py
_MozillaCookieJar.pyc
374개 항목 1개 항목 선택함

05 현 Step의 파이썬을 이용한 텔로 에듀의 비디오 스트림/동작 컨트롤 예제에는 기체와 직접연결 되어 있어야하는데 접속모드를 AP 접속모드로 변경하는 것이 필요하다. 텔로 에듀의 접속모드가 공유기 접속모드 (Station 모드)일 경우에는 10 Step의 12와 같이 Wifi(접속모드) 초기화 방법을 사용하여 AP 접속모드로 변경해준다. 방법은 텔로 에듀의 LED가 노란색으로 깜빡일 때 전원 버튼을 10초간 눌렀다가 전원이 자동으로 꺼지면 전원 버튼을 놓고 재부팅되면서 접속모드가 변경되는 것이다.

06 패키지 및 비디오 라이브러리 설치가 완료되면 텔로 에듀의 전원을 켜고 기체의 Wifi에 접속하여 C:\telloedu\Tello-Python-master\Tello_Video> 폴더로 이동 후 탐색기 주소창에서 cmd. 를 입력하여 커맨드창을 열고 다음과 같이 파이썬 비디오 예제 파일 main.py 를 실행시키거나 탐색기 창에서 main.py 파이썬 비디오 예제 파일을 더블클릭하여 실행시킨다.

C:\telloedu\Tello-Python-master\Tello_Video>python main.py

또는

탐색기 C:\telloedu\Tello-Python-master\Tello_Video> 폴더에서 main.py 더블클릭

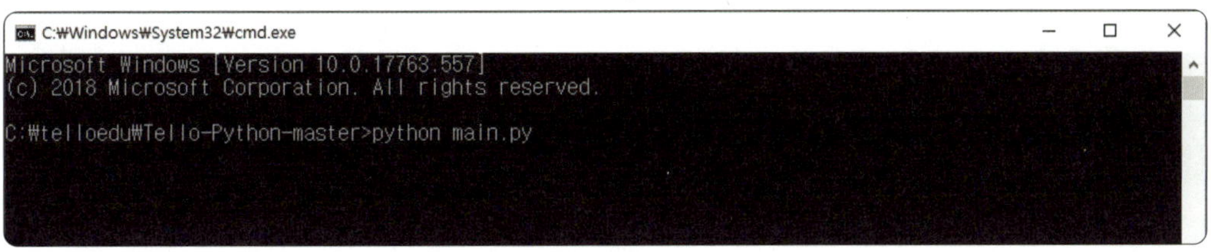

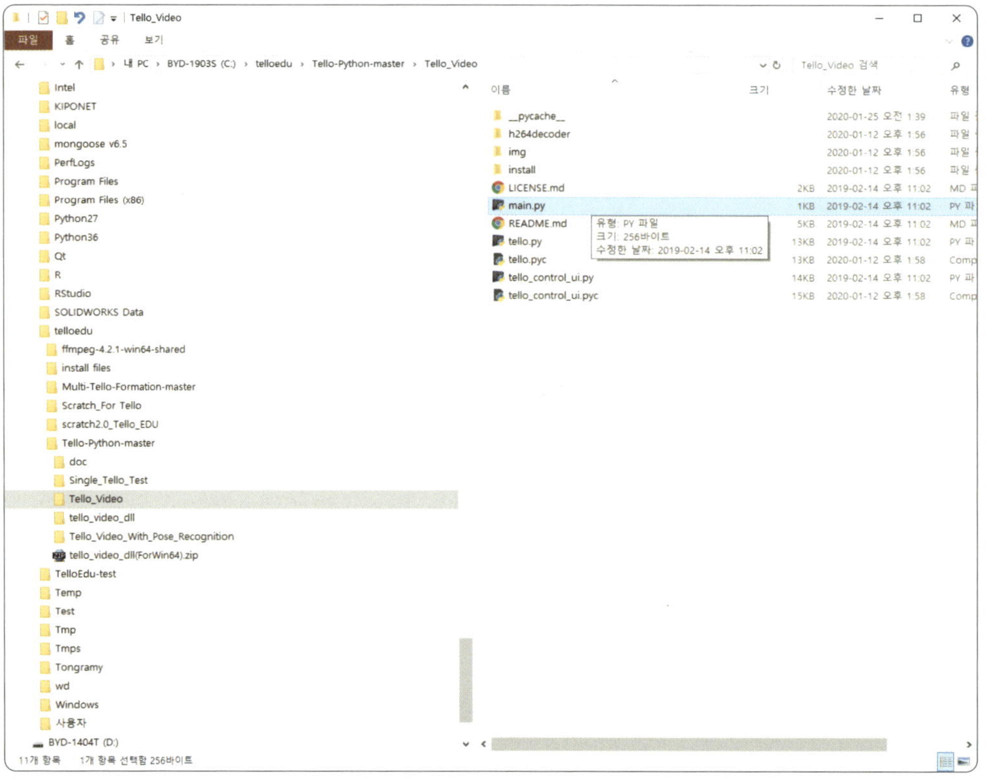

07 예제를 실행하면 다음과 같이 상태 표시창과 'Tello Controller' 라는 비디오 UI 창이 나타나며 텔로 에듀의 비디오 스트림이 보여지게 된다.

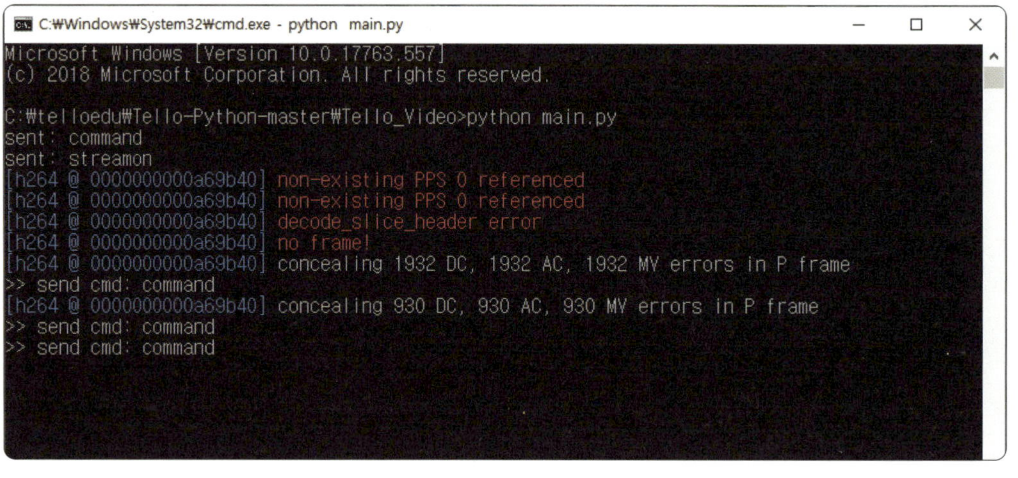

08 비디오 UI 창에는 위와 같이 3가지 메뉴 버튼이 있는데 'Open Command Panel' 버튼을 클릭하면 다음과 같이 키보드로 기체를 컨트롤 할 수 있는 'Control Panel' 이 나타나게 되며 Pause 버튼은 비디오 송출을 중단 또는 시작할 수 있고 Snapshot 버튼은 현재 장면을 Snapshot 으로 저장하게 된다.

09 'Command Panel' 에는 기체 비행을 제어하는 키보드에 대한 설명과 한 번에 이동할 수 있는 거리 및 회전각도 설정을 슬라이드 바로 조절할 수 있는 설정 메뉴가 제공되며 뒤집기(Flip), 이륙, 착륙 메뉴가 배치되어 있다. 여기서 Flip 메뉴를 클릭하면 다시 뒤집기의 방향을 선택할 수 있는 세부 메뉴창이 나타나게 된다. 'Reset Distance' 버튼을 클릭하여 일회 이동거리 0.2m(20cm)를 적용하고 'Degree' 슬라이드 바를 조절하여 90도 근처로 맞춘 뒤 'Reset Degree' 버튼을 클릭하여 일회 회전각을 설정해준다.

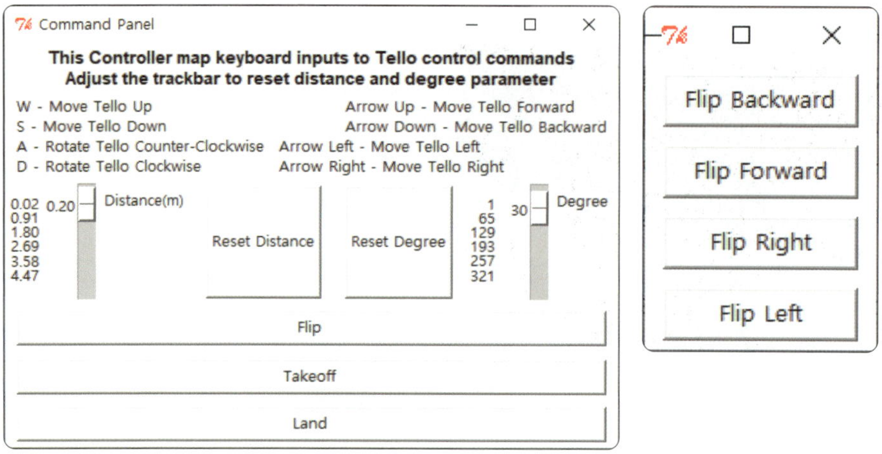

10 Takeoff 버튼을 클릭하여 기체를 이륙시키고 화살표 키를 이용하여 기체를 전진/후진/좌이동/우이동 시켜본 뒤 W/S/A/D 키를 이용하여 상승/하강/좌회전/우회전 시켜본다. 일회전시 회전각을 바꾸려면 'Control Pannel' 의 우측에 배치된 슬라이드 바를 움직여 회전값을 정하고 'Reset Degree' 버튼을 클릭하여 설정한다. 이동거리를 변경하고자 할 경우는 좌측의 슬라이드 바를 움직여 거리를 정하고 'Reset Distance' 버튼을 클릭하여 설정하면 된다. Flip 버튼을 클릭하여 뒤집기 방향 메뉴창이 나타나면 각 뒤집기 방향의 버튼을 이용하여 뒤집기를 시켜본다. 마지막으로 'Land' 버튼을 클릭하여 착륙시키고 비디오 UI 창을 닫아 프로그램을 종료한다. 참고로 전체화면은 다음과 같이 보여진다.

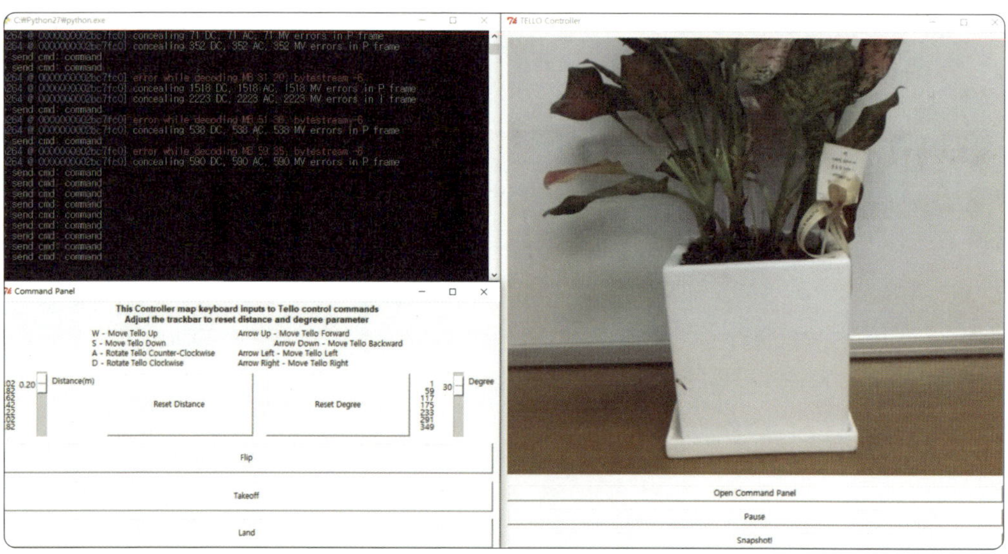

STEP 15 파이썬/스크립트를 이용한 텔로 에듀 군집비행 (~8+대)

01 이번 Step에서는 텔로 에듀의 대표적 특징 중의 하나인 군집비행에 대해서 알아보기로 한다. 여러 대의 기체가 공유기에 동시에 접속하고 같은 공유기에 접속한 PC와 파이썬 프로그램을 통해 여러 대의 기체를 동시에 컨트롤하여 군집비행(편대비행)을 구현해보는 단계이다.

02 여러 대의 텔로 에듀 군집(편대) 비행 컨트롤 예제 소스코드를 다운받기 위해 Multi-Tello-Formation github 홈페이지 접속하여 Clone or download 버튼을 눌러 Download ZIP 파일로 Multi-Tello-Formation-master.zip 압축파일을 다운받고 C:\telloedu> 폴더에 복사한 뒤 여기에 풀기로 압축해제 한다. 압축해제 후 Multi-Tello-Formation 폴더의 Tello-Swarm(.exe).zip 압축파일 역시 여기에 풀기로 압축해제 한다.

https://github.com/TelloSDK/Multi-Tello-Formation → clone or download → Download Zip 클릭 → Multi-Tello-Formation-master.zip 다운로드 → C:\telloedu> 폴더에 복사 → 여기에 풀기로 압축해제 → Tello-Swarm(.exe).zip 여기에 풀기로 압축해제

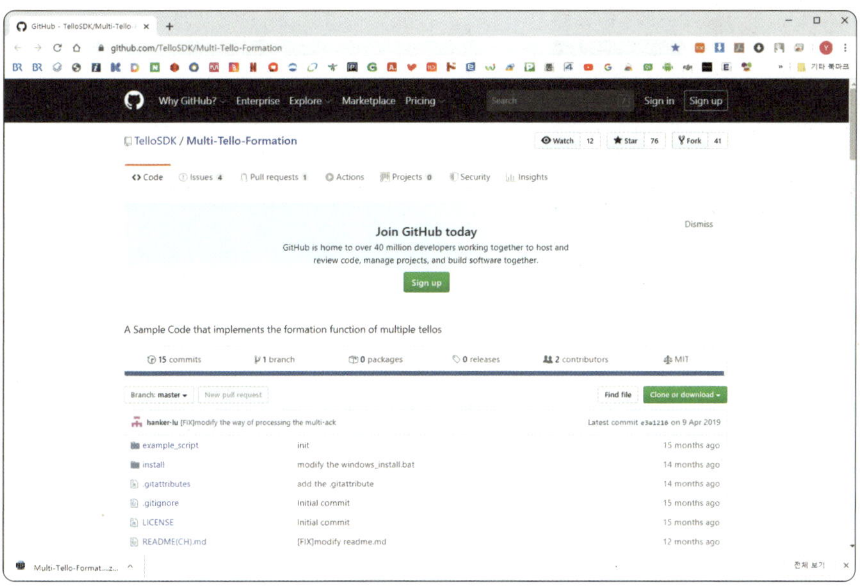

03 압축 해제 후 C:\telloedu> 폴더에 Mutli-Tello-Formation-master 라는 이름의 폴더가 생성되며 하부에 example_script, install 및 Tello-Swarm(.exe) 폴더를 볼 수 있다. example_script 폴더에는 군집비행용 예제 스크립트가 제공되어 있으며 install 폴더 하부에는 OS 별 설치용 배치 파일이 들어있다. Windows 폴더의 windows_install.bat 파일을 실행하면 python 2.7 버전과 필요한 관련 모듈의 설치가 진행된다. 9 Step의 파이썬/모듈설치를 진행한 경우라면 이미 설치가 되어있다고 나오므로 따로 설치를 하지 않아도 무방하다. Tello-Swarm(.exe) 폴더에는 ap_setup 폴더와 multi_tello_test 폴더가 있는데 각각 접속모드 변경과 군집비행 수행 실행파일 버전이 들어있다.

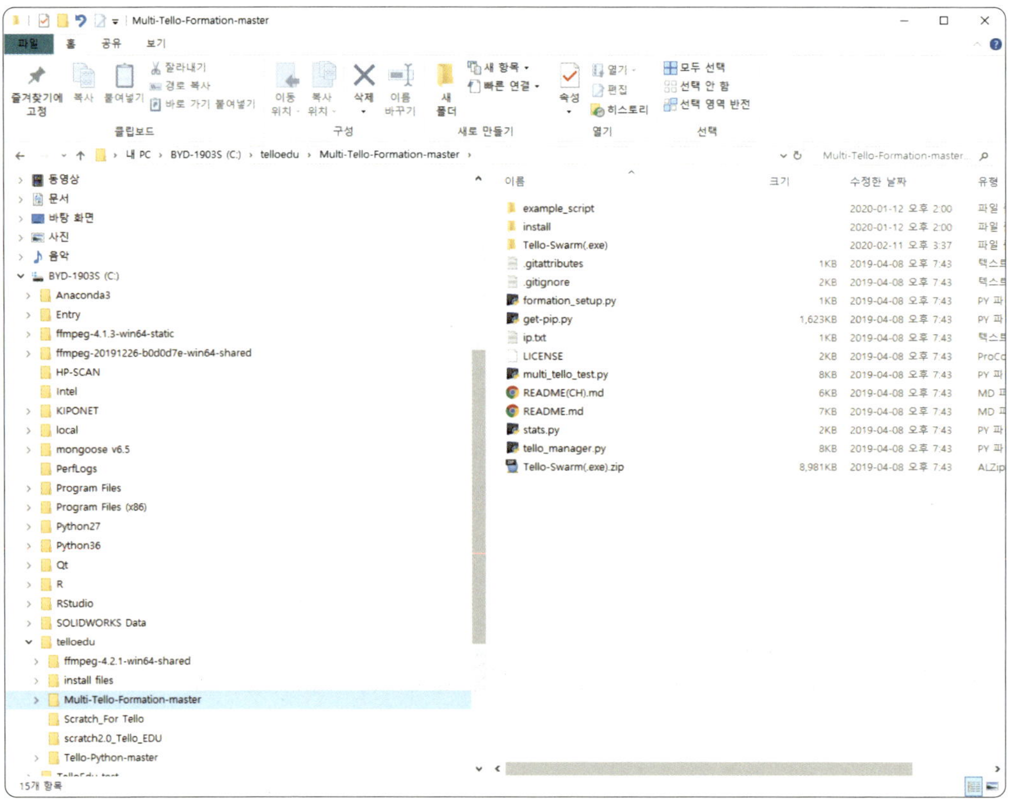

04 또한 Multi-Tello-Formation-master 폴더에는 formation_setup.py, multi_tello_test.py, tello_manager.py, stats.py 등 여러 파일을 볼 수 있다. 이중 formation_setup.py 파이썬 파일은 기체의 접속모드를 AP 접속모드에서 Station 모드로 변경해주는 파일이고 multi_tello_test.py 파이썬 파일은 미리 짜여진 비행 스크립트를 읽어 샐행시키는 군집비행 수행 파일이다.

05 파이썬이 설치되어 있지 않는 경우라면 먼저 9 Step의 절차에 따라 파이썬/모듈의 설치 및 환경설정을 해주도록 한다. 파일 설치 후 파이썬과 군집비행에 필수적인 netiface, netaddr 모듈의 설치여부를 커맨드창을 열어 다음과 같이 확인해보아야 한다. 별다른 에러없이 실행이 된다면 정상적으로 모듈이 설치된 것이다.

```
C:\>telloedu>python
>>>import netifaces
>>>import netaddr
```

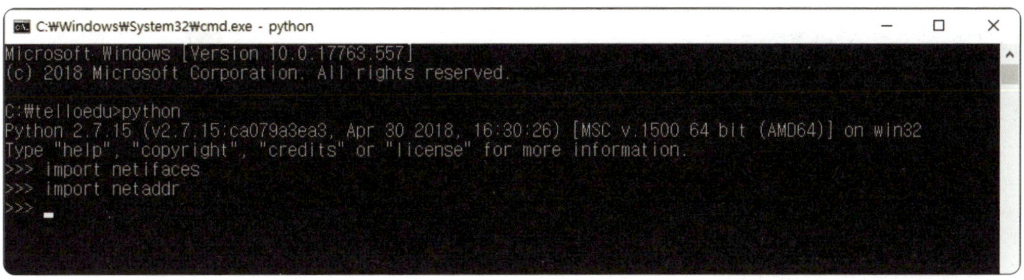

06 군집비행 관련 파일의 설치 다음으로 해줘야 할 일은 모든 기체의 접속모드를 직접 접속모드(AP 접속모드)에서 공유기를 통한 접속모드(Station 모드)로 변경하는 것이다. 접속모드 변경은 10 Step과 같이 기체 한 대씩 텔로 에듀의 Wifi에 접속한 뒤 파이썬(formation_setup.py), 패킷 센더(ap SSID PW) 또는 실행파일(ap_setup.exe)을 이용하여 바꿔주도록 한다. 다음은 패킷 센더를 이용한 방법이다. 먼저 command 명령어를 보내 SDK 모드에 진입하고 다음으로 AP 명령어를 전송하여 접속모드를 변경한다.

Name → command

ASCII → command

Address → 192.168.10.1

Port → 8889

TCP → UDP

Save 버튼

Send 버튼

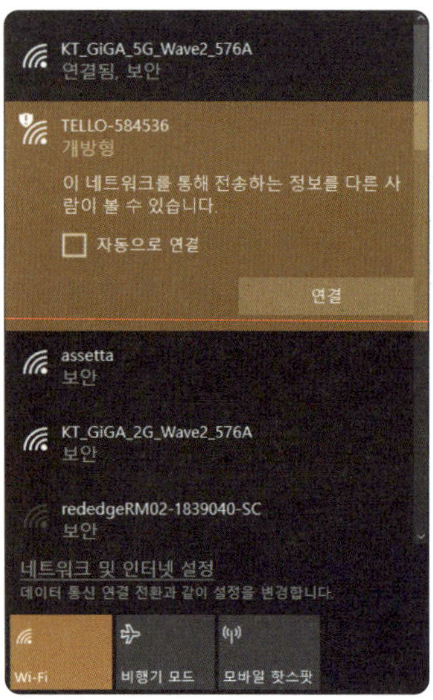

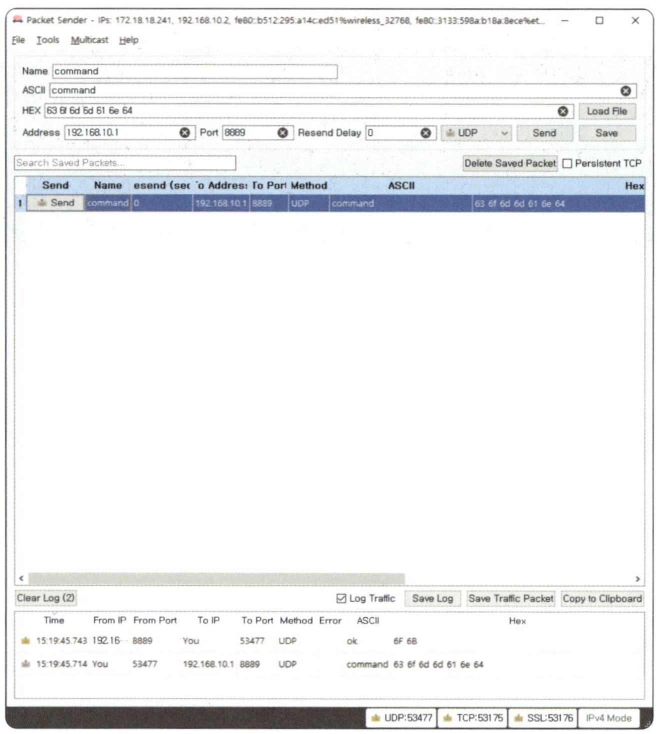

Name → AP

ASCII → ap SSID PW ← 군집비행에 사용할 공유기의 네트워크 이름, 암호

Address → 192.168.10.1

Port → 8889

TCP → UDP

Save 버튼

Send 버튼

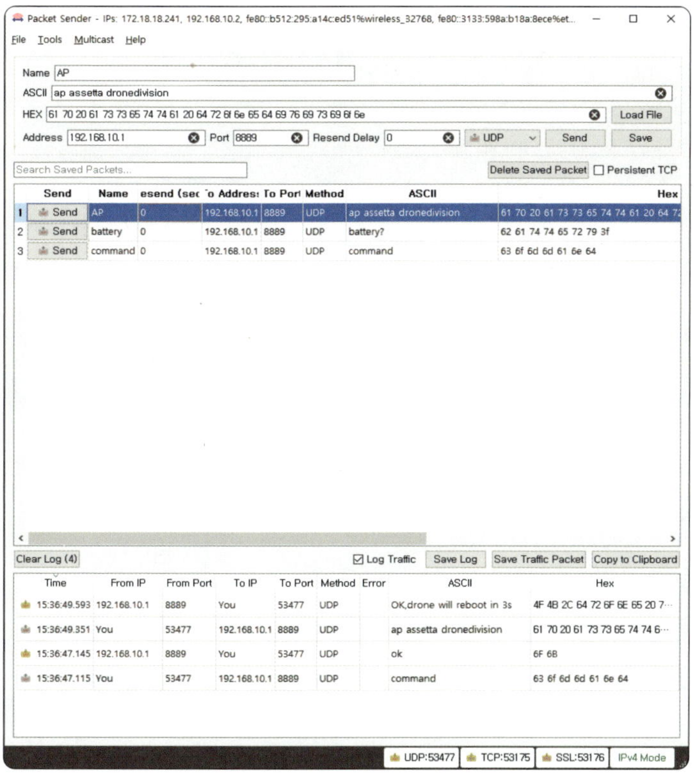

07 다음은 13 Step **03** ~ **04** 의 방법과 같이 각각의 기체에 대해 접속모드를 변경하고 전원을 킨 상태에서 기체의 공유기 접속여부를 확인하고 접속이 확인되지 않는 경우 등 필요시 아래와 같이 무선채널과 채널크기 등 공유기 설정을 변경해주도록 한다(ipTime 공유기 기준). 간섭의 우려가 있으므로 공유기는 전용으로 준비하여 가급적 다른 디바이스와 같이 사용하지 않는 것이 좋다.

관리도구 → 기본설 정 → 무선설정/보안 → 2.4GHz 기본 무선네트워크 → 채널 → 11 로 변경

관리도구 → 기본설정 → 무선설정/보안 → 2.4GHz 무선네트워크 고급설정탭 → 모드채널크기 → BGN 20MHz

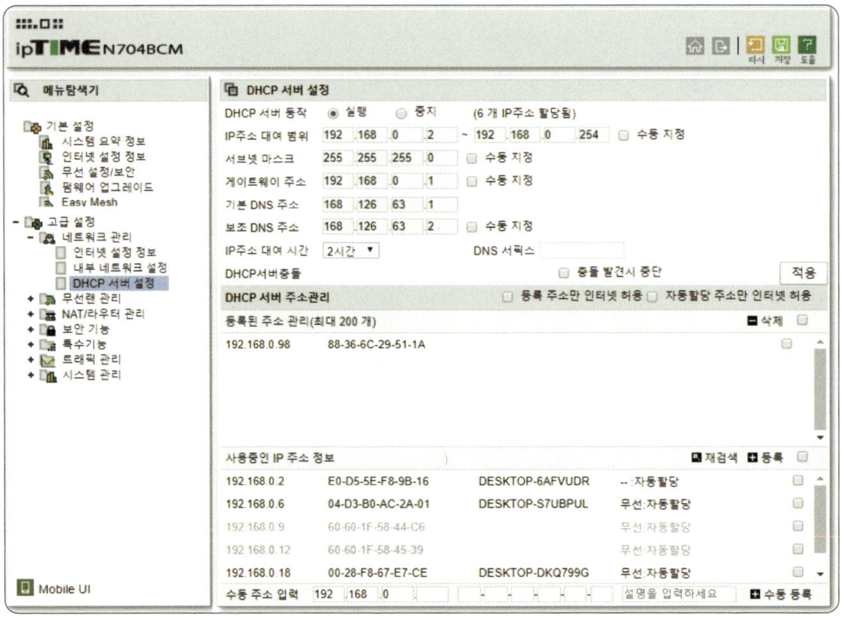

08 프로그램 설치와 접속모드 변경 및 기체의 공유기 접속 여부를 확인하였으면 다음은 군집비행을 수행하는 스크립트 파일의 작성에 대해 알아보기로 한다. Multi-Tello-Formation-master 하부폴더인 example_script 폴더를 보면 test_for_1.txt, test_for_2.txt, test_for_3.txt 및 test_for_7.txt 파일을 볼 수 있는데 각각 1대, 2대, 3대 및 7대의 텔로 에듀를 군집비행 시키는 비행플랜 스크립트의 예제이며 Multi-Tello-Formation-master 폴더의 군집비행 수행 파이썬 파일인 mult_tello_test.py 와 실행파일 버전인 multi_tetllo.exe 파일의 입력 데이터에 해당한다.

09 스크립트 작성시 용이하도록 보유한 모든 기체의 시리얼 넘버, Wifi SSID, MAC 어드레스를 아래처럼 기록해두면 편리하다. MAC 어드레스는 공유기 설정정보에서 확인 가능하며 이를 통해 공유기에 접속한 개별 기체를 구분할 수 있다. 시리얼 넘버는 기체 포장박스 또는 기체에 기입되어 있고 패킷센더에서 command 명령 전송 후 sn?을 전송하여 회신되는 시리얼 넘버를 확인할 수도 있다.

TelloEdu-기체데이터.txt - 메모장

파일(F) 편집(E) 서식(O) 보기(V) 도움말

```
SN
1=0TQDG75EDBCPN6
2=0TQDG7REDBNCD6
3=0TQDG7REDBL79F
4=0TQDG7REDB6SWU
5=0TQDG7REDBSU92
6=0TQDG7REDB7T36
7=0TQDG7REDB4825
8=0TQDG6JEDBB4TD

Wifi
1 TELLO-57CF9F
2 TELLO-584522
3 TELLO-5844C6
4 TELLO-58454B
5 TELLO-584536
6 TELLO-584455
7 TELLO-584539
8 TELLO-57B5C3

MAC
1 60-60-1F-57-CF-9F
2 60-60-1F-58-45-22
3 60-60-1F-58-44-C6
4 60-60-1F-58-45-4B
5 60-60-1F-58-45-36
6 60-60-1F-58-44-55
7 60-60-1F-58-45-39
8 60-60-1F-57-B5-C3
```

10 입력 파일인 스크립트 파일 예제를 통해 군집비행 스크립트 작성법에 대해 알아보도록 한다. 2대의 기체를 군집비행 시키는 스크립트 예제와 명령어 구성은 다음과 같다. 참고로 스크립트 명령어는 파이썬 언어용이며 SDK 명령어를 사용하므로 SDK 모드에서 15초간 아무런 명령이 입력되지 않으면 자동착륙하는 규칙이 똑같이 적용되므로 스크립트 작성시 주의해야 한다.

test_for_2s.txt - 메모장

파일(F) 편집(E) 서식(O) 보기(V) 도움말

```
scan 2
battery_check 30
correct_ip
1=0TQDG75EDBCPN6
2=0TQDG7REDBNCD6
*>mon
*>takeoff
sync 15
1>go 60 0 100 60 m1
2>go 60 0 100 60 m2
sync 15
1>flip b
2>flip b
sync 15
1>go 0 0 100 60 m1
2>go 0 0 100 60 m2
sync 15
1> cw 360
2> ccw 360
sync 15
*>land
```

scan 2 // 공유기에 연결된 텔로 에듀 (대수) 탐색 명령 (현재 2대) // 는 코멘트

battery_check 30 // 모든 기체의 배터리 잔량 체크 (기준보다 낮으면 비행 취소)

correct_ip // 공유기에 연결된 기체의 시리얼 넘버 및 기체 번호 할당

1=0TQDG75EDBCPN6 // 시리얼 넘버 0TQDG75EDBCPN6 텔로를 1번 기체로 할당

2=0TQDG7REDBNCD6 // 시리얼 넘버 0TQDG7REDBNCD6 텔로를 2번 기체로 할당

*>mon // 모든 기체 미션패드 모니터링 on

*>takeoff // 모든 기체 이륙

sync 15 // sync 명령어 뒤의 개별 기체들의 동작이 완료될 때까지 다음 동작 최대 대기시간 (15초)

1>go 60 0 100 60 m1 // 1번 기체: 미션 패드 1 기준 x=60, y=0, z=100 좌표로 이동, speed=60

2>go 60 0 100 60 m2 // 2번 기체: 미션 패드 2 기준 x=60, y=0, z=100 좌표로 이동, speed=60

```
// sync 15 뒤의 1>go 와 2>go 명령은 동시에 수행됨
// 모든 기체의 동작이 완료되면 대기가 종료되면서 다음 명령 수행
// 개별 기체들의 동작이 완료된 후 다음 동작의 시작을 통일하는 기능

sync 15 // 개별 기체의 동작 완료시 까지 다음 동작 대기시간, 1>flip 2>flip 는 동시 수행
1>flip b // 1번 기체: 뒤로 뒤집기
2>flip b // 2번 기체: 뒤로 뒤집기

sync 15 // 개별 기체의 동작 완료시 까지 다음 동작 대기시간, 1>go 2>go 는 동시 수행
1>go 0 0 100 60 m1 // 1번 기체: 미션 패드 1 기준 x=0, y=0, z=100 좌표로 이동, speed=60
2>go 0 0 100 60 m2 // 2번 기체: 미션 패드 2 기준 x=0, y=0, z=100 좌표로 이동, speed=60

sync 15 // 개별 기체의 동작 완료시 까지 다음 동작 대기시간, 1>cw 2>ccw 는 동시 수행
1> cw 360 // 1번 기체: 시계방향 360도 회전
2> ccw 360 // 2번 기체: 반시계방향 360도 회전

sync 15 // 개별 기체의 동작 완료시 까지 다음 동작 대기시간, *>land 는 전기체 동시 수행
*>land // 모든 기체 착륙
```

11 메모장을 열어 **10** 의 군집비행 스크립트와 같이 스크립트 예제 파일을 작성하고 test_for_2s.txt 로 저장한다. 스크립트 파일은 군집비행 수행 파이썬 파일 또는 실행파일과 같은 폴더에 있어야 하므로 군집비행 수행 파이썬 파일 multi_tello_test.py가 있는 C:\telloedu\Multi-Tello-Formation-master> 폴더로 복사하거나 실행파일 multi_tello.exe 가 있는 multi_tello_test 폴더로 복사한다. 실행파일 버전인 multi_tello.exe를 이용하여 군집비행을 수행하는 경우에는 입력 스크립트 파일의 이름을 Tello_EDU_CMD.txt 로 변경해 주어야 한다.

12 군집비행을 수행하기 전에 먼저 텔로 에듀와 미션패드를 준비한다. 주변의 공간과 전 기체의 배터리 잔량을 충분히 확보한 뒤 기체 간격은 약 1m 정도로 유지하고 스크립트에 사용된 미션패드를 평평한 바닥에 배치하고 미션패드와 대응되는 기체를 올려놓는다. 이때 미션패드 숫자와 방향에 주의해야 한다. 미션패드의 로켓 모양이 전방을 나타내고 미션패드 별로 씌어있는 숫자는 미션패드 ID 이므로 스크립트에 작성한 내용과 일치해야 한다. 또한 군집비행에 사용하고자 하는 기체의 시리얼 넘버와 스크립트에 사용된 시리얼 넘버가 일치해야 한다. 미션패드의 모양과 좌표계는 다음과 같다.

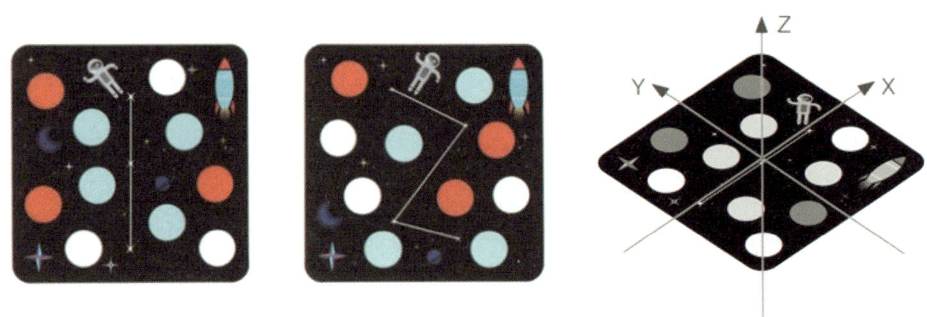

13 전 기체의 접속모드 변경과 군집비행 스크립트 파일을 준비하였으면 예제를 실행시켜 군집비행을 테스트 해보기로 한다. 먼저 전 기체의 전원을 켜고 노란색 LED가 점멸하며 대기상태에 놓이게 되면 PC 역시 같은 공유기 네트워크(SSID)에 접속하여 공유기 설정에서 모든 기체의 접속여부를 확인하고 탐색기에서 Multi-Tello-Formation-master 폴더로 이동한 뒤 주소창에서 cmd.을 입력하고 커맨드창을 열어 다음과 같은 명령으로 군집비행을 수행한다. 또는 실행파일이 있는 multi_tello_test 폴더로 이동하여 multi_tello.exe 더블클릭하여 실행시킨다. 이 경우 군집비행 실행파일 버전 폴더에도 역시 스크립트 파일을 복사해야 한다. 프로그램을 실행하면 아래와 같은 화면이 나타나게 된다.

C:\telloedu\Multi-Tello-Formation-master>python multi_tello_test.py test_for_2s.txt

또는

탐색기 C:\telloedu\Multi-Tello-Formation-master\Tello-Swarm(.exe)\multi_tello_test>
폴더에서 multi_tello.exe 더블 클릭

```
C:\Windows\System32\cmd.exe
Microsoft Windows [Version 10.0.17763.557]
(c) 2018 Microsoft Corporation. All rights reserved.

C:\telloedu\Multi-Tello-Formation-master>python multi_tello_test.py test_for_2s.txt
[Start_Searching]Searching for 2 available Tello...

[Still_Searching]Trying to find Tello in subnets...

[Found_Tello]Found Tello.The Tello ip is:192.168.0.7

[Single_Response]----Single_Receive----IP:192.168.0.7----Response:   ok ----

[Found_Tello]Found Tello.The Tello ip is:192.168.0.12

[Single_Response]----Single_Receive----IP:192.168.0.12----Response:   ok ----

[Single_Command]----Single_Send----IP:192.168.0.7----Command:   battery?
[Single_Command]----Single_Send----IP:192.168.0.12----Command:   battery?

[Single_Response]----Single_Receive----IP:192.168.0.7----Response:   68
 ----

[Single_Response]----Single_Receive----IP:192.168.0.12----Response:   76
 ----

[Battery_Show]show drone battery: 68  ip:192.168.0.7

[Battery_Show]show drone battery: 76  ip:192.168.0.12

[Battery_Enough]Pass battery check

[Single_Command]----Single_Send----IP:192.168.0.7----Command:   sn?
```

14 실행시 노란색으로 점멸하던 LED가 초록색 혹은 보라색으로 바뀌고 커맨드창에 상태 메시지가 보이면서 기체가 미리 작성한 스크립트에 따라 군집비행을 수행함을 볼 수 있다. 참고로 군집비행 명령 전송 후 네트워크 스캔 등의 이유로 5~10초 정도의 시간이 소요됨에 유의하자. 다음은 2대 텔로 에듀를 이용한 군집비행 장면과 실행 종료 후 커맨드창 화면이다.

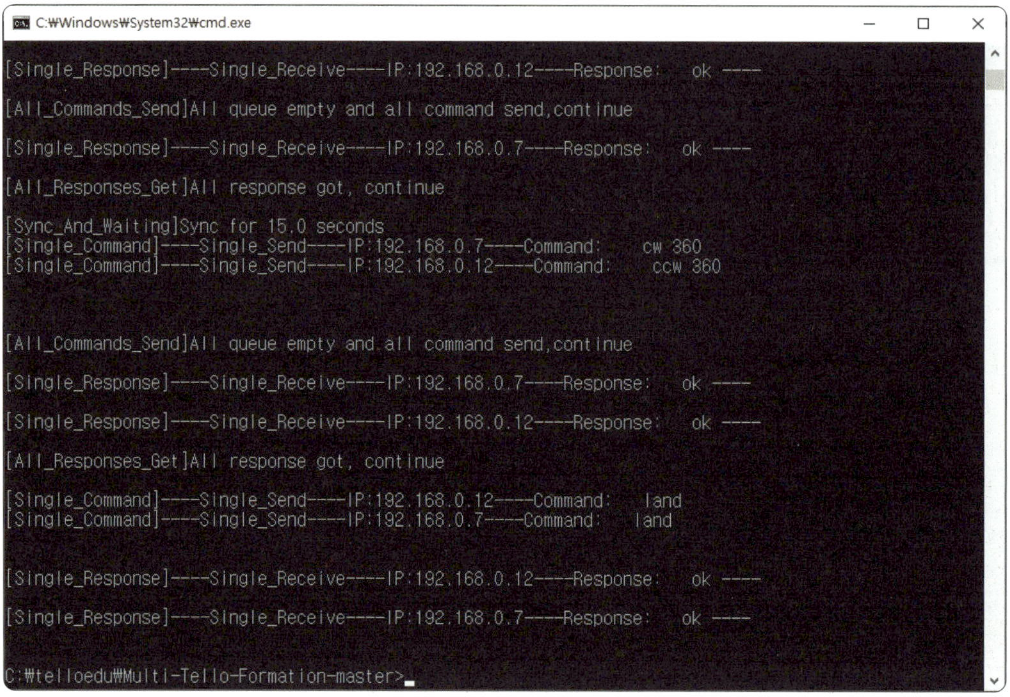

15 위와 마찬가지 방법으로 2대 이상의 텔로 에듀를 이용한 군집비행을 수행할 수 있으며 아래 사진은 8대의 텔로 에듀를 이용하여 약 4분간 군집비행을 수행한 예이다. 기체 대수가 증가할수록 기체간 간섭의 영향을 줄이기 위한 기체의 안정화가 필수적이며 15초 자동착륙 규칙을 회피하기 위한 고려와 충분한 배터리 잔량 확보에 신경을 써야한다. 기체 안정화 방법은 **1 Step**의 기체 안정화 방법을 참고하기 바란다.

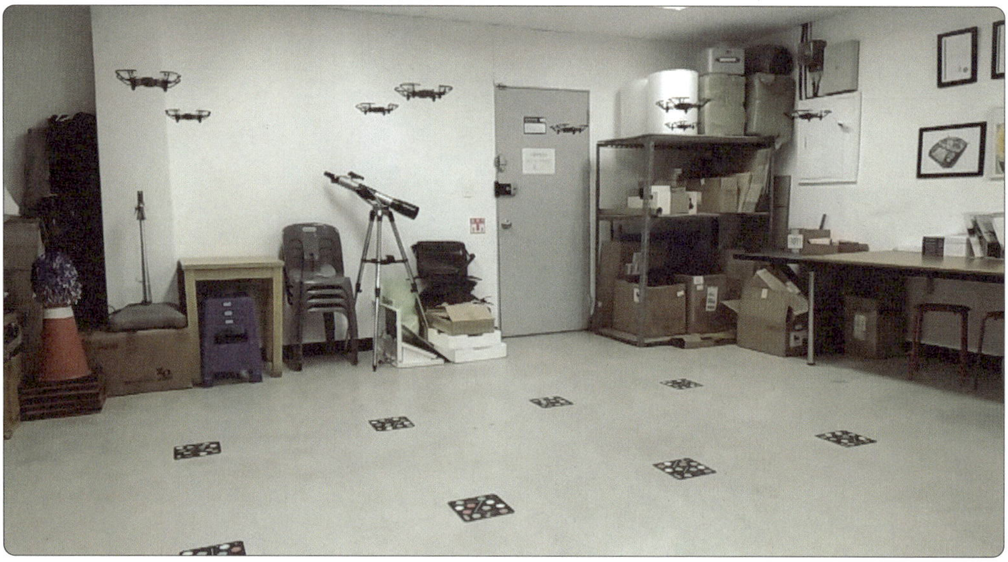

STEP 16 파이썬을 이용한 텔로 에듀 동작인식 및 컨트롤

01 텔로 에듀의 특징 중 하나이며 놀라운 점은 비전센서와 인텔사의 14-코어 고성능 머신비전 프로세서인 Movidius Myriad 2 VPU(Vision Processing Unit)가 탑재되어 화상처리에 의한 컴퓨터 비전과 AI(인공지능)을 활용하여 다양한 응용분야에 대한 개발과 고급과정의 코딩 프로그램 학습이 가능하다는 것이다. 이번 Step에서는 텔로 에듀 제작사에서 제공하는 파이썬 기반 동작인식/컨트롤 예제 프로그램을 이용하여 텔로 에듀의 동작인식 및 컨트롤에 대하여 살펴보기로 한다.

02 이번 Step에서 살펴볼 파이썬 기반의 동작인식 예제는 미국 카네기멜론 공대에서 개발한 OpenPose 알고리즘에 기초하여 머신러닝의 Caffe 학습모델과 오픈소스 화상처리 라이브러리 패키지인 OpenCV를 기반으로 구성된 얼굴, 손, 신체 동작의 움직임을 추적해주는 API(라이브러리)와 트레이닝된 학습결과를 활용한다. OpenPose를 활용하면 정확하지는 않더라도 대체적으로 신체부위의 검출이 가능하여 제스처 컨트롤 같은 응용분야에 활용될 수 있다. 참고로 OpenPose의 구조는 다음과 같다.

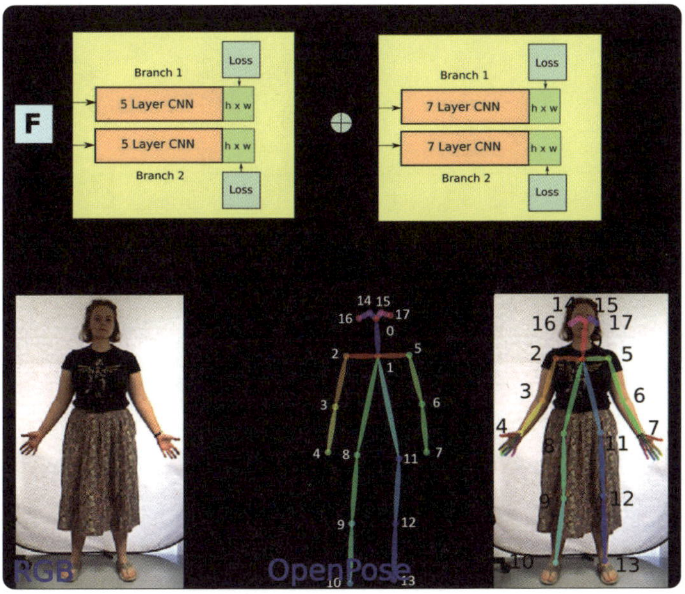

03 파이썬 기반의 동작인식/컨트롤 예제는 다음의 Tello-Python github 홈페이지에서 다운받을 수 있다. 기존에 11 Step의 단일 텔로 에듀 컨트롤과 14 Step의 텔로 에듀 비디오 스트림/동작 컨트롤에서 다운받은 Tello-Python-master.zip과 같은 압축파일 안에 포함되어 있다. 압축해제 뒤 생성된 Tello-Python-master 폴더의 하부 폴더를 살펴보면 Single_Tello_Test, Tello_Video, Tello_Video_With_Pose_Recognition 등의 폴더를 볼 수 있는데 이중 Tello_Video_With_Pose_Recognition 폴더에 동작인식/컨트롤 예제 패키지가 담겨 있다.

https://github.com/dji-sdk/Tello-Python → clone or download 버튼클릭 → Download Zip → Tello-Python-master.zip 다운로드 → C:\telloedu> 폴더에 복사 → 여기에 풀기로 압축해제

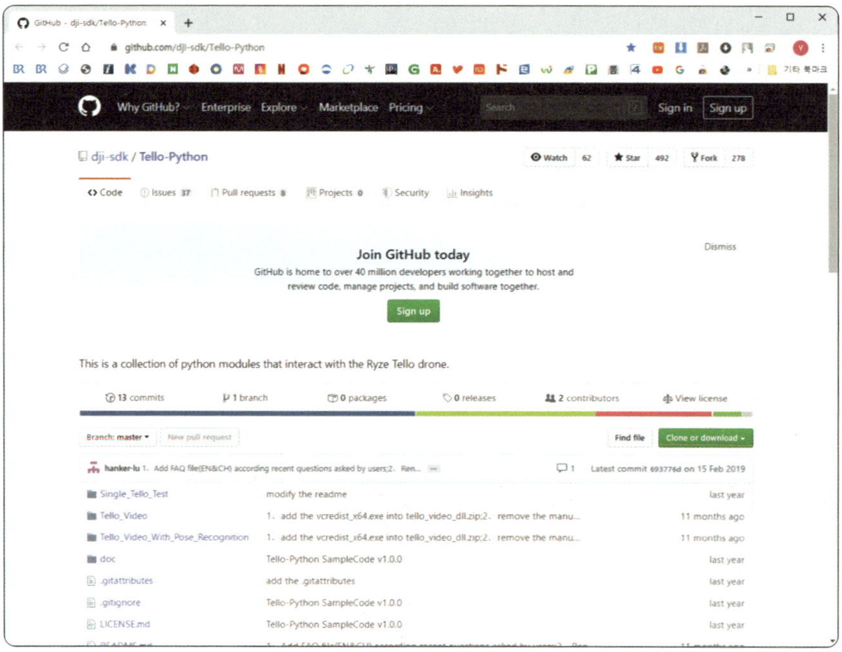

04 파이썬 기반의 동작인식/컨트롤 프로그램 설치는 Tello_Video_With_Pose_Recognition 폴더의 install 하부 폴더 Windows로 이동하여 install.bat 배치파일을 실행하면 된다 **14 Step 03** 단계와 마찬가지 방법으로 패키지와 비디오 라이브러리를 설치해주면 된다.

탐색기에서 C:\telloedu\Tello-Python-master\Tello_Video_With_Pose_Recognition\install\Windows\install.bat 배치파일 더블 클릭

```
C:₩Windows₩System32₩cmd.exe
 Python 2.7 is no longer maintained. A future version of pip will drop support for Python 2.7. More det
ails about Python 2 support in pip, can be found at https://pip.pypa.io/en/latest/development/release-p
rocess/#python-2-support
Non-user install because site-packages writeable
Created temporary directory: c:₩users₩nuori-hs₩appdata₩local₩temp₩pip-ephem-wheel-cache-z_knlj
Created temporary directory: c:₩users₩nuori-hs₩appdata₩local₩temp₩pip-req-tracker-yxkjuu
Initialized build tracking at c:₩users₩nuori-hs₩appdata₩local₩temp₩pip-req-tracker-yxkjuu
Created build tracker: c:₩users₩nuori-hs₩appdata₩local₩temp₩pip-req-tracker-yxkjuu
Entered build tracker: c:₩users₩nuori-hs₩appdata₩local₩temp₩pip-req-tracker-yxkjuu
Created temporary directory: c:₩users₩nuori-hs₩appdata₩local₩temp₩pip-install-wqeuic
Requirement already satisfied: opencv-python==3.4.2.17 in c:₩python27₩lib₩site-packages (3.4.2.17)
Requirement already satisfied: numpy>=1.11.1 in c:₩python27₩lib₩site-packages (from opencv-python==3.4.
2.17) (1.16.5)
Cleaning up...
Removed build tracker: 'c:₩₩users₩₩nuori-hs₩₩appdata₩₩local₩₩temp₩₩pip-req-tracker-yxkjuu'
------------------------------------------------------------------
                    Downloading pillow
------------------------------------------------------------------
DEPRECATION: Python 2.7 reached the end of its life on January 1st, 2020. Please upgrade your Python as
 Python 2.7 is no longer maintained. A future version of pip will drop support for Python 2.7. More det
ails about Python 2 support in pip, can be found at https://pip.pypa.io/en/latest/development/release-p
rocess/#python-2-support
Requirement already satisfied: pillow in c:₩python27₩lib₩site-packages (6.2.1)
------------------------------------------------------------------
                    Copying dependencies
------------------------------------------------------------------
extract₩ffmpeg-20180825-844ff49-win64-shared₩bin₩
"c:₩local₩boost_1_68_0₩lib64-msvc-12.0₩boost_python27-vc120-mt-x64-1_68.dll"
..₩..₩h264decoder₩windows₩x64
파일을 찾을 수 없습니다-*.dll
0개 파일이 복사되었습니다.
C:₩local₩boost_1_68_0₩lib64-msvc-12.0₩boost_python27-vc120-mt-x64-1_68.dll
1개 파일이 복사되었습니다.
..₩..₩h264decoder₩windows₩x64₩libh264decoder.pyd
1개 파일이 복사되었습니다.
------------------------------------------------------------------
                    Installation done.
------------------------------------------------------------------
계속하려면 아무 키나 누르십시오 . . .
```

05 프로그램과 라이브러리 패키지 설치 후 **14 Step 04** 와 마찬가지로 Tello-Python-master 폴더에 있는 비디오 관련 라이브러리 압축파일 tello_video_dll(ForWin64).zip을 여기에 풀기로 해제하고 생성된 tello_video_dll 폴더 하부의 *.dll, *.pyd, *.exe 등 모든 파일을 파이썬 라이브러리 폴더 즉 C:\Python27\Lib\site-packages>에 복사한다. **14 Step**에서 같은 작업을 이미 수행하였으면 생략하여도 상관없다.

06 다음으로 동작인식에 활용하기 위해 머신러닝 Caffe 학습모델에 의해 트레이닝을 마친 학습결과를 다운받도록 한다. Tello_Video_With_Pose_Recognition 폴더 하부의 model 폴더로 이동하여 getModels.bat 배치파일을 실행하면 아래와 같은 메시지가 나타나며 파일이 다운로드 된다. 다운이 되지않을 때는 탐색기를 관리자 권한으로 열어 다시 실행해본다. 또는 다음의 홈페이지 https://github.com/CMU-Perceptual-Computing-Lab/openpose 를 통해 다운받을 수 있다. 학습결과 파일은 약 200MB 정도이므로 네트워크 상태에 따라 다소 시간이 걸릴 수도 있으며 다운로드가 종료되면 model 폴더의 pose 하부 폴더 mpi 폴더에 pose_iter_160000.caffemodel 이라는 학습결과 파일이 다운로드된 것을 볼 수 있다.

탐색기 C:\telloedu\Tello-Python-master\Tello_Video_With_Pose_Recognition\model> 에서 getModels.bat 배치파일 더블 클릭

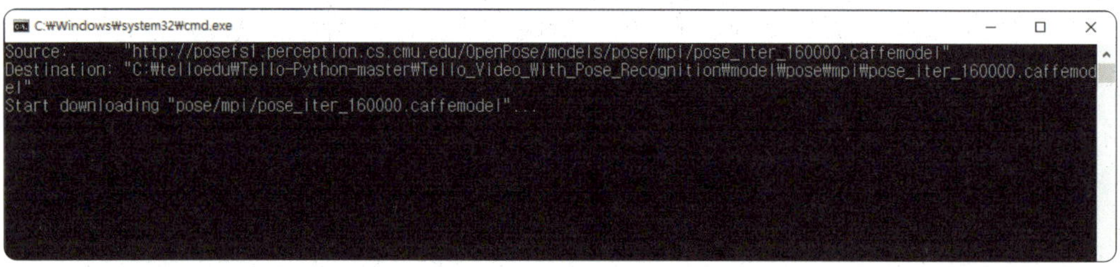

또는

https://github.com/CMU-Perceptual-Computing-Lab/openpose → clone or download 버튼클릭 → Download Zip → openpose-master.zip 다운로드 → C:\telloedu> 폴더에 복사 → 여기에 풀기로 압축해제 → 탐색기 C:\telloedu\openpose-master\models\getModels.bat 배치파일 더블 클릭 → C:\telloedu\openpose-master\models\pose\mpi\pose_iter_160000.caffemodel 학습모델 다운로드 → C:\telloedu\Tello-Python-master\Tello_Video_With_Pose_Recognition\model\pose\mpi> 폴더에 복사

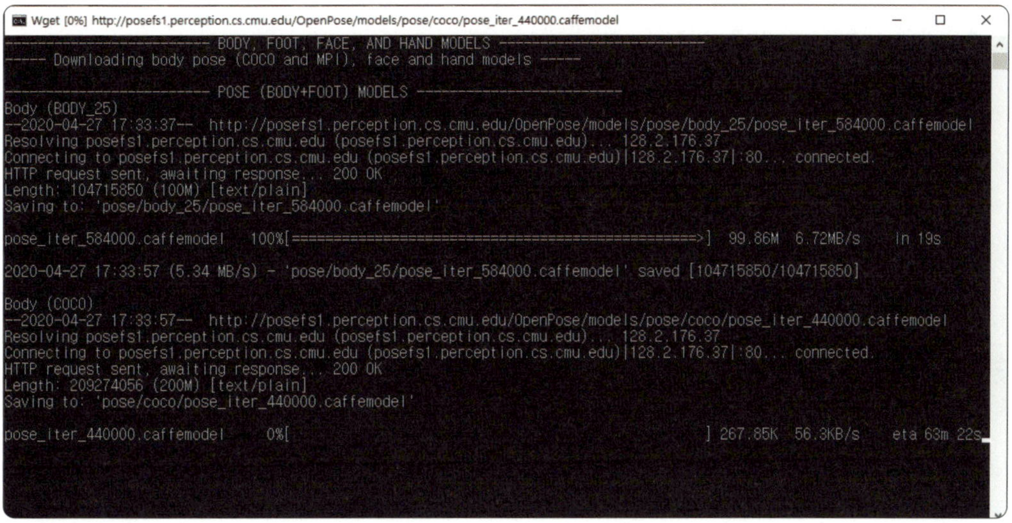
Wget [0%] http://posefs1.perception.cs.cmu.edu/OpenPose/models/pose/coco/pose_iter_440000.caffemodel
------------------------ BODY, FOOT, FACE, AND HAND MODELS ------------------------
----- Downloading body pose (COCO and MPI), face and hand models -----
------------------------ POSE (BODY+FOOT) MODELS ------------------------
Body (BODY_25)
--2020-04-27 17:33:37-- http://posefs1.perception.cs.cmu.edu/OpenPose/models/pose/body_25/pose_iter_584000.caffemodel
Resolving posefs1.perception.cs.cmu.edu (posefs1.perception.cs.cmu.edu)... 128.2.176.37
Connecting to posefs1.perception.cs.cmu.edu (posefs1.perception.cs.cmu.edu)|128.2.176.37|:80... connected.
HTTP request sent, awaiting response... 200 OK
Length: 104715850 (100M) [text/plain]
Saving to: 'pose/body_25/pose_iter_584000.caffemodel'
pose_iter_584000.caffemodel 100%[==>] 99.86M 6.72MB/s in 19s
2020-04-27 17:33:57 (5.34 MB/s) - 'pose/body_25/pose_iter_584000.caffemodel' saved [104715850/104715850]
Body (COCO)
--2020-04-27 17:33:57-- http://posefs1.perception.cs.cmu.edu/OpenPose/models/pose/coco/pose_iter_440000.caffemodel
Resolving posefs1.perception.cs.cmu.edu (posefs1.perception.cs.cmu.edu)... 128.2.176.37
Connecting to posefs1.perception.cs.cmu.edu (posefs1.perception.cs.cmu.edu)|128.2.176.37|:80... connected.
HTTP request sent, awaiting response... 200 OK
Length: 209274056 (200M) [text/plain]
Saving to: 'pose/coco/pose_iter_440000.caffemodel'
pose_iter_440000.caffemodel 0%[ ] 267.85K 56.3KB/s eta 63m 22s

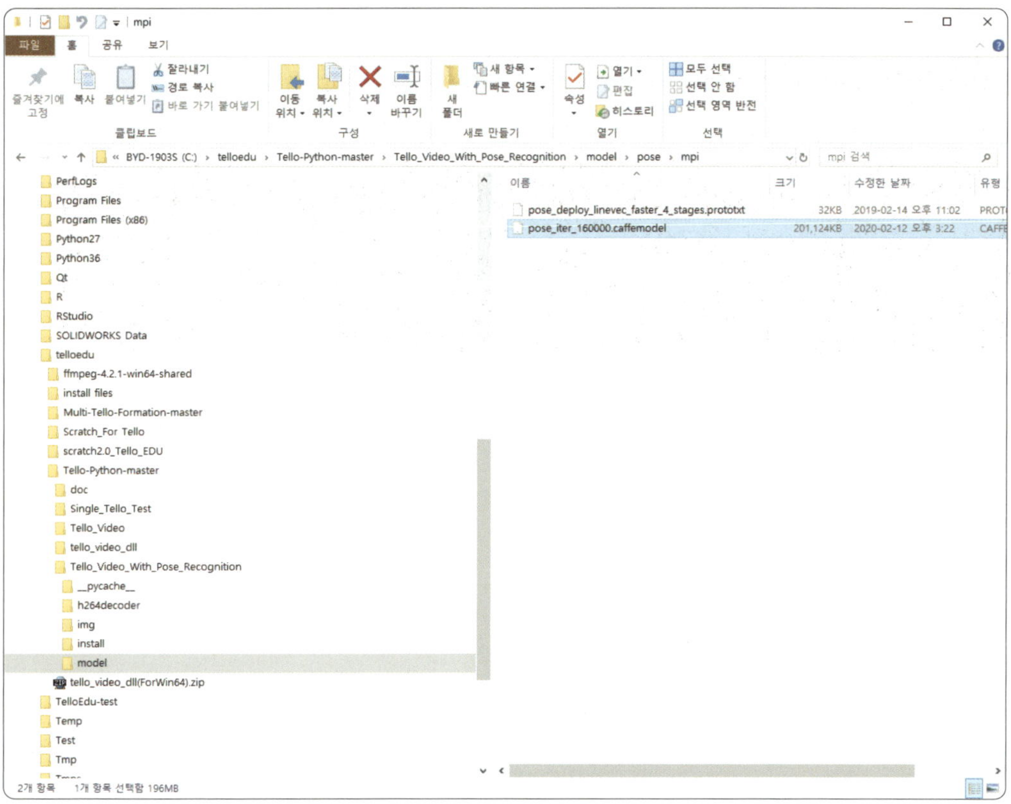
mpi
파일 홈 공유 보기
BYD-1903S (C:) › telloedu › Tello-Python-master › Tello_Video_With_Pose_Recognition › model › pose › mpi
PerfLogs
Program Files
Program Files (x86)
Python27
Python36
Qt
R
RStudio
SOLIDWORKS Data
telloedu
ffmpeg-4.2.1-win64-shared
install files
Multi-Tello-Formation-master
Scratch_For Tello
scratch2.0_Tello_EDU
Tello-Python-master
doc
Single_Tello_Test
Tello_Video
tello_video_dll
Tello_Video_With_Pose_Recognition
__pycache__
h264decoder
img
install
model
tello_video_dll(ForWin64).zip
TelloEdu-test
Temp
Test
Tmp
이름 크기 수정한 날짜 유형
pose_deploy_linevec_faster_4_stages.prototxt 32KB 2019-02-14 오후 11:02
pose_iter_160000.caffemodel 201,124KB 2020-02-12 오후 3:22
2개 항목 1개 항목 선택함 196MB

07 패키지, 비디오 라이브러리 및 머신러닝 학습결과 설치 완료 후 Tello_Video_With_Pose_Recognition 폴더로 이동하면 main.py, tello.py, tello_control_ui.py, tello_pose.py 등의 파일을 찾아볼 수 있다. main.py 파일은 실행되는 파이썬 프로그램 본체 파일이고 tello.py 는 텔로 조작용 클래스(라이브러리)이며 tello_control_ui.py 파일는 윈도우 표시를 해주는 클래스(라이브러리)이다. 또한 tello_pose.py 파일은 머신러닝으로 포즈를 인식하는 알고리즘 파일이다.

08 프로그램 설치 후 탐색기 Tello_Video_With_Pose_Recognition 폴더로 이동하여 탐색기 주소창에 cmd. 를 입력하여 커맨드창을 열고 다음의 명령으로 파이썬 동작인식 프로그램을 실행시켜 에러 없이 작동되는지 테스트 한다. 관련된 모듈이 모두 정상적으로 설치되어 다음과 같은 윈도우가 나타나면 프로그램의 동작에 문제가 없는 상태이다.

C:\telloedu\Tello-Python-master\Tello_Video_With_Pose_Recognition>python main.py

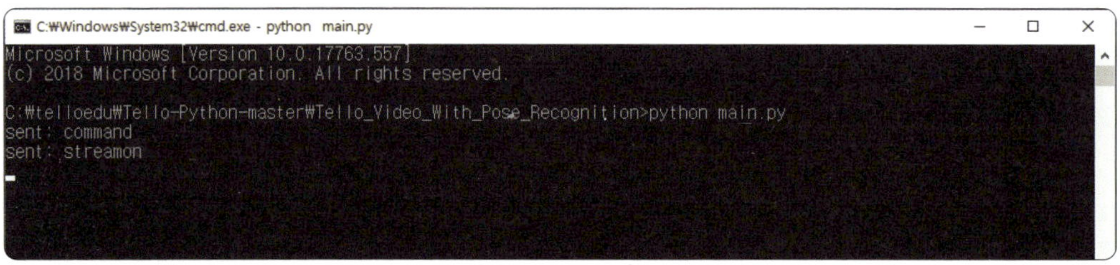

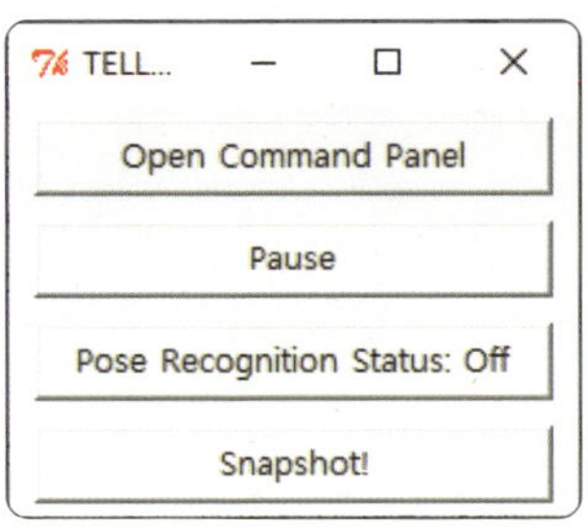

09 본 Step의 파이썬을 이용한 텔로 에듀의 동작인식/컨트롤 예제는 기체와 직접연결 되어 있어야하므로 접속모드를 AP 접속모드로 변경하는 것이 필요하다. 텔로 에듀의 접속모드가 공유기 접속모드 (Station 모드)일 경우에는 10 Step의 09 와 같이 Wifi(접속모드) 초기화 방법을 사용하여 AP 접속모드로 변경해준다. 방법은 텔로의 LED가 노란색으로 깜빡일 때 전원 버튼을 10초간 눌렀다가 전원이 자동으로 꺼지면 놓아서 재부팅되면 접속모드가 변경된다.

10 프로그램 테스트를 성공적으로 마쳤으면 텔로 에듀의 전원을 켜고 기체의 Wifi에 접속한 다음 C:\telloedu\Tello-Python-master\Tello_Video_With_Pose_Recognition> 폴더로 이동 후 탐색기 주소창에서 cmd. 를 입력하여 커맨드창을 열고 다음과 같이 파이썬 동작인식 예제 파일 main.py 를 실행시키거나 탐색기 창에서 main.py 파일을 더블클릭하여 실행시킨다.

커맨드창에서 C:\telloedu\Tello-Python-master\Tello_Video_With_Pose_Recognition>python main.py 실행

또는

탐색기에서 C:\telloedu\Tello-Python-master\Tello_Video_With_Pose_Recognition>main.py 더블 클릭

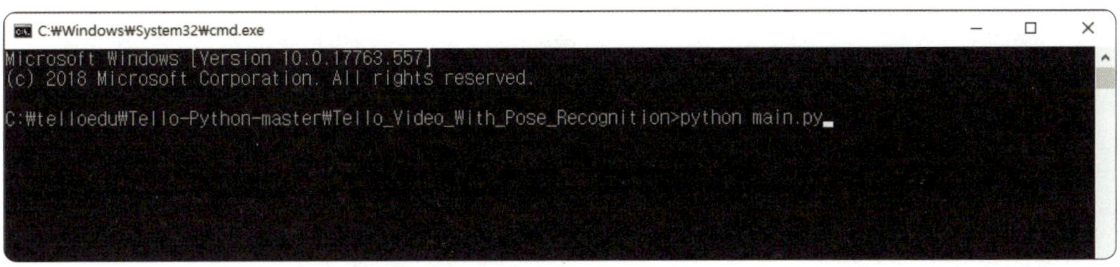

11 예제를 실행하면 다음과 같이 상태 표시창과 'Tello Controller' 라는 동작인식 UI 창이 나타나며 텔로 에듀의 비디오 스트림이 보여지게 된다.

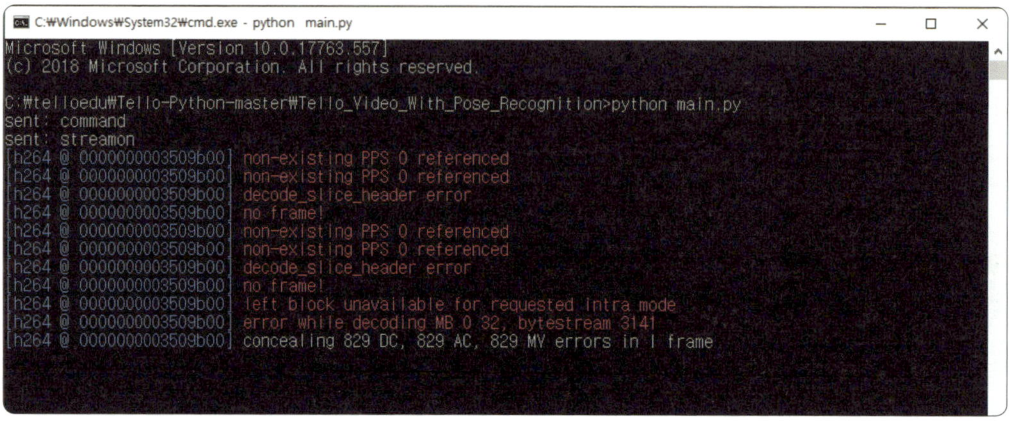

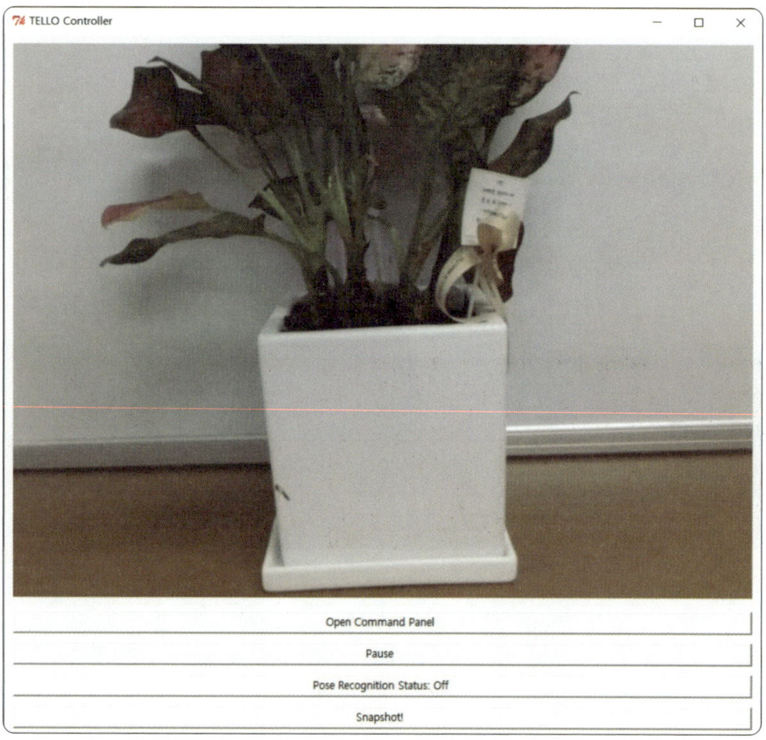

12 동작인식 UI 창에는 4가지 메뉴 버튼이 있는데 'Open Command Panel' 버튼을 클릭하면 다음과 같이 키보드로 기체를 컨트롤 할 수 있는 'Control Panel' 이 나타나게 되며 Pause 버튼은 비디오 송출을 중단 또는 시작할 수 있고 14 Step과 달리 'Pose Recognition Status Off' 라는 메뉴버튼이 추가된 것을 볼 수 있다. Snapshot 버튼은 마찬가지로 현재 장면을 Snapshot 으로 저장하게 된다.

13 'Command Panel' 에는 14 Step과 마찬가지로 기체 비행을 제어하는 키보드에 대한 설명과 한 번에 이동할 수 있는 거리 및 회전각도를 슬라이드바로 설정할 수 있는 설정 메뉴가 제공되며 뒤집기(Flip), 이륙, 착륙 메뉴가 배치되어 있다. 여기서 Flip 메뉴를 클릭하면 다시 뒤집기의 방향을 선택할 수 있는 세부 메뉴창이 나타나게 된다.

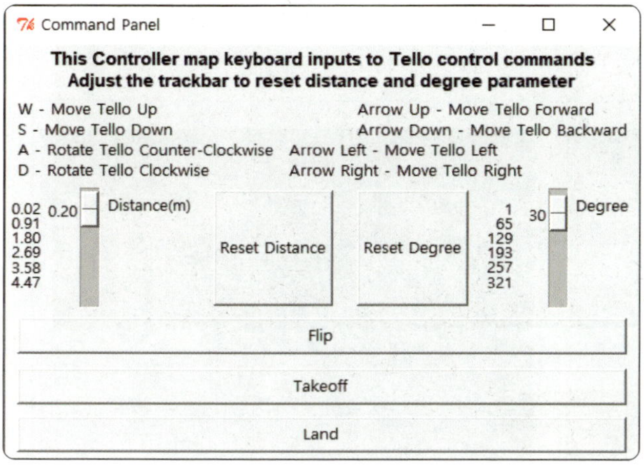

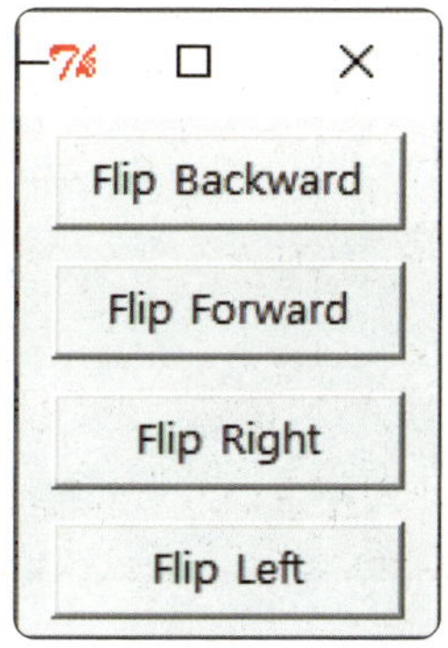

14 14 Step의 텔로 비디오 스트림/컨트롤 내용과 다른 부분이 'Pose Recogniton Status Off(또는 On)' 메뉴로 텔로 에듀의 비디오에 나타나는 사람의 포즈를 분석하여 동작인식을 수행하는 기능을 On/Off 시키는 메뉴이다. 동작인식은 사람의 동작을 분석해 점과 선으로 연결하여 보여주며 현 예제에서는 다음의 세가지 동작에 반응하여 기체를 컨트롤하도록 되어있다.

- 팔을 45도로 내린 포즈: 후진
- 팔을 수평으로 든 포즈: 전진
- 팔을 꺽어 W 자로 만든 포즈: 착륙

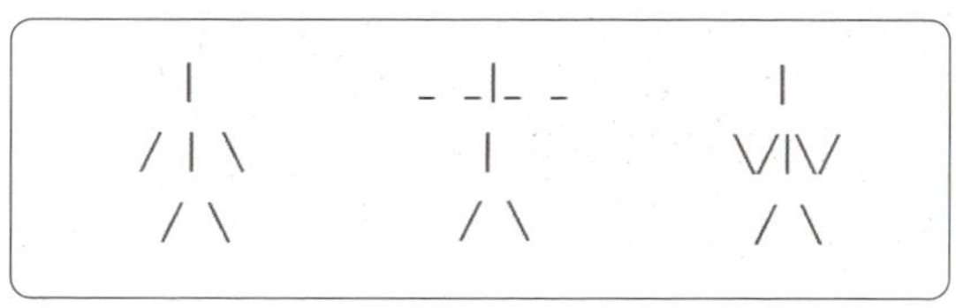

15 프로그램을 실행시켜 Takeoff 버튼을 클릭하여 기체를 이륙시킨 뒤 보조자 등의 도움을 받아 사람의 모습 전체가 화면에 나오도록 기체와 충분한 거리를 둔 다음 동작인식 UI의 'Pose Recognition Status: Off' 메뉴 버튼을 클릭하여 동작인식을 작동시킨다. 포즈 인식이 시작되면 캡션이 'Pose Recogniton Status: On'으로 바뀌면서 사람의 모습을 점과 선으로 나타내게 된다. 여러 가지로 포즈를 취해보고 어떤 식으로 분석 결과를 보여주는지 살펴보도록 한다.

16 포즈 동작에 익숙해지면 아래와 같이 14 단계의 세가지 포즈를 각각 취하여 기체를 컨트롤 해보도록 한다. 정확히 포즈가 잡히도록 하기위해서는 기체의 위치, 광량, 옷색깔, 주변환경 등 여러 조건 등이 만족되어야 하므로 다소간의 연습이 필요하다. 포즈가 정확히 인식이 되면 기체가 반응하게 된다. 포즈를 취하여 착륙이 되거나 테스트를 마치기 위해 'land' 버튼을 클릭하여 착륙시켰으면 동작인식 UI 창을 닫아 프로그램을 종료한다.

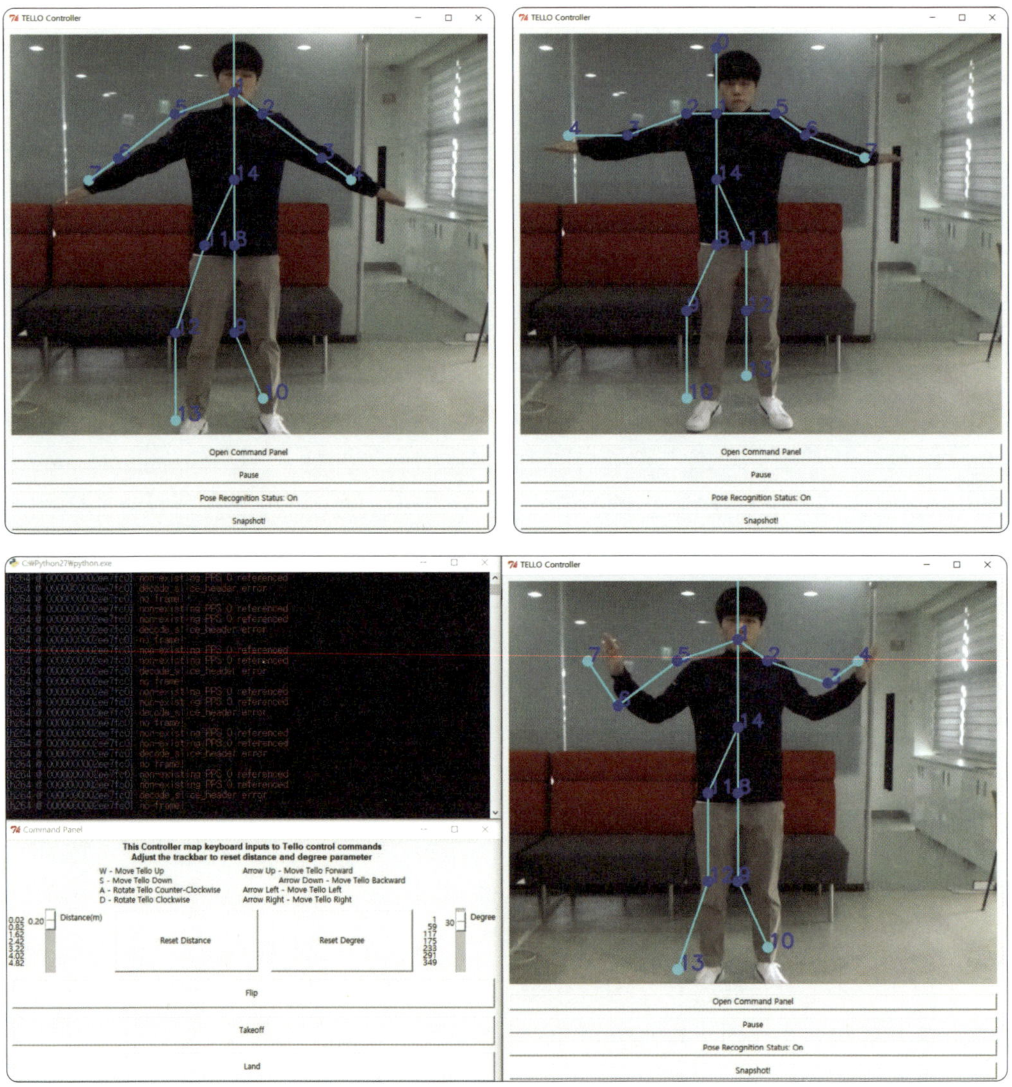

STEP 17 파이썬을 이용한 텔로 에듀 Object Detection/컨트롤

01 이번 Step에서는 텔로 에듀의 머신비전 활용을 더 학습해보기 위해 텔로 에듀의 비디오를 수신하여 포착된 물체를 기본적인 화상처리 알고리즘을 통하여 감지하고 이를 이용하여 기체를 컨트롤 해보는 예제를 살펴보기로 한다.

02 화상처리를 통해 물체를 감지하는 방법으로 최근에는 딥러닝의 Semantic Segmentation(유의미 분할) 기법에 의한 처리방법이 주류라고 할 수 있으나 다음 기회에 다루기로 하고 여기서는 화상처리의 기본적인 방법인 색감지를 통한 물체감지 기법을 다루도록 하며 주로 사용되는 알고리즘인 2치화, 라벨링, 면적 & 중심계산 등에 대해 먼저 살펴보기로 한다.

03 이번 예제에서 다루는 내용은 화상처리 라이브러리 패키지인 OpenCV의 라벨링 함수를 활용하여 오렌지색의 칼라콘을 식별하고 화면 중심위치와의 차이를 이용해 기체를 컨트롤하는 솔루션을 구현하는 것으로 보면 된다. 색상기반으로 물체감지 화상처리하고 기체를 컨트롤하는 순서는 다음과 같다.

텔로의 RGB 화상 → HSV 화상 변환 → HSV 화상의 2치화 → HSV 라벨링 → 면적 & 중심계산 → 물체감지 → 화면 중심좌표와의 차이 → 기체의 컨트롤

04 위의 화상처리 알고리즘에 대하여 간단하게 설명하자면 HSV 화상으로 변환하는 이유는 보다 색상표현이 단순해져 화상처리가 용이하기 때문이며 2치화를 수행하는 이유는 다양한 밝기 레벨을 명과 암으로 단순화하는 처리를 통해 특정 색상만을 구별해내는 것이 가능해지기 때문이다. 이후 감지된 부분에 번호를 매기고 그 위치의 중심을 찾기 위한 면적과 중심계산 과정을 거치는 것이다.

05 예제는 텔로 에듀의 비디오를 화상처리하여 진행하게 되므로 진행을 위해 필요한 프로그램은 14 Step과 16 Step에서 설치한 내용과 동일하여 이미 텔로 에듀의 비디오 스트림 컨트롤(14 Step) 또는 동작인식(16 Step)을 학습한 경우라면 생략해도 좋다. 다시 설치하려면 다음과 같이 Tello-Python github 홈페이지에서 다운로드 하고 C:\telloedu> 폴더로 복사하여 여기에 풀기로 해제 후 tello_video_dll(ForWin64).zip 압축파일을 여기에 압축해제 후 생성되는 tello_video_dll 폴더 하부의 모든 파일을 파이썬 라이브러리 폴더인 C:\Phython27\Lib\site-packages> 에 복사하면 된다.

https://github.com/dji-sdk/Tello-Python → clone or download 버튼클릭 → Download Zip → Tello-Python-master.zip 다운로드 → C:\telloedu> 폴더에 복사 → 여기에 풀기로 압축해제

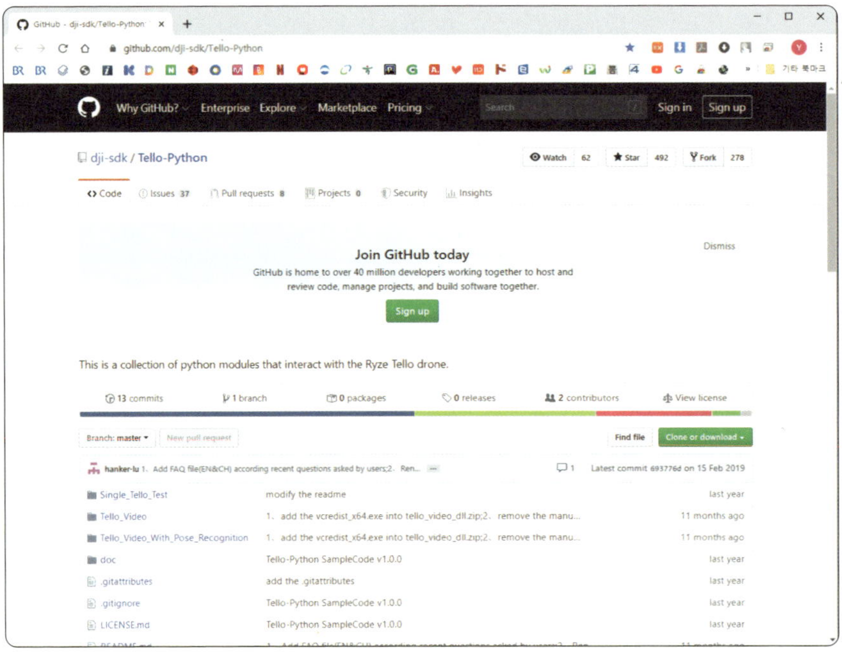

06 화상처리 프로세스를 살펴보기 전에 학습한 내용 정리를 위해 C:\telloedu\Tello-Python-master> 하부에 Tello-CV 폴더를 생성하고 정리하기로 한다.

07 먼저 텔로의 RGB 화상과 HSV 변환 화상을 시현하는 내용을 테스트 해보기로 한다. 다음 사이트의 예제 샘플 main_colors.py 파일을 다운로드 하여 Tello-CV 폴더에 저장하고 C:\Tello-Python-master\Tello_Video> 폴더의 tello.py 파일을 마찬가지로 Tello-CV 폴더에 복사한다.

https://raw.githubusercontent.com/hsgucci404/tello/master/Tello_CV_color/main_colors.py → main_colors.py 다운로드 → C:\telloedu\Tello-Python-master\Tello-CV> 로 복사

C:\telloedu\Tello-Python-master\Tello_Video> 폴더의 tello.py → C:\telloedu\Tello-Python-master\Tello-CV> 폴더로 복사

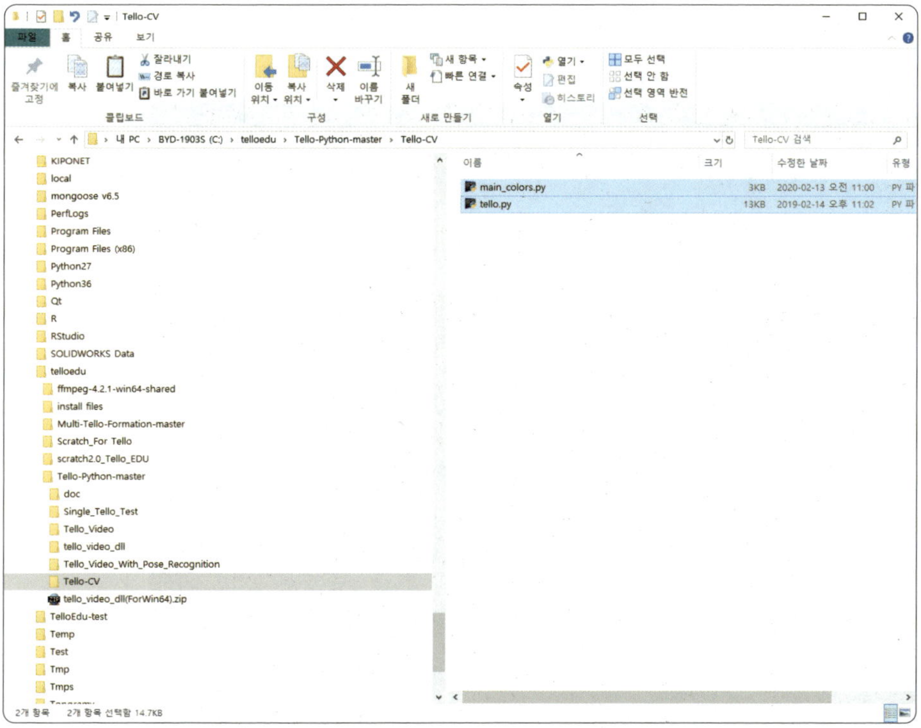

08 다음으로 텔로의 Wifi에 접속하고 탐색기 주소창에서 cmd. 를 입력하여 커맨드창을 열어 main_colors.py 파이썬 파일을 실행시킨다. 이때 텔로는 직접 접속모드(AP 접속모드)이어야 한다.

C:\telloedu\Tello-Phython-master\Tello-CV>python main_colors.py

```
C:\Windows\System32\cmd.exe
C:\telloedu\Tello-Python-master\Tello-CV>python main_colors.py
```

09 프로그램이 정상적으로 작동하면 다음과 같이 상태표시창과 'RGB Color' 화면과 'HSV Color' 화면이 나타나게 된다. 여기서 RGB 는 Red Green Blue 색상을 가리키며 일반적인 비디오 컬러 화면을 의미하고 HSV Color 는 RGB 화상으로부터 HSV(Hue=색상, Saturation=채도, Value=명도)의 색공간으로 변환한 컬러를 의미한다.

```
C:\Windows\System32\cmd.exe - python  main_colors.py
[h264 @ 0000000002e39a80] no frame!
[h264 @ 0000000002e39a80] non-existing PPS 0 referenced
[h264 @ 0000000002e39a80] non-existing PPS 0 referenced
[h264 @ 0000000002e39a80] decode_slice_header error
[h264 @ 0000000002e39a80] no frame!
[h264 @ 0000000002e39a80] non-existing PPS 0 referenced
[h264 @ 0000000002e39a80] non-existing PPS 0 referenced
[h264 @ 0000000002e39a80] decode_slice_header error
[h264 @ 0000000002e39a80] no frame!
>> send cmd: command
>> send cmd: command
>> send cmd: command
[h264 @ 0000000002e39a80] concealing 588 DC, 588 AC, 588 MV errors in P frame
>> send cmd: command
[h264 @ 0000000002e39a80] concealing 2175 DC, 2175 AC, 2175 MV errors in P frame
>> send cmd: command
>> send cmd: command
[h264 @ 0000000002e39a80] concealing 2014 DC, 2014 AC, 2014 MV errors in P frame
>> send cmd: command
>> send cmd: command
[h264 @ 0000000002e39a80] left block unavailable for requested intra mode
[h264 @ 0000000002e39a80] error while decoding MB 0 31, bytestream 4690
[h264 @ 0000000002e39a80] concealing 889 DC, 889 AC, 889 MV errors in P frame
>> send cmd: command
>> send cmd: command
>> send cmd: command
>> send cmd: command
>> send cmd: command
[h264 @ 0000000002e39a80] left block unavailable for requested intra mode
[h264 @ 0000000002e39a80] error while decoding MB 0 39, bytestream 178
[h264 @ 0000000002e39a80] concealing 409 DC, 409 AC, 409 MV errors in I frame
>> send cmd: command
```

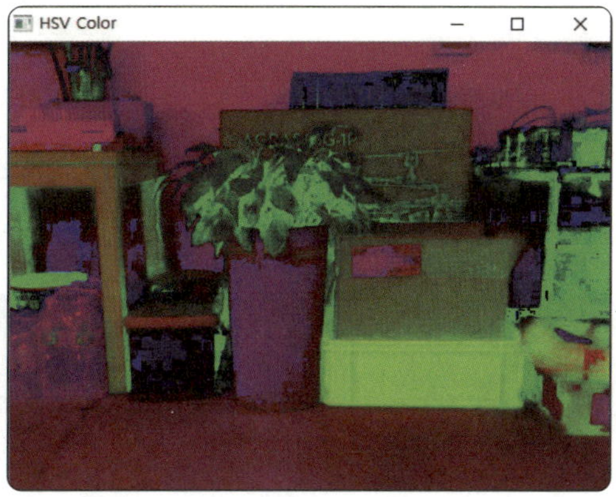

10 텔로의 RGB 화상을 HSV 화상으로 변환하기를 테스트하였으면 이어서 HSV 변환화상에 대한 2치화를 수행하는 것을 테스트 해보기로 한다. 다음 사이트의 예제 샘플 main_hsv.py 파일을 다운받아 Tello-CV 폴더에 저장한다.

https://raw.githubusercontent.com/hsgucci404/tello/master/Tello_CV_color/main_hsv.py → main_hsv.py 다운로드 → C:\telloedu\Tello-Python-master\Tello-CV> 로 복사

11 다음으로 텔로 에듀의 Wifi에 접속하고 탐색기 주소창에서 cmd.를 입력하여 커맨드창을 열어 main_hsv.py 파이썬 파일을 실행시키거나 탐색기 C:\telloedu\Tello-Python-master\Tello-CV> 폴더로 이동하여 main_hsv.py 파이썬 파일을 더블클릭 한다. 이때 텔로 에듀는 직접 접속모드(AP 접속모드) 이어야 한다.

C:\telloedu\Tello-Phython-master\Tello-CV>python main_hsv.py

또는

탐색기 C:\telloedu\Tello-Phython-master\Tello-CV> 폴더 → main_hsv.py 더블클릭

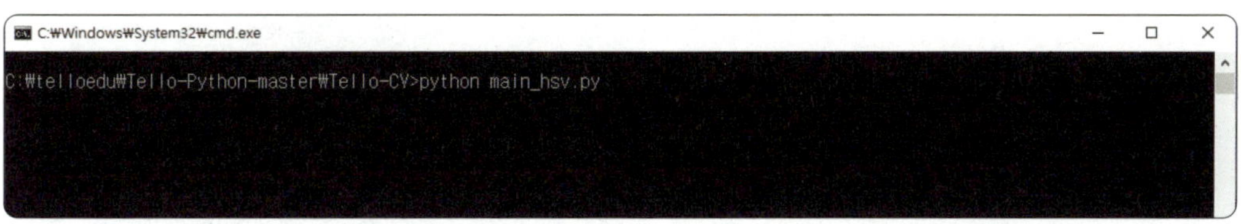

12 프로그램이 정상적으로 작동하면 다음과 같이 상태표시창과 'OpenCV Window' 화면이 생성되어 HSV 변환화상과 H, S, V 의 값을 조절할 수 있는 트랙바가 나타나며 HSV의 최저값과 최대값을 조절하면 화면에 나타나는 색과 범위가 조절되어 특정 색상만을 띄울 수 있다. 이로써 특정 색을 가진 물체를 식별하는 것이 가능하다.

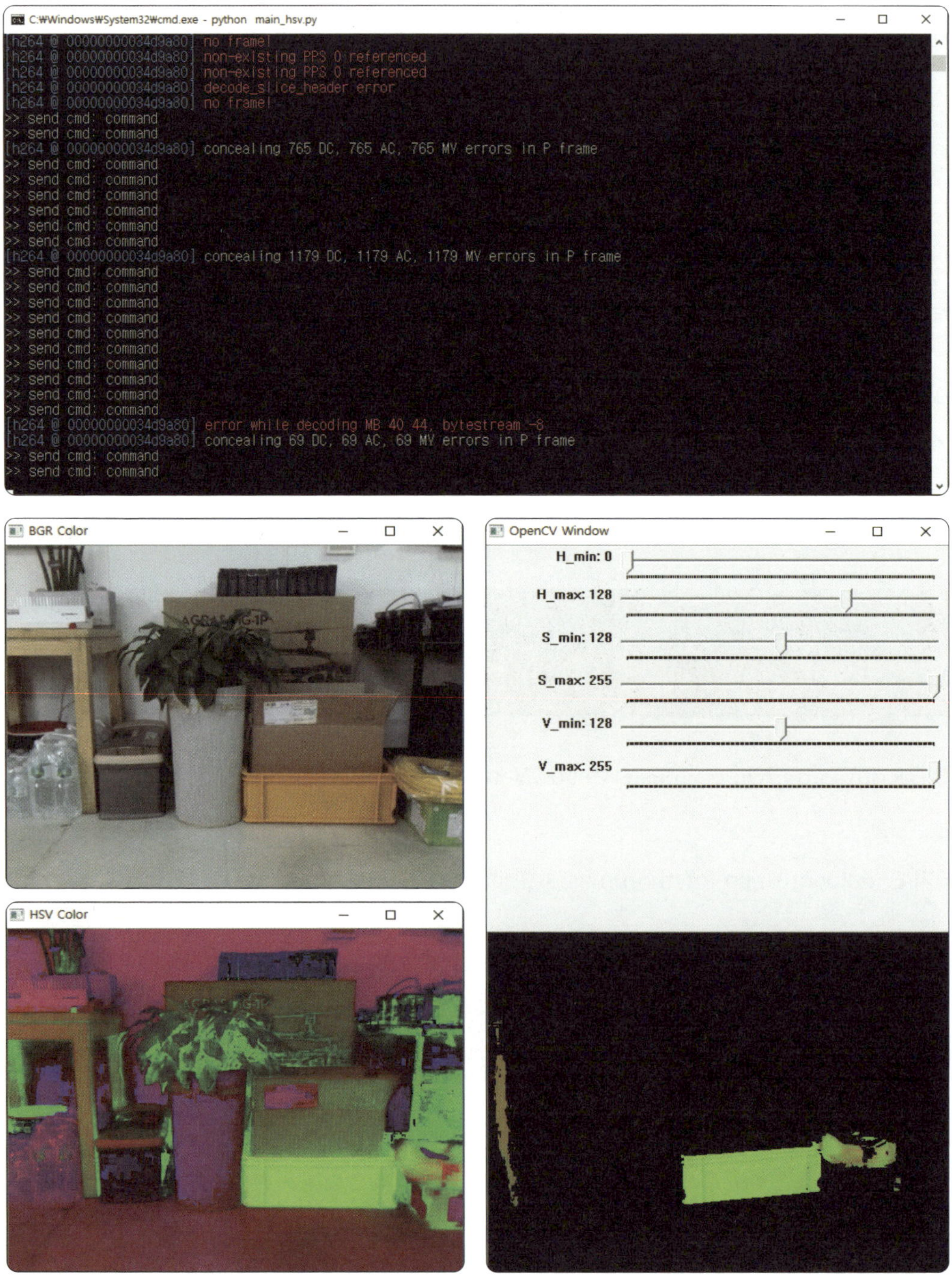

13 다음으로 텔로의 HSV 변환 화상을 이용하여 2치화, 라벨링, 면적 & 중심계산을 수행하는 예제를 살펴보기로 한다. 원리는 2치화된 영상에서 특정 값을 갖는 화소를 찾아내는 것으로 2치화되어 물체의 색상과 나머지 주변의 색상으로 분리되는 것에 착안한 방법이다. 예제 샘플은 다음 사이트에서 main_label.py 파일을 다운받아 Tello-CV 폴더에 저장한다.

https://raw.githubusercontent.com/hsgucci404/tello/master/Tello_CV_color/main_label.py → main_label.py 다운로드 → C:\telloedu\Tello-Python-master\Tello-CV> 로 복사

14 다음으로 텔로 에듀의 Wifi에 접속하고 탐색기 주소창에서 cmd. 를 입력하여 커맨드창을 열어 main_label.py 파이썬 파일을 실행시키거나 탐색기 C:\telloedu\Tello-Python-master\Tello-CV> 폴더로 이동하여 main_label.py 파이썬 파일을 더블클릭 한다. 이때 텔로 에듀는 직접 접속모드(AP 접속모드)이어야 한다.

C:\telloedu\Tello-Phython-master\Tello-CV>python main_label.py

또는

탐색기 C:\telloedu\Tello-Phython-master\Tello-CV> 폴더 → main_label.py 더블클릭

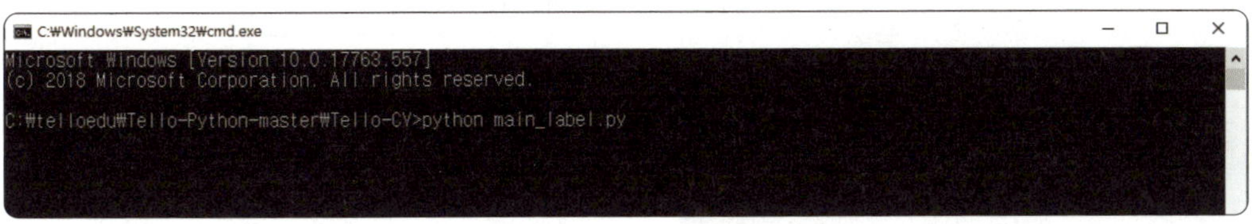

15 프로그램이 정상적으로 작동하면 다음과 같이 상태표시창과 'OpenCV Window' 화면이 생성되어 HSV 변환화상을 기초로 한 물체감지 화상이 나타나게 되며 트랙바를 조절하여 색상 레인지를 변경해주면 아래와 같이 레드와 오렌지 계열의 칼라콘을 식별하고 물체의 중심 위치 (x, y) 와 면적이 숫자로 표현되는 것을 볼 수 있다.

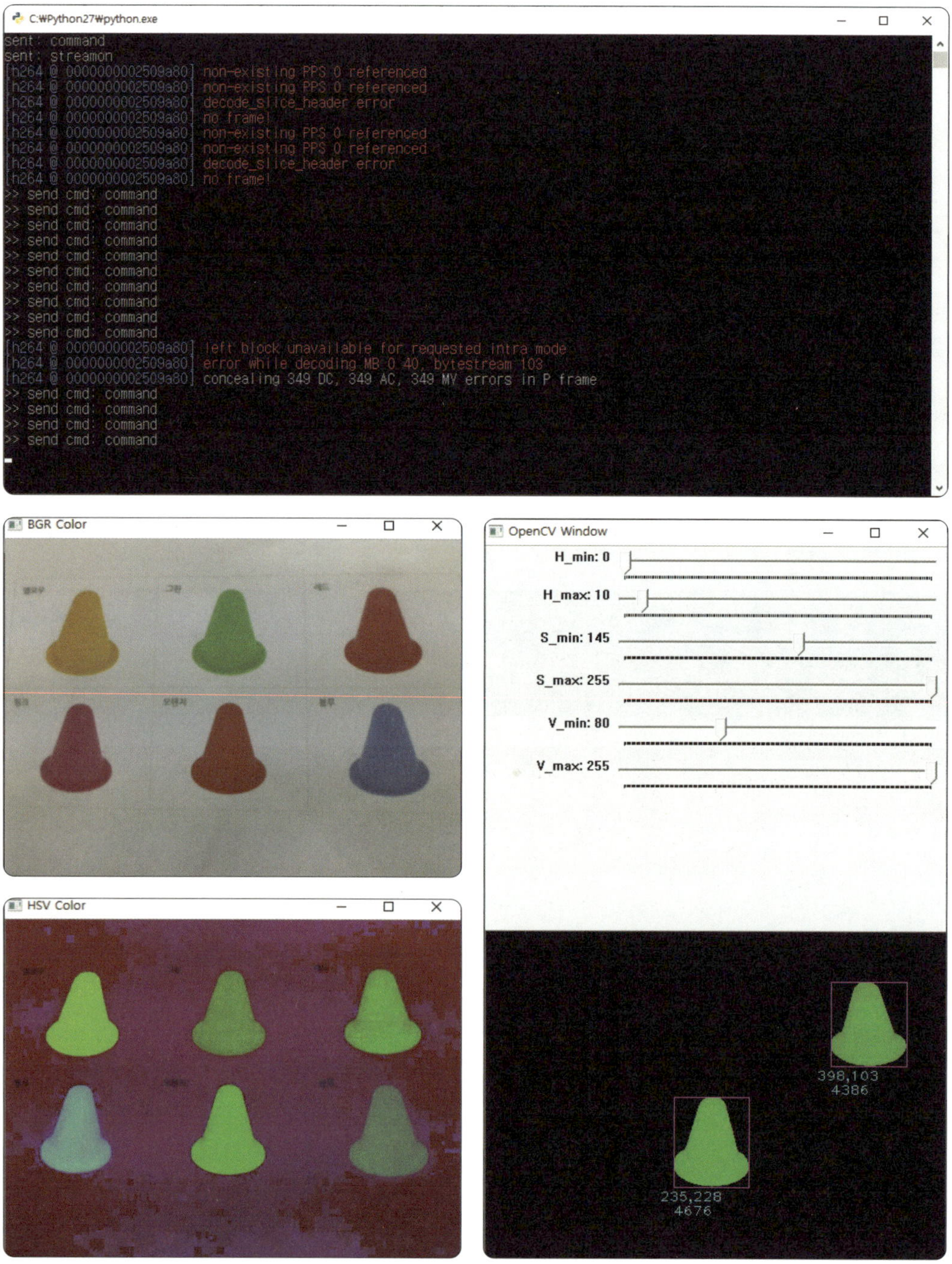

16 다음은 감지한 물체를 텔로가 따라서 움직이는 물체추적 예제 프로그램을 살펴보기로 한다. 예제는 다음 사이트의 main_control.py 파이썬 파일을 다운받아 Tello-CV 폴더에 저장한다. 작동원리는 감지한 물체중 가장 큰 면적의 물체의 중심 좌표를 이용하여 화면 중심으로부터 벗어난 양만큼 텔로를 회전시켜 화면 중심에 물체가 오도록 자동 컨트롤하는 것이다. 이륙과 착륙 및 물체감지에 적당한 위치로의 이동은 수동으로 조작한다. 기체의 수동조작은 숫자키 1, 2를 이용해 물체추적 컨트롤을 온/오프 시키고 T 키로 이륙, R/F로 상승/하강, W/S/A/D 키로 전진/후진/좌이동/우이동, Q/E 키로 좌회전/우회전을 조작하고 마지막으로 L 키를 이용해 착륙시킬 수 있다. 이상 동작시에는 숫자키 2로 수동으로 전환하고 회전키를 한번 조작해준다.

https://raw.githubusercontent.com/hsgucci404/tello/master/Tello_CV_color/main_control.py → main_control.py 다운로드 → C:\telloedu\Tello-Python-master\Tello-CV> 로 복사

17 다음으로 텔로 에듀의 Wifi에 접속하고 탐색기 주소창에서 cmd.를 입력하여 커맨드창을 열어 main_control.py 파이썬 파일을 실행시키거나 탐색기 C:\telloedu\Tello-Python-master\Tello-CV> 폴더로 이동하여 main_control.py 파이썬 파일을 더블클릭한다. 이때 텔로 에듀는 직접 접속모드(AP 접속모드)이어야 한다.

C:\telloedu\Tello-Phython-master\Tello-CV>python main_control.py

또는

탐색기 C:\telloedu\Tello-Phython-master\Tello-CV> 폴더 → main_control.py 더블클릭

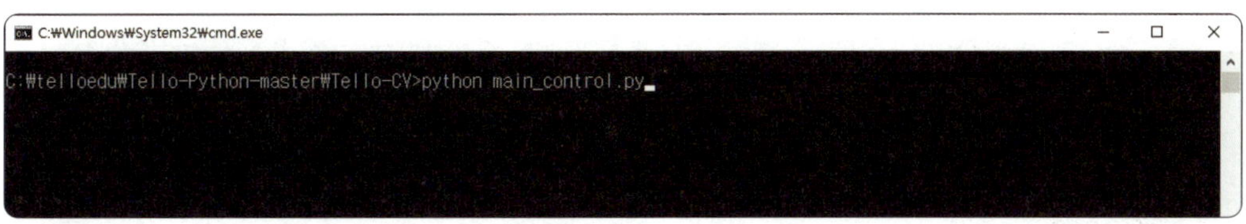

18 프로그램이 정상적으로 작동하면 다음과 같이 상태표시창과 'OpenCV Window' 화면이 생성되어 HSV 변환화상을 기초로한 물체감지 화상이 나타나게 되며 텔로 에게에게 칼라콘을 보여주면 아래와 같이 물체감지가 되는 것을 볼 수 있다. 'OpenCV Window' 트랙바에서 HSV의 각각 최소값, 최대값을 조절하여 물체가 분명하게 감지되도록 한다. 물체가 주변과 또렷하게 구분될수록 컨트롤에 유리하기 때문이다. 이번 테스트의 경우 오렌지, 레드색 계열의 칼라콘은 대략 H (0~10), S (110~255), V (120~255) 의 범위에서 잘 구별되는 것을 볼 수 있었다. 물체감지는 테스트 환경이나 주위상황에 따라 영향을 받을 수 있으므로 상황에 맞도록 잘 조절해주는 것이 좋다.

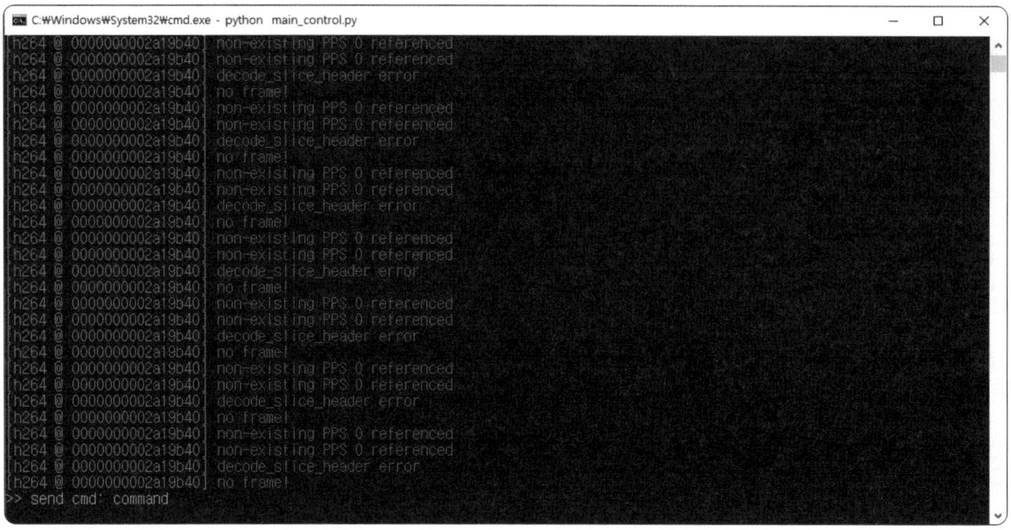
C:₩Windows₩System32₩cmd.exe - python main_control.py
[h264 @ 0000000002a19b40] non-existing PPS 0 referenced
[h264 @ 0000000002a19b40] non-existing PPS 0 referenced
[h264 @ 0000000002a19b40] decode_slice_header error
[h264 @ 0000000002a19b40] no frame!
[h264 @ 0000000002a19b40] non-existing PPS 0 referenced
[h264 @ 0000000002a19b40] non-existing PPS 0 referenced
[h264 @ 0000000002a19b40] decode_slice_header error
[h264 @ 0000000002a19b40] no frame!
[h264 @ 0000000002a19b40] non-existing PPS 0 referenced
[h264 @ 0000000002a19b40] non-existing PPS 0 referenced
[h264 @ 0000000002a19b40] decode_slice_header error
[h264 @ 0000000002a19b40] no frame!
[h264 @ 0000000002a19b40] non-existing PPS 0 referenced
[h264 @ 0000000002a19b40] non-existing PPS 0 referenced
[h264 @ 0000000002a19b40] decode_slice_header error
[h264 @ 0000000002a19b40] no frame!
[h264 @ 0000000002a19b40] non-existing PPS 0 referenced
[h264 @ 0000000002a19b40] non-existing PPS 0 referenced
[h264 @ 0000000002a19b40] decode_slice_header error
[h264 @ 0000000002a19b40] no frame!
[h264 @ 0000000002a19b40] non-existing PPS 0 referenced
[h264 @ 0000000002a19b40] non-existing PPS 0 referenced
[h264 @ 0000000002a19b40] decode_slice_header error
[h264 @ 0000000002a19b40] no frame!
[h264 @ 0000000002a19b40] non-existing PPS 0 referenced
[h264 @ 0000000002a19b40] non-existing PPS 0 referenced
[h264 @ 0000000002a19b40] decode_slice_header error
[h264 @ 0000000002a19b40] no frame!
>> send cmd: command

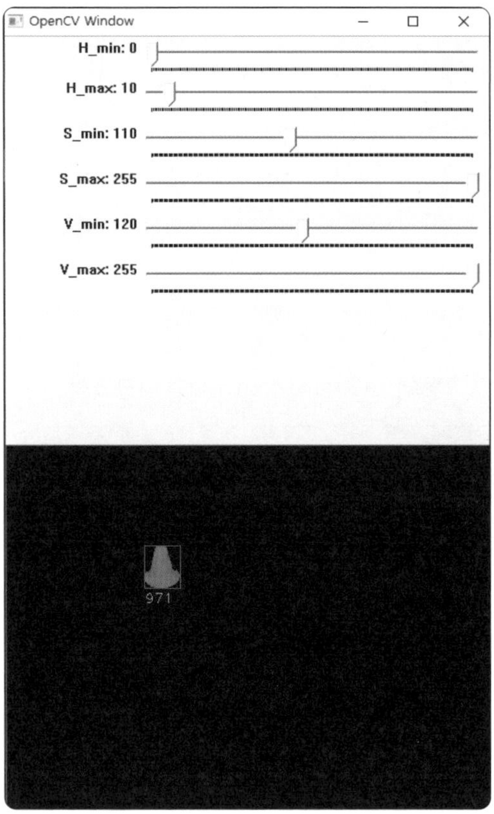
OpenCV Window
H_min: 0
H_max: 10
S_min: 110
S_max: 255
V_min: 120
V_max: 255
971

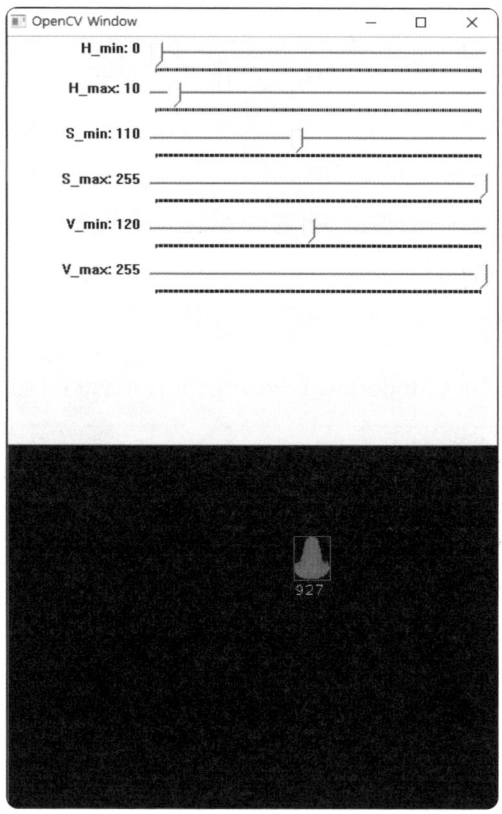
OpenCV Window
H_min: 0
H_max: 10
S_min: 110
S_max: 255
V_min: 120
V_max: 255
927

19 물체감지가 잘되도록 HSV 범위를 적당히 조절한 다음 'OpenCV Window' 상에서 숫자키 '1' 을 입력하면 자동 컨트롤 모드로 바뀌고 다음과 같이 칼라콘이 중앙에 오도록 기체가 회전하여 자동 추적 컨트롤이 되는 것을 볼 수 있다. 물체인식을 종료하려면 숫자키 '2' 를 입력하여 수동조작 모드로 변경한다. 테스트를 마쳤으면 문자키 'L' 입력하여 착륙시킨다. 물체감지에는 광량과 컬러의 범위, 반사광 등 주위의 여러 가지 요소가 영향을 미치게 되므로 가급적 최적의 조건을 만들어 주도록 신경을 쓰는 것이 좋다.

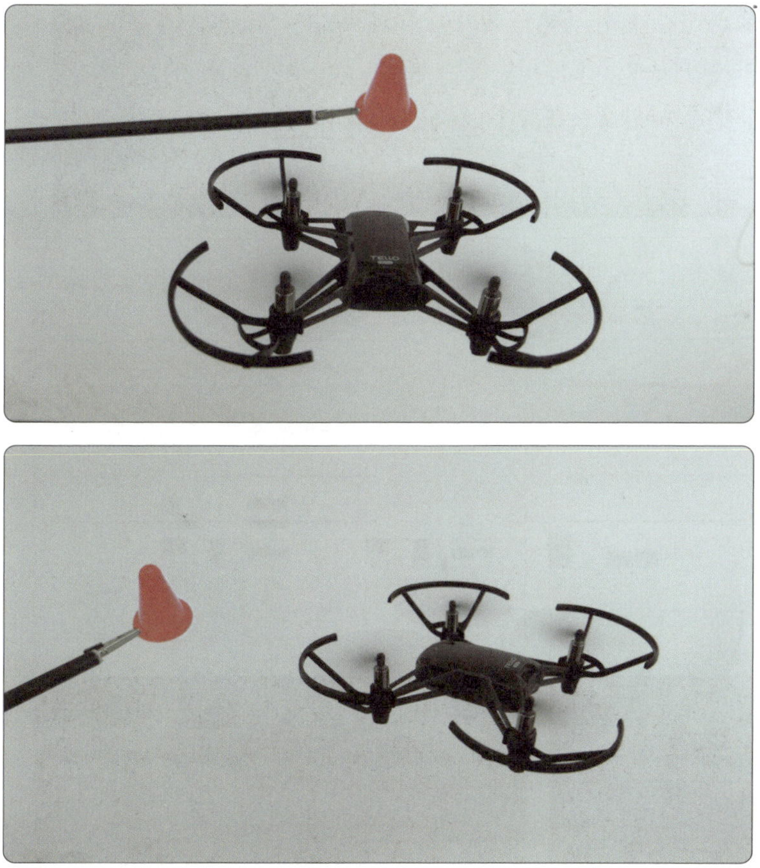

▲ 사물감지(칼라콘) 및 자동추적 컨트롤 테스트 예시

STEP 18 파이썬을 이용한 텔로 에듀 트래킹 모드

01 이번 Step에서는 오픈소스 화상처리 라이브러리 패키지인 OpenCV와 텔로 에듀의 비디오를 이용하여 Haar Cascade 다단계 분류 머신러닝 기법을 기반으로 안면 감지를 수행하고 기체가 자신을 따라오도록 컨트롤하는 트래킹 모드 예제를 살펴보기로 한다.

02 Haar Cascade 다단계 분류기법의 안면감지 머신러닝 기법은 2001년 Paul Viola와 Michael Jones가 발표한 논문에서 제안된 효과적인 객체 검출 방법으로 다수의 객체 이미지와 객체가 아닌 이미지를 Cascade(다단계) 함수로 트레이닝시켜 객체 검출을 달성하는 머신러닝 기법이다. Haar Cascade 분류기법의 구조는 다음과 같다.

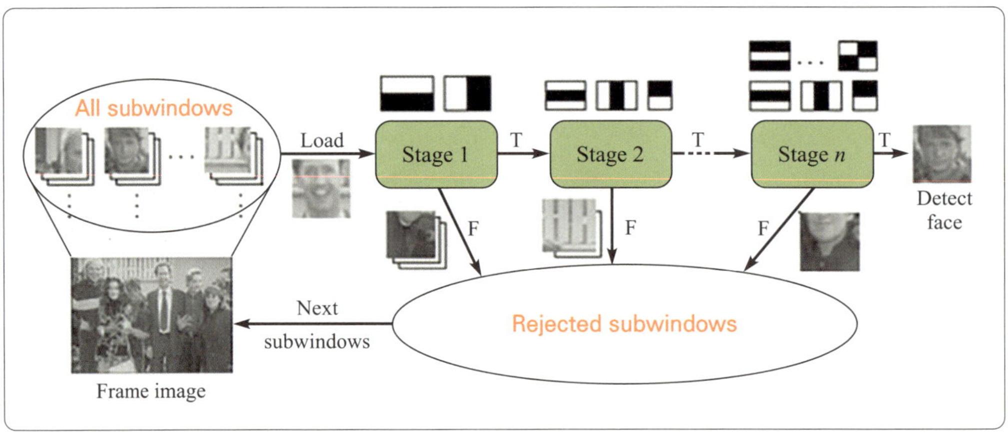

03 텔로 에듀의 비디오 화면을 Haar Cascade 기법으로 화상처리하여 안면감지를 하게되면 안면을 포함하는 사각형의 좌측 상단 좌표 (x, y)와 사각형의 폭(w)과 높이 (h)가 구해지는데 이를 이용하여 다음과 같이 안면 중심의 좌표를 계산할 수 있다.

안면 중심좌표 → (x+w/2, y+h/2)

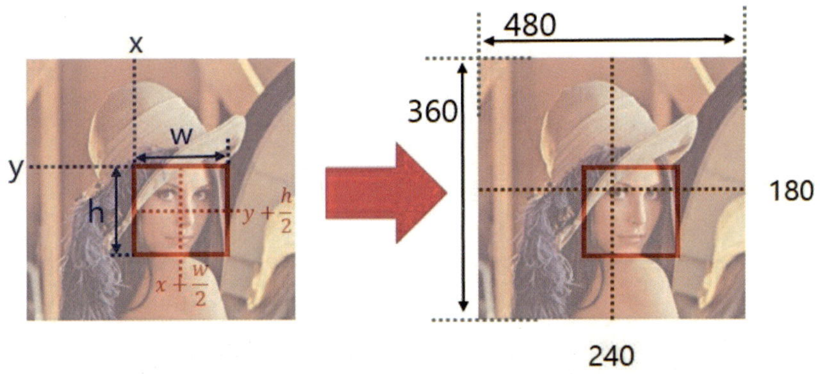

04 이번 Step에서 살펴볼 트래킹 모드의 개념은 위에서 구해진 안면의 중심좌표와 화면중심과의 차이를 이용하여 기체를 회전시켜 안면중심이 화면중심으로 이동하도록 기체를 회전시키고 또한 얼굴의 크기가 일정한 크기가 되도록하여 텔로 에듀와 사람과의 거리를 유지하도록 하며 고도의 변화 시 그에 따라 기체의 고도를 변화시키는 컨트롤을 하는 것이다.

05 수신되는 텔로의 비디오 화상크기는 원래 960 × 720 화소이지만 이번 테스트에서는 처리속도 확보를 위해 사이즈를 반으로 줄여 480 × 360 사이즈의 화상을 이용하며 이에 따라 화면의 중심좌표는 (240, 180)이 된다. 기체의 제어는 얼굴의 중심좌표가 이동되도록 기체에 제어 명령을 보내며 또한 안면의 크기(폭 w)가 일정한 크기가 되도록 기체의 전후방향의 이동 및 얼굴의 이동에 따라 고도도 제어한다. 기본 개념의 이해를 구현에 주력하여 다소 전문적인 카메라 왜곡, 보정, 픽셀크기, 좌표변환 등의 작업은 생략되었다.

06 예제는 텔로 에듀의 비디오를 화상처리하여 진행하게 되므로 진행을 위해 필요한 프로그램은 14 Step과 16 Step에서 설치한 내용과 동일하며 이미 텔로의 비디오 스트림 컨트롤(14 Step) 또는 동작인식 (16 Step)을 학습한 경우라면 생략해도 좋다. 다시 설치하려면 다음과 같이 Tello-Python github 홈페이지에서 다운로드 하고 C:\telloedu> 폴더로 복사하여 여기에 풀기로 해제 후 tello_video_dll(ForWin64).zip 압축파일을 여기에 압축해제 후 생성되는 tello_video_dll 폴더 하부의 모든 파일을 파이썬 라이브러리 폴더인 C:\Phython27\Lib\site-packages> 에 복사하면 된다.

https://github.com/dji-sdk/Tello-Python → clone or download 버튼클릭 → Download Zip → Tello-Python-master.zip 다운로드 → C:\telloedu> 폴더에 복사 → 여기에 풀기로 압축해제

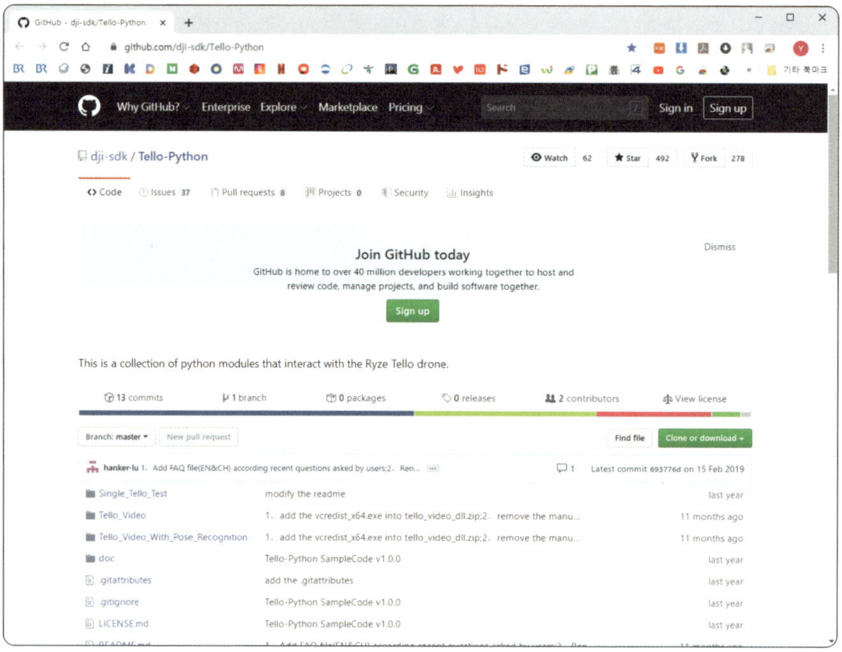

07 다음으로 안면감지에 필요한 프로그램의 설치를 진행해 보기로 한다. 먼저 C:\telloedu\Tello-Python-master> 폴더 하부에 Tello-face 폴더를 생성하여 관련 파일들을 정리하기로 한다. 다음 사이트에서 안면감지에 사용되는 Haar Cascade 다단계 분류기법의 머신러닝으로 트레이닝된 학습결과 데이터 파일 haarcascade_frontalface_alt.xml를 다운받아 Tello-face 폴더에 복사한다.

https://raw.githubusercontent.com/opencv/opencv/master/data/haarcascades/haarcascade_frontalface_alt.xml

08 이어서 다음 사이트에서 텔로의 안면감지 예제 샘플 main.py 파일을 다운받아 Tello-face 폴더에 복사하고 C:\telloedu\Tello-Python-master\Tello_Video> 폴더의 tello.py 클래스 (라이브러리) 파일을 Tello-face 폴더에 복사한다.

https://github.com/hsgucci404/tello/raw/master/Tello_CV_face/main.py

→ main.py 다운로드 → C:\telloedu\Tello-Python-master\Tello-face> 로 복사

C:\telloedu\Tello-Python-master\Tello_Video> 폴더의 tello.py → C:\telloedu\Tello-Python-master\Tello-face> 폴더로 복사

09 다운받은 main.py 파이썬 파일을 메모장으로 열어 아래와 같이 수정하고 main2.py 로 저장한다. 이는 안면감지 예제를 처음 실행시 기체가 전후방향으로 이동하여 안면으로 다가오는데 익숙치않은 경우나 오작동의 발생을 방지하기 위하여 전후방향 이동을 제한한 것이다. 안면감지에 어느정도 익숙해지면 main.py 파일을 이용하도록 하고 예제를 처음 실행하는 경우는 main2.py 를 이용하도록 한다.

```
b = -100 if b < -100.0 else b
→
b = -100 if b < -100.0 else b
b = 0
```

main.py - 메모장
파일(F) 편집(E) 서식(O) 보기(V) 도움말

```
            print('dx=%f  dy=%f  dw=%f'%(dx, dy, dw) )      # printして制御量を確認できるように

            # 旋回方向の不感帯を設定
            d = 0.0 if abs(dx) < 20.0 else dx       # ±20未満ならゼロにする
            # 旋回方向のソフトウェアリミッタ(±100を超えないように)
            d =  100 if d >  100.0 else d
            d = -100 if d < -100.0 else d

            # 前後方向の不感帯を設定
            b = 0.0 if abs(dw) < 10.0 else dw       # ±10未満ならゼロにする
            # 前後方向のソフトウェアリミッタ
            b =  100 if b >  100.0 else b
            b = -100 if b < -100.0 else b


            # 上下方向の不感帯を設定
            c = 0.0 if abs(dy) < 30.0 else dy       # ±30未満ならゼロにする
            # 上下方向のソフトウェアリミッタ
            c =  100 if c >  100.0 else c
            c = -100 if c < -100.0 else c

            # rcコマンドを送信
            drone.send_command('rc %s %s %s %s'%(int(a), int(b), int(c), int(d)) )

        cnt_frame += 1     # フレームを+1枚

        # (X)ウィンドウに表示
        cv2.imshow('OpenCV Window', cv_image)       # ウィンドウに表示するイメージを変えれば色々表示できる
```

Unix (LF)　Ln 95, Col 1　100%

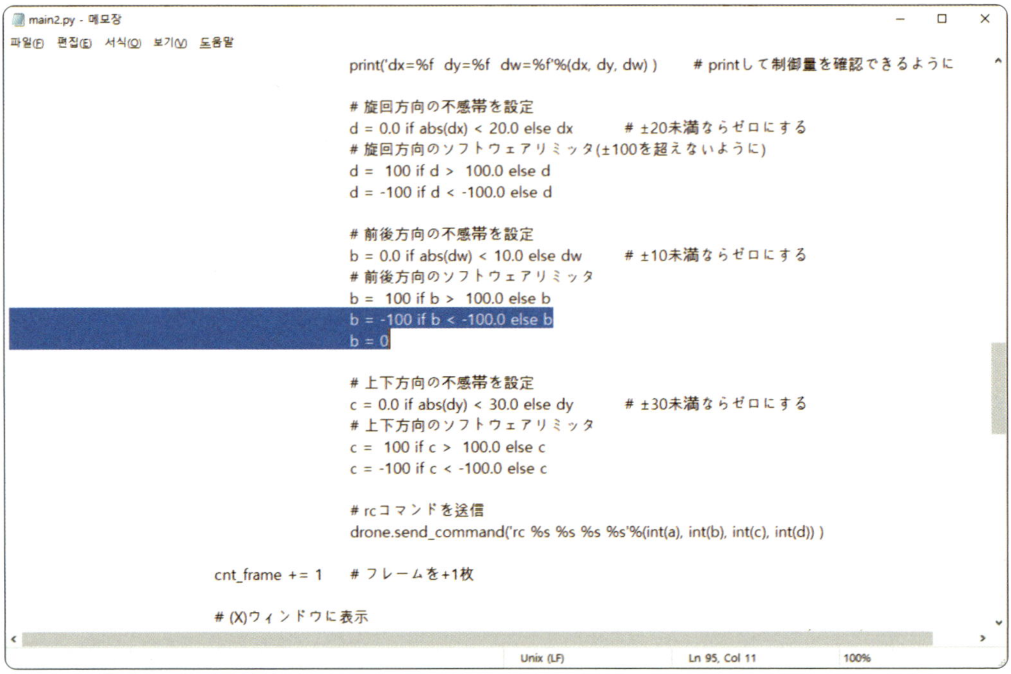

10 다음과 같이 haarcascade_frontalface_alt.xml, main.py, main2.py, tello.py 등 네 가지 파일을 Tello-face 폴더에 준비하고 비디오 관련 라이브러리 설치를 진행하였으면 프로그램의 설치가 완료된 것이다.

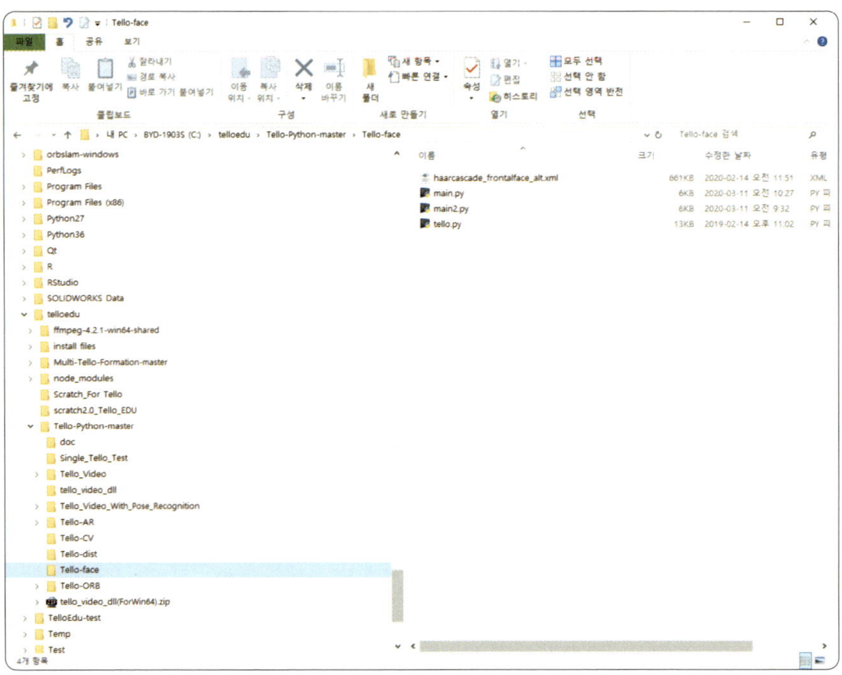

11 다음은 안면감지 예제 프로그램에 대해 살펴보기로 한다. 작동원리는 감지한 안면중심이 화면의 중심에 오도록 기체를 회전시키고 또 감지된 안면의 크기가 일정하게 유지되도록 기체의 전후방향 이동을 자동 컨트롤하는 것이다. 기체의 이륙과 착륙 및 물체감지에 적당한 위치로의 이동은 수동으로 조작한다. 기체의 수동조작은 숫자키 1, 2를 이용해 안면인식 및 컨트롤을 온/오프 시키고 T 키로 이륙, R/F 로 상승/하강, W/S/A/D 키로 전진/후진/좌이동/우이동, Q/E 키로 좌회전/우회전을 조작하고 마지막으로 L 키를 이용해 착륙시킬 수 있다.

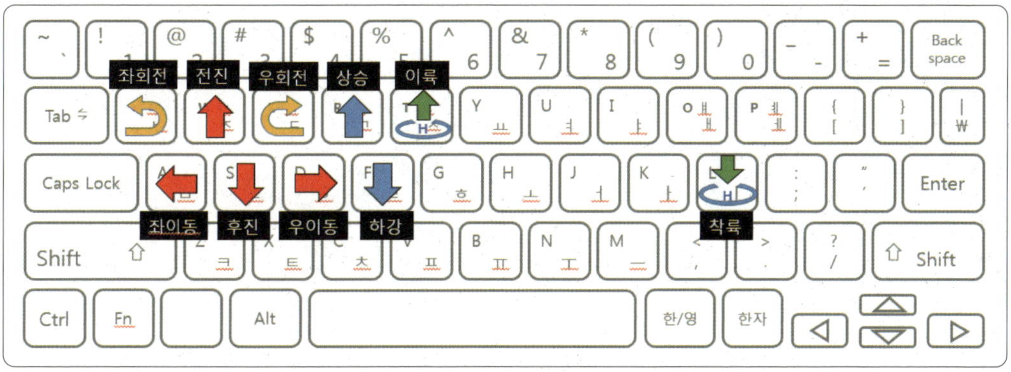

12 다음으로 텔로 에듀의 Wifi에 접속하고 탐색기 주소창에서 cmd.를 입력하여 커맨드창을 열어 main.py 파이썬 파일을 실행시키거나 탐색기 C:\telloedu\Tello-Python-master\Tello-face> 폴더로 이동하여 main.py 파이썬 파일을 더블클릭 한다. 이때 텔로 에듀는 직접 접속모드(AP 접속모드)이어야한다. 만약 프로그램의 실행시 에러가 발생하는 경우에는 코드가 파이썬의 들여쓰기(indent) 문법상 오류가 없는지 살펴보도록 한다.

C:\telloedu\Tello-Phython-master\Tello-face>python main.py (처음 실행시는 main2.py)

또는

탐색기 C:\telloedu\Tello-Phython-master\Tello-face> 폴더 → main.py 더블클릭

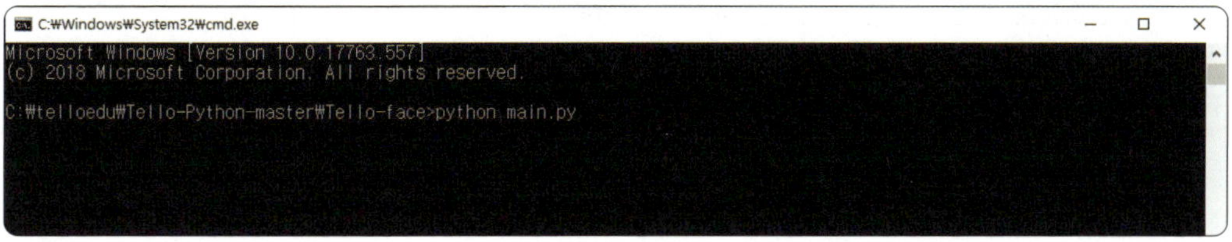

13 프로그램이 정상적으로 작동하면 다음과 같이 상태표시창과 'OpenCV Window' 화면이 생성되어안면인식 화상이 나타나게 되며 문자키 'T' 입력하여 텔로 에듀를 이륙시키고 **11** 의 수동조작 키를 이용하여 사람의 얼굴이 화면에 나올 수 있도록 적당한 거리와 고도로 이동한다. 사람의 얼굴이 나타나면 얼굴에 사각형의 인식결과가 표시됨을 알 수 있다. 얼굴을 좌우로 움직여 사각형이 얼굴의 이동에 따라 움직이는지 확인한다. 이때 옆 얼굴이 아닌 정면을 보여주도록 한다.

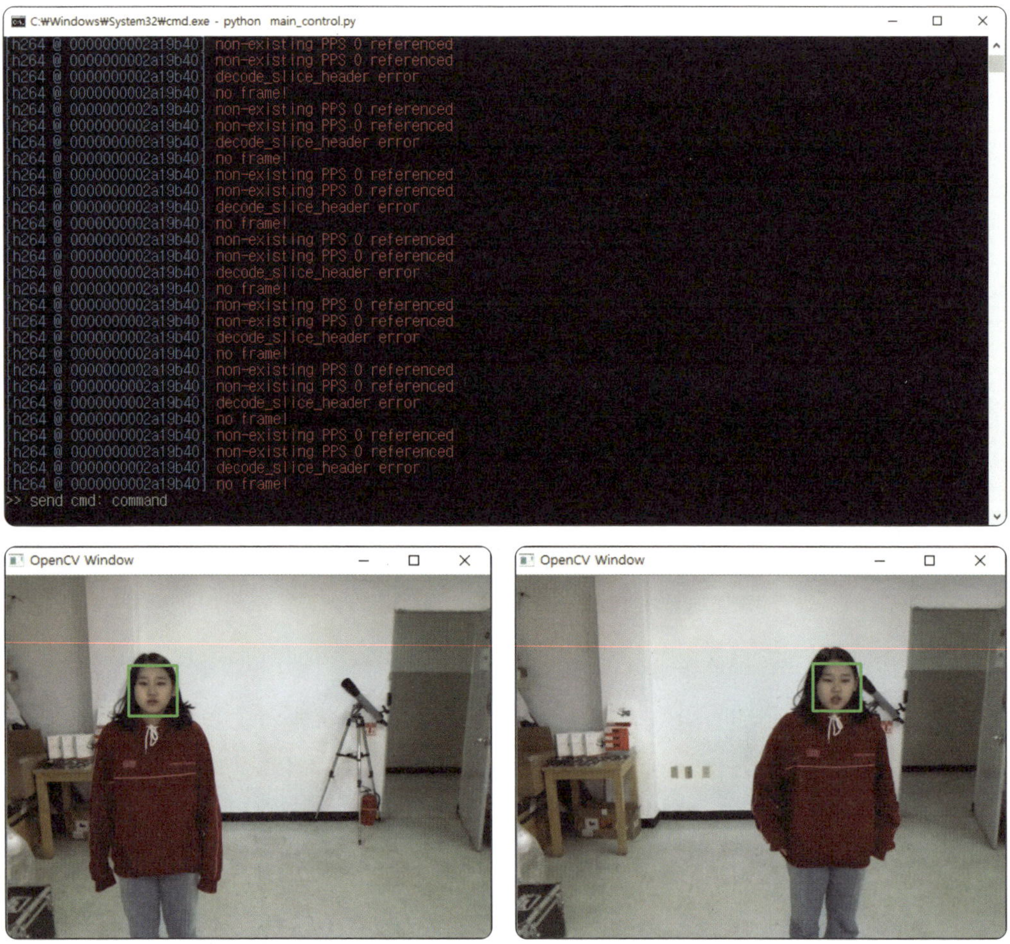

▲ 좌우 트래킹

14 감지 결과가 양호하면 숫자키 '1'을 입력하여 안면추적(트래킹) 및 컨트롤 모드로 전환한다. 아래와 같이 얼굴을 좌우로 움직이면 기체가 회전하여 얼굴을 추적하고 앞뒤로 이동하게 되면 기체가 따라서 움직이는 것을 볼 수 있다. 또한 자세를 낮추거나 높이면 기체도 그에 따라 고도를 낮추거나 높이는 것은 볼 수 있다. 이때 동작은 천천히 취해주고 얼굴이 화면 밖으로 벗어나지 않도록 주의한다. 이상동작을 보일 때는 바로 숫자키 '2'를 입력하여 수동모드로 전환한다. 좌우이동, 전후이동, 자세고저 등을 테스트 해보았으면 문자키 'L'을 입력하여 기체를 착륙시키고 ESC 키 또는 상태표시창을 닫기하여 프로그램을 종료한다.

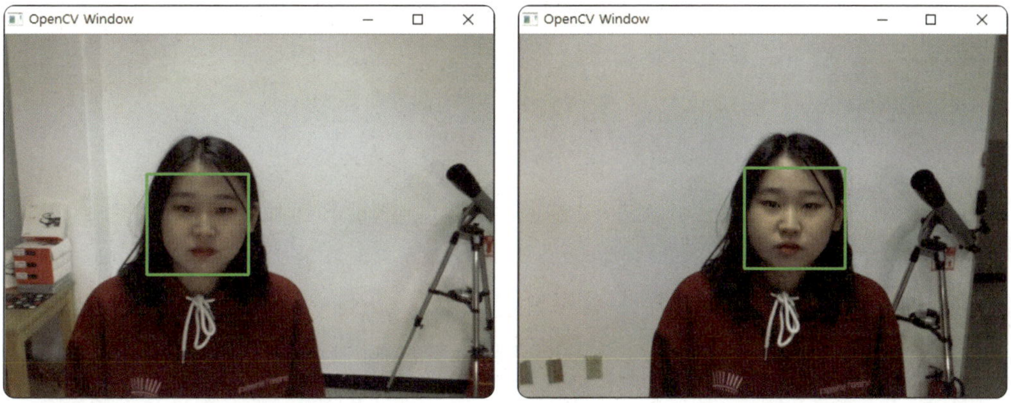

▲ 좌우 회전

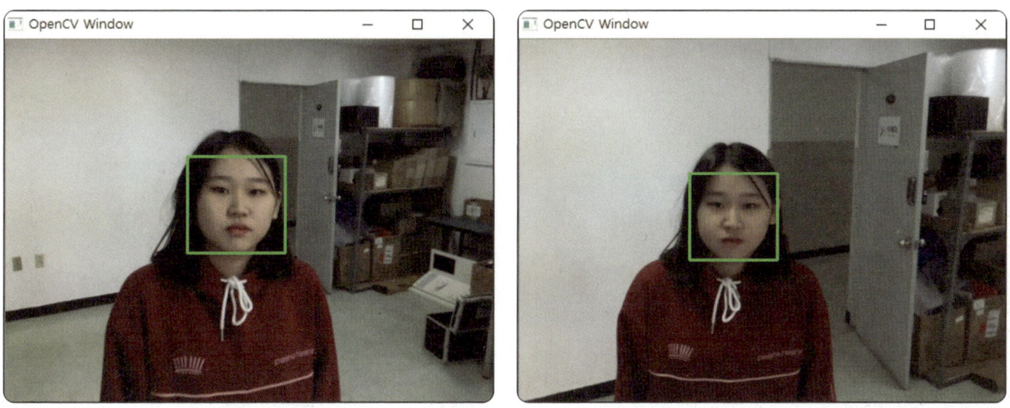

▲ 앞뒤 이동

STEP 19 파이썬을 이용한 텔로 에듀 비디오 스트림 특징점 추출

01 이번 Step에서는 텔로 에듀를 활용한 머신비전 (Computer Vision) 분야 중의 하나인 특징점 추출에 대하여 살펴보기로 한다. 텔로 에듀의 비디오 화상으로 수신되는 특정 대상물에 대하여 오픈소스 화상처리 패키지인 OpenCV의 ORB 알고리즘을 이용하여 대상물의 특징점을 추출하는 예제를 구현해보기로 한다.

02 ORB(Oriented FAST and Rotated BRIEF) 기법은 Ethan Rublee 등이 2011년에 발표한 알고리즘으로 물체 식별 또는 3D 재구성과 같은 컴퓨터 비전 작업에 사용될 수 있는 특징점 추출 기법으로 기존의 특허권이 걸린 방법들(SIFT, SURF 등)과 달리 OpenCV 연구소에서 개발되어 오픈소스로 사용할 수 있으며 계산비용과 매칭속도 향상을 기대할 수 있다고 알려져 있다. 알고리즘의 활용은 아래와 같이 대상물의 특징점을 추출하여 특징을 이용하여 물체를 식별하거나 특징점을 기준으로 3차원 좌표생성 등을 이용한 SLAM (Simultaneous Localization And Mapping) 등에 활용할 수 있는 기본자료로 사용되는 것이다.

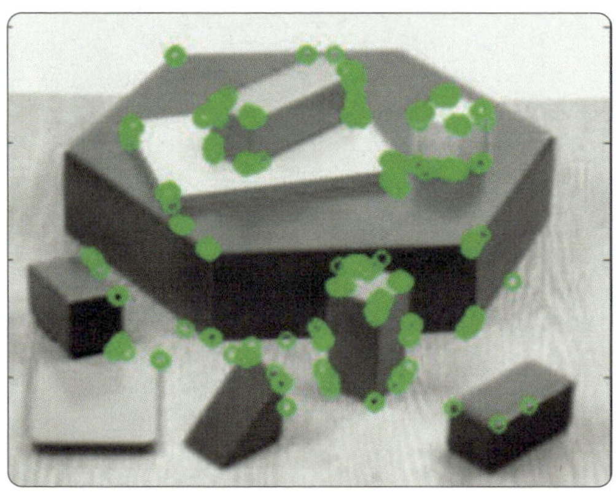

03 텔로 에듀의 비디오 스트림을 활용한 대상물의 특징점 추출 예제를 다루기 전에 ORB 알고리즘이 어떻게 구현되는지 OpenCV 예제를 통해 알아보도록 한다. 먼저 C:\telloedu\Tello-Python-master> 폴더에 Tello-ORB 폴더를 생성하고 학습할 내용을 정리하기로 한다. 예제는 다음의 사이트를 방문하여 아래와 같이 기본 예제를 복사하여 메모장에 붙여넣고 orb.py 파이썬 파일로 저장하고 붙여넣기 시에 행 번호 등은 삭제한다. 또한 인터넷에서 적당한 나비사진을 다운받고 파일 이름을 'butterfly.jpg' 로 변경한 뒤 Tello-ORB 폴더에 복사한다.

http://www.gisdeveloper.co.kr/?p=6821

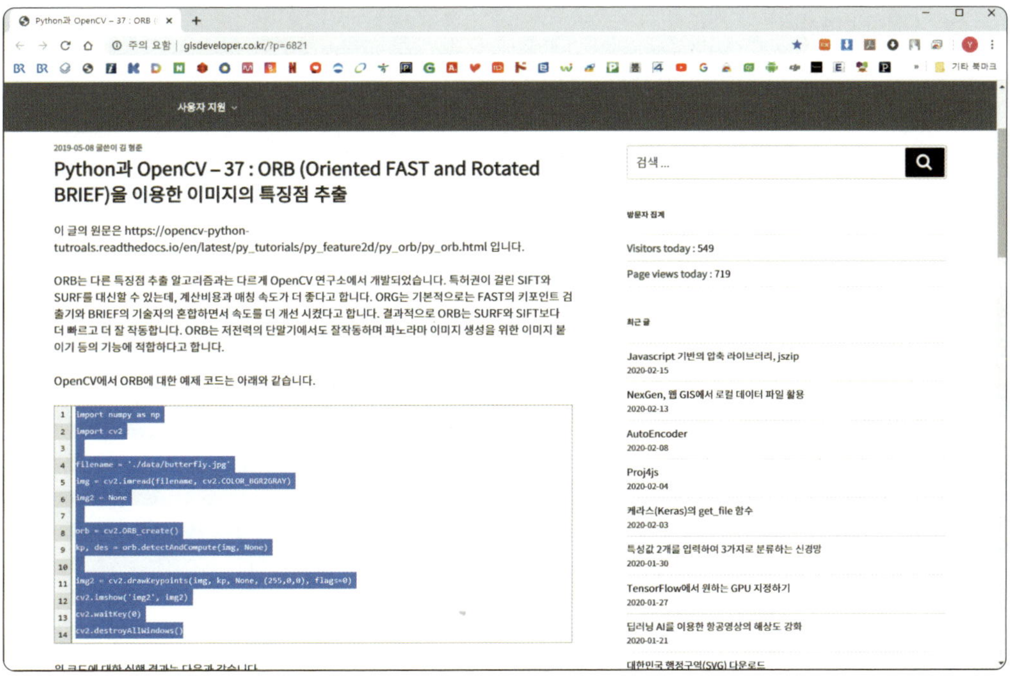

특징점 추출 소스 코드를 다음과 같이 복사하여 메모장에 붙여넣고 orb.py 로 저장한다.

→

```
import numpy as np
import cv2

filename = './data/butterfly.jpg'
img = cv2.imread(filename, cv2.COLOR_BGR2GRAY)
img2 = None

orb = cv2.ORB_create()
kp, des = orb.detectAndCompute(img, None)

img2 = cv2.drawKeypoints(img, kp, None, (255,0,0), flags=0)
cv2.imshow('img2', img2)
cv2.waitKey(0)
cv2.destroyAllWindows()
```

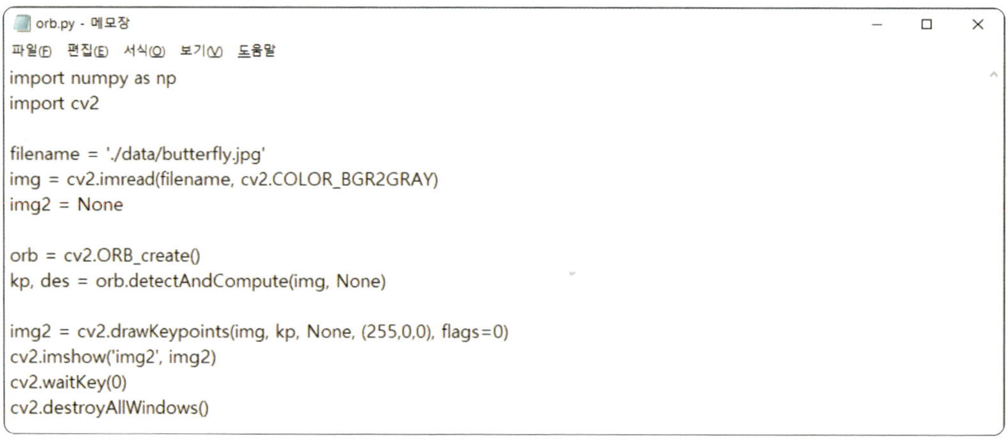


```
import numpy as np
import cv2

filename = './data/butterfly.jpg'
img = cv2.imread(filename, cv2.COLOR_BGR2GRAY)
img2 = None

orb = cv2.ORB_create()
kp, des = orb.detectAndCompute(img, None)

img2 = cv2.drawKeypoints(img, kp, None, (255,0,0), flags=0)
cv2.imshow('img2', img2)
cv2.waitKey(0)
cv2.destroyAllWindows()
```

04 Tello-ORB 폴더에 저장한 'butterfly.jpg' 파일의 위치를 반영하기 위해 복사하여 생성한 orb.py 파일을 메모장으로 열어 다음과 같이 filename을 지정하는 코드를 수정해준다. 이는 현재 폴더에 저장된 사진을 바로 불러들이기 위해서이다.

```
filename = './data/butterfly.jpg'
```

→

```
#filename = './data/butterfly.jpg'
filename = 'butterfly.jpg'
```

```
import numpy as np
import cv2

#filename = './data/butterfly.jpg'
filename = 'butterfly.jpg'

img = cv2.imread(filename, cv2.COLOR_BGR2GRAY)
img2 = None

orb = cv2.ORB_create()
kp, des = orb.detectAndCompute(img, None)

img2 = cv2.drawKeypoints(img, kp, None, (255,0,0), flags=0)
cv2.imshow('img2', img2)
cv2.waitKey(0)
cv2.destroyAllWindows()
```

05 다음과 같이 orb.py 파이썬 파일과 'butterfly.jpg' 그림 파일을 준비하였으면 ORB 기본 테스트 준비가 된 것이다.

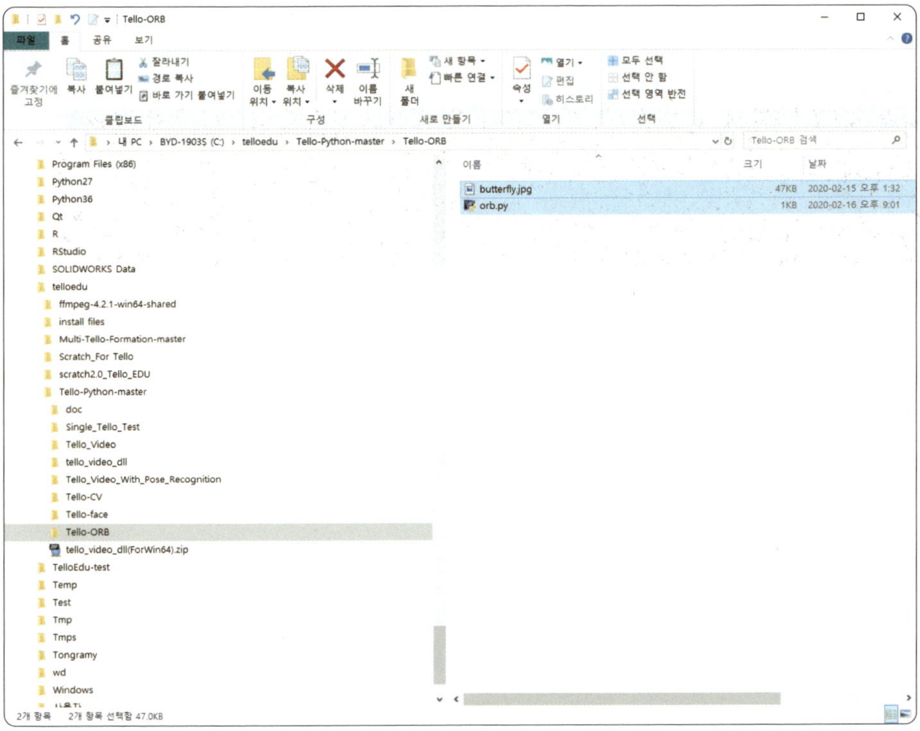

06 ORB 기본 예제 프로그램에 대해 간략하게 살펴보면 프로그램의 구조는 다음과 같다.

- 필요한 모듈 불러들이기 : import
- 그림 파일 입력 및 GRAY 변환 : cv2.imread
- OpenCV의 ORB 함수 적용 : orb.detectAndCompute
- 추출된 Keypoints 그리기 : cv2.drawKeypoints

07 ORB 알고리즘 기본 테스트는 탐색기 Tello-ORB 폴더로 이동하여 주소창에 'cmd.' 을 입력하고 커맨드창을 열어 다음과 같이 파이썬 명령을 입력하여 실행하거나 탐색기 Tello-ORB 폴더로 이동하여 orb.py 파이썬 파일을 직접 더블클릭하여 실행시킬 수 있다. 차이점은 직접 더블클릭하여 실행했을 경우 에러가 발생하면 즉시 창이 닫혀버리므로 어떤 에러 메시지가 나타났는지 확인할 방법이 없다는 점이다. 따라서 처음 실행 시에는 커맨드창을 이용하여 실행하여 에러 여부를 확인하고 에러없이 실행이 되는 것을 확인하면 다음부터는 더블클릭으로 실행하는 것이 편리하다.

C:\telloedu\Tello-Phython-master\Tello-ORB>python orb.py

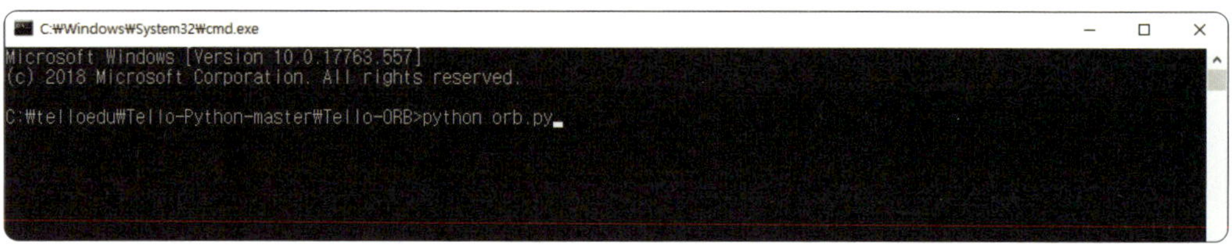

08 ORB 기본 예제인 orb.py 파이썬 프로그램을 실행시키면 다음과 같이 폴더 내의 'butterfly.jpg' 파일을 입력받아 특징점을 추출하여 보여주는 것을 알 수 있다.

09 다음으로 텔로 에듀의 비디오 스트림을 수신하여 ORB 알고리즘을 이용하여 특징점을 추출하는 예제를 구현해 보기로 한다. ORB 특징점 추출 예제 역시 텔로 에듀의 비디오를 수신 후 화상처리하여 진행하게 되므로 진행을 위해 필요한 프로그램은 14 Step과 16 Step에서 설치한 내용과 동일하여 이미 텔로 에듀의 비디오 스트림 컨트롤 (14 Step) 또는 동작인식(16 Step) 을 학습한 경우라면 생략해도 좋다. 새로 설치하는 경우라면 다음과 같이 Tello-Python github 홈페이지에서 압축파일을 다운로드하고 C:\telloedu> 폴더로 복사하여 여기에 풀기로 해제 후 tello_video_dll(ForWin64).zip 압축파일을 여기에 압축해제 후 생성되는 tello_video_dll 폴더 하부의 모든 파일을 파이썬 라이브러리 폴더인 C:\Phython27\Lib\site-packages> 에 복사하면 된다.

https://github.com/dji-sdk/Tello-Python → clone or download 버튼클릭 → Download Zip → Tello-Python-master.zip 다운로드 → C:\telloedu> 폴더에 복사 → 여기에 풀기로 압축해제

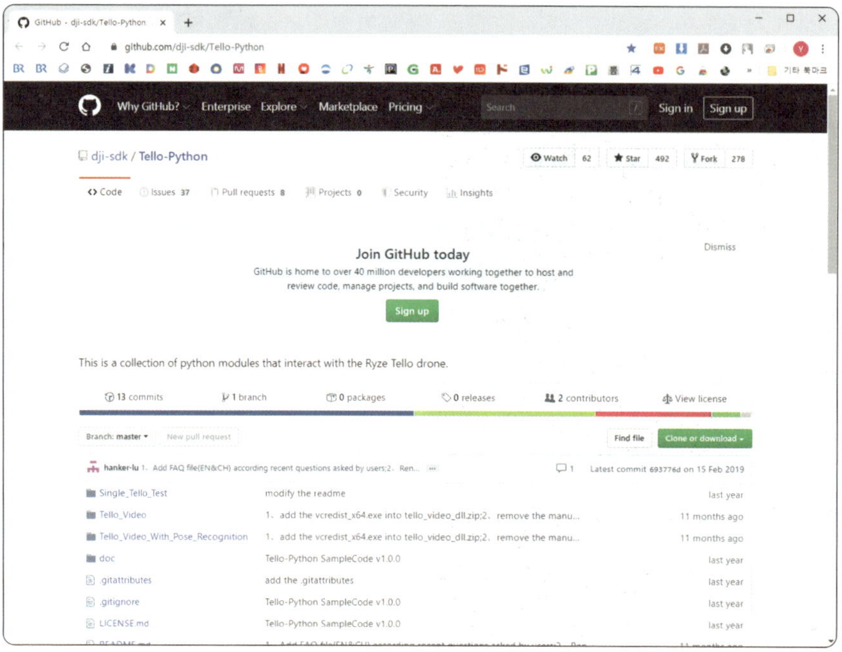

10 다음은 텔로 에듀의 비디오 스트림 수신 및 제어용 예제 프로그램을 다음 사이트에서 다운받아 ORB 알고리즘을 적용해 보기로 한다. 다운받은 main.py 파이썬 파일을 main-orb.py 로 복사하여 Tello-ORB 폴더에 저장하고 C:\telloedu\Tello-Python-master\Tello_Video> 폴더의 tello.py 텔로 클래스(라이브러리)파일을 마찬가지로 Tello-ORB 폴더에 복사한다.

https://raw.githubusercontent.com/hsgucci404/tello/master/Tello_CV_core/main.py → 다운로드 → C:\telloedu\Tello-Python-master\Tello-ORB> 폴더에 복사 → main-orb.py 로 복사하기

C:\telloedu\Tello-Python-master\Tello_Video> 폴더의 tello.py → C:\telloedu\Tello-Python-master\Tello-ORB> 폴더로 복사

11 필요 파일 복사 후 main-orb.py 텔로 비디오 수신/제어용 예제 파일을 수정하여 ORB 알고리즘을 적용해 보기로 한다. 아래와 같이 main-orb.py 파이썬 파일을 메모장으로 열어 다음과 같은 코드를 추가하고 저장한다.

- time.sleep(0.5) 하단에 다음 코드 추가

```
# orb-1 initialization
orb = cv2.ORB_create()
```

- small_image = cv2.resize(image, dsize=(480,360)) 하단에 다음 코드 추가

```
# orb-2 convert to gray scale
gray = cv2.cvtColor(small_image, cv2.COLOR_BGR2GRAY)
gray = cv2.equalizeHist( gray )

# orb-3 detect & compute orb
kp, des = orb.detectAndCompute(gray, None)

# orb-4 draw keypoints
small_image = cv2.drawKeypoints(gray, kp, None,(255,0,0), flags=0)
```

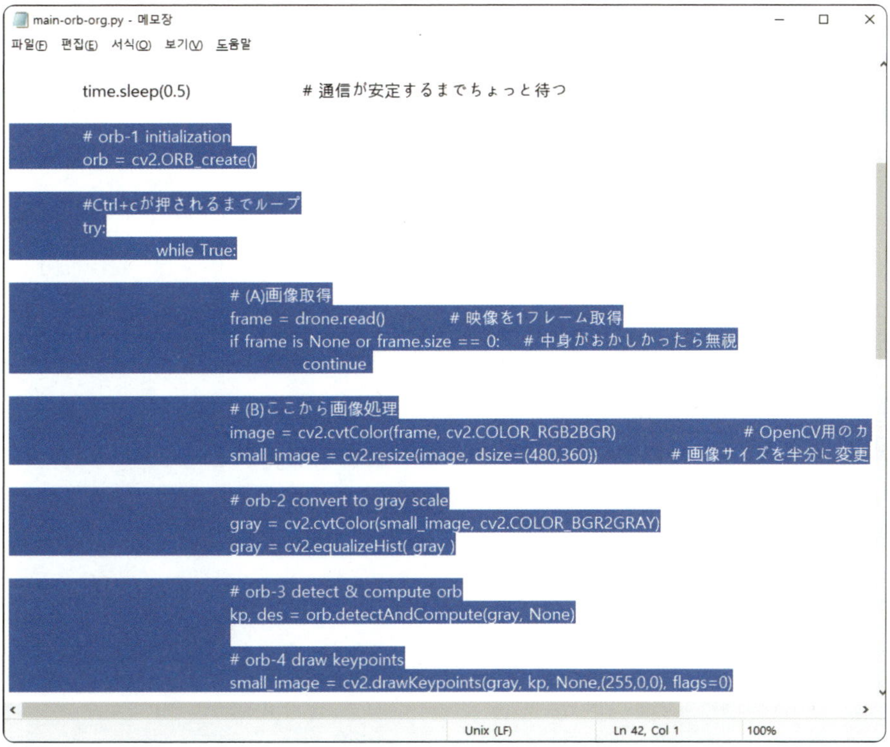


```
    time.sleep(0.5)          # 通信が安定するまでちょっと待つ

    # orb-1 initialization
    orb = cv2.ORB_create()

    #Ctrl+cが押されるまでループ
    try:
        while True:

            # (A)画像取得
            frame = drone.read()        # 映像を1フレーム取得
            if frame is None or frame.size == 0:    # 中身がおかしかったら無視
                continue

            # (B)ここから画像処理
            image = cv2.cvtColor(frame, cv2.COLOR_RGB2BGR)          # OpenCV用のカ
            small_image = cv2.resize(image, dsize=(480,360))        # 画像サイズを半分に変更

            # orb-2 convert to gray scale
            gray = cv2.cvtColor(small_image, cv2.COLOR_BGR2GRAY)
            gray = cv2.equalizeHist( gray )

            # orb-3 detect & compute orb
            kp, des = orb.detectAndCompute(gray, None)

            # orb-4 draw keypoints
            small_image = cv2.drawKeypoints(gray, kp, None,(255,0,0), flags=0)
```

12 아래와 같이 Tello-ORB 폴더에 butterfly.jpg, main-orb.py, orb.py, tello.py 등 네 가지 파일을 준비하고 비디오 관련 라이브러리 설치를 진행하였으면 프로그램의 설치가 완료된 상태이다.

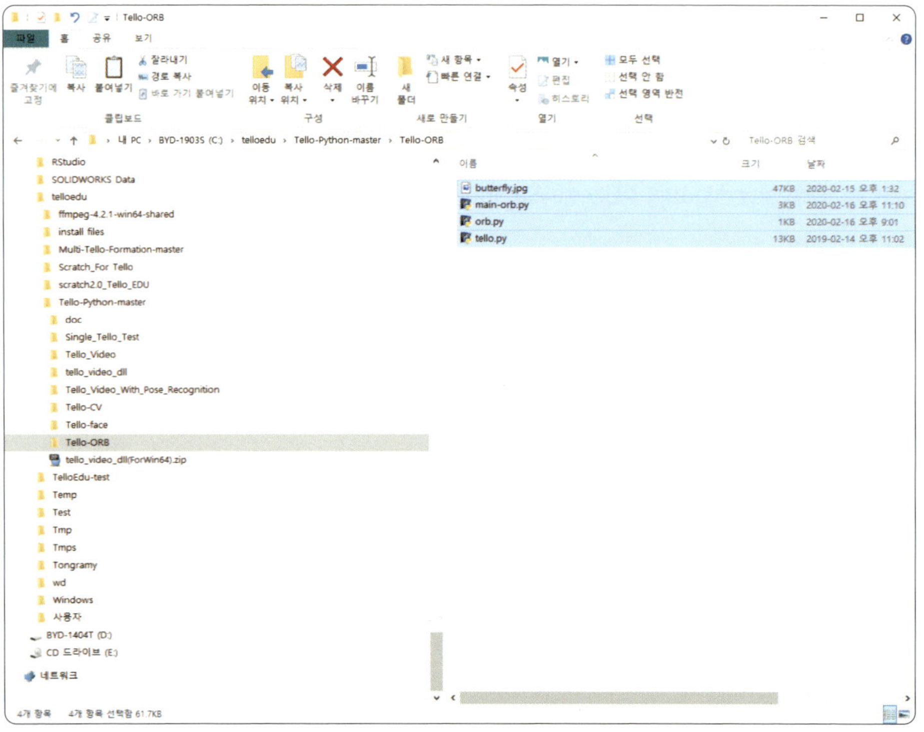

13 다음은 ORB 특징점 추출 예제 프로그램에 대해 살펴보기로 한다. ORB 알고리즘에 기반하여 대상물의 특징점을 효과적으로 추출하는 것이 가능하며 텔로 에듀의 컨트롤 프로그램과 결합되어 기체를 조작하여 적당한 위치 및 거리, 고도 등에 위치하여 특징을 파악하고자 하는 대상에 대하여 프로그램 수행을 할 수 있는 점이 특징이다. 기체의 이륙과 착륙 및 특징점 추출에 적당한 위치로의 이동은 수동으로 조작한다. 기체의 수동조작은 T 키로 이륙, R/F 로 상승/하강, W/S/A/D 키로 전진/후진/좌이동/우이동, Q/E 키로 좌회전/우회전을 조작하고 마지막으로 L 키를 이용해 착륙시킬 수 있다.

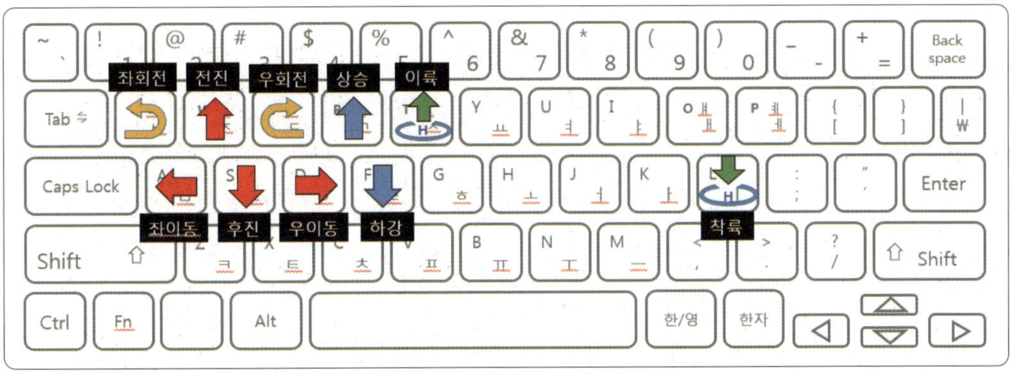

14 다음으로 텔로 에듀의 Wifi에 접속하고 탐색기의 C:\telloedu\Tello-Python-master\Tello-ORB> 폴더로 이동하여 주소창에서 cmd.를 입력하여 커맨드창을 열고 main-orb.py 파이썬 파일을 실행시키거나 탐색기 C:\telloedu\Tello-Python-master\Tello-ORB> 폴더로 이동하여 main-orb.py 파이썬 파일을 더블클릭 한다. 이때 텔로 에듀는 직접 접속모드(AP 접속모드)이어야한다. 만약 프로그램의 실행시 에러가 발생하는 경우에는 코드가 파이썬의 들여쓰기(indent) 문법상 오류가 없는지 살펴보도록 한다.

C:\telloedu\Tello-Phython-master\Tello-ORB>python main-orb.py

또는

탐색기 C:\telloedu\Tello-Phython-master\Tello-ORB> 폴더 → main-orb.py 더블클릭

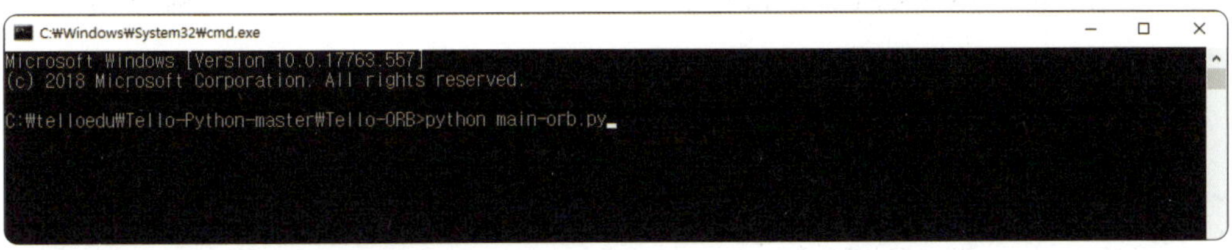

15 프로그램이 정상적으로 작동하면 다음과 같이 상태표시창과 'OpenCV Window' 화면이 생성되어 ORB 알고리즘 기반의 비디오 화면 화상처리에 의한 특징점이 추출되는 것을 볼 수 있다. 문자키 'T'를 입력하여 텔로 에듀를 이륙시키고 **14** 항목의 수동조작 키를 이용하여 적당한 거리와 고도로 이동한다. 기체의 이동 및 회전을 통해 다양한 장면에 대한 테스트를 마쳤으면 문자키 'L'을 입력하여 기체를 착륙시키고 ESC 키 또는 상태표시창 닫기로 프로그램을 종료한다.

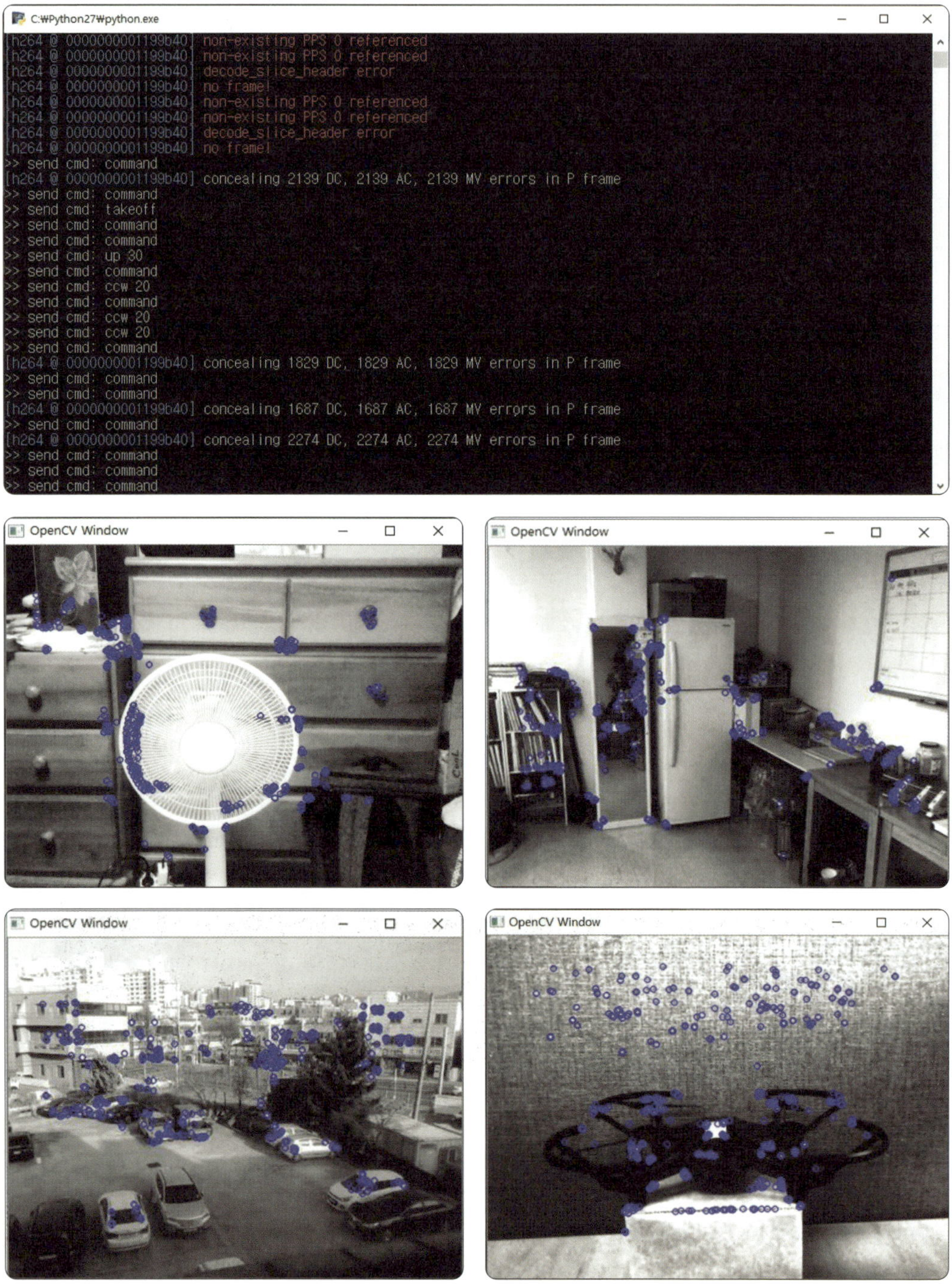

▲ 텔로 영상의 실시간 특징점 추출 예시 화면

STEP 20 파이썬을 이용한 텔로 에듀 Marker 인식/컨트롤

01 앞에서 텔로 에듀에는 인텔사의 Myriad 머신비전 프로세서 VPU(Vision Processing Unit)가 탑재되어 있어 인공지능, 화상처리 알고리즘과 결합하여 다양한 머신비전(Computer Vision) 응용 분야에 대한 개발 및 코딩 프로그램 개발이 가능하다고 언급한 바 있다. 이번 Step에서는 머신비전의 한 분야인 AR 마커(Marker) 인식과 이를 이용한 기체의 컨트롤에 대한 예제를 살펴보기로 한다.

02 AR 마커란 바코드, QR코드와 같이 데이터를 포함한 패턴 이미지의 일종으로 아래와 같이 다양한 종류의 마커가 사용되고 있다. 순서대로 카멜레온 코드, 바코드, QR 코드, ArUco 마커를 나타내고 있다.

03 AR 마커란 이름에서 알 수 있듯이 AR 마커는 AR(Augmented Reality) 증강현실에 적용하기 위한 목적으로 개발되어 AR이란 이름이 붙은 것이다. AR(Augmented Reality) 증강현실은 현실을 촬영한 화상 위에 마치 실물이 있는 것처럼 CG(Computer Graphic)로 조합하는 기술로 스마트폰 게임 포켓몬고가 그 대표적인 예이다.

04 AR 마커는 개발 키트 등을 이용하여 다양한 응용 프로그램의 제작이 가능하며 활용 분야에 대한 사례는 아래와 같다.

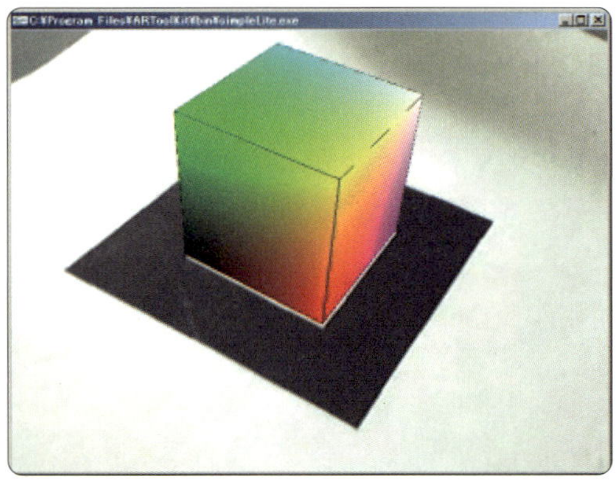

05 이번 Step에서는 OpenCV 의 ArUco AR 마커 라이브러리를 활용하여 텔로 에듀에 적용하는 예제를 살펴보기로 한다. 먼저 C:\telloedu\Tello-Python-master> 폴더 하부에 Tello-AR이란 폴더를 생성하여 관련 파일 들을 정리해 두기로 한다. 다음으로 ArUco 파이썬 모듈을 설치해야하는데 설치는 opencv-contrib 버전(확장버전)을 설치하면 ArUco 모듈이 opencv 확장버전에 포함되어 설치된다. opencv-contrib 버전 설치 전 자신의 pc에 설치된 opencv 버전을 확인하여 일치하는 contrib 버전을 설치해주면 된다. opencv-contrib 버전을 설치하게 되면 확장모듈을 포함한 opencv의 전 기능을 사용할 수 있게 된다. 설치된 opencv 파이썬 모듈의 확인은 아래와 같이 파이썬 라이브러리 폴더에서 확인할 수 있다.

C:\Python27\Lib\site-packages\opencv_python-3.4.3.18.dist-info

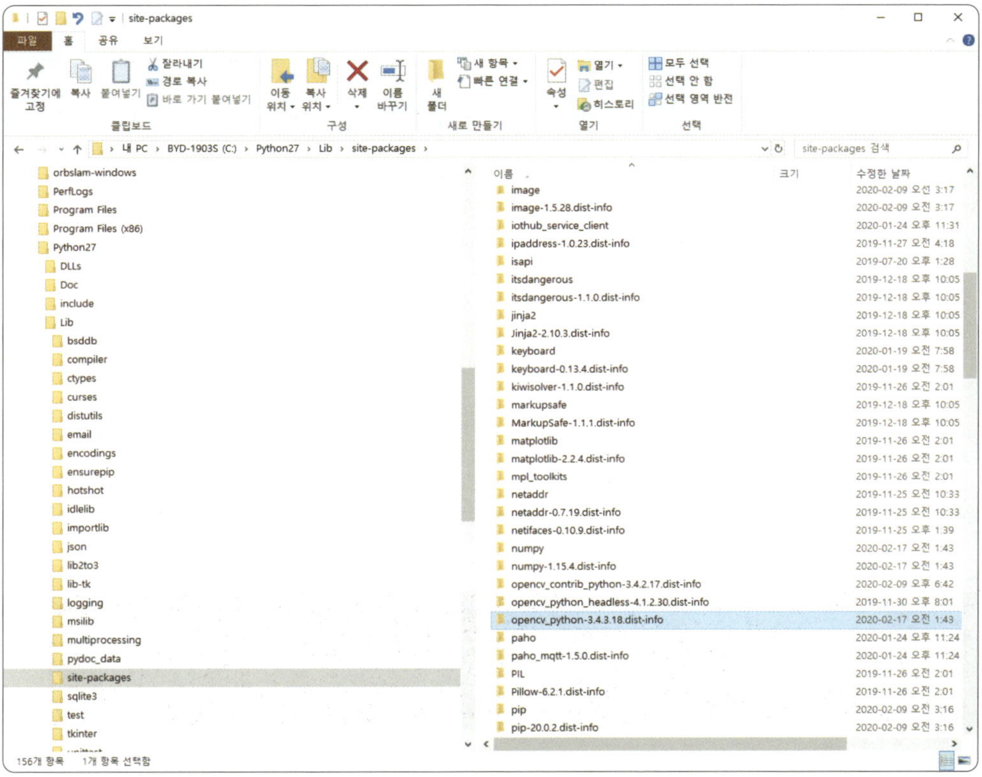

06 자신의 PC에 설치된 파이썬 OpenCV 버전을 확인한 후 커맨드창에 다음의 명령어를 입력하여 opencv-contrib 확장버전을 설치하면 ArUco 파이썬용 모듈이 설치된다. 명령줄에서 '='이 아닌 '=='을 입력해야 함에 주의하도록 한다.

C:\telloedu\Tello-Python-master\Tello-AR>python –m pip install opencv-contrib-python==3.4.3.18 ← 자신의 PC에 설치된 OpenCV 버전과 일치시킨다.

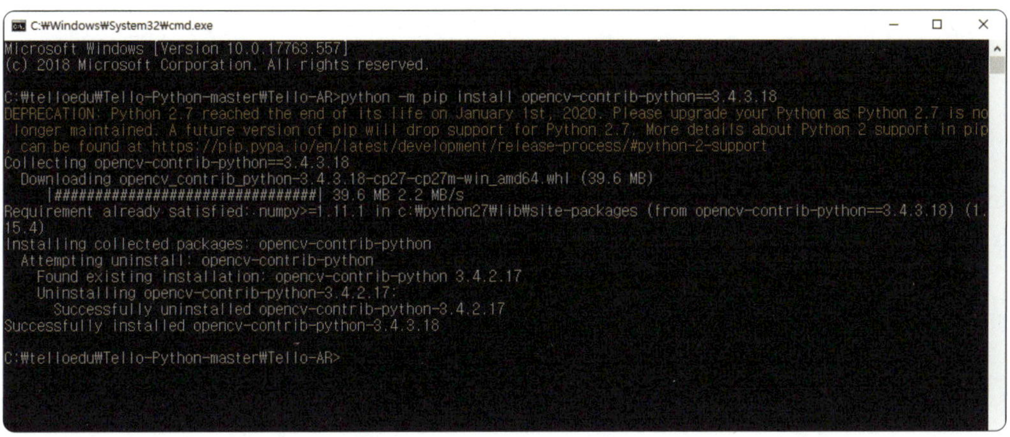

07 다음으로 프린트 등의 활용을 위해 AR 마커를 생성해보기로 한다. 다음의 사이트에서 AR 마커 생성용 파이썬 프로그램 MakeMarker_0to9.py 파일을 다운받아 Tello-AR 폴더에 복사한다.

https://raw.githubusercontent.com/hsgucci404/tello/master/Tello_CV_ar/MakeMarker_0to9.py → MakeMarker_0to9.py 파일 다운로드 → C:\telloedu\Tello-Python-master\Tello-AR> 폴더에 복사

08 위의 AR 마커 생성 MakeMarker_0to9.py 파이썬 파일을 다음의 명령으로 실행하여 0 ~ 9까지의 ArUco 마커 파일을 생성한다. 프로그램을 실행하면 아래와 같이 Tello-AR 폴더에 ar00.png ~ ar09.png의 10개의 마커 이미지 파일이 생성된다.

C:\telloedu\Tello-Python-master\Tello-AR>python MakeMarker_0to9.py

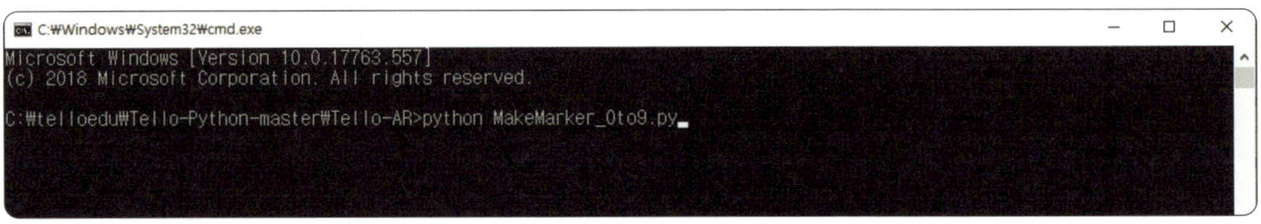

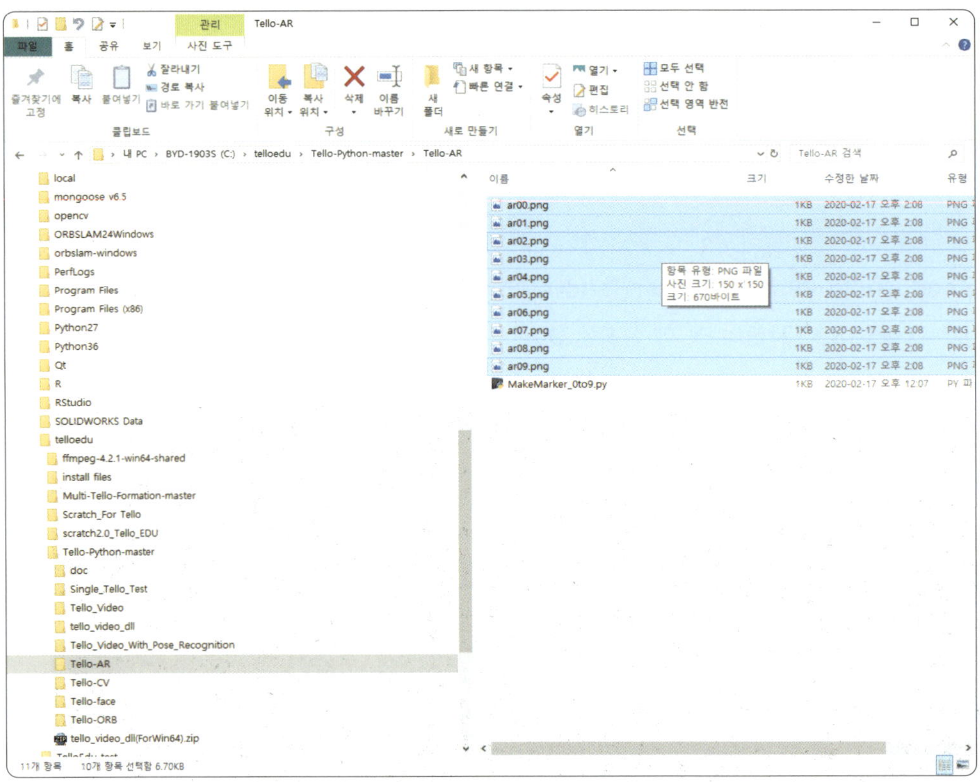

09 다음은 AR 마커 생성 프로그램으로 생성된 0 ~ 9 까지의 AR 마커 이미지 파일이다.

▲ ID = 0

▲ ID = 1

▲ ID = 2

▲ ID = 3

▲ ID = 4

▲ ID = 5

▲ ID = 6

▲ ID = 7

▲ ID = 8

▲ ID = 9

10 위와 같이 생성된 AR 마커 이미지 파일에 다음과 같이 ID 별로 비행동작을 할당하여 프린트하고 각각의 AR 마커 카드를 만들어 텔로 에듀를 컨트롤 해보기로 한다.

ID = 0 → 이륙

ID = 1 → 착륙

ID = 2 → 상승

ID = 3 → 하강

ID = 4 → 좌회전

ID = 5 → 우회전

ID = 6 → 전진

ID = 7 → 후진

ID = 8 → 좌이동

ID = 9 → 우이동

11 카드 뒷면에는 다음 그림과 같은 동작 표시 기호를 붙이면 편리할 것이다.

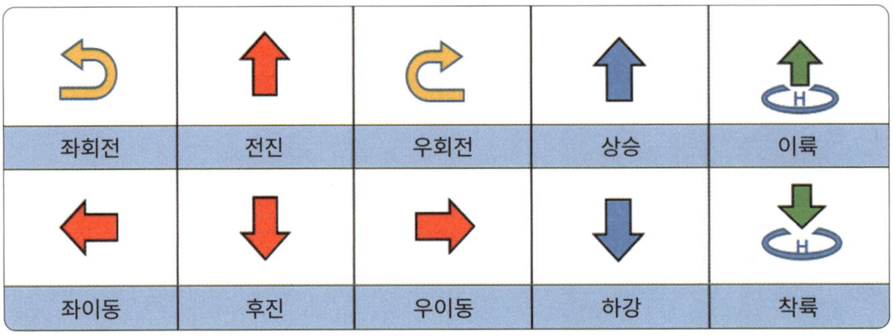

12 다음은 AR 마커 이미지와 동작 표시 이미지를 프린트하여 AR 마커 카드를 제작한 예이다.

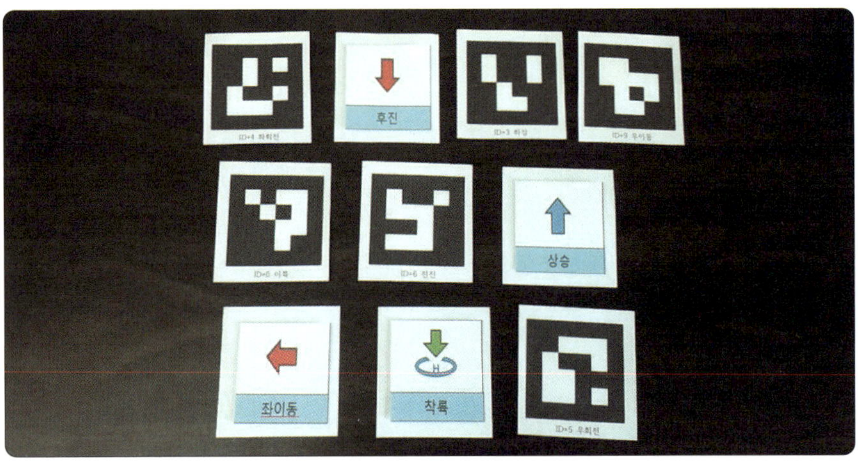

13 AR 마커 카드를 제작하였으면 다음으로 텔로의 비디오를 수신하여 AR 마커를 인식하고 기체를 컨트롤하는 예제의 설치에 대해 살펴보기로 하자. AR 마커 인식 및 기체 컨트롤 예제 역시 텔로 에듀의 비디오를 수신 후 화상처리하여 진행하게 되므로 진행을 위해 필요한 프로그램은 14 Step과 16 Step에서 설치한 내용과 동일하여 이미 텔로 에듀의 비디오 스트림 컨트롤(14 Step) 또는 동작인식(16 Step) 을 학습한 경우라면 생략해도 좋다. 새로 설치하는 경우라면 다음과 같이 Tello-Python github 홈페이지에서 압축파일을 다운로드하여 C:\telloedu> 폴더로 복사하고 여기에 풀기로 압축해제 한다. 압축해제 후 생성된 tello_video_dll(ForWin64).zip 압축파일을 여기에 압축해제 하기로 해제하고 생성된 tello_video_dll 폴더 하부의 모든 파일을 파이썬 라이브러리 폴더인 C:\Phython27\Lib\site-packages> 에 복사하면 된다.

https://github.com/dji-sdk/Tello-Python → clone or download 버튼클릭 → Download Zip → Tello-Python-master.zip 다운로드 → C:\telloedu> 폴더에 복사 → 여기에 풀기로 압축해제

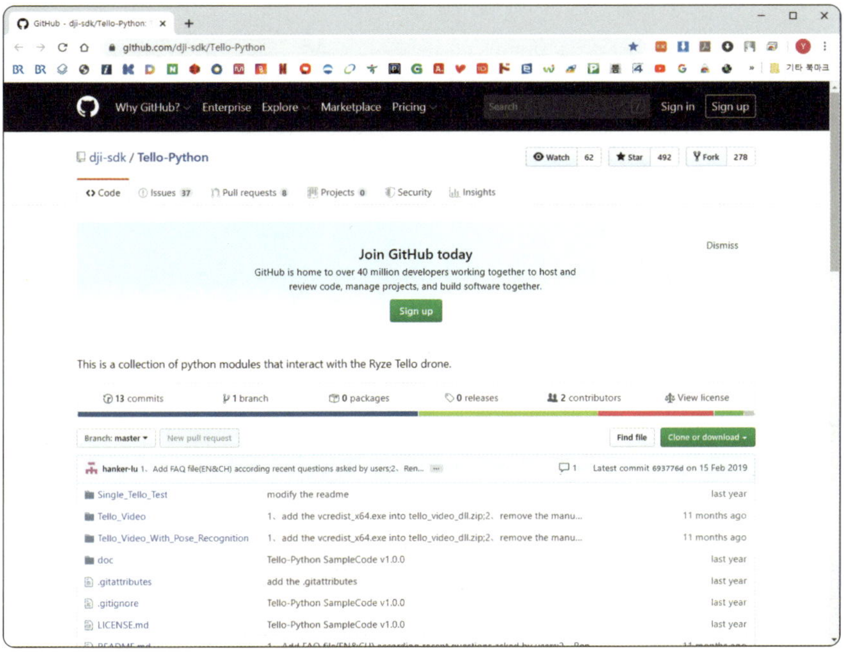

14 텔로 에듀의 비디오를 수신하여 AR 마커를 인식하고 기체를 컨트롤 하는 예제는 다음의 사이트에서 main.py 파이썬 파일을 다운받아 C:\telloedu\Tello-Python-master\Tello-AR> 폴더에 저장하고 main-ar.py 파일로 복사한다. C:\telloedu\Tello-Python-master\Tello_Video> 폴더의 tello.py 텔로 클래스 (라이브러리) 파일도 마찬가지로 Tello-AR 폴더에 복사한다.

https://raw.githubusercontent.com/hsgucci404/tello/master/Tello_CV_ar/main.py → main.py 다운로드 → C:\telloedu\Tello-Python-master\Tello-AR> 폴더에 저장 → main-ar.py로 복사

C:\telloedu\Tello-Python-master\Tello_Video> 폴더의 tello.py → C:\telloedu\Tello-Python-master\Tello-AR> 폴더로 복사

15 다음으로 복사한 main-ar.py 파이썬 파일을 아래와 같이 메모장을 열어 코드를 일부 수정해보기로 한다. 수정은 좌회전 우회전 식별 시 90도씩 기체가 회전하는 것으로 변경하는 것이다. 또한 코드를 잘 살펴보면 앞에서 할당한 AR 마커카드의 ID에 해당하는 비행동작이 프로그래밍된 것을 볼 수 있다.

```
elif idno == 4:
        drone.ratate.ccw(20)
elif idno == 5:
        drone.rotate.cw(20)
```

→

```
elif idno == 4:
        #drone.ratate.ccw(20)
        drone.ratate.ccw(90)
elif idno == 5:
        #drone.rotate.cw(20)
        drone.rotate.cw(90)
```

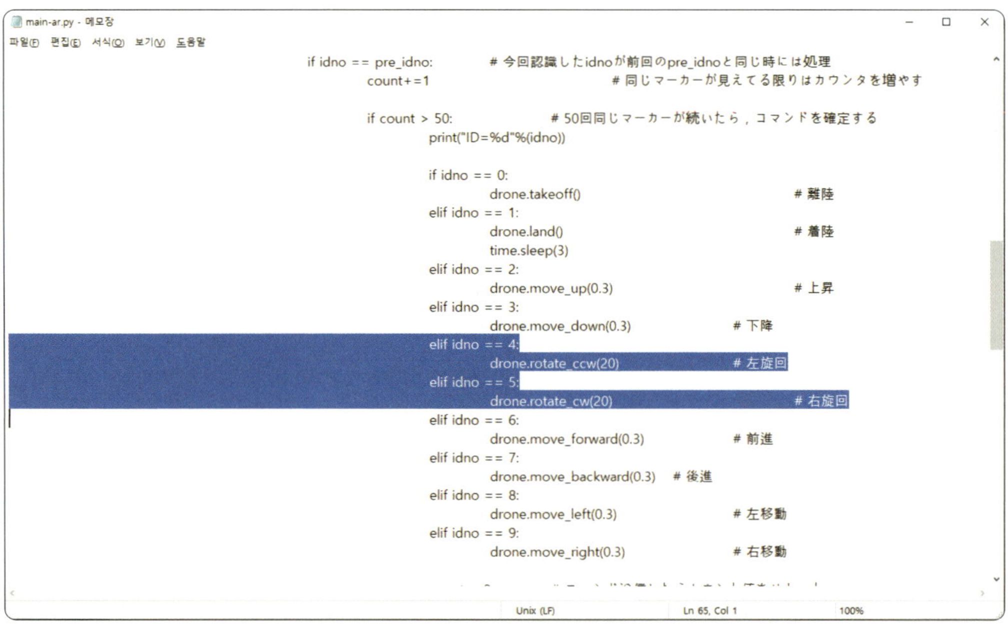

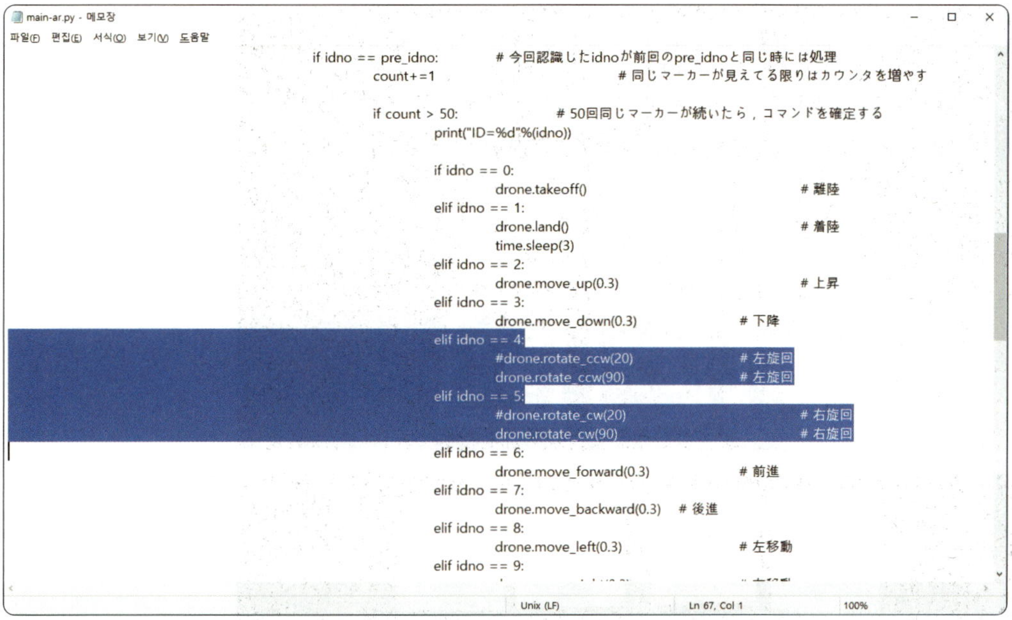

16 다음과 같이 Tello-AR 폴더에 main-ar.py, tello.py 파일을 복사하고 AR 마커 출력 후 카드를 만들어두고 비디오 관련 라이브러리 설치까지 진행하였으면 AR 마커 인식 및 컨트롤 예제 프로그램을 실행할 준비가 된 것이다.

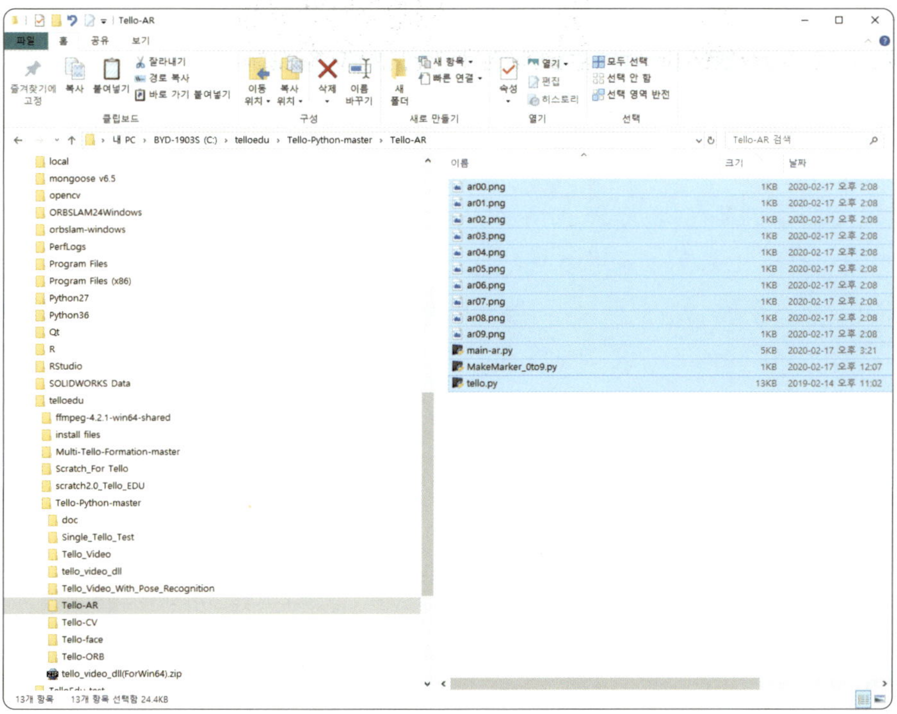

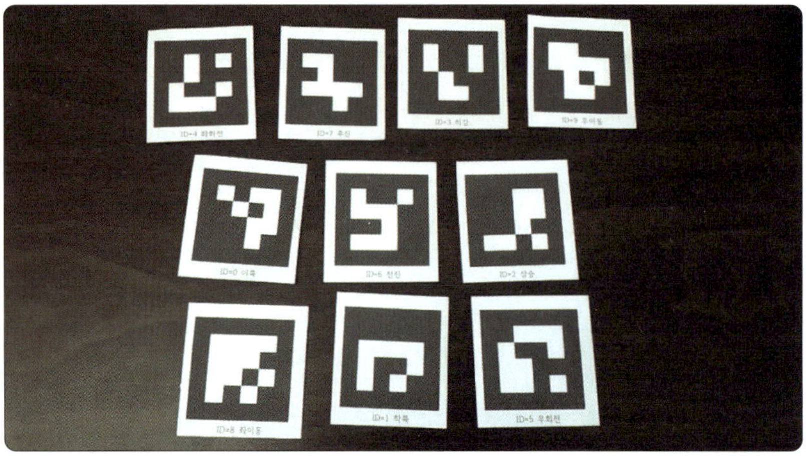

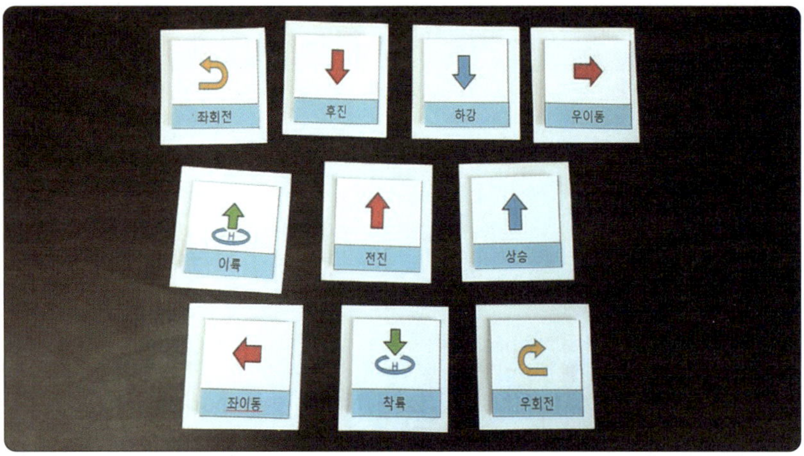

17 다음은 AR 마커 인식 및 컨트롤 예제 프로그램에 대해 살펴보기로 한다. AR 마커 인식 및 컨트롤 예제는 OpenCV ArUco 모듈에 기반하여 화상처리에 의해 AR 마커를 인식하여 해당하는 ID를 표시해주며 내부적으로 5번에 한번 꼴로 마커를 인식하여 같은 마커가 50회 이상 검출되면 해당하는 비행동작을 수행하도록 되어있다. 또한 기체의 수동조작도 가능하여 AR 마커 식별에 적당한 위치 및 거리, 고도 등에 위치하도록 기체를 이동시킬 수 있다. 기체의 수동조작은 T 키로 이륙, R/F로 상승/하강, W/S/A/D 키로 전진/후진/좌이동/우이동, Q/E 키로 좌회전/우회전을 조작하고 마지막으로 L 키를 이용해 착륙시킬 수 있다.

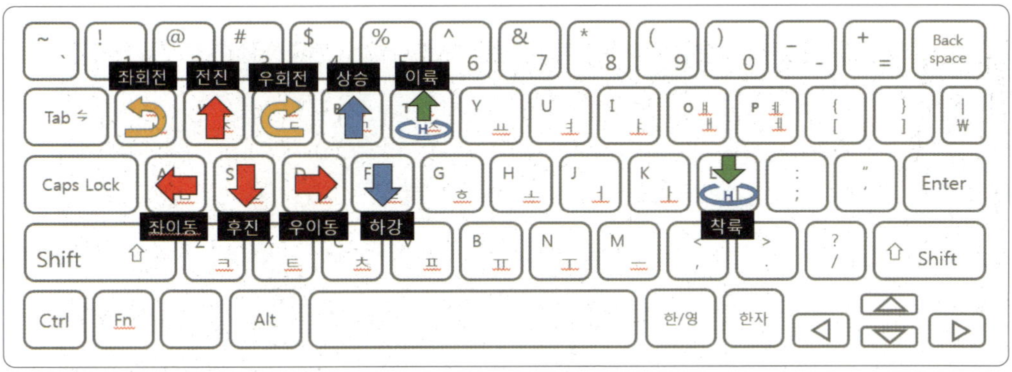

18 다음으로 텔로 에듀의 Wifi에 접속하고 탐색기의 C:\telloedu\Tello-Python-master\Tello-AR> 폴더로 이동하여 주소창에서 cmd.를 입력하여 커맨드창을 열고 main-ar.py 파이썬 파일을 실행시키거나 탐색기 C:\telloedu\Tello-Python-master\Tello-AR> 폴더로 이동하여 main-ar.py 파이썬 파일을 더블클릭하여 실행한다. 이때 텔로 에듀는 직접 접속모드(AP 접속모드)이어야 한다. 만약 프로그램의 실행 시 에러가 발생하는 경우에는 코드가 파이썬의 들여쓰기(indent)문법상 오류가 없는지 살펴보도록 한다.

C:\telloedu\Tello-Phython-master\Tello-AR>python main-ar.py

또는

탐색기 C:\telloedu\Tello-Phython-master\Tello-AR> 폴더 → main-ar.py 더블클릭

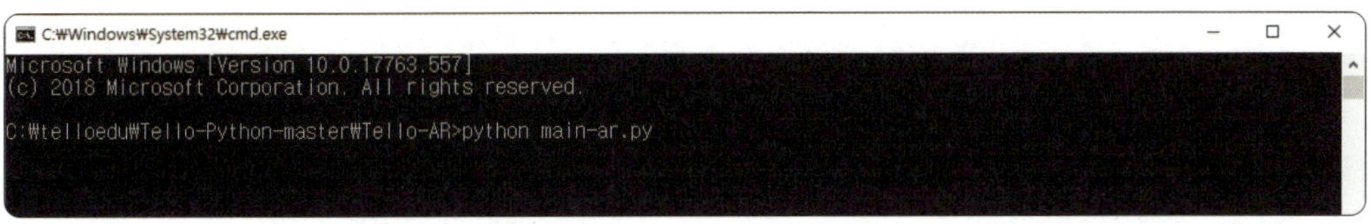

19 프로그램이 정상적으로 작동하면 다음과 같이 상태표시창과 'OpenCV Window' 화면이 생성되어 AR 마커인식 대기상태 화면이 보여지고 이때 특정 AR 마커 카드를 보여주면 아래와 같이 인식하는 것을 볼 수 있으며 비행 동작을 할당한 AR 마커 카드의 종류에 따라 기체가 반응하여 특정 비행 동작을 수행하게 된다. 예를 들면 텔로 에듀를 이륙시키고자 하면 ID = 0 번 AR 마커 카드를 보여주면 된다. 기체를 이륙시켰으면 인식에 적당한 위치, 고도, 거리로 수동조작하여 기체를 이동시킨다. 준비한 여러 가지 AR 마커 카드를 제시하여 해당 비행 동작을 테스트해본다. 착륙시키려면 ID = 1 번 AR 마커 카드를 보여주거나 화면에서 'L' 키를 입력하면 된다. 테스트를 마쳤으면 문자키 'L'을 입력하여 기체를 착륙시키고 ESC 키 또는 상태표시 창 닫기로 프로그램을 종료한다.

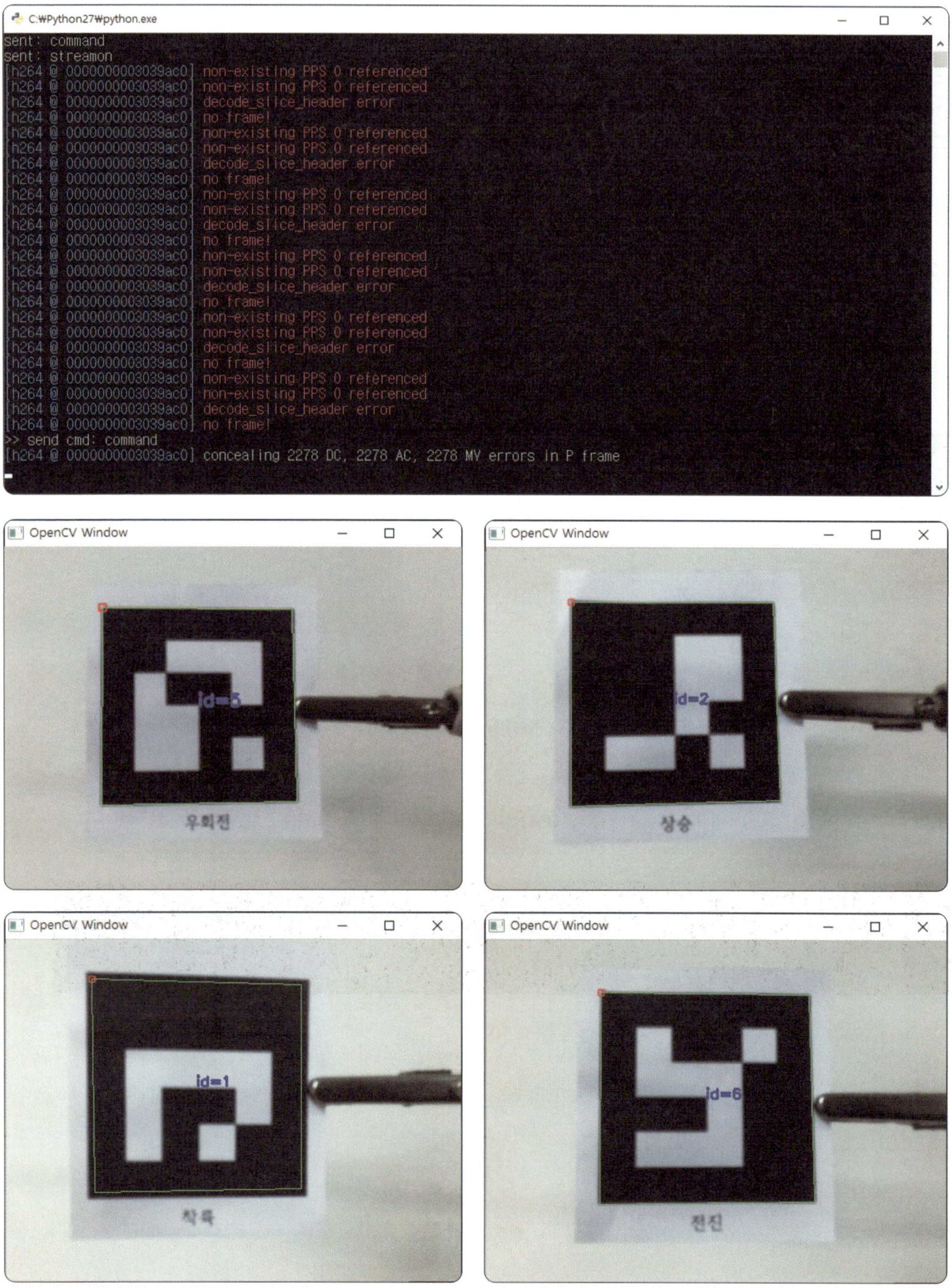
C:₩Python27₩python.exe
sent: command
sent: streamon
[h264 @ 0000000003039ac0] non-existing PPS 0 referenced
[h264 @ 0000000003039ac0] non-existing PPS 0 referenced
[h264 @ 0000000003039ac0] decode_slice_header error
[h264 @ 0000000003039ac0] no frame!
[h264 @ 0000000003039ac0] non-existing PPS 0 referenced
[h264 @ 0000000003039ac0] non-existing PPS 0 referenced
[h264 @ 0000000003039ac0] decode_slice_header error
[h264 @ 0000000003039ac0] no frame!
[h264 @ 0000000003039ac0] non-existing PPS 0 referenced
[h264 @ 0000000003039ac0] non-existing PPS 0 referenced
[h264 @ 0000000003039ac0] decode_slice_header error
[h264 @ 0000000003039ac0] no frame!
[h264 @ 0000000003039ac0] non-existing PPS 0 referenced
[h264 @ 0000000003039ac0] non-existing PPS 0 referenced
[h264 @ 0000000003039ac0] decode_slice_header error
[h264 @ 0000000003039ac0] no frame!
[h264 @ 0000000003039ac0] non-existing PPS 0 referenced
[h264 @ 0000000003039ac0] non-existing PPS 0 referenced
[h264 @ 0000000003039ac0] decode_slice_header error
[h264 @ 0000000003039ac0] no frame!
[h264 @ 0000000003039ac0] non-existing PPS 0 referenced
[h264 @ 0000000003039ac0] non-existing PPS 0 referenced
[h264 @ 0000000003039ac0] decode_slice_header error
[h264 @ 0000000003039ac0] no frame!
>> send cmd: command
[h264 @ 0000000003039ac0] concealing 2278 DC, 2278 AC, 2278 MV errors in P frame
OpenCV Window
id=5
우회전
OpenCV Window
id=2
상승
OpenCV Window
id=1
착륙
OpenCV Window
id=6
전진

▲ AR 마커인식 화면

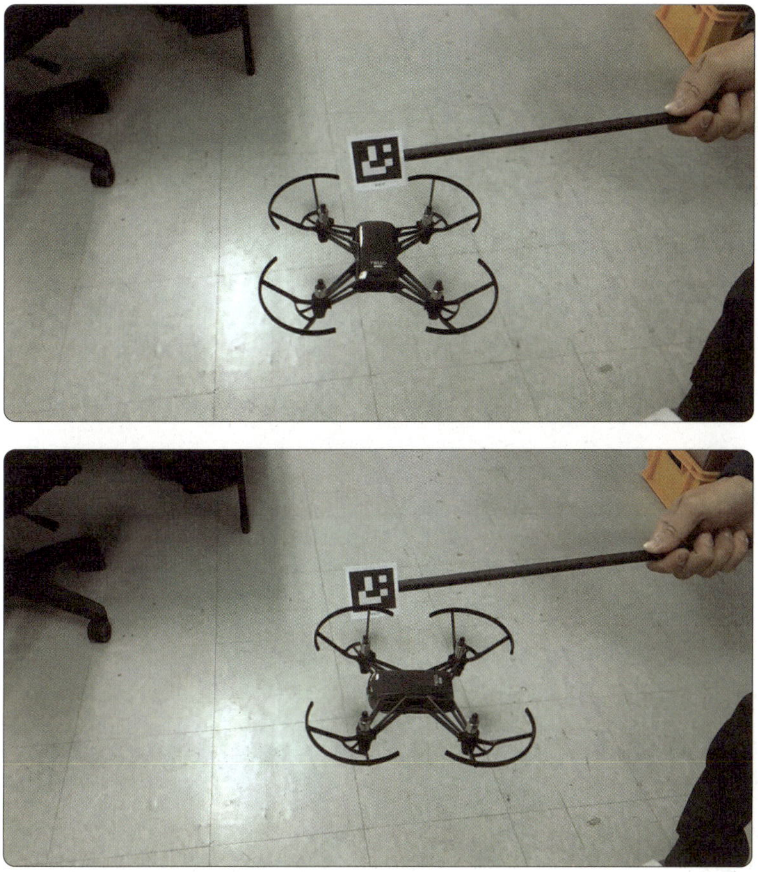

▲ AR 마커인식 후 좌회전 동작(AR 마커 카드 ID = 4 번)

STEP

21 Robomaster TT 드론코딩 둘러보기

00 **Robomaster TT 소개:** 최근 텔로 에듀의 후속 신제품인 Robomaster 텔로 TT (Tello Talent) 제품이 선을 보였다. 텔로 TT 는 텔로 에듀의 확장판이라고 할 만한 제품으로 ESP32 오픈소스 Expansion 모듈이 추가되어 8×8 매트릭스 디스플레이, LED 라이트, 적외선 TOF (Time Of Flow) 거리측정 등 다양한 기능과 스크래치와 유사한 Mind+ 블록코딩 및 아두이노, 마이크로 파이썬 등의 개발 환경을 통하여 다양한 온오프라인 프로그래밍 및 확장모듈을 통한 외부센서 연결 등 흥미로운 기능을 지원하여 많은 기대와 관심을 모았다. 이번 Step에서는 텔로 TT 의 기능들을 대략적으로 살펴보고 텔로 TT 의 다재다능한 가능성에 대해 리뷰 해보기로 하자.

01 **Tello 앱:** 텔로 TT 를 조종하는 가장 기본이 되는 앱으로 펌웨어 업데이트와 기제 밸런스를 잡기위한 무게중심 캘리브레이션 등의 중요 기능이 포함되어 있다. 1 Step 텔로 에듀 기본조작과 안정화 방법 에서 언급된 내용과 동일한 방법으로 사용이 가능하다. 기체를 처음 사용 시에는 Activation 절차를 진행해 주도록 한다. 간혹 Activation 이후 휴대폰과 연결이 되지 않는 경우는 디폴트 Wifi 채널을 변경하여 다시 접속해보도록 한다. Wifi 채널 변경은 04 Packet Sender 항목을 참고하기 바란다. 충격 등으로 비행 시 기체가 흐른다든지 똑바로 착륙이 되지 않는 경우는 1 Step의 안정화 방법을 참고하여 무게중심 밸런스를 보정해 주도록 한다.

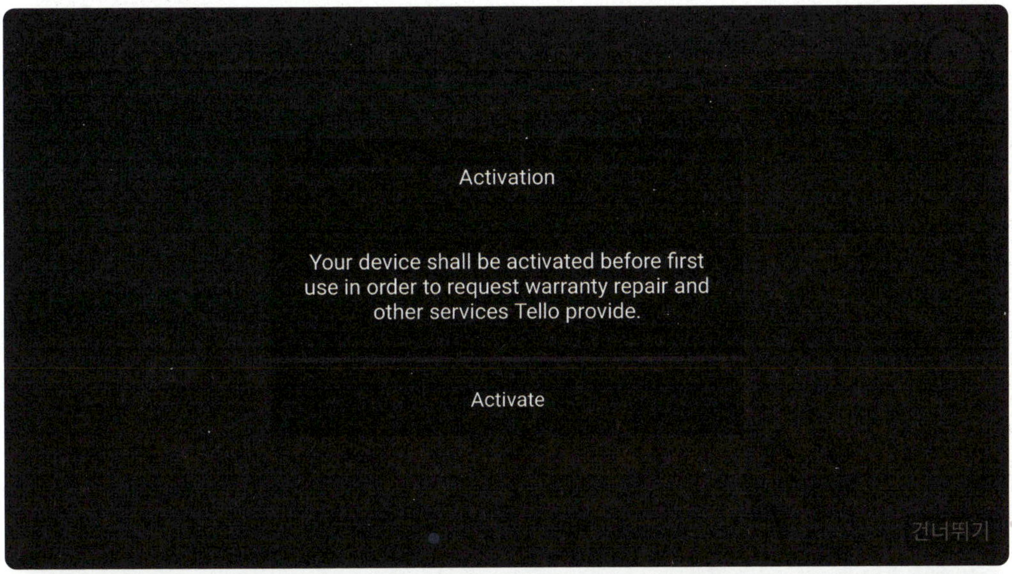

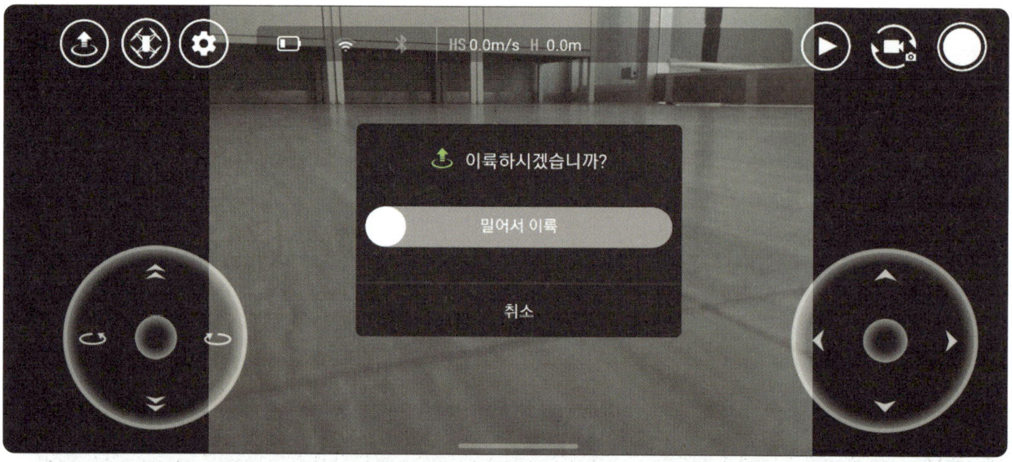

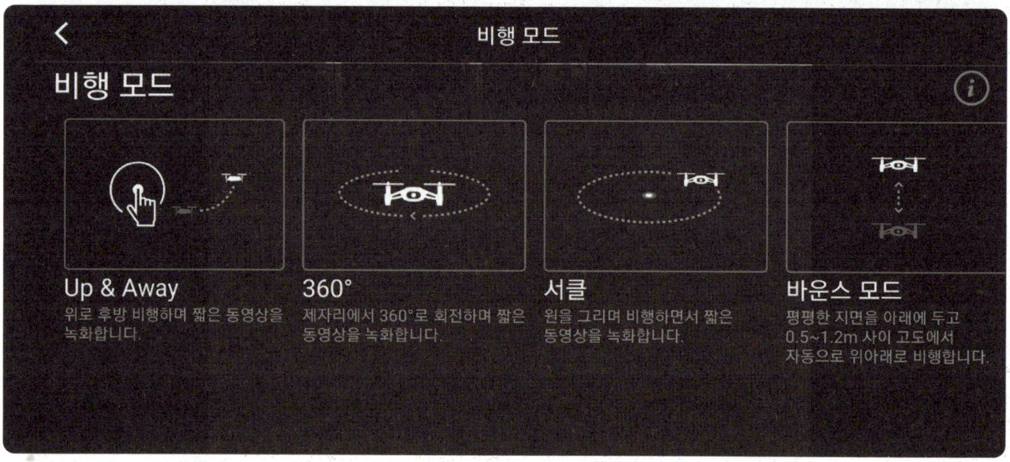

02 **Tello Edu 앱:** 텔로 TT 공식 홈페이지에서는 모바일 디바이스에서 텔로 TT를 조종하고 블록코딩이 가능한 앱으로 Tello Edu 앱을 제시하고 있다. Tello Edu 앱에 대해서는 **3 Step** Tello Edu 앱을 이용한 텔로 에듀 미션수행 에서 언급된 내용과 대동소이하나 두 가지 큰 차이점은 Expansion 모듈의 LED 및 매트릭스 (8×8) 디스플레이 컨트롤이 추가된 점과 멀티 텔로 TT 의 컨트롤 (군집비행) 이 가능하다는 점이다. 아래는 ap 모드 (직접접속 모드) 로 1대의 텔로 TT 에 직접 접속하여 기체와 LED 및 매트릭스 디스플레이 (Hello-TT 왼쪽 스크롤)를 컨트롤하는 블록코딩 예제이다.

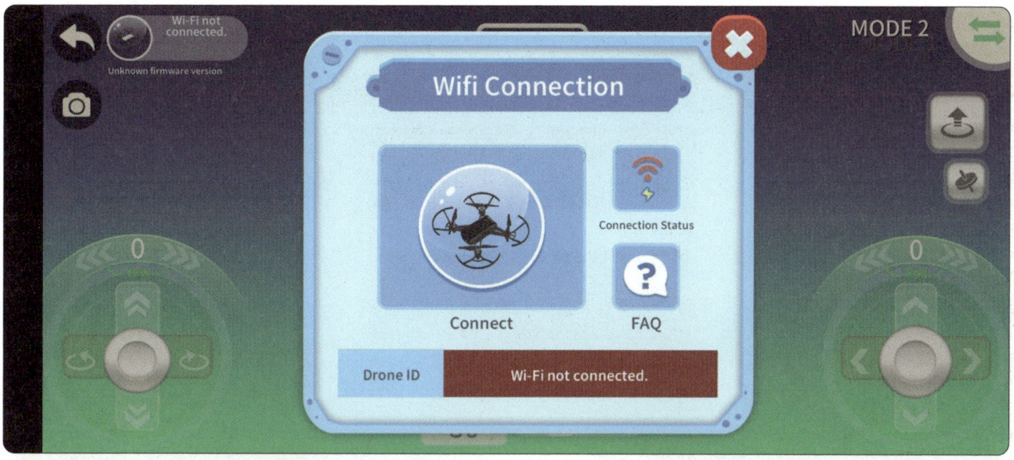
Wi-Fi not connected.
Unknown firmware version
Wifi Connection
MODE 2
Connection Status
Connect
FAQ
Drone ID
Wi-Fi not connected.

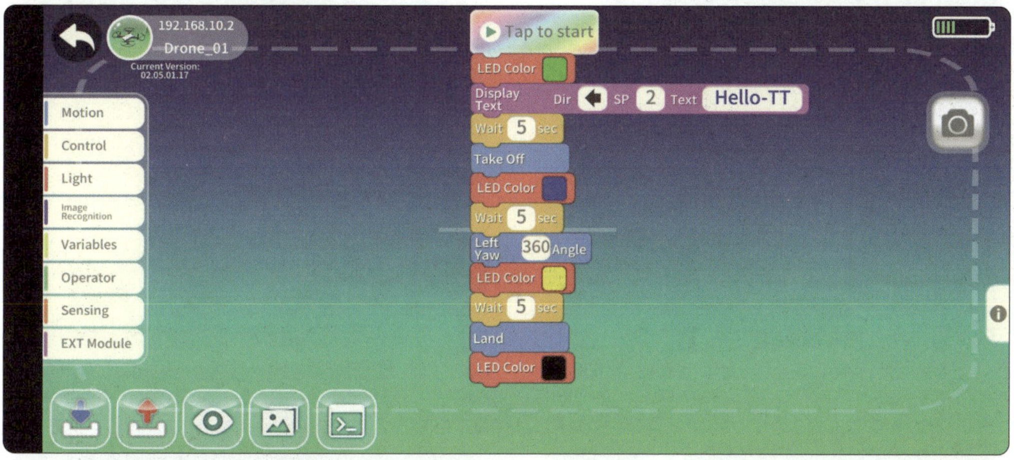
192.168.10.2
Drone_01
Current Version: 02.05.01.17
Tap to start
LED Color
Display Text
Dir
SP
2
Text
Hello-TT
Wait
5
sec
Take Off
LED Color
Wait
5
sec
Left Yaw
360
Angle
LED Color
Wait
5
sec
Land
LED Color
Motion
Control
Light
Image Recognition
Variables
Operator
Sensing
EXT Module

速度
2.5
Hello-TT

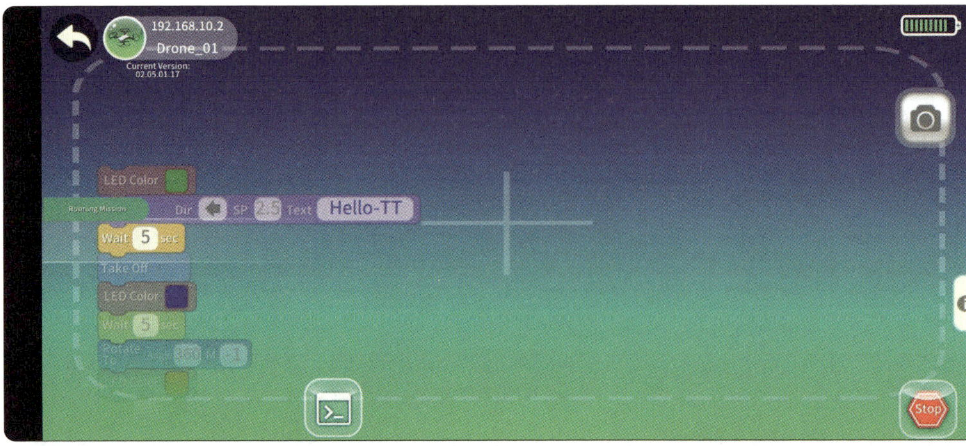

또한 위에서 언급한 멀티 드론 컨트롤 (군집비행) 블록코딩 방법은 아래와 같다. 메인 메뉴에서 Formation 메뉴를 선택하여 톱니바퀴 모양의 setting 메뉴를 선택하면 텔로 TT 의 등록과 스캔, 네이밍 및 기체 지정이 가능하고 코딩 메뉴에서 기체별로 블록 코딩을 수행할 수 있다.

등록 방법은 Expansion 모듈의 모드 선택 버튼을 아래로 하여 ap 모드 (직접접속 모드) 상태에서 Tello Edu 앱에 접속하여 Wifi 가 연결된 상태로 Formation 메뉴로 이동하여 등록 메뉴에서 station 모드 (공유기 접속모드) 에서 접속할 공유기의 SSID 와 PW를 입력하여 등록 버튼으로 등록이 되면 Expansion 모듈의 모드 선택 버튼을 위로 올려 station 모드로 바꿔준 뒤 기체가 공유기에 접속되기를 기다려 서치 메뉴를 선택하여 기체의 네트워크 스캔과정을 진행하면 된다. 기체가 공유기에 접속되면 자동으로 쿨링 모드로 진입하여 프로펠러가 저속 회전하므로 접속 여부를 곧바로 알 수 있다.

스캔이 완료되면 상위 블록 코딩 메뉴로 이동하여 기체는 + 메뉴로 추가하고 추가된 기체 수만큼 Action Assignment 가 가능하며 각 기체를 정확히 컨트롤하려면 반드시 Assignment 를 진행하여 해당 기체의 번호를 지정해야 한다. 역시 기체와 LED 및 매트릭스 디스플레이 컨트롤이 가능한데 기체별로 개별적으로 코딩이 가능하도록 되어있다.

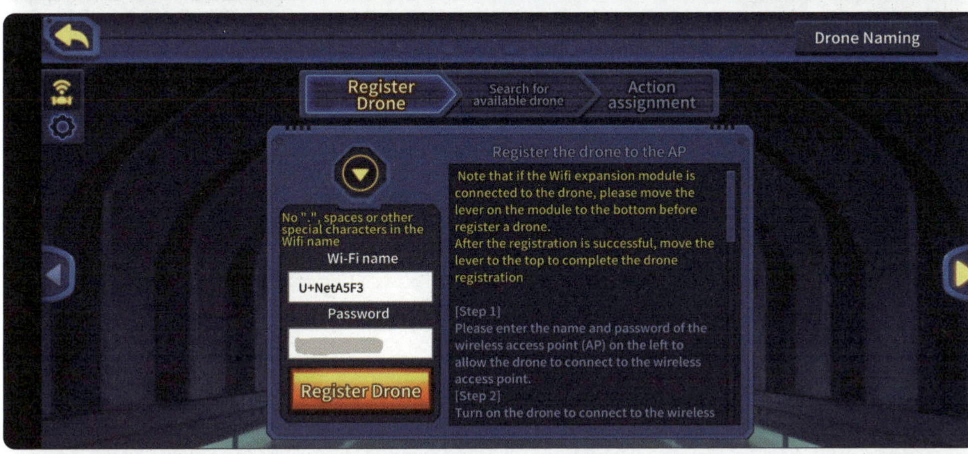

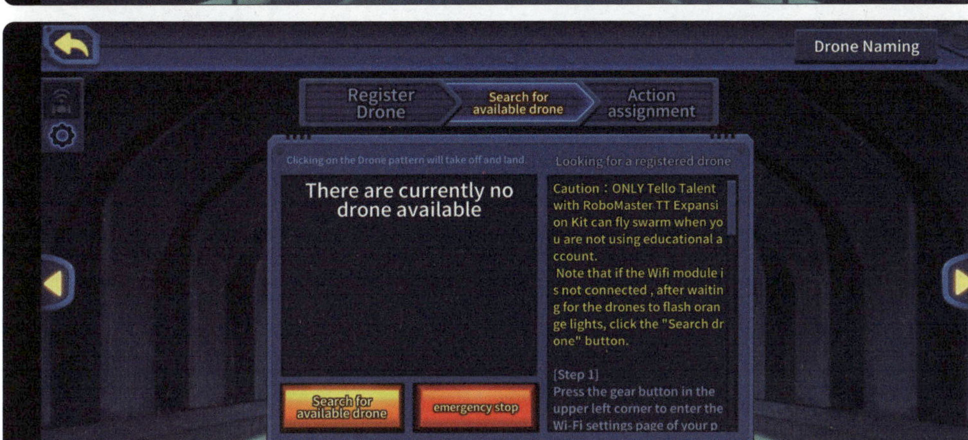

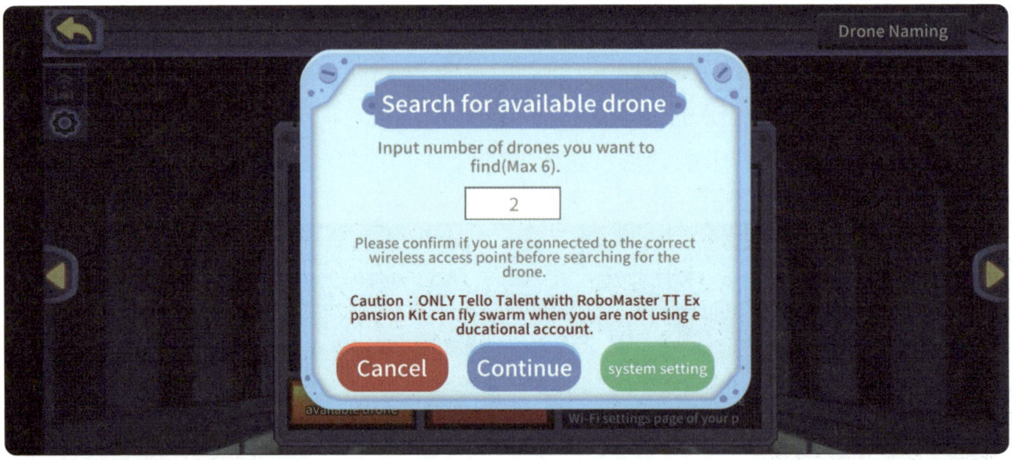
Drone Naming
Search for available drone
Input number of drones you want to find(Max 6).
2
Please confirm if you are connected to the correct wireless access point before searching for the drone.
Caution：ONLY Tello Talent with RoboMaster TT Expansion Kit can fly swarm when you are not using educational account.
Cancel
Continue
system setting

Drone Naming
Register Drone
Connecting to drone.
Cancel

Drone Naming
Register Drone
Search for available drone
Action assignment
Clicking on the Drone pattern will take off and land.
Looking for a registered drone
71°C
75°C
Drone_02
Drone_01
Caution：ONLY Tello Talent with RoboMaster TT Expansion Kit can fly swarm when you are not using educational account.
Note that if the Wifi module is not connected , after waiting for the drones to flash orange lights, click the "Search drone" button.
[Step 1]
Press the gear button in the upper left corner to enter the Wi-Fi settings page of your p
Search for available drone
emergency stop

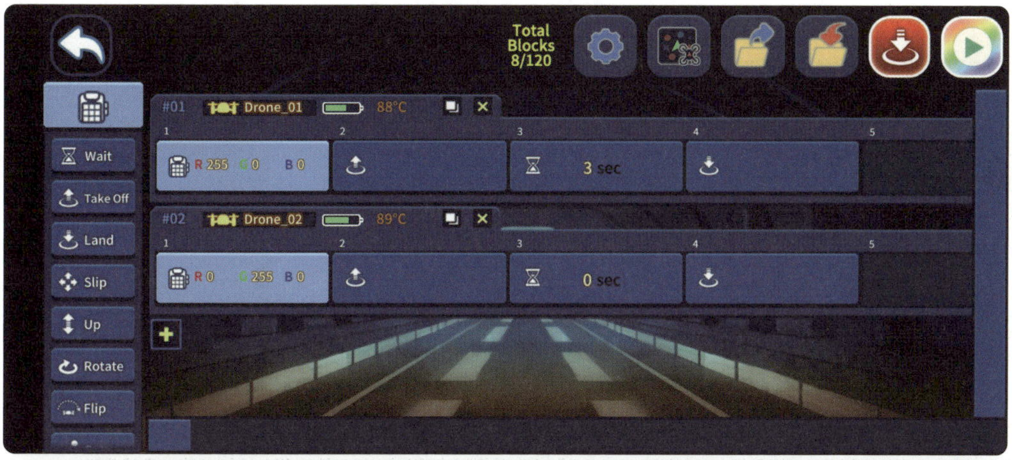

Total Blocks 8/120
#01
Drone_01
88°C
Wait
Take Off
Land
Slip
Up
Rotate
Flip
R 255 G 0 B 0
3 sec
#02
Drone_02
89°C
R 0 G 255 B 0
0 sec

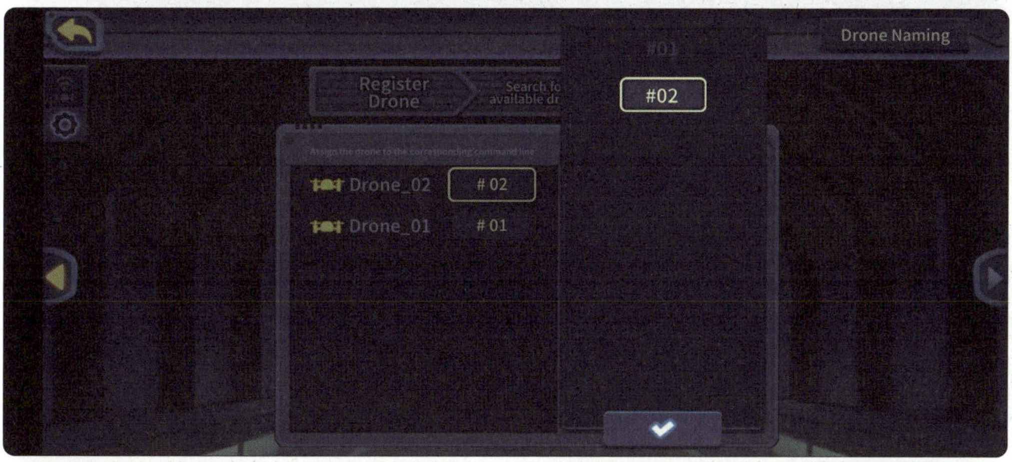

Drone Naming
Register Drone
#02
Drone_02
02
Drone_01
01

03 **Drone Blocks 앱:** 모바일에서 텔로 TT를 활용한 블록 코딩이 가능한 또 다른 앱으로 Drone Blocks 앱을 들 수 있는데 대체적인 사용법은 2 Step Drone Blocks 앱을 이용한 텔로 에듀 블록코딩 입문 에서 언급한 내용과 같으며 업그레이드된 버전에서는 역시 텔로 TT Expansion 모듈의 LED 와 매트릭스 디스플레이의 컨트롤이 가능하다고 되어있다. Wifi 접속후 Connect to Tello 로 텔로 TT에 연결하면 처음 접속 시에는 LED나 매트릭스 메뉴가 활성화 되어있지 않고 카메라 메뉴만 활성화 되어있으나 오른쪽 메뉴에서 Select Drone Type 을 클릭하면 아래처럼 텔로 에듀와 텔로 TT 선택 메뉴가 나오며 텔로 TT를 선택하게 되면 LED나 매트릭스 디스플레이 관련 LED 블록 메뉴가 활성화 되는 것을 볼 수 있다.

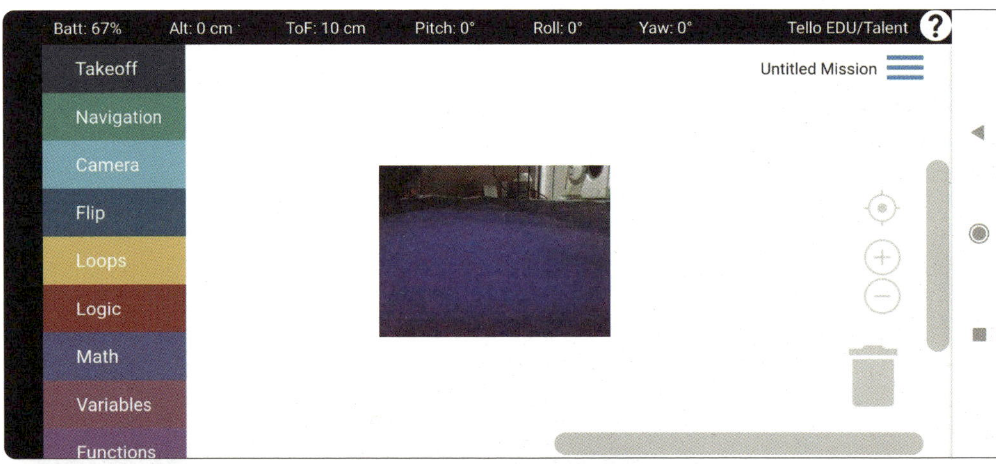

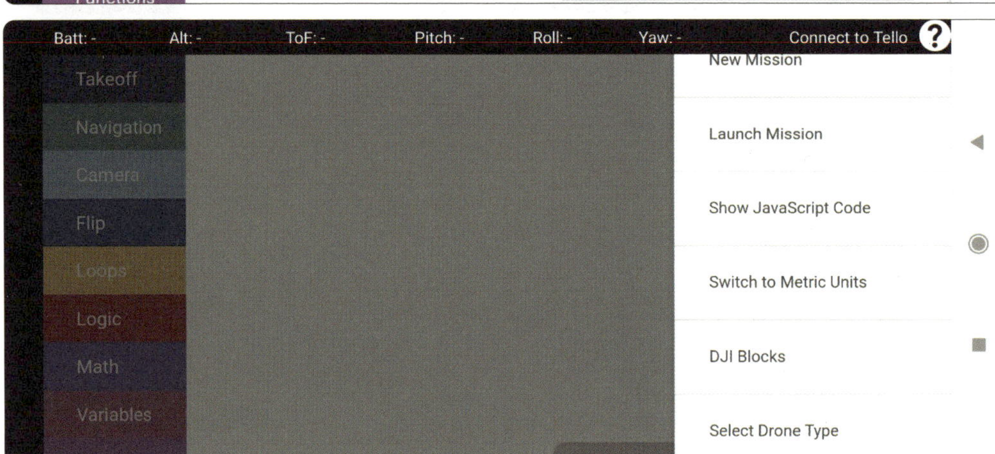

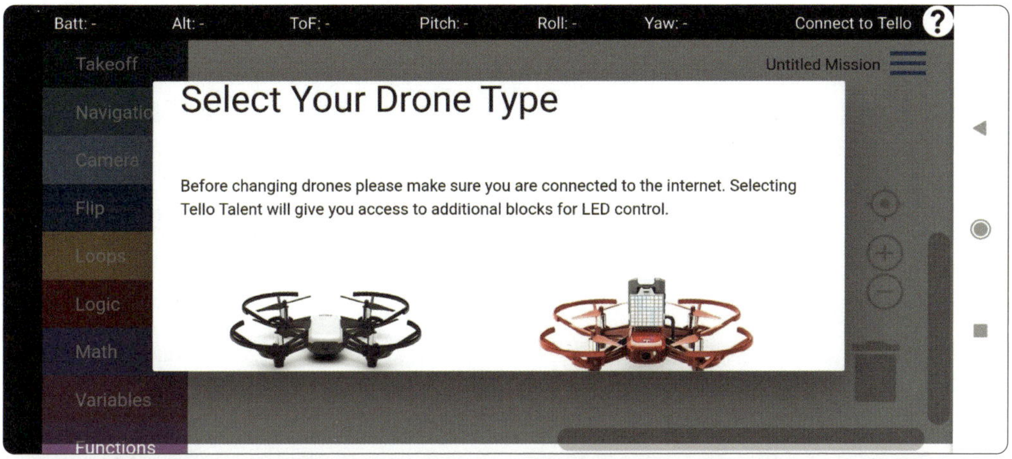
Batt: -
Alt: -
ToF: -
Pitch: -
Roll: -
Yaw: -
Connect to Tello
Takeoff
Untitled Mission
Select Your Drone Type
Before changing drones please make sure you are connected to the internet. Selecting Tello Talent will give you access to additional blocks for LED control.
Flip
Loops
Logic
Math
Variables
Functions

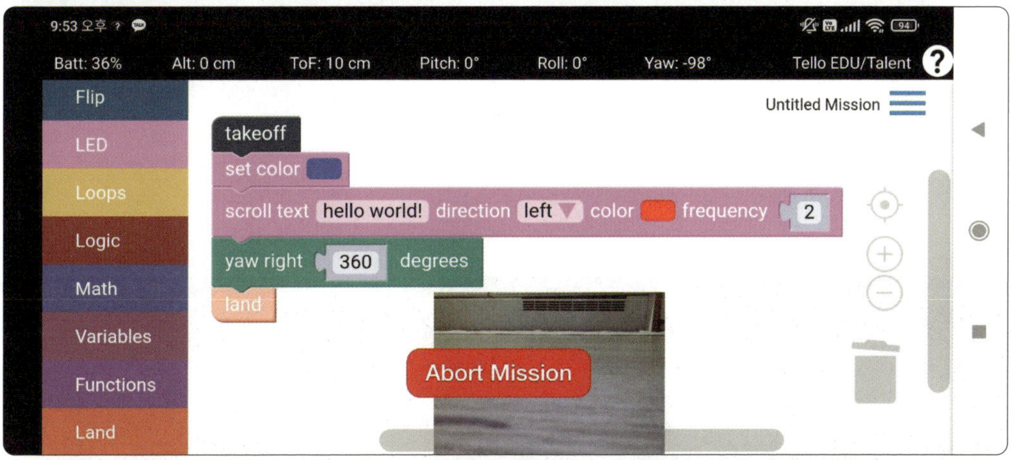
9:53 오후
Batt: 36%
Alt: 0 cm
ToF: 10 cm
Pitch: 0°
Roll: 0°
Yaw: -98°
Tello EDU/Talent
Flip
LED
Loops
Logic
Math
Variables
Functions
Land
Untitled Mission
takeoff
set color
scroll text
hello world!
direction
left
color
frequency
2
yaw right
360
degrees
land
Abort Mission

04 **Packet Sender:** 텔로 TT 역시 UDP 통신을 통해 Robomaster TT SDK 명령어를 주고받으며 기체를 컨트롤하게 되는데 직관적으로 UDP 명령어를 전송하며 기체 상태를 살펴보는 방법으로 Packet Sender 프로그램을 활용하는 것이 편리할 것이다.

5 Step Packet Sender를 이용한 텔로에듀 UDP통신/컨트롤 에서 기본적인 사용법에 대해 설명하였는데 텔로 TT 의 경우는 SDK 3.0 버전으로 업그레이드되어 대기시 쿨링 기능인 motoron/off 라든지 LED, 매트릭스 디스플레이 컨트롤, 적외선 거리센서 TOF (Time Of Flight) 의 측정 등 다양한 기능을 구사할 수 있다.

SDK 세부 내용은 아래 링크의 공식 홈페이지 다운로드 센터의 매뉴얼 항목을 참고하도록 한다. 혹시 텔로 TT 의 Activation 후 휴대폰과 Wifi 연결이 되지 않는 경우나 2.4GHz 전용 무선랜 카드나 공유기를 사용하고자 하는 경우에는 아래의 명령어 리스트 중에서 wifi 채널 세팅 명령어 (wifisetchannel 1~165) 를 사용하여 채널을 9 (2.4GHz) 또는 149 (5.8GHz) 등으로 변경해서 접속해 보기 바란다. (참고로 텔로 TT 는 Wifi 2.4/5.8 GHz 듀얼 밴드를 지원하며 디폴트값은 5.8GHz 채널 165)

https://dl.djicdn.com/downloads/RoboMaster+TT/Tello_SDK_3.0_User_Guide_en.pdf

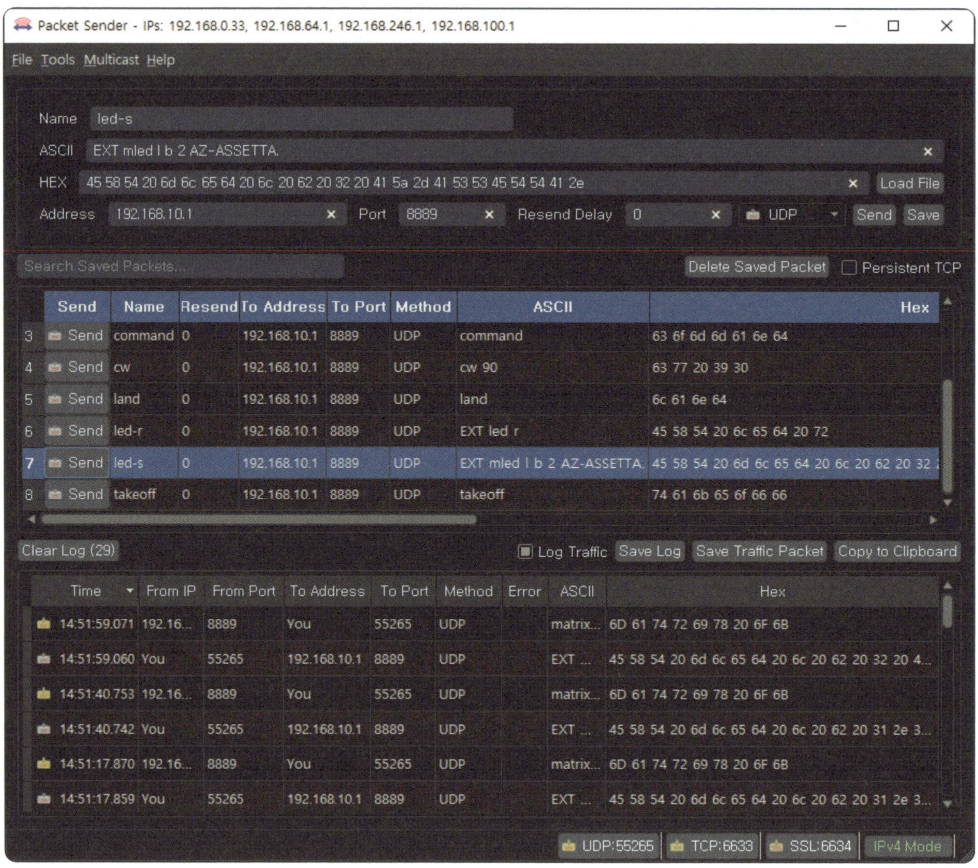

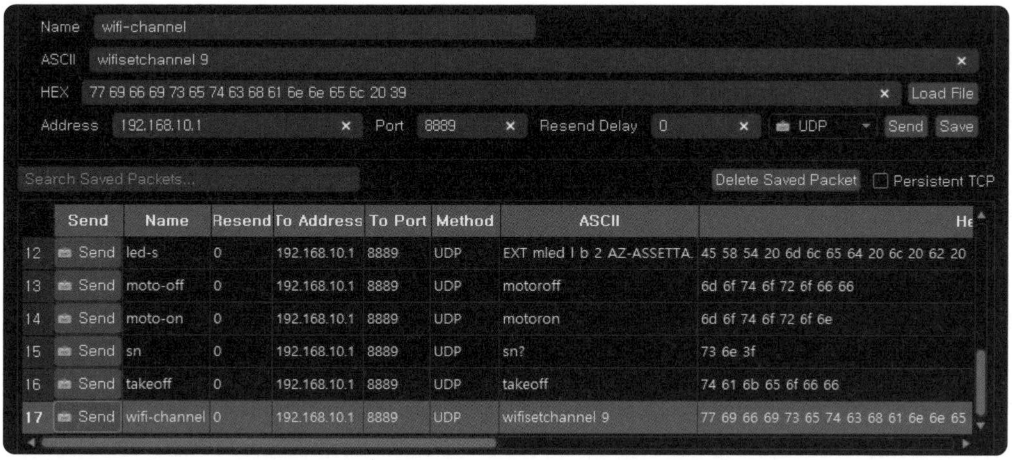

No	Command 종류	Name	ASCII	Address	Port	Type	Answer
1	command	command	command	192.168.10.1	8889	UDP	Ok
2	battery 체크	battery	battery?	192.168.10.1	8889	UDP	%
3	모터 쿨링 ON	motor-on	motoron	192.168.10.1	8889	UDP	Ok
4	모터 쿨링 OFF	motor-off	motoroff	192.168.10.1	8889	UDP	Ok
5	시리얼 넘버	sn	sn?	192.168.10.1	8889	UDP	0TQZJ4T*******
6	wifi 채널 세팅	wifi-channel	wifisetchannel 9	192.168.10.1	8889	UDP	Ok
7	SSID 체크	ssid	ssid?	192.168.10.1	8889	UDP	SSID-ID
8	접속 ap 체크	ap	ap?	192.168.10.1	8889	UDP	AP-ID (PW)
9	공유기 접속세팅	station	ap ssid pw	192.168.10.1	8889	UDP	Ok
10	비상 정지	emergency	emergency	192.168.10.1	8889	UDP	Ok
11	led Red	led-r	EXT led 255 0 0	192.168.10.1	8889	UDP	Ok
12	led Green	led-g	EXT led 0 255 0	192.168.10.1	8889	UDP	Ok
13	led Blue	led-b	EXT led 0 0 255	192.168.10.1	8889	UDP	Ok
14	led Off	led-0	EXT led 0 0 0	192.168.10.1	8889	UDP	Ok
15	led blink 1s	led-tr	EXT led br 1 255 0 0	192.168.10.1	8889	UDP	Ok
16	mled chr T	led-xa	EXT mled s r T	192.168.10.1	8889	UDP	Ok
17	mled heart	led-xh	EXT mled s b heart	192.168.10.1	8889	UDP	Ok
18	mled scroll	led-s	EXT mled b 2 Hello-TT.	192.168.10.1	8889	UDP	Ok
19	mled 빈칸	led-x0	EXT mled g 000000...	192.168.10.1	8889	UDP	Ok
20	mled 얼굴	led-xface	EXT mled g 0rrrrrr...	192.168.10.1	8889	UDP	Ok
21	mled 사람	led-xman-d	EXT mled g 000bb0...	192.168.10.1	8889	UDP	Ok
22	mled 손바닥	led-xpalm	EXT mled g 0000rr...	192.168.10.1	8889	UDP	Ok
23	mled 라바콘	led-xlava	EXT mled g 000rr0...	192.168.10.1	8889	UDP	Ok
24	mled 우회전	led-xcw	EXT mled g 00000p...	192.168.10.1	8889	UDP	Ok
25	TOF	EXT-tof	EXT tof?	192.168.10.1	8889	UDP	distance

led 나 mled 명령어 뒤쪽의 r, g, b, p 는 대체로 Red, Green, Blue, Purple 색깔을 의미하며 LED 는 Red/Green/Blue 삼색조합이 가능하고 매트릭스 디스플레이는 Red/Blue 조합으로 r, b, p, 0 의 4가지 색상이 표현 가능하다. 생략된 원본 명령어와 추가 명령어는 다음과 같으며 이모티콘 형식의 명령어 생성방법은 07 Mind+ 외부센서/TOF 코딩/이모티콘 명령어 생성 항을 참고하기 바란다.

Name → mled-x0 (blank)

ASCII → EXT mled g 0000000000000000000000000000000000000000000000000000000000000000

Name → mled-xface (face-red)

ASCII → EXT mled g 0rrrrrr0r000000rr0r00r0rr000000rr0r00r0rr00rr00rr000000r0rrrrrr0

Name → mled-xman-d(own) (blue)

ASCII → EXT mled g 000bb000000bb00000bbbb000b0bb0b0b00bb00b000bb00000b00b000bb00bb0

Name → mled-xman-m(id) (blue)

ASCII → EXT mled g 000bb000000bb000bbbbbbbb000bb000000bb000000bb00000b00b000bb00bb0

Name → mled-xman-u(p) (blue)

ASCII → EXT mled g 000bb000000bb000b0bbbb0b0b0bb0b0000bb000000bb00000b00b000bb00bb0

Name → mled-xpalm (palm-red)

ASCII → EXT mled g 0000rr00000rrrr0000rrrrr0r0rrrrr0r0rrrrr0rrrrrrr00rrrrrr000rrrr0

Name → mled-xfist (fist-red)

ASCII → EXT mled g 000000000000000000rrrrr00r0rrrrr0rrrrrrr0rrrrrrr00rrrrrr000rrrr0

Name → mled-xlava (lava_cone-red)

ASCII → EXT mled g 000rr00000rrrr0000rrrr0000rrrr0000rrrr000rrrrrr0rrrrrrrr0rrrrrr0

Name → mled-xcw (cw_arrow-purple)

ASCII → EXT mled g 00000p0000ppppp00pppppppppppppp0pp000p00pp000000pppppp000pppppp00

Name → mled-xccw (ccw_arrow-purple)

ASCII → EXT mled g 00p000000ppppp00ppppppp00ppppppp00p000pp000000pp0ppppppp0pppppp0

05 **Scratch/FFMPEG/비디오스트림:** 6 Step Scratch/Node.js 연동 PC 블록코딩에 의한 텔로 에듀 컨트롤 과 7 Step Scratch/FFMPEG을 이용한 텔로 에듀 비디오스트림/녹화/동작 컨트롤 에서 PC 블록코딩으로 익숙한 Scratch 환경을 이용한 텔로 에듀 기체/비디오 스트림 컨트롤에 대해 알아보았는데 텔로 TT 에도 적용 가능한지 살펴보도록 하자.

PC에서 Scratch를 이용하려면 Node.js를 설치하여야 하는데 연결에서 에러가 발생하는 경우도 있어 가급적 안정적인 버전 (12.14 버전 권장) 을 설치하기 바란다. 또한 Scratch 는 Adobe Air 기반으로 작동하므로 Scratch offline editor 설치시 에러가 발생하는 경우는 최신 버전의 Adobe Air를 설치하면 해결이 될 수 있다. Adobe Air 최신버전은 아래 링크에서 다운받을 수 있다.

https://airsdk.harman.com/runtime

추가 확장 블록을 만드는 법과 블록 및 비디오 스트림 사용방법은 6 Step과 7 Step의 방법과 동일하며 기체/비디오 스트림 컨트롤이 잘 되는 것을 확인할 수 있었다. run_ffmpeg.bat 실행중 Windows 의 PC 보호라는 메시지가 뜨는 경우는 추가 정보를 클릭하고 이어서 실행을 클릭하면 프로그램이 실행되게 된다. 다만 안타깝게도 LED 와 매트릭스 디스플레이 컨트롤은 추가 블록은 생성이 되었지만 커맨드 전송시 에러가 발생하여 실행되지 않았다.

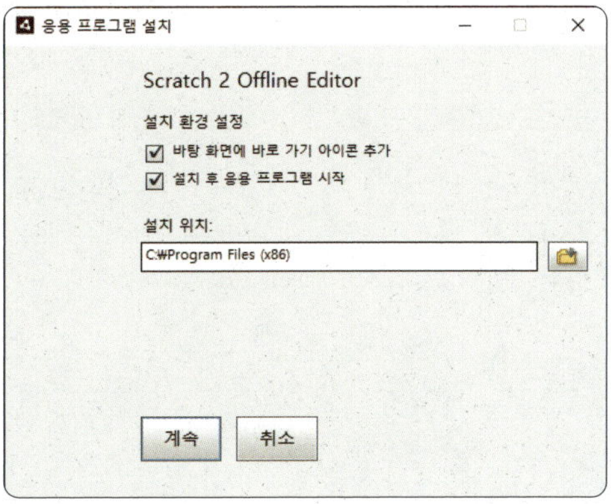

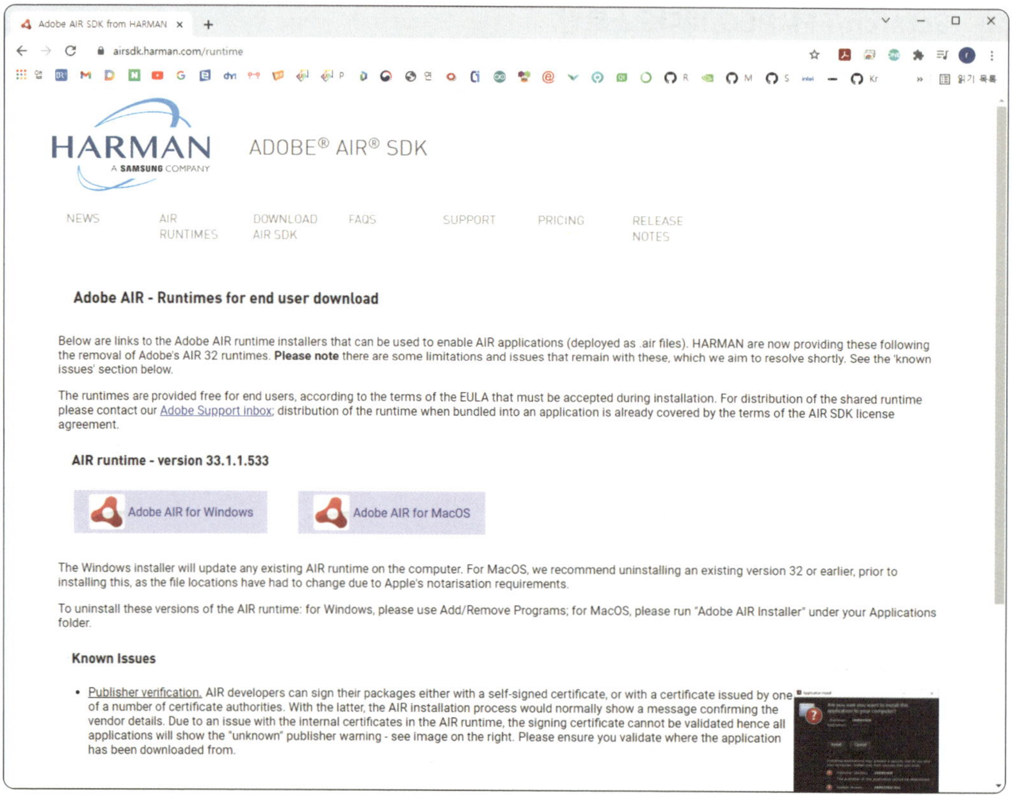
Adobe AIR SDK from HARMAN
airsdk.harman.com/runtime
HARMAN
A SAMSUNG COMPANY
ADOBE® AIR® SDK
NEWS
AIR RUNTIMES
DOWNLOAD AIR SDK
FAQS
SUPPORT
PRICING
RELEASE NOTES
Adobe AIR - Runtimes for end user download
Below are links to the Adobe AIR runtime installers that can be used to enable AIR applications (deployed as .air files). HARMAN are now providing these following the removal of Adobe's AIR 32 runtimes. Please note there are some limitations and issues that remain with these, which we aim to resolve shortly. See the 'known issues' section below.
The runtimes are provided free for end users, according to the terms of the EULA that must be accepted during installation. For distribution of the shared runtime please contact our Adobe Support inbox; distribution of the runtime when bundled into an application is already covered by the terms of the AIR SDK license agreement.
AIR runtime - version 33.1.1.533
Adobe AIR for Windows
Adobe AIR for MacOS
The Windows installer will update any existing AIR runtime on the computer. For MacOS, we recommend uninstalling an existing version 32 or earlier, prior to installing this, as the file locations have had to change due to Apple's notarisation requirements.
To uninstall these versions of the AIR runtime: for Windows, please use Add/Remove Programs; for MacOS, please run "Adobe AIR Installer" under your Applications folder.
Known Issues
Publisher verification. AIR developers can sign their packages either with a self-signed certificate, or with a certificate issued by one of a number of certificate authorities. With the latter, the AIR installation process would normally show a message confirming the vendor details. Due to an issue with the internal certificates in the AIR runtime, the signing certificate cannot be validated hence all applications will show the "unknown" publisher warning - see image on the right. Please ensure you validate where the application has been downloaded from.

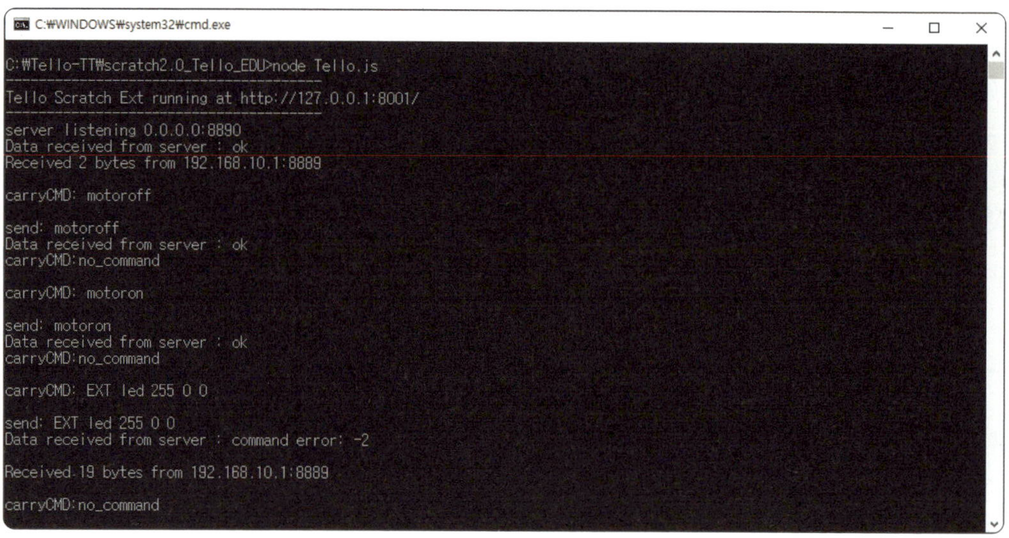
C:\WINDOWS\system32\cmd.exe
C:\Tello-TT\scratch2.0_Tello_EDU>node Tello.js
Tello Scratch Ext running at http://127.0.0.1:8001/
server listening 0.0.0.0:8890
Data received from server : ok
Received 2 bytes from 192.168.10.1:8889
carryCMD: motoroff
send: motoroff
Data received from server : ok
carryCMD:no_command
carryCMD: motoron
send: motoron
Data received from server : ok
carryCMD:no_command
carryCMD: EXT led 255 0 0
send: EXT led 255 0 0
Data received from server : command error: -2
Received 19 bytes from 192.168.10.1:8889
carryCMD:no_command

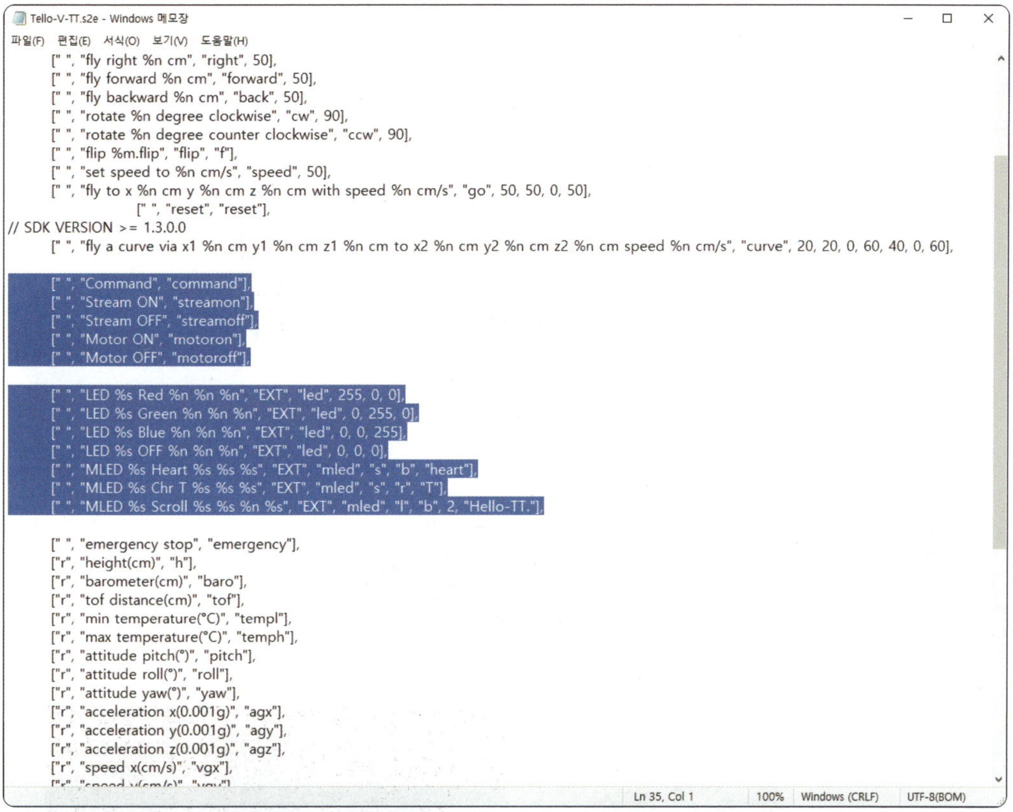
Tello-V-TT.s2e - Windows 메모장
파일(F) 편집(E) 서식(O) 보기(V) 도움말(H)
[" ", "fly right %n cm", "right", 50],
[" ", "fly forward %n cm", "forward", 50],
[" ", "fly backward %n cm", "back", 50],
[" ", "rotate %n degree clockwise", "cw", 90],
[" ", "rotate %n degree counter clockwise", "ccw", 90],
[" ", "flip %m.flip", "flip", "f"],
[" ", "set speed to %n cm/s", "speed", 50],
[" ", "fly to x %n cm y %n cm z %n cm with speed %n cm/s", "go", 50, 50, 0, 50],
[" ", "reset", "reset"],
// SDK VERSION >= 1.3.0.0
[" ", "fly a curve via x1 %n cm y1 %n cm z1 %n cm to x2 %n cm y2 %n cm z2 %n cm speed %n cm/s", "curve", 20, 20, 0, 60, 40, 0, 60],
[" ", "Command", "command"],
[" ", "Stream ON", "streamon"],
[" ", "Stream OFF", "streamoff"],
[" ", "Motor ON", "motoron"],
[" ", "Motor OFF", "motoroff"],
[" ", "LED %s Red %n %n %n", "EXT", "led", 255, 0, 0],
[" ", "LED %s Green %n %n %n", "EXT", "led", 0, 255, 0],
[" ", "LED %s Blue %n %n %n", "EXT", "led", 0, 0, 255],
[" ", "LED %s OFF %n %n %n", "EXT", "led", 0, 0, 0],
[" ", "MLED %s Heart %s %s %s", "EXT", "mled", "s", "b", "heart"],
[" ", "MLED %s Chr T %s %s %s", "EXT", "mled", "s", "r", "T"],
[" ", "MLED %s Scroll %s %s %n %s", "EXT", "mled", "l", "b", 2, "Hello-TT."],
[" ", "emergency stop", "emergency"],
["r", "height(cm)", "h"],
["r", "barometer(cm)", "baro"],
["r", "tof distance(cm)", "tof"],
["r", "min temperature(°C)", "templ"],
["r", "max temperature(°C)", "temph"],
["r", "attitude pitch(°)", "pitch"],
["r", "attitude roll(°)", "roll"],
["r", "attitude yaw(°)", "yaw"],
["r", "acceleration x(0.001g)", "agx"],
["r", "acceleration y(0.001g)", "agy"],
["r", "acceleration z(0.001g)", "agz"],
["r", "speed x(cm/s)", "vgx"],
Ln 35, Col 1
100%
Windows (CRLF)
UTF-8(BOM)

Windows의 PC 보호
Microsoft Defender SmartScreen에서 인식할 수 없는 앱의 시작을 차단했습니다. 이 앱을 실행하면 PC가 위험에 노출될 수 있습니다.
추가 정보
실행 안 함

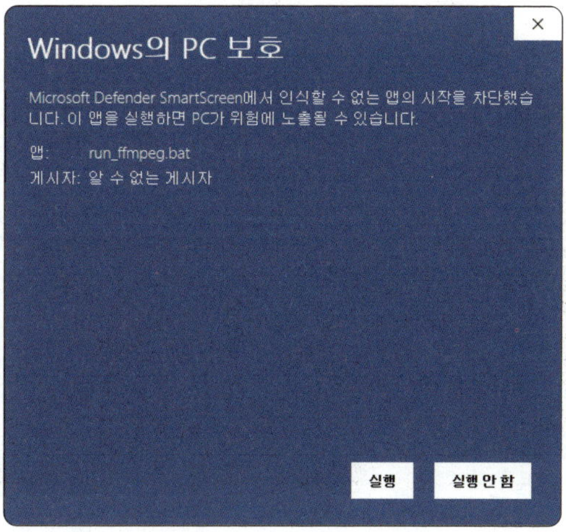
Windows의 PC 보호
Microsoft Defender SmartScreen에서 인식할 수 없는 앱의 시작을 차단했습니다. 이 앱을 실행하면 PC가 위험에 노출될 수 있습니다.
앱: run_ffmpeg.bat
게시자: 알 수 없는 게시자
실행
실행 안 함

Scratch 2 Offline Editor
파일 ▾
편집 ▾
도움말
스크래치란
스크립트
모양
소리
동작
형태
소리
펜
데이터
이벤트
제어
감지
연산
추가 블록
블록 만들기
확장 프로그램 추가
Tello ▾
takeoff
land
fly up 50 cm
fly down 50 cm
fly left 50 cm
fly right 50 cm
fly forward 50 cm
fly backward 50 cm
rotate 90 degree clockwise
x: 240 y: 180
스프라이트
새로운 스프라이트:
Sprite1
무대
1 배경
새로운 배경:
takeoff
10 초 기다리기
rotate 90 degree clockwise
10 초 기다리기
land
x: 0
y: 0

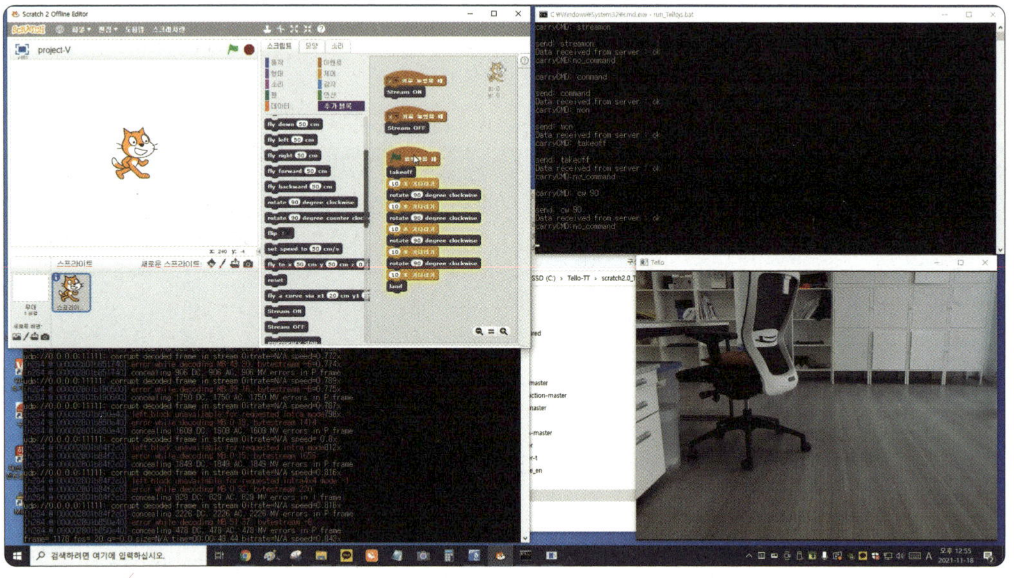

06 **Mind+ 온/오프라인/비디오스트림:** 새로 출시된 텔로 TT 에서는 블록 코딩으로 Mind+ 환경을 권장하고 있는데 Mind+ 를 통해 온라인/오프라인 코딩과 (마이크로)파이썬 코딩이 가능하다. 온라인 코딩은 Scratch 3.0 과 유사한 환경으로 ap 모드(직접접속 모드) 과 station 모드 (공유기 접속모드) 를 통해 단일 기체 또는 멀티 드론의 온라인 컨트롤이 가능하도록 되어있다.

오프라인 모드는 아두이노에 프로그램을 업로드하는 것과 유사한 방법으로 블록 코딩을 수행하면 자동으로 아두이노 C 또는 파이썬 코드가 생성되고 업로드를 통해 프로그램을 탑재한 후에는 오프라인으로 사전에 프로그래밍된 코드가 실행된다. 또한 Expansion 모듈의 확장단자를 이용하여 외부센서를 연결하고 프로그래밍 하여 다양한 기능을 구현하는 것이 가능하다.

Mind+ 설치는 공식 사이트의 다운로드 센터에서 프로그램을 다운받아 설치하면 된다. 다운로드 센터에는 Tello 앱과 Tello Edu 앱 및 SDK 매뉴얼 등 자료와 각종 유용한 프로그램 들이 업로드 되어 있으니 다운받아서 사용해 보도록 한다. 그 중 DJI Education Hub 는 유용한 자료도 많고 기체 및 Expansion 모듈의 펌웨어 업그레이드에 사용되니 (DJI Education Hub → App Center → Robomaster Assistant) 꼭 받아서 설치하도록 한다. 아두이노 환경이 설치되지 않은 경우는 Arduino IDE 를 다운받아 설치한다. Robomaser Assistant 를 통해서 기체와 Expansion 모듈의 펌웨어를 업데이트 할 경우에는 먼저 Activate 메뉴를 클릭하여 펌웨어 업데이트 메뉴에 진입하고 상단의 시리얼 포트를 연결해 주어야 한다. 기체와 Expansion 모듈 업데이트 경우에 만약 Activation 이 초기화되면 Tello 앱을 통해 다시 Activation 해주면 된다. 또한 Expansion 모듈 업데이트 후 디폴트 초기상태 ('TT' 디스플레이) 가 지워질 수 있으므로 선택 메뉴에서 Arduino (Default) type 으로 복원해주도록 한다.

RoboMaster TT - 다운로드 센터
dji.com/kr/downloads/products/robomaster-tt
소비자
프로페셔널
기업 솔루션
농업
둘러보기
고객지원
스토어
다운로드 센터
인기 다운로드
DJI 앱
소프트웨어
Products
Mavic Series
Spark Series
Phantom Series
RoboMaster Series
RoboMaster S1
RoboMaster EP Core
RoboMaster EP
RoboMaster TT
DJI FPV 시리즈
Osmo Series
Matrice Series
Zenmuse Series
Ronin Series
Inspire Series
Agras Series
Flight Controllers Series
Propulsion Systems Series
ESCs Series
Software Services Series
Video Transmission Series
Accessories Series
Other Products
RoboMaster TT
As an educational drone for DJI Education, RoboMaster TT is committed to lowering the threshold for robot and AI learning, and cultivating students' curiosity and self-confidence at the beginning of their first contact with science and technology education. Therefore, RoboMaster TT embraces open source and is upgraded on the basis of Tello EDU to realize multi-drone control and AI applications through excellent software and hardware expandability. In addition, RoboMaster TT provides the complete drone and AI courses and a new competition system to bring a brand new experience to robot education and fully stimulate students' creativity.
앱
Tello App
Tello 앱은 다양한 Tello 비행 모드를 제공하며, 실시간 이미지 전송 인터페이스 및 카메라와 동영상 촬영 기능을 통해 손쉽게 재미있는 항공 사진 촬영을 경험할 수 있습니다. 또한 Tello 앱은 드론의 매개변수를 설정하고 펌웨어를 업그레이드하며 드론을 캘리브레이션할 수 있습니다. 그러므로 Tello 앱은 Tello를 사용하기 위한 필수 소프트웨어라고 할 수 있습니다.
App Store
Android
Requires iOS 9.0 or later
Android version 4.4.0 or later
지원 기기 보기
지원 기기 보기
Tello EDU APP
Tello EDU 앱에는 드론을 제어하기 위한 빌딩 블록 모드, 편대 모드 및 원격 제어 모드가 추가됩니다. 원격 제어 모드의 제어 방법은 Tello 앱의 제어 방법과 동일하지만 기능은 훨씬 더 간단합니다. 빌딩 블록 모드를 사용하면 빌딩 블록 프로그래밍을 사용하여 드론을 제어할 수 있어 언제 어디서든 쉬운 학습 프로그래밍을 편리하게 이용할 수 있습니다. Tello의 즐거움을 더욱 만끽해보세요. 여러 가지 흥미로운 수준을 경험하실 수도 있습니다.
App Store
Android
iOS 9.0 이상 필요
Android 버전 4.4.0 이상 필요
지원 기기 보기
지원 기기 보기
매뉴얼
RoboMaster TT - 사용자 매뉴얼 v1.0 2021-08-27 PDF
RoboMaster TT 퀵 스타트 가이드 v1.0 2021-05-18 PDF
RoboMaster TT 고지 사항 및 안전 가이드 v1.0 2021-05-18 PDF
RoboMaster TT Instructions for challenge card and flight map 2021-05-18 PDF
RoboMaster TT SDK 3. 0 User Manual 2021-05-18 PDF
소프트웨어
Arduino IDE
Arduino IDE에는 Windows 7 64비트 이상이 필요합니다.
RMTT_ LIBS Arduino 오픈 소스 지원 라이브러리 프로젝트 주소:
https://github.com/RoboMaster/RMTT_ Libs
소프트웨어
Windows
2021-01-29
zip
DJI Education Hub
DJI EDU Hub는 DJI 시리즈 로봇을 결합하고 장면 교육을 위한 전체 프로세스 보조 도구를 제공하여 과학 및 기술 교육 내용을 연습하고 교육할 수 있는 탁월한 솔루션입니다.
소프트웨어
Windows
2020-09-02
exe
Mind+ Graphical and Code programming Software
DJI EDU Hub는 DJI 시리즈 로봇을 결합하고 장면 교육을 위한 전체 프로세스 보조 도구를 제공하여 과학 및 기술 교육 내용을 연습하고 교육할 수 있는 탁월한 솔루션입니다.
소프트웨어
Windows

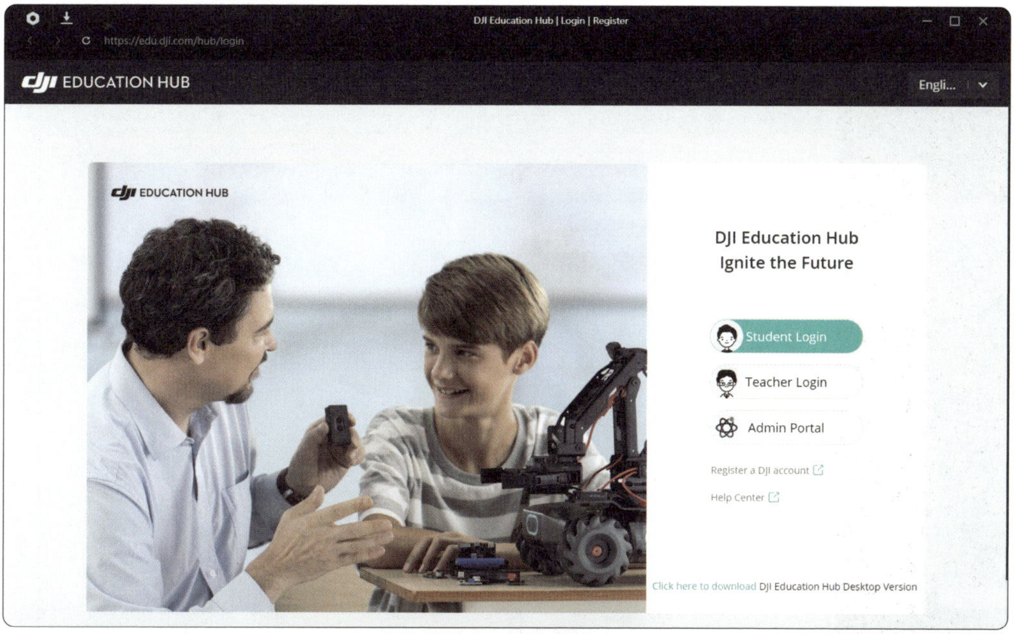
DJI Education Hub | Login | Register
https://edu.dji.com/hub/login
EDUCATION HUB
Engli...
EDUCATION HUB
DJI Education Hub
Ignite the Future
Student Login
Teacher Login
Admin Portal
Register a DJI account
Help Center
Click here to download DJI Education Hub Desktop Version

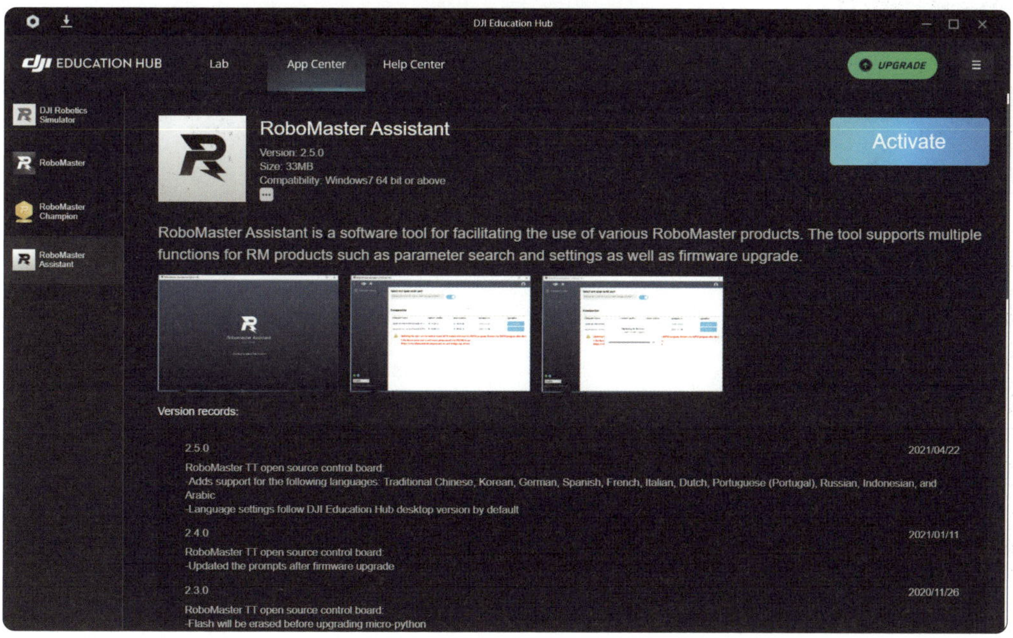
DJI Education Hub
EDUCATION HUB
Lab
App Center
Help Center
UPGRADE
DJI Robotics Simulator
RoboMaster
RoboMaster Champion
RoboMaster Assistant
RoboMaster Assistant
Version: 2.5.0
Size: 33MB
Compatibility: Windows7 64 bit or above
Activate
RoboMaster Assistant is a software tool for facilitating the use of various RoboMaster products. The tool supports multiple functions for RM products such as parameter search and settings as well as firmware upgrade.
Version records:
2.5.0
2021/04/22
RoboMaster TT open source control board:
-Adds support for the following languages: Traditional Chinese, Korean, German, Spanish, French, Italian, Dutch, Portuguese (Portugal), Russian, Indonesian, and Arabic
-Language settings follow DJI Education Hub desktop version by default
2.4.0
2021/01/11
RoboMaster TT open source control board:
-Updated the prompts after firmware upgrade
2.3.0
2020/11/26
RoboMaster TT open source control board:
-Flash will be erased before upgrading micro-python

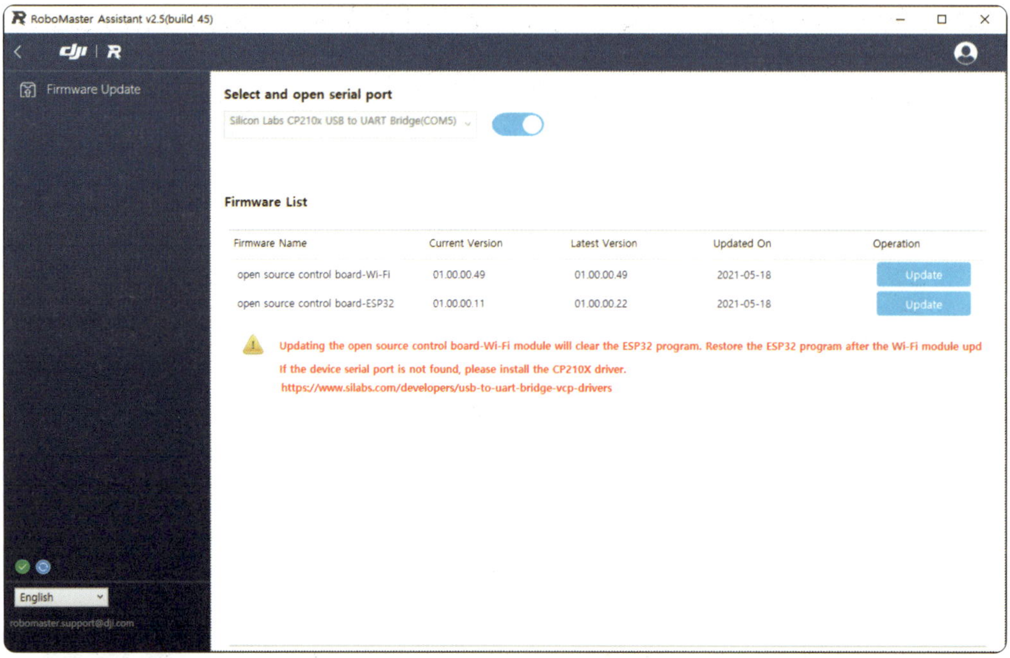
RoboMaster Assistant v2.5(build 45)
Firmware Update
Select and open serial port
Silicon Labs CP210x USB to UART Bridge(COM5)
Firmware List
Firmware Name
Current Version
Latest Version
Updated On
Operation
open source control board-Wi-Fi
01.00.00.49
01.00.00.49
2021-05-18
Update
open source control board-ESP32
01.00.00.11
01.00.00.22
2021-05-18
Update
Updating the open source control board-Wi-Fi module will clear the ESP32 program. Restore the ESP32 program after the Wi-Fi module upd
If the device serial port is not found, please install the CP210X driver.
https://www.silabs.com/developers/usb-to-uart-bridge-vcp-drivers
English
robomaster.support@dji.com

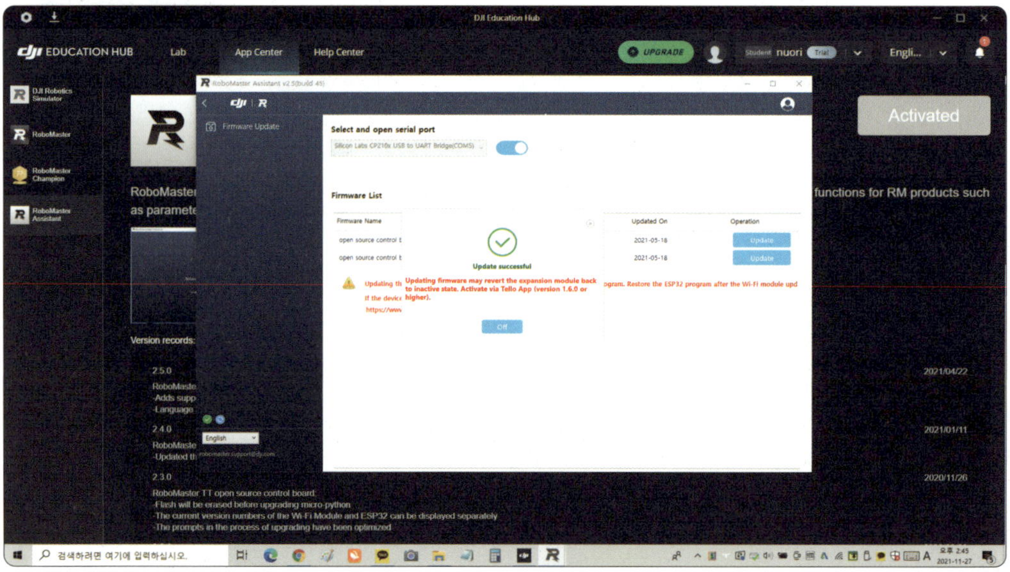
DJI Education Hub
EDUCATION HUB
Lab
App Center
Help Center
UPGRADE
Activated
Update successful
Updating firmware may revert the expansion module back to inactive state. Activate via Tello App (version 1.6.0 or higher).
Version records:
RoboMaster TT open source control board
-Flash will be erased before upgrading micro-python
-The current version numbers of the Wi-Fi Module and ESP32 can be displayed separately
-The prompts in the process of upgrading have been optimized

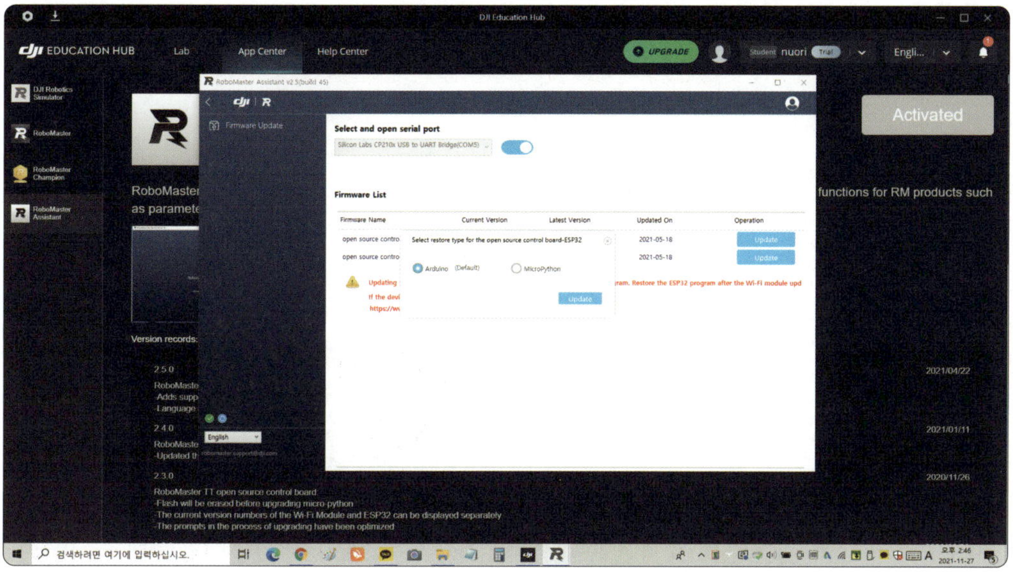

https://www.dji.com/kr/downloads/products/robomaster-tt (Robomaster TT 다운로드 센터)

https://service-adhoc.dji.com/download/app/pc/776c8c1c-7759-4684-b99f-d5567ae7527d (DJI Education Hub)

https://terra-1-g.djicdn.com/2d4dce68897a46b19fc717f3576b7c6a/%E5%AE%98%E7%BD%91arduino/%E5%AE%98%E7%BD%91Arduino%E5%8F%91%E5%B8%830128.7z (Arduino IDE)

https://terra-1-g.djicdn.com/2d4dce68897a46b19fc717f3576b7c6a/mind/Mind_Win_V1.7.0_RC1.0.exe (Mind+)

Mind+ 의 설치와 사용법에 대한 자세한 설명은 다음 사이트에 게재 되어 있으며 설치 방법은 아래와 같다.

https://mindplus.dfrobot.com/RMTT

https://mindplus.dfrobot.com.cn/RMTT (추가적인 내용이 포함되어있어 영어로 번역해서 보기를 권장)

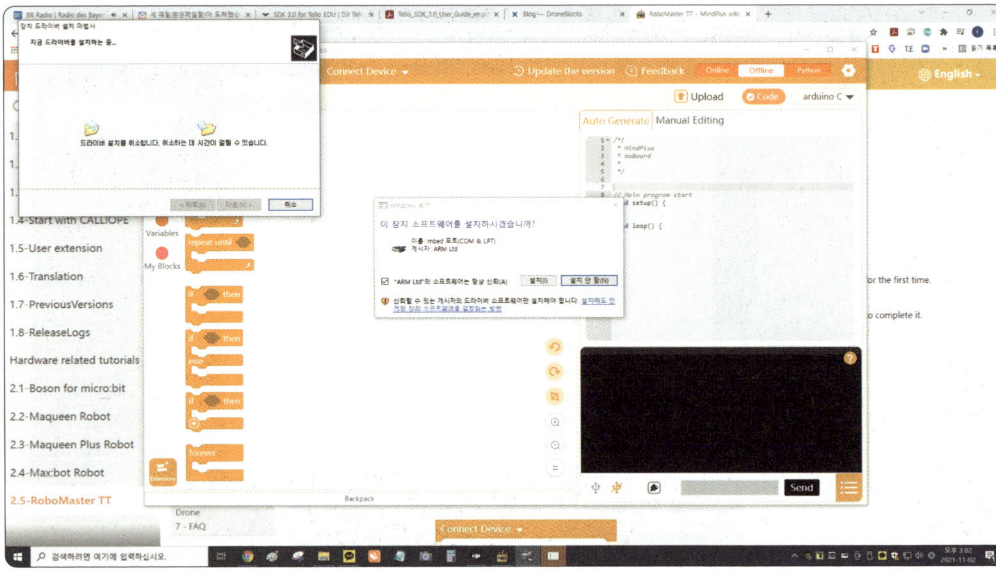

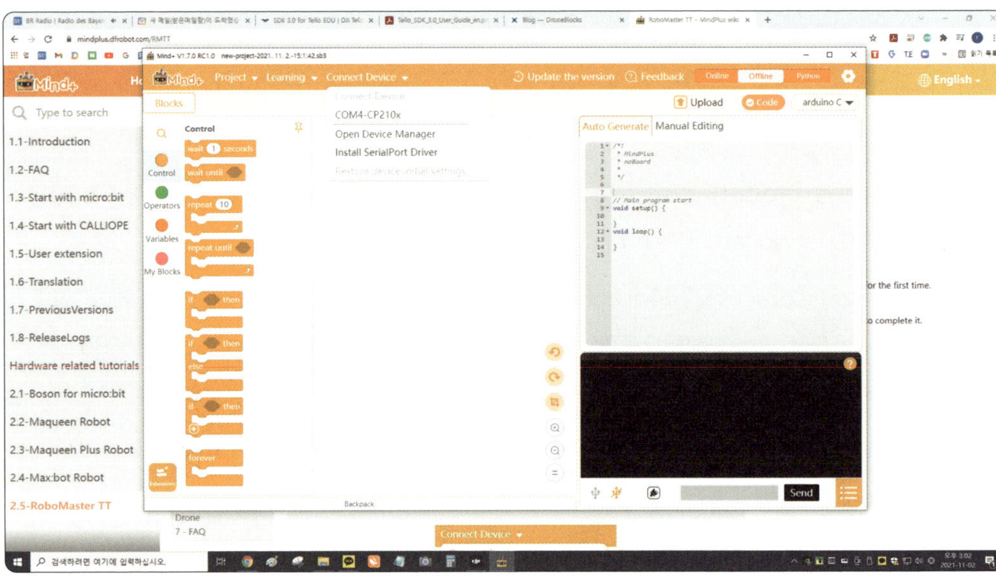

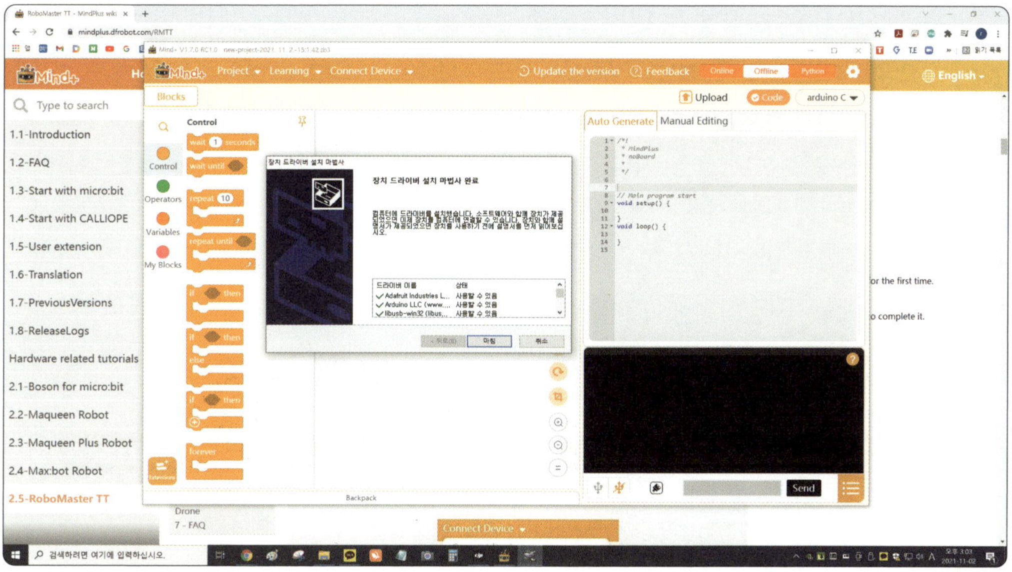
장치 드라이버 설치 마법사 완료
Upload
Auto Generate
Manual Editing
Send

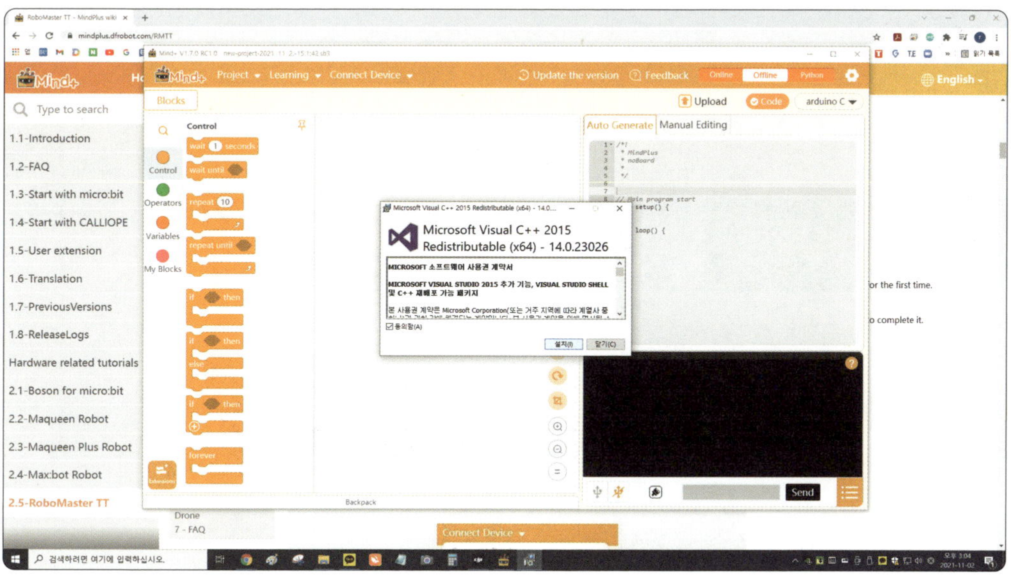
Microsoft Visual C++ 2015 Redistributable (x64) - 14.0.23026
Upload
Auto Generate
Manual Editing
Send

Mind+ 온라인 모드의 사용법은 먼저 Extensions → Function 메뉴에서 접속모드 (ap/station 모드) 에 따라 Robomaster TT (single) 또는 Robomaster TT (team) 메뉴를 선택하고 코딩 메뉴로 돌아와서 Function 메뉴의 텔로 TT 관련 코딩 블록들을 사용하면 된다. ap 모드 경우 블록코딩 완료시나 코딩 시에 기체와 연결하려면 Robomaster TT (single) 블록 메뉴 오른쪽 상단의 ! 메뉴를 선택하여 기체를 찾고 연결할 수 있다. 연결이 자주 끊기는 경우는 Mind+ 업데이트 및 기체와 Expansion 모듈 펌웨어를 업데이트 해보기 바란다. 연결 중 액세스 차단 메뉴가 뜨면 허용하기를 선택하면 된다. 아래는 온라인 모드로 텔로 TT 블록코딩을 비디오 스트림 블록을 포함하여 코딩한 예이다.

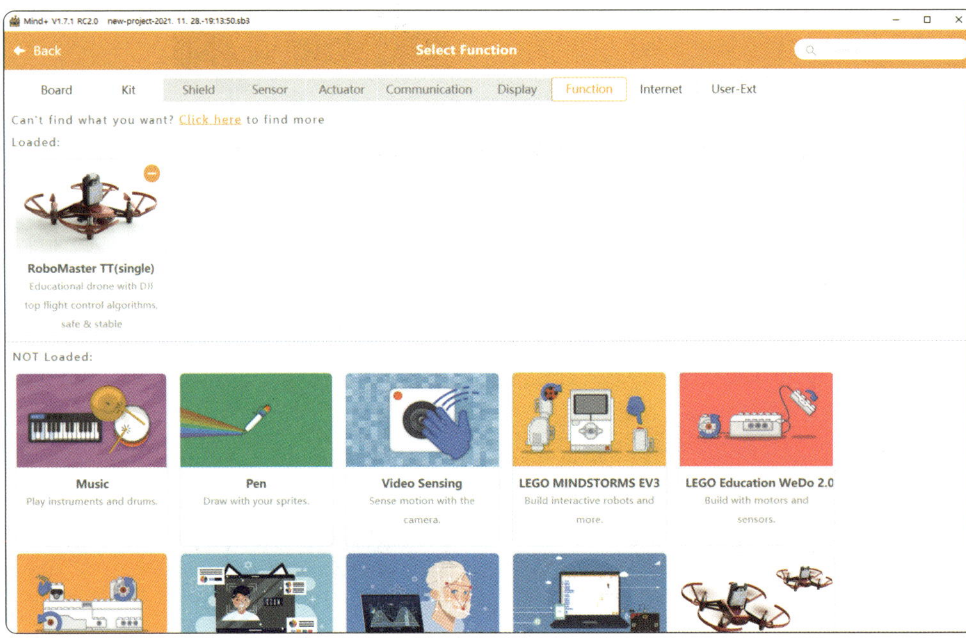

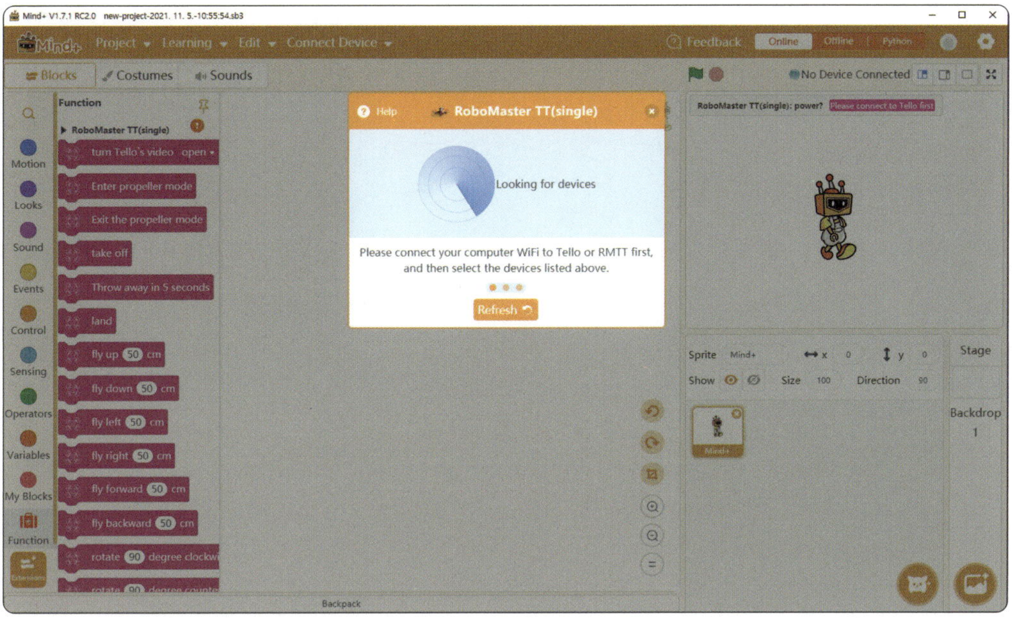
Mind+ V1.7.1 RC2.0 new-project-2021. 11. 5.-10:55:54.sb3
Project Learning Edit Connect Device
Feedback Online Offline Python
Blocks Costumes Sounds
No Device Connected
Function
RoboMaster TT(single)
turn Tello's video open
Enter propeller mode
Exit the propeller mode
take off
Throw away in 5 seconds
land
fly up 50 cm
fly down 50 cm
fly left 50 cm
fly right 50 cm
fly forward 50 cm
fly backward 50 cm
rotate 90 degree clockwi
Help
RoboMaster TT(single)
Looking for devices
Please connect your computer WiFi to Tello or RMTT first,
and then select the devices listed above.
Refresh
RoboMaster TT(single): power?
Please connect to Tello first
Sprite Mind+
Show Size 100 Direction 90
Stage
Backdrop
1
Backpack

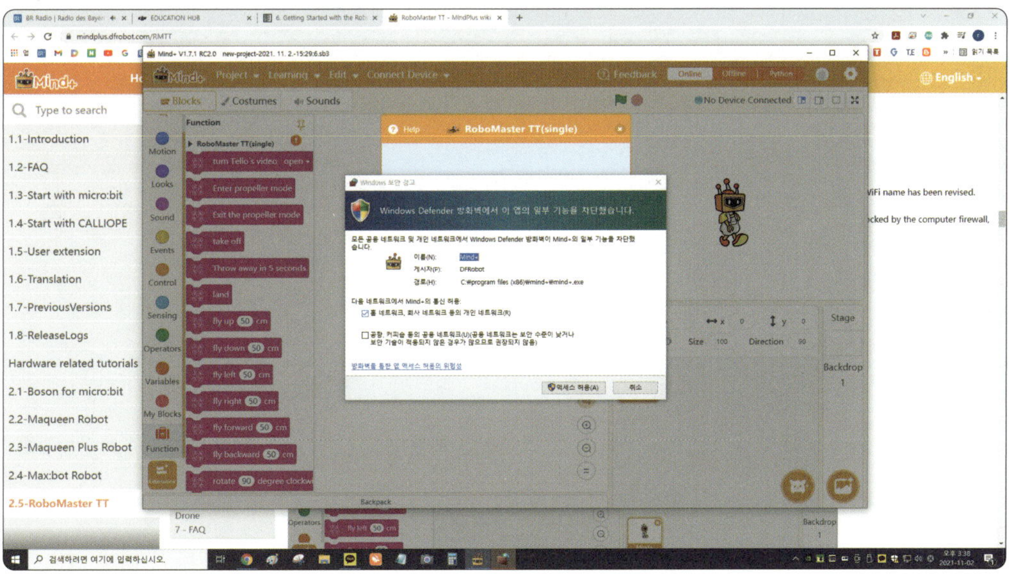
mindplus.dfrobot.com/RMTT
Type to search
1.1-Introduction
1.2-FAQ
1.3-Start with micro:bit
1.4-Start with CALLIOPE
1.5-User extension
1.6-Translation
1.7-PreviousVersions
1.8-ReleaseLogs
Hardware related tutorials
2.1-Boson for micro:bit
2.2-Maqueen Robot
2.3-Maqueen Plus Robot
2.4-Max:bot Robot
2.5-RoboMaster TT
English
Mind+ V1.7.1 RC2.0 new-project-2021. 11. 2.-15:29:6.sb3
RoboMaster TT(single)
Windows 보안 경고
Windows Defender 방화벽에서 이 앱의 일부 기능을 차단했습니다.
모든 공용 네트워크 및 개인 네트워크에서 Windows Defender 방화벽이 Mind+의 일부 기능을 차단했습니다.
이름(N): Mind+
게시자(P): DFRobot
경로(H): C:\program files (x86)\mind+\mind+.exe
다음 네트워크에서 Mind+의 통신 허용:
홈 네트워크, 회사 네트워크 등의 개인 네트워크(R)
공용: 커피숍 등의 공용 네트워크(U)(공용 네트워크는 보안 수준이 낮거나 보안 기능이 적용되지 않은 경우가 많으므로 권장되지 않음)
방화벽을 통한 앱 액세스 허용의 위험성
액세스 허용(A)
취소
WiFi name has been revised.
cked by the computer firewall,
검색하려면 여기에 입력하십시오.

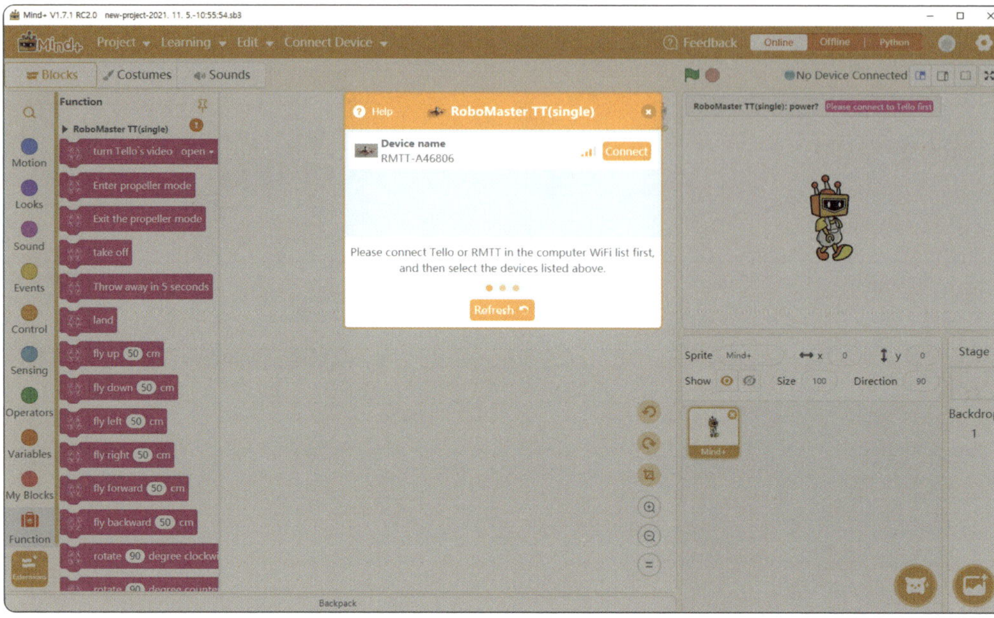
Mind+ V1.7.1 RC2.0 new-project-2021. 11. 5.-10:55:54.sb3
Project
Learning
Edit
Connect Device
Feedback
Online
Offline
Python
Blocks
Costumes
Sounds
No Device Connected
Function
RoboMaster TT(single)
turn Tello's video open
Enter propeller mode
Exit the propeller mode
take off
Throw away in 5 seconds
land
fly up 50 cm
fly down 50 cm
fly left 50 cm
fly right 50 cm
fly forward 50 cm
fly backward 50 cm
Help
RoboMaster TT(single)
Device name
RMTT-A46806
Connect
Please connect Tello or RMTT in the computer WiFi list first, and then select the devices listed above.
Refresh
Motion
Looks
Sound
Events
Control
Sensing
Operators
Variables
My Blocks
Function
Sprite
Show
Size
Direction
Stage
Backdrop
Backpack
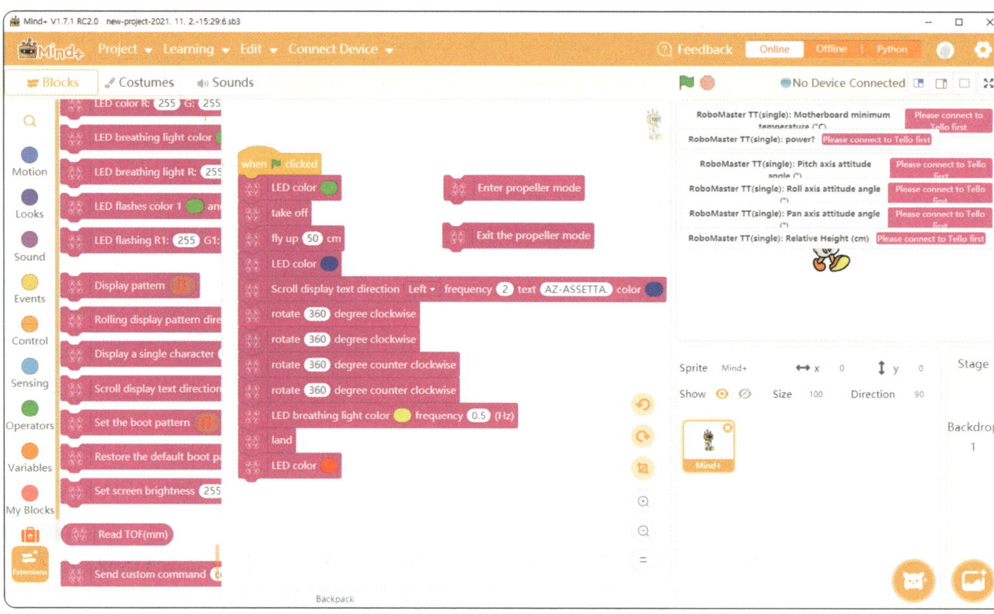
Mind+ V1.7.1 RC2.0 new-project-2021. 11. 2.-15:29:6.sb3
Project
Learning
Edit
Connect Device
Feedback
Online
Offline
Python
Blocks
Costumes
Sounds
No Device Connected
LED breathing light color
LED breathing light R:
LED flashes color 1
LED flashing R1:
Display pattern
Rolling display pattern
Display a single character
Scroll display text direction
Set the boot pattern
Restore the default boot
Set screen brightness 255
Read TOF(mm)
Send custom command
when clicked
LED color
take off
fly up 50 cm
LED color
Scroll display text direction Left frequency 2 text AZ-ASSETTA color
rotate 360 degree clockwise
rotate 360 degree clockwise
rotate 360 degree counter clockwise
rotate 360 degree counter clockwise
LED breathing light color frequency 0.5 (Hz)
land
LED color
Enter propeller mode
Exit the propeller mode
RoboMaster TT(single): power?
RoboMaster TT(single): Relative Height (cm)
Please connect to Tello first
Motion
Looks
Sound
Events
Control
Sensing
Operators
Variables
My Blocks
Sprite
Show
Size
Direction
Stage
Backdrop
Backpack

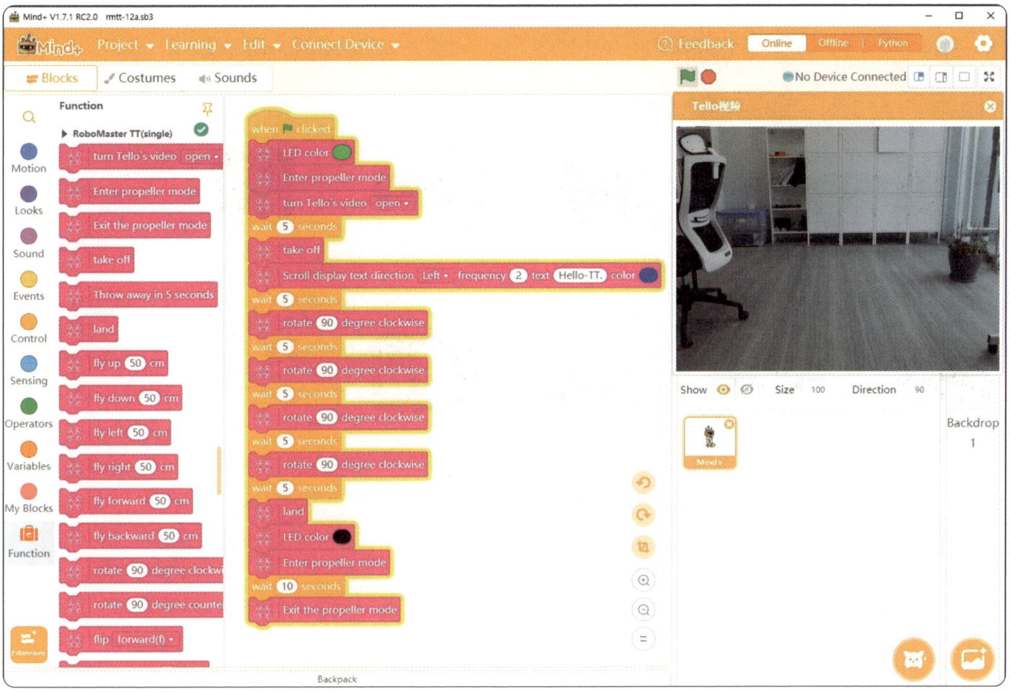

오프라인 모드 사용법은 Mind+ 화면의 오른쪽 위 모드선택란에서 오프라인 모드를 선택후 PC와 기체의 Expansion 모듈의 USB 단자를 연결한 뒤 왼쪽 하단의 Extension → Board 메뉴에서 Robomaster TT (ESP32) 보드를 선택하고 Back 하여 코딩 메뉴로 돌아오면 RMTT 블록 메뉴가 활성화 되며 여기서 텔로 TT 관련 코딩 블록을 사용하여 프로그램을 구성하면 된다. 블록의 구성 과정에서 선택여부에 따라 arduino C 또는 파이썬 코드가 자동으로 생성된다. 코딩이 완료되면 프로그램을 업로드하면 된다. 이 때 Connect Device 메뉴에서 COM3-CP210x (환경에 따라 다를 수 있음) 등의 시리얼 드라이버를 선택하여 기체와 연결된 상태로 업로드 하여야 한다. 만약 업로드된 프로그램을 초기화 하고자하면 Connect Device 메뉴에서 Restore device initial settings 메뉴를 선택하면 기본 프로그램이 업로드 되어 초기화 된다.

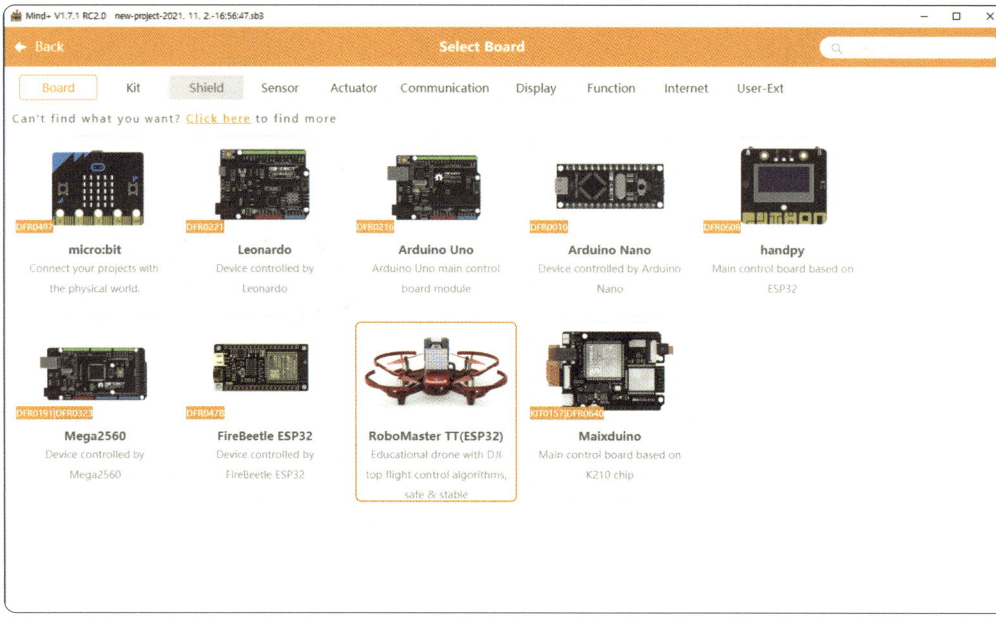
Mind+ V1.7.1 RC2.0 new-project-2021. 11. 2.-16:56:47.sb3
Back
Select Board
Board
Kit
Shield
Sensor
Actuator
Communication
Display
Function
Internet
User-Ext
Can't find what you want? Click here to find more
micro:bit
Connect your projects with the physical world.
Leonardo
Device controlled by Leonardo
Arduino Uno
Arduino Uno main control board module
Arduino Nano
Device controlled by Arduino Nano
handpy
Main control board based on ESP32
Mega2560
Device controlled by Mega2560
FireBeetle ESP32
Device controlled by FireBeetle ESP32
RoboMaster TT(ESP32)
Educational drone with DJI top flight control algorithms, safe & stable
Maixduino
Main control board based on K210 chip

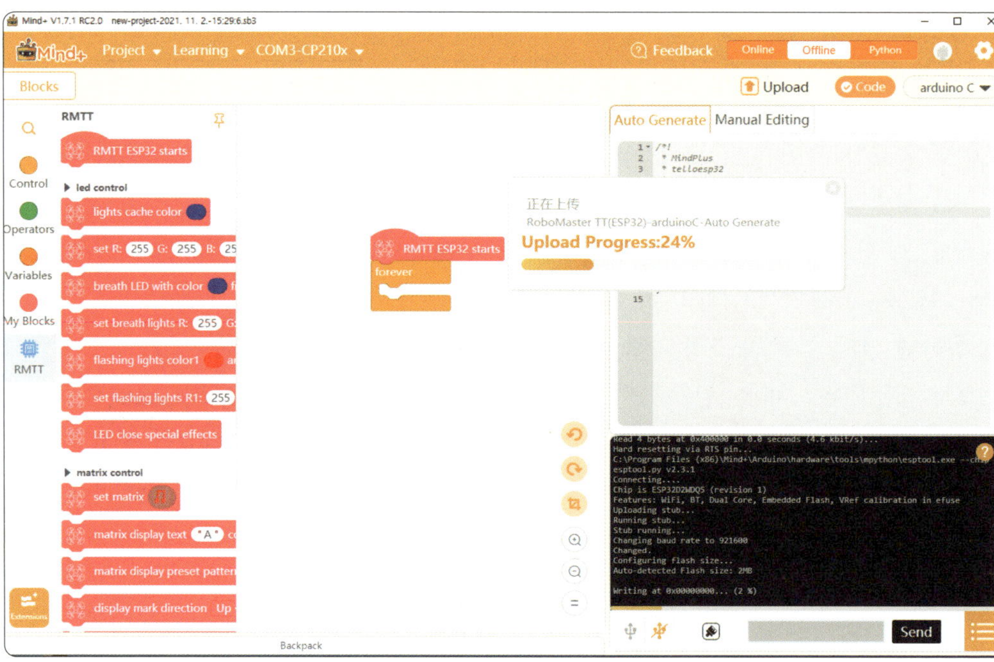
Mind+ V1.7.1 RC2.0 new-project-2021. 11. 2.-15:29:6.sb3
Project
Learning
COM3-CP210x
Feedback
Online
Offline
Python
Blocks
Upload
Code
arduino C
Auto Generate
Manual Editing
RMTT
Control
Operators
Variables
My Blocks
RMTT
RMTT ESP32 starts
led control
lights cache color
set R: 255 G: 255 B:
breath LED with color
set breath lights R: 255
flashing lights color1
set flashing lights R1: 255
LED close special effects
matrix control
set matrix
matrix display text "A"
matrix display preset pattern
display mark direction Up
forever
正在上传
RoboMaster TT(ESP32)-arduinoC-Auto Generate
Upload Progress:24%
Backpack
Send

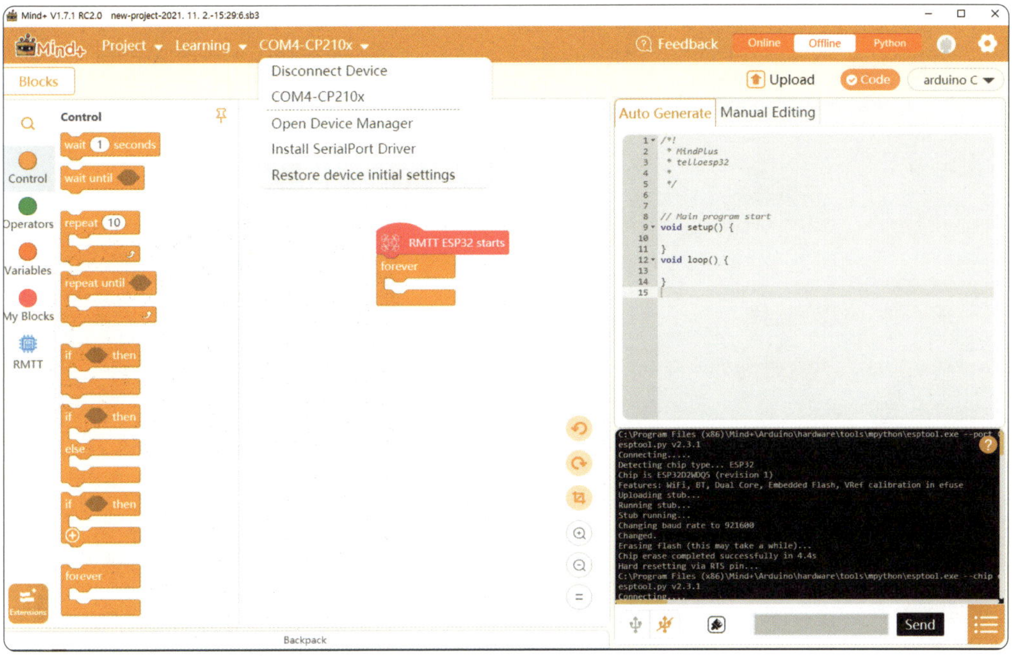

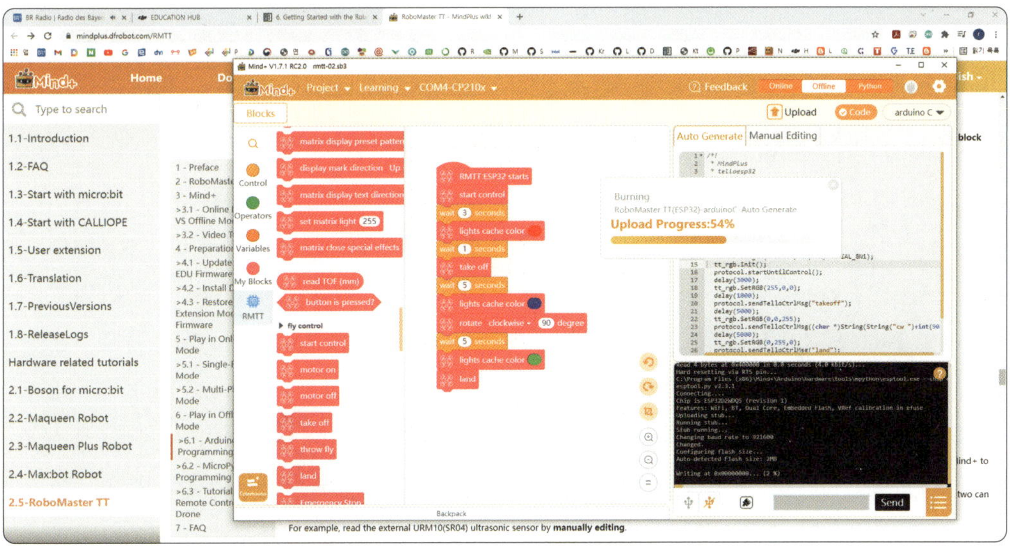

또한 Mind+ 비디오 스트리밍에서 자체 비디오 기능을 사용하지 않고 Scratch/FFMPEG 조합처럼 FFMPEG 을 이용한 비디오 스트리밍도 가능한데 방법은 Scratch/FFMPEG 사용법과 같이 텔로 TT 비디오 블록을 구성한 뒤 run_ffmpeg.bat를 먼저 실행하고 블록을 실행하게 되면 자체 비디오 기능은 사용되지 않고 FFMPEG 의 비디오 스트리밍이 가능하게 된다.

자체 비디오 기능을 이용하는 것에 비해 다소 번거로워 보이지만 자체 비디오는 녹화 기능을 지원하지 않으므로 7 Step의 사용 예처럼 텔로 TT의 비디오 화면을 녹화하거나 녹화 파일명에 타임 코드를 추가하고자 한다면 아래와 같이 Mind+/FFMPEG 조합을 사용하는 것도 유용할 것이다.

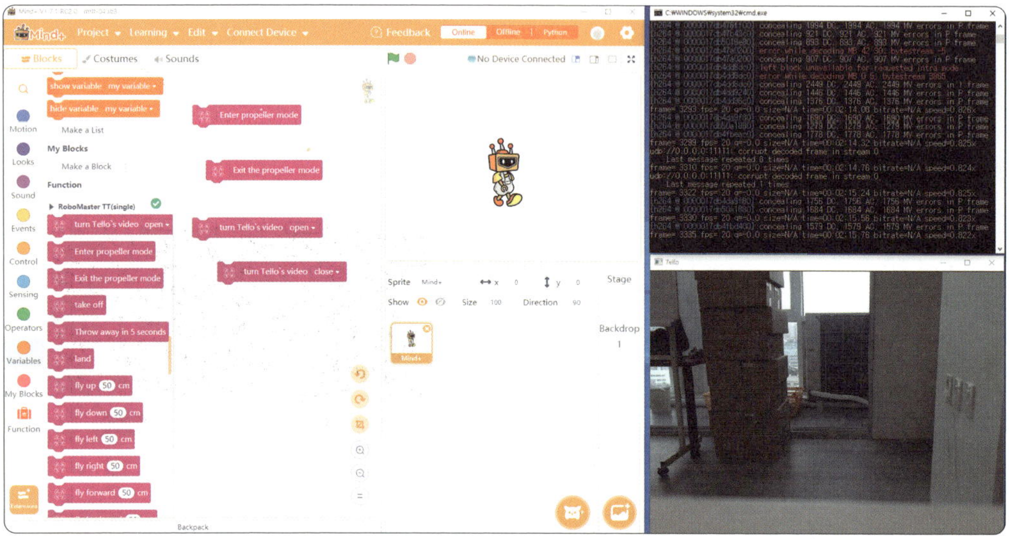

07 **Mind+ 외부센서/TOF 코딩/이모티콘 명령어 생성:** 다음으로 텔로 TT와 외부센서를 연결하는 방법에 대해 알아보도록 한다. Mind+ 프로그래밍에서 오프라인 모드를 선택 후 Expansion 모듈의 확장 어댑터에 핀을 납땜한 후 외부센서 (여기서는 MQ2 Smoke 센서) 를 Expansion 모듈의 다용도 입출력을 지원하는 GPIO 2번 핀과 전원(VCC) 및 GND에 연결하고 센서 값을 읽어 값에 따라 반응하는 (LED Blue → Red) 블록을 구성한 뒤 업로드 하여 작동시켜 보도록 한다. 매트릭스 디스플레이를 제거하고 MQ2 Smoke 센서 (메탄, 부탄 등 가연성 가스와 연기를 감지하는 센서) 를 탑재한 Expansion 모듈을 통해 알콜류가 포함된 소독제 스프레이에 반응하여 LED 색깔이 바뀌고 착륙하게 되는 코드로 구성되어 있으며 다음의 사이트를 참고하여 구현되었다.

https://mc.dfrobot.com.cn/thread-311014-1-1.html

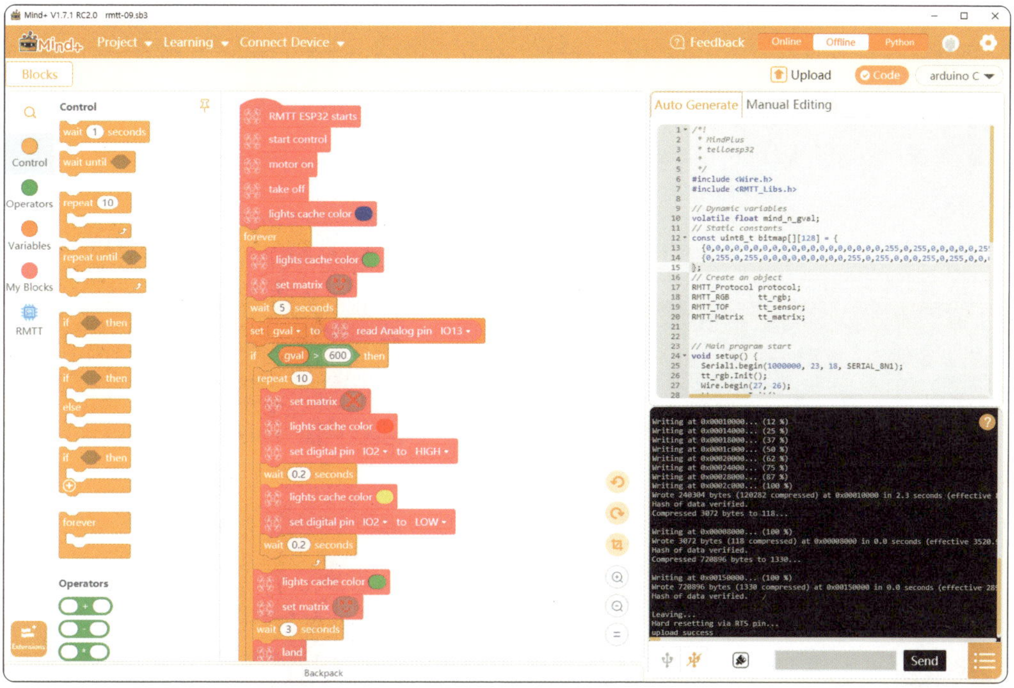
Mind+ V1.7.1 RC2.0 rmtt-09.sb3
Project
Learning
Connect Device
Feedback
Online
Offline
Python
Blocks
Upload
Code
arduino C
Auto Generate
Manual Editing
Control
Operators
Variables
My Blocks
RMTT
RMTT ESP32 starts
start control
motor on
take off
lights cache color
forever
set matrix
wait 5 seconds
set gval to read Analog pin IO13
if gval > 600 then
repeat 10
set digital pin IO2 to HIGH
wait 0.2 seconds
set digital pin IO2 to LOW
wait 3 seconds
land
Backpack
Send

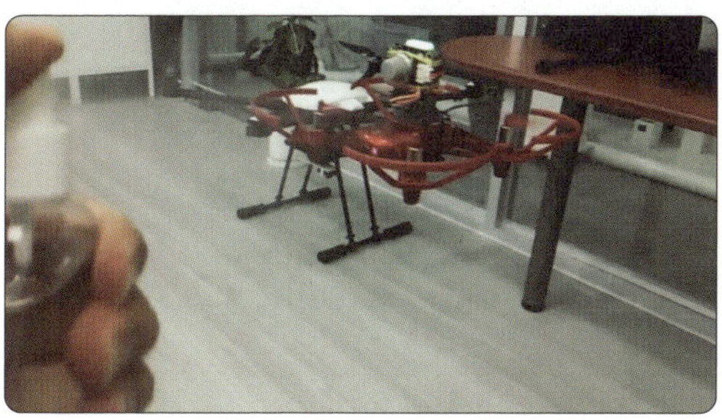

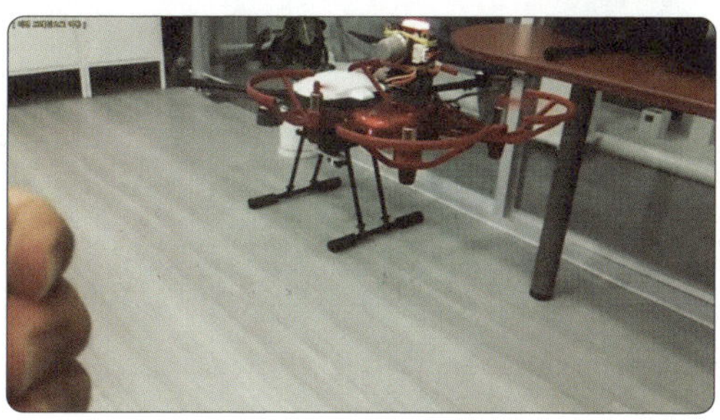

다음 단계로 텔로 TT의 적외선 TOF 거리센서를 테스트 해보도록 하자. 텔로 TT 에는 적외선을 방사하고 돌아오는 시간을 체크함으로써 거리를 재는 TOF (Time Of Flight) 방식의 센서가 Expansion 모듈에 탑재되어 있다. 아래는 Mind+ 에서 온라인 모드로 블록을 조합하여 TOF 센서의 측정 거리 값을 10cm 단위로 읽고 매트릭스 디스플레이에 보여주는 코딩 예이다.

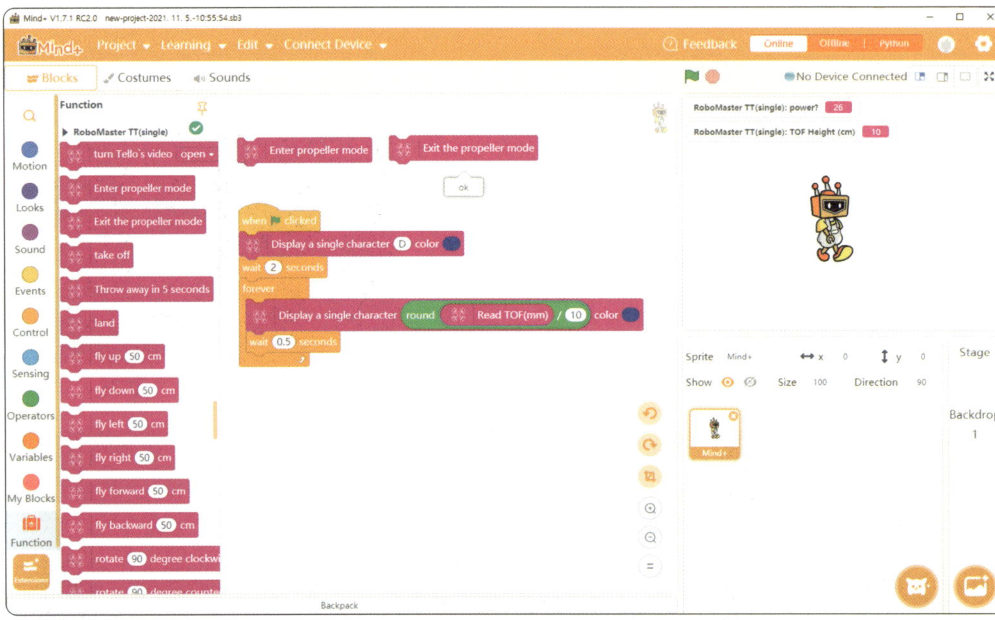

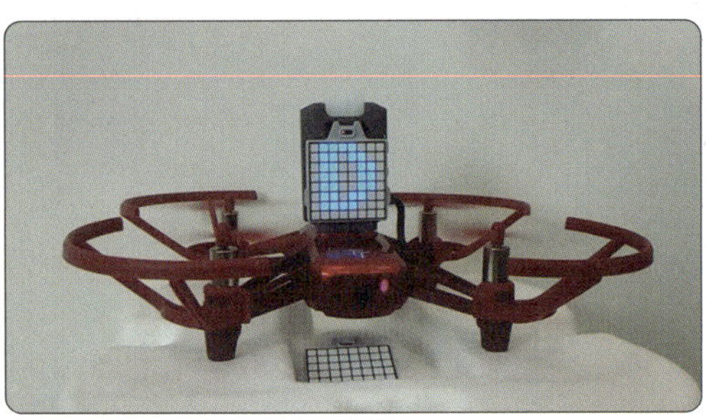

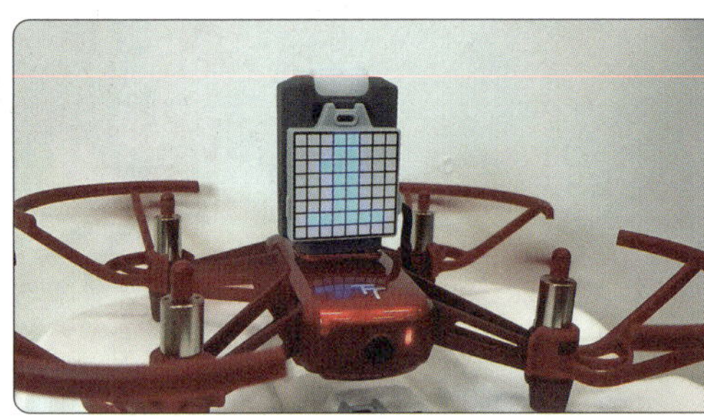

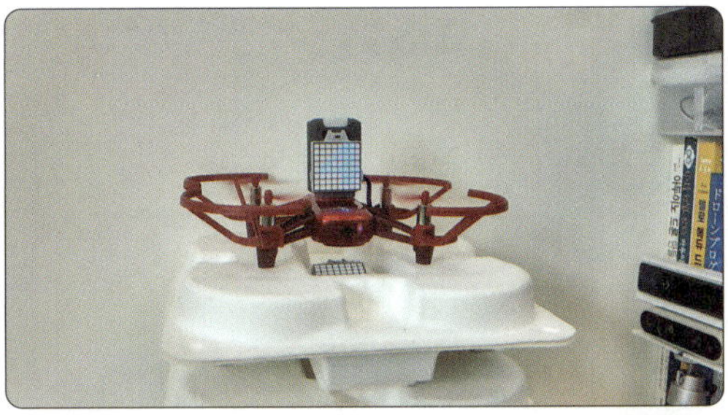
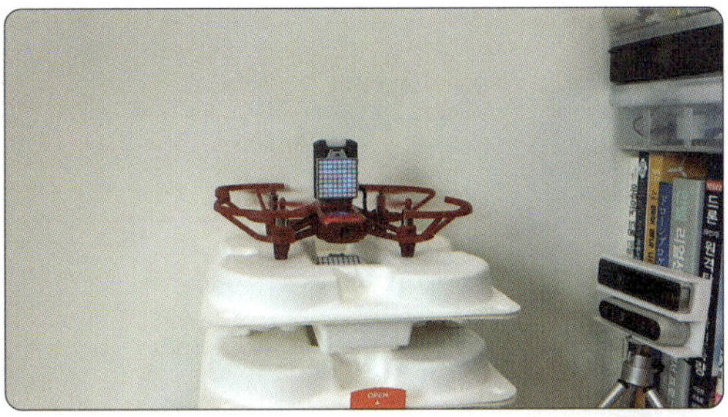
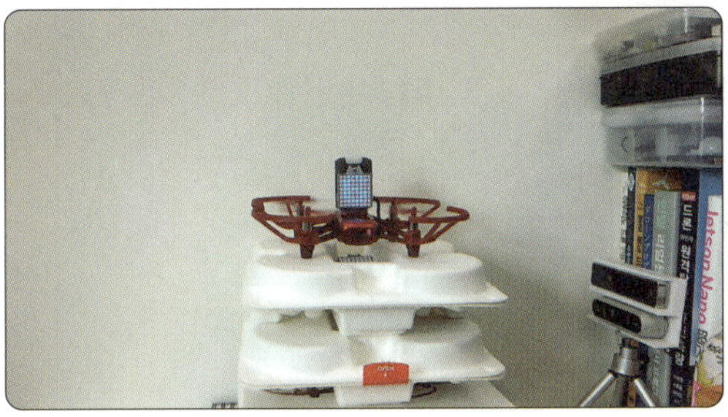
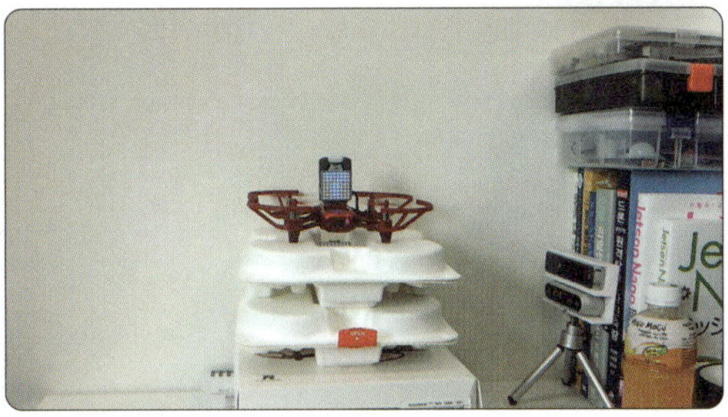

또한 Mind+ 에서는 Expansion 모듈의 LED 및 매트릭스 디스플레이 컨트롤이 가능한데 매트릭스 디스플레이의 화면 편집과 가져오기/내보내기 기능도 제공하고 있어 커스텀 이모티콘을 작성할 수 있다. 아래와 같이 커스텀 이모티콘을 작성하고 내보내기 하면 편집하여 작성된 파일이 json 파일로 저장되는데 이를 메모장에서 열어보면 작성된 순서대로 64자리의 0/1 부분을 찾아볼 수 있다. 이것은 8×8 매트릭스 디스플레이의 화면 상태 표시 값으로 0은 꺼짐 1은 켜짐을 나타낸다. 이 부분을 다른 메모장에 복사하여 1 부분에 r(ed), b(lue), 또는 p(urple) 을 대입하면 편집한 이모티콘을 나타내는 SDK 명령어를 생성할 수 있다. 아래 메모장에 기체 동작에 따른 이모티콘을 편집하여 SDK 명령어를 정리한 파일을 제시하였다. 매트릭스 디스플레이 명령어는 Robomaster TT SDK 에서 자세한 내용을 확인할 수 있다.

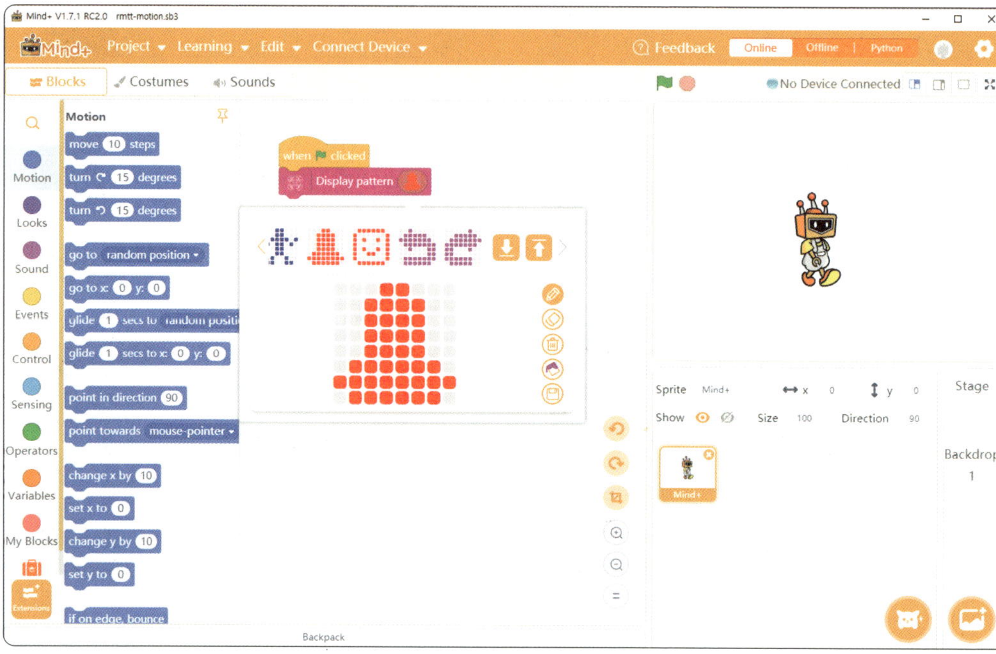
Mind+ V1.7.1 RC2.0 rmtt-motion.sb3
Project
Learning
Edit
Connect Device
Feedback
Online
Offline
Python
Blocks
Costumes
Sounds
No Device Connected
Motion
Looks
Sound
Events
Control
Sensing
Operators
Variables
My Blocks
move 10 steps
turn 15 degrees
turn 15 degrees
go to random position
go to x: 0 y: 0
glide 1 secs to random position
glide 1 secs to x: 0 y: 0
point in direction 90
point towards mouse-pointer
change x by 10
set x to 0
change y by 10
set y to 0
if on edge, bounce
when clicked
Display pattern
Backpack
Sprite
Mind+
Show
Size
100
Direction
90
Stage
Backdrop
1

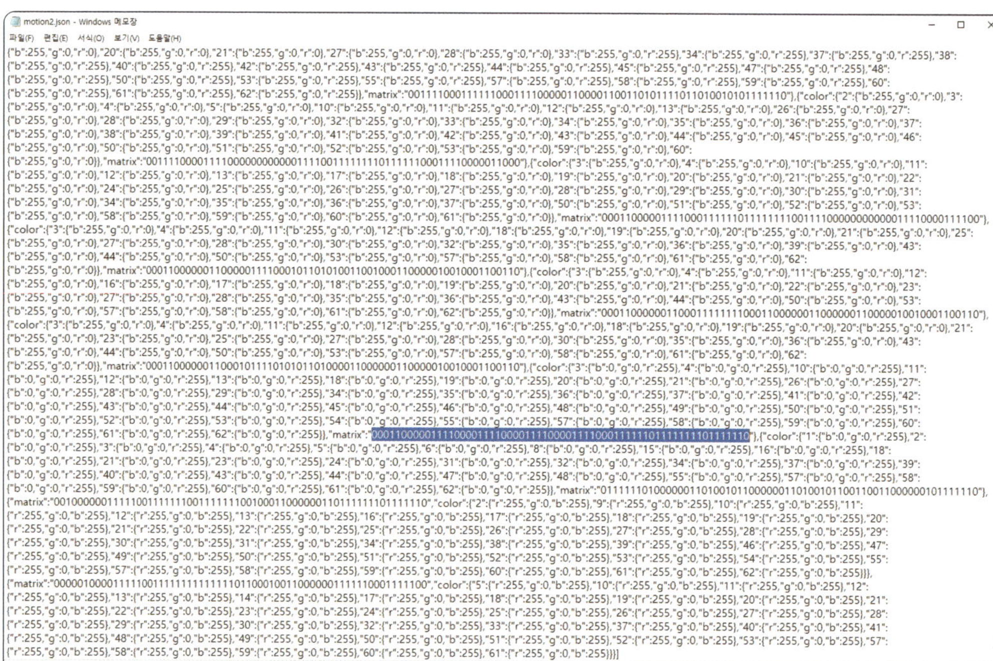
motion2.json - Windows 메모장
Ln 1, Col 11636
100%
Windows (CRLF)
UTF-8

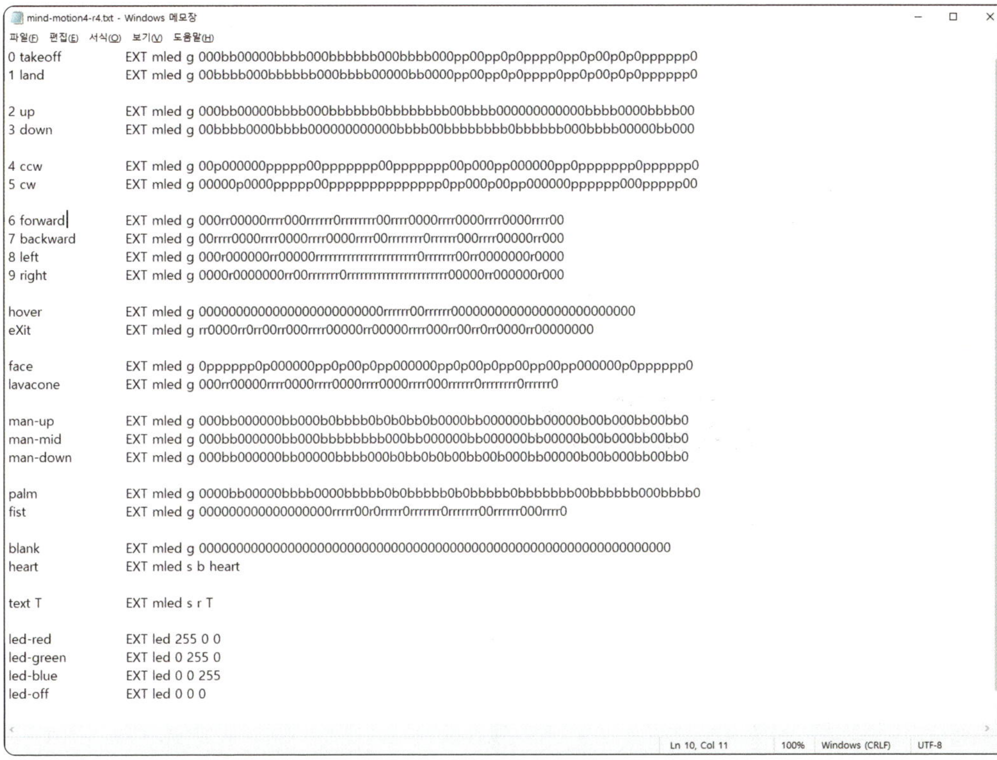

```
mind-motion4-r4.txt - Windows 메모장
파일(F) 편집(E) 서식(O) 보기(V) 도움말(H)
0 takeoff	EXT mled g 000bb00000bbbb000bbbbbb000bbbb000pp00pp0p0pppp0pp0p00p0p0pppppp0
1 land	EXT mled g 00bbbb000bbbbbb000bbbb00000bb0000pp00pp0p0pppp0pp0p00p0p0pppppp0

2 up	EXT mled g 000bb00000bbbb000bbbbbb0bbbbbbbb00bbbb000000000000bbbb0000bbbb00
3 down	EXT mled g 00bbbb0000bbbb000000000000bbbb00bbbbbbbb0bbbbbb000bbbb00000bb000

4 ccw	EXT mled g 00p000000ppppp00ppppppp00ppppppp00p000pp000000pp0ppppppp0pppppp0
5 cw	EXT mled g 00000p0000ppppp00pppppppppppppp0pp000p00pp000000pppppp000ppppp00

6 forward	EXT mled g 000rr00000rrrr000rrrrrr0rrrrrrrr00rrrr0000rrrr0000rrrr0000rrrr00
7 backward	EXT mled g 00rrrr0000rrrr0000rrrr0000rrrr00rrrrrrrr0rrrrrr000rrrr00000rr000
8 left	EXT mled g 000r000000rr00000rrrrrrrrrrrrrrrr0rrrrrrr00rr0000000r0000
9 right	EXT mled g 0000r0000000rr00rrrrrrr0rrrrrrrrrrrrrrr00000rr000000r000

hover	EXT mled g 000000000000000000000000rrrrrr00rrrrrr000000000000000000000000
eXit	EXT mled g rr0000rr0rr00rr000rrrr00000rr00000rrrr000rr00rr0rr0000rr00000000

face	EXT mled g 0pppppp0p000000pp0p00p0pp000000pp0p00p0pp00pp00pp000000p0pppppp0
lavacone	EXT mled g 000rr00000rrrr0000rrrr0000rrrr0000rrrr000rrrrrr0rrrrrrrr0rrrrrr0

man-up	EXT mled g 000bb000000bb000b0bbbb0b0b0bb0b0000bb000000bb00000b00b000bb00bb0
man-mid	EXT mled g 000bb000000bb000bbbbbbbb000bb000000bb000000bb00000b00b000bb00bb0
man-down	EXT mled g 000bb000000bb00000bbbb000b0bb0b0b00bb00b000bb00000b00b000bb00bb0

palm	EXT mled g 0000bb00000bbbb0000bbbbb0b0bbbbb0b0bbbbb0bbbbbbb00bbbbbb000bbbb0
fist	EXT mled g 0000000000000000rrrrr00r0rrrrr0rrrrrrr0rrrrrrr00rrrrrr000rrrr0

blank	EXT mled g 0000000000000000000000000000000000000000000000000000000000000000
heart	EXT mled s b heart

text T	EXT mled s r T

led-red	EXT led 255 0 0
led-green	EXT led 0 255 0
led-blue	EXT led 0 0 255
led-off	EXT led 0 0 0

Ln 10, Col 11	100%	Windows (CRLF)	UTF-8
```

08 **앱인벤터/음성인식 컨트롤:** 8 Step App Inventor 2 블록코딩을 통한 텔로 에듀 Speech Control 에서 앱인벤터를 이용한 Speech Control 앱을 구현해 보았는데 테스트를 통해 블록코딩과 Speech 컨트롤 앱이 텔로 TT 에서도 잘 작동하는 것을 확인하였다. 여기에 한걸음 더 나아가 관련 블록을 추가하여 LED 및 매트릭스 디스플레이 컨트롤도 가능하다. 아래와 같은 방법으로 진행해 보도록 하자.

디자인에서 LED 명령버튼을 추가하고 블록에서 LED 명령버튼을 클릭했을 때 UrsAI2UDP1 extension 의 메시지 부분에 'EXT led 255 0 0' SDK 명령어를 입력하고 음성인식 부분에서 위쪽의 '이라면 실행' 제어문을 복사하고 음성인식 결과란에 '헬로' 또는 'Hello' 라고 입력하고 실행의 UrsAI2UDP1 extension 의 메시지 부분에 'EXT led 255 0 0' (적색 LED) 와 'EXT mled l b 2 Hello-TT.' (Hello-TT. 왼쪽 스크롤) 라고 입력한다. 그리고 '하트' 라는 음성명령으로 하트 모양의 이모티콘을 디스플레이 해보기 위해 음성인식 부분 아래쪽에 '이라면 실행' 제어문을 복사하고 음성인식 결과란에 '하트' 또는 'Heart' 라고 입력하고 실행의 UrsAI2UDP1 extension 의 메시지 부분에 'EXT led 255 0 0' (적색 LED) 와 'EXT mled s b heart' (매트릭스 디스플레이에 청색 heart 표시) 라고 입력한다.

8 Step과 마찬가지 방법으로 빌드하고 휴대폰에 설치하여 아래 그림과 같이 음성과 버튼 입력에 반응하여 기체 컨트롤, LED, 문자 스크롤 및 하트가 표시 되는지 테스트 해보도록 한다.

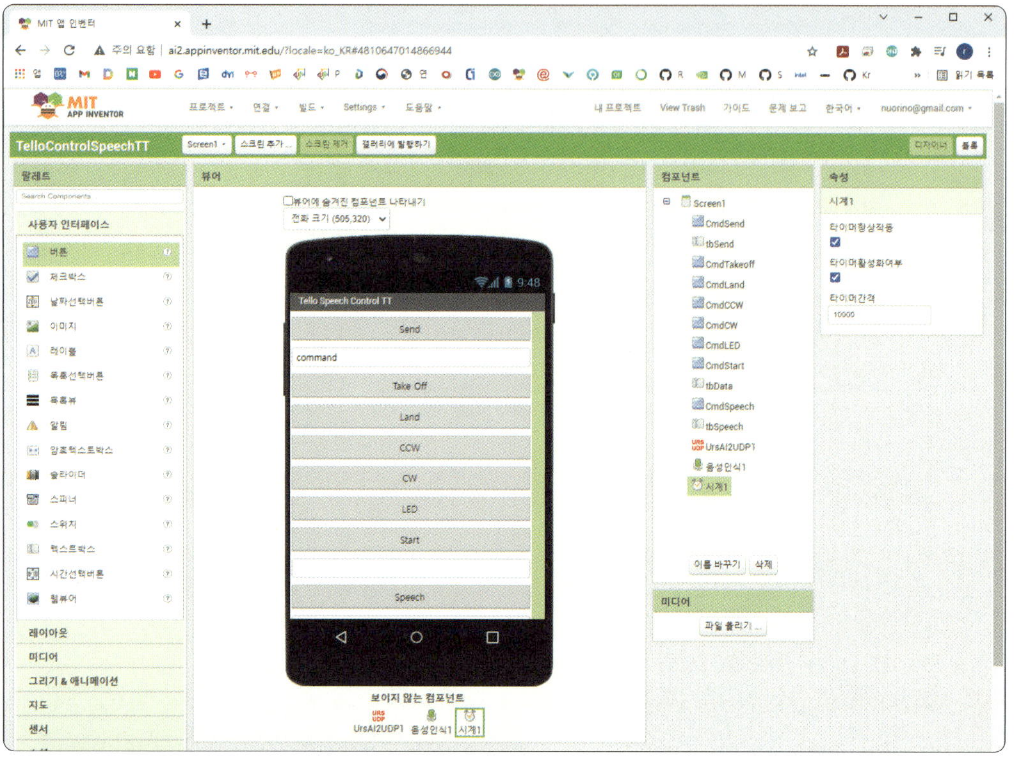

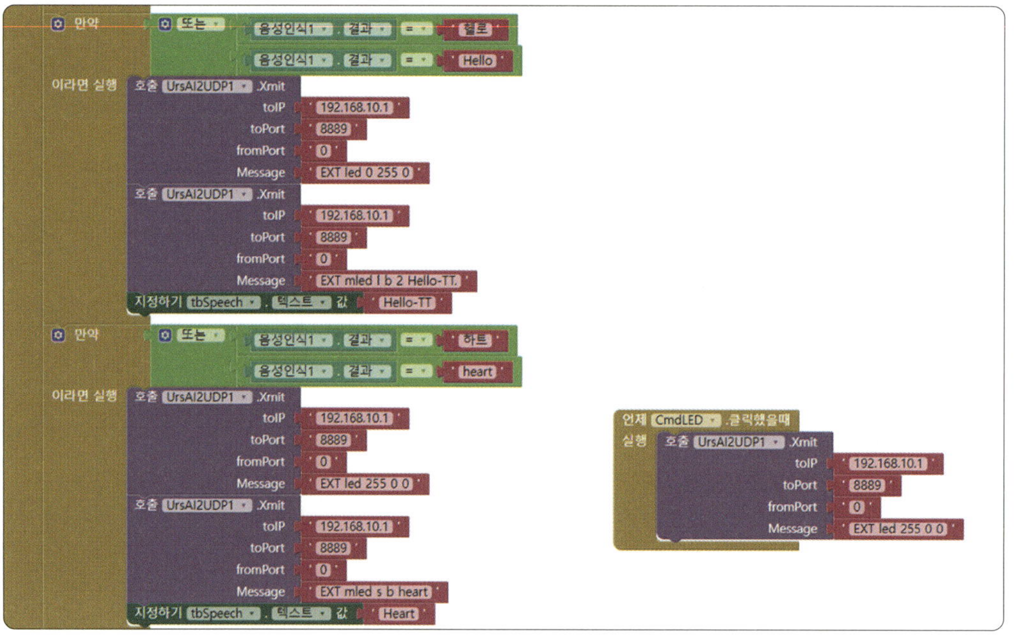

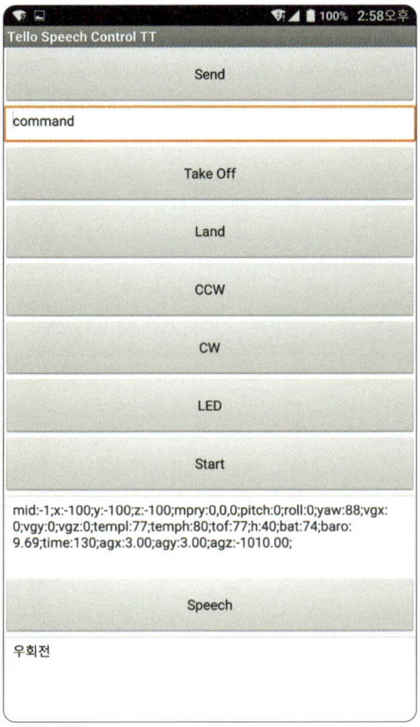

09 **Node-RED 컨트롤:** 이번 항에서는 Node-RED를 이용한 텔로 TT 컨트롤이 가능한지 확인해 보기위해 12 Step Node-RED를 이용한 텔로 에듀 컨트롤 방법 에 따라 테스트해 본 결과 모두 잘 작동함을 확인할 수 있었다. 또한 LED 와 매트릭스 디스플레이 역시 컨트롤 가능한지 알아보기 위해 아래와 같이 'Hello' 와 'led' inject 커맨드 노드와 매개 역할을 해주는 rbe 기능 노드를 추가하여 테스트 해보도록 한다. 참고로 기능항목에 포함되어 있는 rbe 노드는 값이 변화했을 때만 데이터를 전달하는 노드이며 여러 입력의 값을 한데 모아 다시 여러 출력으로 내보낼 때 요긴하게 사용할 수 있다.

'Hello' 노드는 이름을 'Hello' 로 입력하고 페이로드 항목 리스트 중 'string' 을 선택하고 내용에 'EXT mled l b 2 Hello-TT.' 라고 입력한다. (매트릭스 디스플레이에 Hello-TT. 왼쪽 스크롤) 'led' 노드는 이름을 'led' 로 입력하고 페이로드 항목 리스트 중 'string' 을 선택하여 내용에 'EXT led 255 0 0' (적색 LED) 라고 입력한다.

ap 세팅을 통해 station 모드로 변경했을 경우 공유기의 접속 정보를 확인하여 접속 IP (예 192.168.0.53) 를 파악하였으면 udp out 노드를 하나 더 추가하고 더블클릭하여 송신 포트에 8889, 수신 어드레스에 192.168.0.53 (공유기 접속 IP), 로컬포트를 사용에서 45678 또는 랜덤사용으로 선택하고 rbe 노드와 연결한다. 구성을 완료하였으면 오른쪽 상단의 배포하기를 클릭하여 플로우 작업을 반영시키고 ap 모드 (직접접속 모드) 또는 station 모드 (공유기 접속모드) 로 텔로 TT를 wifi 에 연결하고 injection 노드의 작은 사각형을 클릭하여 기체를 테스트 해보도록 한다. 공유기 접속은 더 많은 기체가 접속하여도 컨트롤이 가능하므로 접속된 IP를 확인하여 아래처럼 udp out 노드를 추가해 주면 동시에 여러 기체에 명령을 보내는 것도 가능하다.

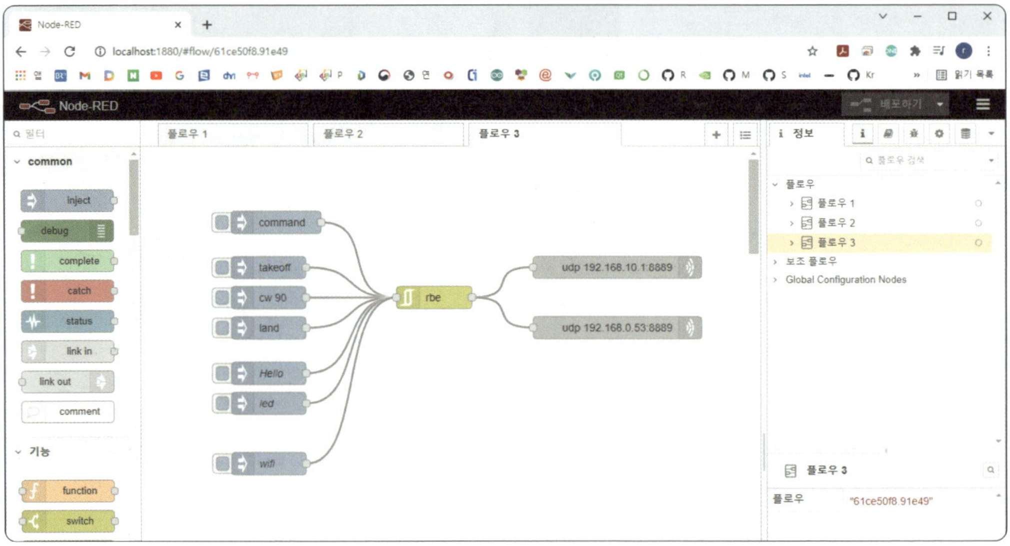

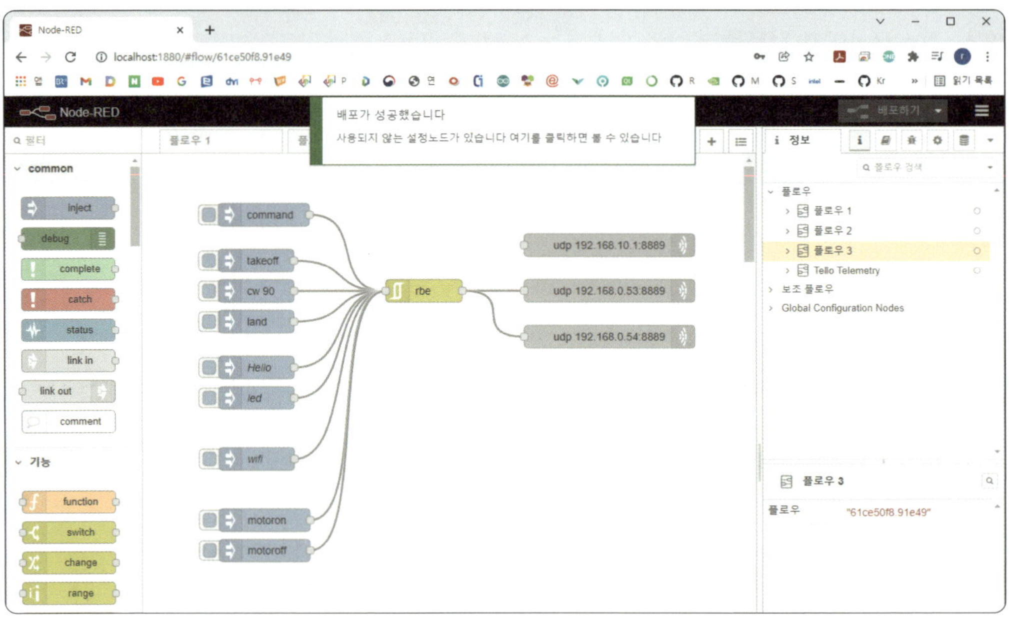

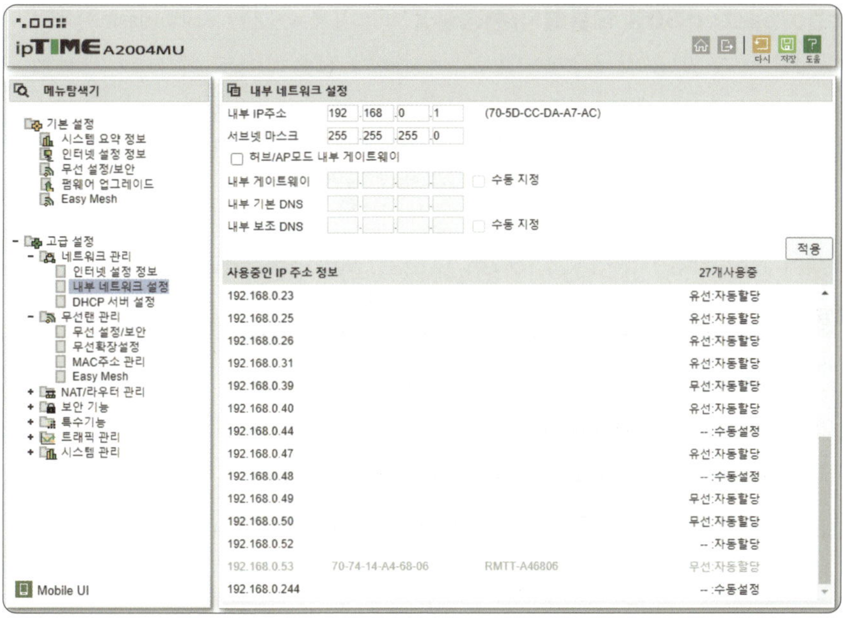
ipTIME A2004MU
다시 저장 도움
메뉴탐색기
기본 설정
시스템 요약 정보
인터넷 설정 정보
무선 설정/보안
펌웨어 업그레이드
Easy Mesh
고급 설정
네트워크 관리
인터넷 설정 정보
내부 네트워크 설정
DHCP 서버 설정
무선랜 관리
무선 설정/보안
무선확장설정
MAC주소 관리
Easy Mesh
NAT/라우터 관리
보안 기능
특수기능
트래픽 관리
시스템 관리
Mobile UI
내부 네트워크 설정
내부 IP주소 192 . 168 . 0 . 1 (70-5D-CC-DA-A7-AC)
서브넷 마스크 255 . 255 . 255 . 0
허브/AP모드 내부 게이트웨이
내부 게이트웨이 수동 지정
내부 기본 DNS
내부 보조 DNS 수동 지정
적용
사용중인 IP 주소 정보 27개사용중
192.168.0.23 유선:자동할당
192.168.0.25 유선:자동할당
192.168.0.26 유선:자동할당
192.168.0.31 유선:자동할당
192.168.0.39 무선:자동할당
192.168.0.40 유선:자동할당
192.168.0.44 -- :수동설정
192.168.0.47 유선:자동할당
192.168.0.48 -- :수동설정
192.168.0.49 무선:자동할당
192.168.0.50 무선:자동할당
192.168.0.52 -- :자동할당
192.168.0.53 70-74-14-A4-68-06 RMTT-A46806 무선:자동할당
192.168.0.244 -- :수동설정

10 **파이썬/Robomaster-SDK 모듈설치/환경설정:** 새로이 공개된 Robomaster 파이썬 SDK를 사용하기 위해서는 파이썬 3.6.5 이상의 버전을 설치해야 한다. 제시된 예와 같이 파이썬 3.7.8 버전을 다운받아 아래와 같은 방법으로 custom installation location을 지정하여 C:\python37 폴더에 설치되도록 한다. Robomaster 파이썬 SDK 설치와 사용 안내는 다음의 사이트를 참조하도록 한다.

https://robomaster-dev.readthedocs.io/en/latest/python_sdk/installs.html (Robomaster python sdk 설치 가이드)

https://www.python.org/downloads/ (파이썬 3.7.8 버전 다운로드)

https://github.com/dji-sdk/robomaster-sdk (Code → 다운로드 zip 에서 다운로드후 여기에 압축 해제하여 Robomaster-sdk-master 폴더를 Tello-TT 폴더에 복사)

https://robomaster-dev.readthedocs.io/en/latest/python_sdk/beginner_drone.html (single drone)

https://robomaster-dev.readthedocs.io/en/latest/python_sdk/multi_robot_drone_example.html (multi drone)

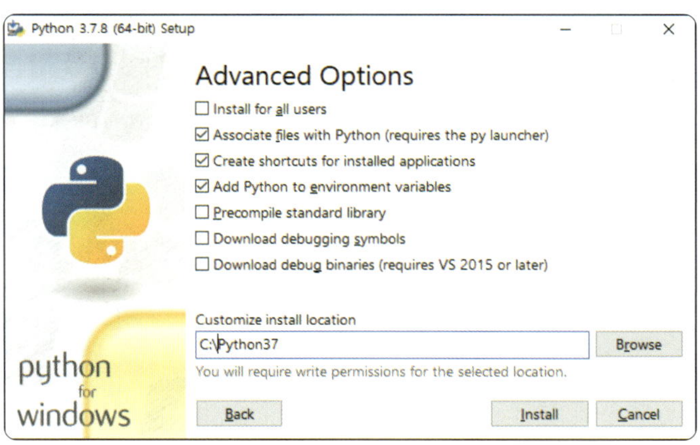

다음의 순서에 따라 Robomaster-sdk-master 폴더의 필요한 파일들을 설치한다.

① VisualCppRedist_AIO_20200707.exe

② visualcppbuildtools_full.exe

③ pip upgrade (python –m pip install —upgrade pip)

④ lib_install.bat

⑤ setup.py (C:\Tello-TT\Robomaster-sdk-master>python setup.py install)

⑥ Robomaster-sdk upgrade (pip install robomaster —upgrade)

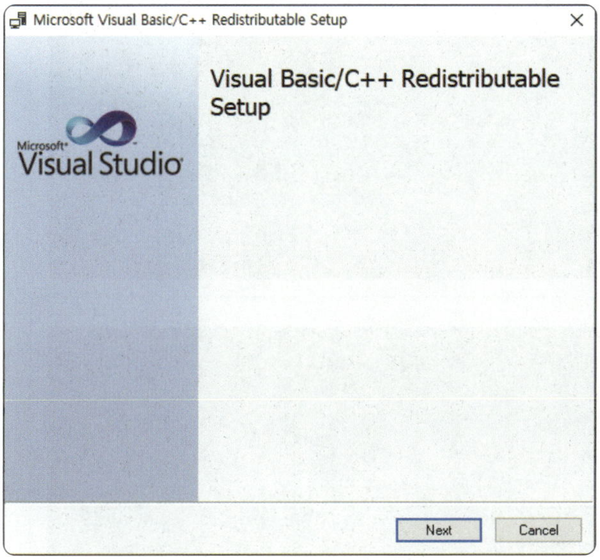

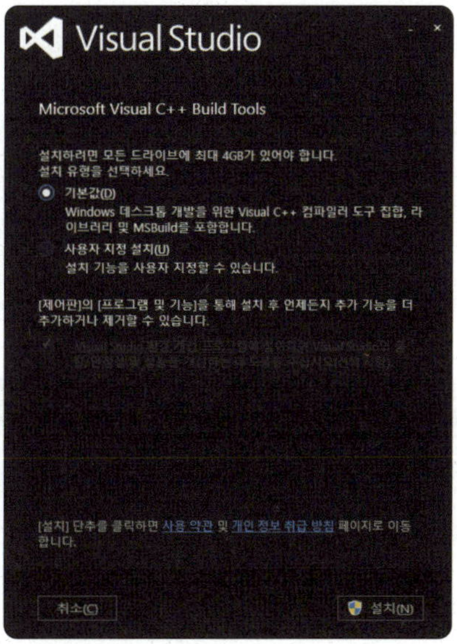

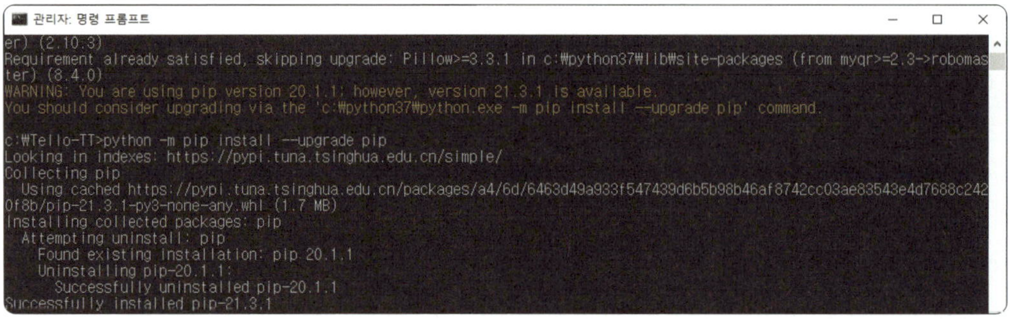

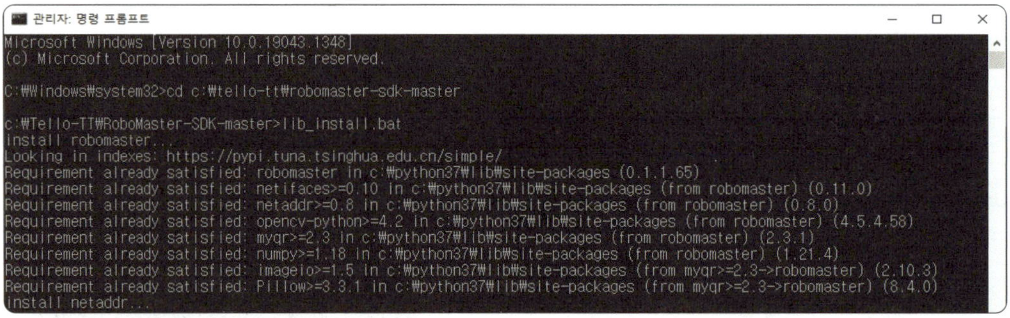

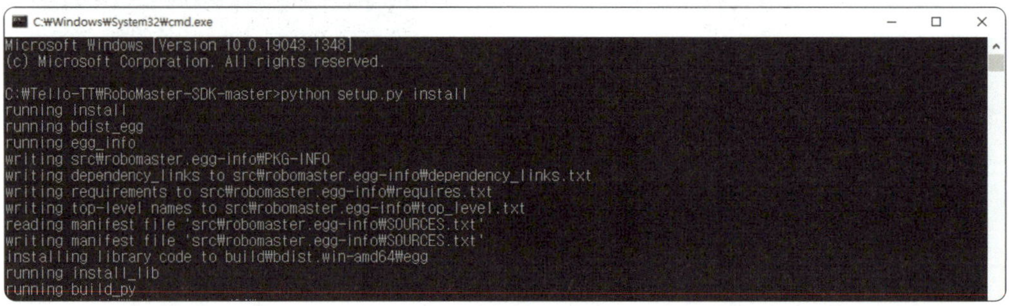

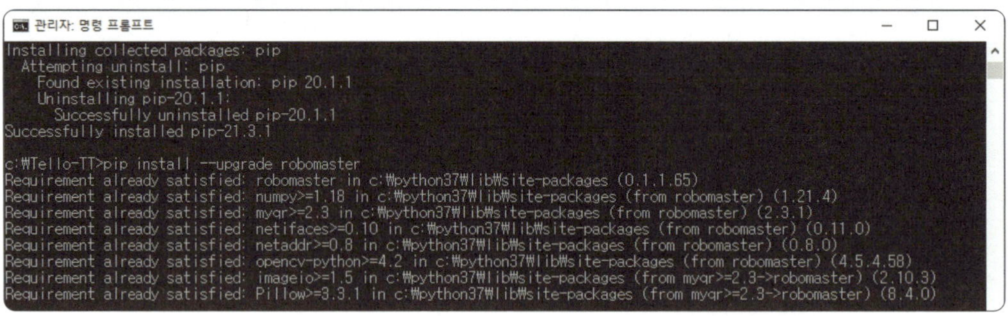

기존에 파이썬 다른 버전이 설치된 경우는 환경변수를 수정하여 파이썬의 우선순위를 변경하여 필요한 경우에 따라 적절한 버전을 우선적으로 사용할 수 있다. 변경 방법은 아래와 같이 탐색기에서 내 PC → 설정 → 고급 시스템 설정 → 고급 → 환경변수 → 사용자변수/시스템 변수 → path → 편집 에서 위/아래로 이동 버튼을 클릭하여 파이썬의 우선 순위를 바꿔주면 된다. 커맨드 창에서 python 을 실행하여 파이썬 3.7.8 버전이라고 표시되면 우선 순위가 변경된 것이다.

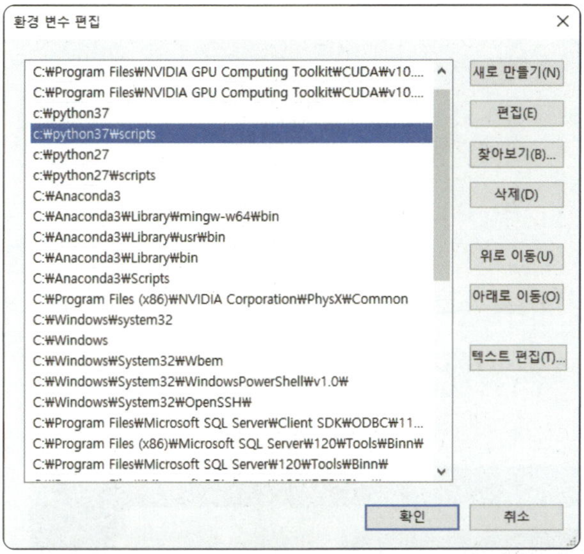

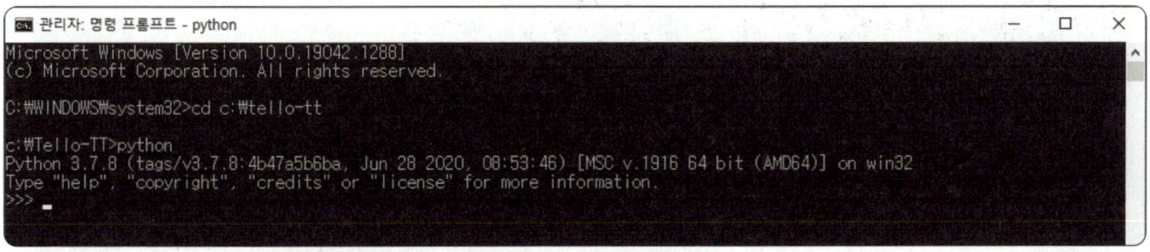

설치가 완료 되었으면 Robomaster-SDK 테스트를 위해 아래와 같이 기본 프로그램들을 실행해 본다. 프로그램에서 에러가 발생하는 경우는 아래와 같이 각 프로그램에 local_ip_str 을 추가해 주도록 한다.

robomaster.config.LOCAL_IP_STR = "192.168.10.2"

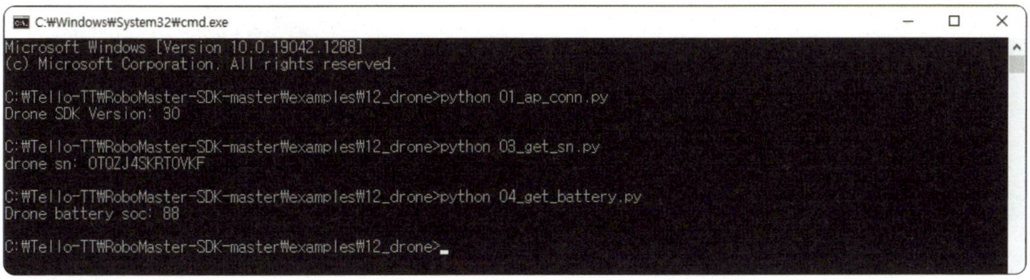


```
import robomaster
from robomaster import robot


if __name__ == '__main__':
    robomaster.config.LOCAL_IP_STR = "192.168.10.2"
    tl_drone = robot.Drone()
    tl_drone.initialize()
```

11 **파이썬/Robomaster-SDK 비디오 스트림:** 이번 항에서는 **14 Step** 파이썬을 이용한 Tello Edu 비디오 스트림/동작 컨트롤 내용을 텔로 TT 에 적용하여 테스트 해보고 아울러 새로이 공개된 Robomaster SDK 를 이용한 비디오 스트림 기능에 대해 살펴보기로 한다.

14 Step의 방법과 마찬가지로 python 2.7 버전을 사용하여 프로그램을 테스트 해본 결과 텔로 TT 에서도 비디오 스트림 기능이 잘 작동하는 것을 확인할 수 있었다. 기체의 조종은 Control Panel 의 Takeoff 버튼을 클릭하여 기체를 이륙시키고 화살표 키를 이용하여 기체를 전진/후진/좌이동/우이동 시켜본 뒤 W/S/A/D 키를 이용하여 상승/하강/좌회전/우회전 가능하다.

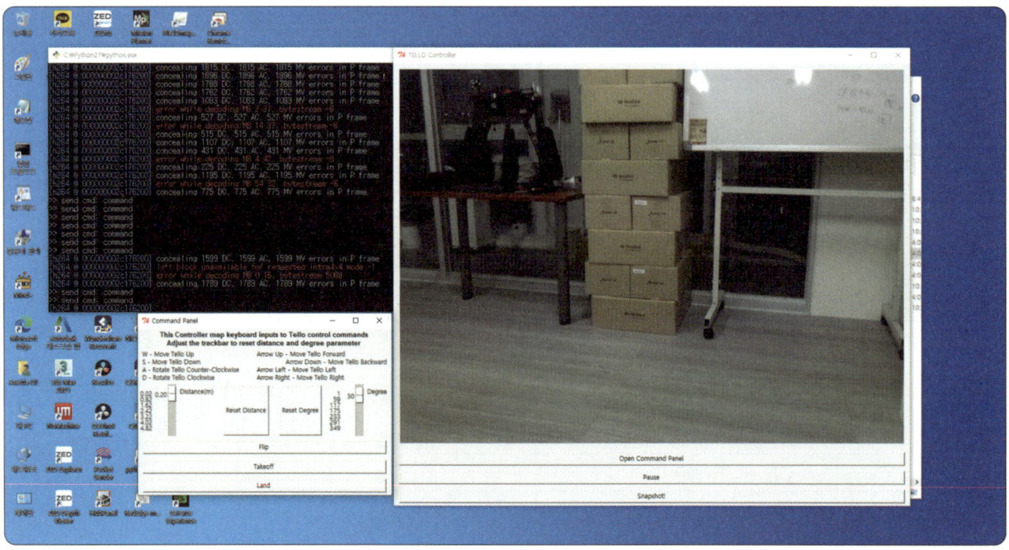

Robomaster SDK 는 파이썬 3.6.5 버전 이상에서 작동하는 것으로 되어있어 두 가지 버전을 설치하고 필요에 따라 선택하여 사용할 수 있도록 세팅해야 한다. 주 사용 파이썬을 2.7과 3.6 버전으로 체인지 하는 방법은 아래와 같이 탐색기에서 내 PC → 설정 → 고급 시스템 설정 → 고급 → 환경변수 → 사용자변수/시스템 변수 → path → 편집에서 파이썬 의 우선순위를 바꿔주면 된다.

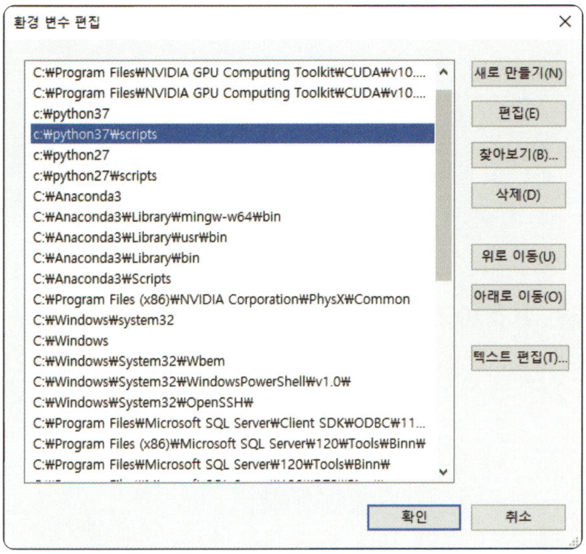

다음은 Robomaster SDK 를 이용한 비디오 스트림 기능에 대해 살펴보기로 한다. Tello-TT 폴더 하부의 C:\Tello-TT\Robomaster-SDK-master\examples\12_drone 폴더의 16_video_stream.py 파일을 열어 아래와 같이 수정하고 탐색기 주소창에 cmd.을 입력하여 커맨드 창을 열고 다음의 명령어로 프로그램을 실행해본다. 연결이 안 되는 경우는 방화벽을 해제하거나 python 프로그램을 허용하기 해주도록 한다.

C:\Tello-TT\Robomaster-SDK-master\examples\12_drones>python 16_video_stream.py

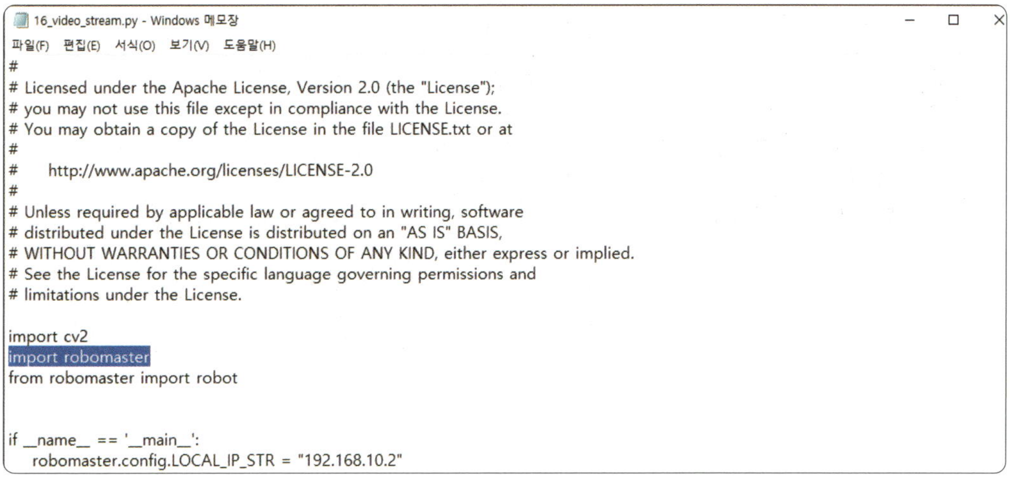


```
#
# Licensed under the Apache License, Version 2.0 (the "License");
# you may not use this file except in compliance with the License.
# You may obtain a copy of the License in the file LICENSE.txt or at
#
#     http://www.apache.org/licenses/LICENSE-2.0
#
# Unless required by applicable law or agreed to in writing, software
# distributed under the License is distributed on an "AS IS" BASIS,
# WITHOUT WARRANTIES OR CONDITIONS OF ANY KIND, either express or implied.
# See the License for the specific language governing permissions and
# limitations under the License.

import cv2
import robomaster
from robomaster import robot


if __name__ == '__main__':
    robomaster.config.LOCAL_IP_STR = "192.168.10.2"
```

```
import cv2
import robomaster  # (객체 추가)
from robomaster import robot
```

```
import cv2
import robomaster
from robomaster import robot


if __name__ == '__main__':
    robomaster.config.LOCAL_IP_STR = "192.168.10.2"
    tl_drone = robot.Drone()
    tl_drone.initialize()
```

if __name__ == '__main__':

  robomaster.config.LOCAL_IP_STR = "192.168.10.2" # (local ip 추가)

```
    tl_drone = robot.Drone()
    tl_drone.initialize()

    tl_camera = tl_drone.camera
    # 显示302帧图传
    tl_camera.start_video_stream(display=False)
    tl_camera.set_fps("high")
    tl_camera.set_resolution("high")
    tl_camera.set_bitrate(6)
    #for i in range(0, 302):
    while True:
        img = tl_camera.read_cv2_image()
        cv2.imshow("Drone", img)
        cv2.waitKey(1)
```

#for i in range(0, 302):

while True: # (연속 재생)

  img = tl_camera.read_cv2_image()

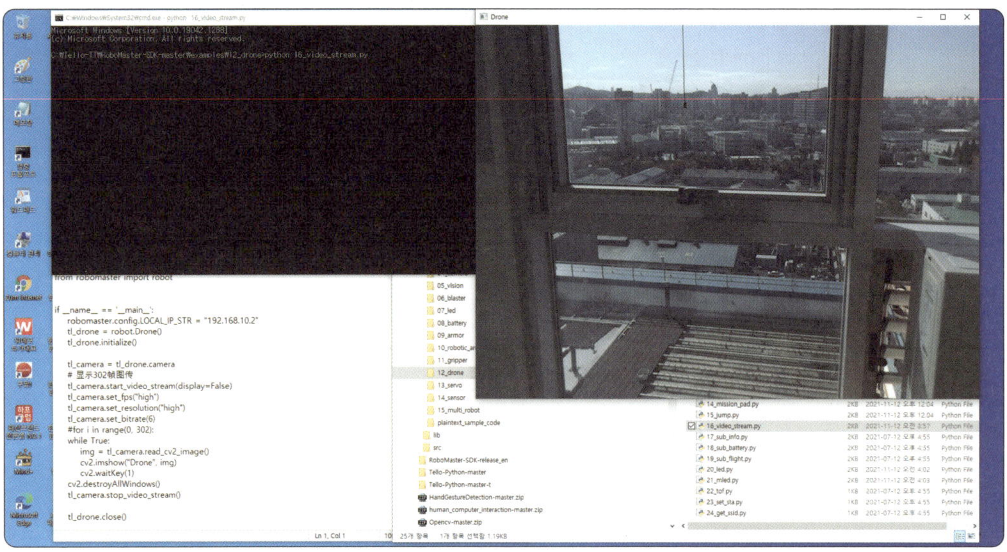

12 **Robomaster TT 군집비행:** 다음으로 텔로 TT 의 군집비행에 대해서 살펴보도록 한다. 텔로 TT 의 군집비행은 station 모드 (공유기 접속모드) 를 통해서 구현 가능한데 Tello Edu 앱, Node-RED, Mind+ 및 파이썬 프로그램 등 다양한 프로그래밍 환경을 통해서 컨트롤 가능하다. Tello Edu 앱을 이용한 멀티 드론 컨트롤 (군집비행) 은 **02** Tello Edu 앱 항에서 그리고 Node-RED를 통한 멀티드론 동시 컨트롤에 대해서는 **09** Node-RED 컨트롤 항에서 살펴보았다. 여기에서는 Mind+ 와 파이썬/스크립트 프로그램을 통한 방법에 대해 알아보도록 하자.

우선적으로 멀티 드론 컨트롤을 위해서는 기체의 SN (시리얼 넘버) 등의 데이터가 필요하므로 아래와 같이 SN, SSID, MAC 어드레스 등 기체 데이터 파일을 준비해 두도록 한다.

```
TT-기체데이터.txt - Windows 메모장
파일(F) 편집(E) 서식(O) 보기(V) 도움말(H)
SN
1=0TQZJ4TKRT0WSC
2=0TQZJ4SKRT0VKF

Wifi
1 RMTT-F24314
2 RMTT-A46806

MAC
1 74-7A-90-F2-43-14
2 70-74-14-A4-68-06
```

텔로 TT 각각의 기체에 대해 Packet Sender 등을 통해 SDK ap 명령어로 (ap SSID PW) 접속할 공유기를 설정하였으면 (SDK 명령어는 **04** Packet Sender 항 참조) 기체의 모드 선택 버튼을 위로 올려 station 모드로 변경해준다. Mind+ 온라인 모드에서 Extension → Function 메뉴에서 Robomaster TT(team) 메뉴를 선택하고 블록 코딩 메뉴에서 아래와 같이 Function 블록의 기체 컨트롤 블록을 구성한다. 이때 맨 먼저 'set Tello SN xxx number as N' 블록과 'scan N Tello ...' 블록을 구성하도록 한다. 다음으로 LED, takeoff, rotation 및 land 순으로 블록을 조합한다. 블록을 연결하면 순차적으로 수행되며 블록 그룹을 띄어 놓으면 각 그룹을 수동으로 클릭하여 컨트롤 가능하다. 블록 구성이 완료되면 프로그램을 수행할 컴퓨터도 기체가 접속하는 같은 공유기에 접속하도록 하고 기체의 전원을 넣어 각 기체가 공유기에 접속하여 자동으로 쿨링 모드에 들어갈 때까지 대기한다. 모든 기체가 쿨링 모드에 들어가 공유기에 접속되면 스캔 블록을 실행하여 접속된 기체를 스캔한다. 스캔 Ok 메시지가 뜨면 이때부터 멀티 드론 컨트롤이 가능하다. 이때 네트워크에 연결이 안 되는 경우는 방화벽을 해제하거나 Mind+ 프로그램을 허용하기 해주면 될 수 있다.

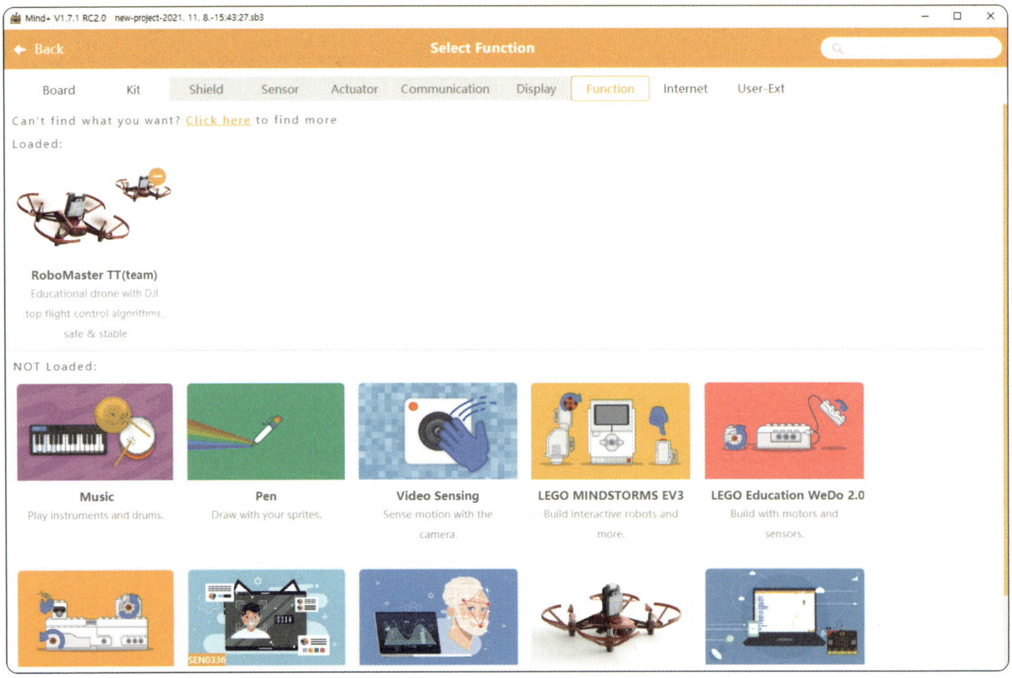
Mind+ V1.7.1 RC2.0 new-project-2021. 11. 8.-15:43:27.sb3
Back
Select Function
Board
Kit
Shield
Sensor
Actuator
Communication
Display
Function
Internet
User-Ext
Can't find what you want? Click here to find more
Loaded:
RoboMaster TT(team)
Educational drone with DJI top flight control algorithms, safe & stable
NOT Loaded:
Music
Play instruments and drums.
Pen
Draw with your sprites.
Video Sensing
Sense motion with the camera.
LEGO MINDSTORMS EV3
Build interactive robots and more.
LEGO Education WeDo 2.0
Build with motors and sensors.

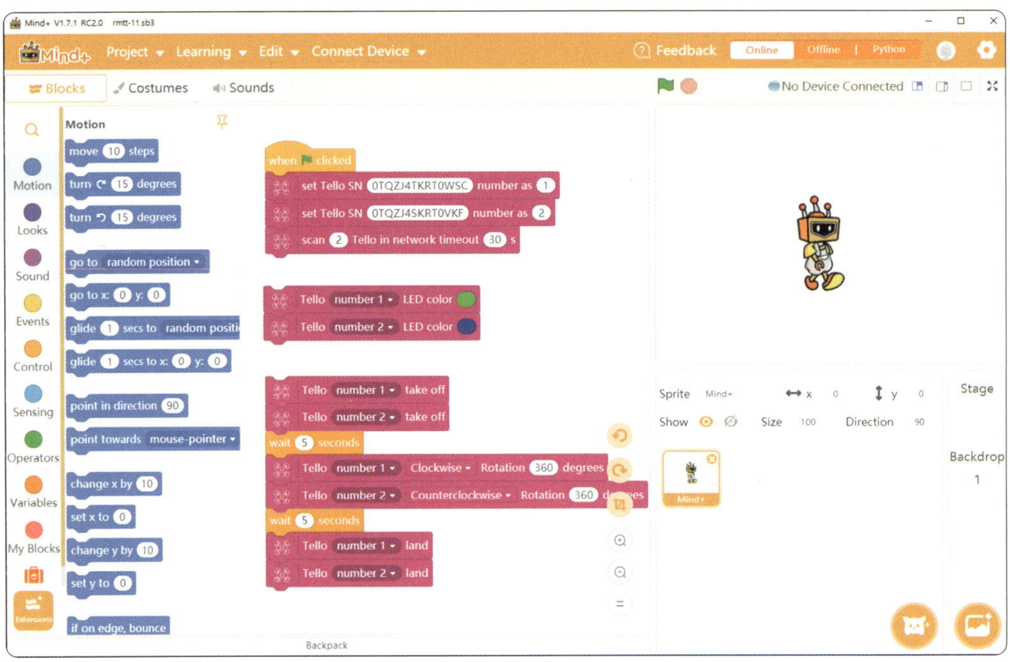
Mind+ V1.7.1 RC2.0 rmtt-11.sb3
Project
Learning
Edit
Connect Device
Feedback
Online
Offline
Python
Blocks
Costumes
Sounds
No Device Connected
Motion
Looks
Sound
Events
Control
Sensing
Operators
Variables
My Blocks
move 10 steps
turn 15 degrees
turn 15 degrees
go to random position
go to x: 0 y: 0
glide 1 secs to random positi
glide 1 secs to x: 0 y: 0
point in direction 90
point towards mouse-pointer
change x by 10
set x to 0
change y by 10
set y to 0
if on edge, bounce
when clicked
set Tello SN 0TQZJ4TKRTOWSC number as 1
set Tello SN 0TQZJ4SKRTOVKF number as 2
scan 2 Tello in network timeout 30 s
Tello number 1 LED color
Tello number 2 LED color
Tello number 1 take off
Tello number 2 take off
wait 5 seconds
Tello number 1 Clockwise Rotation 360 degrees
Tello number 2 Counterclockwise Rotation 360 degrees
wait 5 seconds
Tello number 1 land
Tello number 2 land
Backpack
Sprite Mind+
x 0
y 0
Show
Size 100
Direction 90
Stage
Backdrop
1

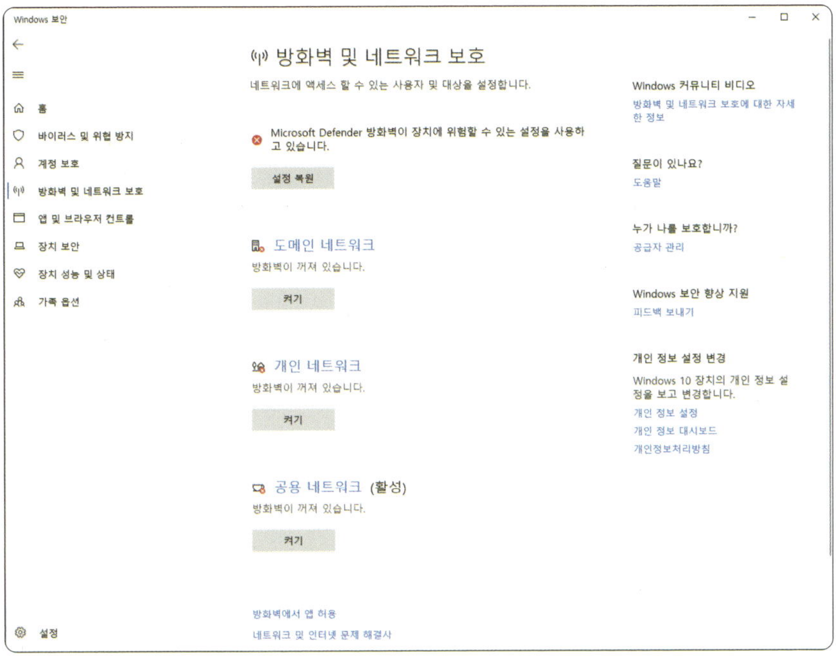
Windows 보안
홈
바이러스 및 위협 방지
계정 보호
방화벽 및 네트워크 보호
앱 및 브라우저 컨트롤
장치 보안
장치 성능 및 상태
가족 옵션
설정
방화벽 및 네트워크 보호
네트워크에 액세스 할 수 있는 사용자 및 대상을 설정합니다.
Microsoft Defender 방화벽이 장치에 위험할 수 있는 설정을 사용하고 있습니다.
설정 복원
도메인 네트워크
방화벽이 꺼져 있습니다.
켜기
개인 네트워크
방화벽이 꺼져 있습니다.
켜기
공용 네트워크 (활성)
방화벽이 꺼져 있습니다.
켜기
방화벽에서 앱 허용
네트워크 및 인터넷 문제 해결사
Windows 커뮤니티 비디오
방화벽 및 네트워크 보호에 대한 자세한 정보
질문이 있나요?
도움말
누가 나를 보호합니까?
공급자 관리
Windows 보안 향상 지원
피드백 보내기
개인 정보 설정 변경
Windows 10 장치의 개인 정보 설정을 보고 변경합니다.
개인 정보 설정
개인 정보 대시보드
개인정보처리방침

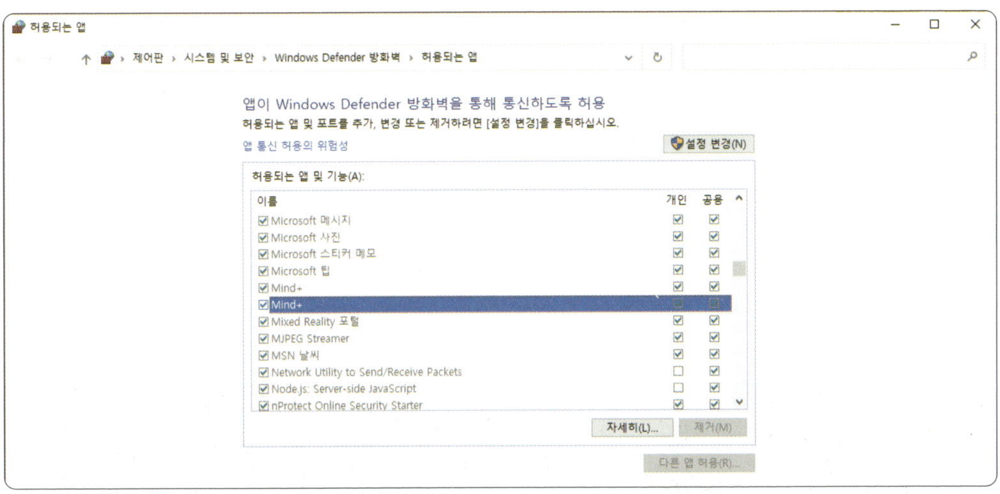
허용되는 앱
제어판 › 시스템 및 보안 › Windows Defender 방화벽 › 허용되는 앱
앱이 Windows Defender 방화벽을 통해 통신하도록 허용
허용되는 앱 및 포트를 추가, 변경 또는 제거하려면 [설정 변경]을 클릭하십시오.
앱 통신 허용의 위험성
설정 변경(N)
허용되는 앱 및 기능(A):
이름
개인
공용
Microsoft 메시지
Microsoft 사진
Microsoft 스티커 메모
Microsoft 팁
Mind+
Mind+
Mixed Reality 포털
MJPEG Streamer
MSN 날씨
Network Utility to Send/Receive Packets
Node.js: Server-side JavaScript
nProtect Online Security Starter
자세히(L)...
제거(M)
다른 앱 허용(R)...

다음으로 파이썬 2.7 프로그램과 스크립트를 통한 멀티 드론 컨트롤 (군집비행) 에 대해서 알아보도록 하자. 15 Step 파이썬/스크립트를 이용한 텔로 에듀 군집비행 에서 살펴본 군집비행 방법을 그대로 적용하고 여기에 LED 와 매트릭스 디스플레이 표시를 추가해 보도록 한다. 아래는 2대의 텔로 TT를 컨트롤하는 스크립트 예제이며 기체의 컨트롤과 LED 및 해당 동작의 이모티콘 매트릭스 디스플레이 명령어를 추가하여 테스트 해본 결과 기체 컨트롤과 LED 및 매트릭스 디스플레이 모두 잘 작동되는 것을 확인하였다.

test_for_2TT.txt - Windows 메모장

파일(F) 편집(E) 서식(O) 보기(V) 도움말(H)

```
scan 2
battery_check 20
correct_ip
1=0TQZJ4TKRT0WSC
2=0TQZJ4SKRT0VKF
*>mon
1>EXT led 255 0 0
2>EXT led 0 0 255
*>EXT mled g 000bb00000bbbb000bbbbbb000bbbb000pp00pp0p0pppp0pp0p00p0p0pppppp0
*>takeoff
sync 15
1>EXT mled g 00p000000ppppp00ppppppp00ppppppp00p000pp000000pp0ppppppp0pppppp0
1>ccw 90
2>EXT mled g 00000p0000ppppp00pppppppppppppp0pp000p00pp000000pppppp000pppppp00
2>cw 90
sync 15
1>EXT mled g 00000p0000ppppp00pppppppppppppp0pp000p00pp000000pppppp000pppppp00
1>cw 90
2>EXT mled g 00p000000ppppp00ppppppp00ppppppp00p000pp000000pp0ppppppp0pppppp0
2>ccw 90
sync 15
*>EXT mled g 00bbbb000bbbbbb000bbbb00000bb0000pp00pp0p0pppp0pp0p00p0p0pppppp0
*>land
*>EXT led 0 0 0
```

C:₩Windows₩System32₩cmd.exe

```
[Sync_And_Waiting]Sync for 15.0 seconds
[Single_Command]----Single_Send----IP:192.168.0.53----Command:   EXT mled g 00000p0000ppppp00pppppppppppppp0pp000p00pp00
0000pppppp000pppppp00


[Single_Response]----Single_Receive----IP:192.168.0.53----Response:   matrix ok ----

[Single_Command]----Single_Send----IP:192.168.0.53----Command:   cw 90

[All_Commands_Send]All queue empty and all command send,continue

[Single_Response]----Single_Receive----IP:192.168.0.53----Response:   ok ----

[All_Responses_Get]All response got, continue

[Single_Command]----Single_Send----IP:192.168.0.53----Command:   EXT mled g 00bbbb000bbbbbb000bbbb00000bb0000pp00pp0p0pp
pp0pp0p00p0p0pppppp0

[Single_Response]----Single_Receive----IP:192.168.0.53----Response:   matrix ok ----

[Single_Command]----Single_Send----IP:192.168.0.53----Command:   land

[Single_Response]----Single_Receive----IP:192.168.0.53----Response:   ok ----

[Single_Command]----Single_Send----IP:192.168.0.53----Command:   EXT led 0 0 0

[Single_Response]----Single_Receive----IP:192.168.0.53----Response:   led ok ----


C:₩Tello-TT₩Multi-Tello-Formation-master>
```

멀티 드론 컨트롤 (군집비행) 은 블록코딩 (모바일/PC) 과 파이썬/스크립트 및 파이썬 프로그램 내에서 직접 명령어를 코딩하는 방식 등 다양한 방법이 존재하므로 그때그때의 경우에 가장 잘 맞는 방법을 사용하는 편이 유리할 것이다.

13 **파이썬 동작인식/컨트롤:** 16 Step 파이썬을 이용한 텔로 에듀 동작인식 및 컨트롤에서 텔로 에듀의 비디오 스트리밍 기능을 이용하여 구현해본 동작인식/컨트롤 코딩을 텔로 TT에서 테스트 해보기로 한다. 이에 더해 각각의 동작을 인식했을 때 해당 동작의 이모티콘을 Expansion 모듈의 매트릭스 디스플레이에 표시해보도록 하자.

Tello_Video_With_Pose_Recognition 폴더의 tello_control_ui.py 파일을 복사하여 백업파일을 만들어 두고 tello_control_ui.py 파일을 아래와 같이 동작의 이모티콘에 해당하는 SDK 명령어를 송신하도록 수정한다. 프로그램이 준비되면 16 Step의 방법을 참고하여 수동조작과 동작인식/컨트롤 및 디스플레이를 테스트해 보도록 한다.

기체의 조종은 Control Panel 의 Takeoff 버튼을 클릭하여 기체를 이륙시키고 화살표 키를 이용하여 기체를 전진/후진/좌이동/우이동 시켜본 뒤 W/S/A/D 키를 이용하여 상승/하강/좌회전/우회전 가능하다.

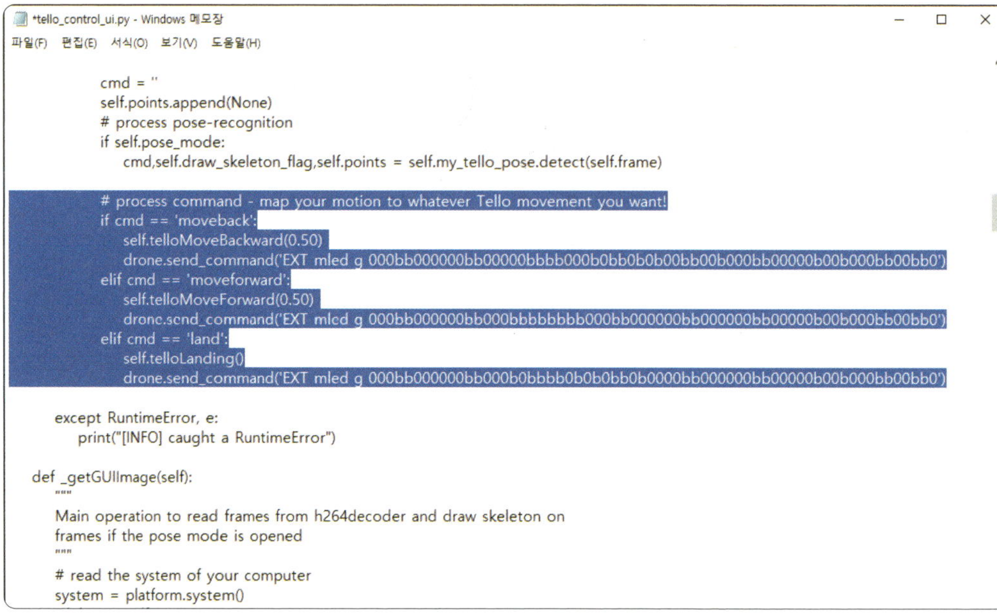

*tello_control_ui.py - Windows 메모장

파일(F) 편집(E) 서식(O) 보기(V) 도움말(H)

```
            cmd = ''
            self.points.append(None)
            # process pose-recognition
            if self.pose_mode:
                cmd,self.draw_skeleton_flag,self.points = self.my_tello_pose.detect(self.frame)

            # process command - map your motion to whatever Tello movement you want!
            if cmd == 'moveback':
                self.telloMoveBackward(0.50)
                drone.send_command('EXT mled g 000bb000000bb00000bbbb000b0bb0b0b00bb00b000bb00000b00b000bb00bb0')
            elif cmd == 'moveforward':
                self.telloMoveForward(0.50)
                drone.send_command('EXT mled g 000bb000000bb000bbbbbbbb000bb000000bb000000bb00000b00b000bb00bb0')
            elif cmd == 'land':
                self.telloLanding()
                drone.send_command('EXT mled g 000bb000000bb000b0bbbb0b0b0bb0b0000bb000000bb00000b00b000bb00bb0')

        except RuntimeError, e:
            print("[INFO] caught a RuntimeError")

    def _getGUIImage(self):
        """
        Main operation to read frames from h264decoder and draw skeleton on
        frames if the pose mode is opened
        """
        # read the system of your computer
        system = platform.system()
```

```
# process command - map your motion to whatever Tello movement you want!
if cmd == 'moveback':
    self.tello.send_command('EXT mled g 000bb000000bb00000bbbb000b0bb0b0b00bb00b000bb00000b00b000bb00bb0')
    self.telloMoveBackward(0.50)
elif cmd == 'moveforward':
    self.tello.send_command('EXT mled g 000bb000000bb000bbbbbbbb000bb000000bb000000bb00000b00b000bb00bb0')
    self.telloMoveForward(0.50)
elif cmd == 'land':
    self.tello.send_command('EXT mled g 000bb000000bb000b0bbbb0b0b0bb0b0000bb000000bb00000b00b000bb00bb0')
    self.telloLanding()
```

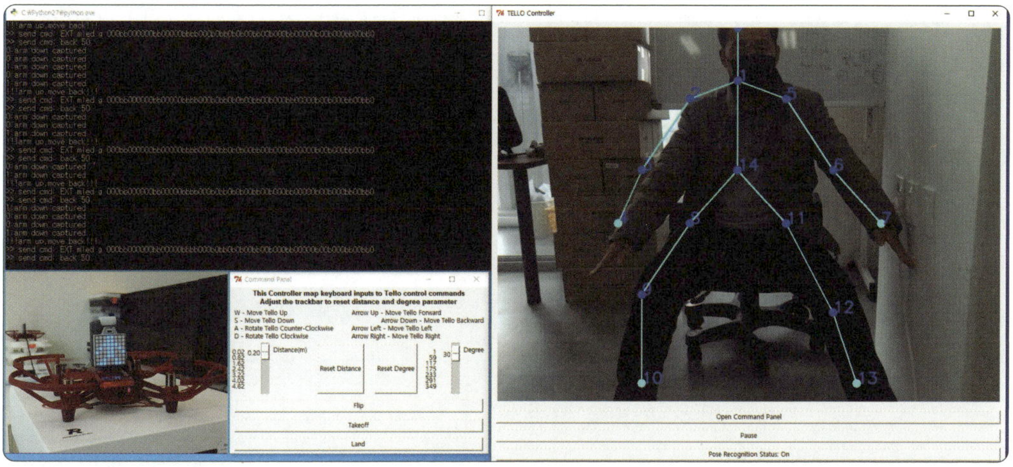
TELLO Controller
This Controller map keyboard inputs to Tello control commands
Adjust the trackbar to reset distance and degree parameter
Flip
Takeoff
Land
Open Command Panel
Pause
Pose Recognition Status: On

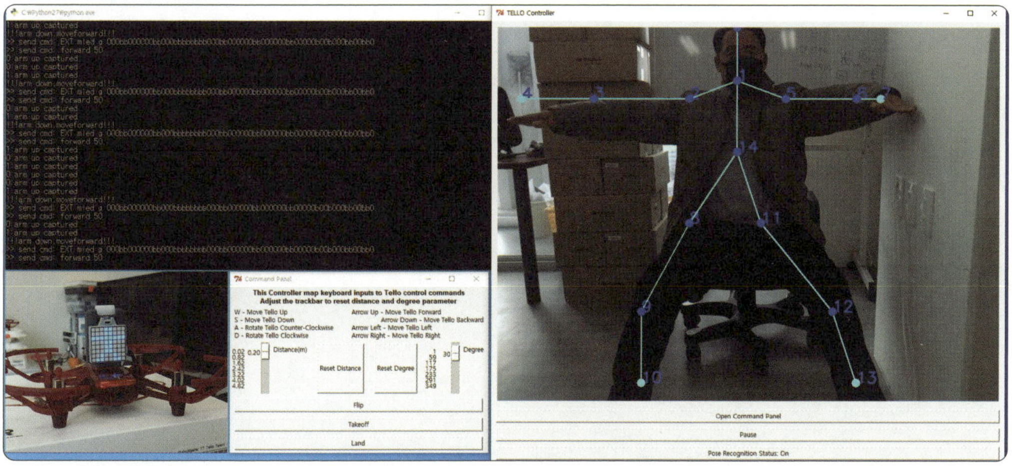
TELLO Controller
This Controller map keyboard inputs to Tello control commands
Adjust the trackbar to reset distance and degree parameter
Flip
Takeoff
Land
Open Command Panel
Pause
Pose Recognition Status: On

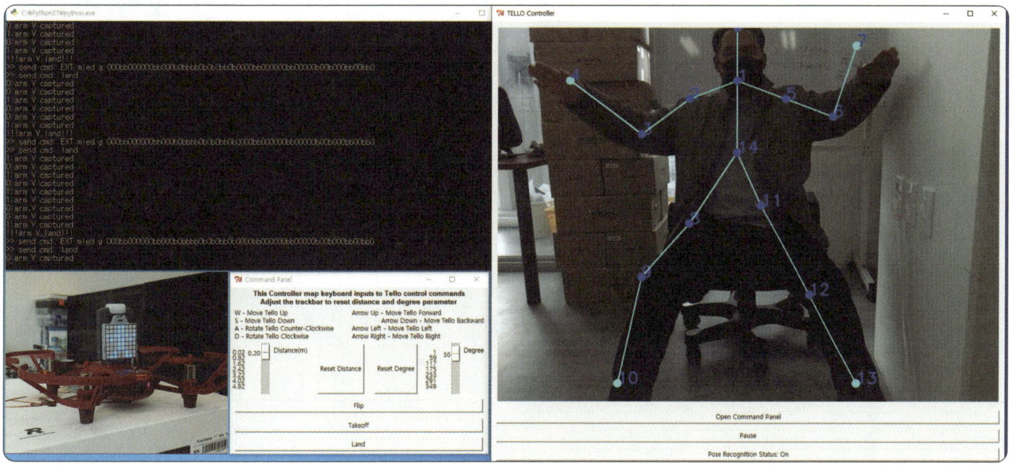
TELLO Controller
This Controller map keyboard inputs to Tello control commands
Adjust the trackbar to reset distance and degree parameter
Flip
Takeoff
Land
Open Command Panel
Pause
Pose Recognition Status: On

14 **파이썬 Object Detection/컨트롤:** 17 Step 파이썬을 이용한 텔로 에듀 Object Detection/컨트롤 에서 텔로 에듀의 화상처리를 통해 물체를 특정 색깔로 구분하여 컨트롤 하는 코딩을 구현해 보았는데 마찬가지로 텔로 TT 에 적용하고 물체 인식시 매트릭스 디스플레이에 라바콘 모양의 이모티콘을 표시하도록 수정해 보도록 한다.

17 Step에서 작성한 main_control.py 파일을 아래와 같이 수정하여 main_control-TT.py 파일로 저장한다. 코딩은 물체를 식별했을 때 Expansion 모듈의 매트릭스 디스플레이에 라바콘 모양의 이모티콘을 디스플레이하고 그렇지 않을 경우는 'X' 자를 디스플레이 하도록 하는 내용이다.

기체의 수동조작은 T 키로 이륙, R/F 로 상승/하강, W/S/A/D 키로 전진/후진/좌이동/우이동, Q/E 키로 좌회전/우회전을 조작하고 마지막으로 L 키를 이용해 착륙시킬 수 있다. 수정된 프로그램은 편의상 드론 조종자 모임 네이버 카페에 업로드 되었으니 참고하기 바란다.

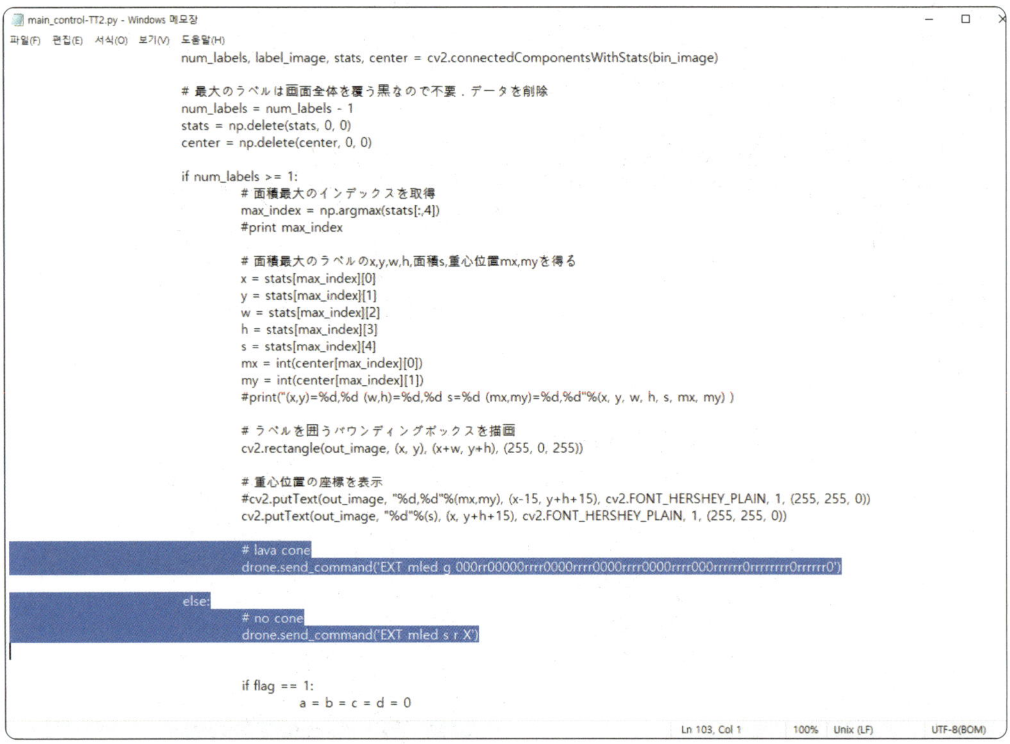

```
main_control-TT2.py - Windows 메모장
파일(F) 편집(E) 서식(O) 보기(V) 도움말(H)
        num_labels, label_image, stats, center = cv2.connectedComponentsWithStats(bin_image)

        # 最大のラベルは画面全体を覆う黒なので不要．データを削除
        num_labels = num_labels - 1
        stats = np.delete(stats, 0, 0)
        center = np.delete(center, 0, 0)

        if num_labels >= 1:
            # 面積最大のインデックスを取得
            max_index = np.argmax(stats[:,4])
            #print max_index

            # 面積最大のラベルのx,y,w,h,面積s,重心位置mx,myを得る
            x = stats[max_index][0]
            y = stats[max_index][1]
            w = stats[max_index][2]
            h = stats[max_index][3]
            s = stats[max_index][4]
            mx = int(center[max_index][0])
            my = int(center[max_index][1])
            #print("(x,y)=%d,%d (w,h)=%d,%d s=%d (mx,my)=%d,%d"%(x, y, w, h, s, mx, my) )

            # ラベルを囲うバウンディングボックスを描画
            cv2.rectangle(out_image, (x, y), (x+w, y+h), (255, 0, 255))

            # 重心位置の座標を表示
            #cv2.putText(out_image, "%d,%d"%(mx,my), (x-15, y+h+15), cv2.FONT_HERSHEY_PLAIN, 1, (255, 255, 0))
            cv2.putText(out_image, "%d"%(s), (x, y+h+15), cv2.FONT_HERSHEY_PLAIN, 1, (255, 255, 0))

            # lava cone
            drone.send_command('EXT mled g 000rr00000rrrr0000rrrr0000rrrr0000rrrr000rrrrrr0rrrrrrrr0rrrrrr0')

        else:
            # no cone
            drone.send_command('EXT mled s r X')


            if flag == 1:
                a = b = c = d = 0
Ln 103, Col 1    100%    Unix (LF)    UTF-8(BOM)
```

```
if ...
    # lava cone
    drone.send_command('EXT mled g 000rr00000rrrr0000rrrr0000rrrr0000rrrr000rrrrrr0rrrrrrrr0rrrrrr0')
else:
    # no cone
    drone.send_command('EXT mled s r X')
```

C:\Windows\System32\cmd.exe - python main_control-TT2.py
OpenCV Window
H_min: 0
H_max: 9
S_min: 109
S_max: 255
V_min: 116
V_max: 255
#print("(x,y)=%d,%d (w,h)=%d,%d s=%d (mx,my)=%d,%d"%(x, y, w, h, s, mx, my))
# ラベルを囲うバウンディングボックスを描画
cv2.rectangle(out_image, (x, y), (x+w, y+h), (255, 0, 255))
# 重心位置の座標を表示
#cv2.putText(out_image, "%d,%d"%(mx,my), (x-15, y+h+15), cv2.FONT_HERSHEY_PLAIN, 1, (255, 25
cv2.putText(out_image, "%d"%(s), (x, y+h+15), cv2.FONT_HERSHEY_PLAIN, 1, (255, 255, 0))
# lava cone
drone.send_command('EXT mled g 000rr00000rrrr0000rrrr0000rrrr0000rrrr000rrrrrr0rrrrrrrr0rrrrrr0')
else:
drone.send_command('EXT mled s r X')
if flag == 1:
a = b = c = d = 0

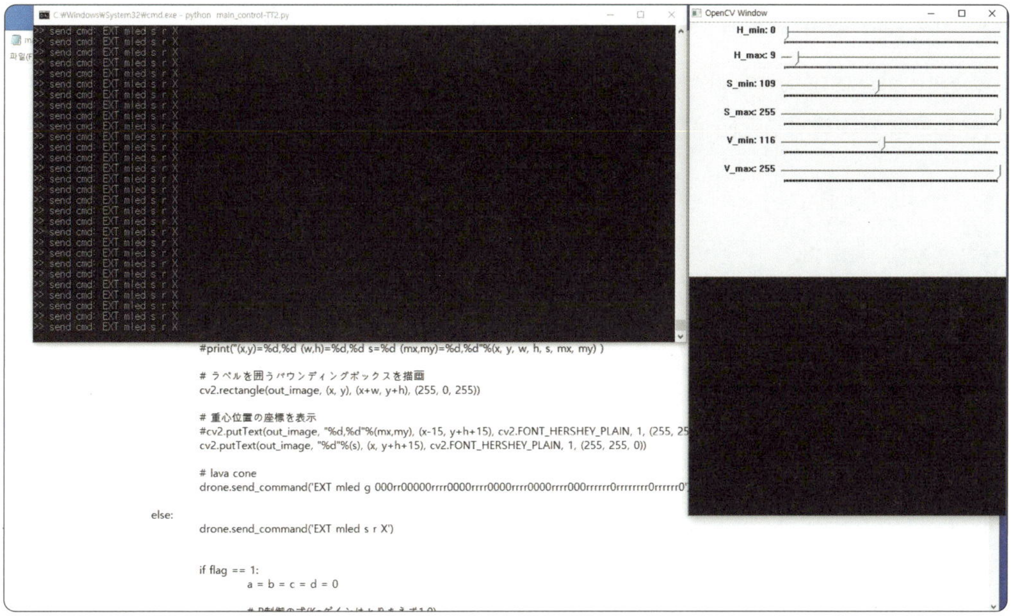
C:\Windows\System32\cmd.exe - python main_control-TT2.py
OpenCV Window
H_min: 0
H_max: 9
S_min: 109
S_max: 255
V_min: 116
V_max: 255
#print("(x,y)=%d,%d (w,h)=%d,%d s=%d (mx,my)=%d,%d"%(x, y, w, h, s, mx, my))
# ラベルを囲うバウンディングボックスを描画
cv2.rectangle(out_image, (x, y), (x+w, y+h), (255, 0, 255))
# 重心位置の座標を表示
#cv2.putText(out_image, "%d,%d"%(mx,my), (x-15, y+h+15), cv2.FONT_HERSHEY_PLAIN, 1, (255, 25
cv2.putText(out_image, "%d"%(s), (x, y+h+15), cv2.FONT_HERSHEY_PLAIN, 1, (255, 255, 0))
# lava cone
drone.send_command('EXT mled g 000rr00000rrrr0000rrrr0000rrrr0000rrrr000rrrrrr0rrrrrrrr0rrrrrr0')
else:
drone.send_command('EXT mled s r X')
if flag == 1:
a = b = c = d = 0

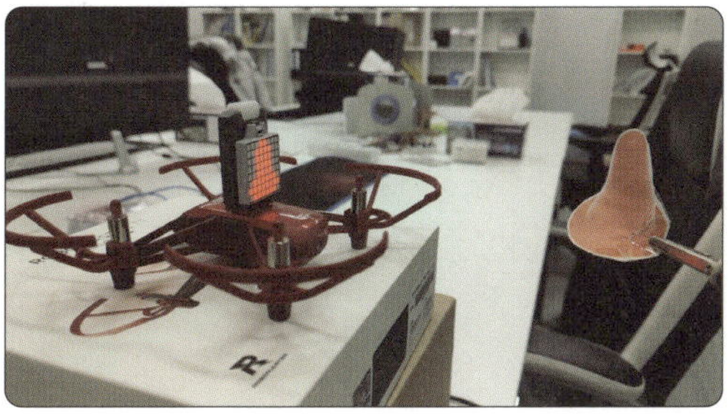

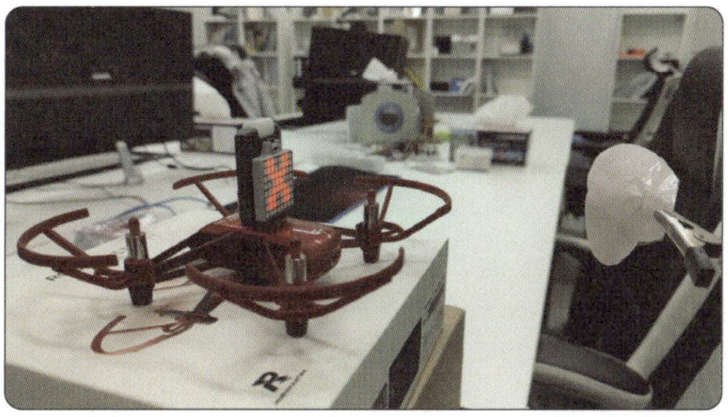

15 **파이썬 트래킹 모드/제스처 컨트롤:** 18 Step 파이썬을 이용한 텔로 에듀 트래킹 모드 에서 Haarlike cascader 분류기에 의한 얼굴인식 및 트래킹을 구현해 보았는데 이번 항에서는 텔로 TT 비디오 스트림에서 얼굴인식과 손바닥/주먹을 인식하고 그에 따른 동작과 매트릭스 디스플레이에 표시하는 내용을 추가해 보도록 하자.

19 Step에서 작성한 main2.py 파이썬 파일을 아래와 같이 수정하여 main2-TT.py 파일로 저장 한다. 코딩은 손바닥과 주먹을 인식하는 Haarlike cascader 학습모델 추가와 식별된 개체를 매트릭스 디스플레이에 표시하는 내용으로 구성되어 있다. 프로그램이 준비되면 기체를 Wifi 에 접속하고 착륙된 상태와 트래킹 모드 미진입 상태로 개체 인식 (얼굴/손바닥/주먹) 테스트를 진행하여 인식이 안정적으로 되면 기체를 이륙시키고 트래킹 모드 (1번/2번 키) 로 진입하여 얼굴 트래킹과 제스처 (손바닥/주먹) 컨트롤을 테스트 해보도록 한다. 제스처는 손바닥 인식시 360도 회전과 주먹 인식시 착륙하는 동작을 지정하였다. 제스처 학습모델은 다음의 사이트에서 다운로드 가능하다.

https://github.com/Aurob/Python-Hand-Detection (Code → 다운로드 zip 에서 다운로드 후 압축해제 palm.xml 파일을 Tello-face 폴더에 복사)

https://github.com/Sandeep-Sthapit/HandGestureDetection (Code → 다운로드 zip 에서 다운로드후 압축해제 Gesture 폴더에서 fist.xml 파일을 Tello-face 폴더에 복사)

기체의 수동조작은 T 키로 이륙, R/F 로 상승/하강, W/S/A/D 키로 전진/후진/좌이동/우이동, Q/E 키로 좌회전/우회전을 조작하고 마지막으로 L 키를 이용해 착륙시킬 수 있다. 수정된 프로그램은 편의상 드론 조종자 모임 네이버 카페에 업로드 되었으니 참고하기 바란다.

main2-TT6.py - Windows 메모장

파일(F) 편집(E) 서식(O) 보기(V) 도움말(H)

```
#!/usr/bin/env python
# -*- coding: utf-8 -*-
import tello                # tello.pyをインポート
import time                          # time.sleepを使いたいので
import cv2                           # OpenCVを使うため


# メイン関数
def main():
        # カスケード分類器の初期化
        cascPath = 'haarcascade_frontalface_alt.xml'     # 分類器データはローカルに置いた物を使う
        cascPath2 = 'palm.xml'        # 分類器データはローカルに置いた物を使う
        cascPath3 = 'fist.xml'        # 分類器データはローカルに置いた物を使う

        faceCascade = cv2.CascadeClassifier(cascPath)   # カスケードクラスの作成
        faceCascade2 = cv2.CascadeClassifier(cascPath2) # カスケードクラスの作成
        faceCascade3 = cv2.CascadeClassifier(cascPath3) # カスケードクラスの作成

        # Telloクラスを使って，droneというインスタンス(実体)を作る
        drone = tello.Tello('', 8889, command_timeout=.01)

        current_time = time.time()    # 現在時刻の保存変数
        pre_time = current_time              # 5秒ごとの'command'送信のための時刻変数

        time.sleep(0.5)               # 通信が安定するまでちょっと待つ

        cnt_frame = 0         # フレーム枚数をカウントする変数

        pre_faces = []        # 顔検出結果を格納する変数
        pre_faces2 = []       # 顔検出結果を格納する変数
        pre_faces3 = []       # 顔検出結果を格納する変数

        flag = 0              # 自動制御をON/OFFするフラグ
        cv2.waitKey
        #Ctrl+cが押されるまでループ
```

```
# カスケード分類器の初期化
cascPath = 'haarcascade_frontalface_alt.xml'     # 分類器データはローカルに置いた物を使う
cascPath2 = 'palm.xml'                 # 分類器データはローカルに置いた物を使う
cascPath3 = 'fist.xml'                 # 分類器データはローカルに置いた物を使う

faceCascade = cv2.CascadeClassifier(cascPath)    # カスケードクラスの作成
faceCascade2 = cv2.CascadeClassifier(cascPath2)  # カスケードクラスの作成
faceCascade3 = cv2.CascadeClassifier(cascPath3)  # カスケードクラスの作成
...
pre_faces = []        # 顔検出結果を格納する変数
pre_faces2 = []       # 顔検出結果を格納する変数
pre_faces3 = []       # 顔検出結果を格納する変数
```

```
# (B)ここから画像処理
image = cv2.cvtColor(frame, cv2.COLOR_RGB2BGR)                # OpenCV用のカラー並びに変換する
small_image = cv2.resize(image, dsize=(480,360) )          # 画像サイズを半分に変更

cv_image = small_image

# 5フレームに 1 回顔認識処理をする
if cnt_frame >= 5:
        # 顔検出のためにグレイスケール画像に変換，ヒストグラムの平坦化もかける
        gray = cv2.cvtColor(small_image, cv2.COLOR_BGR2GRAY)
        gray = cv2.equalizeHist( gray )

        # 顔検出
        #faces = faceCascade.detectMultiScale(gray, 1.1, 3, 0, (10, 10))
        #faces2 = faceCascade2.detectMultiScale(gray, 1.2, 5, 0, (40, 40))
        #faces3 = faceCascade3.detectMultiScale(gray, 1.1, 2, 0, (15, 15))
        faces = faceCascade.detectMultiScale(gray, 1.3, 6, 0, (10, 10))
        faces2 = faceCascade2.detectMultiScale(gray, 1.2, 5, 0, (40, 40))
        faces3 = faceCascade3.detectMultiScale(gray, 1.2, 3, 0, (15, 15))

        # 検出結果を格納
        pre_faces = faces
        pre_faces2 = faces2
        pre_faces3 = faces3

        cnt_frame = 0      # フレーム枚数をリセット


# 顔の検出結果が空なら，何もしない
key = cv2.waitKey(1)
#if len(pre_faces) == 0:
if (len(pre_faces) == 0) and (len(pre_faces2) == 0) and (len(pre_faces3) == 0):
```

```
# 顔検出
#faces = faceCascade.detectMultiScale(gray, 1.1, 3, 0, (10, 10))
#faces2 = faceCascade2.detectMultiScale(gray, 1.2, 5, 0, (40, 40))
#faces3 = faceCascade3.detectMultiScale(gray, 1.1, 2, 0, (15, 15))
faces = faceCascade.detectMultiScale(gray, 1.3, 6, 0, (10, 10))
faces2 = faceCascade2.detectMultiScale(gray, 1.2, 5, 0, (40, 40))
faces3 = faceCascade3.detectMultiScale(gray, 1.2, 3, 0, (15, 15))

# 検出結果を格納
pre_faces = faces
pre_faces2 = faces2
pre_faces3 = faces3
```

```
                        #drone.send_command('EXT mled s b -')
                        a = 1
                pass

        elif len(pre_faces2) > 0:       # 顔があるなら続けて処理
                drone.send_command('EXT mled g 0000bb00000bbbb0000bbbbb0b0bbbbb0b0bbbbb0bbbbbbb00bbbbbb000bbbb0')

                # 検出した顔に枠を書く
                for (x, y, w, h) in pre_faces2:
                        cv2.rectangle(cv_image, (x, y), (x+w, y+h), (255, 0, 0), 2)

                if flag == 1:
                        #drone.send_command('EXT mled s p C')
                        drone.rotate_cw(360)                    # 右旋回

        elif len(pre_faces3) > 0:       # 顔があるなら続けて処理
                drone.send_command('EXT mled g 000000000000000000rrrrr00r0rrrrr0rrrrrrr0rrrrrrr00rrrrrr000rrrr0')

                # 検出した顔に枠を書く
                for (x, y, w, h) in pre_faces3:
                        cv2.rectangle(cv_image, (x, y), (x+w, y+h), (0, 0, 255), 2)

                if flag == 1:
                        #drone.send_command('EXT mled s b H')
                        flag = 0  # フィードバックOFF
                        drone.send_command('rc 0 0 0 0')      # ラジコン指令をゼロに
                        drone.land()        # 着陸
                        #time.sleep(3)      # 着陸するまで他のコマンドを打たないよう，ウェイトを入れる

        #else:   # 顔があるなら続けて処理
        elif len(pre_faces) > 0:        # 顔があるなら続けて処理
                drone.send_command('EXT mled g 0pppppp0p000000pp0p00p0pp000000pp0p00p0pp00pp00pp000000p0pppppp0')

                # 検出した顔に枠を書く
```

```
elif len(pre_faces2) > 0: # 顔があるなら続けて処理
    drone.send_command('EXT mled g 0000bb00000bbbb0000bbbbb0b0bbbbb0b0bbbbb0bbbbbbb00bbbbbb000bbbb0')
    # 検出した顔に枠を書く
    for (x, y, w, h) in pre_faces2:
        cv2.rectangle(cv_image, (x, y), (x+w, y+h), (255, 0, 0), 2)
    if flag == 1:
        #drone.send_command('EXT mled s p C')
        drone.rotate_cw(360)                    # 右旋回
    elif len(pre_faces3) > 0:                   # 顔があるなら続けて処理
    drone.send_command('EXT mled g 000000000000000000rrrrr00r0rrrrr0rrrrrrr0rrrrrrr00rrrrrr000rrrr0')
    # 検出した顔に枠を書く
    for (x, y, w, h) in pre_faces3:
        cv2.rectangle(cv_image, (x, y), (x+w, y+h), (0, 0, 255), 2)
    if flag == 1:
        #drone.send_command('EXT mled s b H')
        flag = 0            # フィードバックOFF
        drone.send_command('rc 0 0 0 0')        # ラジコン指令をゼロに
        drone.land()        # 着陸
        #time.sleep(3)      # 着陸するまで他のコマンドを打たないよう，ウェイトを入れる
    #else:   # 顔があるなら続けて処理
    elif len(pre_faces) > 0:            # 顔があるなら続けて処理
        drone.send_command('EXT mled g 0pppppp0p000000pp0p00p0pp000000pp0p00p0pp00pp00pp000000p0pppppp0')
```

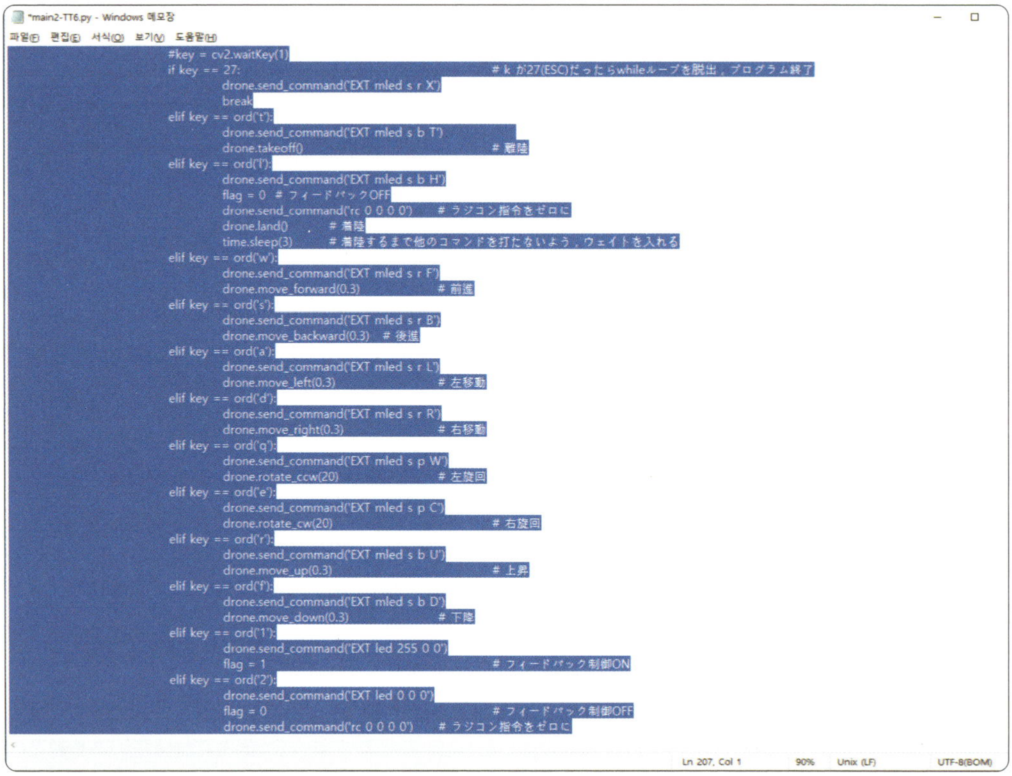

*main2-TT6.py - Windows 메모장
파일(F) 편집(E) 서식(O) 보기(V) 도움말(H)

```
        #key = cv2.waitKey(1)
        if key == 27:                                           # k が27(ESC)だったらwhileループを脱出，プログラム終了
            drone.send_command('EXT mled s r X')
            break
        elif key == ord('t'):
            drone.send_command('EXT mled s b T')
            drone.takeoff()                                     # 離陸
        elif key == ord('l'):
            drone.send_command('EXT mled s b H')
            flag = 0  # フィードバックOFF
            drone.send_command('rc 0 0 0 0')      # ラジコン指令をゼロに
            drone.land()    .    # 着陸
            time.sleep(3)        # 着陸するまで他のコマンドを打たないよう，ウェイトを入れる
        elif key == ord('w'):
            drone.send_command('EXT mled s r F')
            drone.move_forward(0.3)                   # 前進
        elif key == ord('s'):
            drone.send_command('EXT mled s r B')
            drone.move_backward(0.3)    # 後進
        elif key == ord('a'):
            drone.send_command('EXT mled s r L')
            drone.move_left(0.3)                      # 左移動
        elif key == ord('d'):
            drone.send_command('EXT mled s r R')
            drone.move_right(0.3)                     # 右移動
        elif key == ord('q'):
            drone.send_command('EXT mled s p W')
            drone.rotate_ccw(20)                      # 左旋回
        elif key == ord('e'):
            drone.send_command('EXT mled s p C')
            drone.rotate_cw(20)                                 # 右旋回
        elif key == ord('r'):
            drone.send_command('EXT mled s b U')
            drone.move_up(0.3)                                  # 上昇
        elif key == ord('f'):
            drone.send_command('EXT mled s b D')
            drone.move_down(0.3)                      # 下降
        elif key == ord('1'):
            drone.send_command('EXT led 255 0 0')
            flag = 1                                            # フィードバック制御ON
        elif key == ord('2'):
            drone.send_command('EXT led 0 0 0')
            flag = 0                                            # フィードバック制御OFF
            drone.send_command('rc 0 0 0 0')      # ラジコン指令をゼロに
```

Ln 207, Col 1　90%　Unix (LF)　UTF-8(BOM)

```
# (Y)OpenCVウィンドウでキー入力を1ms待つ
#key = cv2.waitKey(1)
if key == 27:                 # k が27(ESC)だったらwhileループを脱出，プログラム終了
    drone.send_command('EXT mled s r X')
    break
elif key == ord('t'):
    drone.send_command('EXT mled s b T')
    drone.takeoff()           # 離陸
elif key == ord('l'):
    drone.send_command('EXT mled s b H')
    flag = 0                  # フィードバックOFF
    drone.send_command('rc 0 0 0 0') # ラジコン指令をゼロに
    drone.land()              # 着陸
    time.sleep(3)             # 着陸するまで他のコマンドを打たないよう，ウェイトを入れる
elif key == ord('w'):
    drone.send_command('EXT mled s r F')
    drone.move_forward(0.3)          # 前進
```

```
elif key == ord('s'):
    drone.send_command('EXT mled s r B')
    drone.move_backward(0.3)                # 後進
elif key == ord('a'):
    drone.send_command('EXT mled s r L')
    drone.move_left(0.3)                    # 左移動
elif key == ord('d'):
    drone.send_command('EXT mled s r R')
    drone.move_right(0.3)                   # 右移動
elif key == ord('q'):
    drone.send_command('EXT mled s p W')
    drone.rotate_ccw(20)                    # 左旋回
elif key == ord('e'):
    drone.send_command('EXT mled s p C')
    drone.rotate_cw(20)                     # 右旋回
elif key == ord('r'):
    drone.send_command('EXT mled s b U')
    drone.move_up(0.3)                      # 上昇
elif key == ord('f'):
    drone.send_command('EXT mled s b D')
    drone.move_down(0.3)                    # 下降
elif key == ord('1'):
    drone.send_command('EXT led 255 0 0')
    flag = 1                                # フィードバック制御ON
elif key == ord('2'):
    drone.send_command('EXT led 0 0 0')
    flag = 0                                # フィードバック制御OFF
    drone.send_command('rc 0 0 0 0') # ラジコン指令をゼロに
```

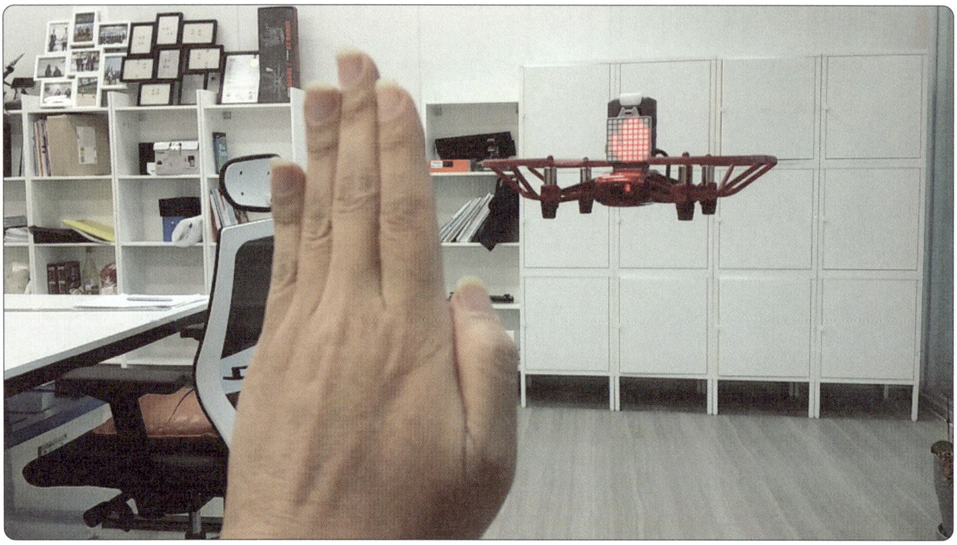

TELLO
RoboMaster TT Tello Talent (KR)
S/N:
EAN:
UPC:

TELLO
RoboMaster TT Tello Talent（KR）
S/N:
EAN:
UPC:
MADE IN CHINA

16 **파이썬 비디오 특징점 추출:** 다음으로 19 Step 파이썬을 이용한 텔로 에듀 비디오 스트림 특징점 추출 에서 텔로 에듀의 비디오 스트림 기능을 이용하여 물체의 특징점 추출하는 코딩을 구현해 보았는데 텔로 TT 에도 적용이 가능한지 테스트 해보기로 한다. 19 Step에서 작성한 main-orb.py 파일을 다음과 같이 수정하여 main-orb-TT.py 파일로 저장하고 특징점 추출 기능의 On/Off 동작 (1/2번 키) 과 수동 조작시 해당 키 디스플레이를 추가해 보기로 한다.

기체의 수동조작은 T 키로 이륙, R/F 로 상승/하강, W/S/A/D 키로 전진/후진/좌이동/우이동, Q/E 키로 좌회전/우회전을 조작하고 마지막으로 L 키를 이용해 착륙시킬 수 있다. 수정된 프로그램은 편의상 드론 조종자 모임 네이버 카페에 업로드 되었으니 참고하기 바란다.

```
main-orb2-TT.py - Windows 메모장
파일(F) 편집(E) 서식(O) 보기(V) 도움말(H)
                    continue

            # (B)ここから画像処理
            image = cv2.cvtColor(frame, cv2.COLOR_RGB2BGR)          # OpenCV用のカラー並びに変換する
            small_image = cv2.resize(image, dsize=(480,360))     # 画像サイズを半分に変更

            # orb-2 convert to gray scale
            gray = cv2.cvtColor(small_image, cv2.COLOR_BGR2GRAY)
            gray = cv2.equalizeHist( gray )

            # orb-3 detect & compute orb
            kp, des = orb.detectAndCompute(gray, None)

            # orb-4 draw keypoints
            #small_image = cv2.drawKeypoints(gray, kp, None,(255,0,0), flags=0)
            if flag == 1:
                    small_image = cv2.drawKeypoints(gray, kp, None,(255,0,0), flags=0)

            # (X)ウィンドウに表示
            cv2.imshow('OpenCV Window', small_image)     # ウィンドウに表示するイメージを変えれば色々表示できる

            # (Y)OpenCVウィンドウでキー入力を1ms待つ
```

```
# orb-4 draw keypoints
#small_image = cv2.drawKeypoints(gray, kp, None,(255,0,0), flags=0)
if flag == 1:
    small_image = cv2.drawKeypoints(gray, kp, None,(255,0,0), flags=0)
```

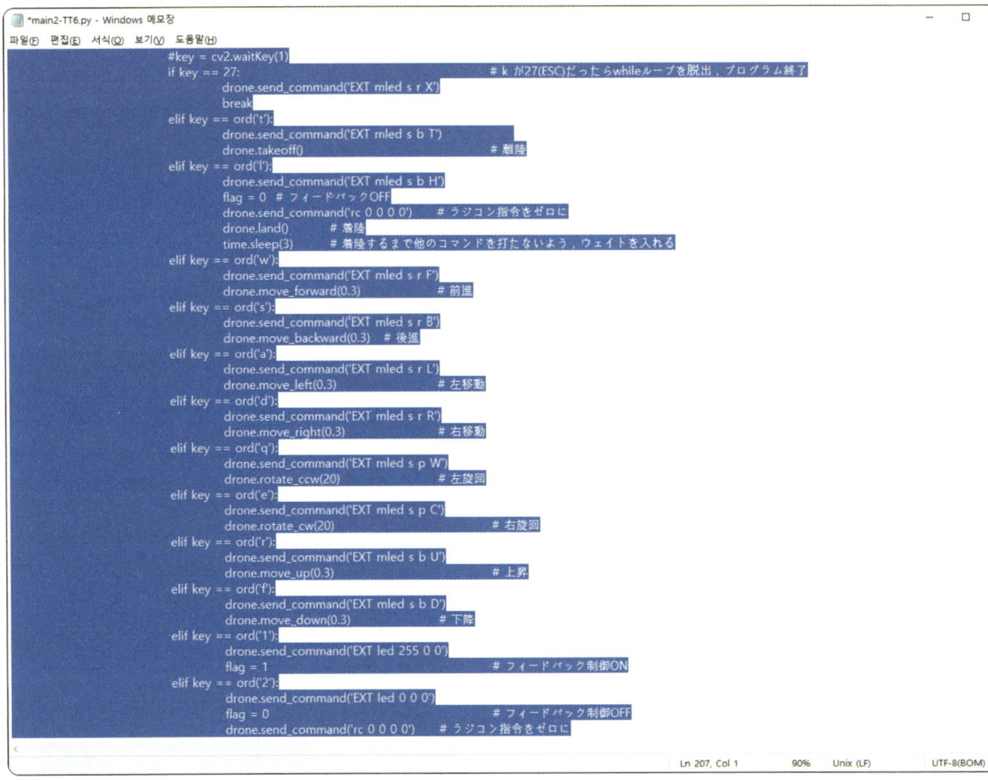

*main2-TT6.py - Windows 메모장
파일(F) 편집(E) 서식(O) 보기(V) 도움말(H)

```
#key = cv2.waitKey(1)
if key == 27:                                        # k が27(ESC)だったらwhileループを脱出，プログラム終了
    drone.send_command('EXT mled s r X')
    break
elif key == ord('t'):
    drone.send_command('EXT mled s b T')
    drone.takeoff()                       # 離陸
elif key == ord('l'):
    drone.send_command('EXT mled s b H')
    flag = 0  # フィードバックOFF
    drone.send_command('rc 0 0 0 0')    # ラジコン指令をゼロに
    drone.land()         # 着陸
    time.sleep(3)        # 着陸するまで他のコマンドを打たないよう，ウェイトを入れる
elif key == ord('w'):
    drone.send_command('EXT mled s r F')
    drone.move_forward(0.3)                # 前進
elif key == ord('s'):
    drone.send_command('EXT mled s r B')
    drone.move_backward(0.3)   # 後進
elif key == ord('a'):
    drone.send_command('EXT mled s r L')
    drone.move_left(0.3)                   # 左移動
elif key == ord('d'):
    drone.send_command('EXT mled s r R')
    drone.move_right(0.3)                  # 右移動
elif key == ord('q'):
    drone.send_command('EXT mled s p W')
    drone.rotate_ccw(20)                   # 左旋回
elif key == ord('e'):
    drone.send_command('EXT mled s p C')
    drone.rotate_cw(20)                           # 右旋回
elif key == ord('r'):
    drone.send_command('EXT mled s b U')
    drone.move_up(0.3)                            # 上昇
elif key == ord('f'):
    drone.send_command('EXT mled s b D')
    drone.move_down(0.3)                   # 下降
elif key == ord('1'):
    drone.send_command('EXT led 255 0 0')
    flag = 1                                      # フィードバック制御ON
elif key == ord('2'):
    drone.send_command('EXT led 0 0 0')
    flag = 0                                      # フィードバック制御OFF
    drone.send_command('rc 0 0 0 0')    # ラジコン指令をゼロに
```

Ln 207, Col 1　90%　Unix (LF)　UTF-8(BOM)

```
# (Y)OpenCVウィンドウでキー入力を1ms待つ
#key = cv2.waitKey(1)
if key == 27:                  # k が27(ESC)だったらwhileループを脱出，プログラム終了
    drone.send_command('EXT mled s r X')
    break
elif key == ord('t'):
    drone.send_command('EXT mled s b T')
    drone.takeoff()            # 離陸
elif key == ord('l'):
    drone.send_command('EXT mled s b H')
    flag = 0                   # フィードバックOFF
    drone.send_command('rc 0 0 0 0') # ラジコン指令をゼロに
    drone.land()               # 着陸
    time.sleep(3)              # 着陸するまで他のコマンドを打たないよう，ウェイトを入れる
elif key == ord('w'):
    drone.send_command('EXT mled s r F')
    drone.move_forward(0.3)            # 前進
```

```
elif key == ord('s'):
    drone.send_command('EXT mled s r B')
    drone.move_backward(0.3)            # 後進
elif key == ord('a'):
    drone.send_command('EXT mled s r L')
    drone.move_left(0.3)                # 左移動
elif key == ord('d'):
    drone.send_command('EXT mled s r R')
    drone.move_right(0.3)               # 右移動
elif key == ord('q'):
    drone.send_command('EXT mled s p W')
    drone.rotate_ccw(20)                # 左旋回
elif key == ord('e'):
    drone.send_command('EXT mled s p C')
    drone.rotate_cw(20)                 # 右旋回
elif key == ord('r'):
    drone.send_command('EXT mled s b U')
    drone.move_up(0.3)                  # 上昇
elif key == ord('f'):
    drone.send_command('EXT mled s b D')
    drone.move_down(0.3)                # 下降
elif key == ord('1'):
    drone.send_command('EXT led 255 0 0')
    flag = 1                            # フィードバック制御ON
elif key == ord('2'):
    drone.send_command('EXT led 0 0 0')
    flag = 0                            # フィードバック制御OFF
    drone.send_command('rc 0 0 0 0') # ラジコン指令をゼロに
```

OpenCV Window

OpenCV Window

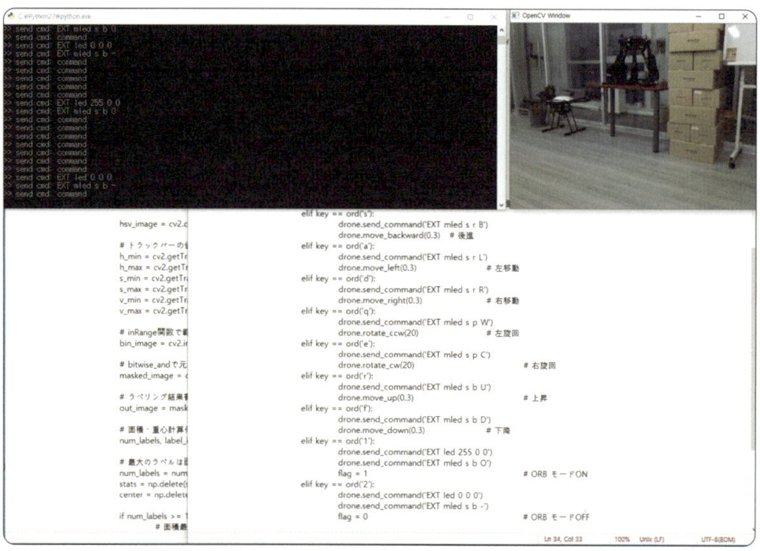
OpenCV Window
elif key == ord('s'):
drone.send_command('EXT mled s r B')
drone.move_backward(0.3) # 後進
elif key == ord('a'):
drone.send_command('EXT mled s r L')
drone.move_left(0.3) # 左移動
elif key == ord('d'):
drone.send_command('EXT mled s r R')
drone.move_right(0.3) # 右移動
elif key == ord('q'):
drone.send_command('EXT mled s p W')
drone.rotate_ccw(20) # 左旋回
elif key == ord('e'):
drone.send_command('EXT mled s p C')
drone.rotate_cw(20) # 右旋回
elif key == ord('r'):
drone.send_command('EXT mled s b U')
drone.move_up(0.3) # 上昇
elif key == ord('f'):
drone.send_command('EXT mled s b D')
drone.move_down(0.3) # 下降
elif key == ord('1'):
drone.send_command('EXT led 255 0 0')
drone.send_command('EXT mled s b O')
flag = 1 # ORB モードON
elif key == ord('2'):
drone.send_command('EXT led 0 0 0')
drone.send_command('EXT mled s b -')
flag = 0 # ORB モードOFF
Ln 34, Col 33 100% Unix (LF) UTF-8(BOM)

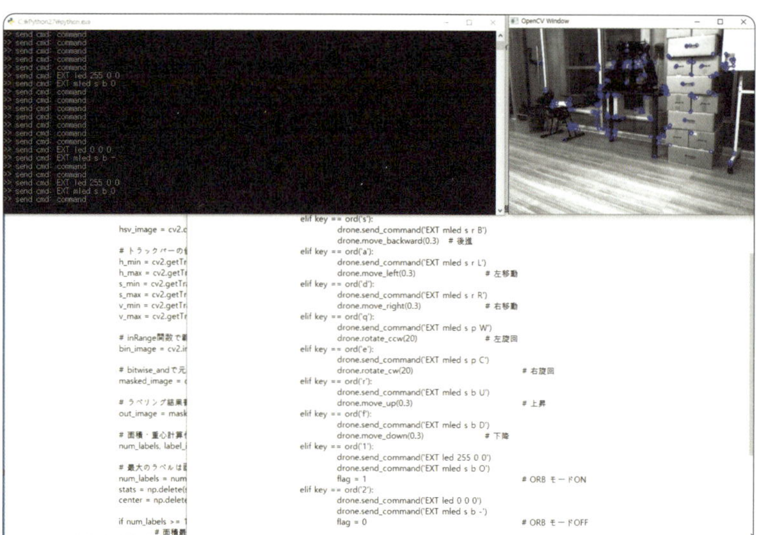
OpenCV Window
elif key == ord('s'):
drone.send_command('EXT mled s r B')
drone.move_backward(0.3) # 後進
elif key == ord('a'):
drone.send_command('EXT mled s r L')
drone.move_left(0.3) # 左移動
elif key == ord('d'):
drone.send_command('EXT mled s r R')
drone.move_right(0.3) # 右移動
elif key == ord('q'):
drone.send_command('EXT mled s p W')
drone.rotate_ccw(20) # 左旋回
elif key == ord('e'):
drone.send_command('EXT mled s p C')
drone.rotate_cw(20) # 右旋回
elif key == ord('r'):
drone.send_command('EXT mled s b U')
drone.move_up(0.3) # 上昇
elif key == ord('f'):
drone.send_command('EXT mled s b D')
drone.move_down(0.3) # 下降
elif key == ord('1'):
drone.send_command('EXT led 255 0 0')
drone.send_command('EXT mled s b O')
flag = 1 # ORB モードON
elif key == ord('2'):
drone.send_command('EXT led 0 0 0')
drone.send_command('EXT mled s b -')
flag = 0 # ORB モードOFF
Ln 34, Col 33 100% Unix (LF) UTF-8(BOM)

17 **파이썬 마커인식/컨트롤:** 마지막으로 텔로 TT를 이용한 AR 마커인식/컨트롤을 테스트 해보기로 한다. 20 Step 파이썬을 이용한 텔로 에듀 Marker 인식/컨트롤에서 아래의 AR 마커를 인식하고 그에 따라서 기체를 동작하는 컨트롤을 구현해 보았는데 테스트 결과 텔로 TT 에서도 역시 모든 코딩이 그대로 적용 가능하였다. 거기에 더해서 마커를 인식했을 때 Expansion 모듈의 매트릭스 디스플레이에 인식된 마커 이모티콘을 디스플레이 하도록 코딩을 수정해 보도록 하자

20 Step 에서 작성한 Tello-AR 폴더의 main-ar.py 파일을 아래와 같이 각각의 마커를 인식했을 때 매트릭스 디스플레이에 해당 이모티콘을 디스플레이 하는 코드를 추가하여 main-ar-TT.py 로 저장한다. 프로그램과 마커가 준비되었으면 텔로 TT를 ap 모드 (직접접속 모드) 상태에서 Wifi 에 접속하고 프로그램을 실행하여 착륙 상태로 AR 마커를 기체 전면의 카메라 앞에 갖다 대어 마커인식을 테스트 해보도록 한다. 마커인식이 안정적으로 잘 되면 기체를 이륙시키고 AR마커를 보여주고 마커인식과 기체 컨트롤/디스플레이를 테스트 해보도록 하자. 마커의 인식에 따라 매트릭스 디스플레이에 해당 마커의 이모티콘이 디스플레이 되고 기체가 반응하면 프로그램이 정상적으로 작동하는 것이다.

기체의 수동조작은 T 키로 이륙, R/F 로 상승/하강, W/S/A/D 키로 전진/후진/좌이동/우이동, Q/E 키로 좌회전/우회전을 조작하고 마지막으로 L 키를 이용해 착륙시킬 수 있다. 수정된 프로그램은 편의상 드론 조종자 모임 네이버 카페에 업로드 되었으니 참고하기 바란다.

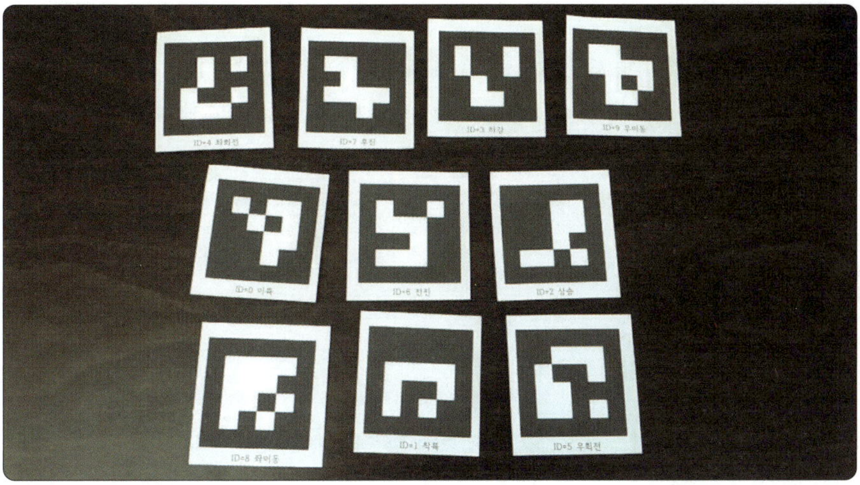

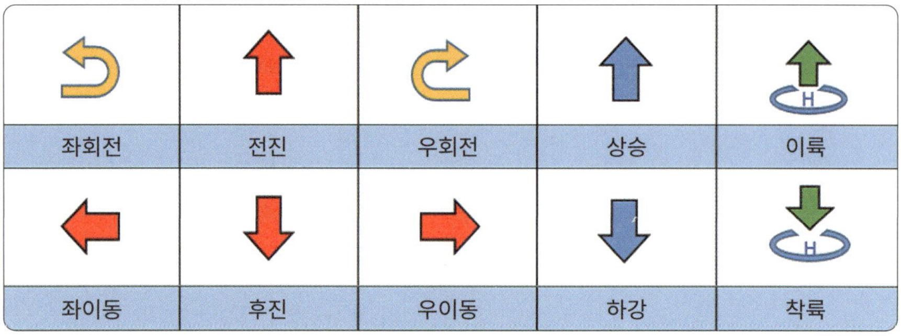

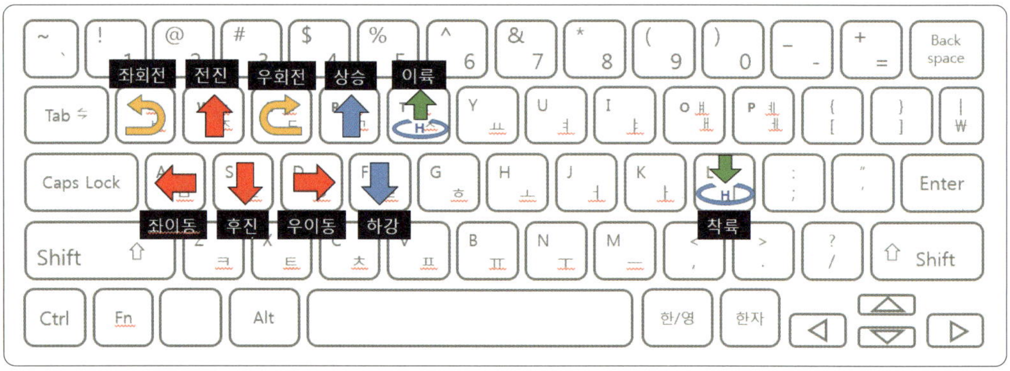

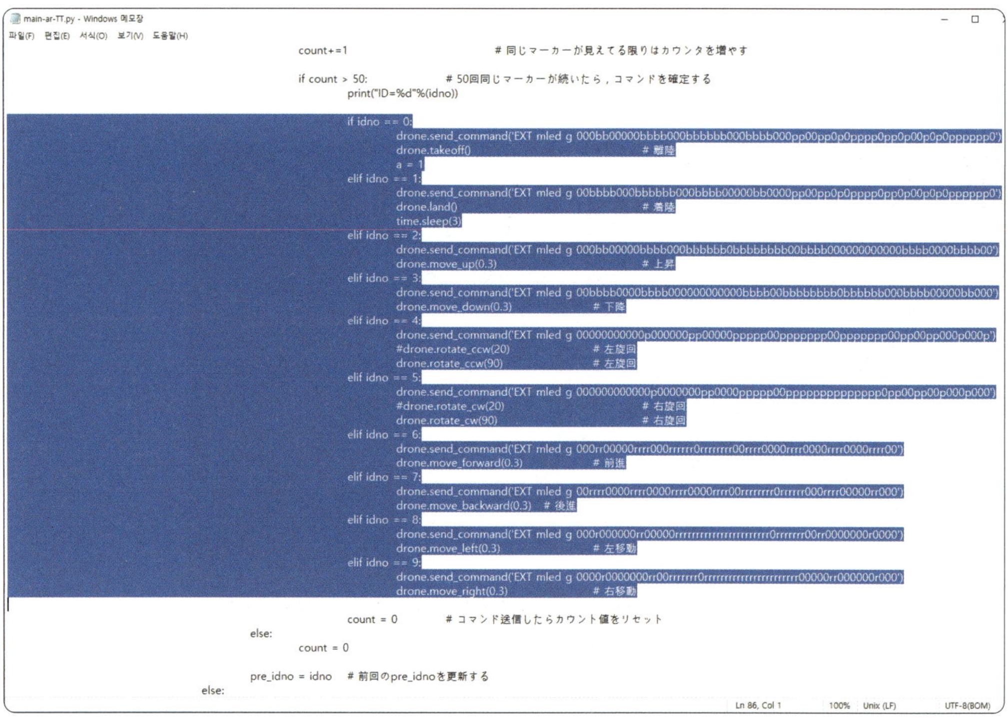


```
                count+=1                            # 同じマーカーが見えてる限りはカウンタを増やす

                if count > 50:              # 50回同じマーカーが続いたら，コマンドを確定する
                        print("ID=%d"%(idno))

                        if idno == 0:
                                drone.send_command('EXT mled g 000bb00000bbbb000bbbbbb000bbbb000pp00pp0p0pppp0pp0p00p0p0pppppp0')
                                drone.takeoff()                                    # 離陸
                                a = 1
                        elif idno == 1:
                                drone.send_command('EXT mled g 00bbbb000bbbbbb000bbbb00000bb0000pp00pp0p0pppp0pp0p00p0p0pppppp0')
                                drone.land()                                       # 着陸
                                time.sleep(3)
                        elif idno == 2:
                                drone.send_command('EXT mled g 000bb00000bbbb000bbbbbb0bbbbbbbb00bbbb000000000000bbbb0000bbbb00')
                                drone.move_up(0.3)                                 # 上昇
                        elif idno == 3:
                                drone.send_command('EXT mled g 00bbbb0000bbbb000000000000bbbb00bbbbbbbb0bbbbbb000bbbb00000bb000')
                                drone.move_down(0.3)                     # 下降
                        elif idno == 4:
                                drone.send_command('EXT mled g 0000000000p000000pp00000ppppp00ppppppp00ppppppp00pp00pp000p000p')
                                #drone.rotate_ccw(20)                    # 左旋回
                                drone.rotate_ccw(90)                     # 左旋回
                        elif idno == 5:
                                drone.send_command('EXT mled g 000000000000p0000000pp0000ppppp00pppppppppppppp0pp00pp00p000p000')
                                #drone.rotate_cw(20)                               # 右旋回
                                drone.rotate_cw(90)                                # 右旋回
                        elif idno == 6:
                                drone.send_command('EXT mled g 000rr00000rrrr000rrrrrr0rrrrrrrr00rrrr0000rrrr0000rrrr0000rrrr00')
                                drone.move_forward(0.3)                  # 前進
                        elif idno == 7:
                                drone.send_command('EXT mled g 00rrrr0000rrrr0000rrrr0000rrrr00rrrrrrrr0rrrrrr000rrrr00000rr000')
                                drone.move_backward(0.3)   # 後進
                        elif idno == 8:
                                drone.send_command('EXT mled g 000r000000rr00000rrrrrrrrrrrrrrrrrrrrrrr0rrrrrrr00rr0000000r0000')
                                drone.move_left(0.3)                     # 左移動
                        elif idno == 9:
                                drone.send_command('EXT mled g 0000r0000000rr00rrrrrrr0rrrrrrrrrrrrrrrrrrrrrrr00000rr000000r000')
                                drone.move_right(0.3)                    # 右移動

                        count = 0           # コマンド送信したらカウント値をリセット
            else:
                count = 0

            pre_idno = idno    # 前回のpre_idnoを更新する
        else:
```

```
if idno == 0:
    drone.send_command('EXT mled g 000bb00000bbbb000bbbbbb000bbbb000pp00pp0p0pppp0pp0p00p0p0pppppp0')
    drone.takeoff()                    # 離陸
    a = 1
elif idno == 1:
    drone.send_command('EXT mled g 00bbbb000bbbbbb000bbbb00000bb0000pp00pp0p0pppp0pp0p00p0p0pppppp0')
    drone.land()                       # 着陸
     time.sleep(3)
elif idno == 2:
    drone.send_command('EXT mled g 000bb00000bbbb000bbbbbb0bbbbbbbb00bbbb000000000000bbbb0000bbbb00')
    drone.move_up(0.3)                 # 上昇
elif idno == 3:
    drone.send_command('EXT mled g 00bbbb0000bbbb000000000000bbbb00bbbbbbbb0bbbbbb000bbbb00000bb000')
    drone.move_down(0.3)               # 下降
elif idno == 4:
    drone.send_command('EXT mled g 0000000000p000000pp00000ppppp00ppppppp00ppppppp00pp00pp000p000p')
    #drone.rotate_ccw(20)              # 左旋回
    drone.rotate_ccw(90)               # 左旋回
elif idno == 5:
    drone.send_command('EXT mled g 000000000000p0000000pp0000ppppp00pppppppppppppp0pp00pp00p000p000')
    #drone.rotate_cw(20)               # 右旋回
    drone.rotate_cw(90)                # 右旋回
elif idno == 6:
    drone.send_command('EXT mled g 000rr00000rrrr000rrrrrr0rrrrrrrr00rrrr0000rrrr0000rrrr0000rrrr00')
    drone.move_forward(0.3)            # 前進
elif idno == 7:
    drone.send_command('EXT mled g 00rrrr0000rrrr0000rrrr0000rrrr00rrrrrrrr0rrrrrr000rrrr00000rr000')
    drone.move_backward(0.3)           # 後進
elif idno == 8:
    drone.send_command('EXT mled g 000r000000rr00000rrrrrrrrrrrrrrrrrrrrrrr0rrrrrrr00rr0000000r0000')
    drone.move_left(0.3)               # 左移動
elif idno == 9:
    drone.send_command('EXT mled g 0000r0000000rr00rrrrrrr0rrrrrrrrrrrrrrrrrrrrrrr00000rr000000r000')
    drone.move_right(0.3)              # 右移動
```

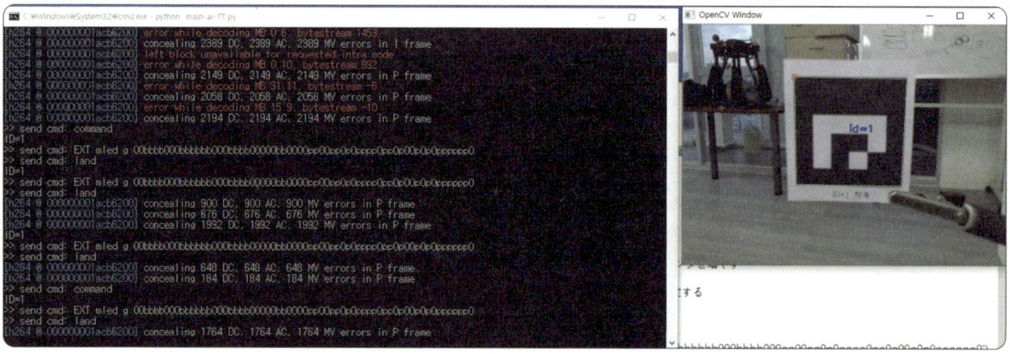
OpenCV Window
id=1
>> send cmd: command
ID=1
>> send cmd: land

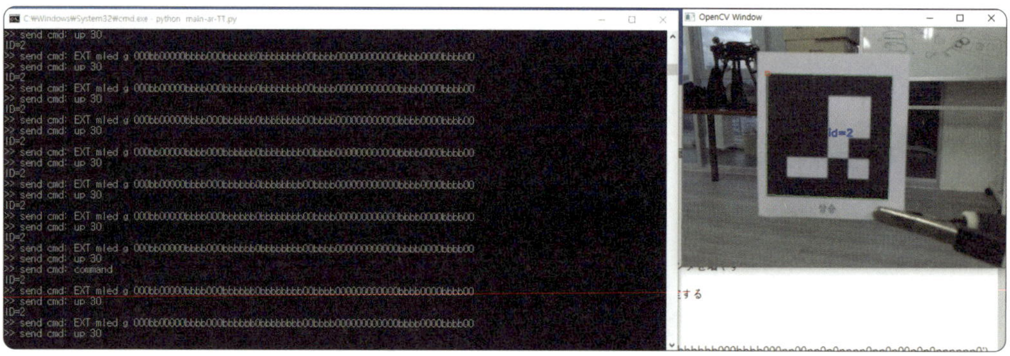
OpenCV Window
id=2
>> send cmd: up 30
ID=2
>> send cmd: command

18 **TT 에필로그:** 이상으로 이번에 새로 출시된 텔로 TT 의 다양한 기능들을 살펴보았는데 텔로 에듀의 확장판이라고 할 만큼 텔로 에듀와 코딩 호환이 잘 되었다. 거기에 Expansion 모듈의 LED, 매트릭스 디스플레이, TOF 센서 및 외부센서 연결 등 매우 다양한 가능성을 보여주어 코딩을 개발하는 입장에서 아주 즐겁게 작업할 수 있었다. 텔로 TT (Tello Talent) 는 이름에서도 알 수 있듯이 정말 다재다능한 귀염둥이 같은 존재라고 할 수 있겠다. 이번 텔로 TT 코딩을 통해 기체, LED, 매트릭스 디스플레이, TOF 센서 등 다양한 내부 기능과 파이썬 프로그래밍을 통한 군집비행, 동작인식, 트래킹/제스처, Object Detection, 특징점 및 마커인식 등 AI와 고급 기능들을 구현하는 학습과 연구, 성취와 즐거움을 통해 독자 여러분도 코딩 실력을 부쩍 키워 나가기를 바라는 바이다. 한정된 시간의 리뷰로 인해 많은 오류와 버그가 존재하겠지만 독자 여러분의 넓은 아량으로 이해해 주시기를 바라며 수정된 내용과 추가 개발된 코딩은 카페 등을 통해 공유해 나갈 것을 약속드리면서 텔로 TT 코딩 리뷰를 마치기로 한다.

STEP Ex Swift Playgrounds iOS 앱을 이용한 텔로 에듀 군집비행 (~4대)

01 Scratch 블록코딩만을 공식지원하는 텔로와 달리 텔로 에듀는 Scratch, Swift, Python의 복수 프로그래밍 언어에 대응하고 있다. 그 중 Apple의 iPad 전용 어플리케이션인 Swift Playgrounds를 이용한 텔로 에듀 프로그래밍에 대하여 알아보기로 한다. 프로그램의 설치는 다음과 같이 iPad의 App Store에서 Swift Playgrounds 앱 (iOS 11이상 대응)을 다운받고 설치하면 된다.

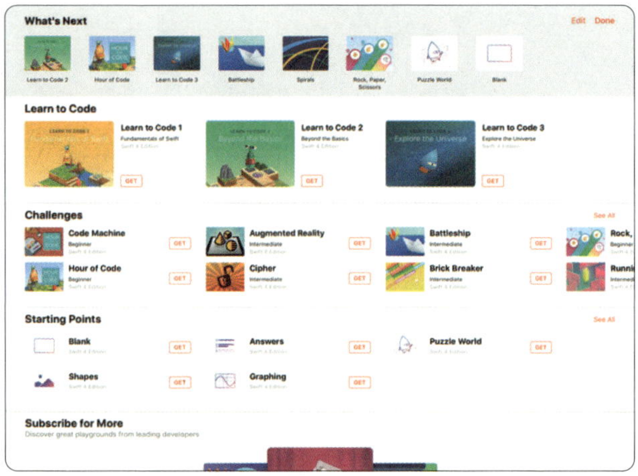

02 Swift Playgrounds 앱을 열어보면 코딩학습 등 다양한 어플리케이션들이 제공되고 있는 것을 볼 수 있다. 그중 첫째 화면의 From Other Publisher 앱 중에서 Tello by Ryze를 선택하여 구매하기 하면 다음과 같이 Tello Space Travel 앱이 마이 플레이그라운드에 설치되어 텔로 에듀 프로그래밍을 진행할 수 있다.

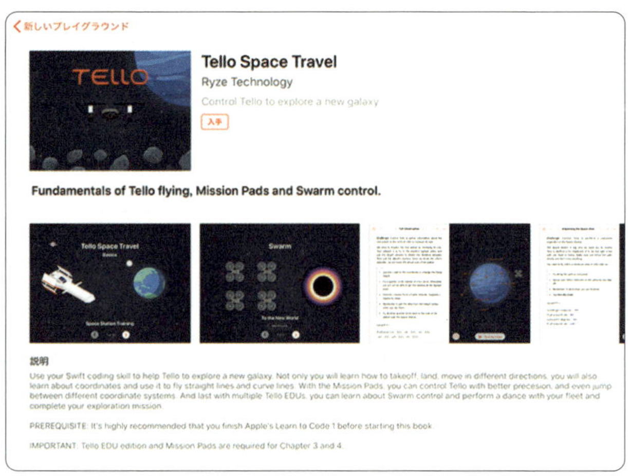

03 Tello Space Travel은 미션을 수행하면서 우주탐험을 하는 스토리로 구성되어 있으며 코딩을 활용한 단계적 학습으로 진행된다. 블록코딩을 활용하는 Tello Edu 앱과는 달리 스크립트와 유사한 코드를 입력하여 프로그래밍하는 방식이다.

04 Tello Space Travel에는 Basic, Advanced, Mission Pad, Swarm의 4단계의 스테이지가 제공되어 있으며 여러 대의 텔로 에듀를 동시에 제어하는 군집비행은 Swarm 단계에서 구현할 수 있다.

05 먼저 Basic 단계의 'TakeOff and Landing' 미션에 대하여 알아보기로 한다. 먼저 텔로 에듀의 전원을 켜고 iPad와 텔로 에듀를 Wifi로 연결시킨 뒤 Tello Space Travel 명령어 입력창에 다음과 같이 명령어를 입력하고 우측 하단의 '내 코드 실행' 버튼을 누르게 되면 기체가 명령어에 따라 동작하게 된다. 추천 명령어가 입력창 하단 키보드 입력창에 제시되므로 편리하다.

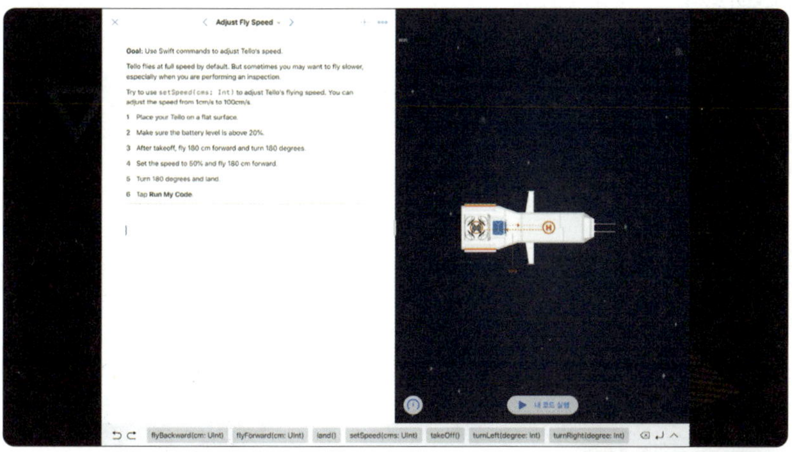

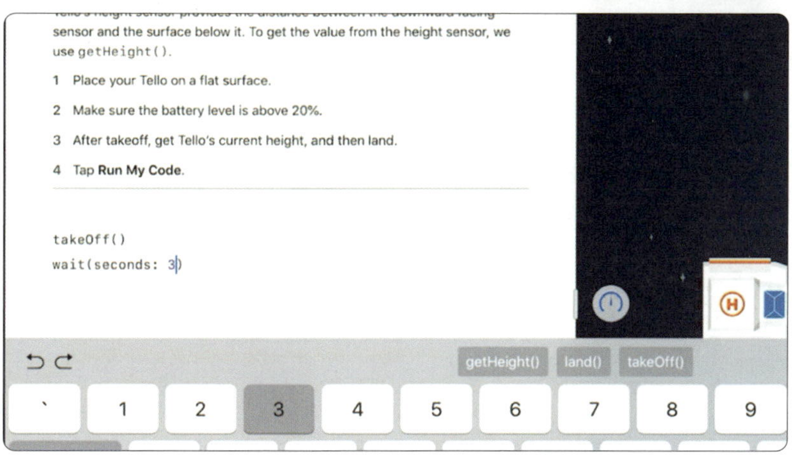

```
takeOff()
wait(seconds: 3)
land()
```

06 Basic 단계는 전진/후진/좌이동/위이동, 상승/하강의 기본동작 코딩을 통한 트레이닝 코스이며 Advanced 단계는 고도나 스피드 등의 제어, 좌표를 지정한 비행 프로그래밍을 통하여 지구와 유사한 행성을 탐색하는 미션 단계이다.

07 기본적인 동작의 다음 단계는 Mission Pad 학습 단계로 제공된 미션패드는 4매(앞뒤로 8장)이며 로켓 모양과 1~8까지의 숫자 및 행성 모양이 그려져 있으며 로켓의 방향을 전방으로 하고 x 축을 나타낸다. 다음과 같은 좌표에 의해 텔로 에듀가 미션패드의 정보를 화상인식하여 위치를 파악하고 비행명령을 실행하는 등의 동작이 가능하다.

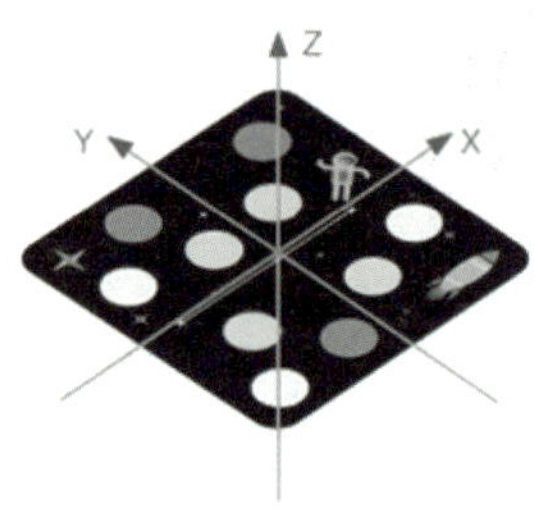

08 Mission Pad 단계에서는 Galaxy Jump라는 미션에서 다음과 같은 코드로 2개의 미션패드 사이를 점프시켜 볼 수 있다. 미션패드를 사용한 비행은 Tello Edu 앱의 블록코딩에서도 가능하지만 실제 코드를 작성하여 보면 작동방식을 이해하기 쉽다.

```
transit(x: 100, y: 0, z: 100, pad1: 1, pad2: 2)
```

```
transit(x: 100, y: 0, z: 100, pad1: 1, pad2: 2)
```

09 다음으로 텔로 에듀의 대표적 특징 중의 하나인 여러 대의 텔로 에듀를 제어하여 비행하는 군집(편대) 비행에 대하여 알아보기로 한다. 하나의 디바이스에서 여러 대의 기체를 컨트롤하기 위해서는 디바이스와 복수의 기체 모두 같은 Wifi 라우터(공유기)에 접속해야 한다.

10 4번째 단계인 Swarm 단계에 진입하게 되면 'Connect Tellos to an AP' 미션을 볼 수 있는데 이 미션의 역할은 텔로 에듀의 접속모드를 AP 접속모드에서 Station 모드로 변경하여 여러 대의 텔로 에듀를 동일한 AP(Access Point 여기서는 공유기에 해당)에 접속할 수 있도록 하는 것이다. 우선 iPad와 텔로 에듀를 Wifi로 직접 연결시키고 다음과 같이 Wifi 라우터(공유기)의 SSID, Password(네트워크 이름, 암호) 정보를 이용하여 접속 명령어를 입력 후 '내 코드 실행' 버튼을 클릭하여 Wifi 라우터에 접속시킨다. 나머지 텔로 에듀에 대해서도 마찬가지 방법으로 접속모드를 변경하여 동일한 Wifi 라우터에 접속하도록 한다.

connectAP(ssid: "OOOO", password: "OOOO") ← 군집비행에 사용될 공유기 네트워크 이름, 암호

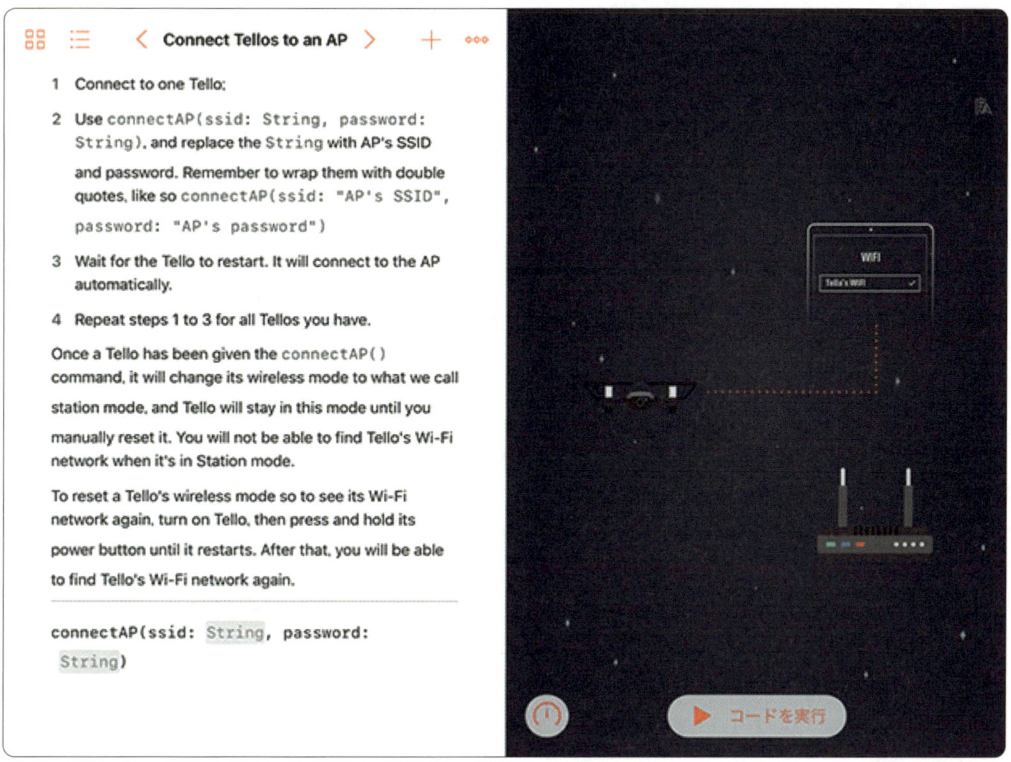

11 여러 대의 텔로 에듀가 준비되고 각각 AP(Access Point 여기서는 공유기)에 접속하는 미션을 반복하여 텔로 에듀를 동일 Access Point에 접속하였으면 마지막으로 iPad도 Wifi 설정화면에서 동일한 Access Point로 접속하여 다음과 같은 구성을 완성한다.

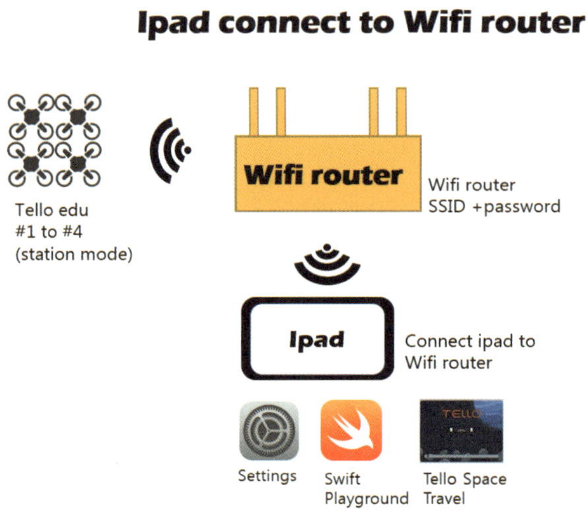

12 텔로 에듀 편대와 iPad가 동일한 AP(Access Point)에 접속이 되었으면 다음과 같이 여러 대의 기체를 컨트롤하는 명령어를 입력하고 코드를 실행시켜 군집비행을 구현해본다. 아래의 코드는 4대의 기체가 이륙한 뒤 기체가 엇갈리게 상승 하강을 반복하고 착륙하는 예제이다. 단일 텔로 에듀를 직접 연결하여 컨트롤하는 경우와 달리 여러 대의 텔로 에듀가 Wifi 라우터를 통해 군집비행하는 경우에는 네트워크 스캔 및 식별 등으로 코드 실행 후 약간의 시간이 소요될 수 있음을 참고하기 바란다.

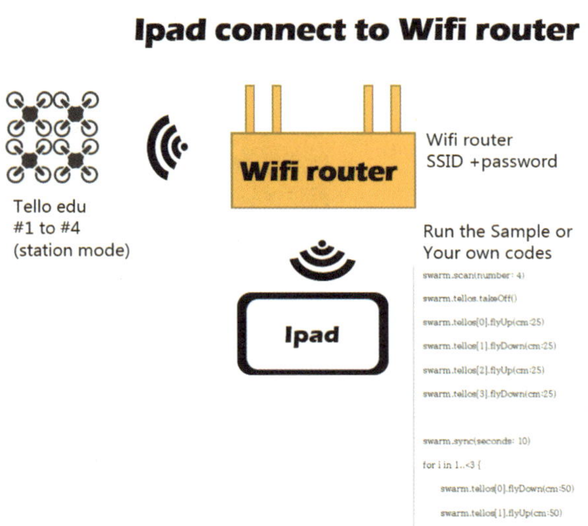

```
swarm.scan(number: 4)
swarm.tellos.takeOff()
swarm.tellos[0].flyUp(cm:25)
swarm.tellos[1].flyDown(cm:25)
swarm.tellos[2].flyUp(cm:25)
swarm.tellos[3].flyDown(cm:25)

swarm.sync(seconds: 10)
for i in 1..<3 {
  swarm.tellos[0].flyDown(cm:50)
  swarm.tellos[1].flyUp(cm:50)
  swarm.tellos[2].flyDown(cm:50)
  swarm.tellos[3].flyUp(cm:50)
  swarm.sync(seconds: 10)
  swarm.tellos[0].flyUp(cm:50)
  swarm.tellos[1].flyDown(cm:50)
  swarm.tellos[2].flyUp(cm:50)
  swarm.tellos[3].flyDown(cm:50)
  swarm.sync(seconds: 10)
}

swarm.tellos[0].flyDown(cm:25)
swarm.tellos[1].flyUp(cm:25)
swarm.tellos[2].flyDown(cm:25)
swarm.tellos[3].flyUp(cm:25)

swarm.sync(seconds: 10)
swarm.tellos.land()
```

13 위의 코드 중 for i in 1..<3 { } 의 의미는 { } 의 코드를 1~2까지 2회 반복하는 것을 나타내며 swarm 객체를 이용하여 텔로 에듀 편대에 대한 명령을 전체 또는 개별적으로 지시할 수 있다. 예를 들어 swarm.tellos.takeOff()는 전 기체 이륙을 의미하고 swarm.tellos[0].flyUp(cm:25) 코드는 1번 기체를 25cm 상승시키는 코드이다. 0번부터 1번 기체를 나타내는 것에 유의하도록 한다. 여기서 sync 명령은 모든 기체가 개별 비행을 완료할 때까지 편대가 기다려주는 대기시간을 의미하는데 마지막 기체의 개별 비행이 완료되면 다음 코드로 진행하게 된다. 이는 다음 비행 동작으로 진행시 sync를 맞추어 모든 기체의 동작 개시를 통일시키는 중요한 역할을 하게된다. 또한 편대비행(군집비행)을 수행할 때에는 충분한 공간과 배터리 잔량을 확보한 후 실시해야 한다.

저자소개

김 형 준

육군 정보부대 복무와 유콘시스템 대대급무인기 사업실에 근무하며 무인비행장치를 연구하였고, 현재 ㈜ 아쎄따 대표이사를 맡고 있으며, 초경량비행장치 실기평자조종자로서 경기 북부지역 드론 전문교육기관을 운영중으로 드론 자격증 교육, 항공촬영전문가 과정 등의 교육과정과 드론방제/방역, 드론 항공촬영/매핑 등 드론활용 서비스 사업 및 드론 유튜브 채널 운영으로 드론컨텐츠 제작 등의 활동을 전개하고 있습니다. 드론촬영 전문가로서 2016년 새만금 항공촬영 국토교통부 장관상을 비롯하여 항공영상 및 사진촬영 분야 공모전에서 다수 수상한 바 있으며 최근에는 해양환경 관측드론 시스템 개발과 드론 규제 샌드박스 도시실증 사업 등에 참여하여 연구개발 사업 등으로 사업영역을 확장하고 있으며 향후 드론 활용 산업 분야에서 편리하게 활용 가능한 GIS기반의 드론활용서비스 플랫폼과 드론과 농업분야를 접목한 개발제품 등을 준비 중에 있습니다.

✉ ansregg@hanmail.net

김 태 훈

공학박사와 기술사(측량 및 지형공간정보), 초경량비행장치 지도조종자로서 공간정보산업협회의 신사업연구팀장을 역임하였고, 현재 공간정보품질관리원 기술연구소를 총괄하고 한국재난정보학회, 한국측량학회, 대한공간정보학회 이사로 활동하고 있습니다. 국토지리정보원의 무인비행장치를 이용한 공간정보구축 기술개발 및 품셈연구, 무인비행장치를 이용한 공공측량 작업지침, 국립재난안전연구원의 민관협력 재난대응 드론긴급운용팀 운영체계 구축 및 실효성 검증 연구를 진행했고, 최근 『드론을 이용한 사면관리』,『공간정보를 활용한 안티드론』, 『스마트건설에 활용되는 드론』 및 『국토안전관리원의 드론을 활용한 시설물 안전점검 매뉴얼 및 표준품셈 개발연구』 등으로 연구 범위를 확장하고 있습니다. 저서로는 3차원 지형정보 획득 및 분석을 위한 「드론 3차원 지형정보 획득 및 분석 Pix4Dmapper」, 「드론의 범죄화 시대에 따른 드론과 안티드론」이 출간되었습니다.

✉ maverick08@naver.com

우 현 호

육군 정보통신부사관(예비역 원사 전역)으로 27년 간 복무하였으며, 정보통신공학사 취득, 정보통신기술자 감리 등 30여개의 자격증을 보유하고, 현재 ㈜ 드론디비전 대표이사로서 초경량비행장치 자격증 교육, 드론코딩지도사 과정, 항공촬영 전문가 과정 및 드론 정비과정 등 드론 관련 다양한 교육 과정을 운영중이며 드론 방제/방역/점검/조사 등 활용서비스 사업, 드론 유통, 농기계 사후관리센터, 드론 융합연구센터, 드론 정비/AS센터 운영 및 드론시스템/임무장비 연구개발, 드론시스템 제작 등 다각적인 사업을 영위하고 있으며 대덕대학교 항공부사관과 겸임교수, 드론축구팀 드론디비전 단장 등 드론 보급 및 활성화와 최근 국토부 예비 사회적기업 선정으로 사회환원에 기여하고자 합니다.

✉ armywhh@naver.com

부 유 덕

서울대학원 조선해양공학과 유체역학 석사를 취득하였으며, 국방과학연구소, 삼성중공업 대덕연구소 연구원, 경남산업직업전문학교 교수를 거쳐 현재 드론 전문기업 아쎄따 기업부설연구소 연구원으로 재직하고 있습니다 수중운동체 시뮬레이션, 잠수함 획득지원사업, 공동수조 개발, WIG선 개념연구 및 사물인터넷 응용프로그램 개발 등 다년간의 연구경력을 활용하여 해양환경 관측드론 시스템 개발, 드론 규제 샌드박스 사업 등 국가 R&D 연구과제 및 여가부 미세먼지 드론감시 청소년 프로그램 미감반 프로젝트 참여를 비롯하여 최근 4차산업혁명 분야인 IoT, AI, 빅데이터, 머신비전, 엣지컴퓨팅, GIS 등을 융합한 AI 자율비행 안전점검, SLAM, 환경 & 다분광 식생모니터링 등 다양한 드론시스템 및 임무장비 개발과 활용서비스 사업 등에 활발한 연구를 진행하고 있습니다.

✉ nuorino@gmail.com

서 일 수

(재) 아세아항공직업전문학교 부설 아세아무인항공교육원 원장으로 근무 중이며, 육군 중령으로 예편하여 육군본부 정책발전 자문위원 및 한국드론혁신협회(KDIA) 사무총장과 NCS 드론콘텐츠 강사, 드론아트(코딩), 안티드론 자문 등 다양한 분야에서 활동하고 있습니다. 특히, NCS 문화콘텐츠 - 드론콘텐츠 분야 중 드론예체능 파트 내에 「드론 공연하기」편을 집필하면서 코딩 드론분야에 대한 Know-how를 수록한 바 있으며, 드론쇼 코리아 / 로보유니버스 / AI 포럼 및 주요 관공서(군, 경, 소방 등)에 대한 드론 / 드론 아트(코딩 분야)에 특강 지원을 연중 지속하는 가운데, 최근에는 새로운 교육 플랫폼(드론아트, 코딩, 계기비행, VR 드론, 안티 드론, 드론 정비 등)개발 및 정착에 연구 범위를 확장하고 있습니다. 주요 저서로는 「드론 필기한권으로 끝내기」, 「드론 무인멀티콥터 실기편」, 유무인항공기 조종자를 위한 「항공기상」, 「항공법규」, 「드론의 범죄화 시대에 따른 드론과 안티드론」 등을 출간하였습니다.

✉ eaglezzang1@naver.com

3rd Edition
텔로 에듀·TT 드론 코딩 A to Z 정가 23,000원

저자 : 김형준 · 김태훈 · 우현호 · 부유덕 · 서일수

발행인 : 임해진
발행처 : 도서출판 구미서관

발행 : 2020년 6월 8일 초 판
2021년 2월 23일 제2판
2022년 1월 15일 제3판

등록 : 1979년 6월 29일 No.9-6호

주소 : 서울시 마포구 신촌로 2길 5-15 구미빌딩
전화 : 02-333-1101
팩스 : 02-335-2201
http://www.goomibook.com

ISBN 979-11-6257-187-3 (93530)
